일러두기

1. 표제어의 표기는 '한글 [프랑스어]'를 기본으로 한다. 이때 한글 표기는 공식적 혹은 대중적으로 통용되는 것을 선정하여 기재한다. 단, 영어와 표기가 다를 경우, 영어 표제어가 필요할 경우엔 '한글 [프랑스어 / 영어]'로 표기한다.
   [예] 독수리 [Aigle / Eagle], 불가사의한 출산 [Accouchements Prodigieux / Prodigious Births]

2. 표제어 안의 괄호는 인물의 성, 별칭, 추가 설명 등을 표기한다.
   [예] 수도원장 아담 [Adam(L'Abbé)], 쟈네뜨 다바디 [Abadie(Jeannette d')]

3. 표제어가 둘 이상일 경우 쉼표(,)로 구분한다. 한글 표기에서는 '또는'을 사용한다.
   [예] 아브라카스 또는 아브락사스 [Abracax, Abraxas]

4. 본문 내의 인물, 지역의 병기는 영어를 기본으로 한다. 단, 프랑스 인물, 프랑스 지역이라면 프랑스어로 표기한다.

5. 인용 문헌의 제목이 라틴어일 경우 라틴어로 병기한다.

6. 인용 문헌의 표기는 겹낫표(『 』)를 사용한다. 인용 신문의 표기는 겹괄호(《 》)를 사용한다.

7. 역주는 해당 단어, 문구에 *, **, *** 등으로 표기한다.

8. 인용 문헌을 기재할시 'Lib.'는 '권'으로, 'Cap.'과 'Ch.'는 '장'으로, 'T.'는 '권' 혹은 '호'로, 'P.'는 '페이지'로, 'Dis.'는 '논설'로 'Ext.'는 '추가본'으로 번역 표기한다.

9. 인용 문헌의 표제는 원본 서적에 실린 것과 같이 생략형으로 표기, 번역하기도 한다.

10. 표제 삽화는 해당 내용 중간 혹은 하단에 삽입한다.

슈트라우스

DICTIONNAIRE
INFERNAL

지옥사전
PART Ⅲ

영, 악마, 마법사, 지옥과의 교류, 점술, 사악한 저주, 카발라 및 기타
오컬트학, 경이, 사기, 다양한 미신 및 예언, 강신술의 실체 그리고
일반적으로 통용되는 경이롭고, 놀랍고, 신비하고 초자연적인
잘못된 믿음에 얽매여있는 존재, 인물, 책, 사건과 사물들

O - Z

J. Collin de Plancy

저자. 자크 콜랭 드 플랑시   역자. 장비안

1863

번역가의 말

자크 콜랭 드 플랑시J. Collin de Plancy의 『지옥사전』은 오컬트 분야를 총망라하는 대백과사전이다. 태초의 신화에서부터 19세기에 이르기까지 인류 역사에 등장한, 존재한 적도 없거나 앞으로도 존재하지 않을 것들을 포함하여, 우리가 이름 붙인 모든 것을 알파벳순으로 정리해 낸 이 프랑스어 원작의 책은 살면서 한 번쯤은 이름을 들어봤을 저명한 인물들, 아직도 그 불가사의를 풀지 못한 비범한 비밀들, 어느 관점에서 살펴보아도 아리송한 이론들은 물론, 신화, 종교, 과학, 역사, 예술 분야를 자유롭게 아우르는 흥미로운 인문학적 탐구를 제안한다. 이 책은 어디서도 소상히 다루지 않은 신화의 뒷이야기, 고약한 민간 전승의 기원, 어떤 지역이나 인물을 두고 떠도는 풍문은 물론 누군가가 무료함을 달래기 위해 지어냈다고밖에 믿어지지 않는 전설, 인류가 발굴해 낸 과학적 지식을 총동원하여도 설명할 수 없는 기이한 현상 그리고 마법서Grimoires에 등장하는 라틴어 기반의 신비한 마법 주문 등을 '아 볼롱떼À volonté(마음껏, 임의대로)'로 사전의 끝없는 목록에 더하며, 어디까지가 진실이고 어디까지가 거짓인지 짐작도 할 수 없는, 완벽한 미지의 세계로 우리를 인도한다.

무수한 키워드 사이에서 길을 잃고 헤맬 수밖에 없는 독자의 손을 잡고 이끄는 유일한 안내자이자 유일한 빛은, 독실한 크리스천인 플랑시가 교회의 가르침, 선善과 신앙을 척도로 삼아 모든 것을 논한다는 점이다. 마녀사냥과 종교재판을 비난하고, 성인과 현인, 덕망 있는 자들을 높이 사며, 미신에 대한 맹목적 믿음과 우상숭배를 엄격히 규탄하는 그의 '지극히 주관적인' 시선은, 이 사전을 단순히 객관적인, 사실에만 의거한, 정보의 전달만을 목적으로 하는 딱딱한 인문서가 아닌, 하나의 수필처럼 흥미롭게 읽을 수 있도록 돕는다. 여기에다 프랑스 작가 특유의 독설적이며 통렬스러운 문체가 더해져, 19세기의 유럽과는 완전히 다른 문화권에 살고 있는 현대의 한국 독자에게 몇 배의 낯선 즐거움을 선사할 것으로 생각된다.

이 책에서 가장 눈길을 끄는 것은 결국, 미신에 대한 인간의 변치 않는 신의이다. 태초부터 지금까지, 인간은 보이지 않는 힘을 믿어왔다. 그 시절 점성술을 신봉한 어느 프랑스 왕과 마찬가지로, 누군가는 지금 이 순간에도 동상 앞에서 절을 하고 있고, 중요한 일을 앞두고 고사를 지내거나, 신점이나 타로점을 보고, 별자리 운세를 읽으며, 지난밤 꾼 꿈의 해몽을 찾아본다. 한국에서 문지방을 밟으면 복이 나간다고 하듯, 프랑스에서는 술잔을 부딪칠 때 팔을 교차하는 것을 불길하게 여긴다. 이런 미신들은 왜 그토록 집요하게 잔재하는 것일까? 우리는 왜 여전히 이런 것에 마음이 끌리고 마는 걸까? 미신의 존속은 도무지 문명의 발전과는 아무런 관계가 없어 보인다. 하지만 그것이 마냥 절망할 일일까?

지구의 나이에 비하면, 지극히 최근까지(약 사천 년 전까지)도, 하늘은 또 다른 바다로 생각되었다. 고대 이집트인들은 매일 아침 제자리에서 뜨는 태양을 보고, 그것이 매일 밤 쪽배를 타고 서쪽에서 동쪽으로 돌아간다고 믿었다. 북부 지방에서는 밤하늘에 오로라가 뜨면, 천계의 영들이 싸움을 벌인다고 생각했다. 온 세상을 어둠 속에 던져버리는 일식은 최고로 불길한 징조였다.

과학의 발전이 여러 의문을 해소해 준 것은 맞지만, 세상에는 아직 풀지 못한 미스터리들이 수두룩하다. 오늘날 과학은 새로운 신의 모습을 하고 있다. 21세기의 사람들은 과학이 맞다고 하는 것은, 그게 무엇이든 모두 믿어버리기 때문이다. 하지만 과연 우리가 그토록 맹신하는 과학이

매번 옳았던가?

모든 것은 결국 이 작지만 경이로운, 온갖 신비로 가득한 세상을 이해하려고 하는 인류의 한걸음에 불과할 것이다. 『지옥사전』에 등장하는 인물들과 우리는 결국 모두 같은 것, 이 모두가 어디에서 와서 어디로 가는지를, 끝없이 찾아 헤매고 있을 뿐이다.

무슨 생각으로 소수 인원으로 이 책을 번역해 낼 수 있으리라 판단했는지는 모르겠으나, 재작년 여름 처음으로 지옥사전을 번역하기 전으로 돌아간다면 제안한 자와 수락한 자 모두를 뜯어말리고 싶을 정도로, 이 괴상한 잡학사전을 번역하는 것은 정신적으로도 신체적으로 고단한 일이었다. 그러나 양자역학 등의 새로운 학문의 출현과 우주에 대한 발견이 또 다른 미지의 세계로 인류를 이끄는 이 혼란의 시대에, 이백 년 전에 이미 이러한 흐름을 깨우친 누군가의, 아마 인생을 쏟아부었을 방대한 지식의 집합체를 한국의 독자에게 전달하는 것에는 그만한 가치가 있었다고 생각한다.

끝으로, 숨겨진 제2의 번역가라고 할 정도로 보이지 않는 곳에서 모든 것을 토씨 하나까지 꼼꼼히 살피고 다듬어준 닷 텍스트 편집부에게 큰 감사를 전한다.

2024년, 번역가 장비안

O

오아네스 또는 오에스 [Oannès, Oès] 동망의 오래된 신화에 등장하는 반인반어. 오아네스는 이집트 바다에서 다른 모든 생명들과 함께 태초의 알을 깨고 탄생했다. 베로수스Berossus의 주장에 따르면 그는 바빌론Babylon 인근에서 주로 출몰했다고 한다. 오아네스는 물고기의 몸에 인간의 머리를 달고 있었으며, 꼬리 대신 인간의 발을 지녔다. 또한 그는 목소리를 내며 말을 할 수 있었다. 이 괴물은 아무것도 먹지 않았고 인간들과 함께 생활했다. 오아네스는 문자와 과학 지식을 전수해 주었고, 예술, 수학, 농업처럼 인간 문명 탄생에 기여하는 모든 것을 가르쳤다. 해가 질 무렵 오아네스는 바다로 돌아가 물속에서 밤을 보냈다고 한다. 참 요새는 보기 드문 어류 종임이 틀림없다.

오브 [Ob] 시리아의 악마. 복화술사로 추정된다. 오브는 목이 아닌 항문으로 소리를 내어 신탁을 내렸다. 이 신탁의 음성은 항상 매우 낮고 어두웠다. 그를 찾는 자들은 너무 낮은 소리 때문에 아무것도 듣지 못하거나, 오히려 듣고 싶은 대로 들어야만 했다.

오베레이트(자크 에르망) [Obereit (Jacques Hermann)] 1725년 스위스 아르본Arbon에서 태어난 연금술사이자 신비주의자로 1798년 사망했다. 신부인 그의 아버지는 연금술이 신의 은총을 통해 금속을 완벽하게 만드는 기술이라고 여겼다. 오베레이트는 나이 든 아버지가 기록한 지식을 활용하고자 했다. 당시 그의 가정 형편은 좋지 않았기에 실험실에서 열심히 작업을 하였다. 하지만 국가에서는 오베레이트가 국민들에게 위협이 될 것이라 여겨, 그를 감금했다. 이에 오베레이트는 자신의 실험이 위험하지 않다는 것을 증명해 냈고 이후 라바터Lavater의 한 형제 집에 정착해 생활하였다. 18년간 (사람들이 미치광이로 여겼던) 오베레이트는 테안티스Theantis라는 한 아름다운 여자 목동을 알고 있다고 주장했다. 그리고 그는 구름으로 뒤덮인 산속에 자리한 성에서 그녀와 혼인을 맺었다고 말했다. 오베레이트는 다음과 같이 말했다. "우리의 결혼은 정신적인 것도, 쾌락적인 것도 아니다. 세상은 우리의 이 결합을 결코 이해하지 못할 것이다." 불행히도, 신부는 식을 올린 지 36일 만에 숨졌다고 한다. 그는 저명한 신비주의자였던 마세이Marsay가 아내를 떠나보내며 불렀던 감사의 송가를 떠올렸다. 그리고 오베레이트 또한 아내가 죽은 뒤 밤새 목청을 다해 노래를 불렀다. 1776년 그는 아우크스부르크Augsburg에서 『뉴턴 법칙에 기반한 영혼과 육신의 원초적 결합Connexion originaire des esprits et des corps, d'après les principes de Newton』이라는 개론서를 펴냈다. 또 1780년에 『유대인 철학자 가말리엘의 산책Promenades de Gamaliel, juif philosophe』을 저술했다.

오버주메이너 [Obergemeiner] 그라츠Gratz 인근에 있는 뮌히호프Münchhof 저택의 주인. 1821년 1월, 그는 특이한 현상을 경험했다. 무장한 서른 명의 경비병이 있었음에도, 보이지 않는 손 또는 설명할 수 없는 기술을 통해 누군가 그의 저택 창문에 15파운드짜리 돌들을 던진 것이다. 돌은 집 내부에서부터 날아온 것으로 보였는데, 정작 오버주메이너는 그런 돌들을 집에 둔 적이 없었다. 이 돌들은 그릇과 항아리를 깼다. 또한 이 저택에서는 사람들이 보는 앞에서 철기, 숟가락 등이 날아다녔다. 물이 든 양동이가 천장까지 치솟았고, 접시는 곡선을 그리며 이동했다. 다행히도 이러한 일로 피해를 보는 이는 없었다. 이 현상은 괴레스Johann Joseph Görres의 『신비주의Mystique』에서 자세히 다뤄졌으나 이유는 끝내 밝혀지지 않았다.[1]

(1) 5권 제20장.

오베론 [Obéron] 영국 시에 등장하는 요정과 공기 정령의 군주. 티타니아Titania의 남편이다. 인도에 사는 그는 밤마다 바다를 건너 영국으로 찾아와 달빛 아래에서 춤을 춘다. 햇빛을 두려워하는 오베론은 일출 녘이 되면 도망치거나 나무 봉우리 속에 몸을 숨기고 어둠이 찾아오길 기다린다. 빌란트

Wieland는 오베론에 관한 유명한 시를 남겼다.

오베슬릭 [Obesslik] 후스파Hussites가 유행했을 시절의 이야기이다. 법원에서 오래도록 쫓던 오베슬릭이라는 한 무뢰한이 자수를 하였다. 그가 내건 조건은 단 하나, 자기 몸에서 피 한 방울도 흘리지 않을 것이었다. 결국 그는 굶어 죽는 형에 처했고, 마코카Macocha라는 깊은 절벽에 물 한 병과 빵 한 조각만 얻은 채 던져지게 되었다. 그가 가진 빵과 물은 순식간에 동이 났다. 그리고 단테Dante의 작품 속 우골리노Ugolin 이야기에 견줄만한 끔찍한 두려움이 찾아왔다. 절망 속에서 죽음이 느리게 다가오던 중, 그는 낯선 휘파람 소리를 들었다. 눈을 떠 올려다보니 날개를 단 용이 심연 사이를 장엄한 모습으로 비행하는 중이었다. 용에게 잡아먹힐 수 있다는 공포에 질린 오베슬릭은 마지막 남은 힘을 짜내 암벽 틈 사이로 몸을 숨겼다. 그는 돌을 집어 용에게 던졌다. 돌은 용의 배에 명중했는데, 비늘로 보호되지 못하는 유일한 부위였다. 용의 상처에서는 검은 피가 흘러내렸다. 용은 분화구 돌출부에 한참을 주저앉았다. 30분이 지나고, 힘을 회복한 용은 자리에서 일어나 다시 날아올랐다. 끔찍한 괴물로부터 해방된 오베슬릭은 이 별난 만남을 떠올리다가 다음과 같이 생각했다.

'용이 돌아왔을 때, 그를 이용해 탈출할 순 없을까?'

다음 날 같은 시각, 용은 다시 절벽으로 찾아왔다. 용은 거대한 주둥이를 이용해 진흙을 뒤적대며 물에 사는 독사를 사냥했다. 용의 뒤로 잠입한 오베슬릭은 비늘로 덮인 용의 등에 올라탔다. 배를 채운 용은 등에 탄 사람을 알아채지 못한 채, 다시 날아올라 절벽을 벗어났다. 하늘을 날던 용은 바람을 가르며 인근 숲에 착륙해 커다란 떡갈나무 아래에서 잠이 들었다. 기사회생한 오베슬릭은 다시 강도질하는 일상으로 돌아갔고, 그의 악행은 지역 내 명성을 떨치며 두려움의 대상이 되었다. 사람들은 그가 마코카에서 이미 죽었다고 믿었기 때문이었다. 특히 라디Hradi 산 일대는 오베슬릭의 참혹한 악행의 주무대가 되었다. 그는 훗날 체포되어 올로모우츠Olomouc에서 목이 잘렸다.

오볼 [Obole / Obol] 로마인들과 그리스인들이 시신의 입에 넣던 동전. 그들은 이 동전이 저승 강을 건널 때 카론Caron에게 주는 뱃삯이라 생각했다.

악마 붙음 [Obsédés / Obsessed] 돔 칼메Dom Calmet는 빙의자와 악마가 붙은 자를 구분하였다. 귀신이 피해자를 통해 말하고 생각하고 행동하는 것이 빙의라면, 피해자의 외부에서 공격하고 괴롭히는 일은 악마의 소행이라는 것이다. 예를 들자면 사울Saul은 빙의에 해당하며 청년 토비트Tobit와 결혼한 사라Sara는 악마가 붙어 따라다닌 것이다. **참조.** 빙의된 자Possédés.

옵세퀜스(율리우스) [Obsequens(Julius)] 마법서를 저술했다. 저작 중 일부는 소실되었다.

오컬트 [Occultes / Occult] 마법, 강령술, 카발라Kabbalah, 연금술을 비롯한 모든 비밀 학문이 이에 속한다.

아하시야 [Ochosias / Ahaziah] 이스라엘의 왕으로 기원전 896년 사망했다*. 마법을 부리며 에크론Ekron에서 숭배받던 벨제부스Belzébuth에게 자문받기도 하였다. 그는 비참한 최후를 맞이했다.

* 많은 현대 학자는 아하시야의 사망 시기를 기원전 852년에서 849년 사이로 추정한다.

눈알점 [Oculomancic / Oculomancy] 눈알을 굴리는 모습을 관찰하여 도둑을 찾아내는 점술. 이에 앞서 몇 가지 미신 의식이 치러진다.

오도 [Oddo] 참조. 카틀라Kalta.

오돈 [Oddon] 고대 플랑드르Flandre의 해적. 쪽배나 선박 없이 마법을 통해 항해했다.

오드 스피릿 [Od-Esprit / Od-Spirit] 강신술 맹신자인 가뉴Gagne는 정령들이 떠다니는 공기 속에서 무형의 원소를 발견했다. 강신론자들은 솜씨 좋게 이를 이용해 정령과 소통하였다. 그들은 이 원소를 오드 스피릿이라고 불렀다.

오데트 [Odet] 밤의 악마. 노새의 모습으로 오를레앙Orleans에 나타나 행인에게 심술궂은 마법을 부린다. 클루데Kludde와 같은 부류이다.

냄새 [Odeur / Smell] 모든 마녀재판에서 알 수 있듯이, 마법사에게는 고약한 냄새가 난다. 이는 그리 놀라운 일이 아니다. 그들이 숭배하는 마스터가 몸을 씻지 못하게 하기 때문이다. 더불어 빙의자 중 일부도 매우 불쾌한 냄새를 풍긴다.

오딘 [Odin] 스칸디나비아의 신. 두 마리의 큰 까마귀가 어깨에 올라와 있는 모습으로 묘사된다. 이 새들은 보고 들은 모든 것을 오딘의 귀에 속삭인다. 매일 오딘이 이 새들을 날려 보내면, 세상을 살펴본 새들은 저녁 식사 시간 때 돌아온다. 이 신이 그토록 방대한 지식을 알게 된 것도, 까마귀의 신이라는 별칭을 얻게 된 것도 이러한 이유 때문이나. 예언에 따르면 오딘은 종말의 때에 늑대 펜리스Fenris에게 잡아먹힌다. 일부 학자는 오딘의 까마귀 중 하나는 사고력을 상징하고, 다른 까마귀는 기억력을 상징한다며 우러러보았다. 오딘의 발밑을 지키는 두 늑대는 권력을 상징한다. 실제로 이 신화를 숭배하는 사람들이 있었다.

고위 성직자이자 정복자, 군주, 웅변가 그리고 시인이었던 또 다른 오딘은 기원전 70년경에 북부에 나타났다(그보다 이후의 인물이라는 기록도 있다). 그의 주된 업적은 대부분 덴마크를 배경으로 이뤄졌다. 오딘은 미래를 예견하고 죽은 자들을 부활시키는 능력으로 유명했다. 명예스러운 여정을 마친 그는 이후 스웨덴으로 돌아갔다. 그리고 무수히 피해 왔던 죽음이 곁으로 다가오는 것을 느꼈다. 오딘은 병 때문에 생을 마감하고 싶지 않았다. 그래서 모든 친구, 위업을 함께한 동료들을 불러 모았다. 그리고 그들이 보는 앞에서 창의 끝부분을 사용해 원 모양의 상처를 아홉 개 만들었다. 마지막 숨을 내쉬며, 그는 스키타이로 가 신의 반열에 오를 것이라고 말했다. 또 용기 있게 전장에 나선 이, 전쟁 중 사망한 이를 모두 천국으로 불러 모을 것이라 덧붙였다.

말레Mallet가 번역한 『에다Edda』가 『덴마크사Histoire de Danemark』[1] 서문에 등장하는 것에서 볼 수 있듯, 오딘은 모든 아이슬란드 신화의 기반이다. **참조.** 우덴Woden, 하켈베르크Hakelberg.

(1) 유일무이한 책, 9번.

오돈토티라누스 [Odontotyrannus] 참조. 거대 바다뱀Serpent de Mer.

후각 [Odorat / Sense of Smell] 카르다노Cardan는 『악마의 교묘함La Subtilité des Démons』 13권에서 뛰어난 후각은 곧 총명함을 의미한다고 기록했다. 이는 뇌의 높은 온도와 건조함이 섬세한 후각으로 이어지며, 더 활력 있고 풍부하게 상상하도록 만들어주기 때문이라고. 그러나 그의 주장은 논란을 낳았다. 니카라과Nicaragua 원주민, 아바퀴스인Abaquis, 이로쿼이족Iroquois 등과 같이 후각이 발달한 민족에게서 특출난 지능을 찾아볼 수 없었기 때문이다. 마르티알리스Martial는 후각과 지능의 연관성에 관한 재미있는 예시를 언급했다. 마무라Mamurra가 오직 후각만으로 코린트 산 황동을 찾아냈다는 것이다.

눈알 [Œil / Eye] 고르곤 세 자매Gorgons는 하나의 눈알만 가지고 있었는데, 이들은 눈알을 서로 돌려쓰며 마주친 모든 생명을 돌로 만들어버렸다. 고대인들의 전설에 따르면, 아리마스피Arimaspi라는 외눈박이족이 금을 지키는 괴물 그리핀Griffin과 전투를 벌여 금을 탈취하려 했다고 한다. '나쁜 눈'에 대해 알고 싶다면 '눈Yeux' 키워드를 참조할 것.

포도주점 [Œnomancie / Oinomancy] 시음 당시 포도주 색을 관찰하며 미래를 해석하는 점술. 이때, 아주 사소한 부분이나 정황도 놓쳐서는 안 된다. 페르시아인들이 특히 이 점술을 애용했다.

에노테라 [Œnothère] 샤를마뉴Charlemagne 군대에 동원되었던 거인. 그가 검을 휘두르면 마치 풀 베듯 적군 수를 10분의 1로 줄일 수 있었다.[1]

(1) 살그Salgues, 『오류와 편견Des erreurs et des préjugés』, 1권, 446페이지.

새점 [Œonistice / Ornithomancy] 새들의 비행을 관찰하여 보는 점술. **참조.** 점복관Augures.

오에스 [Oès] 참조. 오아네스Oannès.

알 [Œufs / Egg] 살그Salgues[1]의 말에 따르면, 신선한 달걀을 먹은 뒤에는 껍질을 깨뜨리는 것이 예라고 한다. 그리고 좋은 가정교육을 받은 이들은 대개 이런 풍습을 실천한다. 이 전통의 역사는 더 오래전으로 거슬러 올라가면 알아볼 수 있다. 플리니우스Pliny는 로마인들이 이 행위에 큰 중요성을 부여한다고 기록했다. 예로부터 알은 자연의 상징이었으며 신비하고 신성한 물질로 여겨졌다. 마법사들은 저주를 걸 때, 알의 내부를 비운 뒤 마법 문자를 그려 넣어 죽음을 초래했다. 이럴 때 알의 껍질을 깬다면 해당 저주를 풀 수 있었다. 또는 칼로 알을 뚫거나, 윗부분을 세 번 두드리기도 했다. 알이 점술에 사용되는 경우도 있었다. 아우구스투스Augustus의 딸 율리아Julia는 티베리우스Tiberius를 임신했을 당시 열렬히 아들을 원했다. 그녀는 자신의 소원이 이뤄졌는지 확인하기 위해 달걀 하나를 가슴에 품어 따뜻하게 데웠다. 그리고 만약 달걀을 몸에 지니지 못할 때는 같은 온도를 유지하기 위해 유모에게 동일한 일을 부탁했다. 플리니우스는 그 알에서 수컷 병아리가 나왔으며, 이후 그녀 또한 남자아이를 낳았다고 말했다.[2]

드루이드 사제들 사이에선 정체를 알 수 없는 기이한 알을 숭배하는 미신이 있었다. 이들이 남긴 이야기에 따르면 이 알은 수많은 뱀이 얽히며 생기는 침과 몸에서 나오는 거품으로 만들어졌다고 한다. 또한 뱀들이 휘파람을 불면 알은 하늘로 떠올랐는데, 다시 바다로 내려가기 전에 낚아채야 했다. 알을 차지한 자는 흐르는 강이 나와 뱀의 추격이 힘들어질 때까지 피해 달아나야 했다.[3] 드루이드 사제들은 이 알을 통해 기적을 행했다.

오늘날에도 알을 둘러싼 많은 미신이 전해지고 있다. 민담에 따르면, 매일 아침 마실 것 없이 달걀을 먹는 사람은 1년이 채 못가 사망한다고 한다. 달걀 껍질로 지핀 불 속에서 죽음을 맞이한 생 로랑St. Laurent을 염두에 두며, 달걀 껍질을 태우면 안 된다는 미신도 존재한다.[4] 『대 알베르투스의 경이로운 비밀들Les admirables secrets d'Albert le Grand』에는 백포도주에 달걀 껍질을 넣어 갈아 마시면 신장과 방광의 결석을 녹일 수 있다고 기록되어 있다.

달걀흰자를 통한 점술은 달걀점Oomancie, 가루다Garuda를 참조할 것.

(1) 『오류와 편견Des erreurs et des préjugés』, 1권, 392페이지. / *(2)* 키케로Cicero는 신선한 달걀을 먹는 꿈을 꾼 뒤, 해몽가를 찾아간 한 남자의 이야기를 언급했다. 해몽가는 달걀의 흰자는 돈을, 노른자는 금을 가져다주는 것을 의미한다고 해석했다. 얼마 뒤, 꿈을 꾼 남자는 실제로 돈과 금을 포함한 유산을 물려받게 되었다. 감사의 의미로 그는 해몽가를 찾아가 돈을 챙겨주었다. 그러자 해몽가는 말했다. "노른자에 대한 것은 따로 보상이 없나요Nihilne de Vitello?" / *(3)* 플리니우스, 29권, 3장. / *(4)* 티에르Jean-

Baptiste Thiers, 『미신 모음집Traité des superstitions』.

오그 [Og] 바산Bashan의 왕. 랍비들의 전설에 의하면 대홍수 이전에 살았던 거인이다. 대홍수 당시 오그는 노아Noah와 그의 자식들이 타고 있던 방주의 지붕에 올라타 몸을 피했다. 그의 몸집이 매우 컸기에, 코뿔소는 방주에 타지 못하고 헤엄을 쳐 따라와야 했다. 노아는 이런 오그에게 식량을 주었다. 물론 이는 동정심 때문이 아니었다. 오그와 같은 끔찍한 피조물들을 제거한 신의 힘을 후세인들이 보길 위함이었다. 오그는 뛰어난 장수이기도 했다. 그는 모세Moses가 이끄는 이스라엘인들이 사막에 정착하던 시대까지 생존했다. 바산의 왕인 오그는 이스라엘인들을 대상으로 전쟁을 선포했고, 6천 보 길이의 산을 들어 올려 짓뭉개버리려 시도했다. 하지만 신은 오그가 머리 위로 들어 올린 산을 개미들이 갉아먹도록 지시했다. 결국 산은 오그의 목을 향해 떨어졌다. 또한 오그의 치아가 커져 바위에 박히도록 만들어, 도망칠 수 없게 하였다. 모세는 오그를 죽이는 데 성공했지만, 결코 쉬운 일은 아니었다. 6온Aune*의 키를 가진 모세에게도 오그의 몸집은 너무 거대했기 때문이다. 그는 같은 키의 도끼를 들고 6온을 번쩍 뛰어올라야 오그 발목에 겨우 닿을 수 있었다.

* 길이의 단위. 1온은 약 115센티미터이다.

덴마크인 오지에 [Ogier le Danois / Ogier the Dane] 대중들은 프레드리히 바르바로사 Frederick Barbarossa처럼 그가 자신의 무덤 속에서 살고 있다 믿었다[1].

(1) 『다른 세계의 전설Légendes de l'autre monde』 속 그의 이야기를 참조할 것.

오거(식인귀) [Ogres] 이름만 다를 뿐이지 고대부터 오거와 같은 식인귀들은 늘 존재했다. 『오디세이The Odyssey』에 나오는 폴리페모스Polyphemus가 바로 그러한 식인귀이다. 『신드바드의 항해The Voyages of Sinbad the Sailor』에서도 식인귀가 등장한다. 『천일야화One Thousand and One Nights』를 읽어보면 동방에서도 식인귀가 있었다는 것을 확인할 수 있다. '벌 받은 비지르Vizier' 의 이야기를 살펴보자. 한 젊은 왕자가 길을 잃고 헤매던 중, 마주친 어느 여인을 따라 그녀의 허름한 집으로 가게 되었다. 거처에 들어가며, 그녀는 다음과 같이 말했다. " 아이들아, 기뻐하렴. 훤칠하고 살이 튼실한 남자아이를 데려왔단다." 아이들은 답했다. "엄마! 그 아이가 어디 있어요? 어떻게 요리할까요? 우린 너무 배가 고팠어요." 그제야 왕자는 인도 공주라고 주장하던 여자가 식인귀라는 사실을 깨달았다. 이 야만인 악마들은 인적이 드문 곳에 숨어 온갖 다양한 방법으로 행인들을 놀라게 하고 잡아먹는다. 이는 일부 신화에 등장하는 인어와도 유사한데, 이 인어들도 분명 식인귀 즉 오거였을 것이다. 민간 전승에 따르면 오거는 인간, 동물, 악마의 속성을 가지고 있다. 이들은 신선한 인육을 특히 좋아하는데, 작은 아이야말로 가장 맛있는 먹이가 된다. 남부인들이 두려워하는 오거 드락Drac은 론Rhone 강기슭에 은신처를 두었으며 그곳에서 인육을 먹으며 생활했다. 유럽에서 이러한 식인풍습은 아주 오래된 것으로 보인다. 『살리카 법전Lex Salica』 67편에서는 인간을 먹은 마법사나 흡혈귀가 200 에큐*의 벌금을 내야 한다고 명시되어 있다.

일부 사람들은 오거의 기원을 리카온Lycaon**까지 거슬러 올라간다고 본다. 또한 야밤의 집회에서 늑대로 변한 마법사들이 납치한 어린아이의 살을 뜯어 먹었다고 주장한다. 한번 인육을 맛보면 오거는 그 맛에 사로잡혀 인육을 구할 모든 방법을 강구하고 찾아 나선다고 한다. 이는 식인귀 오거의 본성을 잘 묘사하는 부분이다. 이러한 부류의 공포는 마녀재판 기록에서 확인할 수 있다. 이러한 오거들은 당시 늑대인간으로 불렸다. '빨간 모자 소녀'에 나오는 늑대 또한 이에 속한다고 할 수 있다. '오거' 라는 명칭의 기원은 『샤를 페로 동화에 관하여Lettres sur les contes des fées de Ch. Perrault』의 작가가 찾은듯 하다. 그의 주장에 따르면 중세 시대의 무시무시했던 훈족Huns 또는 헝가리인들이 후니고르Hunnigours, 오이고르Oïgours라는 이름으로 불리다 오거가 되었다는 것이다. 헝가리인들은 적의 피를 마셨고, 심장을 조각내 만병통치약으로 사용했다는 이야기가 전해진다. 이들은 인육도 섭취했는데, 헝가리인 어머니들은 아이들이 통증에 무뎌지게 하기 위해 태어나자마자 얼굴을 깨물었다. 이 이교도들은 무시무시한 유목민족을 구성했는데, 아시아 북부 끝에서 달려와 이탈리아, 독일, 프랑스를 무려 60년간 황폐화시켰다. 이들의 방식이란 도시와 마을에 불을 질러 주민들을 말살하거나 포로로 잡아가는 것이었다.

이들에게 관용이란 낯설기만 한 개념이었다. 사후 세계에서 전사들은 생전 죽인 적들에게 섬김을 받는다고 믿었기 때문이다. 독일 황제 오토Otto가 이룬 중대한 승리는 이들의 서유럽 약탈을 영원히 종결시켰다. 하지만 이들이 일으킨 깊은 공포는 사라진 후에도 오래도록 남았으며, 헝가리인으로부터 기원한 오거는 어머니가 아이를 겁줄 때 종종 동원되었다. **참조**. 요정 Fées, 오메스테스Omestès, 등.

* 17~18세기에 사용되던 프랑스 은화. / ** 신들의 왕인 주피터Jupiter에게 인육을 먹이려고 시도한 아르카디아 Arcadia 왕. 결국 노여움을 사서 늑대가 되어버린다.

오이아론 [Oiarou / Oyaron] 이로쿼이족 Iroquois의 숭배 대상. 꿈에 처음으로 등장한 물건으로 담뱃대, 곰 가죽, 칼, 식물, 동물 등 무엇이든 오이아론이 될 수 있다. 사람들은 이 물건에 내재된 힘을 이용해 순간이동, 변신 등 원하는 일은 뭐든 해낼 수 있다고 믿었다.

오이고르 [Oigours] 참조. 오거Ogres.

오일레트 [Oilette / Oeillet] 인기 없는 악마. 마녀 집회의 호칭 기도*에서 소환된다.

* 마녀 집회에서 진행하는 기도로 다양한 악마 이름이 포함되어 있다.

새 [Oiseaux / Birds] 노데Naude는 로랑 Laurent 대주교가 새의 노랫소리를 해석한 일화를 기록했다. 로랑 대주교는 로마에서 성직자 몇 명을 앉혀 두고 새의 지저귐을 해석했다. 그는 작은 참새 한 마리가 다른 참새들에게 대화하는 것을 들었다. 대화 내용 즉슨 밀을 실은 수레가 포르타 마조레Porta Maggiore 앞에 넘어졌으니, 그곳에서 배를 채울 수 있다는 것이었다.[(1)]

브르타뉴Bretagne 크로이직Croizic 연안에는 물에 잠긴 바위가 하나 있다. 이곳은 인근 여성들이 즐겨 찾는 장소였다. 여성들은 머리를 풀어 헤친 뒤 생화로 만든 아름다운 꽃다발로 화려하게 장식했다. 그리고 돌 위로 올라가 하늘을 보며, 새들에게 남편과 약혼자를 데려와달라고 애원하듯 노래하였다[(2)]. **참조**. 점복관Augures, 까마귀Corneille, 부엉이Hibou 등.

(1) 『마법사로 지목된 위인들을 위한 변론서Apologie pour les grands personnages accusés de magie』 / *(2)* 자크 캄브리Cambry, 『피니스테르 여행Voyage dans le Finistère』. / * 로마의 동쪽 성문.

오키스 [Okkisiks / Okkis] 과거 휴런족 Hurons이 사람에 붙어 사는 선하거나 악한 정령 또는 영혼을 한데 모아 부르던 명칭.

올덴베르크 [Oldenberg] 독일의 산. 대중들은 아직도 샤를마뉴Charlemagne 황제가 열두 동료와 군대를 거느리고 올덴베르크 산 아래에서 살아간다고 믿는다. 이는 해당 지역에서 내려오는 전설이다.

올덴부르크 [Oldenbourg] 발타자르 베커Balthasar Bekker는 『마법의 세계The Enchanted World』 제4권 17장에 올덴부르크의 유명한 뿔에 관한 우화를 기록했다. '올덴부르크의 오톤Otton 백작은 오셈베르크Ossemberg 산으로 떠난 사냥에서 큰 갈증을 느끼게 되었다. 괴로워하던 그는 훗날 미칠 영향은 생각하지 않고 경솔한 맹세를 해버렸다. 이는 누구든지 자신에게 물을 준다면 무엇이든 하겠다는 것이었다. 이에 악마가 여성의 모습으로 땅에서 솟아났다. 그리고 처음 보는 물질로 된 화려한 뿔을 건넸다. 그건 꼭 금으로 도금한 것 같았다. 뿔 안에는 음료가 가득 들어 있었다. 미심쩍었던 백작은 뿔 안에 든 것을 마시지 않고 말 궁둥이에 부어버렸다. 그러자 음료가 닿은 부분의 모든 털이 우수수 뽑혔다. 백작은 두려움에 몸을 떨면서도 뿔을 간직했는데, 몇몇 이들은 이 뿔이 아직 세상에 남아있고 이를 목격했다고 주장한다. 이 뿔은 코르넷을 연상케 하는 곡선을 가지고 있고, 독특한 문양이 새겨져 있다.'

노신사 [Old Gentleman] 영국인들은 악마를 노신사라고 부른다.

올리브(로베르) [Olive(Robert)] 1556년 팔레즈Falaise에서 화형당한 마법사. 올리브의 재판에서 악마가 그를 한 장소에서 다른 장소로 순간이동시켰다는 것이 밝혀졌다. 이 악마는 크리조폴Chrysopole이라 불렸으며, 올리브는 이 악마의 사주로 어린아이들을 죽이고 불태웠다[1].

*(1)*보댕Bodin, 『빙의망상Démonomanie』, 108페이지.

올리비에 [Olivier] 마녀 집회의 호칭 기도에서 대천사의 왕자로 거론되는 악마.

개울음소리점 [Ololygmancie / Ololygmancy] 개가 짖는 소리를 활용하는 점술. 메시니아 전쟁Messenian War 당시 아리스토데모스Aristodemus 왕은 개가 늑대처럼 우는 것을 들었다. 또 제단 주변으로 개밀Couch Grass이 자라있는 것을 보았다. 암울한 징조를 알아챈 그는 신의 노여움을 풀고자 딸을 제물로 바

쳤다. 하지만 결국 패배에 낙담하여 스스로 목숨을 끊었다. **참조.** 오피온Ophioneus. 불길한 징조들을 너무 신봉한 탓이었다.

올리 [Olys / Oly] 마다가스카르Madagascar 사제들이 주민들에게 나눠주던 부적. 여러 가지 불운을 막고 악마의 힘을 봉인한다.

그림자 [Ombre / Shadow] 고대 이교도 신화의 교리에 따르면, 그림자는 신체에도 영혼에도 속하지 않는 어떤 중간의 상태에 놓여있다. 지옥에 내려가는 것도 이 그림자이다. 또한 일부 지역에선 짐승이 망자의 그림자를 볼 수 있다고 믿었다. 오늘까지도 스코틀랜드 산에서 짐승이 갑작스럽게 겁을 집어먹으면 유령이 나타난 탓이라고 생각한다.

브르타뉴Bretagne에서는 태풍이 몰아치기 전에만 집 대문을 닫는다. 이때 도깨비불이 휘파람을 불어 태풍을 예고하는데, 먼 곳에서 이 웅성거림이 들리면 옛사람들은 다음과 같이 외쳤다. "문을 닫읍시다. 크리에리안Criériens의 소리가 들리는 것으로 보아 회오리바람이 불 모양이니." 크리에리안이란 그림자들, 장례를 원하는 난파선의 유해들이다. 이들은 목숨을 잃은 뒤 줄곧 바닷속에서 고통을 받는다[1]. 아직도 악마에게 영혼을 판 자는 태양 아래에서 그림자가 보이지 않는다는 말이 있다. 이런 미신은 특히 독일에 널리 퍼져있으며, 여러 전설의 기원이 되었다. **참조.** 망령Revenants.

(1) 자크 캠브리Cambry, 『피니스테르 여행Voyage dans le Finistère』, 2호, 253페이지.

옴브리엘 [Ombriel] 늙고 불평이 가득한 정령. 무거운 날개를 달고 잔뜩 찌푸린 얼굴을 하고 있다. 그는 알렉산더 포프Alexander Pope의 『머리카락을 훔친 자The Rape of the Lock』에 등장한다.

오메스테스 [Omestès] 바쿠스Bacchus의 별명. 신선한 인육을 먹는 오거Ogres 또는 늑대인간의 우두머리로 여겨졌다.

어깨점 [Omomancie / Armomancy] 랍비들이 애용하는 어깨를 활용한 점술. 아랍인들은 양의 어깨로 점을 친다. 몇몇 점박이

무늬를 살펴보고 흙점Geomancy*과 같이 해석한다.

* 먼지 또는 흙 한 줌을 식탁 위에 던져 나타나는 선, 모양에 따라 예견한다.

배꼽점 [Omphalomancie / Omphalomancy] 배꼽을 이용한 점술. 산파들은 신생아 배꼽에 있는 매듭을 보고 앞으로 산모가 얼마나 더 많은 자식을 낳을지 점쳤다.

배꼽주의자 [Omphalophysiques / Omphalopsychoi] 불가리아의 광신도들. 11세기에서 14세기까지 존재했다. 이들은 배꼽에서 타보르Tabor의 빛을 본다는 환상에 젖어 있었다.

온 [On] '테트라그람마톤Tetragammaton'처럼 마법에 사용되는 단어.

운디네 또는 님프 [Ondins / Undine, Nymphes] 물의 가장 정묘한 부분으로 구성된, 물에 사는 원소 정령. 카발리스트들은 불, 공기, 흙과 마찬가지로 바다와 강에 정령들이 살고 있다고 주장한다. 옛 현자들은 이 존재를 운디네 또는 님프라고 불렀다. 이들은 대다수가 여성이며, 인간과는 비교가 안 될 뛰어난 외모를 가지고 있다(1). **참조**. 카발라Cabale, 닉카르Nickar 등.

독일에서는 물의 정령 운디네의 존재를 여전히 믿고 있는데, 이들이 나쁜 일을 행한다고 본다. 민담에 따르면 물가에서 잠든 낚시꾼을 유혹해 다시는 살아 돌아올 수 없는 심연으로 이끈다고.

스웨덴에서는 물의 정령에 대한 믿음이 널리 퍼져있다. 모든 강에는 정령이 살고 있으며, 정령들에게는 수장이 존재한다. 산의 정령과 마찬가지로, 이들은 눈에 보이지 않는다. 미애센Miaesen 호수의 전설에 따르면, 이 정령들은 손만 보인다고 한다. 물의 정령에게 성탄절 케이크를 선물하고 싶었던 한 낚시꾼이 있었다. 호수가 얼어붙자, 그는 정령이 얼음을 깨야 하는 수고를 덜어주기 위해 집으로 돌아가 곡괭이를 가져왔다. 다시 온 낚시꾼은 얼음을 깨보려 했지만, 케이크를 넣기에 터무니없이 작은 구멍만을 뚫을 수 있었다. 어찌할 바를 몰라 고민하던 그는 결국 케이크를 얼음 위에 두었다. 순간, 조그맣고 눈처럼 하얀 손이 구멍 속에서 나와 구멍의 크기만큼 작아진 케이크를 들고 가버렸다.

호수의 주민들은 이 이야기를 바탕으로 밀가루와 건포도를 절약할 수 있었다. 미애센 호수 정령이 케이크를 작게 만드는 수고를 할 필요가 없도록, 작은 구멍으로 들어갈 만한 크기의 케이크를 만든 것이다. 이러한 풍습은 곧 여성들을 대상으로 한 새로운 칭찬을 만들어냈다. "그녀는 호수의 정령 같은 손을 가졌어."라는 칭찬 말이다. **참조**. 님프, 닉카르Nickar 등.

(1) 빌라르Villars 수도원장, 『가발리스 공작 또는 비밀 기술의 보존Le comte de Gabalis ou Entretiens sur les sciences secrètes』.

해몽 [Oneirocritique / Oneirocriti-cism] 꿈을 해석하는 기술. **참조**. 꿈Songes.

손톱 [Ongles / Fingernails] 마다가스카르Madagascar 주민들은 성실하게 매주 한두 번씩 손톱을 정리했다. 손톱이 너무 길면 악마가 그 속에 숨을 수 있다고 믿었기 때문이다. 로마인들은 9일마다 손톱을 깎는 것을 불경스럽게 여겼다. 카르다노Cardan는 저서 『사물의 다양성De Varietate Rerum』에서 손톱 얼룩을 통해 특정 사건을 예견할 수 있다고 주장했다. 참조. 수상술Chiromancie.

요일 철자에 R이 들어간 날(화요일Mardi, 수요일Mercredi, 금요일Vendredi)에 손톱을 깎으면 손에 거스러미가 생긴다는 미신도 있다. 일부 네덜란드인들은 금요일마다 손톱을 깎으면 치통을 예방할 수 있다고 믿는다. 참조. 손톱점Onychomancie.

연고 [Onguents / Ointments] 연고에는 여러 종류가 있다. 그리고 연고마다 독특한 특성들을 지니고 있다. 연고에 들어있는 여러 물질은 악마가 만든 것으로, 이는 인간을 해치는 데 사용된다. 수면 유도를 위해서는 벨라돈나 뿌리, 독성을 지닌 솔라눔 둘카마라Nightshade, 박쥐 피, 후투티 피, 투구꽃, 검댕, 파슬리, 아편과 독미나리를 섞어 연고를 만든다. 참조. 비계Graisse.

이름점 [Onomancie, Onomatomancie / Onomancy, Onomatomancy] 이름을 이용한 점술. 고대인들이 널리 활용한 바 있다. 피타고라스학파Pythagoreans는 개인의 생애, 행동, 성공 등이 운명, 천성 그리고 이름에 따라 달라진다고 주장했다. 예를 들어 말들에게 몸이 갈가리 찢긴 히폴리토스Hippolytus*는 이름으로 인해 참변을 당한 것이다. 비슷한 예를 보자면 아가멤논Agamemnon**은 자신의 이름처럼 트로이 전방에서 오래도록 머물렀다. 프리아모스Priamos***는 노예 생활에서 해방된 후 해당 이름을 가지게 되었다. 피타고라스학파의 이름점 주장에 따르면, 이름 안에 모음 수가 짝수라면 왼쪽 신체의 불완전함을 의미하고 홀수인 경우 오른쪽 신체의 불완전함을 의미한다고 한다. 더불어 두 사람이 있다면, 각 문자에 부여된 수의 합이 높은 이가 더 행복하다는 규칙도 있다. 따라서 피타고라스학파에서는 아킬레스Achilles가 헥토르Hector를 상대로 승리한 것이, 앞서 말한 아킬레스의 문자 수 합이 헥토르보다 높았기 때문이라고 주장했다. 로마인들이 연회 자리에서 애인의 건강을 빌며 건배할 때, 자기 이름 속 글자 수만큼 술을 삼킨 것도 비슷한 맥락일 것이다. 끝으로 이름을 통해 앞날을 예고하는 모든 일들은 이름점에 해당한다고 할 수 있다. 그것이 글자의 순서를 고려하든 순

서를 뒤바꾸든 상관없이 말이다. 이 광기 어린 점술은 현대에도 여전히 남아있다. 참조. 애너그램Anagrammes.

쾰리우스 로디지누스Coelius Rhodiginus는 다음과 같은 이름점에 얽힌 독특한 기록을 남겼다. 고트족Goths 왕 테오다하드Theodahad는 로마인을 상대로 펼칠 전쟁의 결과를 알기 위해 유대인 점술가를 찾아갔다. 점술가는 작은 축사에 있는 돼지 몇 마리에게 고트족이라는 명찰을 달아주었다. 그리고 특정 날짜까지 명찰을 떼지 않고 그대로 두었다. 지정한 날이 되어 축사를 열어보니, 고트족 명찰을 단 돼지들은 죽어있었다. 유대인 점술가는 로마인의 승리를 예고했다[1].

(1) 노엘Noël, 『우화 사전Dictionnaire de la Fable』. / * 히폴리토스는 그리스어로 '말Hippos'과 '묶여 있지 않다Lytos'라는 말의 합성어이다. 즉 이를 풀이하면 '묶여 있지 않은 말'이다. / ** 아가멤논은 '많이 생각하는 자'라는 뜻을 가지고 있다. / *** 프리아모스는 '팔린 자'라는 뜻을 가지고 있다.

손톱점 [Onychomancie / Onychomancy] 손톱을 이용한 점술. 소년의 손톱에 그을음을 문지른 뒤 햇볕에 비춘다. 그러면 원하는 것을 알려주는 그림이 보인다. 기름이나 밀랍을 사용하기도 한다.

달걀점 [Oomancie, Ooscopie / Oomanciy, Ooscopy] 달걀을 이용한 점술. 고대 점술가들은 달걀의 외형과 내부 모양에서 미래의 불가사의한 비밀들을 찾아냈다. 수이다스Suidas는 오르페우스Orpheus가 이 점술을 발명했다고 주장했다.

현대에는 달걀흰자를 조사하여 미래를 예견한다. 현대 일부 무녀(그중에서도 르노르망Lenormand 아가씨)들이 이 점술을 널리 퍼뜨렸다. 이 점술을 위해서는 물 한 컵을 준비해야 한다. 그리고 신선한 달걀을 조심스럽게 깨, 물 위로 내용물이 천천히 떨어지도록 한다. 이때 흰자가 만드는 문양에 따라 여러 가지 결과를 도출할 수 있다. 일부 사람들은 끓는 물 속에 달걀을 넣기도 한다. 이때는 커피 찌꺼기를 읽는 것과 유사한 방식으로 모양을 해석한다. 이 점술은 마법서에 등장할 만큼 새로운 것이 아니다. 마법서에 등장하

는 '달걀술' 또한 예견을 목적으로 한다. 달걀술의 내용은 다음과 같다. 당일에 낳은 오골계 달걀 한 알을 깨 노른자를 추출한다. 그리고 투명한 잔에 맑은 물을 담은 후 노른자를 넣는다.

이제, 한여름 정오의 햇빛 아래 유리잔을 두고 기도문과 주문을 외운다. 손가락을 이용해 노른자가 뱅뱅 돌도록 휘젓는 다음, 잠깐 멈추고 방해 없이 관찰한다. 이 점술은 술사의 미래를 알려준다. 달걀술은 평일에 하는 것이 좋은데, 모든 사물이 일상의 활동을 수행할 때 정확한 결과가 나오기 때문이다 (1). **참조**. 알Œufs.

(1)『세 마법서Les trois grimoires』, 55페이지.

오팔 [Opale / Opal] 이 보석은 심장을 재생시키고 모든 독과 공기 중 감염으로부터 몸을 지켜준다. 또 슬픔을 쫓고, 실신, 심장통증, 악성 질환 등을 예방한다.

오팔스키 [Opalski] 캄차카 반도Kamchatka의 온천. 주민들은 이곳에 악마가 거주한다 믿으며 화를 다스리기 위해 작은 제물을 바치곤 했다. 그러지 않으면 끔찍한 태풍을 몰고 온다고.

오피오제네스 [Ophiogènes] 헬레스폰트Hellespont의 주술사들. 손길만으로 뱀에게 물린 상처를 치료할 수 있었다. 바론Varron은 몇몇 오피오제네스가 침으로 같은 재주를 부렸다고 주장했다.

뱀점 [Ophiomancie / Ophiomancy] 뱀을 이용한 점술. 고대인들 사이에서 널리 사용된 술법으로 뱀의 다양한 움직임을 통해 미래를 예견했다. 이 점술을 맹신한 이들은 일부러 뱀에게 먹이를 주고 기르며 점을 쳤다. **참조**. 뱀Serpent.

오피온(악마) [Ophionée / Ophion] 악마 또는 악령의 수장. 시로스Syros의 페레키데스Pherecydes는 그가 주피터Jupiter를 상대로 반란을 일으켰다고 기록했다.

오피온 [Ophioneus / Ophion] 메시니아Messenia의 저명한 점술가. 오피온은 태어났을 때부터 눈이 보이지 않았다. 그는 자신을 찾아온 이에게 과거의 행적들을 물었고, 이 답변에 따라 미래를 예견해 냈다. 이 예견들이 그렇게 허무맹랑한 것만은 아니었다.

메시니아 왕 아리스토데모스Aristodemus는 델포이Delphi 신전을 찾아 스파르타인을 상대로 한 전쟁에서 승리할 수 있을지 물어보았다. 그가 받은 답은 수수께끼 같은 것이었다. '빛을 향해 열렸던 두 눈이 곧 다시 감기면, 메시니아인들의 끝이 다가온다.' 이후 오피온은 며칠간 이어진 지독한 두통 후에 잠시 눈이 보였다가 곧 다시 시력을 잃었다. 이 소식을 접한 아리스토데모스는 모든 희망을 잃고, 패배에 맞설 자신이 없어 스스로 목숨을 끊었다. **참조**. 개울음소리점Ololygmancie.

오피트파 [Ophites] 뱀을 숭배했던 2세기의 이단. 이들은 뱀이 인간에게 선과 악을 알리며 큰 도움을 주었다고 가르쳤다. 이들은 예수 그리스도Jesus Christ를 저주했는데, 그가 뱀의 머리를 부수기 위해 세상에 왔다는 기록이 있기 때문이었다. 오리게네스Origen는 이들을 기독교인으로 보지 않았다. 오피트파의 신자는 그리 많지 않았다.

오프탈미우스 [Ophthalmius] 이 마법의 돌을 지닌 자는 남들의 눈에 보이지 않는다고 한다.

검안술 [Ophthalmoscopie / Ophthalmoscopy] 눈을 관찰하여 성격이나 기질을 알아내는 기술. **참조**. 관상학Physiognomonie.

낙관주의 [Optimisme / Optimism] 아라비아에서는 한때 낙관주의 철학자들의 이교가 존재했다. 이들은 그 무엇도 나쁘게 생각하지 않았다. 이 이단자 중에는 괴팍한 성격의 한 여성을 오래도록 참으며 곁에 둔 자가 있었다. 그는 여성의 목을 조른 후 모든 것이 순리라고 긍정적으로 생각했다. 칼리프Caliph*는 죄인의 몸에 말뚝을 박는 형벌을 내렸으나, 그는 불평 없이 고통을 참아냈다. 죄인의 평온함을 보며 놀라워하는 사람들 앞에서, 그는 다음과 같이 말했다. "말뚝이 꽤나 멋지게 박혔죠?"

또 다른 이야기도 있다. 악마가 낙관주의 이단 철학자를 데려가기 위해 찾아오자, 철학자는 평온히 악마를 따랐다. 그리고 다음과 같이 말했다. "그곳이 어디든 가야 할 곳으로 가는 것이겠지요."[1]

(1)예술에 큰 열정을 가진, 몸이 굽은 젊은이가 명성을 갈망하고 있었다. 하루는 어느 뛰어난 의사가 그의 굽은 등을 고쳐주었다. 하지만 등이 멀쩡해지자 그는 사회에서 잊혀졌다. 외젠 귀노Eugène Guinot는 이 이야기에 다음과 같은 의견을 덧붙였다. "만일 과거에 정형외과가 존재했다면, 이솝Aesop은 이 우화를 쓰지 않았을 것이다. 이 작가는 과학의 피해를 본 이들의 다른 이야기들을 기록했다. 그 이야기들을 살펴보자. 말을 더듬던 어느 귀족 남성이 있었다. 말을 더듬는 화법은 그의 연설을 독창적으로 보이게 만들었다. 또 말하며 충분히 숙고할 시간을 벌 수 있었다. 말하는 도중에 적절하게 쉬어갈 수 있었고, 그가 중간에 멈춘 문장들은 꽤 멋지게 보였다. 한 의사가 유창하게 말할 수 있도록 그를 고쳐주었고, 똑 부러지게 말을 하자 사람들은 오히려 그를 바보 취급하게 되었다. 어느 불쌍한 장님은 퐁뇌프Pont-Neuf 다리에 자리를 잡고 동냥을 푸짐히 받고 있었다. 한 뛰어난 의사가 그의 시력을 되찾아주었고, 그는 다시 원래 동냥하던 자리로 돌아갔다. 하지만 경찰이 나타나 그가 구걸 허가 규범에 맞지 않다며 검문하였다. 이에 거지는 답했다. '제게는 권한이 있습니다. 여기 허가증을 보십시오.' 경찰은 냉소적으로 대답했다. '장난치지 마시오. 이건 장님에게 주는 허가증이오. 당신은 앞이 잘 보이지 않소. 당신을 감옥으로 보내야겠소.'" / * 이슬람 제국의 최고 통치자를 지칭하는 말.

신탁 [Oracles] 고대 문명에서 신탁은 우리가 아는 점쟁이들과 유사한 역할을 하고 있었다. 다만 이 둘의 차이점은 신탁을 전달하는 자가 신의 대변인이라고 주장했다면, 점쟁이들은 기껏해야 악마의 도구로 이용되었다는 것에 있다. 전자의 경우 숭배되었고, 후자의 경우 멸시 당했다.

키커Kirker 사제는 델포이Delphi 신탁이 거짓이라는 것을 증명하기 위해, 자동인형에 관이 연결된 기발한 장치를 생각해 냈다. 이는 누군가 말을 하면, 멀리 떨어진 방에서 다른 이가 대화를 듣고 관을 통해 신탁을 이야기하는 것이었다(이때 자동인형의 입과 입술까지 조종할 수나). 키커는 이교도 사제들이 이 장치를 이용해, 우상이 어리석은 자들의 질문에 답한다고 주장했다.

신탁 중 가장 유명한 델포이 신탁소는 파르나소스Parnassus 산의 허리에 자리 잡고 있었다. 이곳은 암석 사이에 놓인 오솔길로 둘러싸여 있는데, 나팔을 불면 암석에 부딪혀 소리가 메아리쳐 울려 퍼졌다. 이 신탁소는 어느 목동에 의해 우연히 발견되었다. 목동은 염소 떼를 데리고 지나던 길에, 동굴에서 나오는 수증기에 염소들이 취해버린 것을 발견했다. 이후 여사제들이 이 동굴 속, 금으로 된 삼각의자에 앉아 신탁을 내렸다. 동굴에서 뿜어져 나오는 수증기는 보는 이들의 두려움을 불러일으켰으며, 신의 열기로 해석되었다.

르 루아예Pierre Le Loyer는 피티아Pythia*의 신탁이 악마의 선동을 받은 것이라고 주장했다. 그리고 이들은 어떤 경우에도 인간의 목소리를 내지 않았다고 덧붙였다. 피티아는 신탁을 시작할 때 신체적 변화를 겪었다. 얼굴이 변하고, 목구멍이 부풀며, 가슴을 오르락내리락하며, 숨을 헐떡였다. 고대 로마의 시인 스타티우스Statius가 묘사한 바에 따르면 피티아는 제어할 수 없는 분노에 휩싸여, 머리와 온몸을 흔들면서 신탁을 내렸다고 한다.

도도나Dodona의 사제들은 이집트에서 온 인간의 말을 하는 비둘기 한 쌍이 그들의 숲에 도착한 이야기를 언급했다. 이 비둘기들은 사제들에게 주피터Jupiter 신전을 지을 것을 명령했다. 그리하면 주피터가 그곳에서 신탁을 내릴 것이라고 말했다. 파우사니아스Pausanias는 뛰어난 능력을 갖춘 젊은 여성들이 비둘기로 변했으며, 새의 모습으로 도도나의 유명한 신탁을 내렸다고 기록했다. 이 마법의 숲에서는 떡갈나무마저 말을 하는 것으로 잘 알려져 있다(참조. 나무Arbres).

또한 이 숲에는 찾아온 자들에게 대답을 해주는 동상이 존재했다. 주민들은 동상 앞에서 나무 막대를 들고 청동 솥을 두드렸는데, 이때 동상이 신탁을 내리면 사제들은 예언을 해석했다.

이집트인들은 대 오시리스Osiris의 영혼이 아피스Apis 황소로 환생한다고 믿었다. 그리고 이 황소가 신탁을 내린다고 믿으며 숭배했다. 신탁을 받고자 하는 이들은 오시리스와 상담한 후 신전을 벗어날 때까지 귀를 막았다. 그리고 신전을 벗어나는 순간 들리는 첫소리를 신의 대답으로 해석했다.

아카이아Achaea의 헤라클라스Heracles 신탁 중 하나는 다음과 같이 내려졌다. 신탁을 들으러 온 자들은 기도를 올린 뒤 상형문자가 적힌 네 개의 주사위를 던지는 의식을 행했다. 그리고 상형문자 해석판을 펼쳐 우연이 가져온 결과를 신의 답변이라 생각했다.

신탁은 보통 이중의 의미를 지니도록 구성되었다. 이는 신의 명성을 지키고 진실성을 부여하기 위함이었다. 그 진실이라는 것이 거짓 뒤에 감춰졌음에도, 이를 밝혀내고자 하는 사람은 거의 없었다.

타소스Thassos의 테아게네스Theagenes는 여러 시합에 나가 천사백 개의 왕관을 획득했다. 이에 사망 후에는 그의 승리를 기리기 위한 동상이 세워졌다. 테아게네스의 적 중 하나는 이 동상 앞에서 자주 욕설을 퍼부었는데, 어느 날 동상이 그의 위로 넘어지고 말았다. 그의 자식들은, 생명이 없는 것에도 살인죄를 적용하는 고대 그리스 드라콘Dracon 법전에 따라 테아게네스 동상을 상대로 소송을 걸었다. 그리고 결국 동상은 바다에 버려지는 형벌을 받게 되었다. 얼마 뒤, 타소스 주민들은 전염병을 겪게 되었다. 당시 전염병에 대해 내려진 신탁은 '추방된 이들을 불러들여라.'였다. 이후 주민들은 동향인 몇몇을 불러들였으나, 전염병은 지속되었다. 주민들은 다시 신탁소를 방문했고, 더 자세한 신탁이 내려왔다. '너희들이 내 테아게네스의 명예를 파괴하였다!' 주민들은 결국 동상을 다시 원래의 자리에 놓고, 신에게 하는 것처럼 제물을 바쳤다. 그러자 전염병이 가라앉았다.

사람들은 다양한 이유로 신탁을 받길 원했다. 플라타이아Plataea의 젊은 시민이었던 에우키다스Euchidas는 조국을 위해 목숨을 바쳤다. 플라타이아 전투 이후, 델포이 신전에서는 야만인들에게 더럽혀진 나라의 모든 불을 꺼뜨리라고 신탁을 내렸다. 또 신전에서 깨끗한 불을 가져가라고 전했다. 이에 나라 곳곳에서는 불을 껐고, 에우키다스는 델포이 신전에서 새 불을 빠르게 가져오는 임무를 맡게 되었다. 그는 신전까지 달려갔고, 불을 가지고 돌아오는 길에도 빠르게 질주했다. 그는 한나절 만에 1,000시거Stadia를 달렸다. 목적지에 도착한 그는 동향인들에게 인사를 하고, 신성한 불을 건넨 뒤 기운이 빠진 채 숨을 거두었다. 플라타이아인들은 그의 무덤을 세워주고 다음과 같이 묘비에 기록했다. '하루 만에 델포이 신전을 오간 에우키다스, 이곳에 잠들다.'

마케도니아Macedonia 왕 필립Philip은 아폴로Apollo의 신탁으로부터 경고를 들었다. 바로 그가 수레로 인해 죽음을 맞이할 거라는 내용이었다. 이를 들은 왕은 왕국의 모든 마차와 수레를 즉시 내다 버리라고 명했다. 하지만 그는 신탁을 벗어날 수 없었다. 훗날 암살자 파우사니아스Pausanias는 수레가 그려진 검을 들고 필립 왕을 베어 버렸다. 첫 번째 신탁을 받고 얼마 뒤, 필립 왕은 아테나인들을 상대로 전쟁에 승리할 수 있는지 아폴로 신께 물었고 다음과 같은 신탁을 받았다.

'은으로 된 창을 들고 전투에 나간다면, 지상의 온갖 국가들을 정복할 수 있을 것이다.'

이 신탁대로 행동한 필립은 놀라운 성과를 거두었다. 또 신탁은 금을 실은 노새를 공간 안에 들여보낸다면, 필립이 그 공간의 주인이 될 것이라고도 말했다.

모호한 표현은 신탁의 주된 특징 중 하나였다. 그리고 내용이 중의적이라면 결국 당사자에게 유리하도록 해석되기 마련이었다. 따라서 피티아가 네로Nero에게 '73년을 피해라.'라고 신탁을 내렸을 때, 네로는 자신이 장수할 것으로 생각했다. 그렇기에 일흔 세 살이었던 노인 갈바Galba가 자신의 왕위를 빼앗았을 때, 그는 매우 놀랄 수밖에 없었다.

때때로, 신탁이 진실을 말하는 경우도 있었다. 이렇게 말하니, 마치 누군가가 진실을 말하지 못하도록 막고 있던 것 같지만 말이다. 포르피리오스Porphyry의 기록에 따르면, 신이란 무엇인지 묻는 이들에게 델포이 신탁이 다음과 같이 대답하였다고 한다.

'신은 생명의 근원, 모든 것의 원칙, 모든 생명체의 수호자다. 신은 모든 것에 스며 있다. 그리고 도처에 존재한다. 그 누구도 신을 낳지 않았고, 신에게는 어머니가 없다. 신은 모든 것을 알고 있으며, 그 누구도 신을 가르칠 순 없다. 그의 계획은 흔들리지 않으며, 그의 이름은 입에 올릴 수 없다. 내가 신에 관해 아는 것은 여기까지이다. 더 알려고 하지 않는 것이 좋다. 네가 아무리 현명할지라도, 신을 이해할 수 없기 때문이다. 신의 앞에서는 악과 부정을 감출 수 없다. 신의 꿰뚫어 보는 시선 앞에서 잔꾀와 변명은 아무 소용이 없다.'

『수이다스Suidas』**에는 세라피스Serapis 신탁이 이집트의 왕 툴리스Thulis에게 다음과 같은 말을 전했다고 기록되어 있다. '신, 신의 말씀, 이들을 묶는 성령은 모두 하나이다. 신의 힘은 영원하다. 인간은 신을 숭배하고 두려워해야 한다. 그렇지 않으면 이성이 없는 짐승보다도 불행할 것이다.'

가발리스Gabalis 공작은 원소 정령들이 신탁을 내린다고 주장했다. 그는 기원전에도 이 정령들이 신의 지식을 인간과 나누는 것에 기쁨을 느꼈다고 덧붙였다. 또한, 이들이 신중한 조언도 아낌없이 해주었다고 말했다. 하지만 신이 직접 인간들을 가르칠 때는 물러났는데, 이와 함께 신탁도 사라졌다고.

돔 칼메Dom Calmet는 환영에 관한 논문에서 다음과 같이 말했다. '이교도 신탁을 믿고 싶은 이들은 마음껏 믿도록 하라. 이들을 옹호할 마음은 없다. 신탁을 내리는 사제들은 많은 속임수와 환영을 행했다. 그렇다면 악마가 이와 아무 관련이 없을까? 기독교의 출현과 함께 신탁은 신빙성을 차츰 잃고 불신의 대상이 되었다. 미래를 내다본다고 주장하던 사제들은 기독교인 존재 자체가 그들을 침묵하게 만든 것을 부정할 수 없을 것이다.'

* 아폴로 신을 모시던 델포이의 여사제들. / ** 10세기 말경에 제작된 고대 지중해를 다룬 백과사전. 과거에 오인하여 제목인 '수이다스'가 이 책의 저자인 것으로 잘못 알려졌다.

뇌우 [Orages / Thunderstorms] 참조. 크리에리안Criériens, 천둥Tonnerre 등.

늑대 기도 [Oraison du Loup / Oration of the Wolf] 5일 동안 동이 틀 때 이 기도를 읊으면 굶주린 늑대와 맞붙을 수 있다. 또 개를 문 앞에 둘 수 있다고 한다. 이 유명한 기도문은 다음과 같다.

'이리 와라, 순한 짐승아. 여기 겸허한 어린양이 있다. 내가 너를 보호할 것이다. 걸음을 내딛어라, 회색 짐승아. 회색을 삼키는 그림자에게 가라. 네 먹이를 찾아가라. 늑대, 늑대 새끼들이여! 너희는 결코 고기를 가지러 여기에 올 필요가 없다. 물러나라, 사탄이여!' 참조. 양치기Garde des Troupeau.

오레이 또는 로레이 [Oray, Loray] 지옥의 위대한 후작으로 활과 화살을 짊어진 멋진 궁수의 모습으로 나타난다. 그는 전쟁을 부추기고 화살로 인해 생긴 상처들을 악화시킨다. 또 가장 날카로운 창을 던진다. 30개 군단이 그를 지배자이자 군주로 여긴다[1].

(1) 요한 바이어Johann Weyer, 『악마의 유사군주제 Pseudomonarchia Dæmonum』.

오르카벨 [Orcavelle] 기사도 소설에 등장하는 유명한 마녀. 놀라운 주문을 사용했다.

시련 [Ordalie / Ordeal] 원소 요소들을 활용한 일련의 시험. 눈을 가리고 불에 달군 쟁기 날 위를 걷거나, 불길을 지나가거나, 끓는 물에 두 팔을 담그거나, 붉게 달궈진 쇠를 손으로 잡거나, 마법의 빵 한 조각을 삼키거나, 손과 발이 묶인 채 물통에 들어가거나, 십자가 앞에서 오래도록 팔을 들고 있는 등의 시험이 이에 해당한다. 참조. 십자가Croix, 물Eau, 불Feu 등.

귀 [Oreille / Ear] 친구가 내 이야기를 하면 왼쪽 귀가, 적이 내 이야기를 하면 오른쪽 귀가 가렵다고 한다.

오레슴(기욤) [Oresme(Guillaume)] 14세기의 점성가. 알려진 것이 거의 없다.

우르파 [Orfa / Urfa] 에데사Edessa 인근에 위치한 호수. 신성하다고 여겨지는 물고기가 가득하다. 이 호수는 아브라함Abraham을 기리는 곳이기에 그물이나 미끼를 사용해서는 안 된다.

오만 [Orgueil / Pride] 일곱 가지 대죄의 추악한 문을 여는 죄. 아담Adam의 것이며 우리가 물려받았다.

오리아스 [Orias] 지옥의 대 공작으로 점성가들과 점술가들이 숭배한다. 격노한 사자의 모습으로 나타나는 그는 말을 타고 다니며 뱀 꼬리를 지녔다. 또한 양손에 독사를 한 마리씩 들고 있으며 천문학에 관한 깊은 지식을 보유하고 점성술을 가르친다. 오리아스는 욕망에 따라 사람들을 변신시키고 명예와 지위를 얻도록 도와준다. 그는 30개의 군단을 거느린다.

원죄 [Originel(Péché) / Original Sin] 인간을 괴롭히는 모든 악의 원천. 세례를 통해 영원히 바로잡을 수 있다. 원죄를 부정하는 자들은 근거를 대지 못한다. 참조. 죄Péché.

세상의 기원 [Origines du Monde / Origins of the World] 세상의 기원은 비교적 가까운 과거에 존재했다. 역사는 성서와 마찬가지로 세상의 나이를 약 6천 년 정도로 제한하며, 모든 예술 작품, 유적, 선조 문명도 이 사실에 반하지 않는다. 고대 이교도 이야기꾼들의 허무맹랑한 이야기도 살펴보자. 산추니아톤Sanchuniathon은 세상의 기원에 관해 저술했다. 그 내용은 다음과 같다. 전능한 자와 그의 아내는 빛의 안식처에 살고 있었다. 그들은 하늘만큼 눈부신 아들을 낳아 '하늘'이라고 이름 짓고, 땅처럼 매혹적인 딸을 낳아 '땅'이라 이름 지었다. 전능한 자는 맹수들에게 죽임을 당했고, 그의 자식들은 그를 신격화했다. 아버지가 세운 제국의 군주가 된 하늘은 남매인 땅을 아내로 삼았고, 자식을 여럿 두었는데 그중에 후스Hus 또는 사투르누스Saturn라고 불리는 이이가 있었다. 하늘은 다른 여러 여성과도 가정을 꾸렸는데, 이를 질투한 땅은 그의 곁을 떠나게 되었다. 그런데도 하늘은 종종 땅의 곁으로 갔고, 다시 그녀를 버리기를 반복했다. 그러던 중 땅이 낳은 자식들을 해하려는 시도마저 서슴지 않았다. 어느덧 성인이 된 사투르누스는 어머니의 편에 서서 아버지를 상대했다. 여기에는 그의 비서 헤르메스Hermes의 도움이 있었다. 사투르누스는 아버지를 몰아내고 그의 자리를 차지했다. 그 뒤 사투르누스는 도시를 건립하였다. 그는 아들 중 한 명인 사디드Sadid에게 적개심을 품고 살인을 저질렀으며, 친딸을 참수하였다. 이는 신들을 매우 놀라게 만들었다. 그때까지도 도망 중이던 하늘은 딸 셋을 사투르누스에게 보내 목숨을 거두려 했다. 하지만 사투르누스는 세 여자를 포로로 삼은 뒤 아내로 들였다. 그 소식을 접한 아버지는 두 명의 딸을 더 보냈지만, 사투르누스는 그녀들과도 혼인을 맺었다. 훗날 아버지를 함정에 빠뜨린 사투르누스는 그의 신체를 훼손한 뒤 신으로 떠받들었다. 이것들이 바로 사투르누스의 신성한 업적이며 황금기의 이야기이다. 당시 아스타르테Astarte는 사투르누스의 동의를 받고 나라를 통치하였다. 그녀는 황소 머리를 쓰고 다니며 자신의 패권을 과시하였다[1].

헤시오도스Hesiod의 주장에 따르면 태초에는 카오스Chaos(혼돈)가 있었으며 땅, 타르타로스Tartarus, 가장 아름다운 신인 사랑이 그 뒤를 따랐다고 한다. 카오스에게서 에레보스Erebus와 밤이 태어났는데, 그 사이에서 낮과 빛이 탄생했다. 땅은 별, 산 그리고 바다를 낳았다. 또한 땅은 하늘과 함께 태양, 히페리온Hyperion, 야벳Japheth, 레아Rhea, 포이베Phoebe, 테티스Thetis, 므네모시네Mnemosyne, 테미스Themis, 사투르누스를 낳았다. 그리고 외눈 거인 사이클롭스Cyclops, 50개의 머리와 100개의 팔이 달린 거인 브리아레오스Briareus와 기게스Gyges도 낳았다. 아이들이 태어나자, 하늘은 이들을 지하에 가두었다. 이에 화가 난 땅은 가짜 아이들을 만들어 사투르누스에게 주었다. 사투르누스는 이 가짜들을 이용해 자신의 아버지를 공격하였다. 그때 상처에서 흐른 피에서 거인과 복수의 세 여신Furies이 태어났다. 사투르누스는 아내이자 여자 형제인 레아와 함께 베스타Vesta, 케레스Ceres, 주노Juno, 플루토Pluto, 넵튠Neptune, 주피터Jupiter를 낳았다. 아버지에게 뜯어먹히는 것을 피한 주피터는 동굴에서 키워졌다. 그는 갇혀 있던 삼촌들을 탈출시키고, 잡아먹힌 형제들을 구출해 냈으며 사투르누스를 하늘에서 추방했다. 번개를 무기로 손에 넣은 주피터는 신과 인간의 신이 되었다.

해당 지역 산에 붙였다고 한다. 최초의 거주민들은 훗날 두 개의 돌을 숭배하였고, 이 중 하나는 바람에게, 다른 하나는 불에게 바쳤다. 이 과정에서는 희생양이 제물로 동원되었다. 이들에게 태양은 언제나 최초이자 절대적인 신이었다.

이집트인들은 인간과 동물이 태양열로 데워진 진흙에서 탄생했다고 믿었다. 고대 페키니아인Phoenicians들은 태양과 달과 별이 탄생했을 때, 공기와 불 사이에서 만들어진 진흙이 모든 동물을 빚어냈다 믿었다. 이들의 전설에 따르면 최초의 인간들은 페니키아Phoenicia를 이루었고, 당시 국가의 규모는 엄청났다고 한다. 또한 이들은 자신의 이름을

모든 고대 민족은 자신들의 계보가 매우 오래되었다고 믿었으며, 태초에 자기 민족만이 있었다고 여겼다. 현대 일부 국가에서도 여전히 이러한 맹신을 버리지 않는다. 중국인들은 대홍수가 일어나기 수십만 년 전부터 자신들이 존재했다 주장한다. 중국 연대기에서는 영원의 물질이 용, 거북이, 용마, 진귀한 새, 반고Pan-Kou라는 이름의 인간을 만들었다는 이야기가 등장한다. 이때 (무언가로부터 태어난 존재는 아니지만 창조주도 아닌) 반고는 혼돈 속에서 깨어나 끌과 망치를 만들었다. 그리고 이 도구로 여러 존재를 관리했다. 일본인들은 군주제를 설립한 진무Sin-Mu 천황보다 수백 년 앞서 조상신들이 국가에 살고 있었다고 믿는다. 프랑스의 오래된 연대기에는 노아Noah보다 왕족의 계보가 오래되었다고 기록되어 있다. 또한 프랑스 연대

기 작가들은 60명의 여러 왕이 동시대에 각각의 도시를 통치하였다고 기록했다. 중국, 이집트, 일본에서도 이런 식으로 불가능한 이야기들을 기록하였을 것이다.

파르교도Parsis이 조로아스터교도는 창조된 세상을 빠르게 채우기 위해, 신이 인류의 어머니인 이브Eve에게 매일 쌍둥이를 낳도록 허락했다고 주장했다. 또한 천 년간 죽음이 인간을 거둬가지 않고, 번식할 시간을 주었다고 말했다. 굳건함과는 다소 거리가 먼 사미인Lapps*들은 세상이 언제나 존재해 왔고 결코 종말을 맞지 않을 것이라고 생각했다.

다른 몇 가지 기원도 언급해 보겠다.

인간들은 고결한 정신과 개인적 미덕보다 귀족 가문의 고상함이나 비범한 조상에 더 가치를 부여하는 듯하다. 아프리카 골드 코스트Gold Coast 주민들은 최초의 인간이 거미로부터 탄생했다고 믿었다. 아테네Athens 주민들은 아티카Attica 숲의 개미들을 조상으로 여겼다. 캐나다 토착민 중에는 세 개의 주요 가문이 있다. 이 중 한 가문은 산토끼를, 또 다른 가문은 아름답고 용기 있는 여성을(그녀는 햇볕이 품은 잉어의 알에서 태어났다), 마지막 가문은 곰을 선조로 여겼다. 고트족 Goths 왕들은 곰으로부터 태어났다고 믿었다. 페구시아인Pegusian들은 개의 후손이라고 믿었다. 스웨덴인과 사미인은 전설 속 두 형제를 선조로 여겼다. 태풍이 한창일 당시, 두 형제 중 하나는 겁을 먹고 판자 아래 몸을 숨겨 신에게 동정받아 스웨덴인을 후손으로 두게 되었다. 용맹했던 다른 형제는 몸을 피할 생각 없이 격노한 태풍에 맞섰고, 사미인의 선조가 되었다. 그 때문에 사미인은 오늘날까지도 피난처에 대한 걱정 없이 살아간다.

시리아인Syrians들은 태초에 이 땅이 이성적 존재들이 살기 위한 곳이 아니었다고 주장한다. 태초에 하늘 백성 중 어느 먹보 부부는 팬케이크를 먹고 하늘 나라 시종에게 변소의 위치를 물었다. 시종은 다음과 같이 답했다. "저기 저 작은 땅이 보이시나요? 이곳에서 수천만 리 떨어져 있는 저 천체 말입니다. 저곳이 변소입니다." 먹보 부부는 지구로 내려갔고, 이에 대한 형벌로 그곳에 남겨지게 되었다.

인도인들은 아크테케잠Achtequedjams이라는 이름의 여덟 코끼리가 세상을 지탱한다고 믿었다.

『구약성경의 전설Légendes de l'Ancien Testament』 서문을 살펴보면 기원에 대한 자세한 이야기를 찾을 수 있다.

(1)『원시 세계Monde primitif』의 작가는 이 이야기의 실마리가 농업에 있다고 보았다. 반면 이에 못지않게 기발했던 다른 이들은 천문학에서 실마리를 찾기도 했다. 일부는 이를 페니키아인의 종교적 믿음으로 해석하였고, 일부는 해당 지역 최초 지도자들에 관한 이야기가 변질된 것으로 보았다. / * 라플란드에 사는 소수민족.

새점 [Ornithomancie / Ornithomancy]
새의 언어, 비행, 울음소리, 노랫소리를 통해 점을 치는 기술. **참조.** 점복관Augures.

오로바스 [Orobas]
지옥의 위대한 공작. 근사한 말의 모습으로 나타난다. 인간의 형상을 할 때는 신의 본질에 대해 말한다. 사람들이 그를 찾으면 과거, 현재, 미래에 관해 답을 준다. 오로바스는 거짓을 짚어내고 명예와 일자리를 내어준다. 또 적끼리 화해하도록 돕는다. 그는 20개 군단을 거느린다.

오로마시스 [Oromasis]
뛰어난 능력을 지닌 샐러맨더Salamander(불도마뱀). 카발리스트들은 오로마시스가 방주에서 노아Noah와 함께했다고 여겼다.

오로마즈 또는 오르모스 또는 오르무즈드 [Oromaze, Ormos, Ormuzd]
페르시아의 신화에 등장하는 신. 오로마즈는 24명의 신을 만들어 하나의 알에 넣었다. 하지만 그의 적인 아리만Arimane 또한 같은 수의 신을 만들었고 알을 뚫고 들어가, 결국 선과 악이 한데 모인 꼴이 되었다. **참조.** 아리만.

오론테스 [Oronte / Orontes] 파우사니 아스Pausanias의 기록에는 다음과 같은 내용이 있다. 한 로마 황제가 해군을 안타키아Antakya 로 이동시키려 했다. 그는 함선들의 이동을 위해 오론테스강을 항해할 수 있도록 만드는 작업에 착수했다. 이를 위해 황제는 엄청난 인력과 비용을 투입하였고, 결국 운하를 파 강의 방향과 흐름을 바꾸어놓았다. 기존의 강줄기가 말라 바닥을 보이자, 벽돌로 만든 무덤이 발견되었다. 무덤의 길이는 5.5미터 에 달했으며, 안에는 무덤 크기와 비슷한 덩 치의 시신이 안치되어 있었다. 이에 관해 더 많은 것을 알고자 한 시리아인들은 클라로스 Claros의 아폴로Apollo 신전을 찾았는데, 무덤 주인이 인도인 오론테스라는 사실을 알게 되 었다.

오르페우스 [Orphée / Orpheus] 에우리 디케Eurydice의 남편. 결혼식 날 아내를 여의 고 오래도록 눈물을 흘렸으며, 결국 그녀를 되찾기 위해 지옥으로 내려갔다. 명계의 신 플루토Pluto는 그에게 아내를 돌려주기로 했 다. 단, 오르페우스가 지옥을 완전히 벗어날 때까지 뒤를 돌아봐서는 안 된다는 조건을 달았다. 하지만 참을성 없던 오르페우스는 뒤를 돌아보고 다시 에우리디케를 영원히 잃 게 되었다. 이후 그는 사막으로 가 다시는 사 랑하지 않을 것이라 맹세했다. 그의 구슬피 우는 소리는 근처 맹수들까지 눈물을 흘리게 했다. 다만 슬픔에 둔하고 분노가 가득했던 바쿠스Bacchus의 시녀들은 그를 갈기갈기 찢 어버렸다. 고대인들은 오르페우스가 뛰어난 음악가이며, 그의 음악 앞에서 모두가 무릎 을 꿇었다고 믿었다. 중세 시대의 편집자들 은 그를 탁월한 마법사로 여겼다. 신화에서 매력적으로 묘사된 그의 목소리에 마법의 힘 이 있었다고 보았다.

르 루아예Pierre Le Loyer는 오르페우스가 위 대한 마법사이자 강신술사였다고 주장했다. 오르페우스가 남긴 글은 악마에 대한 찬양으 로 가득했고, 악마까지 소환할 수 있었다고 말했다. 더불어 오르페우스는 마법사 집단 인 오르페오텔레스트단Orpheotelests을 창단했 다. 이때 바쿠스는 변장한 악마로 나타나, 오 늘날 마녀 집회에서 악마들이 하는 역할들을 수행했다. 바쿠스는 사마시우스Sabasius라는 이름으로 불렸는데, 여기서 마녀 집회Sabbat 라는 이름이 파생되었다. 오르페우스의 죽음 이후, 그의 머리는 레스보스Lesbos 섬에서 신 탁을 내렸다고 한다. 트제트제스Tzetzes는 오 르페우스가 이집트에서 성행하던 불길한 마 법을, 그중에서도 뱀을 현혹하는 마법을 배 웠다고 주장했다. 파우사니아스Pausanias는 오 르페우스의 지옥 방문 이야기를 그의 테스프 로티아Thesprotia 여행으로 설명했다. 테스프로 티아는 망자의 영혼을 소환하기 위해 주술을 행하는 지역이었기 때문이다. 그곳에서 아내 와 닮은 환영에 속은 오르페우스는 깊은 슬 픔에 빠져 속세를 떠나고자 트라케Thrace의 산으로 숨어들었다고 한다. 르클레르크Leclerc 또한 오르페우스가 강력한 마법사였다고 주 장했다. 더불어 오르페우스의 찬가가 지옥 의 소환술이었다고 덧붙였다. 아폴로도로스 Apollodorus와 루키아노스Lucian는 오르페우스 가 그리스에 마법을 퍼뜨렸으며, 별을 읽는 법과 영혼을 소환하는 법을 유행시켰다고 기 록했다.

보육원 [Orphelinats / Orphanages] 구 호 기관들은 초현실적 현상으로 인한 문제 를 자주 겪었다. 17세기 중반 앙투아네트 부 리뇽Antoinette Bourignon은 릴Lille에 설립한 보 육원에서 여자아이들 머리 주위로 날아다니 는 작은 악마 떼를 목격했다. 사고를 예방하 기 위해, 그녀는 주변 경계를 더욱 삼엄히 했 다. 어느 날, 여자아이 하나가 갇혀있던 방에 서 빠져나오는 일이 발생했다. 굳게 잠겨있 던 문을 누가 열어주었냐는 물음에, 아이는 다음과 같이 답했다. "어릴 적부터 충성을 바 친 악령이 저를 풀어주었습니다." 이후 50여 명의 아이들이 자신이 빙의되었으며, 밤사이 마녀 집회로 옮겨졌다고 주장했다. 앙투아네 트 부리뇽은 보육원 아이들의 상상력을 자극 했다고 고발당했다. 경찰에게 붙잡히는 것이 두려웠던 그녀는 달아났다.

1669년 혼Horn 보육원의 아이들 또한 경

련과 정신착란 증세를 보였다. 이곳은 개신교 각파가 있는 지역이었고, 악마들은 자유롭게 돌아다녔다. 이는 구마 의식을 할 수 있는 목사가 없었기 때문이었다. 보육원 아이들은 소리를 지르고 개처럼 짖었다. 또 바닥에 몸을 던지거나 단단한 표면에 격렬히 몸을 부딪쳤다. 1566년 암스테르담Amsterdam의 한 보육원에서도 유사한 사건이 일어났다. 후프트Hooft는 저서 『네덜란드사Histoire des Pays-Bas』에서 보육원의 아이들 70명이 악령에게 빙의된 것으로 보인다고 기록했다. 이 아이들은 높은 벽을 오르고 지붕 위를 고양이처럼 뛰어다녔다. 또 화가 나면 얼굴이 끔찍하게 변하기도 했다. 아이들은 배운 적 없는 언어를 사용하며, 작은 방에 앉아 동시간대 시청에서 벌어지는 일들을 말할 수 있었다. 이는 악마의 질병이었고, 어떻게 회복하였는지에 대한 기록은 찾을 수 없다.

오르페오텔레스트단 [Orphéotelestes / Orpheotelests] 오르페우스의 비술을 행하며 마법사 집회를 열던 이들.

음용 금 또는 인공 금 [Or Portable, Or Artificiel / Portable Gold, Artificial Gold] 참조. 연금술Alchimie.

오르(존) [Orr(John)] 영과 소통하던 미국인. 오르는 길에서 강신술을 가르치며, 자신이 천사 가브리엘Gabriel이라고 말하고 다니다 죽음을 맞이했다. 그를 따르던 신봉자들은 그의 인간적인 죽음에 놀라지 않을 수 없었다. 해당 사건은 데메라라Demerara에서 1857년 초에 발생했다.

오르톤 [Orthon] 푸아Foix 백작에게 붙어있던 작은 악마 또는 사역마. 프로아사르Froissart가 언급한 적이 있다.[1]

(1) 『정령과 악마의 전설Légendes des esprits et démons』속 해당 이야기를 참조할 것.

쐐기풀 [Ortie Brûlante / Stinging Nettle] 아이슬란드인들은 이 풀을 네틀라Netla라고 부르며, 마법을 피하도록 해주는 특별한 효험이 있다고 여겼다. 민담에 따르면 이 풀의 효험을 얻기 위해서는 회초리를 만들어 발가벗긴 마법사들을 매질해야 한다고.

망자의 뼈 [Os des Morts / Bones of the Dead] 모리타니Mauritania의 일부 주민들은 두 시체를 같은 매장지에 두지 않았다. 이는 부활이 될 시 뼈가 부족한 뼈를 훔치는 일이 없도록 하기 위함이었다.

오토 [Othon / Otto] 수에토니우스Suetonius는 갈바Galba의 유령이 자신을 죽인 살인자 오토를 끈질기게 따라다녔다고 말했다. 또 오토를 침대에서 잡아당기고 겁에 질리게 하며 천 가지 고통을 주었다고 덧붙였다. 이는 어쩌면 회한으로 생긴 망상일 수 있다.

오티스 또는 보티스 [Otis, Botis] 지옥의 대 백작. 독사의 모습으로 나타난다. 인간의 모습을 할 때는 커다란 이빨과 함께 머리 위에 두 뿔이 솟아있다. 또한 손에는 검을 들고 있다. 그는 현재, 과거, 미래에 대해 뻔뻔하게 답한다. 오티스는 벗만큼 많은 적을 두고 있다. 그는 60개 군단을 거느린다.[1]

(1) 요한 바이어Johann Weyer, 『악마의 유사군주제Pseudomonarchia Dœmonum』.

라웨노 [Ouahiche / Raweno] 이로쿼이족Iroquois 광대들이 영감을 받는 정령 또는 악마. 라웨노는 광대들에게 미래의 일을 알려주곤 했다.

아이팔로비크 [Ouikka / Aipaloovik] 에스키모인들이 믿는 악령. 태풍을 몰고 오고 배를 뒤집는다.

우클란 토욘 [Oulon-Toyon / Ukulan-Toyon] 스물일곱 개 악령 부족의 수장. 야쿠트족Yakuts은 우클란 토욘이 공기 중에 떠다니며 악착같이 인간에게 해를 끼친다고 믿었다. 우클란 토욘은 아내와 많은 자녀가 있다.

우피레스 [Oupires] 참조. 흡혈귀Vampires.

우란 또는 우란 소앙그 [Ouran, Ouran-Soangue)] 악마 들린 자로 동인도 섬인 그롬보카노르Gromboccanore 마법사들을 지칭하는 말. 이들은 원할 때 자신을 보이지 않게 만들거나, 원하는 곳으로 순간 이동할 수 있었다. 주민들은 이들을 두려워했으며 극도로 혐오했다. 그렇기에 이 중 한 명을 체포하면 자비 없이 죽였다.

우리스크 [Ourisk] 실바누스Silvanus, 사티로스Satyrs와 유사한 작은 악마.

곰 [Ours / Bears] 오스티아크인Ostiacks들은 곰을 죽이면 가죽을 벗겨 그들의 우상 옆 나무에 걸어두었다. 그리고 곰의 생명을 앗아간 것에 대해 공손하게 사과를 올리며 혼을 기렸다. 혼을 기리며 그들은 사냥에 대한 나름의 변명을 했다. 곰에게 상처를 입힌 활촉은 그들이 만든 것이 아니고, 화살의 속도를 높여준 깃털 또한 이름 모를 새에서 뽑아낸 것이니 근원적인 책임은 없다는 것이다. 캐나다에서는 곰을 잡으면 사냥꾼 무리 중 하나가 곰에게 다가갔다. 그리고 이빨 사이에 자신의 담뱃대를 끼운 뒤, 연기를 불어넣었다. 또 곰의 영혼이 복수하지 않도록 주문을 외웠다. 사냥꾼은 곰의 혀 아래를 도려내 사냥이 끝날 때까지 이를 지니고 다녔다. 이후 마을 전체가 모여 큰불을 지피는데, 이때 사냥꾼들은 잘라낸 혀를 불 속에 엄숙한 태도로 던져넣었다. 살덩어리가 타닥타닥 소리와 함께 자연스럽게 불에 타며 점점 작아지면 이는 곰의 분노를 잠재웠다는 것을 의미하였다. 그렇지 않을 경우, 곰의 영혼이 분노한 것이니 다음 해 사냥이 풍요롭지 못할 것으로 예견되었다. 더불어 곰의 화를 누그러뜨리려 공물을 바치거나 주술을 외워야 했다[1].

때때로 악마는 곰의 모습을 하고 나타난다. 하루는 한 독일 여성 앞에 악마가 곰의 모습을 하고 나타났다. 그 주변에는 새끼 곰들이 있었는데 다름 아닌 코볼트Kobold들이었다. 그의 존재를 의심한 여성은 성호를 그어 악마들을 쫓아냈다. 시토Citeaux 수도원의 한 성가대원은 새벽 기도 중 잠시 잠이 들었다가 갑작스럽게 깨어났다. 그리고 성가대에서 곰 한 마리가 튀어나오는 것을 목격했다. 곰은 마치 순찰하는 경찰처럼 수도사들을 하나씩 뜯어보았다. 그리고 그곳을 벗어나며 다음과 같이 말했다. "모두 깨어나 있군. 나중에 다시 돌아와 잠들었나 확인할 것이다…." 이 순진한 이야기에서 곰은 수도사들이 의무를 저버리지 않게 하기 위해 보내진 악마로 볼 수 있다[2].

과거엔 곰의 뇌를 먹은 자는 어지러움을 느끼며 곰으로 변한다는 미신이 있었다. 게다가 곰처럼 행동하기까지 했다고.

(1) 라 아르프La Harpe, 『여행기 요약Abrégé de l'histoire Générale des Voyages』, 18권, 396페이지. / (2) 하이스터바흐의 케사리우스Caesarius von Heisterbach, 『Miracul. Illustrium』, 5권, 49장.

오비디우스 [Ovide / Ovid] 『노파의 서 Livre de la vieille』라는 마법서를 썼다고 하나, 이에 관해 알려진 바가 없다.

옥시온 [Oxyones] 게르마니아Germania의 상상 속 민족. 인간의 머리와 짐승의 몸을 지녔다.

하지만 이는 우화이자 농담에 불과하다. 풍자화를 그리는 사람들은 종종 이 주제를

사용했는데, 1791년 라파예트Lafayette 장군은 항상 네 발 달린 모습으로 표현되었다. 그가 항상 말을 타고 다녔기 때문이다.

오즈 [Oze] 기욤이 대 총재, 표범 또는 인간의 모습을 하고 나타난다. 오즈는 추종자들을 인문학에 뛰어나도록 만들어준다. 또 신성하고 추상적인 질문에 답하며, 인간을 변신시킨다. 그는 왕 또는 황제라고 믿을 정도로 인간의 정신을 빼놓기도 한다. 오즈는 왕관을 썼으나, 그의 왕위는 하루 중 단 한 시간만 유효하다[1].

(1) 요한 바이어Johann Weyer, 『악마의 유사군주제 Pseudomonarchia Dæmonum』.

P

파(올라우스) [Pa(Olaûs)] 참조. 아르프 Harppe.

계약 [Pacte / Pact] 악마와 계약을 맺는 방법은 여러 가지가 있다. 미신을 믿는 이들은 마법서에 기록된 소환 부분을 읽거나, 여러 책에서 발췌한 주문을 읊는다. 또는 검은 닭을 교차로에서 죽여 사체를 묻을 때 주문을 외우기도 한다. 이를 통해 악마가 모습을 드러내면 계약이 이뤄지는데, 자신의 피를 묻혀 계약서에 서명하게 된다. 어둠의 천사들은 이런 계약에 있어 소환자 자신을 바치라는 계약 조건을 내걸며, 이 외 다른 조건에는 별로 관심을 가지지 않는다.

악마의 고대 능력을 부정하던 가발리스 공작 Comte de Gabalis은 노움 Gnomes (땅의 요정) 과 계약을 맺는 행위가 추후 악마로 와전된 것이라 보았다. 노움은 보물을 나눠준 뒤 인간의 영혼을 빼앗는다. 다만 노움은 어둠 제국에 사는 이들의 조언에 따라 행동한다.

베지에 Nicolas Sylvestre Bergier는 자연적 혹은 초자연적인 무엇을 얻기 위해 맺는 명시적이거나 암묵적인 약속이 계약이라고 말했다. 다음 세 가지가 명시적이며 형식적인 계약이라고 볼 수 있다.

첫째, 악마를 직접 불러내거나 도움을 요청했을 때이다. 이때 계약자는 악마를 실제로 목격하거나 목격한 것으로 믿는다. 둘째, 악마와 관계를 맺거나 소통할 수 있다고 주장하는 사람의 중개를 통해 소환할 때이다. 셋째, 악마의 도움을 받길 기대하며 무언가를 행할 때이다. 반면 암묵적인 계약은 다르다. 자연적으로 이뤄질 수 없는 결과를 기대하며 은밀히 부를 때, 암묵적인 악마 계약이 행해진다. 이 경우, 해당 결과는 오직 악마의 개입을 통해서만 이뤄질 수 있다. 예를 들어 보겠다. 말로 병자를 낫게 한다는 사람이 있을 수 있지만, 본래 말에는 그런 힘이 없다. 신은 그 주문에 그러한 능력을 준 적이 없는 것이다. 따라서, 이 주문이 어떠한 결과를 가져왔다면, 이는 악령의 술수라고 볼 수밖에 없다. 즉 신학자들은 이러한 모든 형태의 마법, 미신이 악마와의 암묵적인 계약을 동반한다고 결론지었다. 그 어떤 미신적 행위도 악마의 개입 없이 이뤄질 수 없기 때문이다. 이는 성 아우구스티누스 St. Augustine, 성 토마스 St. Thomas 그리고 해당 주제를 다룬 모두의 의견이다.[1]

아래의 내용들은 『클라비클 신성왕국 Sanctum Regnum de la Clavicule』 또는 『악마 계약을 맺기 위한 진정한 방법: 모든 고등 악마의 이름, 능력, 재능. 위대한 클라비클 조약에 따라 이들이 원하는 모든 명령에 순종토록 강요하는 법. 또 소환하는 법 La véritable manière de faire les pactes ; avec les noms, puissances et talents de tous les grands esprits supérieurs, comme aussi la manière de les faire paraître par la force de la grande appellation du chapitre des pactes de la grande Clavicule, qui les force d'obéir à quelque opération que l'on souhaite』이라는 기이한 마법서를 참고했다.

악마를 부르고 싶지만, 번개 막대나 카발라 서클을 만드는 데 필요한 능력이 없는 사람은 『클라비클 신성왕국』 또는 『악마 계약을 맺기 위한 진정한 방법』이라는 이 책을 깊게 탐구할 필요가 있다. 그리한다면 보물을 얻고, 가장 깊숙한 곳에 숨겨진 비밀을 파헤치고, 악마를 밤새 부려 먹고, 태풍이나 우박을 자유자재로 일으키며, 투명해지거나 순간이동을 하고, 어느 자물쇠든 열 수 있으며, 집 안에서 벌어지는 일을 훔쳐보고, 목동의 모든 재주를 익힐 수 있다. 이와 더불어 영광의 손을 얻을 수 있게 해주거나 금속, 광물, 식물, 동물의 성질과 효능을 이해하는 데도 도움을 줄 것이다. 악마 계약을 맺는 진짜 방법은 위대한 『솔로몬의 열쇠Key of Solomon』를 통해 찾을 수 있다. 솔로몬Solomon 그의 이름을 통해 엄청난 부를 축적하고 자연의 불가사의한 비밀을 알아낼 수 있었다. 다음은 계약 방법이다.

"악마(악령)와 계약을 맺을 수 있는 검증된 방법인 '악마 계약Pacta dæmoniorum'을 자세히 살펴보기 앞서, 주요 악마의 이름과 능력 그리고 영향력을 나열하는 것으로 시작해 보겠다.

루시퍼Lucifer 황제. 벨제부스Belzébuth 왕. 아스타로스Astaroth 대공작.

이 세 악마에게 속한 이들이 그 뒤를 따른다.

루시푸주Lucifuge 수상. 사타나치아Satanachia 대장군. 플뢰르티Fleurety 부사령관. 네비로스Nebiros 야전 사령관. 아갈리아레프트Agaliarept 장군. 사르가타나스Sargatanas 중대장.

이 여섯 악마는 다른 악마에게 위임한 권력을 통해 지옥 전체를 관리한다. 이들은 열여덟 부하 악마를 두고 있다. 다음이 이에 해당한다.

바엘Bael, 아가레스Agarès, 마르바스Marbas, 프루플라스Pruflas, 아몬Aamon, 바르바토스Barbatos, 부에르Buer, 구소인Gusoyn, 보티스Botis, 바팀Bathim, 푸르산Pursan, 아비가르Abigar, 로레이Loray, 발라파르Valafar, 포레이Foray, 아이페로스Ayperos, 나베루스Naberus, 글라샬라볼라스Glassyalabolas.

이 열여덟 악마의 상관은 다음과 같다.

루시푸주는 바엘, 아가레스, 마르바스의 상관이다. 사타나치아는 프루플라스, 아몬, 바르바토스의 상관이다. 아갈리아레프트는 부에르, 구소인, 보티스의 상관이다. 플뢰르티는 바팀, 푸르산, 아비가르의 상관이다. 사르가타나스는 로레이, 발라파르, 포레이의 상관이다. 네비로스는 아이페로스, 나베루스, 글라샬라볼라스의 상관이다.

이들에게 속한 하급 악마는 수백만이지만, 이들을 하나하나 언급할 필요는 없다. 오직 상관의 명령하에 하급 악마가 움직이기 때문이다. 이 상급 악마들은 하급 악마를 시종처럼 부린다. 만약 여섯 명의 주요 악마 중 하나와 계약을 맺는다면(누구라도 상관없다) 그의 부하 세 악마 중 누가 당신의 명령을 수행할 것인지 묻도록 한다.

다음은 앞서 언급된 악마들의 권력, 지식, 기술, 능력을 자세히 설명한 것이다. 계약을 맺고자 하는 이는 여섯 악마 가운데 자신에게 필요한 능력을 확인하도록 하자.

첫 번째로 언급할 악마는 지옥의 수상 루시푸주이다. 그는 루시퍼에게 전수받은 힘으로 세상의 모든 부와 보물에 영향을 미친다.

두 번째는 사타나치아 대장군이다. 그는 모든 여성을 관장하며 대악마 군단을 지휘한다.

마찬가지로 장군인 아갈리아레프트는 지상의 모든 왕궁과 정부의 가장 은밀한 비밀을 알아낼 수 있다. 또 거대한 미스터리를 밝혀낸다. 그는 두 번째 악마 군단을 거느린다.

플뢰르티 부사령관은 우리가 원하는 걸 밤새 이루어줄 능력이 있다. 그는 원하는 곳 어디든 우박을 내릴 수 있다. 또 중대한 악마 부대를 거느린다.

사르가타나스 중대장은 사람을 눈에 보이지 않게 만들거나 순간 이동시킬 수 있다. 또 모든 자물쇠를 열고, 집에서 일어나는 모든 일을 볼 수 있게 해준다. 게다가 목동의 모든 요술과 술책을 교수한다. 그는 여러 악마 중대를 지휘한다.

네비로스 야전 사령관(또는 감독관)은 원하는 사람 누구든 해칠 수 있다. 또 영광의 손을 찾게 해주며 모든 금속, 광물, 식물, 동물의 성질과 효능을 교수한다. 그는 지옥 악마 가운데 가장 위대한 강신술사로 미래를 예견할 수 있다. 네비로스는 어디든지 나타나며 지옥의 모든 악을 감독한다.

앞서 언급한 악마 중 하나와 계약을 맺고자 한다면, 계약일로부터 이틀 전 누구의 방해도 받지 않을 곳을 찾도록 한다. 그리고 사용한 적 없는 새 칼로 열매를 맺은 적 없는 야생 개암나무 가지를 꺾어 번개 막대를 만든다. 반드시 일출에 맞춰 가지를 꺾어야 한다. 이후 상긴Sanguine과 축복 받은 양초 두 개를 준비한다. 외딴 방이나 오래된 폐허에서도 계약을 맺을 수 있다. 그리하면 악마가 마음에 드는 보석을 가져올 수 있을 것이다. 이제 상긴을 이용해 삼각형을 그린다. 이는 처음으로 계약을 맺을 때만 시행하도록 한다. 그리고 축복받은 양초 두 개를 삼각형 옆에 두고 성스러운 예수 그리스도Jesus Christ의 이름을 적는다. 그러면 모든 악이 당신을 피해 갈 것이다. 이후 삼각형 가운데 자리를 잡고 마법 지팡이를 손에 든 채 악마를 소환한다. 그리고 요구 사항과 계약 내용을 읊은 뒤 악마를 돌려보낸다.

주문 내용은 다음과 같으며, 이를 엄숙히 외도록 한다.

'오 황제 루시퍼, 모든 반역자 악마의 군주여. 내가 그대의 수상 루시푸주 로포칼Lucifuge Rofocale과 계약을 맺고자 하니, 부디 내 요청을 받아주시오. 왕 벨제부스여, 부디 이 계약에서 나를 지켜주길 바랍니다. 아스타로스 대 공작이여, 부디 오늘 밤 위대한 루시푸주가 사람의 모습으로 내 앞에 나타나되, 악취를 풍기지 않게 온정을 베푸시오. 그리고 내가 맺게 될 계약을 통해, 필요한 모든 부를 내려주시오. 오 위대한 루시푸주여! 어디 있든 그곳을 떠나 나를 만나러 오길! 그렇지 않으면 살아있는 주의 힘으로, 성자와 성령의 힘으로 강제할 수밖에 없소. 즉시 내 명을 따르거나, 솔로몬이 남긴 위대한 주문의 힘으로 영원히 고통받으시오. 나는 솔로몬의 힘을 이용해 반드시 이 계약을 성사시킬 것이오. 그러니 재빨리 모습을 드러내시오. 아니면 신성한 주문의 힘으로 끝없이 고통받게 될 것이오. 아깁, 테트라그램, 바이케온 스티뮬라마톤 이 에즈파레스 테트라그람마톤 오리오람 이리온 에시티온 엑시스티온 에리오나 오네라 브라심 모임 메시아스 솔레르 에마누엘 사바오트 아도나이, 테아도로 에트 인보코Agipn, tetagram, vaycheon stimulamaton y ezpares tetragrammaton oryoram irion esytion existion eryona onera brasim moym messias soler Emanuel Sabaot Adonay, teadoro et invoco.'

이 위대한 주문을 외우는 즉시, 악마가 나타나 다음의 말을 할 것이다. '내가 왔노라. 내게 뭘 원하는가. 어째서 나의 평온을 깨는 것인가. 대답하라.' 그러면 다음과 같이 답한다. '나와 계약을 맺고 즉시 내게 부를 안겨주시오. 그렇지 않으면 솔로몬의 강력한 주문들로 그대를 고통에 처하게 하겠소.' 이후 악마는 제안할 것이다. '너는 내게 20년 후 육신과 영혼을 온전히 바쳐야 할 것이다. 그렇지 않으면 난 네게 복종할 수 없다.'

이후 당신은 새 양피지 조각에 직접 작성한 계약서를 보여주어야 한다. 이때, 계약의 내용은 명료한 말로 다음과 같이 작성하고, 당신의 피로 서명을 해야 한다. '보물을 전해 받는 대가로 위대한 루시푸주에게 20년 후 나 자신을 바친다. 이에 서명한다.'

하지만 악마는 이렇게 말하며 사라질 것이다. '네 요청을 받아들일 수 없다.'

이제 악마를 강제로 당신에게 복종시키기 위해『솔로몬의 열쇠』에 나오는 무시무시한 주문을 읊어 악마가 다시 나타나게 만들어야 한다. 나타난 악마는 다음과 같이 말할 것이다. '나를 어째서 괴롭히는 것이냐? 평화롭게 둔다면 네게 보물을 주겠다. 단, 매월 첫 번째 월요일마다 내게 동전을 한 닢씩 바치는 조건과 매주 밤 10시에서 새벽 2시 사이 ~~에 한 번씩 미사를 올린다는~~ 조건으로 말이다. 나도 서명했으니 네가 ~~계약서를 가져가라. 약~~속을 지키지 않는다면, 이십 년 뒤 너를 데려갈 것이다.' 그러면 다음과 같이 말한다. '네 요구를 받아들이겠다. 단, 내가 즉시 획득할 수 있도록 가장 가까운 곳에 있는 보물을 보여주어야 할 것이다.'

악마는 답할 것이다. '나를 따라와라. 그리고 내가 보여주는 보물을 가져가라.'

이때 두려움 없이 악마를 따라가야 한다. 그리고 보물 위에 양측이 서명한 계약서를 던지고, 보물을 마법 지팡이로 만진다. 당신은 가져갈 수 있는 만큼의 보물을 챙긴 뒤 뒷걸음질 쳐 사전에 그려놓은 삼각형으로 돌아가야 한다. 이후 보물을 발 앞에 둔 뒤 즉시 악마를 돌려보내는 주문을 외운다.

계약을 맺은 악마를 돌려보내는 주문은 다음과 같다.

'오 위대한 루시푸르! 일단은 그대의 답에 만족하였다. 그대를 방해하지 않을 것이며, 그대가 온 곳으로 그대를 돌려보내니, 소음이나 악취를 남기지 말지어다. 계약에 명시된 내용을 잊어선 안 될 것이다. 이를 어긴다면 나는 『솔로몬의 열쇠』에 나오는, 모든 반역자 악마를 복종시킬 수 있는 강력한 주문으로 너를 영원히 괴롭힐 것이다….(2)'"

(1) 베지에 Nicolas Sylvestre Bergier, 『신학 사전 Dictionnaire théologique』 속 유명한 악마 계약 이야기들을 참조할 것. / (2) 『지옥의 전설 Légendes Infernales』 속 악마 계약의 전설들을 참조할 것. * 붉은 계열의 브라운색 분필. 마른 피의 색을 띤다.

시험의 빵 [Pain / Bread(Épreuve du / Trial of)]

보릿가루로 만든 빵. 이 빵은 축복을 받았거나 주술에 의해 저주를 받았을 수 있다. 앵글로색슨족 Anglo-Saxons은 유죄가 입증되지 않은 자에게 이 빵을 먹였다. 그리고 결백하다면 아무런 해를 입지 않을 것으로 생각했다. 다만 죄가 있다면 삼킬 수 없거나 목이 막힐 것으로 여겼다. 이 의식이 집행되는 동안 판사는 특별한 기도를 올렸다. 범죄자라면 턱이 뻣뻣하게 굳고, 목구멍이 줄어들어 빵을 삼키거나 뱉지 못하게 해달라고 말이다. 사실 이는 교회 기도를 모독하는 행위였다.(1). 이 시험에서 유일하게 현실적인 것은 거친 보릿가루로 만든 이 빵은 삼키기가 어렵다는 것이다. **참조.** 코슨드 Corsned, 보리 빵 섬 Alphitomancie 등.

(1) 베지에 Nicolas Sylvestre Bergier, 『신학 사전 Dictionnaire théologique』.

축복받은 빵 [Pain Bénit / Holy Bread]

브르타뉴 Bretagne 갱강 Guingamp 및 여러 지역에선 익사자의 시신을 찾을 수 없는 경우 다음의 방법을 사용한다. 불을 켠 작은 초를 축복받은 빵에 끼운 뒤 물 위에 떠다니도록 둔다. 빵이 멈춘 곳을 살펴보면 시신을 찾을 수 있다.(1). 가장 놀라운 것은 이러한 기적이 자주 발생한다는 것이다. 이를 어떻게 설명하면 좋을까? 샹파뉴 Champagne와 다른 지역에서도 동일한 풍습을 목격할 수 있다.

(1) 자크 캠브리 Cambry, 『피니스테르 여행 Voyage dans le Finistère』, 3호, 159페이지.

파조(마르게리트) [Pajot(Marguerite)]

1576년 토네르 Tonnerre에서 사형당한 마녀. 죄목은 마녀와 마법사의 야간 집회에 참석한 것이다. 그녀는 저주를 걸어 사람과 짐승을 죽게 하였다. 또 저주에 필요한 나무 조각을 빌려주지 않은 마녀를 죽이기도 했다. 특이하게도 마녀 집회에서 돌아오는 그녀의 몸은 늘 차가웠다.

부활 [Palingénésie / Palingenesis] 뒤셴Duchene은 크라쿠프Krakow의 한 폴란드인 의사 이야기를 기록했다. 의사는 유리병에 여러 식물의 재를 보관하였다. 만약 의사가 장미를 보고 싶다면, 장미 재가 든 유리병을 골라 불을 켜둔 양초 위에 놓았다. 열기로 인해 재가 천천히 움직이면, 작고 검은 구름 같은 것이 생성되었고 이후 너무나 아름다운 장미의 모습으로 변하였다. 그 장미는 신선하고 완벽해 마치 만질 수 있을 것 같았고 향기도 날 것 같았다. 이런 부활과 관련된 이야기는 더 존재한다. 부활술을 통해 죽은 자도 다시 되돌려놓을 수 있다는 이야기가 있다. 반 더 베켄Van Der Beken은 이러한 이야기를 누구보다 확고히 믿었다. 그는 사람의 핏속에 인체 구조를 미세화시킨 소립자가 존재한다고 논문에 기록하였다. 그는 몇몇 이들이 갓 채취한 인간의 피를 증류시켜 그 속에서 탄식하는 유령을 관찰하였다고 말했다. 이를 본 증인들은 겁과 공포에 질렸다고. 또 이러한 이유로 신은 유대인에게 동물의 피를 먹는 것을 금하였다고 덧붙였다. 동물의 영혼 또는 그 소립자가 나쁜 영향을 끼칠 것을 염려했기 때문이다. 따라서 조상들의 재를 보관하면 우리는 유령을 출몰시킬 수 있다. 르브룅Lebrun 사제는 돌아가신 부모나 조상을 만나 위안을 얻고자 한다면, 악마의 도움을 요청하는 것보다 정당한 부활술을 행하는 것이 낫다고 보았다! 또 이 말대로라면 학자들은 로마인, 그리스인, 히브리인을 비롯한 다수 고대 민족을 다시 되살리는 일에 크게 기뻐할 것이다. 게다가 죽은 사람의 재만 있으면 된다고 하니 이 일은 정말 가능할 것처럼 보인다. 이 부활술은 다른 몽상적인 여러 사상과 마찬가지로 여러 신봉자를 낳았다. 사람들은 참새를 불태워 소금과 재를 추출한 뒤, 이를 천천히 데우면 원하는 결과를 얻을 수 있다고 믿었다. 영국 왕실 아카데미는 인간을 대상으로 이러한 실험을 진행했는데 무슨 연유에선지 원하는 결과를 얻지 못한 듯하다. 이 일말의 주목도 필요 없는 우스꽝스러운 망상은 다수의 헛된 시도 끝에야 종결되었다. 참조. 재Cendres. 보네Bonnet의 『철학적 부활Palingénésie philosophique』은 18세기에 출간되어 금지된 논문이다. 해당 저서는 과학적인 요소보단 신학적인 내용을 주로 담고 있다.

맥박점 [Palmoscopie / Palmomancy] 파미쿰Palmicum이라고도 불린다. 이 점은 희생양의 맥박을 이용해 점을 치는 기술이다. 맥박은 수동으로 계산한다.

팔루드(마들렌 드 멘도즈 드 라) [Palud(Madeleine de Mendoz de la)] 마르세유Marseille 귀족의 딸이자 우르술라Ursulines 수녀원의 수녀. 19세 나이에 고프리디Gaufridi에게 저주를 받았다. 참조. 고프리디.

고프리디의 재판이 있고 40년 후. 팔루드는 곁에 개 한 마리 밖에 남지 않은 상황에서도 마법을 행하려 들었다. 그녀는 1653년 프로방스Provence 재판소에서 종신형을 선고받았다.

파밀리우스 [Pamilius] 페라이Pherae의 파밀리우스는 전투에서 사망한 뒤 시체들 사이에서 열흘을 보냈다. 이후 전쟁터에서 끌어낸 그의 시체를 태우기 위해 장작 위에 올렸을 때, 그는 되살아났다. 그리고 사망한 상태로 있었을 때 겪은 놀라운 이야기들을 들려주었다.[1]

(1) 르 루아예Pierre Le Loyer, 『귀신의 역사 혹은 귀신 환영Histoire des spectres ou apparitions des esprits』.

판 [Pan] 이집트의 위대한 여덟 신(또는 일곱 신) 중 하나. 몸의 상반신은 인간, 하반신은 염소이다. 악마학 내에서 판은 인큐버스Incubus(남성 몽마)의 왕으로 묘사되었다.

몇몇 이들은 위대한 판이 악마 통치를 의미하며, 예수 그리스도Jesus Christ가 십자가에 매달려 죽음으로서 소멸되었다고 주장했다. 플루타르코스Plutarch는 이렇게 악마 통치가 사라졌을 당시 일어난 다음과 같은 사건을 글로 기록했다.

에피테르세스Epitherses가 여러 사람과 함께 이탈리아로 가는 배를 타고 에게해Aegean Sea 작은 섬들을 통과할 당시의 일이었다. 대부분 탑승객이 저녁 식사 후 잠을 자지 않고 술을 마시고 있을 때, 팍세스Paxes라 불리는 섬 근처를 지나가자 기이한 목소리가 들려왔다. 목소리는 이집트인 항해사 타무스Thamus를 힘차게 부르며 모든 동행인을 놀라게 했다. 팍세스에서 세 번째 부름이 있자 결국 타무스는 목소리에 답했다. 목소리는 더욱 큰 소리로 특정 지역에 배를 정박시키고 위대한 판이 죽었다는 사실을 외치라고 명했다.

바람이 불지 않아 배가 움직일 수 없게 되자, 사람들은 논의 끝에 반드시 이 지시를 이행해야 한다는 결론을 내렸다. 결국 적막이 찾아왔을 때 타무스는 힘껏 위대한 판이 죽었다고 소리쳤다. 그가 외침을 마치기 무섭게, 신음과 울음소리가 사방에서 들려왔다. 이 사건에 대해 전해 들은 티베리우스Tiberius 황제는 타무스를 불러들였고 학자를 모아 해당 문제에 대해 논의했다. 다른 이야기도 있다. 황제의 명을 받은 데메트리우스Demetrius는 영국 인근 불모지 같은 섬들을 탐험하였다. 그리고 한 섬에 정박했는데 얼마 뒤, 끔찍한 태풍이 일었다. 섬사람들은 이것이 악마 또는 반신이 죽었기 때문이라고 답했다.[1]

(1) 벤자민 비네Benjamin Binet, 『이교도 신과 악마 개론 Traité des dieux et des démons du paganisme』.

팬더모니움 [Pandæmonium] 밀턴Milton이 언급한 지옥의 수도.

파낭(바르톨로메) [Panen(Bartholomée)] 신교도 구마사. **참조**. 기욤Guillaume.

파네로스 [Paneros] 플리니우스Pliny가 언급한 이 보석은 여성을 임신시킨다.

바구니 [Paniers / Baskets] 랍비들은 이브Eve라는 단어의 어원에 관한 제법 흥미로운 우화를 전한다. 이들의 주장에 따르면 이브는 '이야기하다' 라는 단어에서 파생되었다고 한다. 신은 세상을 창조했을 때 조잘거리는 바구니 12개를 하늘에서 떨어뜨렸다. 이때 최초의 여성은 이 바구니를 9개 주워들었다. 그녀의 남편은 3개밖에 줍지 못했다고.

판차 붓다 [Panjacartaguel / Pancha Buddha] 인도에서 다섯 신을 가리키는 단어. 창조주가 만든 다섯 가지 요소를 의미하기도 한다. 이 요소들은 우주 형성에 기여했다. 인도인들의 믿음에 따르면, 신은 무에서 공기를 만들어냈다고 한다. 그리고 공기의 움직임은 바람을 만들어냈다. 이후 공기와 바람의 충돌로 불이 탄생했다. 불이 물러나면서 습도가 생겨났고 물이 만들어졌다. 이 다섯 요소가 모여 거품이 발생했는데, 불의 열기가 이 거품을 땅이라는 거대한 덩어리로 만들어 냈다.

판차가 [Panjangam / Panchaga] 브라만Brahmanes들의 연감. 행운의 날, 불행의 날, 행운의 시간, 불운의 시간 등이 기록되어 있다.

펜타클 [Pantacles / Pentacles] 일종의 마법 부적. 『솔로몬의 열쇠Key of Solomon』에 등장하는 모든 기술은 이 펜타클의 사용에 달려있다. 이 부적 속에는 신의 숭고한 이름들이 들어있다. 펜타클은 상현달이 뜬 수요일 새벽 3시에 만들어야 한다. 이때 통풍이 잘 되며, 혼자 거주하는 하얗게 새로 칠한 방이어야 한다. 먼저 방 안에서 향이 나는 식물을 태운다. 그리고 새 양피지를 사용해 그 안에 금색, 주황색, 녹색의 세 동심원을 그린다. 이때 깃털과 잉크는 구마를 완료한 것이어야 한다. 이후 신성한 이름을 새겨 펜타클을 만들고 명주 천으로 감싸둔다. 다음은 도자기에 새 숯, 남성 향, 알로에 나무를 넣고 불을 지핀다. 이때 모두 구마와 정화 의식을 치러야 한다. 이제 만든 펜타클을 동쪽으로 돌려놓는다. 그리고 또 한 번 향이 나는 재료로 적신 뒤, 전용 명주 천에 넣어 필요한 곳에 사용한다.

신의 이름을 지닌 이 부적 없이는 악령을 쫓기 위한 어떤 마법도 행할 수 없다. 펜타클은 원 안에 삼각형을 품고 있어야만 완벽해진다. 삼각형 안에는 '형성Formatio', '개선Reformatio', '변성Transformatio'이라는 세 단어가 적혀있다. 또 삼각형 옆에는 이그라Agla라는 단어가 새겨져 있는데, 이는 악령의 나쁜 짓을 멈추는데 매우 효과가 좋다. 부적에 사용되는 양피지 또한 구마와 축복을 거쳐야 한다. 앞서 말한 문구를 적을 때 쓰는 잉크와 깃털 또한 구마한다.

* 남자만 피울 수 있는 향.

펜타르브 [Pantarbe / Pentarbe] 마법의 돌. 여러 박사는 자석이 철을 당기듯, 펜타르브는 금을 끌어당긴다고 말했다. 필로스트라투스Philostratus는 『아폴로니우스의 생애Vie d'Apollonius』에 이 돌이 가진 놀라운 힘을 기록했다. 이 돌이 내는 밝은 빛은 밤도 낮처럼 만들어준다. 하지만 더 놀라운 점은 이 빛이 정령이며 보석을 끌어당긴다는 것이다. 빛이 멀리 퍼질수록 돌은 힘을 더 얻는다. 펜타브르 주변으로 모여드는 보석들은 마치 여왕벌을 둘러싼 벌 떼처럼 보인다. 이 돌은 땅 속 깊이 숨어 있어 쉽게 발견되지 않는다. 펜타르브는 조심스럽게 취급하지 않는 자들의 손에서 달아날 수 있는 능력이 있다. 이 돌은 금이 만들어지는 인도 지역에서 발견할 수 있다. 『테오게네스와 카리클레아의 사랑Amours de Théagène et de Chariclée』의 저자는 펜타르브를 지니면 화재를 예방할 수 있다고 말했다.

파우 와우 [Paouaouci / Pow-Wow] 버지니아Virginia 원주민들이 믿는 주문 또는 주술.

구름을 나타나게 하고 비를 쏟아붓게 만든다.

교황 [Pape / Pope] 위그노Huguenots 교도들은 교황을 적그리스도라고 주장했다. 이는 도둑이 주의를 돌리기 위해 '도둑이야!'를 외치는 것과 같은 일이었다. 여교황 조안Pope Joan에 관한 터무니없는 이야기는 루터Luther의 선구자들이 지어낸 것이다. 당연히 조금의 관심도 둘 필요 없는 거짓이다.[1]

(1) 베지에Nicolas Sylvestre Bergier, 『신학 사전Dictionnaire théologique』 속 '여교황 조안'을 참조할 것.

나비 [Papillon / Butterfly] 일반적으로 영혼의 물질적 형상은 나비로 표현되었다. 고대 예술가들은 플라톤Plato의 머리에 나비 장식을 하였다. 그가 그리스 철학자 최초로 영혼 불멸을 품위 있게 다루었기 때문이다.

파라켈수스(필리푸스 봄바스투스로도 알려짐) [Paracelse / Paracelsus(Philippe Bombast, Dit / Aka Philippus Bombastus)] 1493년 취리히에서 태어났다. 파라켈수스는 여행을 하며 유럽 전역의 의사들을 만났고 이들과 이야기를 나누었다. 그는 본인이 의학의 개혁자라 선언하며 히포크라테스Hippocrates와 갈레노스Galen의 자리를 차지하기 위해 그들의 원칙과 방식을 비판했다. 아편과 수은을 처음 사용한 것도 파라켈수스이다. 파라켈수스는 특히 현자의 돌을 믿는 이들에게 숭배받았다. 본인의 주장에 따르면 그는 돌을 손에 넣었다고 한다.

파라켈수스는 때로는 놀라운 일을, 때로는 대단한 사기를 행했다. 그와 27개월을 함께 산 웨턴Wettern은 그를 이렇게 회상했다. "파라켈수스는 늘 술에 취하면 백만 마리의 악마를 몰고 오겠다고 위협했다. 자신이 악마 제국에서 어떤 권위를 지녔는지 보여주겠다고 말이다. 하지만 술이 깬 상태에서는 그런 괴상한 소릴 하지 않았다." 악마학자들의 주장에 의하면, 그는 검 손잡이에 갇힌 사역마를 가지고 있었다고 한다. 또한 파라켈수스는 신이 자신에게 금을 만드는 법을 알려주었다고 주장했다. 그리고 현자의 돌 혹은 약의 효능을 통해 인간의 수명을 몇백 년씩 연장할 수 있다고 허풍을 떨었다. 하지만 그는 1541년 48세의 나이로 잘츠부르크Salzburg에서 사망하였다.

그의 경쟁자 의사들은 그를 깎아내리는 데 힘썼다. 루이 드 퐁트네트Louis de Fontenettes는 저서 『고향을 떠난 히포크라테스Hippocrate Dépaysé』 서문에 다음과 같이 적었다. '파라켈수스에게 영감을 준 것은 악마이다. 그는 의학을 바탕으로 한, 역사상 가장 끔찍한 이교도이다.'

파라멜 [Paramelle] 파라멜 신부의 명성을 모르는 사람은 없을 것이다. 그는 점술 지팡이 없이도 수맥을 찾아냈다. 다음은 그 일화이다.

쥐라Jura의 어느 부유한 지주는 수맥 탐지를 비웃고자 했다. 그의 정원 아래에는 지하수가 콸콸 흐르고 있었는데, 지주는 사람들이 그것을 발견하지 못하도록 가려두었다. 그리고 파라멜 신부를 불러 물었다. "이 땅에서 물이 나올까요?" 신부는 단호하게 대답했다. "아니요." 다시 지주가 물었다. "하지만 신부님, 잘 찾아보세요. 여기 물이 전혀 흐르지 않는다는 게 말이 됩니까?" 신부는 답했다. "없다고 말하지 않았습니까." 지주는 대답을 들으며 뒤에서 몰래 웃었다. 하지만 신부는 이를 눈치채지 못하는 듯했다. 이후 신부와 지주는 그곳에서 백여 걸음 떨어진 밭으로 자리를 옮겼다.

그 땅은 어느 가난한 농부의 유일한 재산이었다. 신부는 농부에게 물었다. "선생님, 이 밭에는 샘이 없나요?" 농부가 답했다. "이보시오 신부! 제게는 돈이 없소." 신부는 말했다. "공짜로 얻게 될 것입니다. 곡괭이를 가져오세요." 그는 곡괭이를 가져와 땅을 팠다. 그리고 모두가 보는 가운데, 아름다운 지하수가 밭에서 솟아났다. 이후 지주는 자신의 계략이 성공했음을 자랑하며 신부의 당황함을 즐길 준비를 했다. 그는 사람들을 대동하고 정원으로 돌아가 숨겨두었던 샘을 보여주고자 했다. 그러나 당황할 만한 일이 벌어졌다. 샘이 사라진 것이다. 이는 신부가 물줄기를 농부의 밭 쪽으로 돌려보냈기 때문이었다. 지주는 후회하며 깨달았지만, 이미 너무 늦은 시점이었다.

새 양피지 [Parchemin Vierge / Virgin Parchment] 다양한 용도로 사용되는 마법 도구. 한 번도 새끼를 낳지 않은 동물 가죽으로 만든 양피지를 '새 양피지'라고 부른다. 이를 만들기 위해서는 가죽을 벗길 동물을 아무도 모르는 장소에 두어야 한다. 가죽을 벗길 때는 새 막대 혹은 그 해 채취한 새순을 사용한다. 이를 깎아 나무 칼로 만든 뒤 가죽을 벗기는 것이다. 벗긴 가죽은 소금을 먹인 뒤 보름 동안 햇볕에 내놓는다. 이후 윤기 있는 항아리를 준비해 마법 문구를 겉에 새긴다. 항아리 안에는 커다란 생석회, 성수, 벗긴 가죽을 넣는다. 그리고 9일간 놓아둔다. 9일이 지난 뒤 가죽을 꺼내 나무 칼로 긁어 털을 제거한다. 다시 그늘에서 8일을 말린 뒤, 가볍게 물을 뿌려준다. 마지막으로 이를 명주 천 속에 다른 모든 도구와 함께 담아 보관한다. 그 어떤 여성도 이 양피지를 보면 안 된다. 여성이 이 양피지를 보는 순간 효력이 사라지기 때문이다. 이 양피지는 펜타클, 부적, 마법 문양, 악마 계약 등 여러 마법 문서를 만드는 데 사용된다.

향수 [Parfums / Perfumes] 아마와 차전자의 씨앗 또는 제비꽃과 야생 셀러리의 뿌리로 만든 향을 몸에 뿌리면 미래의 일을 알 수 있다. 악령과 유해한 유령을 쫓아내기 위해서는 칼라마타, 작약, 민트, 아주까리로 만든 향이 필요하다. 사슴 경추의 끝부분 뼈로 만든 향을 사용하면 뱀을 끌어모을 수 있다. 반대로 같은 사슴의 뿔에 불을 붙이면 뱀을 쫓을 수 있다. 말이나 노새 오른쪽 발굽에 불을 피워 집안에 두면 박쥐를 쫓을 수 있다. 그리고 노새 왼쪽 발굽에 불을 피우면 파리를 쫓을 수 있다. 갑오징어의 담즙, 유향, 장미, 알로에 나무로 향을 만들어 불을 피운 뒤

이를 물이나 피에 던지면 집 안에 물 또는 피가 넘쳐흐르는 것처럼 보인다. 갈아놓은 밭에 이를 던지면 땅이 흔들리는 것처럼 보인다.[1]

(1) 니놀Nynauld, 『늑대인간Lycanthropy』, 72페이지.

파리 [Paris] 1840년 1월 6일에 화염 비가 내려 파리가 파괴될 것이라는 예언이 있었다. 하지만 이 재해는 1900년 다섯 번째 달로 연기되었다.

파커(기욤) [Parker(Guillaume)] 참조. 버킹엄Buckingham.

파크스(토마스) [Parkes(Thomas)] 귀신과 소통하려다 무시무시한 환영에 시달린 자.

법원 [Parlements / Parliaments] 성직자는 마법사의 죽음을 요구한 적이 없었다. 이를 열렬히 쫓은 것은 언제나 법원이었다. 17세기 말, 성직자들은 악마 베르데레Verdelet와 함께 집회에 참석한 여러 마녀의 사형 집행을 반대했다. 루앙Rouen 법원은 겸허히 왕에게 모든 마녀를 불태울 것을 허락해달라 요청했다. 이런 예시는 수없이 많다.

마법 주문 [Paroles Magiques / Magical Words] 다음의 주문으로 주사위나 카드에 축복 마법을 걸면 게임에서 계속 이길 수 있다. '콘트라 메 애드 인카르트 클라, 어 필리 어 에노이을 리버 브라야 브라게스카Contra me ad incarte cla, a filii a Eniol, Lieber, Braya, Braguesca.'

잠이 들기 전에 다음의 주문을 외우면 벼룩에게 물리지 않는다. '오치Och, 오치.'

손에 난 사마귀를 없애고 싶다면 아침에는 '좋은 저녁입니다.' 저녁에는 '좋은 아침입니다.'라고 인사하면 된다.

악마를 쫓고 싶거든 다음의 주문을 외우면 된다. '그를 통해, 그와 함께, 그 안에서Per ipsum, et cum ipso, et in ipso.'

허벅지의 통증을 가라앉히고자 한다면 다음의 주문을 외운다. '시스타, 피스타, 리스타, 지스타Sista, Pista, Rista, Xista.'

치통을 없애기 위해서는 '오나사주Onasages'라고 세 번 말한다.

광견에게 물린 상처 피해를 예방하고 싶다면, '하스, 파스, 마스. Hax, Pax, Max'라고 읊는다.

참조. 버터Beurre, 주문Charmes, 마녀의 집회Sabbat, 엘르아살Éléazar, 아나니삽타Ananlsapta, 부적Amulettes 등.

파르크(마리 드 라) [Parque(Marie de la)] 도밍지나 말레타나Domingina Maletena의 집회 참석 동료. 해당 단어를 참조할 것.

운명의 세 여신 [Parques / Fates] 고대인들은 이 여신들이 생과 사를 지배한다고 믿었다. 이들은 인간의 운세를 지배하고 운명을 결정한다. 이들이 짜는 실은 곧 생명이다. 첫 번째 여신은 씨아를 잡고, 두 번째 여신은 가락을 잡으며, 세 번째 여신은 커다란 가위를 들고 실을 자른다. 이들의 이름은 클로토Clotho, 라케시스Lachesis, 아트로포스Atropos이다. 이들은 어떤 신의 도움 없이 한밤에 태어났다. 오르페우스Orpheus는 운명의 세 여신에게 바친 찬가에서 이들을 에레보스Erebus의 딸이라 칭하였다.

패리스 [Parris] 뉴잉글랜드New England 세일럼Salem의 한 개신교 가문. 패리스 가문은 1692년 혼란스러운 사건을 겪게 되었다. 목사 아버지를 둔 이 집안의 젊은 여성들이 기이한 망상에 시달린 것이다. 이들은 망상에 빠져 구멍이나 의자 혹은 가구 아래로 기어들었다. 또 몸을 이상하게 비틀어댔다. 이와 동시에, 같은 마을에 사는 굿윈Goodwin의 어린 딸 또한 환각을 겪었다. 굿윈의 딸은 계속 눈앞에 말 한 마리가 서 있다고 말했다. 더불어 말에 올라타 걷는 모습을 흉내 냈다. 이들은 마녀들이 자신들에게 마법을 걸었다고 주장했다. 이에 마녀들은 수감되었고, 피해 여성들은 다시 일상을 되찾았다. 뭔가 불명확한 점이 있는 것은 사실이지만, 악령이 이 사건 가운데 무언가 일을 꾸몄다는 것은 확실하다.

순결점 [Parthénomancie / Parthenomancy] 순결을 판단하는 우스꽝스러운 점술. 이는 실을 사용해 여자아이 목둘레를 재는 것이다. 한 번 더 쟀을 때 목둘레가 굵어져 있으면 안 좋은 쪽으로 해석하였다.

파세테스 [Pasétès] 흥정 없이 물건을 사기로 유명한 마법사. 다만 파세테스가 지불하는 돈은 받을 때만 행복했다. 거래가 끝나면 어느 순간 다시 그의 주머니로 돌아갔기 때문이다. 참조. 비행 금화Pistole Volante.

파살로린치트 [Passalorynchithes] 1세기에 나타난 이교도들. 그리스어로 '콧속의 말뚝'이라는 단어에서 이 명칭이 생겨났다. 이들은 기도를 올릴 때, 양쪽 콧구멍에 손가락을 집어넣어 말뚝처럼 박아두었다.

파탈라 [Patala] 인도의 지옥.

폰티니악 [Patiniac / Pontiniak] 필리핀 제도의 인도인들이 믿는 미신. 여성의 태아와 관련된 저주이다. 이 저주는 출산 시 진통을 길어지게 만들어 방해한다. 저주를 풀기 위해서 남편은 집의 문을 잘 걸어 잠가야 한다. 그리고 주변에 큰불을 지피고 평상복 몇 벌을 버린다. 이후 아내가 저주에서 풀려날 때까지 창이나 검을 들고 눈에 보이지 않는 영혼들과 맹렬히 대적한다.

파트리스(피에르) [Patris(Pierre)] 캉Caen의 시인. 1583년에 태어나 1671년 사망했다. 파트리스는 오를레앙Orleans 공작인 가스통 드 프랑스Gaston de France의 부대 지휘관이었다. 그는 유머러스한 성격 덕분에 귀족의 신임과 부를 얻었다. 어느 날, 그는 귀신이 출몰한다는 에그몽Egmond 성을 찾아갔다. 그리고 소문이 도는 곳의 문을 열었다. 문밖에는 기다란 복도가 이어졌다. 또 복도 끝에는 커다란 나무 의자가 있었는데, 남자 두 명이 함께 들어도 움직이기 어려운 무게였다. 의자는 갑자기 붕 떠서 파트리스를 향해 날아왔다. 이를 본 파트리스는 다음과 같이 소리쳤다. "악마여. 신은 제쳐두고서라도, 일단 저는 당신의 종입니다. 그러니 더는 저를 두렵게 만들지 마십시오." 소리를 들은 의자는 원래의 자리로 돌아갔다. 이 현상에 크게 감명받은 파트리스는 이를 늘 상기하며 살았다고 한다.

디 파트리 [Patroüs / Di Patrii] 주피터Jupiter는 아르고스Argos에 디 파트리라는 이름의 목상을 가지고 있었다. 이 목상은 세 개의 눈이 달려 하늘, 땅, 지옥에서 일어나는 일을 모두 알 수 있었다. 아르고스 사람들은 디 파트리 목상이 프리아모스Priamos의 왕궁에 있다고 믿었다. 또 목상 발아래 놓인 제단에서 프리아모스가 피로스Pyrrhus에게 죽임을 당했다고 여겨졌다.

팔마 [Pauana / Palma] 플랑드르Flanders 마녀 집회에서 마녀들이 추는 지옥의 춤. 이 춤은 난폭하고 허리를 흔들며 꽤 선정적이다.

폴(아르노) [Paul(Arnold)] 헝가리 메드베다Medveda 마을의 농부. 그는 1728년, 넘어지는 건초 수레에 깔려 사망했다. 그가 사망하고 30일 뒤, 주민 네 명이 급작스럽게 죽음을 맞이했다. 그리고 이들의 시체는 마치 흡혈귀에게 당한 것 같은 모습이었다. 사람들은 그제야 과거 폴이 튀르키예 국경 인근 코소보Kosovo에서 흡혈귀로부터 괴롭힘을 당한 적이 있다는 사실을 기억해 냈다. 당시 폴은 흡혈귀에게 당한 피해자들이 죽으면 흡혈귀로 변한다는 사실을 알아냈다. 이에 흡혈귀에게 당한 이의 묘지 흙을 먹고, 시체의 피를 몸에 문질러 이 피해를 이겨냈다고 주변 사람에게 말했다. 주민들은 폴이 이 같은 행동을 했어도 흡혈귀로 변하는 일은 막지 못했을 것으로 생각했다. 이를 확인하기 위해 주민들은 묘를 파보았다. 매장된 지가 40일이 지났음에도 폴의 시신은 여전히 진홍빛이 돌았고 그의 머리카락, 손발톱, 수염은 자라나 있었다. 또한 그의 혈관에는 피가 흐르고 있었다. 발굴 작업에 참여했던 마을의 대법관은 시신의 심장에 굵고 뾰족한 못을 박아 여러 조각을 낼 것을 지시했고, 이는 즉시 이행되었다. 흡혈귀는 외마디 비명을 내지르며 몸을 움직였다. 주민들은 폴의 목을 베어내고 커다란 장작 속에서 시신을 불태웠다. 그리고 폴이 살해하여 잇따라 세상을 떠난 나머지 네 명에게도 같은 처분이 내려졌다. 이는 혹시라도 흡혈귀로 변하지 않을까 하는 두려움 때문이었다. 이후 마을은 다시 안정을 찾았다. **참조.** 흡혈귀Vampires.

바울(성) [Paul(Saint)] 참조. 성 바울의 기

술Art de Saint Paul.

폴 [Paule] 툴루즈Toulouse의 프란치스코회Cordeliers 수도원 지하실은 시신을 보존하는 지하 묘지도 사용되었다. 16세기 말, '아름다운 폴'이라는 유명한 여성이 이곳에 묻혔다. 그리고 그녀의 기일에 지하 묘지를 방문하는 것은 하나의 관습이 되었다. 하루는 젊은 수도사가 호기롭게 혼자 지하 묘지로 내려가 폴의 관에 못을 박는 도전을 시도했다. 이 도전은 빛과 동행자 없이 진행되었다. 그는 지하로 내려갔지만, 급한 마음에 자신의 로브 자락을 관에 함께 못질하고 말았다. 다시 지상으로 올라가려 했을 때, 수도사는 망자가 자신을 끌어당긴다고 생각하고 겁에 질려 넘어졌다. 그리고 그 자리에서 세상을 뜨고 말았다.

파우사니아스 [Pausanias] 일부 작가들은 스파르타에 마법사들이 존재하지 않다고 주장한다. 과거 스파르타인들은 그들이 굶겨 죽인 파우사니아스 혼령이 나타났을 때, 이탈리아의 마법사들을 불러 유령을 쫓아냈다고 한다. 스파르타의 마법사들은 이탈리아 마법사들만큼 유능하지 못했기 때문이다.

파보니 [Pavanis(Les) / Pavoni] 다리Dari 지협의 마법사와 점술가들을 칭하는 말.

파이몬 [Paymon] 지옥 왕 중 하나. 파이몬은 구마사들에게 모습을 드러낼 때 단봉낙타를 탄 인간의 모습을 한다.

그는 보석이 빛나는 호화로운 왕관을 썼고 여성의 얼굴을 하고 있다. 파이몬은 일부는 천사, 일부는 능품천사로 이루어진 200개 군단을 거느린다. 제물이나 헌주를 사용해 파이몬을 소환하면 두 명의 위대한 왕자인 베발Bebal과 아발람Abalam을 대동해 나타난다.[1]

(1) 요한 바이어Johann Weyer, 『악마의 유사군주제 Pseudomonarchia Dœmonium』.

페아니티스 [Péanite / Peanitis] 마법석. 고대인들은 이 돌이 출산을 쉽게 해준다고 믿었다.

피부 [Peau / Skin] 시체를 만지거나 달빛에 손을 문지르면 흉터나 사마귀가 치료된다는 미신이 있다. **참조.** 사마귀Verrues.[1]

(1) 브라운Thomas Brown, 『대중적 오류Erreurs populaires』, 2권.

죄 [Péché / Sin] 지옥으로 가는 길.

원죄 [Péché Originel / Original Sin] "당신은 아버지의 잘못에 아이는 책임이 없다고 주장했다. 하지만 이를 확신하는가? 인류는 유의미한 사실들을 바탕으로 끔찍하고 불가사의한 범죄의 형벌을 진행한다. 그리고 이런 형벌에는 유전, 연대 등이 얽혀있다. 원시 전통을 여전히 가까이하는 국가들을 살펴보자. 중국에서 자식은 아버지의 잘못으로 인해 처벌을 받는다. 한 사람의 범죄로 인해 온 가족이나 온 마을이 책임을 져야 할 때도 있다. 인도에서는 죄인의 친지, 교사, 친구까지도 벌을 받는다. 이러한 관점은 동방에서 더 널리 퍼져있다. 또 일부 야만족 사이에도 여전히 존재한다. 시인들은 민간 전쟁으로 황폐해진 로마를 지켜보며 라오메돈Laomedon의 배반, 트로이인Trojan들의 배반, 로물루스Romulus의 존속 살해 등으로 인해(즉 조상들이 저지른 범죄로 인해) 로마가 대가를 치른다고 생각했다. 그리고 이를 침울한 노래로 만들었다.

알렉산더Alexander는 인생의 가장 황금기에 세상을 떠났다. 그가 죽고 난 뒤, 피비린내 나는 분열과 정복자의 가족을 짓누르는 무수한 악행이 일어났다. 이교도 역사학자들은 주저 없이 이 모든 불행을 신의 복수로 돌린다. 또 알렉산더의 무신앙과 배반으로 인해 그의 가족이 벌을 받는 것이라고 말한다. 에우리피데스Euripides의 작품 속에서 테세우스Theseus는 자식이 저지른 죄로 혼란에 빠지며 다음과 같이 외쳤다, '내게 이런 치욕을 안겨주다니, 도대체 우리 조상들은 어떤 범죄를 저지른 것이란 말이냐.' 여기에서는 더 이상 다른 예시를 들거나, 이를 명확히 다루는 구약 성서의 구절을 인용하지는 않겠다. 다만 여러 증언과 사건을 보면 이 법률 하나는 분명히 알 수 있다. 바로 유전과 연대 등으로 인한 처벌법이다. 이 법은 피로 모든 민족 역사에 새겨진 것이다. 전 인류는 이를 알고 수없이 부르짖었다. 이러한 요구는 틀린 것도, 부당한 것도 아니다[1]."

₍₁₎P. 드 라비냥P. de Ravignan, 『파리 노트르담의 1843년 회담Conférences de 1843 à NotreDame de Paris』.

페다시안 [Pédasiens] 카리아Caria의 어느 민족. 페다시안은 자신이나 이웃에게 불행이 닥치면 미네르바Minerva의 여사제 수염이 길게 자란다고 믿었다. 헤로도토스Herodotus는 이런 기괴한 일이 세 번이나 일어났다고 기록했다.

페데가슈 [Pédegache] 참조. 눈Yeux.

샘물점 [Pêgomancie / Pegomancy] 샘을 이용한 점술. 샘에 돌 몇 개를 던진 뒤 움직임을 관찰하거나, 물에 유리병을 빠뜨린 뒤 병 안으로 오가는 공기와 물의 모습을 관찰한다. 가장 유명한 형태는 주사위를 던지는 것이다. 이는 파도바Padua 인근의 아바노Abano 분수에서 행한다. 물에 주사위를 던져 뜨는지 가라앉는지, 어떤 숫자를 보여주는지 확인한 뒤 점술가가 미래를 해석해 준다.

페구 [Pégu] 키악키악Kiak-Kiak은 페구의 주요 우상으로 신들의 신이며 악마들의 악마이다. 이 우상은 인간의 모습으로 묘사된다. 또한 누웠을 때 그 길이가 20온Aune*에 달한다. 이 우상은 장엄한 사원에 놓여있는데 창문과 문은 항시 열려있으며 모두가 방문할 수 있다.

*길이의 단위. 1온은 약 115센티미터이다.

빗 [Peigne / Comb] 빗을 발견하는 것은 행운의 징조이다.

교수형에 처한 자 [Pendus / Hanged Men] 교수형에 사용된 밧줄을 호주머니에 지니고 있으면 모든 게임에서 이길 수 있다.

긴장한 병사 하나가 교수형에 처하게 되었다. 이에 젊은 의사 몇 명은 사형수 몸을 해부학 연구에 사용할 수 있도록 요청했다. 허가가 떨어졌고, 의사들은 밤 10시에 시신을 넘겨받기 위해 사형집행인을 찾아갔다. 하지만 사형집행인은 이미 잠자리에 든 뒤였다. 그는 일어나기가 귀찮다고 말하며, 직접 교수대에서 망자를 끌어내려 가져가도 된다고 말했다. 의사들이 이를 두고 어떻게 할지 고민하는 동안, 장난기 많은 의사 하나가 무리에서 몰래 빠져나갔다. 그리고 셔츠만 입은 뒤, 교수대 발치에 외투를 덮고 숨어 다른 이들을 기다렸다. 나머지 무리가 도착했고, 무리에서 가장 대담한 자가 사다리에 올라 시체에 매달린 밧줄을 자르기 시작했다. 이때 숨어있던 동료가 나타나 다음과 같이 말했다. "당신은 누구요? 왜 내 몸을 가져가려는 것이요?" 교수대를 지키던 흰 유령의 등장에, 의사들은 아연실색해 달아났다. 사다리에 있던 의사는 유령이 자신을 붙들고 있다고 생각해 사다리에서 몸을 던졌다. 이 의사들이 정신을 차리는 데까지는 많은 시간이 필요했다[1].

다음은 『칼바도스의 충고자Moniteur du Calvados』에 등장하는 이야기이다.

"불행히도 아직 우리네 시골 사람들 마음에는 오류와 편견을 통한 터무니 없는 믿음이 있다. 지금부터 들려주는 비통한 예시는 이러한 우스꽝스러운 믿음으로 인해 발생한 것이다. 오른Orne의 작은 읍에는 정직한 벽돌공이 살고 있었다. 그는 악착같은 노동을 통해 많은 대가족을 먹여 살리고 있었다. 미신에 심취하고 작은 알베르투스Petit Albert 책을 인상 깊게 읽었던 그는 식구들의 행복을 위해 자신을 희생하기로 결심했다. 그는 다음과 같은 쪽지를 남겨 놓고 목을 매 죽었다. '아내여, 자식들이여, 안녕히! 그대들에게 남길 재산이 없기에 모든 일에 성공할 수 있는 이 부적을 남기겠다. 내 목을 두른 밧줄을 나누어 가져라.'"

(1) 르 루아예Pierre Le Loyer, 『귀신의 역사Histoire des spectres』.

속죄 [Pénitence / Penance] 카리창Karichang은 포르모사Formosa 섬 우상 숭배자들의 속죄 기간이다. 무지의 어둠에 빠져있는 지역에선 기독교보다 훨씬 엄격한 속죄를 진행한다. 카리창 기간에 신봉자들은 27개의 엄격한 규칙을 지켜야 한다. 그리고 이를 어길시 가혹한 벌을 받는다. 금기 사항을 살펴보면 오두막을 짓는 일, 결혼하는 일, 가죽을 파는 일, 씨앗을 뿌리는 일, 무기를 제조하는 일, 새로운 것을 만드는 일, 돼지를 죽이는 일 혹은 신생아의 이름을 짓는 일 등이 있다. 포르모사 섬 주민들은 이러한 금기 사항이 어느 동족에 의해 만들어졌다고 주장한다. 이 동족은 흉측한 외모 때문에 주민들에게 늘 조롱당했다. 이에 자신을 받아달라고 하늘에 기도하였고, 요청이 받아들여졌다. 그는 끔찍한 외모에 걸맞은 무시무시한 신이 되었다. 그는 조롱에 대한 복수를 하고자 카리 창 27개 조항을 들고 프로모사 섬으로 돌아왔다. 이를 지키지 않는 자들을 대상으로 한 끔찍한 위협과 함께 말이다.

페노트 [Penote] 병원에 감금된 연금술사. 그는 종종 다음과 같이 말했다. "난 나의 적들이 연금술에 약간의 관심을 가졌으면 하는 바람이 있다. 그 외에 특별히 원하는 것은 없다."

펜테르만 [Penteman / Penterman] 1650년경 로테르담Rotterdam에서 태어난 화가. 그는 당대 오락거리와 허영심에 경멸을 불어넣어 줄 그림을 그리기로 결심했다. 그리고 이 그림에 메시지를 담을 수 있는 해골 및 여러 물건을 넣기로 했다. 이에 펜테르만은 실제 모델을 보기 위해 해부학 연구실을 찾았다. 그곳을 둘러싼 음침한 물건들을 그리던 예술가는 작업 도중 깊은 잠에 빠지고 말았다. 달콤한 숙면의 맛을 제대로 보기도 전, 그는 큰 소음에 의해 갑작스럽게 깨어났다. 해골 머리는 흔들리고 있었고, 천장에 매달린 시체들은 거세게 서로 몸을 부딪치고 있었다. 펜테르만은 공포에 질렸다! 충격을 받은 그는 이 끔찍한 현장에서 달아나려 했고, 당황하다가 계단에서 굴러떨어졌다. 정신을 차린 그는 눈앞에서 벌어졌던 끔찍한 광경이 지진 때문에 생긴 일이라는 것을 알게 되었다. 하지만 공포가 펜테르만의 피를 차게 얼린 덕인지, 며칠 뒤 세상을 떠나고 말았다.

공중점 [Pératoscopie / Pératoscopy] 공중에 나타나는 이상한 현상과 존재를 관찰하여 행하는 점술.

자고새 [Perdrix / Partridge] 자고새의 깃털로 만든 침구 위에 누운 환자는 죽지 않는다는 말이 있다(1).

(1) 티에르Jean-Baptiste Thiers, 『미신 모음집Traité des superstitions』.

페레즈(후안) [Pérez(Juan)] 참조. 종교재판Inquisition.

페리클레스 [Périclès] 아테네Athens의 장군. 그는 전투의 결과를 걱정하며 병사들의 사기를 북돋울 방법을 생각했다. 이에 페리클레스는 한 남성에게 긴 장화를 신기고 자줏빛 옷을 입혔다. 그리고 머리는 산발을 한 채 플루토Pluto에게 바친 숲에 들어가, 흰 바퀴가 달린 네 바퀴 수레에 앉도록 지시했다. 그리고 전투가 절정에 이르면 페리클레스 이름을 부르며 나타나라고 명령했다. 남성은 장군의 명령대로 전투가 절정에 이르렀을 때 페리클레스를 부르며 나타났다. 그리고 신이 아테나인들에게 승리를 안겨줄 것이니 싸움을 계속하라고 말했다. 이 목소리를 들은 적은 그를 플루토로 착각하여 공황에 빠졌다. 그리고 전의를 상실하며 달아났다.

페리 [Péris] 페르시아의 요정. 눈부시게 아름다운 외모를 지녔으며 매우 사비롭다. 이들은 기니스탄Ginnistan이라는 지역에 거주하며 향기로 영양을 섭취한다. 서양의 요정과 유사한 존재이다. 디베Dives(악령)를 적으로 둔다. **참조.** 디베.

페리도니우스 [Périthe / Peridonius] 노란색 돌. 통풍을 낫게 하는 능력이 있다. 세게 쥐면 손에 화상을 입는다.

페룬 [Péroun / Perun] 고대 슬라브족의 정령 혹은 천둥의 신. 매우 두려운 존재였다. 그의 숭배는 6세기까지 이어졌다.

페리에 [Perrier] 마녀 집회 호칭 기도에서 프린치파투스Principalities(권품천사)의 왕자로 등장하는 악마.

마스터 파슬리 [Persil(Maître) / Master Parsley] **참조.** 베르데레Verdelet.

페르트만 [Perteman] 위클Uccle(브뤼셀Brussels 인근)에 거주하던 한 젊은 여성은 여러 사람에게 저주에 걸린 것 같다고 이야기했다. 그녀는 밤이면 유령과 망자의 환영이 보인다고 주장했다. 그녀의 말에 따르면 이들은 긴 황색 로브를 입고 침대 앞에 서서 엄청난 공포를 뿜어냈다. 이는 그녀의 건강마저 위협했다. 그녀가 실제로 저주에 걸렸다고 믿은 형제들은 '페르트만'이라는 별명(야바위꾼을 의미한다)을 지닌 이를 불러왔다. 그는 유령과 악령의 저주를 푸는 방법을 알고 있는 것으로 유명했다.

페르트만은 이 여성의 부모로부터 분명 연락이 오리라 짐작했을 것이다. 그는 초자연적인 능력을 활용해, 마녀들이 여성을 괴롭히기 위해 부린 저주에 맞서기로 결심했다. 그리고 이 대가로 돈을 요구했다. 거의 매일 밤, 페르트만은 두꺼운 책을 들고 여성의 집을 방문했고 초를 켜며 밤을 지새웠다. 하지만 그의 노력에도 불구하고, 그가 없을 때 유령은 계속 나타났다. 마침내 페르트만은 불행의 원인을 발견하였고 적절한 치유법을 찾아냈다고 선언했다. 불쌍한 여성을 괴롭히는 마녀 30명에게 15프랑을 주는 것이다. 그러면 마녀 한 명당 50상팀Centime*이라는 돈으로 화를 다스릴 수 있었다.

페르트만이 요구하는 15프랑이 없던 여성의 형제는 시장을 찾아갔다. 그리고 이후 마법사의 음모가 밝혀지며 이 사건은 막을 내렸다.

시청에서는 페르트만이 구마 의식을 치르는 저녁에 삼림 감시원 두 명을 보내 상황을 지켜보도록 지시했다. 이들은 여성의 집 안에서 두꺼운 책을 뒤적거리며 성수를 뿌리고 주문을 외우는 페르트만을 보았다. 그리고 자정이 다가오자, 집 근처에서 황색 로브를 입은 여성을 발견했다. 그녀는 문에 귀를 가져다 대고 있었다. 집에서 나와 유령 복장을 한 여성에게 말을 걸려던 페르트만은 감시원들을 발견하곤 그녀와 함께 달아났다. 이 와중에 그는 지니고 있던 신비한 책을 떨어뜨렸다. 확인 결과 이는 미라보Mirabeau의 『위대한 프레데릭 통치 시절 프러시아의 군주제De la monarchie prussienne sous Frédéric le Grand』라는 책이었다. 페르트만은 체포되었고, 유령은 두 번 다시 모습을 드러내지 않았다. 이 사건이 발생한 것은 30년도 채 되지 않았다.

*프랑스 화폐 단위, 1상팀은 1프랑의 100분의 1이다.

페르티낙스 [Pertinax] 황제 페르티낙스가 호위병들에게 죽임을 당하기 사나흘 전, 그는 연못 안에서 검으로 위협하는 정체 모를 사람을 보았다.

흑사병 [Peste / Plague] 헝가리의 왕들은 황달을 치유하는 능력이 있다고 자부했다. 프랑스 왕들이 연주창을, 부르고뉴Bourgogne 왕들이 흑사병을 없앨 수 있다고 했던 것처럼 말이다.

로이스Reuss 고장에서는 흑사병 및 여러 전염병을 어느 여자 악마가 퍼트렸다고 믿었다. 악마는 검고 더러운 긴 머리카락을 가지고 있었다. 또 검은 수레를 타고 비행하는데, 뒤를 따르는 많은 지옥의 딸들이 죽음의 씨앗을 흩뿌렸다.

방귀 [Pet / Fart] '식사하며 방귀를 뀌는 자는 죽을 때 악마를 본다.' 이 유명한 속담은 아이들에게 예의범절을 가르치기 위해 생긴 것이다. 특히 양배추와 무를 많이 먹는 지역에서 자주 인용되었다.

솔질점 [Petchimancie / Petchimancy] 솔이나 브러시를 이용한 점술. 옷에 솔질이 잘되지 않으면 비가 올 징조이다.

소세계 [Petit Monde / Small World] 18세기 잉글랜드 스튜어트Stuarts 왕정의 복원을 위해 음모를 꾸몄던 비밀 단체. 이 단체와 관련된 소문은 무수하다. 예를 들면 악마가 큰 안락의자에 앉아서 모임을 주재한다는 이야기가 있다. 이들의 실체는 프리메이슨단Freemason이다.

작은 페터 [Petit-Pierre / Little Peter] 독일의 민간설화에 등장하는 악마. 영혼을 사는 악마를 이 명칭으로 불렀다. 그는 난쟁이의 모습을 하고 임종 때 나타나 그가 구매한 영혼을 받아 간다.

펫파야톤 [Petpayatons] 시암Siam* 사람들은 하늘에 퍼져 있는 악령들을 이 명칭으로 불렀다. 그들은 치료약을 만들 때 약병에 신비한 주문을 새긴 종이를 여럿 붙였다. 이는 펫파야톤이 치료제의 효능을 앗아가지 못하도록 하기 위함이었다.

*태국의 옛 이름.

페트로브루시안 [Pétrobusiens / Petrobrusians] 피에르 드 브루이Pierre de Bruys의 제자들이자 도피네Dauphine의 이단자들. 첫 십자군 원정과 같은 시대에 탄생했다. 이들은 신과 악마를 두 창조주로 인정했다. 이들은 선술집, 교회, 축사, 제단 등 어디에서나 기도를 올릴 수 있다고 여겼다. 그 결과, 신성한 건물을 파괴하고 십자가와 성상을 불태웠다.

제비뽑기점 [Pettimancie / Cleromancy] 주사위를 돌려 미래를 알아내는 점술. **참조.** 주사위점Astragalomancie, 두자점Cubomancie.

퍼서(가스파드) [Peucer(Gaspard)] 1525년 바우첸Bautzen에서 태어난 의사. 멜란히톤Melanchthon의 사위였다. 퍼서는 멜란히톤처럼 교회를 등졌다. 그는 『주요 점술의 종류De Præcipuis Divinationum Generibus』를 저술했다. 이 책은 시몬 굴라르Simon Goulard를 통해 프랑스어로 번역되었다. 이 번역본은 1584년 앤트워프Antwerp에서 출간되었다.

포플러 [Peuplier / Poplar] 고대인들은 포플러를 지옥과 악마에게 바친 나무로 여겼다.

공포 [Peur / Fear] 공포에서 벗어나고 싶다면, 망자의 수의에 꽂혀있던 핀을 지니고 다니길 권한다.

병영에 합류하기 위해 가구가 꽉 채워진 방에 머물던 한 장교의 이야기를 살펴보자. 이른 아침, 연대 복귀를 앞두던 그의 방에 한 목수가 관을 지고 방문했다. 목수는 사망한 남성이 있는 옆방으로 갔어야 했지만, 착각하여 잘못 들어간 것이었다. 목수는 문을 열고 말했다. "(망자가 입을) 따뜻한 겨울용 프록코트입니다." 경황이 없는 상황에서 장교는 도둑이라 생각하여, 침대에서 튀어나와 목수에게 달려들었다…. 갑자기 흰옷을 입고 튀어나오는 장교를 본 목수는 관을 버리고 급하게 달아났다. 그리고 망자가 돌아왔다고 고함을 질렀다…. 목수는 결국 앓아눕고 말았다.

파리 생 빅토르Saint-Victor 거리의 한 상점 주인이 집에서 성대한 만찬을 열었다. 이날 주인댁 시녀는 밤 10시경 지하 창고로 내려갔다. 겁이 많던 시녀는 창고에 내려간 지 얼마 되지 않아, 서둘러 뛰어 올라오며 두 개의 술통 사이에 유령이 있다고 소리를 질렀다! 갑자기 온 집안에 공포가 퍼졌고, 용감한 시종 몇 명이 지하로 내려갔다. 그리고 주인 일가가 그 뒤를 따랐다. 그들은 곧 유령이란 것이 병원 수레에서 떨어져 환기창 구멍으로 굴러들어 온 시체임을 알게 되었다.

어느 촌사람이 사육제 기간에 파리를 방문했다. 그는 친구와 함께 가면무도회에 참가했다. 이들은 무도회에 악마로 변장하는 기발한 생각을 떠올렸다. 가면무도회가 끝난 후 두 사람은 동이 트기 전 숙소로 돌아가기로 했다. 이들을 태운 마차는 촌사람이 머물던 동네를 지나며, 먼저 그를 내려주었다. 날은 매우 추웠고, 숙소에 들어가기 위해 그는 현관문을 세차게 두드렸다. 하지만 기별이 없었고, 하숙집의 늙은 하녀를 깨우기 위해 계속해서 열심히 문을 두드렸다. 마침내 문을 열고 나온 하녀는 그를 보자마자 잽싸게 문을 닫고 비명을 지르며 달아났다. 자신의 변장을 생각하지 못했던 촌사람은 하녀의 반응을 이해하지 못했다. 그는 보람없이 계속 문을 두드렸지만, 아무도 나타나지 않았다. 세찬 추위 때문에 몸이 얼어가던 그는 결국 다른 데서 쉴 곳을 찾기로 했다. 그리고 길을 따라 걷던 중, 어느 집에 불이 들어와 있는 것을 보게 되었다. 게다가 운이 좋게도 현관문까지 조금 열려 있었다. 그는 안으로 들어가며 촛불로 둘러싸인 관과 망자를 지키는 한 남성을 보았다. 남성은 화롯불 옆에 잠들어 있었다. 촌사람은 소리를 내지 않고 화롯불 가까이 다가가 의자에 앉았다. 그리고 온기와 함께 편안히 잠에 들었다. 시간이 흘러, 망자를 지키던 사람은 잠에서 깨어났다. 그는 뿔과 여러 장식을 한 촌사람의 모습을 보았고 악마가 찾아왔다 착각했다. 남성은 끔찍한 비명을 질렀으며 깜짝 놀라 촌사람 또한 깨어나게 되었다. 변장한 촌사람은 비명을 듣고 죽은 자가 자신을 쫓아왔다 생각하게 되었다. 하지만 곧 정신을 차리고, 자신의 변장이 문제를 일으켰음을 깨달았다. 날이 밝자, 그는 헌 옷 가게에 들러 옷을 갈아 입고, 숙소로 돌아갔다. 이번에는 아무 문제 없이 현관문이 열렸다. 숙소에 도착한 촌사람은 악마의 방문으로 인해 하녀가 앓아누웠다는 것을 알게 되었다. 그는 자신이 그 악마였다는 사실을 감추었다. 훗날 그는 악마가 이웃을 데려가기 위해 동네를 찾았다는 소문을 듣게 되었다. 늙은 하녀는 이 사건의 산 증인이 되었다. 또한 촌사람이 방문했던 집의 망자가 대부업자라는 사실이 이야기에 신빙성을 더하였다. **참조**. 유령Apparitions, 망령Revenants, 파니우스Fannius, 환영Visions 등.

파라 일디스 [Phara-Ildis] 노르웨이의 선하고 자비로운 요정. 파라Phara라고도 불린다.

훈증점 [Pharmacie / Pharmacy] 마법사와 주술사들이 사용했던 점술. 이들은 악마와의 거래를 통해 이러한 기술을 얻었다. 향로를 이용한 훈증을 통해 악마를 소환한다.

피닉스(악마) [Phénix / Phoenix] 지옥의 후작. 불사조의 모습을 하고 나타나 아이의 목소리를 낸다. 피닉스는 구마사 앞에 모습을 드러내기 전 아름다운 노래를 부른다. 이들에게 인간의 모습을 취하도록 명할 때는 귀를 막아야 한다. 피닉스는 모든 학문에 답을 해주며, 훌륭한 시인이기도 하여 모든 요청에 시로 답한다. 그는 천 년 뒤, 좌품천사 7계급으로 돌아갈 소망하고 있다. 20개 군단이 그를 따른다.[1]

[1] 요한 바이어, 『악마의 유사군주제Pseudomonarchia Dœmonium』.

피닉스 [Phénix / Phoenix] 헤로도토스Herodotus는 세상에 피닉스라는 신성한 새가 존재한다고 주장했다. 물론 그 또한 이 새를 그림 외에 실제로 목격한 적은 없지만 말이다. 피닉스는 독수리만큼 크고, 붉은빛과 금빛이 섞인 깃털을 지녔다. 또한 향신료를 먹으며, 500년마다 이집트로 돌아와 아버지 사체를 몰약으로 감싼 뒤 태양의 신전에 묻는다. 솔린Solin은 피닉스가 아라비아에서 태어났고, 목구멍 안쪽에 깃털이 있다고 주장했다. 또 목은 금처럼 빛나고, 몸은 자줏빛이며, 꼬리는 푸른색과 분홍색이 섞여 있고, 540년을 산다고 주장했다. 일부 역사가들은 이 새가 12,954년을 산다고 보았다.

로마의 성 클레멘스St. Clement는 피닉스에 대해 다음과 같은 주장을 펼쳤다. 피닉스는 아라비아에서 태어났고 단 한 마리만 존재한다. 또한 수명은 500년인 것으로 추정된다. 피닉스는 죽음이 가까워지면, 향, 몰약, 다른 향신료로 직접 관을 짜고 운명의 날에 그곳에 들어가 죽음을 맞이한다. 부패한 피닉스 살에서는 유충이 나와 사체를 먹고 새 깃털로 몸을 덮는다. 그렇게 힘이 생긴 유충은 피닉스의 관을 이고 이집트로 간다. 이후 헬리오폴리스Heliopolis 태양의 제단에 관을 내려놓는다.

이 수수께끼의 새를 언급하는 사람들은 직접 목격한 적이 없으며 오직 전해 들은 말만 기록하고 있다. 과연 누가 확신을 가지고 이 새가 500년을 산다고 볼 수 있을까? 누가 이 새가 단 한 마리만 존재한다는 것을 증명할 수 있을까?

신부 마르티니Martini는 저서 『중국의 역사 Histoire de la Chine』에서 소호Shaohao 황제 통치 당시, 태양의 새가 나타났다고 기록했다. 또 중국인들은 이를 왕국에 길한 징조로 받아들였다고 덧붙였다. 이 새는 독수리를 닮았으나, 형형색색의 아름다운 털을 지녔기에 독수리는 아니었다. 마르티니는 이 새의 진귀함으로 보았을 때, 피닉스와 같은 새로 볼 수 있다고 주장했다.[1]

(1)일부 비평가들은 고대 이교도 사이에서 피닉스가 순결함과 절제의 상징이었다고 말한다. 이들은 이 마법의 새가 네 번 나타났다고 보았다. 첫 번째는 세소스트리스Sesostris 통치 시절, 두 번째는 아마시스Amasis 통치 시절, 세 번째는 세 번째 프톨레마이오스Ptolemies 왕조 시절, 네 번째는 티베리우스Tiberius 통치 시절이다.

현상 [Phénomènes / Phenomena] 1738

년, 그라나다Granada 왕국에 위치한 카르타헤나Cartagena의 한 흑인 여성이 독특한 외모의 아이를 낳았다. 이 여자아이는 약 6개월간을 살다가 사망했다. 아이는 머리부터 발끝까지 흰색과 검은색 점으로 뒤덮인 모습이었다. 점은 대칭을 이루거나 다양한 형상을 보이기도 했는데, 마치 컴퍼스와 붓으로 그려놓은 작품 같았다. 아이는 검은 곱슬머리를 가지고 있었다. 이 머리카락은 북슬북슬한 피라미드처럼 보였다. 머리카락은 머리 꼭대기를 시작으로 측면을 사선으로 넓히며 눈썹 중앙까지 내려왔다. 이 피라미드 밑면에 해당하는 눈썹의 절반은 희고 곱슬거렸고 귀 쪽에 가까운 나머지 절반은 검고 곱슬거렸다.

아이의 이마 정중앙 만들어진 피라미드에는 빈 곳이 있었다. 이 빈 곳은 나머지 얼굴 부분의 검은 점들 때문에 더욱 도드라져 보였다. 더불어 아이의 얼굴에는 또 다른 흰색 피라미드가 존재했다. 이 피라미드는 목을 밑면 삼아 사선을 측면으로 두며 삼각형 모양을 형성하는데, 턱을 반으로 가른 뒤 아랫입술 윗부분을 꼭짓점 삼을 때까지 올라갔다.

아이의 손가락 끝부터 손목 윗부분, 발부터 다리 중간까지는 피부색이 달랐다. 이는 마치 부츠와 장갑을 낀 것 같은 모습이었다. 이 부분의 피부색은 밝은 검정색을 띠었고 위에는 흑옥같이 까만 점이 무수히 흩뿌려져 있었다. 목 아랫부분에서는 검은 망토를 덮은 것처럼 다른 색 피부가 가슴과 어깨 위까지 내려왔다. 이 망토와 같은 피부는 밑부분에 세 개의 꼭짓점을 가지고 있었다(두 개는 양팔 근육에 하나씩, 나머지 하나는 가슴에 위치했다). 아이의 어깨에는 발과 손처럼 검은색 점이 나 있었다. 나머지 신체는 흰점과 검은 점이 보기 좋게 다양하게 배치되어 있었다. 아이의 두 무릎은 큰 검은 반점이 뒤덮고 있었다.

지역 주민들은 이 현상을 보기 위해 몰려들었고 여자아이에게 선물을 바쳤다. 또 이 중 일부는 아이를 비싼 값에 사겠다고 제안했다.

이 이야기를 기록한 작가는 아이의 어머니에게 작은 암컷 개가 있었다고 언급했다. 이 개는 검은색 털과 흰색 털을 지녔는데, 늘 어머니를 따랐다. 작가는 딸의 몸에 난 점과 개의 무늬를 비교하였는데, 색뿐만 아니라 무늬가 강조된 위치까지 똑같았다. 작가는 어머니가 개를 계속 쳐다보고 상상을 한 결과, 딸에게 이런 다양한 무늬가 생긴 것이라 결론지었다.

영국인은 철학의 민족이라는 말이 있다. 하지만 1726년 런던의 한 여성이 매일 새끼 토끼를 낳는다고 했을 때, 성 안드레Saint Andre라는 산부인과 의사는 이를 증명해 주었고,

철학의 민족은 그의 말을 믿었다.

블린Blin 후작령에 속한 플레세Plesse 마을 출신 르네 롱도Rene Rondeau의 아내 마르게리트 다니엘Marguerite Daniel은 1685년 아이를 가졌다. 마르게리트 다니엘은 성촉절에 아이가 배속에서 움직이는 것을 느꼈고, 성금요일에 세 번의 울음소리를 내는 것을 들었다. 이후 아이는 하루에 세 번에서 네 번 울음소리를 냈다. 또 한 번 낼 때 네 번에서 다섯 번, 혹은 여덟 번에서 아홉 번 울음을 터뜨렸다. 이 소리는 아주 뚜렷했고, 신생아의 울음소리와 닮아있었다. 때로는 울음소리가 너무 강렬해, 이 여성의 배가 곧 터질 것처럼 부풀어 올랐다.

1842년 10월, 브뤼셀Brussels의 한 여성은 조산원에서 말꼬리를 단 여자아이를 낳았다. 그녀의 아버지는 마부였다. 이후 이 독특한 장식을 제거하기 위한 수술이 진행되었다. 이 수술은 수탱Seutin 의사가 성공적으로 집도했고 공식적으로 기록되었다. **참조.** 상상 Imagination.

필린니온 [Philinnion] 다음은 플레곤Phlegon이 기록한 일화로 테살리아Thessaly 히파트Hypate에서 벌어진 일로 추정된다. 데모크라테스Democrates와 차리토Charito 사이에 태어난 외동딸인 필린니온은 어린 나이에 세상을 떠났다. 깊은 상심에 빠진 부모는 딸이 생전 아끼던 보석과 옷을 함께 묻기로 하였다. 이후 마샤트Machates라는 젊은 귀족이 데모크라테스를 찾아왔다. 그는 데모크라테스의 오랜 벗이었다. 그날 저녁, 그의 방에는 필린니온이 눈앞에 나타나 사랑을 고백했다. 그리고 마샤트는 그녀가 죽은 사람이었음에도 몰래 혼인했다.

마샤트는 사랑을 증명하기 위해 필린니온에게 금으로 된 술잔과 손가락에 끼워져 있던 쇠반지를 주었다. 이에 필린니온은 금목걸이와 금반지를 마샤트에게 주고 새벽이 오기 전 사라졌다. 다음 날, 그녀는 같은 시간에 돌아왔다. 이들이 만나는 동안, 차리토는 마샤트 방에 늙은 시녀를 보내 부족한 것은 없는지 알아보도록 했다. 곧 돌아온 시녀는 이성을 잃은 모습으로 필린니온이 마샤트와 있다고 고했다.

사람들은 그녀가 환영을 보았다고 생각했지만, 시녀는 절대 아니라며 부인했다. 아침이 되었을 때 차리토는 마샤트를 찾았고 시녀가 잘못 본 것은 아닌지 물었다. 마샤트는 시녀가 거짓말을 한 것이 아니라고 답했다. 그리고 자신에게 일어난 일을 털어놓고 교환한 금목걸이와 금반지를 보여주었다. 어머니는 딸의 물건을 알아보았다. 물건을 보고 상실의 아픔을 느낀 어머니는 끔찍한 비명을 내질렀다. 또한 마샤트에게 딸이 다시오면 자신에게 알려달라고 빌었다. 마샤트는 그녀의 부탁을 들어주었다. 아버지와 어머니는 다시 나타난 딸에게 달려가 그녀를 끌어안았다.

그러나 필린니온은 슬픈 시선을 떨구며 다음과 같이 말했다. "아! 아버지, 어머니. 당신들은 제가 여기 있을 수 있는 3일이라는 시간을 방해하며 저의 기쁨을 망쳐버렸어요. 아버지, 어머니의 호기심은 불행을 가져올 것이에요. 나는 이제 죽음의 왕국으로 돌아갈 것이고 아버지, 어머니는 처음 나를 묻었을 때보다 더 많은 눈물을 흘리게 될 거예요. 제가 이곳에 온 것은 신의 의지였다는 걸 기억하세요." 그 말을 끝으로 그녀는 다시 사망해 버렸다. 집의 모든 사람이 보는 가운데 그녀의 시신은 침대 위에 놓였다. 가족들은 다시 묘지로 향했다. 놀랍게도 관은 비어있었고, 그 속에는 마샤트가 준 쇠반지와 술잔만 놓여 있었다….

연금술 [Philosophie Hermétique / Hermetic Philosophy] 참조. 현자의 돌 Pierre Philosophale.

필로타누스 [Philotanus] 하급 악마로 벨리알Belial을 따른다.

사랑의 묘약 [Philtre / Philter] 사랑을 불러일으킨다는 음료 또는 물질. 사용법을 알았던 고대인들은 이 묘약을 만들 때 지옥의 신에게 도움을 요청했다. 묘약에는 다양한 동물, 풀, 물질이 들어갔다. 이 중에는 빨판상어Suckerfish, 개구리의 뼈, 유성 조각, 암말 요막 속 부유물 등도 있었다. 델리오Martin Delrio는 이 묘약을 저주로 분류했다. 또 손톱 조각, 금속 줄밥, 파충류, 물고기와 새의 내장이 재료로 사용되었다고 덧붙였다. 게다가 교회 장식 조각까지 재료로 사용되었다고 언급했다.

묘약은 독과 같이 약전에서 설명을 찾아볼 수 있다. 가장 유명한 묘약은 암말이 출산할 때 만들어지는 요막 속 부유물이다. 이것은 둥근 모양의 검은 살덩어리로 말린 무화과 정도의 크기를 가진다. 종종 태어난 망아지의 이마에 이 부유물이 혹처럼 붙어 있는 경우가 있다. 마법서에 따르면 이 신비한 살덩어리를 가루로 만든 뒤, 좋아하는 사람 피에 섞어 넣으면 사랑의 감정을 일으킬 수 있다고 한다. 지암바티스타 델라 포르타Giambattista Della Porta는 이 부유물이 지닌 놀라운 특성을 상세히 기록하였다. 그러나 망아지의 머리를 비롯한 어디에서도 그가 설명한 것과 유사한 것이 발견된 경우는 없었다. **참조.** 히포만Hippomane.

묘약은 무수히 많이 존재하고 각각 특출나게 우스꽝스럽다. 고대인들 또한 현대인과 유사한 지식을 가지고 있었다. 하지만 과거에는 열렬한 애정, 균형이 맞지 않는 사랑, 재산 차이로 인한 결별, 부모의 반대 등을 저주 탓으로 돌렸다.

일부 묘약은 장에 상처를 입혀 정신착란이나 죽음을 일으킨다. 또 사랑과 혼동되는 열정을 야기하기도 한다. 칸타리스 파리Spanish Flies를 음료수에 타는 것을 그 예로 들 수 있다. 한 리옹Lyon 출신 남성은 소홀해진 아내의 사랑을 되찾고 싶었다. 이에 문제의 벌레를 가루로 만들어 론 포도주Rhone Wine에 섞어 아내에게 먹였다. 남성은 자신의 시도가 성공하길 바랐지만 결국 다음날 아내를 잃고 말았다. 이런 유해한 방식들이 모두 사랑의 묘약이라 불렸던 것이다.

한 현대인은 스코틀랜드에서 사랑과 관련된 미신이 유난히 극성이었음을 지적했다. 다음의 예를 살펴보자. 존 콜콘John Colquhoun 경은 몬트로즈Montrose 네 번째 백작 장Jean의 맏딸인 릴리아 그레이엄Lilia Graham과 결혼한 지 얼마 되지 않아, 이복 누이 캐서린Catherine을 집에 초대했다. 곧, 존 경은 사랑에 빠졌고 그녀의 무관심을 해결하기 위해 저명한 강신술사를 찾아갔다. 강신술사는 다이아몬드, 루비, 사파이어, 금으로 장식된 꽃다발을 만들었다. 그리고 이 꽃다발은 주는 사람과 받는 사람의 육신과 영혼을 이어주는 효능이 있다고 말했다. 존 경은 즉시 이 묘약을 사용했다. 당대 연대기에 따르면, 그는 자기 아내를 흉악한 방식으로 버린 뒤, 고향에서 내려진 사형 판결을 피하고자 캐서린 부인과 함께 런던으로 도망쳤다고 한다.

화려한 다이아몬드, 보석으로 만든 묘약이 속되고 허영심 있는 인간에게 확실한 효능을 발휘한 것이다.

플레게톤 [Phlégéton / Phlegethon] 화염 급류를 흘려보내는 지옥의 강. 플레게톤의 강물은 악인들의 감옥을 사방으로 둘러싼다. 플레게톤은 가장 유해한 강이다. 이 강은 코키토스Cocytus 강과 반대 방향으로 한참을 흐르다 아케론Acheron 강과 합쳐진다.

푸카 [Phooka / Puca] 야생 망아지 모습으로 나타나는 아일랜드 악령. 흘러내리는 쇠사슬을 차고 있다. 야생의 소, 포식성 새, 마른 말의 모습을 하기도 한다. 또 인간의 말을 한다. 푸카는 밤에 길 잃은 여행자들을 겁주는 것에 큰 기쁨을 느낀다.

인(발광물질) [Phosphore / Phosphorus] 참조. 영원한 램프Lampes Perpétuelles, 계략Stratagèmes 등.

골상학 또는 두개골점 [Phrénologie / Ph-

renology, Crânologie / Craniology] 두개
골 돌출부를 통해 사람을 판단하는 기술 혹
은 학문. **참조**. 갈Gall.

성구(함 또는 띠) [Phylactères / Phylacteries] 유대인들은 그들의 모자에 양피
지 띠를 지니고 다녔는데, 율법 구절(성구)
을 적은 것이었다. 『마태복음Matthew』 23장에
따르면, 예수 그리스도Jesus Christ는 이러한 행
위를 비난했다. 그들의 후손은 같은 행위를
이어가며 이러한 양피지 띠나 함이 모든 위
험으로부터(특히 악령으로부터) 지켜준다고
믿었다.

기독교인들 또한 부적이나 예방 도구로 말
씀을 적거나 새긴 것을 사용하였다. 교회는
언제나 이러한 남용을 처벌하였다. **참조**. 부
적(아뮬렛)Amulette.

장미점 [Phyllorhodomancie / Phyllorhodomancy] 장미 잎을 이용한 점술. 그리
스인들은 장미 잎을 손에 올리고 손뼉을 쳐
원하는 것을 이룰 수 있는지 알아보았다.

관상학 [Physiognomonie / Physiognomy] 얼굴의 특징을 통해 사람을 판단하는
기술 혹은 외형으로 인간의 내면을 들여다보
는 방법.

이 학문은 신봉자보다 반대하는 사람을
더 많이 만들어냈다. 그러나 이 학문을 우스
꽝스럽다고 여기기 위해서는 정말 극단적인
논리를 예로 들어야 할 것이다. 얼굴과 외형
은 계급, 생활방식, 출신, 개성에 따라 그 생
김새를 달리한다. 어째서 외형은 이렇게 다
양한 성격들을 반영하는 걸까? 아니면 반대
로 각기 다른 성격들이 외형 때문에 생겨나
는 것일까? 모든 생명이 지닌 열정, 감각, 능
력은 몸에 새겨져 있다. 예를 들어, 분노는
근육을 부풀린다. 따라서 부풀어있는 근육은
화를 상징한다고 해석될 수 있다. 더불어 불
길처럼 번쩍이는 눈동자, 번개처럼 살아있는
눈빛, 경계심 있고 날카로운 성정 또한 이와
함께 나타난다. 반면 크고 맑은 눈동자는 솔
직하고 정직한 마음과 연관되어 있다. 즉 외
형을 통해 인간을 짐작해 볼 수 있는 것이다.
우리는 매일 하늘을 올려다보며 날씨를 살핀

다. 상인은 상품의 외형을 살펴 가격을 매긴
다. 관상학자들은 학문의 정당성을 앞선 예
시를 기반으로 설명한다. 물론 오류도 존재
할 수 있다. 하지만 예외가 존재한다고 해서
법칙 전체가 잘못되었다고 볼 수 없다.

라바터Lavater는 자신의 흔적을 살해했던 범
죄자의 이야기를 기록했다. 라바터는 이 범
죄자의 처형을 목격했다. 이상하게도 이 괴
물의 얼굴은 환하고 우아했는데, 마치 인도
자의 천사처럼 보일 정도였다고 한다.

갤리선의 노를 젓는 죄수 중에는 종종 레
굴루스Regulus를 닮은 이들을 찾을 수 있다.
혹은 성녀를 떠올리게 하는 얼굴들을 감옥에
서 볼 수 있다. 그러나 전문성을 갖춘 관상가
는 이러한 얼굴에서도 숨겨진 악행과 패악을
의미하는 특징들을 찾아낼 수 있다.

다음은 논리적이면서도 억지스러운 면이
있는 관상학의 여러 원칙이다. 믿고 안 믿고
는 독자인 당신이 판단할 일이다.

정신적 아름다움은 대체로 신체적 아름다
움을 동반한다. 물론 소크라테스Socrates를 비
롯한 예외도 존재한다. 또한 첫인상이 매력
적이지 않더라도, 점차 알아가면서 장점이
드러나 마음을 사로잡는 사람들도 있다. 이
런 경우에는 애초에 어떤 부조화가 일어난
것인데, 즉시 알아보아야 할 매력을 인지하
지 못하고 나중에 발견했기 때문이다. 더불
어 그 사람과 사적인 관계가 깊어지면 이것
이 마음을 사로잡는데 영향을 준다. 그럼에

도 첫 만남에서 느끼는 최초의 직감은 무시해선 안 된다. 외관, 말투, 걸음걸이, 필체가 비뚤어진 사람은 사고방식, 성격, 행동에서 어딘가 의심스러운 면이 있을 것이다. 또 일관성이 없고 편파적이고 궤변적이고 거짓을 담고 있으며 교활하고 변덕스럽고 모순되고 음흉하고 고집 세고 어리석은 면을 찾을 수 있을 것이다. **참조.** 몸짓Mimique, 필적Écriture 등.

머리는 영혼과 지식이 머무는 곳이며 신체에서 가장 고귀한 부분이다(반 헬몬트Van Helmont 박사는 지식이 위장에 자리한다고 보았다). 너무 크지도 작지도 않고, 신체와 균형이 맞는 머리는 그렇지 않은 머리보다 더 완벽한 지성을 갖춘 것으로 여겨진다. 지나치게 큰 머리는 상스러움을, 너무 작은 머리는 무능함을 의미한다. 머리 크기가 몸의 비율에 맞더라도 너무 동그랗거나 길지 않은 형태가 좋다. 즉 머리의 형태 또한 정형적일수록 완벽한 것이다. 뒷머리 끝에서 코끝까지의 길이를 수평으로 쟀을 때, 얼굴의 폭과 일치하면 비율이 맞는 형태이다. 너무 긴 머리 형태는 상식의 결핍, 허영심, 호기심, 질투, 경신을 가리킨다. 아래로 기울어진 머리 형태는 현명하고 끈기 있게 일을 하는 이에게서 나타난다. 사방으로 기울어진 머리는 건방짐, 무능함, 기만, 음흉함, 가벼움, 부족한 판단력을 나타낸다.

얼굴은 이마에서 눈썹까지, 눈썹에서 코 밑까지, 코밑에서 턱뼈 가장자리까지, 이렇게 세 부분으로 구분할 수 있다. 이 세 곳이 대칭되어 있다면 공정함, 성격의 일관성을 의미한다. 얼굴 골격이 유난히 강하거나 섬세하다면 앞모습이 아닌 옆모습을 통해 더 정확한 평가를 할 수 있다. 옆모습은 실체를 숨기기 쉽지 않고 더 선명하고 정확하며 단순하게 윤곽을 보여주기 때문이다. 오히려 앞모습에서 보이는 복잡한 형태보다 그 의미를 이해하기가 훨씬 쉽다.

호감이 가는 얼굴은 주로 기품 있는 성격이 녹아있다. 그렇지만 특별히 얼굴이 미학적으로 아름답지 않음에도 좋은 성격을 지닌 사람도 있다. 둥근 얼굴은 내성적이고 순진하며 밝고 건방진 성격을 나타낸다. 근면한 이는 주로 날렵한 얼굴형을 가진다. 약간의 동요에도 쉽게 땀을 흘리는 얼굴은 성격이 불같고 자만하며 식탐이 있다.

머리카락은 사람의 성격, 힘, 예민함, 지적 능력에 관한 다양한 지표를 제공한다. 이는 결코 속일 수 없는 부분이다. 머리카락은 마치 식물과 열매가 뿌리를 내린 땅과 유사하며 우리의 신체 구조를 반영한다. 라바터는 머리카락 탄력이 성격의 유연함을 보여준다고 확신했다. 길고 뻣뻣하며 매력이 없는 머리카락은 전혀 비범한 구석이 없는 사람을 의미한다.

라바터의 고향인 스위스에서는 금발, 밝은 갈색에 가까운 금발, 쉽고 부드럽게 말리는 머리카락은 귀족의 머리카락으로 여겨진다.

검고 뻣뻣하고 두껍고 숱 많은 머리카락은 부주의함을 가리킨다. 하지만 근면하고 질서를 잘 지키는 성격과도 연관이 있다. 금발은 섬세한 성격을 나타낸다. 하지만 다혈질이면서도 침착함을 동시에 갖는 사람이기도 하다. 빨간 머리카락을 가진 이는 아주 훌륭하거나 몹시 나쁜 성격을 가지고 있다. 얇은 머리카락은 수줍은 성격과 연관이 있고, 두꺼운 머리카락은 용기를 나타낸다(나폴레옹의 머리카락은 얇았다고 한다). 이렇게 모발로 알아보는 성정은 인간과 동물 모두에게 적용된다. 네발짐승 중에는 털이 부드러운 사슴, 산토끼, 양이 소심하다고 알려져 있다. 반면 사자와 멧돼지의 거친 털은 용기를 투영한다.

그렇다면 가는 털을 지닌 고양이와 호랑이는 어떻게 설명해야 할까?

이것을 인간에게 적용해 보자. 북부인들은 대체로 용맹하며 굵은 모발을 가지고 있다. 동양인들은 소심하고 부드러운 모발을 가진다.

숱이 많고 곱슬곱슬한 머리는 강직한 성격의 징표이다. 관자놀이와 이마에 털이 많이 자란 이는 거칠고 교만하다(알렉상드르 뒤마Alexander Dumas가 이런 머리카락을 지니고 있었다). 숱이 많고 잘 정돈된 수염은 선하고 이성적인 기질을 가진다. 정돈되지 않은 밝은색 수염을 지닌 이는 여성적인 기질과 성향을 보인다. 수염 색깔이 머리색과 다른 것은 관상학적으로 좋지 않다. 마찬가지로 머리색과 눈썹 색깔이 다른 것도 좋지 않다….

얼굴에서 가장 중요하게 봐야 할 부분은 이마이다. 옆에서 본 이마는 세 가지 유형으로 나눌 수 있다. 뒤쪽으로 기울어진 이마, 직각 이마, 돌출 이마가 그것이다. 뒤쪽으로 기울어진 이마는 상상력, 지성 그리고 섬세함을 가리킨다. 머리카락에서 눈썹까지 완벽히 직각으로 떨어지는 이마는 지적 능력의 결여를 의미한다. 부드럽게 위쪽으로 휘어진 이마는 깊은 사고를 할 수 있는 지적 능력을 가리킨다. 이는 절도 있고 통찰력 있는 사상가들에게서 많이 나타난다. 놀출된 이마는 편협하여 분별력을 갖추지 못하는 자, 지성이 부족한 자에서 나타난다. 이마가 길어질수록 기운이나 정신적인 에너지는 떨어진다.

이마가 좁거나 작으면 주의력 있고 단호하며 건실하다…. 행복하고 외적으로 완벽하며 부, 판단력, 성격의 고결함을 갖춘 사람이라면 이마 비율이 나머지 얼굴 부분과 잘 어우러져 있을 것이다. 이마에 불규칙한 특성이 보이거나 원래 있어야 하는 주름이 보이지 않다면 자존심이 강한 사람이다. 하지만 진지한 명상, 고통스러운 동작, 분노 등이 함께 할 때는 주름이 잡힐 것이다. 이마의 피부색은 얼굴 다른 부위보다 밝은 것이 좋다. 눈 부분이 돌출된 이마는 대업을 도모할 때 뛰어난 지적 능력과 비상한 통찰력을 발휘할 수 있음을 의미한다. 돌출이 없지만, 가로 눈썹 위에 벽처럼 단단하게 세워지고 아랫부분이 두꺼워지는 이마 또한 훌륭한 관상이다. 이때 양쪽 관자놀이 부분은 가볍게 곡선을 그려야 한다. 짧으면서 주름진 이마, 뭉툭한 이마, 불규칙한 형태의 이마, 한쪽이 꺼진 이마, 많은 주름이 있는 이마는 존경받지 못할 성격, 신뢰받지 못할 성격을 나타낸다. 측면이 넓고 눈 뼈가 단단한 사각 이마는 일반적으로 지혜와 용기를 의미한다. 이 내용은 모든 관상학자가 동의하는 부분이다. 뼈가 몹시 돌출되어 있고 살이 많은 이마는 까다롭고 싸우기 좋아하는 성미를 나타낸다. 높은 이마와 긴 얼굴, 뾰족한 턱은 허약함을 나타낸다. 긴 이마, 기쁜 소식에도 잔주름이 하나도 지지 않는 팽팽한 피부의 이마는 차가움, 의심 많음, 신랄함, 고집, 신경질, 바라는 바가 많음, 비굴함, 복수심이 강함 등의 성격을 가진다. 위로 올라갈수록 앞으로 기울어지고 눈에 가까워질 때 푹 꺼지는 이마는 주로 속수무책인 망나니에게서 나타난다. **참조.** 이마점 Métoposcopie.

이마 아래 위치한 눈썹은 온화한 상태에서는 평안의 무지개를, 분노를 표출할 때는 불화의 아치를 만든다. 부드럽게 휘어진 눈썹은 겸손함과 단순함을 나타낸다. 눈썹이 일자로 수평을 이루는 경우, 남성적이고 기운찬 성격을 가리킨다. 반면 눈썹 형태가 반은 수평을 이루고 반은 휘어져 있으면, 지성의 힘과 어진 마음이 한데 모여있음을 가리킨다.

거칠고 무질서한 눈썹은 다루기 힘든 활기를 가리킨다. 그러나 눈썹 모가 얇을 경우 같은 특성이라도 다소 완화되어 나타날 수 있다. 눈썹 모가 굵고 치밀하며 평행 혹은 직선으로 끊어져 있다면, 사려 깊은 판단력과 차분한 지각을 지닌 것으로 본다.

가운데가 붙은 눈썹은 아랍인들 사이에서 미인으로 여겨졌지만, 과거 관상학자들은 엉큼한 사람의 특징으로 보았다. 여기서 전자는 잘못된 것이고 후자는 과장된 것이다. 가장 정직하고 사랑받은 사람들의 얼굴에서 이러한 특징이 보였기 때문이다. 얇은 눈썹은 냉정함이 없는 약한 심성을 가리킨다. 이러한 눈썹을 지닌 이들은 활기찬 사람의 힘과 기운을 앗아간다. 각지고 끊어진 눈썹은 생산적인 성격을 나타낸다. 눈썹과 눈 사이가 가까울수록 성격이 진지하며 깊고 건실하다. 반면 눈썹과 눈 사이가 멀면 성격이 침착하고 평온하다.

눈썹의 움직임을 보면 무수한 것들을 알아챌 수 있다. 비열한 열정, 오만, 분노, 경멸 등을 나타내기 때문이다. 눈썹을 찌푸린 사람은 건방지고 멸시당할 만한 일을 벌인다.

뷔퐁Buffon의 주장에 따르면, 비밀스러운 동요는 늘 드러나며 우리는 눈을 통해 이를 알아볼 수 있다고 한다. 눈은 다른 신체 기관과 다르게 영혼과 관련이 있다. 이 기관은 마치 영혼과 맞닿아있고 영혼의 모든 움직임에 관여하는 것 같다. 눈은 생생한 열정, 소란스러운 감정, 섬세한 기분 등을 표현한다. 진실함과 순수함을 통해 이를 표현해 내며, 태어날 때부터 신속하고 정확하게 이를 드러낸다. 파란 눈을 가진 이는 갈색 눈(혹은 검은 눈)을 가진 이보다 무기력하다. 파란 눈을 가진 사람 중 혈기가 왕성한 사람이 없다는 것은 아니다. 다만 전체적으로 보았을 때 갈색 눈을 가진 이가 남성적 기질이 더 풍부하다는 것이다. 천재성은 갈색과 노란색이 섞인 눈에서 드러난다. 화를 잘 내는 사람들은 여러 가지 색의 눈을 가진다(푸른빛을 띠는 경우는 드물다. 반면 갈색이나 녹색인 경우는 잦다). 녹색 눈은 활발함과 용감함을 나타내는 징표다. 코 쪽으로 뾰족하게 날카로운 각을 만드는 눈은 분별력 있거나 순수한 사람에게서 찾을 수 있다. 쌍꺼풀이 활 모양을 한다면 고운 천성, 뛰어난 섬세함, 수줍은 성정을 지닌다. 쌍꺼풀이 눈과 수평을 이루며 눈동자의 중앙쯤에서 끊어진다면, 이는 교활하고 꾀바른 사람이다. 그렇다고 반드시 이러한 형태의 눈이 올바른 마음을 가지지 않는 것은 아니다. 눈동자가 매우 크고 맑고 푸른색을 띠고 측면이 투명해 보인다면, 예외 없이 단순하고 넓은 사상을 가졌을 것이다. 이와 동시에 극도로 예민하고 다루기 어려우며 의심과 질투가 많고 선입견을 품기 쉬운 성격을 가진다. 검고 빽빽한 눈썹 아래 작고 반짝이는 검은 눈을 지녔다면 그리고 심술궂게 웃을 때 눈이 움푹 파인다면 교활함, 깊은 통찰력을 가진 사람이다. 이 사람은 술책을 꾸리고 시비를 거는 성향이 있다. 해당 눈을 가진 이가 비웃음을 띤 입술을 가지고 있지 않다면 차가움, 통찰력, 교양, 우아함, 명확함을 지닌 사람이다. 이 사람은 관대하다기보단 구두쇠에 가깝다. 크고 시원하고 투명하며 수평 쌍꺼풀(너비가 좁고 경계가 명확하다)과 함께 빠르게 움직이는 눈은 생생한 통찰력, 우아함, 교양, 다혈질적인 성미, 오만함을 나타낸다.

동공 전체가 보이고 눈동자 아랫부분이 다소 하얗다면 긴장하고 있는 것인데, 이는 자연스럽지 않은 상태이다. 혹은 걱정이 많고 열정적이며 반쯤 미쳐있는 사람일 수 있다. 이러한 눈은 정상적이고 성숙하며 명료하고 신임을 얻는 이들에게서는 절대 나타나지 않는다. 매우 커다랗고 빛나는 눈과 흐릿한 인상을 함께 가진 이들은 고집이 세고 자만으로 인해 어리석은 짓을 저지른다.

의심이 짙고 성을 잘 내며 폭력적인 사람들은 대체로 얼굴 안쪽으로 푹 꺼진 눈을 지닌다. 이들은 길고 넓은 시야를 가진다. 미친 사람, 경솔한 사람은 주로 눈이 튀어나와 있다. 음흉한 사람은 말할 때 쌍꺼풀이 기울어지고 시선은 아래를 향한다. 꾀바르고 교활한 사람은 한쪽 눈을 치켜뜨거나 두 눈을 반쯤 감는 습관이 있다. 이는 나약함의 상징이다. 교활한 사람들은 대개 기운이 왕성하지 못하다. 다른 이에 대한 불신은 자신의 나약함에서 비롯되기 때문이다.

고대인들이 코를 '얼굴의 정직함Honestamentum Faciei'이라고 부르는 데는 이유가 있었다. 잘생긴 코가 흉한 얼굴에 달린 경우는 결코 없다. 못생겼으면서 아름다운 눈을 지닐 수는 있지만 말이다. 천 개의 아름다운 눈이 있을 때, 완벽한 코는 하나가 겨우 나오는 정도이다. 이런 코를 가진 자는 예외 없이 뛰어난 성격을 가진다. 같은 코를 지닌 자는 없다Non Cuiquam Datum est Habere Nasum.

관상학자들의 연구를 바탕으로 한 완벽한 코의 모습은 다음과 같다. 코의 길이는 이마의 길이와 같아야 하며, 뿌리 부문에 가벼운 빈 공간이 있어야 한다. 앞에서 보았을 때, 코의 튀어나온 부분이 넓어야 하며 양 측면과 평행을 이루어야 한다. 또 돌출부의 너비가 가운데로 갈수록 더 도드라져야 한다. 콧방울은 단단하지도 통통하지도 않아야 한다. 정면에서 코의 날개는 분리되어 보이고 콧구멍이 보기 좋게 위치해야 한다. 측면에서는 코의 밑부분이 전체 길이 삼분의 일을 넘어서지 않아야 한다. 또 위쪽으로 갈수록 안와의 곡면으로 이어지며 눈에서 잰 폭이 엄지손가락 반 정도 길이가 되어야 한다. 이 모든 것을 갖추면 완벽한 코라고 할 수 있다. 하지만 많은 위인들은 흉한 코를 가지고 있다. 측면에서 보았을 때 초승달 모양인 작은 코는 정직하고 분별력 있는 성격을 나타내지만, 천재성을 가리키진 않는다. 윗부분으로 휘어지는 코는 명령적이고 지배적이며 큰일을 도모하는 이에게서 자주 나타난다. 이들은 자신의 사업에서 열의를 보이며 끈질기게 이뤄내는 성향을 보인다. 직각 코(여기서는 직각에 가까운 형태의 코를 의미한다. 자연은 완벽하게 곧은 선을 거부하기 때문이다)는 초승달 코와 휘어진 코 사이의 형태이다. 직각 코를 지닌 이는 평안함 속에서 행동하며 고통을 견딜 줄 아는 영혼을 가진다. 돌기 부가 넓은 코는 직선이거나 굽은 것과 상관없이 언제나 뛰어난 능력을 나타낸다. 다만 이런 형태는 아주 드물게 발견된다. 작은 콧구멍은 수줍은 성격을 보여주는데, 이런 사람은 아주 작은 일에도 몸을 사린다. 코의 날개가 시원하게 열려있고 잘 움직인다면 아주 섬세한 감성을 지닌 사람이다. 이런 사람은 감각적인 쾌락을 추구한다. 이마와 코 사이에 기울어지거나 꺼져 있는 부분이 없다면(코가 심하게 굽은 경우는 제외한다) 위대함과는 거리가 먼 것이다. 코가 입 쪽 방향으로 극단적이게 구부러져 있는 사람은 절대 큰 인물이나 귀족이 되지 못한다. 이들의 사고는 언제나 현재의 것들에 고착되어 있다. 이들은 신중하고 차가우며 무감각하고 소통을 하지 않는다. 또 대체로 간악하며 심기증에 걸렸거나 우울하다. 타타르족Tartars은 일반적으로 납작하고 움푹 파인 코를 지닌다. 아프리카인은 들창코, 유대인은 매부리코, 잉글랜드인은 연골이 도드라지고 날카롭지 않은 코를 지닌다. 그림이나 초상화를 살펴본다면 네덜란드에서 잘생긴 코가 드물다는 것을 알 수 있다. 반면 이탈리아인들은 코가 두드러진다. 끝으로 확실히 프랑스와 벨기에 유명 인사들은 멋진 코를 지니고 있다.

약한 판별력을 나타낸다. 크고 두꺼운 귀는 단순함, 거칢, 멍청함을 가리킨다. 작은 귀는 수줍음을 가리킨다. 지나치게 말려있고 불규치하게 살이 둘러싸고 있다면, 심성과 재능 모두 좋지 않다. 테두리가 둥글고 지나치게 두껍거나 과하게 얇지 않은 보통의 귀는 영적이고 현명한 사람에게서 나타난다.

입은 영혼과 마음을 대변한다. 입은 가만히 있거나 움직이며 주인의 성격을 드러낸다. 입술과 천성에는 완벽한 관계가 존재한다. 단단한 입술, 부드러운 입술, 잘 움직이는 입술을 가진 이들은 입술과 유사한 성격을 지닌다. 두껍고 비율이 좋으며 위아래 모두 가운데 선이 그려져 있는 입술(이런 입술은 모양이 잘 잡혀있으며 그림으로 그리기 쉽다)은 거짓말과 냉혹함을 싫어한다. 이들은 살면서 천한 상황을 겪을 일이 없다. 윗입술은 교양을 나타낸다. 오만과 분노는 윗입술을 굽게 만든다. 섬세함은 윗입술을 가늘게, 어짊은 윗입술을 둥글게 만든다. 방종한 자의 윗입술은 빛이 탁하고 빈약하다. 아랫입술은 윗입술을 보조하는 역할만 한다.

입술 사이 경계가 보이지 않도록 좁고 직선이라면 냉정함, 부지런함, 정확함, 청결함을 지닌 것이다. 이런 입술은 매정한 사람에게서 나타나기도 한다. 입술 양 끝부분이 올라가 있다면, 이는 마음에 가식과 허영이 깔려있음을 나타낸다. 일그러진 입술은 수줍음과 인색함을 가리킨다. 조금 튀어나온 윗입

통통한 볼살을 가지고 있으면 정이 많다. 마르고 좁은 볼을 가지고 있다면 변덕스럽지 않다.

슬픔은 볼을 파이게 만들고, 무뚝뚝함과 어리석음은 볼에 거친 주름을 남긴다. 반면 지혜, 경험, 섬세함은 볼에 얕고 부드러운 곡선을 생기게 한다. 삼각형 모양으로 나타나는 일부 볼 파임은 시기 또는 질투의 상징이다. 자연스러운 우아함이 보이고, 눈 가까이에서 살짝 떨리는 볼은 감수성이 예민한 사람임을 증명한다. 웃는 뺨에 세 개의 원 모양이 평행으로 나타난다면 광기가 있음을 의심해야 한다.

귀 또한 다른 신체 부위와 마찬가지로 상징하는 것들이 있다. 귀는 어떤 꾸밈도 허락하지 않으며, 주인의 성격을 닮는다. 귀 끝이 열려있다는 것은 지적 능력이 뛰어남을 의미한다. 크고 펼쳐진 귀는 후안무치함, 허영심,

술은 어진 성정을 나타내는 특징이다. 그러

나 아랫입술이 나왔다고 해서 어진 모습을 찾아볼 수 없는 것은 아니다. 이런 사람들은 부드럽고 따뜻한 성격보다 착하고 냉정하며 진솔한 성격에 가까울 수 있다. 쾌활한 사람은 아랫입술 가운데가 패여 있다. 즐거워하는 사람의 입이 튀어나온다면 주의 깊게 관찰하라. 입술 중심이 내려가며 조금 파일 것이다.

을 의미한다.

르브룅 Lebrun 사제는 『열정론 Traité des passions』에서 얼굴 중 마음의 움직임을 가장 잘 표현하는 부위가 입이라고 기록했다. 불평할 때 입꼬리는 내려간다. 즐거울 때 입꼬리는 위를 향한다. 혐오감이 들 때 입은 앞으로 밀리며 중앙 부분이 올라간다. 눈의 길이보다 두 배 긴 입은 바보의 입이다. 여기서 눈의 길이는 코에 가까운 부분에서 안와에 가까운 부분까지의 길이를 의미한다. 이를 측정해 비교하도록 하자. 측면에서 아랫입술을 보았을 때, 입 전체 너비의 절반 이상이라면 어리석음, 투박함, 인색함, 유해함 중 하나를 가진 것이다(혹은 이 모든 것을 한 번에 가질 수도 있다). 비율이 맞더라도 지나치게 큰 입은 세련되지 못하고 물질적이나 관능적인 사람임을 의미한다. 이는 어리석거나 못된 사람이기도 하다.

입술 없이 선명한 선만 보이고 끝부분이 올라가 있거나 측면에서 코 아래부터 휘어진 윗입술이 보인다면, 이는 교활함, 냉철함, 엄격함, 아첨꾼, 예의가 바르지만 거절이 확실한 수전노를 의미한다. 작은 콧구멍 아래 위치한 작고 좁은 입술, 타원형 이마를 지닌 사람은 예외 없이 겁쟁이다. 이런 사람은 과하게 수줍음이 많고 유치한 허영심이 있으며 의사를 명확히 밝히지 못한다. 만약 돌출된 흐린 눈, 각진 긴 턱, 벌어진 입까지 같이 지니고 있다면 완벽한 멍청이의 얼굴이라 말할 수 있다. 과거 관상학자들은 작고 짧은 치아가 기운 없는 사람의 특징이라고 보았다.

굳게 닫힌 입이 인위적이거나 뾰족하지 않다면 이는 용기를 나타낸다. 무언가를 증명해야 할 때, 평소에 입을 벌리던 사람도 다무는 것을 볼 수 있다. 많이 벌어진 입은 불평이 많은 것이다.

꾹 닫힌 입은 인내로 인해 고통을 겪는 것

반면 세로로 긴 치아는 소심함의 증거로 해석했다. 희고 깨끗하며 잘 배열된 치아, 입을 열었을 때 넘치지 않고 모두 보이지 않는 치아는 부드러움, 예의 바름, 정직한 성격을 나타낸다. 못나고 고르지 않은 치아를 가졌다고 해서 존경받을 수 없는 성격을 지닌 것은 아니다. 다만 이렇게 흐트러진 치아는 질병이나 정신적 결함이 뒤섞인 것일 수 있다. 불규칙한 치아를 지닌 자는 시샘이 많다. 두텁고 넓고 튼튼한 치아는 강인한 성격의 징표이다. 아리스토텔레스Aristotle는 이러한 치아를 가진 이가 장수를 한다고 말했다.

헤르더Herder는 아름다운 비율을 위해서 턱이 뾰족하거나 파이지 않아야 한다고 말했다. 튀어나온 턱은 언제나 긍정적인 무언가를 의미하며, 들어간 턱은 예외 없이 부정적 의미를 지닌다. 사람의 활력이 있는지 없는지는 턱만 보아도 알 수 있다.

턱은 세 가지 유형으로 구분된다. 들어간 턱, 측면에서 보았을 때 아랫입술과 직각을 이루는 턱, 입술보다 튀어나온 턱(혹은 뾰족한 턱)이 바로 그것이다.

들어간 턱은 '여자 턱'이라는 경솔한 표현으로 불리기도 한다. 남성이 이런 턱을 지닌 경우 대체로 연약하다고 여겼기 때문이다. 두 번째 유형인 아랫입술과 직각을 이루는 턱은 신뢰를 의미한다. 세 번째 유형인 입술보다 튀어나온 턱은 활동적이고 민첩한 성격을 의미한다. 이때 턱이 손잡이 모양이 되어서는 안 되는데, 이런 형태는 심약함과 인색함을 나타내기 때문이다. 턱 가운데가 갈라져있다면 현명하고 사려 깊고 결단력 있는 사람이다. 이때 이러한 특징이 그에 반하는 다른 특징과 함께 존재해서는 안 된다. 뾰족한 턱은 보통 꾀바른 성격을 나타낸다고 알

려져 있다. 하지만 이 특징은 정직한 이들에게서 주로 보이는데, 좋은 방면으로 머리를 굴리기 때문이다.

머리와 가슴을 잇는 부위는 인간에게 있어 아주 의미심장한 곳이다. 갑상샘의 형태를 보면 바보인지 알 수 있다. 비율이 좋은 목은 부정할 수 없는 건실한 성격을 가리킨다. 긴 목과 치켜든 머리는 자만과 허영의 징표가 될 수 있다. 적당히 두껍고 조금 짧은 목은 자존심이 강한 자나 어리석은 자에게서 볼 수 없는 특징이다. 아리스토텔레스의 기록에 따르면 얇고 약하며 기다란 목을 가진 이는 사슴을 닮아 소심하다고 한다. 또 목이 두껍고 짧은 자는 성난 황소를 닮는다고 주장했다. 하지만 라바터는 이렇게 유사성으로 보는 방식은 맞지 않다고 말했다. 그저 부족한 관찰력으로 살핀 후 아무 말이나 종이에 옮겼다는 것이다.

손의 형태도 얼굴처럼 다양성과 차이점이 존재한다. 완벽히 똑같은 얼굴은 어디에도 존재하지 않는다. 마찬가지로 손이 똑같이 생긴 사람 또한 없을 것이다.

손은 자연 상태(즉 특별한 사고가 없는 상태)에서 신체 다른 부분과 유기적으로 작동한다. 손의 뼈, 신경, 근육, 피, 피부는 다른 신체의 뼈, 신경, 근육, 피, 피부의 연장일 뿐이다. 같은 피가 심장, 머리, 손에 흐르는 것이다. 손은 그 자체로도 주인의 특징을 알려준다. 그렇기에 관상학처럼 중요하고 경이로

운 의미를 지닌다. 손은 감출 수 없으며, 움직이는 순간마다 우리에게 정보를 제공한다. 가장 편안하게 놓인 손의 위치는 주인의 천성을, 손의 굴곡은 주인의 행동과 열정을 나타낸다. 손은 나머지 신체의 움직임을 따라간다. **참조.** 손Main.

넓고 완만하며 뾰족하게 솟아오르지 않은 어깨가 건강과 힘의 징표라는 것은 이미 너무나도 잘 알려져 있다. 경사진 어깨는 일반적으로 체질의 섬세함에도 영향을 미친다. 이러한 어깨는 명민함, 활동성, 정확성, 질서에 대한 사랑 등을 나타낸다. 넓고 사각진 가슴, 지나치게 볼록하거나 오목하지 않은 적당한 가슴은 잘 생긴 어깨를 동반한다. 그리고 같은 의미를 가진다. 평평하거나 파인 가슴은 약한 정신을 가리킨다. 두툼하고 튀어나온 배를 지닌 사람은 감각적인 쾌락을 추구하거나 게으르다.

일반적으로 과체중인 사람보다 호리호리한 사람에게서 더 많은 에너지, 활동성, 유연함, 세심함을 찾아볼 수 있다. 물론 호리호리한 사람 중에서도 느리고 게으른 사람이 있다. 이들의 나태함은 얼굴의 하관에서 나타난다. 뛰어난 재능을 가진 이는 일반적으로 마른 허벅지를 지녔다. 천재가 평발을 가진 경우는 드물다.

아리스토텔레스는 인간과 동물 사이에 본질적인 유사점이 없지만, 동물을 떠올리게 하는 얼굴은 있다고 기록했다. 포르타Porta는 더 나아가 각 인간의 얼굴에서 동물이나 새의 모습을 찾을 수 있으며, 이들의 성격은 닮은 동물과 유사하다고 주장했다.

원숭이, 말, 코끼리의 얼굴은 옆면과 정면을 보았을 때 인간과 가장 닮아있다. 만약 얼굴이 말, 사자, 개, 코끼리, 독수리와 닮았다면 이는 매우 긍정적으로 해석된다. 원숭이를 닮은 사람은 재주가 좋고 활동적이며 재치 있고 꾀바르다. 또 영리하고 인색하며 때로는 못된 모습을 보인다. 얼굴이 말을 닮은 사람은 용기와 영혼이 고결하다. 코끼리와 닮은 이마는 조심성과 기운을 상징한다. 측면에서 보았을 때 코와 이마가 사자와 닮았다면 결코 평범한 사람이 아니다(사자의 얼굴은 에너지, 평온함, 권력을 나타낸다). 하지만 이러한 특성이 인간 얼굴에서 발견되는 일은 몹시 드물다.

개와 닮은 얼굴은 충성심, 정직함, 왕성한 식욕(1)을 가리킨다. 늑대와 닮은 얼굴을 가진 이는 폭력, 비겁함, 사나움, 열정, 배신, 유혈을 즐긴다. 여우와 닮은 얼굴은 옹졸함, 유약함, 교활함, 폭력성을 나타낸다. 하이에나 주둥이처럼 입가에 주름이 있다면 냉혹한 무정함을 가진다. 얼굴이 호랑이를 닮은 이는 탐욕스럽고 잔인하다. 호랑이의 눈과 콧방울을 닮은 이는 배신자이다! 스라소니와 호랑이의 입을 닮은 사람은 잔혹함을 드러낸다. 고양이를 닮은 얼굴은 위선, 주의력, 까다로운 입맛을 가리킨다. 고양이는 작은 호랑이로 가정에서 교육을 통해 길들여진 존재이다. 곰과 닮은 얼굴을 가진 이는 분노, 무언가를 찢을 정도로 강한 힘, 인간 혐오적 성질을 가진다(2). 멧돼지나 돼지를 닮은 이는 시끄럽고 탐욕스럽고 난폭하다. 오소리 얼굴을 닮은 이는 상스럽고 건방지며 탐욕스럽다. 소의 얼굴을 닮은 이는 참을성이 있고 고집이 세며 강하고 식탐이 있다. 소의 입과 닮은 이는 어리석고 고집이 세다. 사슴의 얼굴을 닮은 이는 겁이 많고 소심하며 민첩하고 조심성이 있다. 또 유하고 순수함에서 오는 평온함이 있다. 독수리를 닮은 얼굴은 의기양양한 기운을 상징한다. 또 독수리처럼 반짝이는 눈은 번개처럼 강력함을 상징한다. 이러한 사람은 유연하지만, 귀족적인 느낌이 덜하다. 부엉이 얼굴을 닮은 이는 독수리상

보다 약하고 소심하다. 앵무새를 닮은 얼굴은 힘에 대한 욕망, 신경질, 수다스러움 등을 가리킨다. 이처럼 동물과 유사한 상을 열거하면 끝이 없다. 하지만 실제로 이러한 상들을 찾기는 쉽지 않다.

앞서 이야기한 것들은 아리스토텔레스, 대 알베르투스Albert le Grand, 포르타 등이 주장한 관상학 원칙이다. 관상학에 대해 가장 많은 글을 쓴 것은 라바타이다. 하지만 그의 글에는 상식이 한 스푼 덜 들어가 있다. 그는 진중하게 다음과 같이 주장했다. 몸짓과 표정을 다룰 때, 간혹 관찰하는 사람은 당시 내적으로 느끼는 것을 의미심장하게 반영한다. 그렇기에 사람의 손을 보며 천재성이 있는지 추측하다 보면 현실과 동떨어지기도 한다! 그는 관상학에서 여성들을 극도로 좋지 않게 판단했다.

신이 인간에게 준 존재의 존엄을 깨닫게 만든다면, 관상학은 불확실한 부분이 있음에도 존중 받을만하다. 다음을 함께 생각해 보자. 관상학이 누군가의 생김새를 보고 천성적으로 나쁘다고 알려준다면 반드시 피해야 할까? 혹여 그 사람이 매력적이고 어질고 순진한 외모를 가졌더라도 피해야 할까? 그의 천성은 얼굴에서 가르쳐주는 것처럼 끔찍할까? 관상학은 불변의 진리일까? 만약 이와 같이 생각하고 말한다면, 관상학은 운명론을 만드는 몹시 나쁜 학문이 될 것이다.

몇몇 이들은 이 학문에 너무 심취해 얼굴의 결점을 불가피한 것으로 받아들인다. 그리고 관상학이 정해주는 특성에 따라 타락해 버리거나, 자신들의 운명을 탓하며 선함을 포기한다.

다음은 부르동Bourdon이 저술한 『관상학론Traité de la physiognomonie』의 발췌본이며 《건강일보Journal de santé》에 실린 내용이다.

"관상학에서 신체적 고통, 괴로움은 천재성과 유사하게 취급된다. 나는 암에 걸린 한 평민 여성과 스탈 부인Madame de Stael의 관상이 완벽하게 일치한 경우를 보았다. 난 저지된 열정, 격렬한 슬픔, 마음의 피로, 쾌락 남용의 경우에도 동일하게 적용된다고 본다. 우리의 영혼을 격하게 움직이는 것, 감수성에 영향을 미치는 것은 얼굴에 유사하게 영향을 끼친다. 커다란 머리는 순간적인 상상력을 상징하는데, 이는 일상에서 우둔함으로 이어질 수 있다. 하지만 갑작스러운 영감의 순간에서 천재성으로 표출될 수 있다. 좁은 이마는 민첩함을 나타내지만 둥근 이마는 다혈질적인 성미를 가리킨다. 인간은 자신의 관상을 보며 올바른 판단을 내리기가 어렵다. 이는 우리가 스스로 자연스러운 눈의 움직임을 볼 수 없기 때문이다. 눈의 움직임은 관상학의 중요한 부분이다.

우리는 문장의 끊어짐, 강조법 등에 따라 누군가의 호흡을 판단할 수 있다. 확실히 장자크 루소Jean-Jacques Rousseau는 볼테르Voltaire, 보수에Bossuet, 페넬롱Fenelon과 다른 방식으로 말을 강조했다. 말하는 방식을 통해 누군가의 호흡을 감정한다는 것은 그를 뒤흔드는 열정과 감정을 판단하는 것을 의미한다. 생생한 사고는 심장을 움직이고 심장의 박동은 호흡을 빠르게 하며 목소리를 떨게 만든다. 이와 같은 방식으로 만들어진 목소리는 우리에게 닿는다. 또 이렇게 만들어진 목소리는 화자가 영감을 받았는지, 수줍어하는지, 양심적인지를 보여준다. 감정이 없고 시시한 연설가는 마음에서 우러나는 감정을 팔만 발작적으로 흔들며 흉내 낸다.

앞서 말했듯 호흡을 빠르게 만드는 감정은 심장을 뛰게 하고 목소리를 떨게 한다. 이 감정이 지속되는 동안 신체 움직임은 불안정해지고 혼란스러워진다. 때로는 심신의 동요가 사라진 뒤에도 신체적 반응이 오래 유지된다. 이것이 위대한 작가들의 글씨를 읽기 어려운 이유이다. 많은 보통의 사람들은 위대한 작가들의 이런 행동을 따라 하는데, 때때로 자신의 둔한 영감을 알아보기 어려운 글씨로 기록한다.

극적인 추함은 노예, 정신적 고통, 고된 노동의 상징이 된다. 무위와 태만이 신체적 아름다움을 키운다는 것은 사실이다. 따라서 '신사'라는 호칭은 아무것도 하지 않아 행복한 자들에게 부여된 것일지도 모른다.

누구나 선택과 취향에 따라 얼굴이나 신체 일부를 바꿀 수 있다면 거부하지 않을 것이다. 우리는 언제나 외적으로나, 내적으로나 완벽한 만족을 이루지 못한다.

오늘날 유럽 민족을 살펴보라. 완벽한 신체를 가진 이가 얼마나 드문가! 토르발센Thorvaldsen이 비너스Venus 조각상을 만들기 위해 30여 명의 모델이 필요했을 정도니 말이다.

눈이 몰린 사람은 그의 언행으로 더욱 많은 것을 증명해야 한다. 인간은 바르게 정렬되지 않은 대상을 부정적으로 해석하는 경향이 있기 때문이다.

입 주변의 깊은 주름은 조롱하는 자, 천성적으로 즐거운 자, 심술궂은 익살꾼이 아닌지 추측게 한다.

웃음(미소가 아니다)은 지성보다 어리석음을 드러낸다. 우월한 자들은 대체로 무게감이 있다. 위대한 생각을 하는 이는 웃음을 유발하는 요소들에 대해 무관심하다.

근육에 닿는 주름은 깊을수록 장수하며 건강이 오래 지속된다. 근육에서 발산되는 힘은 건강함, 규칙적인 기능 등을 내포하기 때문이다. 이것이 바로 수상술의 원리이다. 수상술이 대체로 거짓이라 여기는 것은, 실제와 다른 점을 말하기 때문이다….

관상학이라는 이 긴 키워드는 다음의 이야기로 마무리하겠다. 루이 14세Louis XIV는 의사이자 학자였던 라 샹브르La Chambre의 능력을 깊이 신임하였다. 그는 오직 관상만 보고 성격은 물론 요직, 맡아야 할 임무까지 알아볼 수 있었다. 왕은 그의 독특한 신탁을 듣기 전까지 아무런 결정도 내리지 않았다. 라 샹브르는 다음과 같이 말했다. "제가 폐하보다 먼저 죽는다면, 폐하는 미래에 잘못된 선택을 많이 할 것입니다." 라 샹브르는 왕보다 먼저 죽었고, 그의 예언은 증명되었다. 이 의사는 관상학을 연구한 것으로 보이는 여러 저서를 남겼다. **참조.** 몸짓Mimique.

(1)포르타의 『관상학Physiognomonie』에는 플라톤Plato이 사냥개를 닮았다고 기록되어 있다. / (2)많은 작가가 이 개념들을 연구하였다. 알렉시 뒤메닐Alexis Dumesnil은 『정치 풍습Mœurs politiques』에서 인간을 보수 성향과 파괴적인 성향이라는 두 개의 사회 부류로 구분했다. 이 표현은 잘못되었다. 정확한 언어를 썼다면 파괴적인 성향이 아니라 파괴 성향이라고 해야 한다. 파괴적이라는 말은 생명체에게 적용하기에 적당하지 않은 단어이다. 어쨌든 그의 비판에 따르면 몸짓과 관상을 통해 이 파괴적인 성향을 알아볼 수 있다고 한다. 그는 다음과 같이 기록했다. '파괴적인 성향을 지닌 이는 독특한 얼굴 형태를 가진다. 일

반적으로 짧고 윗부분이 협소하며 원추형을 띠기도 한다. 또한 모두 귀 쪽 두개골이 발달해 있다. 마치 배처럼 말이다.' 헛소리는 이렇게 이어진다. '뒤집힌 원추형 또는 무처럼 생긴 얼굴은 보수 성향을 가리킨다….'

피아스 [Piaces] 히스파니올라Hispaniola 섬의 마법사 사제들. 섬이 정복(혹은 발견)되었을 무렵, 그곳에 살고 있었다. 크리스토퍼 콜럼버스Christopher Columbus의 친구인 곤살로 페르난데스 데 오비에도 이 발데스Gonzalo Fernandez de Oviedo y Valdes의 『인도사Histoire des Indes』를 보면 피아스의 예언에 악마가 개입한다는 이야기가 기록되어 있다. 이 사제들은 먼 곳에서 일어나는 사건들을 정확하게 예측하였다. 아마 자기Magnetism를 사용했을 것이다.

피아슈 [Piaches] 아메리카 대륙 쿠마나Cumana 해안의 우상을 돌보는 사제들. 이들 집단에 받아들여지기 위해서는 일종의 수련기를 거쳐야 한다. 수련은 2년간 숲에서 헤매는 것이다. 이들은 숲속에서 인간의 형상을 한 혼령들로부터 지시를 받는다고 주장했다. 또 해와 달이 남편과 아내라고 말하며, 일식이 일어나면 여성들은 달이 남편과 싸움을 벌인다고 생각해 피를 뽑고 두 팔을 할퀴었다.

이 피아슈들은 히스파니올라 섬의 피아스Piaces와 매우 유사했다. 이들은 X자 형태의 부적을 주어 유령으로부터 몸을 지키도록 권유했다. 또한 메아리가 망자의 목소리라고 말했다.

피카르(마튀랭) [Picard(Mathurin)] 루비에Louviers 수도원의 수도원장. 수도원 수녀 마들렌 바방Madeleine Bavent을 집회에 데려간 마법사라는 혐의로 기소되었다. 마들렌을 체포할 당시 피카르는 이미 사망한 후였다. 이에 추후 진행된 재판에서 마들렌과 같은 형이 내려졌으며, 그의 시체는 사형집행인에게 인도되었다. 피카르의 시신은 길거리와 공공장소에서 모욕을 받았고, 비유 막쉐 광장Place du Vieux-Marché에서 불태워진 뒤 재는 공중에 뿌려졌다. 1647년의 일이다.

피카트릭스 [Picatrix] 아랍인 의사 또는

사기꾼. 13세기경 스페인에서 활동했다. 피카트릭스는 어려서부터 점성술에 빠져들었고, 금세 유명해졌다. 또한 그의 글은 오컬트학 신봉자들 사이에서 큰 유명세를 얻었다. 아그리파Agrippa는 스페인 여행 도중 그의 저서를 발견하였는데, 그중에서도 『오컬트 철학De la philosophie occulte』에서 수많은 영감을 얻었다.

피코 델라 미란돌라(지오바니) [Pic de la Mirandole / Pico Della Mirandola(Jean / Giovanni)] 시대를 앞서간 자. 피코 델라 미란돌라는 방대한 연구를 통해 큰 명성을 얻었다. 그는 1463년 2월 24일에 태어났다. 경이로운 기억력과 매우 높은 통찰력을 지녔던 그는 한 사기꾼에게 속게 되었다. 사기꾼은 그에게 에즈라Esdras의 명으로 만들어졌다는 60부의 수사본을 보여주었다. 그것은 사실 한심한 카발라 몽상일 뿐이었다. 피코 델라 미란돌라가 완고한 고집으로 이 수사본을 읽는 동안 금 같은 시간이 허비되었다. 또 완벽히 깨달을 수 없는 가공의 이야기를 탐독하는 동안 많은 돈을 들여야 했다. 이후 그는 1494년에 세상을 떠났다. 그가 남긴 저서 중에는 『카발라와 신학의 철학적 귀결Conclusions philosophiques de cabale et de théologie』(로마, 실베르, 2절판, 매우 희귀)이 있다. 이 책은 희귀본이라는 점을 제외하고는 가치가 전혀 없다. 타라보스치Tiraboschi의 말처럼, 이토록 뛰어나고 성실한 사람이 하찮은 질문에 큰 노력을 들였다는 것은 매우 한탄스러운 일이다. 그에게 사역마가 있었다는 이야기도 있다.

피샤차 [Pichacha / Pishacha] 인도인들은 떠도는 영을 모두 피샤차라 부른다.

피콜루스 [Picollus] 고대 프러시아Prussia 민족에게 숭배받은 악마. 시체의 머리와 태운 비계를 제물로 받았다. 이 악마는 중요한 사람의 임종 며칠 전에 나타났다. 그가 모습을 드러냈을 때 달래지 않으면 다시 돌아오며, 세 번째 돌아왔을 때는 인간의 유혈 없이 그를 달랠 수 없었다.

피콜루스가 기분이 좋으면 그의 사원에서는 웃음소리가 들렸다. 그렇다. 그에게는 사원도 있었다.

까치 [Pie / Magpie] 불길한 징조의 새. 브르타뉴Bretagne에서는 재단사들이 혼인 중매업을 겸하며, 자신들을 '바스바날Basvanals'이라고 칭한다. 중매를 성사시키기 위해, 이들은 빨간색과 파란색 양말을 하나씩 신는다. 그러나 이때 까치를 만나면 불길한 징조라 여겨 중매를 포기한다[1].

몇몇 나이 든 마녀들은 까치나 까마귀의 모습을 한 사역마를 둔다. 까치는 수다스러움의 상징이기도 하다.

베르비귀에Berbiguier는 통속극에 등장하는 도둑 까치가 파르파데Farfadets*라고 말했다.

(1) 자크 캠브리Cambry, 『피니스테르 여행Voyage dans le Finistère』, 3호, 47페이지. / * 프랑스 민담에 등장하는 장난꾸러기 요정.

발 [Pied/ Foot] 상류층 로마인들은 손님들에게 오른발로 들어올 것을 알려주는 현관 노예를 두었다. 이들은 왼발로 건물에 들어가는 것을 흉조로 여겼다. 이는 신전이나 위인의 자택도 마찬가지였다. 반면 건물 안에서 장례를 치르고 있거나 슬픔에 빠졌을 때는 왼발로 입장한다. 고대인들은 사원의 계단을 홀수로 맞춰 지었다. 그렇기에 건물에 들어갈 때 자연스럽게 오른발부터 입장하게 되었다. 고대 이교도들에게도 이는 길한 징조로 여겨졌고, 반대로 왼발부터 들어가는 것은 불길하다고 여겨졌다.

갈라진 발 [Pied Fourchu / Cloven Foot]
악마가 인간의 형태로 나타날 땐 항상 발이 갈라져 있다.

소원의 돌 [Pierre à Souhaits / Wishing Stone] 참조. 아셀러스Aselle.

독수리석 [Pierre d'aigle / Eagle Stone]
독수리의 둥지에서 발견된다고 하여 이 이름이 붙었다. **참조.** 취석Aétite, 루그너Rugner, 사크라트Sakhrat.

악마의 돌 [Pierre du Diable / Devil Stone] 스위스 셸레넨Schellenen 골짜기엔 화강암으로 만들어진 아름다운 바위 조각들이 있다. 주민들은 이를 악마의 돌이라 말한다. 과거 스위스인들과 악마 간의 싸움에서, 악마가 예전에 주민들을 위해 세워주었던 건물을 뒤엎고 돌을 가져왔다고 전해진다.

현자의 돌 [Pierre Philosophale / Philosopher's Stone] 예로부터 현자의 돌은 망상이 만들어낸 존재로 인식되었다. 그러나 연금술사들은 이러한 그릇된 인식이 신이 내린 공정한 결과라고 말했다. 이로 인해 악한 자, 무지한 자들은 현자의 돌이 가진 값진 비밀을 알려하지 않았기 때문이다. 연금술사들은 현자의 돌에 대한 지식이나 연금술은 카발라에 속하며, 오직 입에서 입으로 전달된다고 보았다. 그들은 이 현자의 돌에 여러 이름을 붙여주었다. 현자의 돌은 아버지인 태양과 어머니인 달 사이에 태어나 바람이 실어다 준 위대한 비밀의 딸이라고도 불렸다.

금속을 금으로 변환하는 연금술에 대한 탐구가 유럽에서 아직 자리 잡지 못했을 당시, 중국에서는 이미 큰 관심을 끌고 있었다. 중국 기록을 살펴보면 '금 씨앗'과 '투영 가루'라는 마법 용어를 사용하고 있다. 이들은 아궁이에서 금을 추출하였을 뿐 아니라 불멸을 가져다주는 특별한 만병통치약을 만들어내기도 했다.

5세기 초의 역사가 조시무스Zosimus는 금과 은을 만들어내는 기술에 대해 저술한 초기 인물 중 하나였다. 그는 현자의 돌이 특정 별자리 아래에서 녹은 여러 가지 금속이며 가두나 액체의 형태로 존재한다고 말했다.

기번Gibbon은 고대인들이 연금술을 행하지 않았다고 주장했다. 플리니우스Pliny는 칼리굴라Caligula 황제가 비소를 이용해 금을 만든 일을 기록했다. 이후 황제는 연구를 그만두었는데, 비용이 수익을 넘어섰기 때문이었다고.

연금술의 일부 지지자들은 고대 이집트인들이 이 비밀을 완벽하게 알고 있었다고 믿었다. 현자의 돌은 만능 비약Universal Elixir, 태양의 물, 투영 가루라는 이름으로도 알려져 있다. 하지만 현자의 돌은 많은 이들의 끊임없는 연구에도 불구하고 실제로 발견된 적이 없는 듯하다[1]. 현자의 돌을 지닌 자는 가늠할 수 없을 정도의 부, 영원한 건강을 갖게 되고 모든 질병을 피할 수 있게 된다고 한다. 많은 카발리스트들은 현자의 돌이 영생까지 안겨준다고 주장한다. 현자의 돌을 소유하는 자는 어떠한 반대에도 부딪히지 않고 지상에서 가장 영예스럽고 강력하고 부유하고 행복한 자가 된다. 소유자는 무엇이든 금으로 바꿀 수 있고 모든 기쁨을 누릴 수 있게 된다. 루돌프Rudolf 황제는 특히나 현자의 돌을 탐색하는 일에 열의를 보였다. 스페인의 왕 펠리페 2세Philip II는 연금술을 시도하는 화학자들을 지원하는데 엄청난 돈을 쏟아부었다. 그러나 이들과 뒤따른 대다수 사람들은 이렇다 할 성공을 맛보지 못했다. 일부 연구자들은 자신이 연금술의 진정한 비밀을 알고 있다고 주장했다. 그들은 아리스타이오스Aristaeus의 비약, 수은 연고, 순금을 유리 병에 넣고 모래불로 열을 가하면 내용물이 기적처럼 불어난다고 말했다. 아리스타이오스의 비약이나 수은 연고를 구하기 힘들 경우엔 카발라 정령들을 소환하거나, 조금 더 어두운 곳의 손길을 지원받을 수도 있다. 이 책에서 언급했던 수염 악마Barbu와 같은 존재 말이다.

전도자 요한St. John the Evangelist이 금 제작 비결을 전수했다는 풍설도 있다. 과거 일부 교회에서는 그를 기리는 찬가를 불렀는데, 연금술사들은 이 찬가 속 비유를 자신들의 방식으로 해석하였다.

'그는 한없는 보물을 만드는 분이니Inexhaustum fert thesaurum. 막대로 금을 만들고Qui de virgis facit aurum. 돌로 보석을 만드노라Gemmas de lapidibus.'

일부 사람들은 연금술을 행하기 위해 다양한 재료(금, 납, 쇠, 안티몬, 황산염, 승화물, 비소, 관석, 수은, 흙, 공기)가 필요하고 여기에 달걀, 가래, 소변, 인간의 배설물을 섞어야 한다고 주장했다. 어느 연금술사는 현자의 돌이 샐러드와 유사하므로 소금, 오일, 식초가 필요하다는 분별력 있는 주장을 펼치기도 했다.

추종자들의 요점과 논리에 더욱 깊이를 더하기 위해, 1725년 파리에서 출간된 『철학 화학과 연금술 개론Traité de chimie philosophique et hermétique』의 발췌본을 응용하도록 하겠다. 이 글의 저자[2]는 다음과 같이 기록했다.

'초기 현자들은 깊은 고찰 후 금이 다시 금과 은을 만들어내며, 각자의 형태로 재생될 수 있다고 결정지었다. 고대 연금술사들은, 건조 가공Dry Processing을 통해 금 일부를 승화시켜 휘발성으로 만들었다. 그리고 다시 눈처럼 하얗고 수정처럼 빛나는 승화물로 변형시켰다. 이후 남은 금은 고정성 염Fixed Salt'으로 변형시켰다. 이러한 휘발성 물질과 고정성 물질을 통해 영약을 만들어낸 것이다. 현대 연금술사들은 수은에서 불, 광물, 식물, 증식 특성을 지닌 정령을 추출해냈다. 이 정령의 습한 부위에는 최초의 수은 또는 제5원소가 포함되어 있다고 한다. 이들은 이 정령의 도움을 통해 금에 들어있는 영적 씨앗을 빼낼 수 있었다. 그들만의 유황과 수은을 만드는 데 사용된 이 방식을 현대 연금술사들은 습윤 가공Wet Processing이라고 불렀다. 습윤 가공을 통해 제작된 현자(철학자)의 수은Mercury of Philosophers은 금속의 단단함도, 수은의 유동성도 지니지 않았다. 그 사이의 어떤 특성을 지닐 뿐이었다. 연금술사들은 현자의 수은을 제작하는 비법을 오래도록 숨겨 왔다. 바로 현자의 수은이 연금술의 시작이자 중간 그리고 끝이기 때문이다. 하지만 여기서 나는 이 글을 읽는 모두를 위해 그 비밀을 밝히도록 하겠다. 이 연금술을 위해 필요한 요소는 다음과 같다. 1) 소금과 식초를 이용해 수은을 정화한다(샐러드). 2) 황산과 초석을 이용해 이를 승화시킨다. 3) 질산으로 용해한다. 4) 다시 승화시킨다. 5) 연소 후 안정화시킨다. 6) 지하 저장고에서 남은 수은 일부를 용해시켜 용액 또는 기름으로 만든다(샐러드). 7) 증류하여 영수Spiritual Water, 공기, 불을 분리시킨다. 8) 연소 및 안정화를 거친 수은을 영수 또는 증류 수은액 속에 담근다. 9) 검게 변할 때까지 썩게 두면 냄새가 없는 흰 유황이 생긴다. 이는 암모늄염Ammonia Salt이라고 불리며 정령 표면에도 만들어진다. 10) 암모늄 염을 증류 수은액으로 용해한 뒤, 액체가 될 때까지 증류해 현자의 식초Vinegar of the Wise를 만든다. 11) 작업이 끝나면, 금을 세 번에 걸쳐 안티몬으로 변형시키고, 석회로 작게 분해한다. 12) 석회 금을 산성도가 매우 높은 식초에 넣고 삭힌다. 그러면 동양 진주 색을 띤 흙이 식초 표면에 생성될 것이다. 이 흙을 승화시켜 매우 순수한 상태가 되었다면 연금술의 첫 번째 단계가 완료된 것이다.

두 번째 단계로 넘어가 보자. 신의 이름 아래, 이 석회 금 일부와 암모늄 염이 들어간 영수를 1대 2 비율로 준비한다. 이후 내용물을 알 모양 수정 그릇에 담은 뒤, 헤르메스Hermes의 도장으로 봉인한다. 그리고 약불에서 계속 데운다. 불에 닿은 물은 점차 석회 금을 용해할 것이다. 이제 이것은 현자의 물Water of the Wise에 해당하는 액체가 될 것이고, 이는 더위, 건조함, 추위와 습기를 품은 진정한 혼돈을 내포할 것이다. 이 혼합물을 검은 색이 될 때까지 삭힌다. 삭힌 검은 혼합물은 까마귀 머리Crow's Head, 현자의 토성Saturn of the Wise이라는 이름으로 불린다. 현자의 토성은 만드는 이에게 옳은 길을 가고 있는지 아닌지를 알려준다. 이 혼합물에서 악취 나는 검은 부분을 검은 흙Black Earth이라고 부른다. 검은 흙을 제거하기 위해서는 혼합물을 눈처럼 하얀 물질이 만들어질 때까지 끓여야 한다. 이 연금술 단계는 백조Swan라고 부른다. 마지막으로 이 흰 물질은 불을 통해 안정화시켜야 한다. 이 물질은 가열 시 두 성분으로 나뉘는데 흰 부분은 은으로 붉은 부분은 금으로 변한다. 여기까지 도달했다면 당신은 연금술에 성공하여 현자의 돌을 소유할 수 있다.

이 여러 단계를 진행하다 보면 다음과 같은 다양한 생성물을 얻을 수 있다. 먼저 녹색 사자Green Lion는 질소라고도 불리는 진한 액체로 싸구려 재료에 숨겨진 금을 찾아준다. 붉은 사자Red Lion는 선명한 붉은 빛의 가루로 금속을 금으로 변형시킨다. 테세우스 배의 검은 돛Black Veil of Theseus' Ship이라고도 불리는 까마귀 머리는 녹색 사자 이전에 나타나는 검은 침전물이다. 40일째, 이 침전물이 나타난다면 연금술에 성공한 것으로 볼 수 있다. 이 물질은 금을 추출하기 위한 물질의 분해와 부패에 사용된다. 흰색 가루White Powder는 흰색 금속을 순은으로 변환시킬 수 있다. 붉은 영약Red Elixir은 금을 생산하고 모든 상처를 치료한다. 백색 영약White Elixir은 은을 생성하고 장수를 선물한다. 백색 영약은 현자들의 흰 여식White Girl of the Philosophers이라고도 불린다. 현자의 돌에서 파생되는 물질들은 이렇듯 셀 수 없이 많다….'

해당 저서의 후반부 내용은 같은 맥락의 이야기를 다루며, 연금술의 모든 비밀을 망라하여 다룬다. 참조. 유니버설 밤Baume Universel, 생명의 묘약Élixir de Vie, 음용 금Or Potable 등.

연금술 추종자들은 신이 아담Adam에게 연금술을 가르쳤고, 아담은 이 비밀을 에녹Enoch에게 전수했다고 주장한다. 또한 이 비기가 아브라함Abraham, 모세Moses, 욥Job(그는 현자의 돌을 통해 재산을 7배가량 부풀렸다고 한다), 파라켈수스Paracelsus, 니콜라 플라멜Nicolas Flamel까지 전해진 것이라고 덧붙인다. 이들은 모세의 누이 마리아Mary, 헤르메스 트리스메기스투스Hermes Trismegistus, 데모크리토스Democritus, 아리스토텔레스Aristotle, 성 토마스 아퀴나스Thomas Aquinas를 비롯한 다수의 사람이 연금술에 관한 책을 썼다고 말한다. 이들에게 판도라Pandora의 상자, 이아손Jason의 황금 양털, 시시포스Sisyphus의 돌, 피타고라스Pythagoras의 황금 다리와 같은 신화는 연금술

과 관련된 이야기일 뿐이다.(3) 또한 『창세기Genesis』, 『요한계시록Apocalypse』과 같은 성서에서 연금술의 비밀을 발견해 냈다. 이들에게 성서는 곧 연금술을 찬양하는 시에 불과하다. 『오디세이Odyssey』나 오비디우스Ovid의 『변신Metamorphoses』 같은 문학 작품도 예외는 없다. 등장하는 수호자 용, 불을 뿜는 황소들은 연금술의 상징에 불과하다고.

고비노 드 몽뤼장Gobineau de Montluisant이라는 이름의 한 협잡꾼은 파리 노트르담Notre Dame 대성당의 벽면을 장식하는 기이한 문양들을 대담한 방식으로 해석하였다. 그는 그것이 현자의 돌에 관한 이야기 전문이라고 보았던 것이다. 고비노 드 몽뤼장은 하늘을 향해 두 팔을 뻗은 채 각 손에 천사를 한 명씩 들고 있는 성부의 상이 연금술의 완성을 의미한다고 주장했다.

또 다른 이들은 위대한 비밀이 오직 마법을 통해서만 얻어낼 수 있다고 믿었다. 이들은 비밀을 전수하는 악마를 수염 악마라고 불렀다. 게다가 그를 아주 오래된 존재로 여겼다.

우리는 마법 주술에 관한 여러 서적에서 연금술 악마를 소환하는 다양한 공식을 찾아볼 수 있다. 이러한 사상의 신봉자였던 케드레노스Kedrenos는 다음과 같은 이야기를 기록했다. 한 연금술사가 황제 아나스타시우스Anastasius에게 연금술로 만들어낸 금 재갈과 보석을 보여주었다. 황제는 선물을 받고 연금술사를 옥에 가두어 죽음에 이르게 하였다. 그가 죽자 금 재갈은 검게 변했고, 연금술사의 금은 악마의 환영에 불과하다는 사실이 밝혀졌다. 이와 유사한 여러 이야기는 연금술이 사기극에 불과하다는 사실을 증명하고 있다.

장미십자회의 한 회원은 스당Sedan으로 가는 길에 부용Bouillon의 공작 앙리 1세Henry I에게 납을 금으로 바꾸는 비밀을 알려주었다. 이 비밀은 도가니에 장미십자회로부터 받은 붉은 가루와 산화납을 몇 온스 섞는 것이었다. 공작은 이를 검증하기 위해 장미십자회원이 보는 앞에서 연금술을 행했고, 비밀의 가루 세 줌으로 3온스 금을 만들어내는데 성공했다. 그는 자신이 부린 마법에 깜짝 놀랐다. 공작을 완벽히 사로잡기 위해, 장미십자회원은 자신이 가진 모든 마법 가루를 주었다. 그 양은 무려 30만 줌이나 되었다. 30만 온스의 금을 소유했다고 착각한 공작은 마음이 현혹되었다. 그는 연금술사들의 집회에 참석하기 위해 베네치아Venice로 떠난다는 장미십자회원에게 그 어떤 의심 없이 2만 에큐**를 선물하였다. 장미십자회원은 베네치아에서 스당으로 온 후, 모든 약제사가 가지고 있는 산화납을 전부 사들였다. 그리고 이것을 몇 온스의 금으로 바꾼 뒤 다시 되팔았다. 이에 산화납은 모두 동이 나버렸다.

공작은 더는 금을 생산하지도, 장미십자회원을 다시 만나게 되지도 못한 채 2만 에큐를 허비하게 되었다.

델리오Martin Delrio[(4)]가 언급한 제레미 메데루스Jeremie Mederus는 앞선 이야기와 아주 유사한, 바덴Baden의 어니스트Ernest 공작이 당한 또 다른 사기극을 글로 남겼다.

과거에는 모든 군주들이 현자의 돌을 찾는데 관심을 보였다. 유명한 영국의 엘리사베스Elizabeth 여왕마저 현자의 돌을 오랜 시간 동안 탐구한 바 있다. 플룸롤Plumerolles의 남작인 장 고티에Jean Gauthier는 금속을 금으로 바꾸는 비밀을 지니고 있다고 떠들고 다녔다. 그의 말에 넘어간 샤를 9세Charles IX는 연금술을 위해 12만 파운드를 지불하기도 했다. 그러나 고작 8일 만에, 연금술사는 군주의 돈을 들고 도주해 버렸다. 이후 그를 쫓는 자들이 모여 사기꾼을 잡았다. 그는 교수형에 처하는, 연금술사로서도 굉장히 영광스러운 최후를 맞이했다! 1616년, 마리 드 메디시스Marie de Médicis 여왕은 기 드 크루젬부르Guy de Crusembourg에게 2만 에큐를 주며 바스티유Bastille에서 금을 만들도록 지시했다. 그러나 3개월 뒤, 그는 돈을 들고 달아났고 다시는 프랑스에 돌아오지 않았다.

교황 레오 10세Leo X는 이들보다 혜안이 있었다. 하루는 현자의 돌에 관한 비밀을 소유하고 있다는 주장을 펼치는 자가 그에게 후원을 요구했다. 교황은 그에게 다음날 다시 자신을 찾아오라 말하며 큰 가방을 주었는데, 금을 만들 재주가 있다고 했으니 가방을 두둑이 채워 오라고 덧붙였다.[(5)] 더 거만한 연금술사도 있었다. 황제 루돌프 2세Rudolf II는 프랑슈 콩테Franche-Comte 출신의 한 화학자가 연금술을 행한다는 이야기를 듣고, 밀사를 보내 프라하Prague로 데려오게 하였다. 하지만 밀사의 끈질긴 설득과 약속에도 화학자는 마음을 돌리지 않았다. 화학자는 다음과 같이 말했다. "저는 연금술사일 수도, 연금술사가 아닐 수도 있습니다. 제가 연금술사가 맞다면 저는 황제를 필요로 하지 않고, 제가 연금술사가 아니라면 황제께서 저를 필요로 하지 않으시겠지요."

하루는 영국인 연금술사가 화가 루벤스Rubens를 방문하여 연금술의 비밀을 공유해 주겠다고 제안했다. 조건은 실험실을 세워주고, 몇 가지 소소한 비용을 대주는 것이었다. 연금술사의 기상천외한 이야기를 참을성 있게 듣던 루벤스는 그를 자신의 작업실로 데려가 다음과 같이 말했다. "당신은 20년 정도 늦게 왔소. 나는 이미 팔레트와 붓으로 현자의 돌을 발견했거든."

영국의 왕 헨리 6세Henry VI는 절망적인 재정 상황에 맞닥뜨리게, 금고를 채우기 위해 연금술을 진지하게 고려하였다. 이는 에블린Evelyn의 『누미스마타Numismata』에도 기록되어 있다. 이 독특한 프로젝트의 기록을 살펴보면 현자의 돌의 존재와 효능에 관한 엄숙한 선언이 담겨있다. 또 이에 관심을 가지는 자들을 격려하고, 과거의 모든 금기 사항을 폐지한다는 내용도 기록되어 있다. 이처럼 왕실의 선언이 시작되자, 다수의 사람이 왕의 기대에 응하기 위해 금을 생산하기로 마음을 먹었다. 이듬해 헨리 6세는 또 다른 칙령을 공포하였다. 현자의 돌을 통해 국가 부채를 금과 은으로 지불할 시기가 가까워졌음을 발표한 것이다.

영국의 찰스 2세Charles II 또한 연금술에 관심을 보였다. 그가 연금술에 성공하기 위해 선별한 이들은 터무니없는 왕의 허가증만큼이나 예사롭지 않았다. 이들은 식료품상, 보부상, 생선 장수로 구성되어 있었고, 이들의 허가는 의회의 승인을 받아 부여된 것이었다.

과거에 연금술사들은 '증식가'라고도 불렸다. 이 내용은 연금술을 믿지 않았던 영국의 헨리 4세Henry IV의 왕령에서 살펴볼 수 있다. 이 왕령은 찰스 2세의 허가증에도 언급되어 있다. 짧기 때문에 여기서 인용하도록 하겠다. '금이나 은의 수를 증가시키거나, 사기 증식술을 이용하는 자들은 사기꾼으로 취급하여 처벌하도록 한다.'

베르탱Bertin이 번역한 『문학의 진기함Curiosités de la Littérature』에는 연금술에 열정을 가지고 있던 대영제국 공주가 납을 금으로 변환할 수 있다고 주장하는 한 남자를 만난 이야기가 담겨있다. 남자는 재료와 변환에 필요한 시간만을 요구했다. 그는 공주의 후원으로 시골에 자신만을 위한 거대한 연구실을 얻게 되었다. 공주는 그가 방해받지 않도록 모두의 출입을 금지했다. 그는 아무도 자신을 보거나 방해하지 못하도록, 여닫을 수 있는 음식 구멍만 만들도록 요청했다. 2년 동안 남자는 그 누구와도 대화하기를 거부했는데, 공주도 예외는 아니었다.

마침내 연구실에 방문하는 것이 허락되어 공주는 연구실을 찾아갔고 그곳에는 증류기, 커다란 가마솥, 긴 배관, 대장간, 용광로, 서너 개의 불이 활활 타오르고 있었다. 공주는 검게 그을린 창백하고 비쩍 마른, 밤샘 연구로 연약해진 연금술사의 얼굴을 존경스럽게 쳐다보았다. 연금술사는 횡설수설하며 자신이 성공했음을 전했다. 공주는 연구실에 흩어져 있는 불완전한 금의 더미들을 보았다. 이후 연금술사는 잦은 빈도로 새로운 증류기와 대규모의 석탄을 요구했다. 하지만 공주는 많은 재산을 연금술사의 지원에 사용했음을 깨달았다. 그녀는 자신이 염려하는 바를 털어놓았고, 연금술사도 연구가 더디게 진행되는 사실을 인정했다. 그는 노력을 배로 기울이고, 지금까지 불가능하다고 생각했던 연구도 시도해 보겠다 약속했다. 이 대화가 오간 뒤, 공주는 자리를 떴고 다시 황금빛 희망에 사로잡혔다. 그러던 어느 날, 식탁에 앉아 있던 그녀에게 끔찍한 비명이 들렸다. 그리고 뒤이어 대포 폭격 소리에 비할 만한 큰 폭발음이 잇따랐다. 공주는 시종들과 함께 연금술사의 연구실을 찾았고 화염과 함께 깨진 두 개의 대형 증류기를 발견했다. 연금술사는 머리부터 발끝까지 새까맣게 타 죽은 상태였다.

1655년 5월 13일의 일기에서, 엘리아스 아슈몰Elias Ashmole은 다음과 같이 기록했다. '천문학자였던 나의 아버지 배카우스Backouse

는 세인트 던스턴 교회St. Dunstan Church 인근의 플릿가Fleet Srreet에서 병이 났다. 아버지는 죽음이 임박해지자, 저녁 11시경 내게 현자의 돌에 관한 비밀을 알려주었다. 그는 마지막 숨을 내뱉기 전 비밀을 모두 전수해 주었다.'

이 금을 만드는 기술을 알고 있던 불행한 자는 동냥을 해서 먹고 살았다. 아슈몰은 자신이 진짜 그 기술을 소유하고 있다 믿었다.

아슈몰은 저서 『영국 화학극Theatrum Chemicum Britannicum』(4절판)에서 영국의 연금술 책을 취합하였다. 이는 당시의 광기 어린 학자들에게 기념비적인 작품이 되었다. 이 편집물은 장미십자회라는 이단의 비밀을 다양하게 수집한 것으로, 아슈몰은 망상을 넘어서는 기발한 이야기들을 늘어놓았다. 그는 현자의 돌을 두고 자신이 침묵을 지킬 만큼은 알고 있지만, 충분히 말할 만큼은 알고 있지 않다고 했다.

현대 연금술사들은 황금빛 꿈이 실현될 것이라는 희망을 넘어 확신을 지니고 있다. 괴팅겐Gottingen의 기르타너Girtanner 의사는 19세기에 금속 변형술이 널리 알려질 것이며, 모든 연금술사가 금을 만들게 될 것이라고 말했다. 또 부엌 집기 또한 금으로 제작되어 구리, 쇠, 납의 산화 및 섭취로 인해 위협받던 시절이 끝나고 장수에 기여하게 될 것이라고 예언했다.[6] 특히 직류전기가 이에 도움이 될 것이라고 보았다.

(1) 금에 관한 레이몬드 뤌Raymond Lulle의 이야기를 참조할 것. / *(2)* 작가 미상, 『화학 및 연금술에 관한 개론, 연금술의 가장 흥미로운 작업 포함Traité de chimie philosophique et hermétique, enrichi des opérations les plus curieuses de l'art』, 1755년, 파리, 12절판, 의학박사 오드리Audry와 왕실의 인가 포함. / *(3)* 노데Naude, 『위인의 변증론Apol. Pour les Grands Personnages』 등. / *(4)* 『마법 연구Disquisitiones Magicae』, 1권, 5장, 문제 3. / *(5)* 옥센스티에나Oxenstiern의 백작은 이 재치 있는 일화를 교황 우르바노 8세Urban VIII의 이야기라고 주장했다. 한 추종자는 그에게 연금술에 관한 책을 바치기도 했다고. 『수상록Pensées』, 1권, 472페이지. / *(6)* 『마법 철학Philosophie magique』, 6권, 383페이지. / * 연금술에 활용하는 물질. 고정성 염은 주로 고체, 휘발성 염은 기체 혹은 액체 형체를 띤다. 많은 이들이 이 물질들을 변환, 활용해 현자의 돌을 만들려고 했다. / ** 17~18세기에 사용되던 프랑스 은화.

건강의 돌 [Pierre de Santé / Health Stone] 제네바Geneva와 사부아Savoy에서 이 명칭은 단단한 황철광의 한 종류를 일컫는다. 이 건강의 돌을 잘 닦으면 아름다운 광이 나게 된다. 이 돌은 수정처럼 면을 다듬은 뒤 반지, 귀걸이 등 여러 장신구를 만드는 데 사용되었다. 돌의 색은 반들반들한 강철과 유사하다. 건강의 돌이라 부르는 것은 이를 착용한 사람의 건강이 나빠질 때 하얗게 변하기 때문이다.

피에르 드 푸 [Pierre-de-Feu] 마녀 집회 호칭 기도에 소환되는 유명하지 않은 악마.

피에르 포트 [Pierre-Fort] 마녀 집회 호칭 기도에 소환되는 악마. 이 외에는 알려진 정보가 없다. 마법사들이 섬기는 끔찍한 성자 중 하나일 수 있다.

피에트로 다바노 [Pierre d'Apone / Pietro d'Abano] 철학자, 점성가이자 의사. 1250년, 파도바Padua 인근 아바노Abano(혹은 아포노Apono)[1]라 불리는 곳에서 태어났다. 그는 악마학자 사이에서 당대 가장 유능한 마법사로 알려져 있다. 피에트로 다바노는 일곱 개의 인문 분야에 통달하였는데, 이는 수정으로 만들어진 병(혹은 상자)에 일곱 마리 사역마를 가둬 이용한 덕분이었다고 한다. 더불어 그는 사용한 돈을 다시 주머니로 돌려놓는 능력이 있었다. 이단과 마법 사용으로 고발당한 그는 재판이 끝날 때까지 살아있었다면 화형을 당했을 것이다.

하지만 그의 이른 사망으로 인해 허수아비가 대신하여 형을 받았다. 그는 66세의 나이로 사망하였다. 피에트로 다바노는 우유를 혐오하였는데, 맛이나 냄새를 매우 싫어했다. 피에트로 다바노에게는 늘 터무니없는 이야기들이 따라다녔다. 토마조 가르소니Thomazo Garsoni는 그의 집에 우물이 없었으며, 악마에게 지시해 이웃집의 우물을 길가로 옮기도록 했다고 주장했다. 또 이는 이웃이 평소 그에게 물을 제공하길 거부했기 때문이었다고도 덧붙였다. 하지만 피에트로 다바노는 깨우침을 겪은 회의주의자였다. 그리고 악마를 믿지 않았다는 증거가 제시되며 이러한 신비로운 이야기들이 반박되었다. 미신 문학 애호가들은 피에트로 다바노의 저서 『점Geomantia』(1549년, 베네치아, 8절판)에 관심을 보였다. 다만 리에주Liege에서 1788년 재판된 『피에르 달랑이 소개하는 앙리 코르네이 아그리파의 마법 같은 업적, 라틴어와 프랑스어, 오컬트 비밀 포함Les Œuvres magiques de Henri-Corneille Agrippa, par Pierre d'Alan, latin et français, avec des secrets occultes』이라는 소책자는 그가 쓴 것이 아니다. 이 책에는 피에트로 다바노가 아그리파의 제자였다고 기록되어 있다. 하지만 이 두 사람 사이에는 3세기라는 세월의 격차가 있다⋯. 이 책의 주요 챕터 이름은 '헵타메론Heptameron 또는 마법 원소들'이다. 이 장에서는 유령을 소환하고 악마를 부르는 믿을만한 방법을 다룬다. 이를 위해서는 세 개의 동심원을 그려야 하는데, 가장 큰 원의 둘레는 9피트가 되어야 한다. 또 가장 작은 원 안에 사람이 들어갈 수 있어야 한다. 가장 작은 원에는 시, 일, 월, 계절 등을 지배하는 천사의 이름을 새겨넣는다.

다음은 시간을 지배하는 천사들이다. 시간은 저서에 기록된 것과 같은 지옥어로 병기하겠다. 1시Yayn는 미카엘Michael, 2시Lanor는 아나엘Anael, 3시Nasnia는 라파엘Raphael, 4시Salla는 가브리엘Gabriel, 5시Sadedali는 카시엘Cassiel, 6시Thamus는 사치엘Sachiel, 7시Ourer는 사마엘Samael, 8시Thanir는 아라엘Arael, 9시Néron는 캄비엘Cambiel, 10시Jaya는 우리엘Uriel, 11시Abaï는 아자엘Azael, 12시Natalon는 삼바엘Sambael이다. 카발라에서 탈비Talvi라고 불리는 봄을 지배하는 천사들은 스푸그리구엘Spugliguel, 카라카사Caracasa, 코미소로스Commissoros, 아마티엘Amatiel이 있다. 이 계절에서 땅의 이름은 아마다이Amadai, 태양의 이름은 아브라임Abraim, 달의 이름은 아구시아타Agusita여름의 이름은 카스마란Gasmaran이라 불리는데 투비엘Tubiel, 가르가티엘Gargatiel, 타리엘Tariel, 가비엘Gaviel이 이에 속한다. 여름의 땅은 페스타티비Festativi, 태양은 아테마이Athemai, 달은 아르마타스Armatas라고 불린다. 가을의 천사는 아르다라엘Ardarael이라 불리고 토르콰레Torquaret, 타르쾀Tarquam, 구아바렐Guabarel이 이에 속한다. 가을의 땅은 라히마라Rahimara, 태양은 아브라기니Abragini, 달은 마타피그나이스Matafignais라 불린다. 겨울의 천사는 팔라스Fallas라고 불리며 알타리브Altarib, 아마바엘Amabael, 그라라리Grarari가 이에 포함된다. 겨울의 땅은 제레니아Gerenia, 태양은 코뭇타Commutat, 달은 아파테림Affaterim이라 불린다. 월과 요일의 천사들은 다음을 살펴볼 것. **참조.** 월Mois, 요일Jours.

원 안에 모든 이름을 적었다면, 새 도자기에 향료를 추가한 뒤 다음과 같이 말한다. "향료여, 너를 구마하여, 모든 악령이 내게서 멀어지도록 할 것이다." 이후 새 양피지 한 장을 준비해 십자가를 여럿 그린다. 그리고 하늘을 지배하는 세계 각지 천사들을 소환하며, 즉각 당신을 도우라고 명한다. "물결치는 투명한 바다와 신성한 주의 왕관을 향해 나아가는 네 마리 신성한 짐승을 통해 너를 구마한다. 이곳, 이 원 앞에 즉각 나타나지 않는다면, 더불어 우리에게 온전히 충성을 다하지 않는다면 너를 저주할 것이다. 또 네게서 모든 지위, 평안, 기쁨을 박탈할 것이다. 아무 미련 없이 불과 유황의 못 안에서 타들어 갈 것이다." 이 주문이 끝나면 여러 유령의 울부짖는 소리가 하늘을 채우게 된다. 하지만 걱정할 필요가 없다. 원 밖으로 나가지만 않으면 안전하기 때문이다. 위협적이고 화살을 지닌 유령들을 목격하겠지만 이들에게는 사람을 해할 능력이 없다. 다음에는 동서남북을 향해 바람을 불며 다음의 주문을 왼다. "뭘 기다리는가? 너희의 주인을 받들어라." 그러면 아름다운 모습의 유령이 나타나 다음과 같이 말할 것이다. "명하고 요구하시오. 당신의 모든 말을 받들 준비가 되었습니다." 유령에게 원하는 것을 요청하고 이뤄졌다면 이제 다음의 주문으로 돌려보내도록 하다 "평화롭게 네가 온 곳으로 돌아가라. 그리고 내 부름에 답할 수 있도록 언제나 채비하거라." 이상 『피에르 달랑이 소개하는 앙리 코르네이 아그리파의 마법 같은 업적』에 등장하는 흥미로운 내용이었다. 이를 믿는 독자는 현혹될 것이 분명하다[2].

(1) 오늘날 아바노라고 불리는 아본Abone 마을에서는 말을 못 하는 사람을 치료해 주는 샘이 있었다. 그리고 이 샘의 물을 마시면 앞날을 점칠 수 있는 능력이 생기곤 했다. 루카누스Lucan의 『파르살리아Pharsalia』 일곱 번째 찬가를 참조할 것. / (2) 『오류와 편견Des erreurs et des préjugés』, 1권, 315페이지.

피에르 라부랑 [Pierre Labourant] 마법사들이 집회의 악마를 칭하는 이름. 마녀 잔 가리보Jeanne Garibaut는 피에르 라부랑이 차고 있던 쇠사슬을 갉아먹는 것을 목격했다고 자백했다. 피에르 라부랑은 불이 붙은 방에서 거주한다. 그곳에 있는 큰 가마솥에서는 사람이 삶아지고, 널찍한 화로에서는 사람이 구워진다….

피에르 르 브라방송 [Pierre le Brabançon] 네덜란드 출신의 협잡꾼. 살그Salgues는 그에 관한 이야기를 다음과 같이 기록했다. 피에르 브라방송은 파리의 부유한 상속녀에게 반하게 되었다. 그는 그녀의 돌아가신 아버지의 목소리를 흉내 내 그녀에게 다가갔다. 이 협잡꾼은 그녀의 아버지 목소리로 자신이 묘지에서 구슬프게 울고 있다고 말했다. 또 연옥의 고통을 한탄하며, 자기 부인에게 피에르 르 브라방송처럼 친절한 남자와 딸을 혼인시키라고 크게 나무랐다. 공포에 질린 여성의 어머니는 달아났고, 브라방송은 원하던 여성과 혼인을 올렸다. 그리고 지참금을 탕진한 후 리옹Lyon으로 달아났다. 리옹에서 그는 최근 사망한 자산가의 아들을 만났다. 협잡꾼은 다시 복화술 재주를 이용해 청년의 아버지 목소리를 흉내 냈다. 아버지는 자신의 영혼이 해방되기 위해 피에르 르 브라방송에게 6천 프랑을 주어야 한다고 고집을 부렸다. 아들은 고민했지만, 다음 날 다시 목소리가 들려오며 시간을 지체했다가는 영원히 지옥에 떨어지게 될 것이라 위협하였다. 공포에 질린 청년은 피에르 르 브라방송에게 6천 프랑을 주었고, 그의 흥청망청 탕진하는 생활에 일조하였다.

신망 있는 피에르 [Pierre le Vénérable / Peter the Venerable] 클뤼니Cluny 수도원의 학자. 1156년에 사망했다. 그는 기적의 책을 저술했는데 그 속에서 악마들은 그다지 좋은 역할을 맡지 못했다.

저주의 돌 [Pierres d'anathème / Anathema Stones] '나는 파트라스Patras 인근 밭 한가운데 놓인 돌무더기를 보았다. 그리고 그리스인들이 그것을 저주의 돌이라 부른다는 것을 알게 되었다. 이는 그리스 압제자들의 야만적 행위를 상대하며 세운, 일종의 기념비 같은 것이다. 그리스인들은 폭군들을 저주하며 지옥의 악령들에게 돌을 바친다. 그리고 폭군들의 조상, 폭군들의 영혼, 폭군들의 자식을 저주한다. 이때 이들은 특수한 저주 의식을 거친다. 그리스인들은 저주 의식을 위해 만들어진 밭에 모여 저마다 한 구석에 지탄의 돌을 던진다. 이 풍습을 이어받은 행인들이 돌무더기에 돌을 보태면, 이곳은 빠른 속도로 작은 언덕이 된다. 이는 큰 도로를 따라 돌멩이를 쌓는 프랑스 풍습과 유사하다. 이 의식은 밭을 정리하는 데도 도움이 된다[1].'

(1) 망제아Mangeart, 『모레의 기억Souvenirs de la Morée』, 1830년.

비둘기 [Pigeons] 비둘기에게 담즙이 없다는 것은 잘 알려진 사실이다. 그러나 아리스토텔레스Aristotle와 현대 해부학자들은 비둘기에게 담즙이 있다는 사실을 밝혀냈다. 비둘기의 똥에는 담즙 없이는 존재할 수 없는 화염성의 소금이 들어있다.

비둘기장에 인간의 두개골을 숨겨두면 인근 모든 비둘기를 불러들인다는 이야기가 있다. 무쉬Mouchy 사령관은 비둘기 살에 마음을 달래주는 효능이 있다고 주장했다. 이 귀족은 친구나 친지를 잃으면, 요리사에게 다음과 같이 주문했다. "저녁으로는 구운 비둘기를 내주시오. 비둘기 두 마리를 먹고 나면, 식탁에서 일어날 때 덜 슬프더라고."

피즈 [Pij] 시암Siam* 사람들은 죄인의 영혼이 벌을 받는 장소를 피즈라 불렀다. 죄인들은 세상으로 돌아오기 전, 이곳에서 다시 태어나야 한다.

* 태국의 옛 이름.

필랄 카라스 [Pilal-Karras] 말라바르Malabar의 구마사들 또는 점술가들. 진주잡이 어부들은 잠수 시 상어의 공격으로부터 보호받기 위해 이들의 도움을 받는다. 이를 위해 주술가들은 해안에 자리한 후 계속 기도를 읊는다. 또 수만 가지 기이한 형태로 몸을 비튼다.

사미인 [Pilapiens / Sami] 북극해 연안 반도에 사는 민족. 망령과 함께 먹고 마시며 친근하게 이야기를 나눈다. 과거 프랑스인들은 이들을 찾아 도움을 청하기도 했다. 르 루아예Pierre Le Loyer의 기록에 따르면, 외국인이 모국의 소식을 알고 싶을 땐 근처에 있는 사미인을 찾아갔다고 한다. 황홀경에 빠져 악마를 소환한 사미인은 궁금한 점을 알려준다.

필라투스(산) [Pilate / Pilatus(Mont / Mount)] 스위스의 산. 꼭대기에는 전설 속에 등장하는 호수(또는 연못)가 있다. 전설에 따르면 총독 필라투스Pilatus가 이 산에서 투신을 했고, 악마들이 자주 나타났다고 한다. 그리고 판사복을 입은 필라투스가 일 년에 한 번 모습을 드러낸다는 풍설도 있다. 이곳에서 필라투스의 유령을 목격한 자는 일년 안에 죽는다. 또 호수에 뭔가를 던지면 끔찍한 태풍이 불어치는데, 인근 지역에 막대한 피해를 입힌다. 13세기에는 루체른Lucerne 사법관의 허가 없이 이 산을 오르거나 호수를 구경하는 것이 금지되었다. 또 호수에 무언가를 던지면 가혹한 처벌을 받았다.

도피네Dauphine 비엔Vienne 근처에 있는 필라투스 호수에도 동일한 전설이 존재한다(1).

(1) 『신약성경의 전설Légendes du Nouveau Testament』 속 필라투스(빌라도)의 이야기를 참조할 것.

필레트스키 [Piletski] 폴란드의 권세 있는 가문. 이 집안의 딸들은 결혼하지 않고 죽으면 비둘기로 변했다. 반면 결혼을 하고 사망하면 나방으로 변했다. 이들은 변한 모습으로 친지들에게 자기 죽음을 알리러 다녔다. 이 가문에 대한 더 이상의 정보는 없다. 아마 앞의 이야기도 사인들이 지어낸 것이 분명하다.

피네 [Pinet] 피코 델라 미란돌라Giovanni Pico della Mirandola는 저서에 피네라는 이름의 마법사를 언급했다. 피네는 악마 피오리나Fiorina와 30년간 거래를 했다(1).

(1) 르 루아예Pierre Le Loyer, 『귀신의 역사 혹은 귀신 환영Histoire des spectres ou apparitions des esprits』, 3권, 215페이지.

피피(마리) [Pipi / Pee-Pee(Marie)] 집회에서 술 따르는 역할을 맡았던 하인 마녀. 지옥 왕뿐 아니라 마법사 관료와 제자들에게도 술을 따랐다(1).

(1) 드 랑크르Pierre de Lancre, 『악마의 변화론Tableau de l'inconst. des démons』, 2권, 143페이지.

찌르는 자 [Piqueur / Breakers] 몽텔리마Montelimart 인근에 위치한 도피네Dauphine의 한 마을인 마르산Marsanne에서 일어난 일이다. 이곳에선 매일 밤 11시경, '찌르는 자'라 불리는 기이한 소음이 들려왔다. 이 소리는 마치 땅 아래에서 뭔가를 치는 듯한 소리였다(1). 베르비귀에Berbiguier는 『파르파데Farfadets*』 3권에서 이 존재에 대해 언급했다. '1821년 파리 길거리에서 여성들을 찌르던 자들은 악동도 악인도 아니었다. 그는 바로 파르파데 또는 악마였다. 나는 파르파데가 재미로만 사람을 해한다는 사실을 알고 있다. 그러니 이를 경시하는 평민들보다 박식하다고 할 수 있다.'

(1) 『사회의 서재Bibliothèque de société』, 3권. / * 프랑스

민담에 등장하는 장난꾸러기 요정.

피리피리 [Piripiris] 페루의 일부 원주민들이 사용하는 부적. 여러 식물로 만든다. 이 부적은 사냥 성공, 수확량 확보 등의 능력을 지니고 있다. 또 비를 내리게 하고 홍수를 일으키거나 적군을 무장해제 시킨다.

피소(그나이우스 칼푸니우스) [Pison / Piso (Gnaeus Calpurnius)] 게르마니쿠스Germanicus 사망 이후, 사실 그가 피소의 저주로 인해 독살되었다는 소문이 돌았다. 이러한 의심은 게르마니쿠스 저택에서 발견된 여러 물건 때문이었다. 이 물건들은 다음과 같다. 해골과 뼛가루, 부적, 벽 위에 새겨진 주문, 게르마니쿠스의 이름이 새겨진 납 판, 피로 더럽혀진 재, 지옥의 신을 섬기는 자들이 했을 법한 여러 저주물[1].

(1) 타키투스Tacitus.

비행 금화 [Pistole Volante / Flying Pistole] 전업 마법사가 늘 곤궁한 것은 사실이다. 하지만 이들은 가난을 피할 방법을 백 가지 이상 알고 있다고 말한다. 이 방법 중에는 '비행 금화'가 있다. 특정 주문과 함께 마법이 걸린 이 동전은 항상 돈을 낸 자의 호주머니로 다시 돌아온다. 따라서 물건을 사는 마법사는 이익이 되고, 물건을 파는 상인은 손해를 입는다. 참조. 아그리파Agrippa, 파우스트Faust, 파세테스Pasétès 등.

파토리오 [Pithon / Pattorio] 막달레나 델라 크루즈Magdalena dela Cruz와 가까이 지낸 악마.

청딱따구리 [Pivert / Green Woodpecker] 작은 알베르투스Petit Albert는 공복에 청딱따구리를 구워 축복받은 소금과 함께 먹으면 불능 저주를 완벽히 물리친다고 기록했다. 이 새는 점술에도 동원되었다. 로마 집정관 엘루이스가 재판을 하던 중 한 청딱따구리가 그의 머리 위에 앉았다. 점복관들은 엘리우스가 그 새를 잘 돌보면 엘리우스 가문은 번영하지만, 공화국은 불행해질 것이라 예견했다. 더불어 새가 죽는다면, 공화국은 번영하고 엘리우스 가문은 괴로움을 겪게 될 것이라 점쳤다. 공익을 우선시한 엘리우스는 원로원이 보는 앞에서 청딱따구리를 죽였다. 얼마 지나지 않아, 엘리우스 가문 출신의 젊은 전사 열일곱 명은 칸Cannes 전투에서 숨을 거두었다. 하지만 점복관의 예언은 반만 이루어졌다고 볼 수 있다. 이 전투는 공화국 역사상 가장 피해가 큰 전투였기 때문이다.

행성 [Planètes / Planets] 고대인들은 지구의 위성에 불과한 달을 포함해, 일곱 개의 행성밖에 알지 못했다. 하지만 지금 우리는 60개 이상의 행성이 존재한다는 것을 알고 있다. 이러한 새로운 발견은 판별점성학의 판도를 뒤바꿔놓았다. 고대 행성을 살펴보면 태양, 달, 수성, 금성, 화성, 목성, 토성이 있다. 그리고 각 행성은 일정 연도를 지배한다[1]. 예를 들어, 수성이 지배하는 해는 상업 활동에 좋다. 이러한 분파의 판별점성학은 알프리다리Alfridarie라고 불린다.

(1) 고대 일곱 행성은 일주일을 각각 주관하기도 한다. 티아나의 아폴로니오스Apollonius of Tyana와 비밀리에 철학을 논했던 브라만인 자르차스Jarchas는 아폴로니오스로부터 일곱 행성의 이름을 새긴 반지 일곱 개를 선물 받았다. 그는 각 행성이 주관하는 날에 맞춰 반지를 착용했다. 각 반지에는 저마다의 효능이 있었다.

말뚝박이 [Plante-Bornes] 말뚝박이 미신은 가장 시적이며 도덕적인 관습이다. 오베르뉴Auvergne 주민들은 소유물에 대한 집착이 남달랐다. 그렇기에 이들은 유산을 보존하고 불리는 것을 인생 주목적이자 행복의 원천으로 여겼다. 즉 '이 밭은 한 세기 전부터 우리 집안 소유였다.'라고 말하며 성 루이Saint-Louis 사촌이었던 조상을 들이밀거나 프랑수아 1세Francis I의 군대 동기였음을 증명하는 양피지를 보여줄 때 자부심을 느끼는 것이다. 오베르뉴인들의 소유물 집착에는 다소 제동이 필요했는데, 타인의 영토에 대한 욕심이 지나쳤기 때문이었다. 다행히도 종교는 이들의 효과적인 제동 장치 역할을 해냈다. 혁명 이후, 소유주 간 소송을 중재하는 것은 법원이나 전문가가 아닌 사제들이었다. 사제들은 밭 경계를 정확히 하는 것에 대한 중요성을 강조하며, 위반하는 자들은 영벌에 처할 것이라 위협하였다.

이토록 죄와 벌에 대한 믿음이 깊은 가운데, 사람들은 말뚝박이라는 기이한 존재를 상상해 냈다. 말뚝박이는 영토를 빼앗은 자가 속죄하기 위해 유령 또는 영혼으로 그의 자손에게 돌아오는 것이다. 말뚝박이는 법보다 더 강력한 영향력을 보였다. 이는 시골들에게 맹목적으로 공포감을 주는 존재였다 (물론 몇몇 방법을 통해 이 말뚝박이를 피할 수 있었다. 유령 세계에서는 계략, 술책, 비밀이 존재할 수 없음에도 말이다). 결국 가족애라는 욕망은 소유자로 하여금 토지 관련 위법 행위를 멈추게 했으며, 청렴결백함을 유지하도록 만들었다. 어느 부모가 자기 잘못 때문에 자식에게 영원한 천벌, 불명예, 끔찍한 죽음이 가길 원하겠는가.

그렇다면 말뚝박이는 어떠한 존재일까? 말뚝박이는 귀를 찢는 울음소리와 함께 나타나 혼란을 초래한다. 이 존재는 목적 없이 마을을 떠다니는 것이 아니라 확실한 목적을 가지고 있다. 말뚝박이는 자손 집 좁은 창을 세 번 크게 두드리며 다음과 같이 세 번 외친다. "말뚝 박으시오!" 공포에 질린 자손들이 조용히 있는다면, 집 주변으로 묵직한 발소리와 펄럭이는 날갯짓 소리가 들려온다. 지칠 줄 모르는 말뚝박이는 매일 밤 돌아와 포기하지 않고, 마침내 누군가 대답할 마음을 먹을 때까지 울부짖는다.

가끔 말뚝박이가 실수로 아무 죄도 없는 가족을 잘못 찾아갈 때가 있다. 이때 가족들은 조상이 죄가 없음을 확고히 말해야 한다. 조상(혹은 자신)의 무고함에 확신을 가진 가장은 창을 열고 다음과 같이 되받아쳐야 한다. "말뚝은 너나 박아라!" 이렇게 하면 모든 것이 해결된다. 마을에서는 말뚝박이를 내쫓는 데 성공한 자에게 경탄을 아끼지 않았다. 또 이는 집안 모든 조상에 대한 감사로 이어졌다. 말뚝박이를 쫓아내는 것은 백년간 지속된 귀족 신분을 증명하는 것보다 더 영광스러운 행동이었다.

만일 죄인의 자손이 말뚝박이를 기만하여 이 신성한 주문을 거짓으로 외운다면, 그는 저주에 걸렸다! 이런 식으로 부정한 자가 즉시 목숨을 잃은 일이 있었다. 그자는 아들과 자주 이 미신을 업신여기고는 했었다. "만일 내가 죽어 말뚝 박는 일로 너희를 찾아오거든, 겁먹지 말고 나를 쫓아버려라."

하루는 한 노파가 그 집 아들을 찾아와 다음과 같은 경고를 했다. "너희는 내 밭에 나무를 심었어. 그리고 너희 부모는 살아생전 문생을 해석하기를 거부했지. 조심해야 할 거야. 죽은 자도 얼마든 묘에서 일어날 수 있으니!"

몇 주, 몇 달이 지났고 아들은 말뚝박이 미신을 조롱하기 시작했다. 그러나 어느 저녁, 벽 전체가 흔들리는 일이 벌어졌다. 누군가 그의 초라한 집 현관문을 두드리고 있었던 것이다. 이에 집안 누구도 움직일 엄두조차 내지 못했다. 그러던 중 뜻밖의 일이 펼쳐졌다. 말뚝박이가 아들의 이름을 친밀하게 부르는 것이었다. 겁을 먹은 아들은 창문을 열었다. 그리고 메아리치는 말뚝박이의 계속된 부름에 대담하게 응수했다. "말뚝은 너나 박아라!" 그는 창의 덧문을 다시 닫으려 했으나, 보이지 않는 힘에 의해 목을 잡혔다. 그리고 음울한 목소리가 울려 퍼졌다. "말뚝 박으시오! 말뚝 박으시오!" 아들은 이 상황이 매우 두려웠지만 여전히 초자연적인 힘을 믿지 않았다. 그 순간 그의 아내, 아이, 노모가 지켜보는 앞에서 그는 공중으로 사라져 버렸다. 곧이어 사람이 떨어지는 소리가 들려왔고 가족들은 겁에 질려 이를 쳐다보았다. 이들의 찢어지는 비명은 고장 전역에 울려퍼졌다. 다음 날, 그토록 자만했던 아들의 육신은 숨이 끊어진 채 길가에 널브러져 있었다. 입술은 피로 범벅이 되었고 두 손은 오그라든 채였다.[(1)]

(1) 헤르만 Hermann, 『시골 Les provinces』.

플라톤 [Platon / Plato] 저명한 그리스인 철학가. 기원전 430년에 태어났다.

플라톤은 강신술에 관한 책을 썼다는 풍문이 있다. 1838년 그의 이름으로 프리메이슨을 반대하는 예언 서적이 출판된 적 있다. 학자들은 이 예언을 노스트라다무스Nostradamus 예언과 비슷한 방법으로 해석하였다.

접시 [Plats / Dishes] 접시를 이용하는 점술이 있다. 퀸투스 쿠르티오스 루퍼스Quintus Curtius Rufus는 이집트 사제들이 주피터 암몬Jupiter-Ammon 동상을 황금 배에 실은 뒤, 은접시를 매달아 장식했다고 기록했다. 사제들은 은접시의 움직임을 보며 신의 의사를 해석하고 찾아온 사람들의 질문에 답하였다.

플리니우스 [Pline / Pliny] 동방의 사람들은 플리니우스를 뛰어난 기하학자로 여긴다. 또 그를 알렉산더 대왕Alexander the Great의 이야기와 자주 엮었다.

블라고예비치(페타르) [Plogojowits / Blagoievich(Pierre / Petar)] 18세기 헝가리 키실로바Kisilova 마을에 공포를 불어넣은 흡혈귀. 블라고예비치는 10주 전 매장당한 자였다. 그는 사람들이 잠든 동안 몇몇 주민에게 나타나 목을 졸랐고, 24시간 이내에 죽게 만들었다. 그는 8일 만에 나이와 상관없이 9명을 죽였다. 블라고예비치의 아내는 남편이 나타나 구두를 찾았다고 증언했다. 그리고 이 모습에 너무 놀란 그녀는 키실로바 마을을 떠나버렸다. 마을 사람들은 흡혈귀로 인한 고통에서 벗어나기 위해 블라고예비치의 몸을 다시 꺼내 불태워버리기로 했다. 그의 묘를 파냈을 당시, 그의 시신은 어떤 악취도 나지 않았고 온전한 상태였으며 마치 살아있는 듯했다. 다만 코만은 쪼글쪼글해져 있었다. 그의 머리카락, 수염, 손톱은 자라나 있었고, 죽은 하얀 피부 아래에는 자연스러운 색의 새 피부가 자라고 있었다. 사람들은 그의 입안에 신선한 피가 들어 있음을 알아차렸다. 그리고 이 흡혈귀가 피해자들의 피를 빨아먹었을 것이라 믿어 의심치 않았다. 이후 그의 가슴에 못을 박자, 신선한 선홍빛 피가 코와 입에서 뿜어져 나왔다. 마을 사람들은 그의 시신을 태웠고, 블라고예비치는 한 줌의 재가 되었다[1]. 그는 더 이상 사람들의 피를 빨아먹지 못했다.

(1) 『환영과 유령 개론Traité des visions et apparitions』, 2권, 216페이지.

플로티노스 [Plotin / Plotinus] 3세기 알렉산드리아학파Alexadria School 철학자. 플로티노스는 신에 속하는 높은 등급의 사역마를 지녔다고 주장했다. 그러나 그의 저서에서 신성함을 찾기는 쉽지 않다. 그는 자신이 모든 인류보다 뛰어나다 믿었고 신격화를 꿈꿨다. 66세 나이로 세상을 떠나기 직전, 그는 자신 안의 신과 세상의 신성이 화합될 것이라 선언했다. 그러자 플로티노스의 침대 아래에서 뱀이 기어 나와 벽에 뚫린 구멍으로 달아났다. 참석자들은 이 뱀을 그에게 빙의했던 (또는 그 안에 살고 있던) 신이라 믿었다.

불가사의한 비 [Pluies Merveilleuses / Extraordinary Rain] 두꺼비나 개구리가 비처럼 내리는 것은 흉조이다. 한때 이는 마법사들의 저주로 여겨졌다. 그러나 이러한 현상은 설명하기 어렵지 않다. 개구리와 두꺼비는 늪지대 물에 많은 알을 낳는다. 이 알들은 땅에서 피어나는 수증기와 함께 공중으로 올라가고, 오래도록 햇볕을 받아 비처럼 떨어지는 파충류로 부화하게 된다. 불 비는 폭우와 함께 번개가 빠르게 연속으로 치는 것이다. 과거의 학자들은 돌 비가 달에서 왔다고 주장했다. 이는 대중적 오류에 불을 지피고 말았다. 사실 돌 비는 화산 구성물, 부석, 모래, 탄 흙이 강한 바람을 타고 넓은 지역에 퍼지는 것에 불과하다. 베수비오Vesuvius 산의 화산재가 아프리카 해안에서 발견되는 것도 이 때문이다. 화산재의 막대한 양, 퍼지는 방식, 화산재가 일으키는 재해 때문에 돌 비는 가장 무서운 비로 분류되었다. 하지만 모든 불가사의한 비 가운데, 피 비만큼 사람들을 두렵게 만드는 것은 없었다. 그러나 이 또한 온전히 만들어진 것이다. 붉은색으로 보이는 이 비는 흙, 광물 먼지, 바람에 날아온 여러 물질이 구름에서 떨어지는 비와 한데 섞인 것이다. 이 놀라운 현상은 지나가는 자리마다 붉은 과즙을 방울방울 뿌리는 수많은 작은 나비 때문에 발생하기도 한다[1].

(1) 리샤르Richard 신부, 『대기와 유성의 자연사Histoire naturelle de l'air et des météores』.

플루타르코스 [Plutarque / Plutarch] 철학자 가운데 가장 현명했던 자. 140년 로마에서 사망했다. 그는 델포이Delphi의 아폴로Apollo 신전에서 교육을 받고 사제가 되었다. 그런데도 플루타르코스는 기독교인들의 찬양을 받아 마땅한 글들을 남겼다. 『신탁의 중단Cessation des oracles』, 『테스페시우스 이야기Histoire de Thespésius』, 『도덕서Livres de morale』, 『유명 인사의 삶Vies des hommes illustres』은 그의 성실함을 대변한다. 그는 아마 기독교인들을 알고 지냈을 것이다.

플루토 [Pluton / Pluto] 고대 이교도 신화 속 지옥의 왕. 악마학자들은 그를 대악마Arch-Devil로 여긴다. 플루토는 불의 왕이자, 불타는 지역의 총독이다. 또 지옥 강제 노역장의 총감이기도 하다.

플루토스 [Plutus] 부의 신. 한때 지옥(지하)의 신 중 하나로 분류되기도 했다. 금은보화는 결국 땅속에서 나오는 것이기 때문이다. 플루토스에게 바치는 제물의 내장으로 점을 볼 때, 흉조가 보이더라도 긍정적으로 해석했다.

프니갈리온 [Pnigalion] 일부 의사들이 악몽을 일컫는 명칭. 끔찍한 환영과 함께 목과 배가 짓눌리기에 이와 같이 불렀다*.

* 프니갈리온은 그리스어에서 유래된 단어이다. 이는 '질식시키다', '목을 조르다'라는 뜻을 가지고 있다.

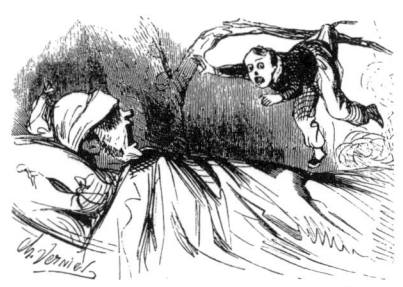

포콜 [Pocel / Pocols] 프러시아Prussia 지옥의 왕. 하늘을 나는 유령 무리의 수장을 해당 명칭으로 부르기도 한다. 반면 포르케Poquet는 숲을 지키는 존재이다. 포르케는 고대인들이 판Pan이라 부르는 존재와 동일하다(1).
참조. 피콜루스Picollus, 퓌셀Pucel.

(1) 르 루아예Pierre Le Loyer, 『귀신의 역사Histoire des spectres』, 3권, 212페이지.

포흐비즈드 [Pochwist / Pochwizd] 폴란드의 겨울 신이자 나쁜 날씨의 신이었다. 폴란드인들이 기독교를 받아들이기 전까지 말이다.

포도가 [Pogoda / Podoga] 포흐비즈드와 같은 지역에서 같은 시기에 좋은 날씨를 관장했던 신이다.

담 [Points de Côté / Side Stitches] 아르덴Ardennes의 순진한 사람들은 담에 걸렸을 때 다음의 주문을 외우면 풀린다고 믿었다. "담! 담다리 담! 신이 이 담을 낫게 하리! 성 코스마Cosmas와 성 다미아노Saint Damianus가 올리브 정원에서 예수 그리스도Jesus Christ의 상처를 낫게 한 것처럼…."

포이리에(마르게리트) [Poirier(Marguerite)] 13살의 어린 여자아이. 소녀는 장 그르니에Jean Grenier를 젊은 늑대인간으로 지목했다. 포이리에가 평원에서 양을 지키고 있을 때, 늑대의 모습을 한 그르니에는 소녀에게 덤벼들었다. 만약 포이리에가 막대로 방어하지 않았다면, 그르니에는 한입에 소녀를 삼켜버렸을지도 모른다. 소녀는 막대로 늑대의 등을 내리쳤다. 포이리에는 그르니에가 원할 때 언제든 늑대로 변할 수 있다고 증언했다. 또 피를 마시는 것과 어린아이의 살을 먹는 것을 좋아한다고 덧붙였다. 더불어 그르니에가 팔과 어깨 부위는 먹지 않는다고 말했다(1).

(1) 드 랑크르Pierre de Lancre, 『악마의 변화론Tableau de l'inconstance de démons』 등, 9권, 237페이지.

독 [Poisons] 대중들은 독과 관련된 사건들을 마법 살인으로 자주 착각했다.
"16세기와 그 전후로, 독약 제조법은 현대 화학이 알지 못하는 어떤 완벽한 경지에 이르렀다. 이는 역사적 사실들을 보아도 알 수 있다. 현대 과학의 발상지인 이탈리아는 이 시기에 독과 관련된 비밀의 주된 제작자이자 보유자였다. 세월이 지나며 이 중 일부는 유실되었지만, 이후 2세기 동안 이탈리아인이

'독극물의 장인'이라는 명성은 이어졌다. 작가들은 이를 자신의 소설에 활용했다. 소설 속에서 이탈리아인들은 늘 암살자 또는 독살자로 묘사되었다. 이탈리아인들은 까다로운 독극물을 능숙하게 다룰 뿐 아니라, 다른 학문도 우수한 발전을 이루었다. 이탈리아는 경이로운 건축물을 지었고, 군대를 이끌었고, 황홀한 벽화를 그렸고, 사랑의 노래를 불렀고, 축제와 발레 공연을 펼쳤고, 정치학을 발전시켰다.

피렌체Firenze의 독약 기술은 매우 높은 수준까지 발전해 있었다. 피렌체의 한 여성은 어느 공작과 복숭아 하나를 나누어 먹으며 금으로 된 칼날 한 면에만 독을 묻혀 사용했다. 이에 한 명은 죽고 한 명은 살아났다. 이외에 독 향이 밴 장갑이 피부를 통해 치명적인 질병을 옮기는 사례도 있었다. 또 야생 장미 다발에 독을 풀어 한 번만 냄새를 맡아도 죽음에 이르게 하는 경우도 있었다. 오스트리아의 돈 후안Don Juan은 부츠 한 켤레로 독살되었다.[1] "

(1) 발자크Balzac, 『루게리가의 비밀Le secret des Ruggieri』.

폴칸 [Polkan] 슬라브족의 켄타우로스Centaur. 놀라운 힘과 속도를 지녔다. 옛 러시아 민담에서 폴칸은 허리까지는 인간, 허리 아래로는 말이나 개의 모습을 하고 등장한다. 말로 변신했을 때 그의 뒷발질은 매우 우아했다. 이에 이를 흉내 낸 춤 '폴카Polka'가 생기기도 했다.

폴리에(아브라함) [Pollier(Abraham)]
1684년 초, 호엔로헤 프페델바흐Hohenlohe-Pfedelbach 백작 가문을 극진히 섬기던 스위스인. 폴리에는 4월 4일 갑자기 일을 못 하게 될지도 모른다고 고백했다. 사람들이 이유를 묻자, 그는 악마를 섬기고 있었고 악마가 자신의 영혼을 담보로 돈을 빌려주었다고 말했다. 그는 악마에게 돈을 갚으려고 할 때마다, 늘 계약서에 명시된 금액에서 탈레르Thaler*한 닢이 부족했다. 이에 폴리에는 다음 날부터 자신을 보지 못하게 될 것이라 말했다. 그리고 실제로 그날 저녁 그는 사라졌다. 이때 마을에선 도움을 요청하는 폴리에의 외침이 들려왔지만, 아무도 그를 구할 엄두를 내지 못했다. 다음 날 아침, 마을 근처에서 주민들은 그의 무기와 옷가지를 발견하였다. 8일 뒤, 한 낚시꾼은 그의 짧은 바지와 셔츠를 낚아 올렸다. 이후 그의 시체가 발견되었는데, 목이 비틀어져 있었다. 그는 교수대 아래 묻혔다.[1]

(1) 괴레스Johann Joseph Görres, 『신비주의Mystique, 6권, 17장』. / * 유럽에서 사용되던 은화.

폴리크리테 [Polycrite] 아이톨리아Aetolia에는 폴리크리테라는 이름의 훌륭한 시민이 살고 있었다. 그는 탁월한 미덕과 정직함 덕에 국가 지도자로 선출되었으며, 그의 임기는 세 번이나 연장되었다. 폴리크리테는 로크리스Locris의 한 여성과 혼인했다. 그러나 결혼식 이후 나흘째 밤, 그는 자웅동체 아이를 밴 아내를 두고 사망해 버렸다. 아홉 달 후, 그녀는 아이를 낳았다. 이 아이를 두고 사제들과 점복관들이 소환되었다. 이들은 두 가지 성별을 지닌 이 아이 때문에 아이톨리아인들과 로크리스인들이 전투를 벌일 것이라 점쳤다. 이들은 결국 어머니와 아이를 아이톨리아 밖으로 데려가 불태우기로 했다. 이 끔찍한 일이 벌어지려고 할 때, 폴리크리테의 영혼이 아이 앞에 검은 옷을 입고 나타났다. 참관인들은 겁에 질려 달아나려 했으나, 폴리크리테는 그들을 불러세워 겁낼 것이 없다고 말했다. 그리고 차갑고 낮은 목소리로 자신의 아내와 자식을 불태운다면, 극한의 천재지변을 겪게 될 것이라고 선포하였다. 그의 경고에도 불구하고, 아이톨리아인들은 원래의 계획대로 이들을 불태우기로 했다. 그러자 폴리크리테는 자신의 아이를 조각조각 찢은 뒤 잡아먹기 시작했다. 겁에 질린 백성들은 큰 소리로 야유를 보내며 그를 쫓기 위해 돌을 던졌다. 하지만 그는 욕설에도 아랑곳하지 않고 계속해서 아이를 씹어 먹다가 아이 머리만 남긴 채 사라졌다. 이 끔찍한 사건 이후 아이톨리아인들은 델포이Delphi 신전을 찾아갔다. 그러자 아이의 머리는 말을 하기 시작했고 이들이 겪게 될 모든 불행을 시처럼 읊어댔다. 전해지는 옛이야기에 따르면, 이 머리가 했던 모든 예언은 현실이 되었다고 한다. 폴리크리테의 아이 머리는 시장에 전시되었다. 머리는 아이톨리아인들에게 아카르나니아인Acarnanians들을 상대로 한 전투에서 실패할 것이라 말했다. 이 이야기 속 폴리크리테는 흡혈귀 또는 식인귀와 같은 존재로 보인다

폴리글로소 [Polyglossos] 고대인들은 도도나Dodona 숲에 위치한 예언 참나무를 폴리글로소라 불렀다. 이 경이로운 나무를 찾아오는 이가 사용하는 언어로 신탁을 내려주었다.

다식(잡식) [Polyphage / Polyphagia] 약 20~30년 전*, 비텐베르크Wittenberg에서 『다식가, 식탐이 많은 사람에 대하여De polyphago et alio triophago』라는 책이 출간되었다. 4절판 형식의 이 책에는 전에 없던 대식가의 이야기가 담겨있다. 이 놀라운 남자는 돈을 받고 양이나 돼지를 통째로 집어삼켰다. 혹은 체리 2 부셸Bushel**을 씨까지 먹어 치울 수 있었다. 그는 치아로 도자기나 유리그릇을 씹고 삼킬 수 있었고, 아주 단단한 돌멩이도 씹을 수 있었다.

그는 새, 쥐, 애벌레와 같이 살아있는 생물들도 삼켰다. 하루는 철판으로 덮인 필기도구를 줍더니 잉크병, 깃펜, 주머니칼, 모래와 함께 모두 먹어 치웠다. 이 사건은 야생인, 돌 먹는 사람, 거리의 곡예사들에게도 경악을 안겨 주었다. 이 사건을 목격한 7명의 증인은 비텐베르크의 상원 앞에서 본 것을 생생히 증언했다. 기괴한 먹성과 달리 그는 매우 건강했다. 환갑 이후 그는 검소하고 절제된 생활을 하였으며, 일흔아홉의 나이로 숨졌다. 이후 그를 부검하였을 때, 책의 작가가 서술했던 일련의 신비로운 물건들이 그의 뱃속에서 튀어나왔다⁽¹⁾. 논문 후반부는 이 남자와 유사한 다른 사람들의 이야기가 담겨있다. 다만 일부 내용은 과장된 것으로 삼류 신문 속 윤색된 이야기를 떠올리게 한다.

(1) 11년 『역사 연감Almanach historique』 발췌. / * 『지옥사전』이 발행한 연도년이 1863년 기준. / ** 곡물이나 과일의 양을 재는 단위. 약 35리터.

폴리페모스 [Polyphème / Polyphemus] 신화에 등장하는 거인. 『오디세이Odyssey』를 통해 이름이 알려졌다. 이마 정중앙에 눈이 하나만 달렸으며, 식인귀의 전형으로 여겨진다.

폴리페이데스 [Polyphidée / Polypheides] 아르고스Argos의 히페르메시아Hypermnia의 손자 점술가.

다신교 [Polythéisme / Polytheism] 콜카타Calcutta의 한 브라만Brahmanes은 힌두교 신학 교리를 대변하는 책을 펴냈다. 이 책에서 그는 3억 5천만 신과 여신의 존재를 인정한다.

아담의 사과 [Pomme d'Adam / Adam's Apple] 목에 있는 작은 돌출부. 민담에 따르면, 아담이 금단의 열매를 먹었을 때 과일 씨앗이 목에 걸린 것이라고 한다.

폼포나치 [Pomponace / Pomponazzi] 1462년 만토바Mantua에서 태어나 1525년 사망한 자로, 종종 위험한 철학을 교수했다. 그는 『마법론Traité des enchantements』에서 악마가 마법과 초자연적 현상에서 어떤 역할도 하지 않는다고 주장했다. 폼포나치는 이러한 현상이 별들의 작품이라고 말했다.

포니아토우스카(크리스틴) [Poniatowska (Catherine / Christine)] 북방의 점술가. 참조. 코메니우스Comenius.

다리 [Pont / Bridge] 고대 스칸디나비아 사람들은 신들이 하늘과 땅을 잇는 다리를 만들었다고 생각했다. 또 신들이 말을 타고 다리를 건넌다고 믿었다. 사탄은 신을 대상으로 반란을 일으켰을 때, 지옥과 천국을 잇는 다리를 건설했다. 그러나 이 다리는 끝내 파괴되었다.

아담의 다리 [Pont d'Adam / Adam's

Bridge] 만나르Mannar 섬과 실론Ceylon* 섬 사이를 직선거리로 잇는 모래톱(원주민들은 실론 섬을 낙원이라고 믿었다). 신할리족Sınhâlese은 아담이 천국에서 쫓겨날 때 이 모래톱을 통해 지상으로 왔다고 믿었다. 인도인들은 실론만이 닫힌 이유가 아담이 다시 천국으로 돌아가지 못하게 막기 위함이라 주장했다.

* 스리랑카의 옛 명칭.

악마의 다리 [Pont du Diable / Bridge of the Devil] 스위스 쇨레넨 협곡Schollenen Gorge에선 신비한 존재의 흔적을 볼 수 있다. 해당 지역의 주민들에게 악마는 나쁜 적이 아니다. 오히려 바위에 구멍을 뚫고, 낭떠러지에 다리를 놓는 등 사람이 할 수 없는 일을 해준다. 쇨레넨 협곡을 따라가는 길은 놀라운 용기가 필요하다. 변덕스럽고 무시무시한 우회로를 따라가다 보면 '악마의 다리'라는 사탄의 작품에 당도한다. 이 건축물은 장엄한 크기보다 놓인 장소에 더 놀라게 만든다. 다리는 곧고 높게 솟은 두 산을 잇고 있다. 다리 아래에선 깨진 바위 위로 폭포가 떨어지며, 이때 만들어진 소리와 거품이 협곡을 가득 채운다(1).

메스Metz 인근의 주이 오 악시Jouy-aux-Arches라는 다리 또한 악마의 작품으로 여겨진다.

16세기 세례받은 아이가 지나가자 흔들렸던 생 클루Saint-Cloud의 다리도 마찬가지이다. 이와 같은 이름의 다리는 여럿 존재한다.

(1) 엘렌 마리 윌리엄스Hélène-Marie Williams, 『스위스 여행Voyage en Suisse』.

포포구노 [Popoguno] 버지니아Virginia 원주민들의 지옥. 포포구노에 떨어진 영혼들은 하늘과 땅 사이 공간에 매달려 고통을 받는다.

포피엘 1세 [Poppiel Ier] 9세기 폴란드의 왕. '쥐들이 나를 갉아 먹는다!'라는 말을 자주 하기로 유명했다. 이 저주는 정작 자신에게는 치명적이지 않았으나, 후대에는 영향을 미친것으로 보인다. 포피엘 1세는 지병으로 일찍 세상을 떠나고 아들인 포피엘 2세Poppiel II는 그를 이어 폭군이 되었다. 포피엘 2세는 용감하고 경험 많은 전사였던 삼촌들을 후견인으로 두었으나 그들의 조언을 듣지 않았다. 그는 야망에 찬 공주와 결혼했는데, 그녀는 포피엘 2세의 마음을 사로잡고 삼촌들에 대한 불신과 증오를 심어주었다. 결국 포피엘 2세는 삼촌들을 독살했다. 이 배신은 왕실과 백성을 분노케 했다. 포피엘 2세는 삼촌들을 반역자로 고발하고, 이들에게 화장이나 장례를 치러주는 것을 금하였다. 비겁한 방법으로 살해당한 귀족들을 진심으로 아꼈던 폴란드인들은 이 사실에 또다시 분노했다. 하지만 하늘에게 복수를 할 자들을 보내달라고 한탄하는 수밖에 없었다. 그러자 삼촌들의 부패한 시신에서 포피엘 2세를 벌하기 위한 쥐 떼가 나타났다. 포피엘 2세의 폭정으로 인해 대다수 왕실 사람이 도망갔기에, 그는 왕비와 단둘이 있었다. 결국, 쥐 떼가 찾아와 이 둘을 먹어 치웠다. **참조.** 하톤Hatton.

돼지(점) [Porcs / Pigs(Divination par les / Divination by Means of] 미래를 점치는 이 특별한 점술의 예시는 단 하나뿐이다. 유스티니아누스Justinian가 고트족Goths 왕 테오다하드Theodahad에게 전쟁을 선포하자, 테오다하드는 벨리사리우스Belisarius보다도 공포에 먼저 패하고 말았다. 프로코피우스Procopius는 이 일화를 다음과 같이 설명하였다.

'왕은 전쟁의 결과를 알기 위해, 유명한 유대인 점술가를 불러왔다. 점술가는 돼지 서른 마리를 열 마리씩 나누어 축사 세 곳에 분리해 두었다. 그리고 한동안 먹이를 주지 않고 지켜보았다. 정해진 시간이 흐른 뒤, 왕과 점술가는 축사를 조사하였다. 이들은 첫 번째 무리에는 고트족이라는 명찰을, 두 번째는 로마인이라는 명찰을, 세 번째는 그리스인이라는 명찰을 붙여주었다. 점술가는 고트족 돼지 무리가 두 마리를 제외하고 모두 죽은 것을 확인하였다. 로마인 돼지 무리는 다섯 마리만 살아 있었다. 그리스인 돼지 무리는 모두 살아 있었다. 테오다하드는 이를 유스티니아누스의 승리로 해석하였다. 그리고 실제로도 패배하였다. 이 사실을 전해들은 고트족은 테오다하드를 폐위시키고 그의 시종 비티게스Vitiges를 새 왕으로 세웠다.'

* 동로마의 장군. 유스티니아누스 황제 밑에서 이름을 떨친 장군이다.

파라마함사 [Porom-Houngse / Paramahamsa] 인도 파키어Fakirs의 일종. 이들은 하늘에서 내려와 수천 년간 어떤 음식도 먹지 않고 살아왔다고 자랑한다. 공개적으로 파라마함사가 먹거나 마시는 것을 본 사람은 없다.

포르피리오스 [Porphyre / Porphyr] 그리스의 점술가이자 3세기의 철학자. 일부 작가들은 그를 마법사로 분류했다.

포리시에 [Porriciæ / Porricies] 사제들이 불 속에 던졌던 제물의 내장. 이를 통해 길흉을 점쳤다.

잠바티스타 델라 포르타 [Porta(Jean-Baptiste) / Giambattista della Porta] 1550년경, 나폴리Napoli에서 태어난 유명한 물리학자. 과학의 발전에 지대한 기여를 했으며, 사진 기술에 필요한 이론들의 기반을 닦았다. 그는 15살 『자연 마법Magie naturelle』이라는 여러 권으로 된 책을 펴냈다. 하지만, 이 책들은 당시 편견들로 인해 파손되었다. 그는 판별점성술과 영혼의 독립적인 힘을 믿었다. 그가 쓴 가장 유명한 저서로는 『천상관상학Physiognomonie céleste』(1661년, 4절판)이 있다. 이 책에서 그는 점성술이 가진 망상을 비판하면서도 천체들의 막대한 영향력을 인정하였다. 그는 『관상학 개론Physiognomonie』을 펴내기도 했는데, 인간의 특성을 동물의 특성과 비교해 체계적인 결론을 도출하였다. **참조.** 관상학Physiognomonie 마지막 부분.

문 [Porte / Door] 타타르족Tartars은 문을 수호하는 정령을 숭배했다. 이 정령은 가택신으로 집안의 불행을 물리친다.

꿈의 문 [Portes des Songes / Gates of Dreams] 버질Virgil의 기록에 따르면, 꿈은 두 개의 문을 통과한다. 이 중 하나는 뿔로 이루어졌는데, 이를 통해 진짜 꿈이 지나간다. 다른 문은 상아로 이루어졌고, 헛된 환상과 거짓 꿈이 지나간다.

빙의된 자 [Possédés / Possessed] 1816년, 아미앵Amiens으로부터 3리유* 떨어진 곳에 있는 테일리Teilly 마을에서 한 젊은 여성이 빙의 사기극을 펼치는 사건이 발생했다. 그녀는 미미Mimi, 조조Zozo, 크라풀레Crapoulet라는 세 악마에게 빙의 당했다고 주장했다. 한 성실한 성직자는 당국에 이 사실을 알렸고, 단지 여성이 병에 걸렸다는 결론을 내렸다. 그렇게 그녀는 병원에 입원했고 이후 빙의에 대한 주장을 하지 않았다. 이러한 예시는 일부 사기 행각이 우리 선조의 신앙을 통해 효율적으로 억제되었다는 것을 보여준다. 실제로 일어났던 빙의 소동은 소문에 비해 그 수가 현저히 적었고, 많은 사람이 생각하는 것과 달리 빙의자는 그리 자유롭게 행동할 수 없었다. 앙리 3세Henry III의 통치 시절, 한 빙의 사건이 수면 위로 떠올랐다. 왕은 자신의 외과 의사 피그레이Pigray와 두 의사를 긴급 파견하여 사건을 조사하도록 지시했다. 의사들이 빙의되었다고 주장하는 젊은 여성을 찾았을 때, 그녀는 질문에 일관성이 없는 답을 하였다. 성 프란치스코Franciscan 수도회 수도사들은 그녀에게 라틴어로 여러 가지를 물었으나, 답변은 형편없었다. 결국 몇 해 전, 그녀가 빙의 된 척을 하다 공개적으로 매질을 당했다는 사실이 적힌 서류가 발견되었다. 그녀는 종신형에 처해졌다. 동시대에 피카르디Picardy 출신의 한 여성이 악마로부터 빙의되었다고 말하며 공포를 조장하였다. 이를 사기로 의심한 아미앵의 주교는 신부로 위장한 한 일반인에게 구마 의식을 행하도록 지시했다. 가짜 신부가 읽은 것은 키케로Cicero의 서신이었다. 빙의된 여성은 머릿속으로 외던 대사를 읊었고, 몸을 비틀며 끔찍한 표정을 지었다. 또 기괴하게 자리에서 뛰어다니며 비명을 질렀다. 그녀는 성서를 읽는 신부를 대적하는 악마처럼 행동한 것이다[1]. 이렇게 그녀의 속임수는 베일을 벗었다.

실제로 악마가 들렸던 진짜 빙의 사건도 분명 존재한다. 오늘날 몇몇 이들은 빙의가 다소 심각하거나 기이한 편집광적 행위 또는 광기라고 주장한다. 하지만 벨기에 젤Geel의 정신질환 환자와 분노에 찬 광인들이 구마 의식을 통해 치유되었다는 사실은 어떻게 설명할 수 있을까?

학자인 모로Moreau 박사는, 1842년 젤을 공식적으로 방문하고 이 명백한 사건의 증인이 되었다. 또 이 사건의 내용을 전면 공개했다. 과연 악마가 일부 정신착란의 원인이 될 수 있을까? 우리는 과연 주변의 모든 미스터리를 실제로 이해하고 있을까? 아무튼 여러 빙의 사건이 사기 행각으로 의심받았지만, 이러한 일 또한 그리 자주 있는 일은 아니었다.

많은 사람이 빙의된 자들에 관한 글을 썼으며, 이들의 주장에 따르면 달의 주기 또한 그것에 영향을 미친다고 한다. 역사학자 요세푸스Josephus는 악마가 아니라 악인의 영혼이 빙의자들의 몸에 들어가 고통을 주는 것이라고 주장했다.

빙의 사건 가운데 악마들이 발톱을 뽑는 경우도 있었다. 이때 이들은 어떤 고통도 느끼지 않았다. 어떤 자들은 네발로 기기도, 등으로 바닥을 쓸고 다니기도, 배로 기기도, 머리로 걷기도 했다. 원인을 모르는 발바닥 간지럼을 느끼는 사람이 있는가 하면, 평생 배운 적 없는 언어를 사용하는 이도 있었다. 이러한 것이 악마의 개입이 아니라면, 18세기에 벌어진 사건인 '얀센주의자Jansenists들의 경련'은 또 어떻게 설명해야 할까[2]? 1556년 암스테르담에서는 빙의 된 아이들 한 무리가 발생했다. 그리고 일반적인 구마 의식으로 이들을 회복시킬 수 없었다. 기록에 따르면 아이들은 저주와 마법에 걸렸었는데 금속, 유리 조각, 머리카락, 바늘과 같은 기이한 물건들을 토해냈다고 한다. 로마의 한 병원에서는 70명의 여자 아이가 하룻밤 사이 미쳐버렸거나 빙의 된 일이 발생했다. 그리고 2년 동안 이들은 치유되지 못했다. 카르다노Cardan는 이 사건이 해당 지역의 오염된 공기와 물, 속임수, 부도덕한 행동 때문일 것이라고 주장했다. 카르다노는 나쁜 행동이 악령을 개입시킨다고 덧붙였다. 과거에는 빙의자를 식별하기 위해 다음과 같은 징후를 살펴보았다. 1) 몸 비틀기, 2) 얼굴의 부기, 3) 무감각과 피부병, 4) 마비, 5) 배 속에서 들리는 아우성, 6) 응시, 7) 라틴어 질문에 프랑스어로 답하기, 8) 세모날에 찔린 상처에서 피가 나지 않음. 그러나 광대나 약장수가 몸을 비트는 연기를 할 때 악마에게 빙의되었다고 하지는 않는다. 얼굴, 목, 혀가 붓는 것은 독을 섭취하거나 숨을 참았을 때 발생하기도 한다. 무감각 또한 다른 병의 증세일 수 있다. 특히 무감각한 자가 참을성이 강한 면이 있다면 가짜로 의심해 봐야 한다. 한 젊은 라세데모니아인Lacedemonian은 훔친 여우에게 옆구리를 물렸을 때 어떤 고통도 내비치지 않고 참았다. 또 한 아이는 알렉산더Alexander의 제물 의식 당시 손에 화상을 입고도 움직이지 않았다. 다이아나Diana의 제물대 앞에서 매질을 당한 이들 또한 그 어떤 고통도 내색하지 않았다. 즉 무감각은 행동이든 시선이든 결국 의지의 문제라고 할 수 있다. 더불어 고통을 잘 참는 사람일수록 움직임을 통제할 수 있는 법이다. 빙의자들의 배 속에서 들린 아우성과 낑낑대는 소리는 복화술사의 짓일 수 있다. 바늘이나 세모날에 찔린 상처에서 피가 나지 않는 것도 설명이 가능하다. 우울증에 걸린 사람의 경우 피가 진하고 덩어리져 작은 상처로 새어 나오기 힘들다는 말이 있다. 심각한 소화불량에 시달리며 먹은 것을 게워 내는 사람, 광신 또는 정신착란과 같은 정신질환에 시달리는 사람들도 빙의자에서 제외해야 한다. 광기의 증상은 너무도 무섭기에[3] 우리 선조들은 이를 악마의 짓이라고 보았다. 하지만 그들이 틀렸다고 누가 확신할 수 있을까?

이 주제에 관한 저서로는 T. P. A. P. O. A. B. J. T. C. O. S.의 『신약성경에 언급된 악마 빙의 본질에 관한 연구Recherches sur ce qu'il faut entendre par les démoniaques dont il est parlé dans le Nouveau Testament』(1738년, 12절판)가 있다. 이 책은 명확한 결론 없이 해당 주제를 나누고 있다.

일부 빙의에는 자연적인 해설이 존재하기도 한다. 다음과 같은 이야기를 살펴보자. 피에몬테Piedmont의 작은 마을, 한 수도사가 산책에서 돌아오는 길에 갑작스럽게 길에서 쓰러지고 말았다. 사람들은 그를 인근의 집으로 데려갔다. 그러나 모든 시도에도 그를 살리기는 어려워 보였다. 그때 한 술상인이 그를 깨우기 위해 입에 매우 독한 술을 흘려 넣었지만 소용이 없었다. 몇몇 이들은 만약의 사태에 대비해 가장 가까운 본당의 신부를 데려와 예식을 부탁했다. 젊은 신부는 우선 환자의 상태를 살펴보았다. 밤이었기에 그는 환자의 입 가까이에 촛불을 비춰 살펴보았다. 그 순간 깨어난 수도사는 딸꾹질을 했다. 그리고 수도사의 입에서 새어 나온 증기가 촛불에 닿아 큰 불로 번졌다. 사람들은 공포에 휩싸여 수도사에게 악마가 씌였다고 소리를 질러댔다. 이들은 사제를 데려와 구마 의식을 행하려고 했다. 그 사이 딸꾹질은 수도사의 기도를 막고 있던 음식물을 토해내게 만들었다. 도착한 구마사들은 쓰러졌다던 수도사가 벌떡 일어나 있는 모습에 놀랐다. 뒤이어 자리를 비웠던 술상인이 돌아왔고 이 현상의 진상을 설명했다. 그는 병자의 입에 술을 넣고 잠시 자리를 비웠기에 딸꾹질에 불이 붙었을 때 이를 설명할 수 없었다.

이러한 조잡한 사건들이 있었다고 해서 오직 교회만이 해결할 수 있었던 실제 빙의 사건들이 없는 것이 되는 건 아니다. **참조.** 그랜디어Grandier, 바방Bavent, 피카르Picard, 불레Boulé 등.

(1) 피그레이, 『외과학Traité de chirurgie』. / *(2)* 『지옥의 전설Légendes Infernales』 속 생 메다르Saint-Médard 묘지 이야기를 참조할 것. / *(3)* 정신병은 목격할 수 있는 가장 끔찍한 광경 중 하나이다. 이 병을 겪는 이들은 눈이 충혈되거나 돌출되어 대상을 뚫어져라 쳐다본다. 또 얼굴이 붉게 상기되며 일그러진 표정, 긴장된 신체 등의 특징을 보인다. 이들은 친구도 부모도 자식도 배우자도 알아보지 못

한다. 또 자신의 생각에 갇혀 우울하고 분노한 채 맨바닥과 어둠을 찾아다닌다. 몸에 옷이 닿는 것을 참지 못해 이빨과 손톱으로 입고 있는 천을 찢어버리고, 공기와 빛을 피하며, 침을 뱉고 고함을 친다. 배고픔, 목마름, 더위와 추위가 느껴지지 않거나 몇 배로 느껴지곤 한다. (포데레Fodere 박사, 법의병리학자) / * 과거의 거리 단위 1리유는 약 4km 정도이다.

플랑드르의 빙의자들 [Possédées de Flandre / Flanders Possessions] 17세기 플랑드르 빙의 사건은 큰 논란을 일으켰다. 돔티우스Domptius와 미카엘리스Michaelis 수도사는 이 이야기를 8절판 책으로 펴냈다. 빙의자들은 3명의 여성이었다. 이들은 마법을 부렸다는 비난을 샀고, 두에Douai에서 구마의식을 받게 되었다. 첫 번째 여성인 디디메Didyme는 시와 산문, 라틴어와 히브리어로 말했다. 그녀는 이교도로 인해 타락한 수녀였는데 배교적인 행동으로 인해 고발당했다. 두 번째 여성은 시몬 두를레Simone Dourlet로 마녀 취급받는 것을 싫어하지 않았다. 세 번째 여성인 마리 드 생Marie de Sains은 마녀 집회에 참석했으며 사탄에게 지배당한 채 예언을 했다…. 당시의 언론은 『디디메, 회개한 마녀. 그녀가 고백한 사탄의 회당. (그 뒤로도 재범을 저지른) 공범이 디디메의 첫 고백을 무효화 시키기 위해 했던 노력들: 이 사건에 얽힌 모든 진실이 수록됨Les Confessions de Didyme, sorcière pénitente, avec les choses qu'elle a déposées touchant la synagogue de Satan. Plus, les instances que cette complice (qui depuis est rechutée) a faites pour rendre nulles ses premières confessions : véritable récit de tout ce qui s'est passé en cette affaire』(1623년, 파리)이라는 책을 출간했다. 해당 서적을 살펴보면 '디디메는 신성함으로 명성을 떨친 것이 아니라, 파렴치한 행위로 인해 고발당한 것이다.' 라고 기록되어 있다.

디디메는 빙의자이자 마녀로 확인되었다. 1617년 3월 29일, 그녀의 등에 악마 표식이 남겨져 있다는 사실이 밝혀졌다. 그녀는 회당(그녀가 마녀 집회를 부르던 명칭)을 드나들었고 악마와 관계를 맺었으며 표식을 그곳에서 얻었다고 고백했다. 그녀는 자신이 저주를 행했고, 악마에게 받은 해로운 가루를 사용했다고 말했다. 또 이와 함께 끔찍한 마법 주문을 사용했다고도 덧붙였다. 디디메는

벨제부스Belzébuth 군단에 속한 사역마가 있다고 주장했다. 그녀는 자신이 교회를 배반했으며 신 대신 악마를 택했다고 고백했다. 디디메는 신을 부정하고 악마에게 자신을 맡겼는데, 그녀가 악마에게 준 네 개의 핀이 그 증거였다. 그녀가 맺은 것은 피의 계약이었다. 이는 악마가 준 소형 세모날로 정맥에서 피를 뽑아내는 것이었다. 이 외에도 디디메는 여러 잔혹한 행위를 고백하였다. 또 마녀 집회에서 신이 유대교 회당을 소멸시킨다는 위대한 기적에 관해 들었다고 선언했다. 이때 벨제부스가 유대교 회당을 멸할 것이며, 다른 이들보다 더욱 큰 형벌을 내릴 것이라고 주장했다. 디디메는 악마와 지옥의 공주가 그녀의 고해를 막기 위해 결투를 벌였다고 말했다. 이 때문에 그녀는 모든 자백을 철회하고, 악마가 자신을 파멸시킨다며 고함쳤다. 이러한 행동들은 광기였을까? 그녀의 광란 상태는 꽤 공포스러웠다.

마리 드 생 또한 자신이 마녀 집회에 참여하였다고 주장했다. 또 그곳에서 검은 초를 들고 악마를 숭배한 뒤 영혼을 빼앗겼다고 덧붙였다. 더불어 적그리스도가 찾아와 그녀에게 『요한계시록Apocalypse』을 설명했다고 고백했다. 시몬 두를레 또한 마녀 집회에 참여했다. 그러나 자신의 잘못을 뉘우친 그녀는 마녀라는 죄목으로 체포되었음에도 풀려났다. 이때 해당 사건을 관심 있게 보던 발랑시엔Valenciennes 출신의 한 젊은 청년이 시몬 두를레에게 반해 그녀와 혼인을 맺고자 하였다. 전직 마녀는 그의 청혼을 받아들였다. 그러나 에스테르Estaires 백작이 시몬 두들레를 다시 감옥에 가뒀고, 그녀는 오랜 기간 동안 마리 드 생과 함께 수감되었다. 디디메는 화형에 처해졌다. **참조.** 마녀 집회Sabbat.

포스텔(기욤) [Postel(Guillaume)] 13세기의 점술가로 아브랑슈Avranches 교구에서 태어났다. 포스텔은 14세의 나이에 학교 교사가 되었다. 그가 기상천외한 생각을 품게 된 것은 장년에 들어서였다. 이는 랍비들의 저서를 깊이 탐독한 것과 그의 활발한 상상력 덕분이었다. 이 때문에 그는 혼란을 겪으며 일상과 매우 멀어졌고 큰 고통을 받게 되었다. 포스텔은 자신이 신의 명을 받았다고 믿었다. 그 명령은 바로 모든 인간을 하나의 법 아래, 설득이나 무력을 이용해 합치하라는 것이었다. 그는 이 하나의 법이라는 것을 교황과 프랑스의 왕이라고 생각했다(더불어 그는 프랑스 왕이 노아Noah 장남의 직계 후손이며 전 세계의 권력을 가지기에 정당하다고 생각했다). 베네치아Venice 병원의 부속 사제가 된 그는 '어머니 잔Mère Jeanne'을 만나 결혼했다. 이후 환영들은 날로 그의 광기를 악화시켰다. 포스텔은 자신이 세상을 지도하고 개종시킬 수 있다고 믿었다. 포스텔은 별난 사상으로 인해 이단으로 고발되었으나, 미쳤다는 이유로 면죄되었다. 동방을 여행하고 잔의 환영에 관한 여러 책을 펴낸 뒤, 그는 진리를 찾았다. 이후 파리의 생 마르탱 데 샹Saint-Martin des Champ이라는 작은 수도원에 은신하였고, 1581년 9월 6일 기독교인으로 96세에 생을 마감하였다. 『세 명의 사기꾼Trois Imposteurs』이라는 책의 저자라는 풍설은 사실이 아니다. **참조.** 잔Jeanne.

버터 항아리 [Pot à Beurre / Butter Jar] 한 구마사는 여러 악마를 버터 항아리에 가뒀다. 그가 세상을 떠난 뒤, 상속자들은 항아리 안에서 악마가 내는 소리를 듣게 되었다. 이들은 안에 보물이 있을 것이라는 기대감에 항아리를 깨뜨렸다. 그러나 그곳엔 그간 힘들게 갇혀있던 악마만이 들어있었다. 악마는 동료들을 챙겨 날아가 버렸다[1]. 이는 민간 전승에 나오는 이야기이다.

(1) 『황금 성인전Legenda Aurea』. Jac. de Voragine, leg. 88.

은으로 만든 이(곤충) [Pou d'argent / Silver Louse] 식빵가게 마법사에게 주는 장식품

푸도 [Poudot] 툴루즈Toulouse의 어느 구두 수선공. 1557년, 그의 집에 악마가 숨어들어 왔다. 이 악마는 자물쇠로 잠겨 있는 함에 돌멩이를 던져 넣었다. 이에 푸도가 입구에 못을 박고 내용물을 비워도, 함은 계속 돌멩이로 채워졌다. 이 사건은 도시 내에서 크게 회자하였다. 그리고 법원장인 라토미Latomy도 이 사건에 관심을 두게 되었다. 라토미가 함이 있는 방에 들어가자마자, 악마는 돌멩이를 던져 그의 모자를 떨어뜨렸다. 놀란 그는 재빨리 도망갔다. 이 악마를 쫓기 위해선 큰 노력이 필요했다.[1]

(1) 줄 가리네Jules Garinet, 『프랑스 마법사Histoire de la Magie en France』, 124페이지.

파우더 [Poudres / Powders] 마법사들은 파우더를 이용해 저주를 만든다. 그들이 사용하는 고약처럼 파우더 또한 독성이 있다.

검은 닭 [Poule Noire / Black Hen] 자정에 외딴 사거리에서 검은 닭을 제물로 바치면, 악마가 계약을 하러 찾아온다. 이때 주문을 외워야 하는데 절대 뒤를 돌아보면 안 된다. 그리고 바닥에 구멍을 뚫고 닭의 피를 뿌린 뒤 그곳에 닭을 묻어야 한다. 그러면 같은 날 (혹은 9일 뒤), 악마가 찾아와 돈을 줄 것이다. 아니면 황금알을 낳는 닭을 선물로 줄 수도 있다. 악마학자들은 악마가 준 닭이 사실 악마라고 믿었다. 프랑스 왕실의 뒷배였던 유대인 사무엘 베르나르Samuel Bernard는 1739년 90세의 나이로 사망하였다. 그의 집은 파리 빅투아르 광장Place des Victoires에 있었는데, 지극정성으로 키우는 검은 닭이 함께 있었다고 한다. 그는 닭이 죽고 난 뒤 얼마 지나지 않아 세상을 떠났다. 그리고 그는 삼천삼백만 프랑을 남겼다.

검은 닭의 미신은 여전히 널리 퍼져있다. 브르타뉴Bretagne에서는 악마에게 검은 닭을 팔면, 악마가 자정에 가축을 사러 오고 원하는 값을 쳐준다고 한다.[1] 다음은 이집트에서 740년에 출간된, 어느 시시하고 바보스러운 책의 제목이다. 『검은 닭 또는 황금알을 낳는 닭, 부적과 마법의 반지 기술, 지옥의 악령들과 실프와 운디네와 노옴을 쫓고 비밀 학문의 지식을 얻으며 숨겨진 보물을 찾는 기술, 모든 존재를 지배하고 저주와 주술을 풀기 위한 강신술, 카발라 등』La Poule Noire, ou la poule aux œufs d'or, avec la science des talismans et des anneaux magiques, l'art de la nécromancie et de la cabale, pour conjurer les esprits infernaux, les sylphes, les ondins, les gnomes, acquérir la connaissance des sciences secrètes, découvrir les trésors et obtenir le pouvoir de commander à tous les êtres et déjouer tous les maléfices et sortilèges, etc』(18절판, 1부작). 이 책은 어리석고 이해할 수 없는 말들을 담고 있는 잡탕서이다.

(1) 자크 캠브리Cambry, 『피니스테르 여행Voyage dans le Finistère』, 3호, 16페이지.

닭 [Poulets / Chickens] 참조. 점복관Augures.

풀피케 [Poulpiquets] 참조. 볼레건Boléguéans.

푸파르 [Poupart] 참조. 유령Apparitions.

푸랑 [Pourang] 일본 신화에 등장하는 최초의 인간. 세상이 만들어진 달걀이 깨진 뒤, 소의 입김으로 데워진 호박에서 나왔다.

자오 준 [Pou-Sha / Zao Jun] 전설 속 중국 도자기의 신. 황제가 요청한 무늬를 만들지 못해 일꾼들이 절망에 빠졌을 때, 자오 준은 불이 끓는 가마에 몸을 던졌다. 그는 즉시 불타버렸는데, 그곳에서 꺼낸 도자기는 황제가 원한 모습 그대로였다. 이 희생을 통해 자오 준은 도자기를 관장하는 신이 되었다.

먼지 [Poussière / Dust] 아일랜드 서민들은 바람이 일으키는 먼지구름을 보며 요정

무리가 이사를 한다고 생각했다. 이때 주민들은 눈에 보이지 않는 요정들을 조심히 바라보며 예를 갖췄다. 스코틀랜드에서는 먼지바람을 동반한 말발굽 소리를 요정 행렬 소리로 믿는다.

파웰 [Powel] 영국의 수석 재판관. 1711년, 그는 악마와 관계를 맺은 이유로 기소된 한 사기꾼을 법정에서 만나게 되었다. 사기꾼은 기소 내용이 사실이며, 악마가 여러 형태로 자신 앞에 나타났다고 주장했다. 파웰은 사기꾼이 거짓을 말하고 있다는 것을 알아채고 처벌을 내리지 않았다. 하지만 마법사 찾기에 혈안이 되었던 배심원들은 그를 화형대에 세우고 싶어 했다. 파웰은 배심원들에게 물었다. "그가 고양이 모습을 한 채 악마와 소통을 했다는데, 이를 유죄로 보십니까." 이들은 답했다. "네, 그렇습니다." 파웰은 이 어리석은 답을 듣고 피고인을 풀어주었다.

프라 아리아세리아 [Pra-Ariaseria] 시암Siam* 왕국의 유명인. 고다마 싯다르타Siddhartha Gautama와 같은 시대를 살았다. 시암 주민들은 프라 아리아세리아를 몸둘레 40.5 바하스Brasses**, 키 3.5 바하스의 거인으로 묘사했다. 정확한 형태를 알 수 없는 와중에 이 묘사를 이해하는 것은 쉽지 않다.

_{* 태국의 옛 이름. / ** 길이 단위. 1 바하스는 두 팔을 벌린 정도의 길이이다.}

선아담인류 [Préadamites] 1655년, 아이삭 드 라 페이레르Isaac de la Peyrere는 아담 이전 인류가 네덜란드에 있었다고 주장하는 책을 썼다. 이집트와 칼데아Chaldea 우화를 근거로 했지만, 이 주장은 다른 대다수의 터무니없는 주장들처럼 즉시 신봉자들을 만들어냈다. 흐로닝언Groningen의 교수 데마레Desmarais는 그의 주장에 반박했고 훗날 작가 또한 자신의 주장을 철회했다.

프레시 [Précy] 참조. 람부이예Rambouillet.

예언 [Prédictions] 솜씨 있는 점성가들은 폼페이우스Pompey, 카이사르Caesar, 크라수스Crassus가 영광, 재산, 장수를 한껏 누린 뒤 집에서 죽음을 맞이할 것이라 예언했다. 하지만, 이 세 사람은 비참하게 세상을 떠났다. 카를 5세Charles V, 프랑수아 1세Francis I, 헨리 8세Henry VIII는 모두 동시대인으로 급작스러운 죽음을 맞이할 것이라는 예언을 들었으나, 자연사했다.

1621년, 신하들의 만류에도 불구하고 군주 오스만Osman은 폴란드에 전쟁을 선포하려 했다. 이에 한 예언자가 다가와 다음과 같이 말했다.

'신이 지난밤 제게 계시하기를, 군주께서 이 전쟁을 치른다면 왕국을 잃을 것이며 올해 군주의 검은 아무도 해칠 수 없다고 말했습니다.' 이에 오스만이 말했다. '그 계시가 진짜인가 보자.' 그는 근위병에게 자신의 검을 주고 예언자의 목을 벨 것을 명했다. 이는 즉시 행해졌다. 하지만 오스만은 폴란드를 상대로 한 전쟁에서 패했고, 얼마 뒤 목숨과 왕국을 모두 잃었다.

다음은 예언이 사실이 된 다른 예시이다. 랑기유Languille라는 이름의 전직 육상선수는 조용한 말년을 보내기 위해 마르세유Marseille 인근 오바뉴Aubagne에 정착하였다. 그곳에서 랑기유는 교구의 교회지기와 싸움을 벌였다. 이 교회지기는 산역꾼이기도 했다. 이 싸움은 매우 격렬해졌고, 랑기유는 교회지기에게 그가 자신의 손에 죽을 것이라고 경고했다. 겁에 질린 교회지기는 이후 랑기유를 피해 다녔다. 얼마 뒤, 랑기유는 75세의 나이로 세상을 떠났다. 그의 방은 좁고 가파른 계단을 통해서만 오를 수 있는 높은 곳에 위치했다. 랑기유를 매장할 때가 되자, 교회지기는 기뻐하며 그의 시체를 찾으러 갔다. 그는 어깨에 랑기유의 시체가 들어있는 관을 둘러멨다. 그러나 계단 위에서 승리의 발걸음을 내딛는 순간, 교회지기는 발을 잘못 디뎌 앞으로 미끄러지고 말았다. 그리고 교회지기 위로 관이 덮치며 그를 깔아뭉갰다. 이렇게 랑기유의 예언은 이루어졌다. 그가 의도한 것과는 다른 방식이었지만 말이다.

쇼아줄Choiseul의 공작은 폭동 때문에 사망할 것이라는 예언을 들었다. 그는 지병으로 사망했지만, 이 예언은 이루어진 것이나 다름없다. 12명의 의사가 공작을 치료하기 위해 모여 치료법을 두고 싸우는 동안 그가 사망했기 때문이다.

카스티야Castile의 왕 후안 2세Jean II의 총애를 받던 알바로 데 루나Alvaro de Luna는 섭정으로서 국가를 독재 통치한 죄로 사형을 선고받았다. 과거 그는 점성가에게 '카달소Cadalso'를 조심하라는 예언을 들었다. 그는 그것이 톨레도Toledo 인근의 마을을 가리킨다고 생각하였고 그곳을 피해 다녔다. 그러나 단두대에서 참수형을 받게 되었을 때, 그는 스페인인들이 단두대를 카달소라고 부른다는 사실을 알게 되었다. 그리고 자신이 이를 잘못 해석했음을 깨달았다.

1382년, 한 영국 점성가는 모든 런던 주민이 예수 승천일 전날에 아침 식사를 하지 말고 주기도문을 다섯 번 읊어야 한다고 경고했다. 그리고 이렇게 하기 전까지는 밖으로 나오면 안 된다고 덧붙였다. 점성가는 해당 일자에 전염병을 품은 안개가 발생하고, 지시에 따르지 않는 사람은 가차 없이 목숨을 잃게 될 것이라 주장했다. 많은 주민은 그의 예언을 믿었고 조언에 따랐다. 그리고 예수 승천일 전날이 되었을 때, 주민들은 속았다는 것을 알게 되었다. 주민들은 그를 말 위에 거꾸로 앉힌 뒤, 고삐 대신 꼬리를 잡게 했다. 그리고 그의 목에 두 개의 냄비를 건 뒤 온 도시를 돌아다니게 했다.

웩커Wecker는 그의 저서 『경이로운 비밀들Secrets merveilleux』에서 미래를 내다보는 다음의 방법을 설명했다. '아마씨, 파슬리 뿌리, 제비꽃 뿌리를 태운 뒤 그 연기에 들어가 있으면 미래의 사건을 내다볼 수 있다.' **참조.** 점성술Astrologie, 예언Prophéties, 보헤미안Bohémiens 등.

편견 [Préjugé / Prejudice] 진부하거나 터무니없거나 지각없이 대상을 평가하는 태도. 무굴 제국Great Mogul의 신하들은 매년 왕의 몸무게를 재, 무게에 따라 왕의 가치를 측정했다.

프렐라티 [Prélati] 마법 협잡꾼. **참조.** 라이츠Raiz.

징조 [Présages / Omens] 단순하고 자연스러운 사건을 미래의 징후로 여기는 이 행위는 가장 주목할 만한 미신 형태 중 하나이다. 한때는 주술적 징조와 발생적 징조를 구분 짓기도 했다. 주술적 징조는 주술 규칙을 통해 어떤 기색을 찾거나 해석하는 것이고, 발생적 징조는 우연히 일어나는 사건을 한없이 애매하고 추상적으로 해석하는 것이다.

오늘날 우리는 소매를 세 번 찢는 것, 식탁 위에 칼을 십자가 모양으로 두는 것, 소금 통을 엎는 것을 흉조로 여긴다. 어디로 가는지 묻는 사람을 만나는 것 또한 흉조인데, 불행을 피하려면 다시 돌아가야 한다.

만약 공복인 사람이 아침 식사를 한 사람에게 악몽을 들려주면, 공복인 사람에게 불길한 일이 생긴다. 아침을 먹은 사람이 공복인 사람에게 악몽을 들려주어도, 공복인 사람에게 불길한 일이 생긴다. 두 사람이 모두 배부르게 식사했다면 문제가 없다.

특정 만남은 흉조로 여겨진다. 아침에 만나는 산토끼, 뱀, 도마뱀, 사슴, 노루, 멧돼지가 이에 해당한다. 반대로 늑대, 매미, 염소, 두꺼비를 만나는 것은 길조이다. **참조.** 거미Araignée, 사냥Chasse, 까치Pie, 부엉이Hibou 등.

메텔루스Metellus의 아내 세실리아Cecilia의 이야기는 징조와 관련된 유명한 일화 중 하나이다. 그녀는 조카가 언제 결혼을 할지 알기 위해 조카와 함께 신전을 찾았다. 이후 조카는 오랜 시간 답을 얻지 못하고 제단 앞에 계속 서 있었다. 다리가 아파진 그녀는 이모에게 앉고 있는 의자의 절반을 나누어줄 수 있는지 물었다. 온정이 넘치는 세실리아는 다음과 같이 답했다. "물론이지, 내 자리에 다 앉아도 된단다." 발레리우스 막시무스Valerius Maximus는 저서에 이 말이 예언의 성향을 띠는 징조라고 기록했다. 얼마 뒤 세실리아는 세상을 떠났고, 메텔루스는 조카와 결혼했다.

또 다른 일화를 살펴보자. 이번에는 루키우스 아이밀리우스 파울루스Lucius Aemilius Paullus의 이야기이다. 그는 페르세우스Perseus 왕을 상대로 전쟁을 펼치던 중, 놀라운 징조를 발견했다. 어느 날 그는 집에 돌아와 평소처럼 어린 딸 테르시아Tertia를 끌어안았다. 하지만, 딸의 표정은 어쩐 일인지 슬퍼 보였다. 그는 무슨 일인지 물었고, 아이는 기르던 개 '페르세우스'가 죽었다고 답했다. 파울루스는 이를 길조로 해석했다. 그리고 얼마 뒤 그는 페르세우스 왕을 상대로 한 전쟁에서 승리하였고, 로마로 당당하게 개선했다.(1)

스페인인들이 멕시코를 침공하기 전, 학과 비슷한 새가 멕시코 호수 인근에서 잡혔다. 이 새는 곧 몬테수마Montezuma 황제에게로 전달되었다. 신기하게도 이 새의 머리에는 거울 같은 것이 달려있었다. 몬테수마는 그 거울 속에서 별이 가득 수 놓인 밤하늘을 보았다. 하지만 막상 하늘을 올려다보면 별은 하나도 보이지 않았다. 그는 다시 거울을 쳐다보았다. 그리고 이번에는 동쪽에서 온 병사들이 무장을 하고 싸움을 벌이는 모습이 나타났다. 점술가들은 모여 이 징조를 해석하려 했지만, 새는 사라졌고 모두 큰 혼란에 빠졌다. 드 랑크르Pierre de Lancre는 이를 다음과 같이 말했다. "내 생각에는, 악마가 멀지 않은 그의 종말을 예언하러 왔었던 것 같다."

아프리카 로앙고 왕국Loango의 왕들은 먹거나 마시는 모습을 보이지 않았다. 이는 최악의 흉조로 여겨졌기 때문이다. 그래서 왕은 늘 시종 없이 혼자 식사했다. 여행자들은 이와 관련된 야만적인 다음의 일화를 기록했다. 한 로앙고 왕이 식사를 할 때, 그의 여덟 살(또는 아홉 살) 된 아들이 부주의하게 식당에 들어왔다. 이에 왕은 아이의 목을 베었다. 대사제는 아이의 피를 왕의 팔에 바르며 불운이 떠나가도록 기원했다. 다른 왕은 저녁 식사에 참여했다는 이유로, 아끼던 개를 죽이기도 했다.

시암Siam* 사람들은 야생 짐승의 울음소리, 사슴과 원숭이의 비명을 흉조로 여겼다. 또한 길을 막는 뱀을 만나면, 다시 집으로 돌아갔다. 막 행하려던 일을 달성할 수 없을 것으로 생각했기 때문이다. 우연히 떨어진 물건도 나쁜 징조로 생각했다. 이들은 자연 현상에 불과한 벼락이 중요한 일을 망칠 징조라고 믿었다. 심각하게 미신을 믿는 이들은 지나가는 길에 처음 들을 말을 행동 지침으로 해석했다.

아프리카 베닌Benin 왕국에서 쌍둥이의 탄생은 길조로 여겨졌다. 왕은 즉시 이를 보고받았으며, 이 기쁜 사건을 기념하기 위해 연주회와 연회가 열렸다. 반면, 똑같은 베닌 왕국에 위치한 아레보Arebo에서는 이를 흉조로 해석하였다.

뱀이 집 열쇠에 몸을 말고 있는 것을 보고 점술가들은 그것이 무언가 벌어질 징조라고 말했다. 이에 한 철학자가 반박했다. "그건 아닌 것 같소. 열쇠가 뱀을 휘감을 정도라면 모를까."

*(1) 발레리우스 막시무스. / * 태국의 옛 이름.*

예지 [Prescience] 미래에 대해 틀리지 않는 확실한 지식. 오직 신만이 이를 소유한다. 다음은 에르베이Hervey의 격언이다. '인간이여, 네가 누구든 간에 원하는 것은 무엇이든 직접 살펴보고 가늠해 보라. 지상에 있는 그 무엇도 끝을 알지는 못하노라.'

부적 [Préservatifs / Preservatives] 참조. 부적Amulettes, 뿔Cornes, 성구함Phylactères, 양 떼 Troupeaux 등.

예감 [Pressentiment / Premonition] 수에토니우스Suetonius는 카이사르Caesar의 죽음 전 칼푸르니아Calpurnia*가 불길한 예감을 느꼈다고 기록했다. 예감이라는 것은 무엇일까? 내면에서 나오는 어떤 비밀스러운 목소리일까? 혹은 하늘의 계시일까? 아니면 우리의 운명을 살피는 보이지 않는 정령의 소행일까? 고대인들은 이러한 예감을 바탕으로 종교를 만들었고, 오늘날까지도 우리는 예감을 믿고 있다. C. 드 R.은 파리 오페라극장에서 열린 무도회에서 실컷 춤을 추고 집에 돌아와 뇌출혈로 사망했다. 그의 누이인 V 부인은 꽤 늦게 그와 헤어졌는데, 밤새 동생이 위험에 빠져 도움을 요청하는 끔찍한 꿈에 시달렸다. 그녀는 화들짝 놀라거나 몸을 떨며 새끼를 낳아댔다. 걱정에 사로잡힌 그녀는 자신의 동생이 무도회에 있다는 걸 알면서도, 새벽이 되자마자 서둘러 그의 집을 찾았다. 그녀가 도착한 것은 C. 드 R.이 관리인에게 휴식이 필요하니 아무도 들이지 말라고 명령을 내린 후였다. V는 관리인의 말을 듣고 안심한 후, 자신의 공포를 비웃으며 자리를 떠났다. 그리고 그날 오후가 되어서야, 자신의 불길한 예감이 맞았다는 사실을 알게 되었다. **참조.** 꿈Songes.

다음은 1857년 9월 일간지 《고국La Patrie》에 실린 내용이다.

'K 백작 부인의 조카인 S는 잉글랜드에 살고 있었다. 어느 저녁, S는 편안한 마음으로 귀가하였다. 하지만 초를 켜자마자 이상한 소리가 들려왔다. 뒤를 돌아보자, 식탁 위에 나타난 손이 재빠르게 종이 위에 몇 글자를 적더니 사라져 버렸다. 그는 식탁에 다가가 글자를 보았다. 그곳엔 '고드프루아Godefroy'라고 적혀 있었다. 이는 북아메리카로 여행을 떠난 친구 중 한 명의 이름이었다. S는 손이 이름을 쓴 날짜와 시간을 기록해 두었다. 얼마 뒤, 그는 정확히 손이 이름을 쓴 시각, 그의 친구가 캐나다에서 사망했다는 사실을 전해 들었다. 이 사건은 그에게 너무나 큰 인상을 남겼다. 그는 속세를 떠나 런던 오라토리오 수도회Oratorians에 들어갔다.'

* 카이사르의 세 번째 아내.

프레시네 [Pressine / Pressyne] 참조. 멜리진Mélusine.

프로크린티우스 [Proctantius] 참조. 황홀경Extases.

마력 [Prestiges / Illusions] 가스파르 퍼서Gaspard Peucer는 자신의 논평 『점술De Divinatione』에서 다음과 같이 기록했다.

"당대 볼로냐Bologna에는 한 처녀 곡예사가 있었다. 뛰어난 기술로 그녀는 이탈리아 전역에 명성이 자자했다. 그러나 그녀는 뛰어난 기술을 가졌음에도 결국 지병으로 세상을 떠나게 되었다. 항상 그녀와 함께하던 마법사는 그녀가 재주를 부려 얼마나 많은 돈을 버는지 알고 있었다. 이에 마법사는 혼령들을 이용해 그녀의 옆구리에 주술을 걸고 독을 발라 살아있는 것처럼 보이게 만들었다. 그녀는 다시 군중 앞에 섰고 평소처럼 기타를 치며 노래를 불렀다. 또 제자리에서 뛰고 춤을 추었다. 그녀와 살아있는 사람과의 차이점이라고는 극도로 창백한 안색이 전부였다. 며칠 뒤, 다른 마법사가 그녀의 재주를 전해 듣고 공연을 보기 위해 찾아왔다. 그러나 그녀를 보자마자 마법사는 다음과 같이 외쳤다. '여기서 무엇들 하시오? 아름다운 곡예를 하는 저 사람은 죽은 시체일 뿐이오.' 그 순간, 그녀는 바닥에 쓰러졌고 마력과 마법사의 실상이 밝혀졌다."

랑Laon에 사는 한 젊은 여성은 자신의 할아버지 모습으로 변신한 악마를 보았다. 악마는 털이 북슬북슬한 짐승, 고양이, 풍뎅이, 말벌, 젊은 여성의 모습을 하고도 나타났다 [1]. 이는 마력이 만든 환각에 가깝다. **참조.** 유령Apparitions, 주문Enchantements, 시시디테스Sicidites, 변신Métamorphoses, 주문Charmes 등.

(1) 『코르넬리우스의 우주비평과 보석Cornelii gemmæ cosmocriticæ』, 2권, 2장.

검은 사제들 [Prêtres Noirs / Black Priests] 마법사들이 마녀 집회에서 사제 역을 하는 이들에게 부여한 명칭.

미신적 기도 [Prières superstitieuses / Superstitious Prayers] 어리석음과 순진함이 녹아있는 이 걸작의 작성자들인 티에르Thiers 신부 및 여러 작가에게 그 공을 돌린다.

- 치통이 있을 때: 바위 위에 앉은 성 아폴로니아Saint Appollonia여, 무얼 하시오, 성 아폴로니아여. 이가 아파서 왔습니다. 기생충이면 떨어져 나가도록, 염증이면 사라지도록 해주십시오.

- 천둥을 막을 때: 성 바바라Saint Barbara, 성 플뢰르Saint Fleur, 우리 주의 진정한 십자가여. 어딜 가든, 절대 천둥이 치지 않을 것이로다.

- 상처가 났을 때: 신이 나를 축복하고 나를 치료하는구나. 가여운 창조물인 나는 신, 성모 마리아, 성 고스마Saint Cosmas 그리고 성 다미아노Saint Damian의 이름으로 모든 상처가 나을 것이다. 아멘.

- 눈병이 생겼을 때: 성 요한Saint John이 길을 지나던 중, 세 명의 동정녀를 마주치니. 그는 말하노라. 동정녀들이여, 여기서 무얼 하시오. 그러니 답하노라. 눈을 낫게 하는 중입니다. 오! 동정녀들이여, 낫게 하십시오, 이 눈을 낫게 하십시오.

- 코피가 흐를 때: 예수 그리스도Jesus Christ는 베들레헴Bethlehem에서 태어났고 예루살렘에서 고통받았도다. 그의 피는 혼란을 겪었도다. 말하며 명령하니, 피야. 신의 힘으로 멈추어라. 성 피아크르Saint Fiacre와 모든 성인, 성 세례 요한John the Baptist이 예수 그리스도에게 세례를 내린 요르단 강도 멈추었으니 말이다. 성부와 성자와 성령의 이름으로.

- 화상을 입었을 때: 신의 불이여, 열기를 잃어라. 유다Judas Iscariot가 예수 그리스도를 올리브 정원에 팔았을 때 그 색을 잃은 것처럼 말이다.

참조. 담Points de Côté, 늑대 기도Oraison du Loup, 보호Gardes, 신의 수염Barbe-à-Dieu 등.

프리에리오(실베스트로 모졸리나 다) [Prierio(Sylvestre Mozzolino de / Sylvestro Mozzolina da)] 성 도미니크회Dominican 출신의 학자. 『마녀, 악마의 오류와 속임수에 대해De strigimagarum denionumque prestigiis』의 저자이다. 이 책은 1521년 로마에서 4절판으로 출간되었다.

프리지에 [Prisier] 마녀 집회의 호칭 기도에 소환되는 악마.

기적 [Prodiges / Wonders] 초자연적인 것으로 보이는 원인을 알 수 없는 놀라운 현상을 말한다. 이는 베지에Bergier의 정의이다.

볼룸니우스Volumnius 집정 당시, 어느 소에 관한 소문이 대중 사이에 맴돌았다. 이 소는 하늘에서 비처럼 떨어졌는데, 떨어진 살덩이 대부분을 새들이 먹어 치웠다. 나머지는 땅 위에 며칠을 남아있었는데 악취를 풍기지 않았다. 또 다른 시대에도 이만큼 놀라운 사건들이 발생했고, 대중들은 이러한 현상들을 믿었다.

다른 놀라운 일들을 살펴보자. 6개월 된 한 아이는 우시장에서 갑자기 "승리"를 외치며 돌아다녔다. 피케눔Picenum에서는 돌 비가 내렸다. 갈리아Gaul에서는 늑대가 보초병에게 다가오더니 칼집에서 칼을 빼내 달아났다. 시칠리아Sicily에서는 두 개의 방패에서 피가 땀처럼 흘러내렸다. 제2차 포에니 전쟁Punic War 당시, 어느 황소가 그나이우스 도미티우스Gnaeus Domitius 앞에서 다음과 같이 말했다. "로마여! 조심하라!(1)" 마르쿠스 아이밀리우스 레피두스Marcus Aemilius Lepidus 집정 당시, 갈레나Galena 도시에선 기이하게 우는 칠면조의 소문이 맴돌았다. 사실 이는 뿔닭이었다. 이런 것이 바로 기적이다.

드 랑크르Pierre de Lancre는 한 마녀가 나무 꼭대기에서 뛰어내려 2리유* 떨어진 바위에 착지한 이야기를 기록했다. 정말 대단한 뜀뛰기가 아닐 수 없다! 쉔크Schenck의 기록에 따르면 어느 남성은 우유를 먹고 눈먼 흰 개 두 마리를 토했다고 한다. 1682년 8월 말, 샤르통Charenton에선 송충이, 달팽이, 거미를 비롯한 다수의 벌레를 토해내는 여자아이가 있었다. 파리의 의사들은 이 현상에 검탄했다. 마지막 사건은 실제로 일어난 일이었다. 사실 이건 기적이 아니었다. 소녀는 많은 이들이 지켜보는 데서 기이한 구토를 하였다. 이 현상을 설명하기 위한 온갖 논문들이 출판되었다. 그리고 결국 범죄 재판관이 해당 사건에 개입하였다. 그는 저주 걸린 아이를 심문하였고, 채찍과 쇠고리로 겁을 주었다. 이에 아이는 이미 7~8개월 전부터 송충이, 거미 등 여러 벌레를 삼키는 습관이 생겼다고 자백했다. 그녀는 오래도록 두꺼비를 삼키고자 했으나, 작은 두꺼비를 구할 수 없었다고 말했다(2). 1843년, 유사한 사건이 일간지에 소개되었다. 한 여성이 개구리와 두꺼비를 토한 것이다. 의심 많은 한 의사는 해당 사건을 검토하였다. 그리고 환자를 심문하여 그녀가 돈을 벌기 위해 장난을 벌였다는 자백을 받아냈다(3).

세브로Chevreau는 기적에 대해 다음과 같이 말했다.

'역사적 사실 중에는 거짓말 같은 것들이 종종 있다. 루이 2세Louis II 통치 당시, 피가 비와 같이 내린 적이 있다. 요비니안Jovinian 집정 당시에는 양모 비가 내렸고, 오토 3세Otto III 시절엔 물고기 비가 내렸다. 하늘에서 내린 물고기는 냄새 때문에 가까이 다가갈 수 없었다고 한다. 발레리우스 막시무스Valerius Maximus는 첫 번째 저서 『기적Des Prodiges』에서 돌 비와 피에 젖은 살덩이가 하늘에서 떨어진 이야기를 기록했다. 새들은 이를 주워 먹었다.'

헝가리와 보헤미아의 왕 라디슬라우스Ladislas의 아들 루이스Lewis는 피부가 없는 조산아로 태어났다. 하지만 의사들이 피부를 만들 방법을 찾아주었다. 플리니우스Pliny의 기록에 따르면 펠로폰네소스Peloponnesus의 한 여성은 네 번의 출산에 거쳐 스무 명의 자녀를 낳았다. 그녀는 한 번에 다섯 명씩 출산했으며 대부분 살아남았다. 트로구스Trogus의 기록에 따르면 이집트의 또 다른 여성은 한 번에 일곱 아이를 낳았다고 한다. 성 아우구스티누스St. Augustine는, 『신국La Cité de Dieu』 14권 23장에서 기이한 남성의 이야기를 기록했다. 그는 격렬한 활동 없이 자의로 땀을 흘릴 수 있었고 이를 통해 큰 즐거움을 얻었다. 브루투스Brutus의 장교 중 하나는 한쪽 팔에서 장미 기름을 엄청나게 내뿜었다. 그는 이를 닦거나 말리려고 했지만, 전혀 소용이 없었다.

알렉산더Alexander의 집사였던 데모폰Demophon은 그늘에서 몸을 데우고 햇볕에서 몸을 식혔다. 어느 아테나인Athenian 여성은 늙어 죽을 때까지 독 당근을 섭취하였다. 캄바트Khambhat 왕 모함마드Mohammad는 독살을 두려워해, 독이 든 고기만 먹었다. 이를 통해 몸에 독을 적응시키려 한 것이다. 이후 그의 몸은 독으로 가득 찼는데, 파리가 앉자마자 즉사할 정도였다. 또 그의 입김은 유독해, 그와 한 시간만 대화를 나눠도 사망했다.

플리니우스와 플루타르코스Plutarch의 기록에 따르면, 에피루스Epirus의 왕 피로스Pyrrhus는 오른쪽 엄지발가락으로 비장 통증이 있는 환자를 만졌다고 한다. 그리고 이렇게 하면 환자들의 통증이 사라졌다고 덧붙였다. 심지어 피로스가 입안 궤양까지 치료했다고 말하는 자들도 있다. 더욱 놀라운 점은, 피로스의 시신이 불타 재가 되었을 때 발가락만은 온전히 남아있었다는 것이다. 이는 사원에서 의식을 치른 뒤 성물처럼 모셔졌다. 자, 이렇게 역사 속 사건들 가운데 진실 같지 않은 현상들을 충분히 살펴보았다(4).

(1) 발레리우스 막시무스Valerius Maximus. / (2) 『자연의 경이로움에 관한 사전Dictionnaire des merveilles de la nature』 속 '위장'을 참조할 것. / (3) 살그Salgues, 『오류와 편견Des erreurs et des préjugés』, 2권, 94페이지. / (4) 『세브뢰아나Chevrœana』, 1권, 257페이지. / * 과거의 거리 단위. 1리유는 약 4km 정도이다.

프로메테우스 [Prométhée / Prometheus]

아틀라스Atlas와 프로메테우스는 모두 위대한 점성가였으며 요셉Joseph과 동시대를 살았다. 주피터Jupiter는 3만 년 동안 내장을 쪼아먹던 독수리로부터 프로메테우스를 해방해 주기로 하였다. 하지만 그는 과거 프로메테우스를 캅카스Caucasus 산에 영영 묶어 놓을 것이라 선언했고 이를 어기고 싶지 않았다. 결국 그는 프로메테우스에게 캅카스 바위 조각이 박힌 반지를 차고 다니도록 지시했다. 이것이 바로 플리니우스Pliny가 주장하는 마법 반지의 기원이다.

민간 예측 [Pronostics Populaires / Popular Forecasts] 참나무에 도토리가 많이 열리면 길고 가혹한 겨울이 시작될 징조이다.

'금요일이 이러면 일요일은 이렇다.' 라는 말도 마찬가지다. 사람들은 금요일에 비가 오면 일요일 또한 날씨가 화창할 수 없다고 예측했다. 라신Racine은 이와 반대로 말했다. '단언컨대, 불확실한 미래를 믿는자여, 금요일에 웃는 자, 일요일에 울 것이다.'

포도나무에 싹이 트기 전 후투티가 울면, 곳간에 포도가 넘쳐날 것을 의미한다.

성 바울Saint Paul의 맑은 날 우리는 한 해를 점친다. 안개가 짙어진다면 지천에 죽음이 깔릴 것이다. 바람이 불면 전쟁을 두려워해야 할 것이다. 눈이나 비가 내리면 땅값이 올라가고, 이달에 비가 많이 오면 포도가 흉년일 것이다.

한낮에 뜬 별은 화재와 전쟁을 예고한다. 콘스탄스Constance 통치 당시, 어둠이 덮쳐 낮에도 별이 보인 적이 있었다. 이때 해는 달만큼이나 창백했다. 이는 곧 기아와 전염병을 예고한 것이었다.

6월 성 메다르두스Saint Medardus의 날, 농부는 주의를 기울인다. 옛말에 따르면 이날 비가 오면 40일 동안 비가 올 수 있다. 반면 날이 맑다면 곡식이 풍년일 것이다. 『대 서재 속 혼합물Mélanges tirés d'une grande bibliothèque』을 살펴보면, 살랑시Salency 주민이 가뭄 때 누아용Noyon 주교 성 메다르두스를 부르며 비를 내려달라고 빌었다고 기록되어 있다. 그러자 가뭄은 40일간의 연이은 빗줄기로 바뀌었다. 여기서 성 메다르두스의 예측이 생겨났다. 다음과 같은 이야기도 있다. '성 제르베Saint Gervais의 날 비가 오면 그 뒤로 보름 동안 비가 이어질 것이다.'

밤에 천둥이 치면 폭풍이 찾아온다. 아침에 천둥이 치면 바람이 분다. 점심에 치는 천둥은 비를 예고한다. 돌이 하늘에서 내리면 여러 지출이 생기고 세금이 오른다.

다음과 같은 속설도 있다. '8월 정오에 잔 사람은 후회할 일이 있을 것이다. 여기서 경고하건대 정오에 잠들지 말라.'

세 개의 태양은 3두 정치를 예고한다. 카르다노Cardan는 율리우스 카이사르Julius Caesar가 죽은 뒤 세 개의 태양이 떴다고 기록했다. 프랑수아 1세Francis I, 샤를 5세Charles V, 헨리 8세Henry VIII 통치 직전에도 같은 현상이 목격되었다.

성촉절 미사 전에 해가 반짝인다면, 이는 겨울이 길어질 것임을 예고한다. 또 개와 함께 잠든 사람은 벼룩과 함께 일어난다.

농부들은 이 외에도 우리가 알지 못하는 맑은 날과 흐린 날을 예견하는 무수한 징조를 알고 있다. 농부들의 예측은 믿을만한 경우가 많은데, 일정한 관찰을 근거로 하기 때문이다. 하루는 손에 책을 들고 시골을 산책하던 뉴턴Isaac Newton이 한 목동을 만났다. 목동은 그를 보고 다음과 같이 말했다. "저자가 너무 오래 책을 들고 산책하지 않아야 할 터인데. 책이 젖어버릴 것이야." 그리고 얼마 뒤, 비가 내리기 시작했다. 뉴턴은 목동에게 돌아갔다. "비가 올지 어떻게 아셨습니까?" 목동이 대답했다. "내 소들이 주둥이를 울타리에 처박고 있었잖소." (1)

(1) 『달력 이야기Légendes du calendrier』 속에 기록된 다양한 민간 예측을 참조할 것.

예언자 [Prophètes] 튀르키예에는 1만 4천 명이 넘는 예언자들이 있지만, 우리가 진정한 예언자로 숭배해야 하는 것은 성서에 나오는 이들이다. 모든 가짜 종교에는 가짜 예언자가 등장한다.

다음은 아직 살아있는 현대 예언자의 이야기이다. 판사였던 홀트Holt는 런던에서 자칭 예언자라는 자를 수감하였다. 예언자는 하늘에서 자신을 보냈다고 주장했다. 이후 이 예언자의 한 신봉자가 홀트의 집을 찾아와 만나기를 원했다. 가족들은 그에게 홀트가 병이 났고 아무도 들일 수 없다고 말했다. 신봉자는 다음과 같이 말했다. "홀트 경께 신이 보냈기에 제가 찾아왔다고 말해주십시오." 시종은 주인에게 그의 전언을 전달했다. 이에 홀트는 그를 들이라고 말했다. 홀트는 그에게 물었다. "무엇을 도와드리면 되겠소?", "저는 신이 보낸 사자입니다. 당신이 수감한 신의 충직한 종인 존 아트킨스John Atkins를 풀어주십시오." 이에 홀트가 답했다. "당신은 가짜 예언자인 데다 대단한 거짓말쟁이요. 신이 정말 당신을 보냈다면, 아마 검사에게 보냈겠지. 신은 수감자를 풀어주는 것이 내 능력 밖이라는 것을 아니까. 하지만 체포 영장을 발부해 존 아트킨스와 감옥에서 조우하게 해줄 수는 있소. 당장 그러도록 하지."

교회를 상대로 한 (개혁이라는 이름으로 알려진) 반역에도 예언자들이 있었다. 이들 중 유명한 자는 아스티에Astier, 이자보Isabeau, 쥐리유Jurieu였다. 특히 쥐리유는 잘못된 예언을 하는데 탁월한 재주가 있었다. **참조.** 『지옥의 전설Légendes Infernales』 속 도피네Dauphine 의 예언자들 이야기.

악마는 항상 신을 흉내 내고 싶어한다. 그래서 그에게도 예언자들이 있지만, 이들은 모두 거짓말쟁이들이다. 가짜 신의 모든 신탁은 예언으로 여겨져왔다. 그러나 백 개의 신탁 중 아흔아홉 개는 수수께끼에 불과했다. **참조.** 프셀로스Psellus.

청결 [Propreté / Cleanliness] 성 버나드 St. Bernard는 청결함을 미덕 중 하나로 분류했다. 신은 깨끗한 것을 좋아하기 때문이다. 천성적으로 그 반대에 위치한 악마는 청결함을 껄끄러워하며 숭배자들이 이를 피하도록 강요했다.

프로세르피나 [Proserpine / Proserpina] 고대 이교도들은 그녀를 플루토Pluto의 아내이자 지옥의 여왕으로 여겼다. 악마학자들의 주장에 따르면, 프로세르피나는 악령들의 공주이자 대공비라고 한다. 그녀의 이름은 '프로세르페레Proserpere'라는 단어에서 유래되었다. 이 단어는 '기다', '구불거리다'라는 뜻이 있어 죽음의 뱀을 연상시킨다.

프로스트로피 [Prostrophies] 고대인들이 열과 성을 다해 빌어야 화를 풀었던 악령.

프루동 [Proudhon] 현대 작가. 그는 신이 악마이며, 악마가 신보다 세상을 더 잘 다스릴 것이라는 상스러운 주장을 펼쳤다. 그는 재산은 곧 절도라고도 주장했다. 이 주장들은 분명 악마를 몹시 즐겁게 해주었을 것이다.

프루플라스 또는 부자스 [Pruflas, Busas] 지옥의 왕이자 대공. 그는 바빌론Babylon을 통치하며 부엉이 머리를 달고 다녔다. 프루플라스는 불화를 일으키고 전쟁을 유발하며 싸움을 만든다. 또 사람들을 거지 신세로 전락시킨다. 그는 자신에게 던져진 모든 질문에 성실히 답하는 것으로 유명하다. 26개 군단이 그의 명령을 따른다[1].

(1) 요한 바이어Johann Weyer, 『악마의 유사군주제 Pseudomonarchia Dœmonum』.

프셀로스(미카엘) [Psellus / Psellos (Michel / Michael)] 골민Gaulmin이 프랑스어로 번역한 『악마 활동에 관하여De operatione dœmonum』 (1623년, 파리, 8절판)의 저자. 이 서적에는 다음과 같은 매우 흥미로운 내용들이 기록되어 있다. 악마들은 그들의 깃발 아래 집결된 자들에게 명예, 금, 부를 약

속한다. 하지만, 이 약속을 지키는 일은 절대 없다. 악마들은 입문자에게 '테오파시 Theopathies'라 불리는 신성한 환영을 보여준다. 다만 이를 위해서 입문자들은 혐오스러운 행위를 저질러야 한다. 또한 프셀로스는 마법사들이 인간의 배설물(고체와 액체 모두)을 맛보아야 악마의 호의를 얻어낼 수 있다고 기록했다. 작가는 개인적 모험 또한 기록했는데, 이는 생트 포이Sainte-Foi가 번역한 괴레스Johann Joseph Görres의 책에서 찾아볼 수 있다.

프셀로스는 콘스탄티노플Constantinople 왕실에 막대한 영향을 미친 인물이기도 하다. 그는 예언을 하던 마니교도 마법사 하나를 감옥에 가둔 일이 있다. 프셀로스는 이 일화를 다음과 같이 설명했다.

"그에게 어디서 예언 능력을 얻었느냐 묻자, 그는 답하길 거부했다. 이에 강제로 입을 열게 했다. 그는 리비아의 한 방랑자로부터 그 기술을 얻었다고 말했다. '그 방랑자는 나를 산으로 데려가, 여러 풀을 맛보게 하고 입에 침을 뱉었소. 또 눈에 고약을 발라 무수한 악마들을 보게 하였지. 그 중에는 까마귀의 모습을 하고 내게 날아오는 악마도 있었다오. 그 까마귀는 입으로 들어가 내장까지 들이닥쳤지. 그날부터 지금까지, 내 악마가 허락할 때면 미래를 예측할 수 있게 되었소. 그의 계시가 없는 날은 일 년에 며칠 되지 않는다오. 바로 십자가의 축일, 고난일Days of Passion, 부활절이오.' 그리고 그는 다음과 같이 덧붙였다. '당신은 수많은 신체 고통을 겪을 것이오. 악마들은 자신의 종교를 없앤 낭신을 원망하고 있소. 악마들은 당신을 위험에 빠뜨릴 것이고, 당신은 벗어날 수 없을 것이오. 더 큰 힘이 당신을 구하지 않는다면 말이지.' 모든 것은 그의 말대로 되었다. 신이 나를 돌연 해방해 주지 않았다면, 나를 둘러싼 모든 종류의 위험 속에서 나는 이미 죽고 없었을 것이다[1]."

(1) 괴레스Johann Joseph Görres, 『신비주의Mystique』, 8권, 3장.

돌멩이점 [Psephos / Psephomancy] 모래 속에 숨겨진 작은 돌멩이를 이용하는 점술.

소환점 [Psychomancie / Psychomancy] 유령 또는 망자를 소환하여 행하는 점술. **참조**. 강신술Nécromancie.

프실 [Psylles] 리비아의 민족. 뱀의 독을 무력화시키는 능력이 있다.

이들은 침 또는 간단한 접촉만으로 뱀에게 물린 상처를 치유할 수 있다. 헤로도토스Herodotus는 과거 프실 민족이 남쪽 바람과 전쟁을 펼쳤고 이후 멸망했다 기록했다. 이는 남쪽 바람이 물을 마르게 하는 것을 목격하고 분노했기 때문이다.

프실로토조트 [Psylotoxotes / Psyllotoxotes] 루키아노스Lucian가 말하는 상상의 민족. 코끼리만큼 큰 벼룩을 타고 이동한다.

푸블리우스 [Publius] 참조. 머리Tête.

퓌셀 [Pucel] 지옥의 위대하고 강력한 공작. 어둠의 천사로 변신해 나타난다. 퓌셀은 오컬트학에 깊은 조예가 있으며, 기하학과 인문학을 가르친다. 그는 큰 소음을 내는 것을 즐기며 물이 없는 곳에서 요란하게 물소리를 내는 것으로 유명하다. 그는 48개 군단을 거느린다. 포콜Pocols과 동일한 존재일 수 있다.

오를레앙의 소녀 [Pucelle d'Orléans / Maid of Orleans] 참조. 잔 다르크Jeanne d'Arc.

벼룩 [Puces / Fleas] 티에르Jean-Baptiste Thiers 신부가 모은 미신들 가운데는 다음과 같은 것도 있다. "'오치Och, 오치'라고 말하면 벼룩에게 물리지 않을 수 있음."

퍽 [Puck] 메클렌부르크Mecklenburg 슈베린Schwerin의 성 도미니크회Dominican Order 수도원에서 오래도록 거주했던 사역마. 퍽은 수도원을 방문하는 외부인들에게 장난을 치긴 했지만, 수도사들에게 복종하며 훌륭한 시종처럼 행동했다. 그는 원숭이의 모습을 하고 구이 요리를 할 때 타지 않게 쇠꼬챙이를 돌리거나, 술통에서 포도주를 따랐다. 또 부엌 바닥을 깨끗이 쓸기도 했다.

『악마 퍽의 실체Veridica relatio de dœmonio Puck』를 쓴 성직자는 충직함과 별개로 그를 악령이라고 보았다. 슈베린의 퍽은 급여로 주석 두 항아리, 단추 대신 방울로 장식된 옷을 받았다.

스웨덴 전설에 등장하는 루쉬Rusch 수도사와 아를Arles 인근 몽마조Montmajor 수도원의 브론제Bronzet는 퍽의 다른 이름이다. 영국에서 이 악마는 로빈 굿펠로우Robin Goodfellow 또는 로빈 후드Robin Hood라는 이름으로 불린다. 이 별명은 셔우드Sherwood 숲의 유명한 강도와 닮은데서 생겨났다. 악마 로빈 후드는 스코틀랜드의 레드 캡Red-Cap, 색슨족Saxon 악마인 호데켄Hodeken과 동일한 존재이다. 그의 이름들은 나타날 때 착용하는 빨간 모자 때문에 생긴 것이다.

스웨덴에서 퍽은 니세고드렝Nissegodreng(또는 착한 꼬마 니세Nisse)이라고 불린다. 그는 같은 계급 악마인 톰트고브Tomtegobbe(또는 다락방의 늙은이)와 사이좋게 지낸다. 니세고드렝과 톰트고브는 거의 모든 농장에서 찾아볼 수 있다. 이들은 부드럽게 대하면 친절하고 온순한 모습을 보인다. 반면 공격을 당하면 성을 내거나 변덕을 부린다.

덴마크의 퍽은 진귀한 음악적 재능을 가지고 있다. 이들이 연주하는 곡 중에는 '엘프 왕의 지그Jig'라는 것이 있다. 이 곡은 시골의 바이올린 연주자들에게 잘 알려져 있지만, 누구도 연주할 엄두를 내지 못하는 노래이다. 이 연주는 오베론Oberon의 뿔피리와 유사한 소리를 낸다. 또 첫 음이 연주되면 나이와 상관없이 모두 리듬에 맞추어 춤을 춰야 한다. 이에 식탁, 의자, 발 받침 등이 깨진다. 음악가는 오직 한 음도 바꾸지 않고 같은 곡을 거꾸로 연주해야만 이 마법을 깰 수 있다. 아니면, 춤을 추는 무용가가 음악가 뒤를 지나며 어깨 너머로 바이올린의 모든 현을 끊어야 한다[1].

(1) 『분기별 논평Quarterly Review』.

노린재 [Punaises / Stink Bugs] 부주의하게 늪의 물을 마시다가 거머리를 삼켰다면, 좋은 식초에 노린재를 넣어 마신다. 그렇게 하면 거머리를 몸에서 빼낼 수 있다[1].

(1)『대 알베르투스의 경이로운 비밀들Les admirables secrets d'Albert le Grand』, 187페이지.

연옥 [Purgatoire / Purgatory] 유대인들에게는 사망 뒤 1년간 머무르는, 일종의 연옥 같은 장소가 있다. 이 12개월이라는 기간 동안 영혼은 자신의 육신을 방문하고 사랑하는 사람들이나 장소를 찾아갈 수 있다. 안식일에 영혼은 하루의 휴식기를 받는다. 칼미크족Kalmyk은 연옥에 사는 베리드Berrid들이 깜부기불 같은 모습을 하고 있다고 생각했다. 또 이들이 언제나 배고픔과 목마름에 시달린다고 믿었다. 만약 베리드가 연옥에서 물을 마시려 한다면, 검, 창이 나타나 그를 둘러싸 이를 방해한다. 그리고 이들이 연옥에서 음식을 먹으려 한다면, 입이 바늘구멍처럼 줄어들고 목구멍은 실 하나의 두께만큼 좁아진다. 베리드의 배는 늘어나 허벅지 위로 늘어져 있는데, 이 모습은 마치 성냥갑 같다. 베리드들이 평소에 먹는 음식은 불똥으로 만들어져 있다.

연옥과 지옥 사이에는 거미줄(혹은 종이벽)로 만들어진 울타리나 궁륭이 있다고 주장하는 사람도 있다. 하지만, 이는 산 사람이 알 수 없는 노릇이다. 『마태복음Matthew』 12장에서 예수 그리스도Jesus Christ는 현 세기나 다음 세기에 바로잡을 수 없는 죄에 관해 말할 때, 연옥을 언급하였다. 미래에서 바로잡을 수 없는 죄는, 더러운 것이 들어갈 수 없는 하늘에서도 바로잡을 수 없다. 또 사면이 없는 지옥도 마찬가지이다. 그렇기에 중간 장소에서 대가를 치러야 하는데, 그곳이 연옥이다.

푸리케 [Purrikeh] 숨겨진 것을 찾기 위해 물과 불을 이용하는 인도인들의 시험.

푸르산 또는 쿠르손 [Pursan ou Curson] 지옥의 대왕. 당대 복식을 갖춘 인간의 모습으로 나타난다. 단 머리는 사자와 흡사하다. 그는 뱀을 두르고 다니며, 때때로 곰을 타고 다니기도 한다. 푸르산이 등장하기 전에는 나팔 소리가 들린다. 그는 과거, 현재, 미래를 완벽히 깨우치고 있다. 또 보물과 같이 땅에 파묻힌 것들을 발견한다. 푸르산이 인간의 모습을 할 때는 하늘을 날 수 있다. 훌륭한 사역마들의 아버지이며, 22개 군단을 거느린다.(1)

(1) 요한 바이어Johann Weyer, 『악마의 유사군주제 Pseudomonarchia Dœmonum』.

푸테오리트 [Putéorites] 우물과 샘을 특별히 기리는 유대교 종파.

피그미족 [Pygmées / Pygmies] 트라키아Thrace에 존재다고 여겨지는 환상의 민족. 이들의 키는 고작 1 큐빗Cubits 밖에 되지 않았다. 피그미족 여성들은 세 살이 되면 출산을 했고, 여덟 살에 노화를 겪었다. 이들의 도시와 집은 달걀 껍데기로 세워졌고, 시골에서는 지하에 구멍을 파고 살았다. 피그미족은 도끼로 보리를 수확했는데 그 모습이 마치 숲의 나무를 베는 듯했다. 피그미 군대는 거인 안타에우스Antaeus를 무찌르고 돌아와 잠이 든 헤라클레스Hercules를 공격한 적이 있다. 이들은 마치 요새를 포위하듯 조심성 있게 행동했다. 피그미족 양 날개 부대는 오른손을, 본진은 왼손을 공격했다. 궁수들은 발을 노렸고, 여왕은 최고의 병사들을 데리고 머리를 공격했다. 잠에서 깬 헤라클레스는 이들의 시도에 웃음을 터뜨렸고, 사자 가죽으로 이 피그미족을 감싼 뒤 에우리스테우스Eurystheus에게 데려갔다.

피그미족은 두루미들을 상대로 끝없는 전쟁을 펼쳤다. 두루미들은 스키티아Scythia에서 이들을 공격하기 위해 찾아왔다. 피그미족은 두루미 적군을 무찌르기 위해 자고새 또는 키에 맞는 염소를 타고 완벽히 무장하였다.

민담에 따르면 모를렉스Morlaix 인근엔 1피트 남짓한 키의 작은 인간들이 땅속에 살고 있다고 한다. 이들은 북 위를 걷거나 두드린다. 또 햇볕에 금을 말린다. 만약 이들에게 공손하게 손을 뻗는다면 금을 두 줌 얻을 수 있다. 그러나 빈 자루을 채워가다는 자는 되짜를 맞거나 구박을 당한다. 이는 검소함의 중요함을 일깨워주는 옛이야기다[1]. **참조.** 난쟁이Nains, 노움Gnomes 등.

(1) 자크 캠브리Cambry, 『피니스테르 여행Voyage dans le Finistère』, 1794년. / * 고대에 사용하던 길이 단위. 약 45cm.

피라미드 [Pyramides / Pyramids] 아랍인들은 피라미드가 대홍수가 이전 거인족에 의해 건설되었다고 주장한다. 그들의 말에 따르면 거인들은 25온Aune*에 달하는 바위를 옆구리에 끼고 날랐다고 한다.

* 길이의 단위. 1온은 약 115센티미터이다.

불점 [Pyromancie / Pyromancy] 불을 이용한 점술. 불 속에 송진 가루를 몇 줌 넣고 즉시 불이 붙이면 길조로 해석한다. 혹은 제물을 태우고 불꽃의 색과 형태를 관찰해 미래를 예견하기도 한다. 악마학자들은 이러한 점술을 예언가 암피아라우스Amphiaraus가 만든 것이라 주장한다. 아테네Athens의 미네르바Minerva 여신 사원에는 켜져 있는 램프 불의 움직임을 계속 관찰하는 동정녀들이 있었다. 델리오Delrio는 당대 리투아니아인Lithuanian들이 큰불 앞에 병자를 세워두는 불점을 행했다고 기록했다. 만일 병자 그림자가 곧고 불과 반대 방향으로 늘어져 있다면, 이는 회복의 징조였다. 만일 그림자가 불 쪽으로 늘어졌다면, 이는 죽음의 징조였다.

피로스 [Pyrrhus] 에피루스Epirus의 왕. 그는 로크리스Locris 사람들에게 프로세르피나Proserpina의 보물을 달라고 강요했다. 이후 피로스는 이 전리품을 배에 실어 항해를 시작했고, 무시무시한 태풍이 만나게 되었다. 그는 신전 인근 해안에 좌초되었다. 훔친 모든 금화는 해안에서 발견되었고 보물은 다시 신전으로 반환되었다[1].

(1) 발레리우스 막시무스Valerius Maximus.

피타고라스 [Pythagore / Pythagoras] 사모스섬Samos 조각가의 아들. 견문을 넓히고자 세상을 여행했다. 이집트의 사제들은 그에게 신비술에 알려주었고, 칼데아Chaldea의 마법사들은 자신들의 기술을 전수해 주었으며, 크레타섬Crete 현자들은 지식을 나누어주었다. 피타고라스는 식견을 갖춘 사모스섬 사람들로부터 얻은 모든 지혜와 지식을 기록했다. 이후 그는 조국이 폭군 폴리크라테스Polycrates의 압제에 놓여있다는 사실을 알게 되었고, 크로토네Crotone로 이동하게 되었다. 그리고 저명한 운동선수 밀론Milo의 집에서 철학 학교를 설립하였다. 당시 로마의 황제는 타르퀴니우스 수페르부스Tarquin Superbus였다. 피타고라스는 도덕, 산술, 기하학, 음악을 가르쳤다(몇몇 이들은 그가 윤회 사상을 발명했다고 믿는다). 게다가 그는 지식과 지혜를 전수하는 것에 그치지 않고, 환영 요술을 부려 사람들에게 영향력을 행사했다. 포르피리오스Porphyry와 이암블리코스Iamblichus는 피타고라스가 기적을 행했다고 기록했다. 또 동물들마저 그에게 복종했다고 말했다. 한 암컷 곰이 다우니안Daunians의 영토에서 막대한 손해를 끼치고 있을 때였다. 피타고라스가 나타나 곰에게 떠날 것을 명하자, 곰은 그의 말에 복종하며 사라졌다. 그는 금으로 만든 넓적다리를 들고 올림픽 게임에 나타났으며, 네소스Nessus 강에게 인사를 받았고, 독수리의 비행을 멈추었고, 뱀을 죽였다. 또 어느 날은 동시에 크로토네와 메타폰툼Metaponto에 나타나기도 했다. 타란토Tarento에서 그는 잠두밭의 잠두콩을 뜯어먹는 한 소를 보았다. 피타고라스가 소의 귀에 몇 마디 신비한 말을 속삭이자, 소는 다시는 잠두콩을 뜯어먹지 않았다고 한다[1].

그 소는 신성한 소로 불리게 되었고, 나이

가 들어서는 행인들이 주는 먹이만으로 배를 채웠다. 이 외에도 피타고라스는 미래를 예견하고 지진을 감지하는 능력이 있었다. 그는 폭풍을 잠재우고, 전염병을 없애고, 말 한 마디 또는 손길 한 번으로 병을 낫게 할 줄 알았다. 그는 지옥을 방문하여 헤시오도스Hesiodos의 영혼이 청동 기둥에 쇠사슬로 묶여 있는 것을 보았다. 더불어 호메로스Homer의 영혼이 뱀 무리 속 나무에 묶여 있는 것도 보았다. 이는 그들이 쓴 시에 기록된 신성 모독에 대한 죄였다. 피타고라스는 아내를 학대한 남편들이 잔인한 형벌을 받는 것을 보았다며 여성들의 관심을 끌었다. 그는 아내를 학대하면 지옥에서 아주 엄격한 형을 받노라고 주장했다. 아내들은 이에 만족하였고 남편들은 겁에 질렸다. 그리고 이 이야기는 널리 퍼져나갔다. 피타고라스는 지옥에서 돌아왔을 때 무수한 형벌을 목격하여 얼굴이 하얗게 질려있었다. 하지만 놀랍게도 떠나있던 동안 현세에서 일어난 모든 일을 정확히 알고 있었다.

(1)피타고라스학파Pythagorean School 학자들은 잠두콩을 아주 귀하게 여겼는데, 먹지 않는 것은 당연하고 잠두밭을 건너가는 일도 없었다. 콩 안에 영혼이 살고 있기에, 이를 밟을까 걱정했기 때문이었다.

엔도르의 무녀 [Pythonisse d'Endor / Witch of Endor]

『사무엘상The First Books of Samuel』 28장에 등장하는 무녀 이야기는 학자들 사이에서 많은 논쟁을 일으켰다. 일부 학자들은 이 여성이 실제 사무엘Samuel의 영혼을 소환했다고 믿고, 나머지 사람들은 전혀 그렇지 않다는 태도를 보였다. 추기경 벨라르미노Bellarmine는 전자의 무리와 의견을 같이하였다. 성경 속에서 무녀는 로브를 입은 큰 남자를 보았다 말했고, 사울Saul은 그가 사무엘이라는 것을 알아챘기 때문이다.

히브리어 '엘로힘Elohim'이라는 단어는 '신들', '신', '신성한 자', '위대한 자' 등 여러 가지 뜻으로 해석되었다. 요나단Jonathan은 이를 '주님의 천사'로 해석하였다. 성서를 잘 아는 사람들은, 『출애굽기Exodus』 22장의 다음 구절을 떠올릴 것이다. '너는 엘로힘을 모독하지 말며.' 여기에서 엘로힘은 '재판장', '백성의 판사', '예언자'를 가리킨다. 『사무엘상』 28장 12절에서 엔도르의 무녀는 자신이 사무엘을 보았다고 말한다. 이는 '엘로힘'처럼 모든 언어에서 흔히 사용되는 비유 방식이다.

루라의 니콜라스Nicolas de Lyre는 이 주제에 관해 다음과 같은 해석을 내놓았다. '성서에서는 유사한 것이라 느껴졌을 때, 그것의 이름으로 불리기도 한다.' 예를 들어 파라오가 뚱뚱한 암소 일곱 마리와 마른 암소 일곱 마리, 잘 자란 밀 이삭 일곱 개, 시든 밀 이삭 일곱 개를 보았다 말했다면, 그는 실제로 이 소들과 이삭들을 본 것이 아니다. 그것들을 보는 꿈을 꾸거나 상상한 것에 불과하다. 마찬가지로 사울이 사무엘을 알아챘을 때, 사용된 히브리 단어는 '착각하다', '상상하다', '마음속으로 생각하다'라는 의미로 해석된다.

성 아우구스티누스St. Augustine는 빛의 천사로 변신하던 사탄이 사무엘의 모습으로 나타난 것이라 주장했다. 랍비 메나세 벤 이스라엘Menasseh Ben Israel은 『죽은자의 부활Résurrection des morts』 6장에서 특정한 이들이 망자의 영혼을 다시 신체에 주입할 수 있다고 주장했다. 영혼은 사후 1년 동안 육신에 부분적으로 남아있기 때문이다(1). 그의 논리에 따르면, 이 기간에 영혼은 이런 자들의 조종을 받아 육신을 오갈 수 있으나, 1년이 지나면 더는 영향을 받지 않는다고 한다(이 논리는 많은 탈무드 학자의 주장과 마찬가지로 확실한 오류이다). 많은 이들은 사무엘이 죽고 7개월 후 사울이 사망했다고 믿는다. 하지만 메세나 벤 이스라엘은 둘의 죽음 사이에 2년의 세월이 있다고 주장했다(『주카신Juchasin』의 저자도 같은 의견을 내비쳤다). 즉 사무엘의 영혼은 이미 1년이 훨씬 넘는 시간이 지나 무녀의 부름을 받을 수 없었을 것이며, 결국 무녀가 불러낸 존재는 악마라는 것이다.

그는 무녀가 악마 혹은 신성한 존재일 가능성도 반박했다. 은총을 받은 영혼은 악마에게 영향을 받을 수 없으니 부르는 것이 불가능하다. 그리고 무녀가 은총을 받은 신성한 존재라면, 사망한 동료들을 굳이 불러내지 않았을 것이다.

가자의 프로코피우스Procopius of Gaza는 '큰 남자가 올라오는 것을 보았다'라는 구절을 예로 들며 다음과 같이 말하였다. '일부 사람들은 이 구절을 읽고 사무엘이 실제로 소환되었다고 말한다. 하지만 생전 악마조차 영향을 미치지 못했던 영혼을 한 사람의 주술로 끼쳐보느냐. 어떠한 불행한 일이 있더라도 다느냐?'

여기서 우리는 사울의 행동에 주목할 필요가 있다. 사울은 당시 모든 점술가를 처단했다. 하지만 무녀를 찾아가서는 능력을 인정하고 사무엘을 보게 해달라고 요청했다. 반 데일Van Dale은 신탁을 다룬 저서에서, 사울이 무녀에게 속일 기회를 준 것이라고 주장했다.

『사무엘상』에서 무녀는 변장하고 옷을 바꿔입은 사울 왕을 못 알아본다. 하지만 이는 상식적으로 말이 안 되는 이야기이다. 궁전은 무녀의 집에서 멀지 않은 곳에 있었고, 이스라엘인 중에 가장 잘생겼다는 그의 외모는 알아보기 어렵지 않았을 것이다. 게다가 왕은 다른 이들보다 머리 하나 크기 정도가 차이 날 정도로 훤칠했다. 즉 이 상황은 무녀가 모른 척 연기를 한 것일 가능성이 높다. 혹은 사울과 그녀 사이에 벽이나 다른 가림막이 있었을지도 모른다.

무녀는 왕의 혼란스러운 마음을 알았다. 그녀는 이스라엘 군대와 블레셋Philistine 군대가 대치하는 상황에서 다음과 같이 예언했다. '내일 너와 네 아들들이 나와 함께 있으리라, 아니면 이 세상에 없을 것이다.' 여기서 그녀는 '마차르Machar'라는 단어를 사용했다. 이 단어는 『신명기Deuteronomy』(6장 20절), 『여호수아Joshua』(4장 6절)에서 볼 수 있듯, 내일 뿐 아니라 다가오는 미래를 막연하게 의미한다.

가자의 프로코피우스는 다음과 같이 말했다 '이렇게 생각할 수도 있다. 그녀는 사울의 죽음을 알지 못하고 다음처럼 애매한 단어를 사용했다. 심지어 사울은 다음 날이 아닌, 며칠 뒤에 죽은 것으로 보인다.'

즉 이 주술은 마법이 아닌 언변을 갈고 닦은 여성의 재능인 것이다[2].

(1) 참조. 연옥Purgatoire. / (2) 『쉬브로아나Chevræana』, 1권, 284페이지.

피톤 [Pythons] 그리스인들은 피티아의 아폴로Pythian Apollo에서 이름을 따, 미래를 점치는 정령과 이 정령에게 빙의된 자를 피톤이라 불렀다. 불가타Vulgate 성서엔 점술가, 마법사, 강신술사가 이 용어로 기재되어 있다. 사울Saul 앞에서 사무엘Samuel의 유령이 나타나게 한 마녀는 엔도르Endor의 피토니스Pythonisse(무녀)라고 불렸다. 때로는 점술가의 혼령을 이 이름으로 부르기도 했다. 델포이Delphi의 여사제들은 피토니스 또는 피티스Pythées라 불렸다. 그리스 신화에서 피톤은 진흙에서 태어난 뱀으로 아폴로에게 죽임을 당하였다. 이후 아폴로는 '피티아의 아폴로'라는 별칭을 얻었다.

Q

퀘이커파 [Quakerisme / Quakerism] 퀘

이커파는 1647년 폭스Fox라는 이름의 잉글랜드 출신 구두장이에 의해 창설되었다. 그가 만든 퀘이커파의 교리는 모든 인간이 평등하다는 것에 중점을 두고 있다. 그는 모두가 서로 반말을 쓰고 누구에게도 예의를 갖추지 않으며, 단추나 레이스 같은 사치품을 사용하지 않고, 영감이 떠올라도 설교하지 않는 것을 권하였다. 이는 남녀노소 가리지 않았다. 또한 퀘이커파는 의식이나 사제조차 없었다. 이 야만적인 교파는 윌리엄 펜William Penn과 로버트 바클리Robert Barclay라는 두 학자에 의해 미화되었다. 그렇다고 이들의 개입이 퀘이커파의 명성을 크게 높인 것은 아니었다. 퀘이커파는 잉글랜드 및 아메리카 대륙까지 퍼져나갔다. 이들의 종교의식은 모여서 진지하게 춤을 추는 것이었다. 그리고 춤을 추며 집회에 참여한 사람 중 누군가에게 영혼이 깃들길 기다렸다. 영혼의 깃듦은 경련과 떨림으로 나타났다(물론 이것을 성령의 접근이라 볼 수는 없다). 이러한 경련은 '몸을 떠는 사람Quaker'이라 불리며, 이들 모임의 이름이 되었다. 춤을 추던 사람 중 성령을 느낀 자는 복음을 전했다.

케랑(이삭) [Queiran(Isaac)] 네라크Nerac

출신의 마법사. 25년간 시종 생활을 하다가 보르도Bordeaux에서 체포되었다. 케랑에게 어디서 마법을 배웠는지 묻자, 그는 다음과 같은 이야기를 들려주었다. 그는 어릴 적, 아르마냑Armagnac 성곽도시에서 한 남자의 시종 생활을 했었다. 어느 날 케랑은 이웃집 노파로부터 벽난로 인근 항아리를 엎지 말라는 경고를 들었다. 또한 노파는 항아리에 사탄의 명으로 만든 독이 채워져 있다고 말했다. 이 고백에 놀란 케랑은 노파에게 여러 질문을 던졌다. 노파는 그의 질문을 듣더니, 마녀집회 그랜드 마스터와 집회 참가자들을 만나보길 제안했다. 그는 노파의 유혹에 넘어갔다. 노파는 케랑의 몸에 무색무취의 기름을 바른 뒤 하늘을 날아 집회에 데려갔다. 집회에서 케랑은 참가자들이 소리를 지르며 춤을 추는 것을 보았다. 두려움을 느낀 그는 서둘러 집으로 돌아갔다.

다음날 케랑이 주인의 농장을 지나던 중, 키 크고 비쩍 마른 남성을 만나게 되었다.

마른 남성

남성은 그에게 왜 머무르겠다는 약속을 지키지 않고 집회를 떠났는지 물었다. 케랑은 그곳에서 할 일이 없었기에 떠났다며 사과했다. 그리고 다시 가던 길을 가려고 했다. 그러자 남성은 케랑의 어깨 위로 몽둥이를 내리치며 다음과 같이 말했다. "멈춰라. 네가 다시 돌아가게 만들 만한 무언가를 주겠다." 이후 케랑의 어깨 통증은 무려 이틀 동안 이어졌다. 그리고 그는 남성이 자신의 팔 아래 표식을 남겼다는 것을 알게 되었다. 그의 팔은 시커멓게 변색되어 있었다.

다른 날, 케랑이 성곽도시 인근 다리를 건널 때였다. 비쩍 마른 남성이 다시 나타나 얻어맛은 것을 기억하느냐 물으며 자신을 따라오라고 제안했다. 하지만 케랑은 이를 거절했다. 바로 그때, 악마가 나타나 그의 목을 잡고 강물에 던지려 했다. 너무 놀란 케랑은 큰 소리로 비명을 질렀고, 이를 들은 인근 방앗간 사람들이 현장으로 달려왔다. 악마는 하는 수 없이 달아나게 되었다.

그리고 어느날 밤, 케랑이 주인 포도밭에 있을 때, 악마는 강제로 그를 납치해 집회로 데려갔다. 케랑은 이 집회에서 다른 사람과 함께 춤을 추며 식사를 하였다. 한 작은 악마는 사람들이 춤을 추는 동안 북을 쳤고, 집회는 수탉 울음소리를 들은 악마가 모두 해산시키기 전까지 이어졌다.

마법을 부린 적이 있냐는 추궁에, 케랑은 자신이 일하던 집 어느 아이에게 마법을 건 적이 있다고 고백했다. 그리고 악마가 준 작은 공을 아이의 입안에 넣었으며, 아이가 3개월 동안 말을 하지 못하도록 만들었다고 덧붙였다. 투르넬Tournelle 법원에서 재판을 받은 그는 결백한 척 하는 사기꾼으로 판결되어, 1609년 5월 8일 사형에 처해졌다.[1]

(1) 드 랑크르Pierre de Lancre, 『의심과 불신Incrédulité et mécréance』, 278페이지.

심문 [Question] 참조. 무감각 Insensibilité.

퀘이 [Queys] 중국의 악령.

퀸틸리아니트 [Quintillianites] 이단 카인파의 퀸틸리Quintille라는 여성은, 테르툴리아누스Tertullian 시절 아프리카로 건너가 여러 사람을 타락시켰다. 퀸틸리아니트는 그녀가 만든 가증스러운 이교도들을 칭하는 이름이다. 이들은 카인파가 행했던 파렴치한 일들 외에 더 한 일도 자행했다. **참조.** 카인Caïn.

퀴림 [Quirim] 마법의 보석. 악마학자들은 퀴림 사용법을 잠든 사람 머리 위에 놓는 것이라고 말한다. 그렇게 하면 마음속에 품고 있는 모든 말을 하게 되기 때문이다. '배신자의 돌'이라 불리기도 한다.

키보뉴(여성) [Quivogne(Femme /Lady)] 현대의 마녀. 마녀나 점술가들은 항상 경신하는 자들과 무지한 자들을 속이는 것에 재미를 느꼈다. 이러한 행위는 기성의 시대인 오늘날에도 계속해서 일어나고 있는데, 이들이 놓는 덫이란 참으로 조잡한 것이다.

최근 키보뉴는 브주Vesoul의 룹트Rupt라는 여성에게 접근했다. 그리고 군복무를 하는 미래의 남편에게 하늘 마차를 타고 날아가 결혼을 할 수 있게 해주겠다고 제안했다. 키보뉴는 룹트에게 미사를 보는데 사용하겠다며 12프랑을 갈취했고, 외에도 리넨을 비롯한 다른 물건을 받아냈다. 이 모든 것은 키보뉴의 주머니로 들어갔다. 그리고 나서도 그녀는 마차를 완성하기 위해서 직물 15온Aune*이 필요하다고 요구했다. 이 직물을 구하던 룹트는 결국 직물 장수에게 사실을 고하게 되었다. 진상이 드러난 뒤, 마녀는 체포되어 재판을 받았다. 그리고 다른 여러 사기죄가 더해져 유죄 판결이 내려졌다.

마녀는 1년 동안 투옥되었는데, 웬일인지 마법을 사용하지 못하였고 형기를 모두 채워야 했다. 옛날처럼 처벌이 더 엄격했다면, 이런 비열한 마녀는 사회에서 영영 격리되었을 것이다. 과연 그것이 과한 처사일까?

* 길이의 단위. 1온은 약 115센티미터이다.

R

라바 [Rabbats] 집 안에서 소란을 일으키며 사람을 깨우는 징난꾸러기 악마. 목에 딕받이를 하고 있다. 이 모습이 네덜란드 간병인과 닮았기 때문에 해당 이름으로 불린다. 하지만 이름과 달리 이들은 아무도 위로하지 않는다.

랍비 [Rabbins / Rabbis] 유대인 박사들. 이들은 오랫동안 진실에 반하는 마법사라고 의심을 샀다. 그리고 악마들과 관계를 맺은 것으로 여겨졌다[1].

(1) 르 루아에Pierre Le Loyer, 『귀신의 역사 혹은 귀신 환영Histoire des spectres ou apparitions des esprits』, 291페이지.

막대기점 [Rabdomancie / Rabdomancy] 막대기를 사용하는 점술. 가장 오래된 미신 중 하나이다. 에스겔Ezekiel과 호세아Hosea는 유대인들이 이 미신에 속아 넘어간 것을 비난하였다. 점술은 다음과 같이 진행된다. 먼저 나뭇가지 하나를 골라 한 면의 껍질을 모두 벗긴다. 이후 이 막대기를 공중에 던진다. 첫 시도에 껍질이 벗겨진 면이 보이게 떨어지고 두 번째 시도에 온전한 면이 보이게 떨어진다면, 이는 좋은 징조이다. 만약 껍질이 벗겨진 면이 두 번 연속으로 보이면 나쁜 징조이다. 페르시아인, 타타르족Tatars, 로마인들이 이 점술을 행했다. 17세기 말에 유명해진 점술 지팡이는 막대기점과 연관이 있다. **참조.** 지팡이Baguette. 보댕Bodin은 막대기점과 유사한 형태의 미신이 툴루즈Toulouse에 있었다고 기록했다. 이는 주문을 외고, 두 개로 쪼갠 막대기를 서로 붙인 뒤 다시 이것을 목에 두르는 것이다. 이렇게 하면 말라리아를 치료할 수 있다.

라차더 [Rachaders] 인도의 악령.

래드클리프(앤) [Radcliffe(Anne)] 영국인 소설가. 그녀는 1813년 『우돌프의 비밀Mysteries of Udolpho』과 같은 환영, 유령, 공포로 가득한 소설들을 출간했다.

라갈로만시 [Ragalomancie / Ragalomancy] 대야, 작은 뼛조각, 작은 공, 그림이 그려진 판자를 가지고 하는 점술. 어떤 작가도 이 점술을 제대로 설명하지 못했다[1].

(1) 드 랑크르Pierre de Lancre, 『완전히 입증된 마법에 대한 의심과 불신Incrédulité et mécréance du sortilège pleinement convaincue』, 278페이지.

광견병 [Rage / Rabies] 미신을 믿는 작가들은 광견병을 치료하기 위해 'Zioni, Kirioni, Ezzeza'를 적어 넣은 사과나 빵 조각을 먹을 것을 권한다.

또 다른 방법은 광견병에 걸린 개털을 태워 그 재를 포도주에 넣어 마시는 것이다[1]. 실패하지 않는 유일한 광견병 치료법은 생위베르Saint-Hubert에 가는 것이다. 이곳에 이름을 올린 30만 순례자들이 이 치료법의 효과를 증명한다.

(1) 렘니우스Lemnius.

라지니 [Raginis] 칼미크족Kalmyks 민담에 등장하는 요정. 환희의 세계에 살고 있으나, 때때로 나와 불행한 자들을 돕는다. 그렇다고 모두 자비롭지는 않다. 인간과 마찬가지로 좋은 라지니가 있는가 하면 못된 라지니도 있다.

라구즈(조르주 드) [Raguse(George de)] 신학자이자 의사이자 파도바Padua 대학의 교수. 점성술, 수상술, 관상학, 풍수지리, 이름점, 카발라, 마법 등을 다루는 희귀한 책(1623년, 파리, 8절판)을 저술했다.

라호바트 [Rahouart / Rahovart] 유명하지 않은 악마.

15세기 무대극인 『악덕 부자와 나병 환자의 도덕성Dans la Moralité du mauvais riche et du ladre』(날짜 미상, 루앙, 뒤르젤Durzel)에 등장한다. 극에서 라호바트는 사탄의 동료인데, 악덕 부자가 사망하면 영혼이 담긴 바구니를 가져간다.

라이츠 [Raiz] 참조. 레츠Retz.

랄드(마리 드 라) [Ralde(Marie de la)] 17세기 초, 18세에 체포된 마녀. 랄드는 열 살에 마녀 마리산느Marissane에게 이끌려 처음으로 마녀 집회에 참여했다. 악마는 그녀가 쓰러지자 직접 집회로 데려갔다. 랄드는 악마가 나무둥치로 변신하였다고 자백했다. 또 주교좌에 앉아 있었으며, 어두운 인간의 그림자가 드리워져 있었다고도 말했다. 악마는 간혹 평범한 사람의 모습을 하기도 했지만, 이때 피부는 검붉었다. 때때로 악마는 손에 달군 쇠를 들고 아이들에게 다가가기도 했다. 하지만 랄드는 악마가 아이들에게 표식을 남겼는지는 알 수 없다고 말했다. 그녀는 악마에게 입을 맞춘 적은 없지만, 의식을 치르는 장면을 목격했다고 고백했다. 악마가 마음이 가는 대로 자신의 얼굴 또는 엉덩이를 내밀면 사람들은 그곳에 입을 맞추었다. 랄드는 이 마녀 집회를 너무 좋아했고, 마치 결혼식에 가는 듯 참석했다고 덧붙였다. 그녀는 다음과 같이 말했다. "자유나 자격 때문이 아니었다. 악마가 사람들의 마음과 의지를 꼭 붙들고 있었기에 다른 욕망을 둘 여지는 없었다." 이외에도 마녀들은 그곳에서 듣기 좋은 음악을 들었다고 한다. 악마는 마녀들에게 지옥이 하찮은 곳이며, 지옥 불은 가공된 이야기일 뿐이라고 설득하였다. 랄드는 집회에 가는 것이 잘못되었다고 생각하지 않았으며, 악마를 신처럼 세워놓고 진행되는 예배를 즐겼다고 말했다. 그녀는 검은 성체를 올리는 것을 보았다 고백했다[1]. 랄드가 화형을 당한 것 같지는 않으나, 법원이 어떤 조치를 했는지는 알려진 바가 없다.

(1) 쥴 가리네Jules Garinet, 『프랑스 마법사Histoire de la Magie en France』.

롤리(월터) [Raleigh(Walter)] 엘리자베스 여왕Queen Elizabeth의 유명한 신하. 그는 남아메리카에서 일반인보다 세 배 큰 야만인을 보았다. 이들은 어깨에 눈이 달렸으며 가슴에 입이 있었고 등 한가운데 머리카락이 나 있었다.

람부이예 [Rambouillet] 루이 11세Louis XIV와 함께 플랑드르Flanders 전쟁에 나서는 람부이예 후작은 열병으로 앓아누운 프레시Precy 후작과 한가지 약속을 하였다. 바로 두 후작 중 먼저 세상을 떠나는 사람이 사후 세계의 소식을 전해주는 것이었다. 6주 뒤 새벽 6시, 프레시 후작의 침실에 람부이예가 나타났다. 람부이예는 전날 자신이 전사했다며 상처를 보여주었다. 그리고 프레시가 참전하는 첫 전투에서 사망하게 될 것이라 예언한 뒤 사라졌다. 깨어난 프레시는 밤새 일어난 일을 가족들에게 들려주었다. 하지만 가족들은 열병으로 인해 혼미해져 환영을 본 것으로 생각하였다. 8일 뒤, 프레시의 집에 람부이예의 죽음을 알리는 우편물이 도착했다. 그리고 쓰여 있는 내용은 프레시가 알고 있는 것과 일치했다. 하지만 사람들은 이런 기현상을 믿기 주저했다. 오히려 프레시에게 친구와의 우정 때문에 생긴 예감에 불과하다며 그를 설득했다. 이에 프레시도 사람들의 설득에 넘어갔고, 얼마 뒤 생 앙투안Saint-Antoine 전투에 참여하였다. 프레시는 그곳에서 전사하였다. 그는 사망하는 순간 많은 생각을 했을 것이다.

란파잉(마리 드) [Ranfaing(Marie de)] 기사 구그노 데 무소Gougenot des Mousseaux는 다음의 이야기를 언급하였다.

'남편을 잃은 란파잉은 한 의사의 청혼을 거절했다. 그에게서 혐오감만 느껴졌기 때문이었다. 이후 마법을 믿었던 의사는 여성에게 정성 들여 만든 묘약을 먹였다. 여성은 즉시 끔찍한 상태에 놓이게 되었다. 유능한 의사들이 한데 모여 그녀를 위해 약을 처방했지만, 효능을 보지 못했다. 결국 이들은 환자의 증상이 악마의 빙의로 인한 것이라 결론 짓게 되었다.'

란파잉은 잘못을 저지르고 버림받은 자들을 위해 피난처를 만든, 큰 미덕을 쌓은 사람이었다. 먹잇감을 빼앗긴 악마들은 기회를 틈타 그녀에게 빙의할 수 있었다. 그녀는 낭시Nancy로 보내졌고, 낭시와 툴Toul의 주교는 성스러운 사제들과 박식한 신학자들을 데리고 구마 의식을 진행했다. 이들은 라틴어, 그리스어, 히브리어로 그녀를(아니, 그녀 속에 든 악마를) 심문하였다. 란파잉은 라틴어를 거의 읽지 못하고 다른 언어는 알지도 못했지만, 모든 심문에 정확하게 대답했다. 심지어 그녀의 입을 통해 말하던 악마는 심문자들의 잘못된 라틴어를 교정해 주기까지 했다. 이 구마 의식 이야기는 제법 길다. 이 구마 의식은 열렬한 관심을 보였던 로렌Lorraine 공작 앙리 2세Henry II와 많은 군중이 보는 앞에서 진행되었다. 결국 그녀는 악마에게서 해방되었다. 이 모든 끔찍함의 원인이었던 의사는 자신의 죄를 자백하며, 낭시 법원에서 사형 선고를 받았다. (『19세기 마법La magie au dix-neuvième siècle』)

라니 라잘 [Rani-Razal] 바바 쿰바Bava-Coumba의 아내. 삿푸라Satpoura의 인도인들에게 숭배받았다. 젊은 부부들은 라니 라잘의 신목 아래에서 우상에게 제물을 바쳤다.

라누 [Rannou] 1843년 가톨릭 출간물에 '수집가'라는 자가 다음의 브르타뉴Bretagne 지방 전설을 기고하였다.

"라누의 어머니는 가난한 여성이었다. 어느 날, 그녀는 바닷가에서 조개를 줍다 썰물 때문에 뭍으로 올라온 인어를 발견하게 되었다. 겁에 질린 그녀가 달아나려던 순간, 인어는 부드러운 목소리로 말을 걸어왔다. '이리 와서 저를 도와주세요. 부탁이에요. 불쌍한 저를 홀로 이곳에 죽도록 내버려두지 마세요. 저는 위험하지 않고 아무도 해치지 않아요. 오히려 노랫소리로 뱃사람들에게 암초의 위치를 알려주는걸요.'

라누의 어머니는 어진 사람이었다. 인어의 애원에 마음이 동한 그녀는 결국 도움을 주었고, 인어를 바다로 돌려보냈다. 이에 감동한 인어는 그녀에게 작은 선물을 하고자 했다. '무엇을 해주면 좋을까요? 뭐든 말하는 대로 들어줄게요.' 라누의 어머니는 다음과 같이 답했다. '저는 소박한 사람입니다.

신은 제게 가진 것에 행복할 줄 아는 축복을 주셨어요. 그렇기에 아무것도 원하지 않죠. 다만 제게는 아직 어린 아들이 있어요. 그 아이가 똑똑하고 용감하게 자라길 바랍니다.'

이 말을 들은 인어는 물로 뛰어들었고 우유와 비슷한 액체가 담긴 조개껍데기를 들고 왔다. 인어가 말했다. '여기 이 음료를 아이에게 먹이세요. 반드시 마지막 한 방울까지 다 마셔야 합니다. 제가 말한 것을 꼭 지키세요. 그럼, 안녕.'

그녀는 인어가 준 선물과 함께 집으로 돌아갔다. 하지만 이것이 마녀의 저주일지 두려웠기에 검증 없이 아이에게 음료 주는 것을 망설였다. 그녀는 음료 일부를 검증 삼아 고양이에게 먹였다. 며칠 뒤, 그녀는 바닷가를 산책하던 중, 인어와 다시 마주치게 되었다. 인어는 그녀를 보고 다음과 같이 말했다. '믿음이 부족한 대가는 치명적일 것입니다. 당신은 끔찍한 불행의 원천이 될 거에요.' 그리고 인어는 파도 속으로 사라졌다.

이 예언이 이뤄지는 데는 오랜 시간이 걸리지 않았다. 곧 고양이와 아이는 음료의 미스터리한 효능을 경험했다. 아들 라누는 8살 나이에 힘이 세고 건장해져 방앗간 맷돌을 가지고 원반 놀이를 했다. 반면 고양이는 인간을 능가하는 지능을 얻게 되었다. 그러나 알다시피 고양이는 마녀 집회에 드나드는, 해로운 천성을 지닌 동물이다. 결국 고양이는 자신의 지능으로 사람들에게 해를 끼치기 시작했다. 결국 지역 주민들은 고양이를 죽이기 위해 모여들었다.

라누는 힘이 세지만, 지능이 매우 떨어져 자신의 능력을 건설적으로 사용하지 못했다. 라누는 무료할 때면 악의 없이 과수원과 집을 부수고 다녔다. 그는 어머니와 놀다가 그녀를 죽이고 말았다. 어머니를 장난감처럼 하늘 위로 던져버린 것이었다. 라누를 처치하기 위해 사람들은 힘을 합쳤고, 이 불행한 존재의 생은 비극적인 죽음으로 끝을 맺었다."

여기서 인어가 준 음료는 신에 대한 믿음을 빗댄 것이다. 음료 몇 방울, 즉 신에 대한 믿음을 무시한 대가로 얼마나 많은 이들의 삶이 실패했는가!

라올레(자크) [Raollet(Jacques)] 낭트Nantes 인근 모뮈송Maumusson 교구의 늑대인간. 앙제Angers 법원에서 사형을 선고받았다. 심문 당시, 그는 법정에 참석한 한 귀족에게 세 마리 늑대에게 소총을 겨눈 일을 기억하느냐고 물었다. 귀족은 그렇다고 답하였다. 이에 라올레는 자신이 그중 한 늑대였으며, 귀족의 방해가 아니었다면 인근에서 한 여성을 잡아먹었을 것이라 자백했다. 릭키우스Rickius는 라올레가 체포되었을 때의 행색을 기록하였다. 라올레는 어깨 위로 머리를 풀어 헤치고 있었고, 눈은 움푹 패어 있었다. 또 이맛살은 찌푸려져 있고 아주 긴 손톱을 달고 있었다. 그에겐 지독한 악취가 나서 가까이 다가갈 수가 없었다. 앙제 법원에서 유죄 선고를 받았을 때, 그는 쇠수레, 풍차, 변호사, 검사, 경찰을 먹었다고 고백했다. 그중에서도 경찰의 살은 너무 딱딱하고 매워 소화할 수가 없었다고 투덜거렸다.[1]

(1) 릭키우스, 『늑대인간 논설Discours de la lycanthropie』, 18페이지.

쥐 [Rat] 플리니우스Pliny는 흰 쥐를 보는 것이 길조라고 말했다. 쥐들이 갉아 먹은 라비니움Lavinium의 방패는 불길한 사건을 예고하였다. 얼마 후 발생한 동맹시 전쟁Marsic War은 이 미신을 한 번 더 신뢰하게 만들었다. 프로세르피나Proserpina의 베일에는 쥐 무늬가 수놓아져 있다. 바스라Basra와 캄바이아Cambaia 백성들은 평소 숭배하는 동물인 쥐에게 해를 입히면 비난을 받아야 한다고 보았다.

뱃사람들은 쥐가 예지 능력을 갖추고 있다고 여겼다. '만일 배 위에 쥐가 한 마리도 없다면, 바람이 멎어 배가 멈추거나 다른 사고가 일어난다.' 이들은 쥐들이 가라앉을 배를 버리고 떠난다 믿었다. **참조.** 하톤Hatton, 포피엘Poppiel, 마법 호루라기Sifflet Magique.

'고대 인도인들은 사향쥐를 부주의로 죽이면 성대한 장례를 치러 주었다. 암컷 사향쥐는 인류의 어머니였기 때문이다. 세계 최고 관찰자인 중국인들은 쥐가 메추라기로, 두더지가 꾀꼬리로 변한다고 믿었다.[1]'

(1) 샤토브리앙Chateaubriand, 『회고록Mémoires』, 제2권.

라움 [Raum] 지옥의 내 백작. 까마귀의 모습을 하고 나타난다. 라움은 도시를 파괴하고 고위직을 하사한다. 좌초천사에 속하며 30개 군단을 거느린다.[1]

(1) 요한 바이어Johann Weyer, 『악마의 유사군주제Pseudomonarchia Dæmonum』.

현실주의 [Réalisme / Realism] 몽상가들이 제시한 모든 사상 중 가장 단순한 철학. 이 사상은 미셸레Michelet의 저서 『바다La Mer』에서 제시되었듯, 모든 것이 스스로 만들어졌다고 주장한다. 또 모든 것이 신의 일부라고 말한다. 여기에는 양배추, 무, 쥐며느리, 콩트Comte, 미셸레, 사이트Site도 포함된다.

레드캡 [Red-Cap] 스코틀랜드의 작은 악마. **참조.** 퍽Puck.

시선 [Regard / Sight] 참조. 눈Yeux.

레겐스버그 [Regensberg] 참조. 사역마Démons Familiers.

레기오몬타누스 [Regiomontanus] 참조. 뮐러Muller.

레이드(토마스) [Reid(Thomas)] 요정들과 제법 오랜 기간 교류를 했던 스코틀랜드인[1].

(1) 『정령과 악마의 전설Légendes des esprits et démons』을 참조할 것.

렌 게테 [Reine Guétet] 리엘 레 조Riel-les Eaux (샤티용 쉬르 센Châtillon-sur-Seine 지역)의 빙의자. 1853년 로즈 데 조르동Roze des Ordon은 렌 게테에 관한 세세하고 흥미로운 기사를 써 신문에 게재하였다. 코트 도르Cote-d'Or 출신의 렌 게테는 리엘 레 조에서 빙의자로 매우 유명했다. 1853년 5월 8일 일요일, 로즈 데 조르동은 악마가 일요일과 축제일만 골라서 렌 게테를 괴롭힌다는 이야기를 들었다. 주민들은 렌 게테가 악마에게 사로잡히면 끔찍한 생명체로 변한다고 말했다. 또 고함을 지르며 괴물처럼 울고, 낑낑대며 이를 간다고 덧붙였다. 게다가 그녀의 눈은 야생 동물 같으며, 하늘을 올려다보지 못하고 빛을 견디지 못한다고 주장했다. 그녀는 어둠에 갇혀 모두의 시선으로부터 숨었고, 주민 모두는 그녀의 불행을 이해할 수 없었다. 그는 주민들의 이야기와 경고를 듣고 렌 게테를 만나보고 싶은 생각이 들었다.

로즈 데 조르동은 이 끔찍한 재앙을 실제로 보기 위한 허가를 받는 데 애를 먹었지만, 결국 성공했다. 그는 인근 지역 공증인과 리엘Riel의 사제를 대동해 렌 게테를 찾았다. 마을 주민들은 그가 빙의자를 보고 싶어 한다는 것을 알고, 우려 섞인 눈으로 그를 관찰했다. 마치 강물에 몸을 던지려는 미치광이를 구경하는 듯한 태도였다. 렌 게테의 친척이 커다란 열쇠로 그녀가 있는 방문을 열자, 호기심 많은 자들은 걸음을 멈추고 멀리서 어떤 일이 벌어지는지 지켜보았다. 다음은 로즈 데 조르동이 직접 기록한 내용이다.

"무엇도 안심할 수 없었다. 나는 안내자에게 우리가 방에 들어가면 절대 문을 닫지 말라고 했다. 나는 문을 열어두면 어두운 방 안을 더욱 제대로 볼 것이라 말했지만, 사실 문제가 생겼을 때 퇴로를 만들어두기 위함이었다. 열쇠를 한 번 돌리자, 문이 열렸다. 나는 과감히 발을 들였고, 곧장 침대로 가 커튼을 걷었다. 끔찍한 비명이 들렸다. 나는 다가가며 이렇게 말했다. '렌, 착한 렌. 제 말을 들어보세요.'

사나운 짐승의 울음소리, 끔찍한 저주와 귀를 멍하게 하는 울부짖음이 내 목소리를 가렸다. 내 앞엔 포효하고 숨을 헐떡거리며 화를 내는 존재가 요동치고 있었다. 렌 게테의 머리는 양어깨를 격렬히 오가며 흔들렸기에 얼굴을 제대로 볼 수 없었다…. 그녀는 몸을 뱀처럼 꼬았고, 마치 몸을 부수려는 사람처럼 벽에 부딪히며 경련을 일으켰다. 그녀에게 말을 전하려 할수록, 광기는 커졌고 태풍처럼 무섭게 몰아쳤다. 밖에서는 사람들이 내게 이렇게 소리쳤다. '물러나세요, 선생님! 물러나세요. 그녀가 스스로 목숨을 끊을지 모릅니다.' 공증인은 이미 달아났고 자비로운 사제는 주민들에게 어떤 이야기를 전해 듣고, 품 안에 아이를 안은 여성과 함께 달려왔다. 여성은 창백하고 북받친 표정으로 문 앞에 섰다. 그리고 내게 아이를 보여주며 소리쳤다. '아무것도 걱정하지 말고 아이를 데려가세요. 아이를 어서 데려가 렌에게 안겨주세요.' 나는 이를 들었으나 아무것도 이해하지 못했다.

결국 여성은 두려워하면서도, 빠르게 방으로 들어와 침대에 있는 렌 게테 몸 위로 아기를 올렸다. 오, 놀랍고 불가사의한 기적이여! 하늘의 힘이 지옥의 힘을 이기는 찬란한 징표여! 결코 잊지 못할 경이로운 장면이여! 아직도 내 눈에 눈물이 흐르게 만드는 감동적인, 천사 같은 능력이여! 이 죄 없는 생명이 빙의자의 몸에 닿자마자, 렌 게테의 몸은 벼락을 맞은 듯 쓰러졌다. 그리고 미동도 말도 없었다. 이는 마치 태풍이 지나간 뒤의 고요함 같았다. 소란은 깊은 침묵으로 변했다.

그제야 난 인간의 얼굴, 천사의 모습, 나를 바라보는 부드러운 눈길을 보았다…. 그렇다. 불쌍한 렌을 보았다! 안심한 주민들이 방 안으로 들어와 침대 주변을 정리했다. 또 렌의 손을 잡고 다음과 같이 말했다. '우리 착한 렌. 로즈 씨가 너를 보러왔어. 너에게 작별 인사를 하고 우정의 말을 하기 전까진 떠나고 싶지 않다고 말했단다.'

고통을 겪던 불쌍한 렌 게테가 말했다. '아! 선생님. 감사합니다. 선생님이신 줄 알았어요. 이곳에 들어오며 이름을 알려주셨잖아요. 제게 진정하고 선생님의 말씀을 들어보라 하셨죠. 선생님이 하시는 말씀은 똑똑히 들렸지만, 대답할 수가 없었어요. 악마가 말할 수 없게 만들었거든요. 신성 모독을 말하는 것은 제가 아니에요. 저를 믿어주세요. 차라리 죽는 게 낫겠어요! 죄가 있다면 제 몸이 지은 것이에요. 악마에게 쓰임이 되었으니까요. 하지만 전 영혼을 지배당할 수 없었어요. 절대 제 영혼을 가져갈 수 없을 거예요. 그건 신에게만 속할 수 있으니까요.' 나는 물었다. '착한 렌, 이 아기가 당신의 고통을 진정시키고 악마를 쫓았나요?', '오! 맞아요, 선생님. 이 무고한 존재가 제 품에 있는 동안 악마는 저를 이용할 수 없어요. 악마는 이 아이를 더럽힐 수 없어요. 하지만, 이 천

사가 저를 떠나는 즉시, 전 다시 악마의 손에 넘어가게 될 거예요.'

렌 게테는 부드러운 미소를 지으며 우리를 바라보았다. 우리가 그녀의 말을 들어주니 매우 행복해하는 듯했다. 그러나 이 순간 ... 아이를 한껏 쓰다듬었다. 아이는 어머니를 향해 두 팔을 뻗고 있었다. 어머니는 가능하면 이 애처로운 만남을 오래 유지하기 위해 아이를 달랬다. 그런데도 아이는 계속해서 어머니 품으로 가려했고, 렌은 그 사실을 알아채고는 얼굴이 하얗게 질렸다. 마법이 풀어지려고 하는 그 순간, 모두 두려움을 느꼈다.

아이의 어머니가 불행한 자의 품에서 아이를 데려가자, 그녀의 팔이 뒤틀리며 흔들렸다. 마치 지옥의 불길을 느끼는 듯했다. 곧, 악마의 분노가 이어졌다. 오랫동안 억제된 만큼, 악마는 끔찍한 포효를 터트렸다. 우리 앞에는 머리가 산발이 된 괴물이 있었다. 달아나야 했다. 순식간에 방은 텅텅 비워졌다. 나는 마지막으로 나왔지만, 문밖에서 꼼짝하지 않고 서 있었다. 음산한 비명, 한탄 섞인 소리, 분노를 품은 몰락의 목소리, 소리 없는 신음이 들려왔다. 난 공포에 질려 말을 잃어버렸다. 이러한 소리는 고문자와 희생자 사이에서나 들을 법한 것이었다. 나는 이 고통스러운 참극이 끝나길 기다렸다. 하지만 밤의 어둠 속에서, 생명이 끝나거나 렌 게테의 힘이 모두 소진되어야 결말이 날 일이었다. 나는 기적을 목격한 이 기이한 장소에서 벗어날 수 없었다. 그것은 꿈도 헛된 허상도 아니었다. 난 직접 눈으로 보고 손으로 만져보기도 했다. 나는 신에게 감사를 올렸다.

난 경탄을 담아 외쳤다. '맞습니다. 종교에는 영원한 법칙이 있고, 이를 의심해서는 안 됩니다! 악마가 모독하려 하는 신성한 날들이 있는 것은 사실입니다! 악마가 존재하고 지옥이 존재하는 건도 사실입니다! 하지만 지옥 위에는 하늘이 있습니다! 어둠의 천사들 위에는 빛의 천사와 순결함이 있습니다. 저는 그것이 승리하는 것을 보았습니다! 전능하신 신이시여! 당신의 사도들에게 그리했듯, 제게 말씀의 성령을 내려주십시오! 당신의 기적을, 끝없는 자비를 세상에 알리겠습니다. 신이여, 제 입술을 열어주소서. 제 입이 당신의 찬양을 널리 전하오리다 Labia mea aperies et os meum annuntiabit laudem tuam!'

사제는 내 어깨를 가볍게 두드리며 다음과 같이 말했다. '악인들이 당신께 돌아오리다 Et impii ad te convertentur.' 그 의젓하고 어진 사제는 나와 함께 한지 1시간이 지나 있었다. 그는 내 손을 잡으며 말했다. '선생님, 드디어 렌의 빙의 이야기를 믿게 되었군요. 리엘 레조의, 이 선한 주민들이 여전히 순진하다고 생각하시나요?' 나는 답했다. '사제님, 저는 깜짝 놀랐습니다. 정말 빙의가 존재하는 것이었군요.', '무엇이 불가능하겠습니까? 신에게 불가능한 것이 있을까요? 신은 악마에게 영혼을 시험하라 명합니다. 그렇다면 우리의 육신 또한 시험하라 두지 않겠습니까? 예전 그분이 원했던 것을, 오늘날에도 원하실 수 있지 않겠습니까? 우리 주가 빙의자들을 괴롭히던 악마들을 내쫓는 복음서 이야기를 읽어 보셨을 것입니다. 신은 분명 예수 그리스도Jesus Christ의 시기에 더 많은 빙의자들이 있길 바랐을 것입니다. 신의 힘을 증명할 더 많은 기회를 제공하고, 우리에게 사명과 신성의 증거를 더 많이 제공하기 위해서요. 이 보잘것없는 마을에서 일어나는 기현상이 신의 계획이 아니라고 딱 잘라 말할 수 있습니까? 성 예로니모Saint Jerome와 생 일레르St. Hilaire는 순교자들의 무덤에서 악마에게 괴롭힘을 당하는 이들을 보았다고 주장했습니다. 렌 게테는 교회에 들어갈 수도 없고, 잔인한 고통 없이 일요일이나 축제일을 보낼 수 없습니다. 우리는 보는 것을 믿어야 합니다. 빛 안에서 눈을 감으며 신의 증거에 저항해야 할까요? 지난 30년간 이어진 이 사실을 의심해야 할까요? 아직도 이 사건이 편견, 그릇된 신앙, 배우의 사기극으로 보이나요? 몇 년 정도는 연극으로 주변을 속일 수 있어도, 이 끔찍한 장난을 평생 할 수는 없을 것입니다. 특히 그 결과가 죽음만큼 엄중하다면요. 불쌍한 렌의 상태를 보십시오. 그녀는 더는 걷지 못하고 기어다닙니다. 또 몸은 뒤틀렸습니다. 숨이 붙어있는 움직이는 유령이에요. 되풀이되는 그녀의 끔찍한 발작 이후 그녀의 삶은 거의 기적에 가깝습니다. 우리가 경이로움을 느끼는 부분은, 불쌍한 렌의 고통을 진정시키는 이 단순한 방법입니다. 선생님께서 본 이 방법은 그녀에게 성찬을 베푸는 방법이기도 합니다. 그녀가 준비되었을 때, 우리는 그녀를 눕힙니다. 그리고 아이를 데려와 가슴 위에 놓습니다. 그러면 그녀는 기쁘게 이 신의 빵을 받습니다. 가슴에 아이를 얹은 렌은 무적이 됩니다. 마치 흔들리지 않는 왕좌에 앉은 듯, 그녀 위에 올라앉은 작은 천사는 지옥의 힘을 무찌릅니다. 사탄이 고개를 들어도 작은 천사는 거꾸러뜨려, 발 아래 둡니다. 네가 사자와 독사를 밟으며 젊은 사자와 뱀을 발로 누르리로다 Super aspidem et basiliscum ambulabis et conculcabis leonem et draconem! 자비로운 신이 놀라운 일들을 행하는 것을 본 당신은 이를 진술해야 합니다.' 나는 답했다. '그럼요. 그럴 수만 있다면요. 사제님! 이는 제게 신성한 과제입니다. 저는 지붕에 올라 제가 본 것을 세상에 알리고 진실을 밝힐 것입니다!', '하지만 너무 높이 오르진 마십시오. 단순히 과장 없이 당신이 목격한 것만 전하여 신의 영광을 찬미하는 것에 만족하십시오. 진실은 그만으로도 충분하며 과장을 필요로 하지 않습니다. 더 나아가 당신의 말을 믿지 않는 자들을 제게 보내주십시오. 그들이 당신처럼 찾아와 직접 사실을 확인할 수 있게 하겠습니다. 저는 자비의 신을 모십니다. 당신의 친구들을 모두 보내십시오. 그들은 이미 제 친구이기도 합니다. 저는 두 팔 벌려 기쁘게 당신의 친구들을 맞이하겠습니다. 제 사제관은 당신 친구들을 맞이하기에 절대 좁지 않을 것입니다. 그들에게 축복을 내릴, 제 가슴도 마찬가지입니다!'

독자들이여, 아직도 의심이 드는가? 그렇다면 서둘러 당신들을 기다리는 이 땅을 방문해 보라. 그리고 시시한 호기심 충족이 아닌, 위대한 가르침과 생생하고 유익한 감동 그리고 신앙을 확인하자. 신의 영광을 찬미할 값진 기회를 마주할 수 있을 것이다.

로즈 데 조르동. 1853년 6월 11일 리엘 레 조에서."

이 이야기를 공개한 기독교 일보는 다음을 덧붙였다.

"로즈 데 조르동의 희망과 권고에 따라 우리는 조사를 진행했다. 그의 증언이 진실되다는 것을 보여주기 위해, 다음 편지를 수록한다.

'로즈 데 조르동 씨가 저와 비서 한 명을 대동해 목격한 놀라운 사건을 신문에 게재하였다는 것을 전해 들었습니다. 그 사건은 저의 본당에 소속된 렌 게테에게 약 35년간 벌어진 일입니다.

로즈 씨가 기록한 모든 사실은 정확합니다. 로즈 씨는 상Sens 대성당의 교회 간사입니다. 또 대가족의 정직한 가장이자 무엇보다 신실한 가톨릭교도입니다. 그를 십 년간 알던 제 증언은 그의 말이 사실임을 증명할 것입니다.

리엘 레 조의 사제 베르제로Bergerot 드림.'

마녀 집회의 여왕 [Reines du Sabbat / Queens of the Sabbat] 이 끔찍한 모임과 관련된 이야기를 보면 대부분 젊고 아름다운 마녀가 등장한다. 그리고 이 마녀는 악마에게 초대되어 그의 곁에 앉아 집회의 여왕이 된다.

종교 [Religion] 모든 오류는 진실의 자식이다. 하지만 길 잃은 자식이기에 더는 부모를 알아보지 못한다. 즉 모든 가짜 종교는 진짜 종교에 뿌리를 둔다. 브라흐마Brahma는 아브라함Abraham을 변형한 존재다. 바쿠스Bacchus, 야누스Janus, 사투루누스Saturn는 노아Noah를 원형으로 풍자한 것이다. 사투르누스의 세 아들인 주피터Jupiter, 넵튠Neptune, 플루토Pluto는 위대한 신이 되었다. 이 책에서 이것에 대한 증명을 다루지는 않겠다. 하지만, 이 논제는 이미 많은 학계에서 증명이 되고 있다.

이런 종교적 믿음에는 악마가 연루되어 있다. 악마는 짧은 기간(월, 주, 일)을 더 긴 기간(연, 세기)으로 치환해 종교의 외관을 만들었다. 또 그 잘못된 본질이 더욱 견고해지도록 만들었다. 예를 들어 부처의 종교는 기독교를 기이하게 모방한 것이다. 2세기 또는 3세기에 등장했음에도, 학자들은 그 나이를 배로 늘려 대홍수에 근접한 시간까지 거슬러 올라가도록 하였다. 이러한 주장은 파라몬드

Pharamond 이전에 80명의 왕이 있었다고 주장하는 프랑스의 옛 연대기 작가보다도 믿을만하지 못하다.

레미(니콜라) [Remi(Nicolas)] 16세기 초 로렌Lorraine 마녀들에게 맹렬한 관심을 보였던 사법관. 그의 저서 『악마 숭배De la démonolâtrie』는 다양한 사건과 특이한 내막들이 기록되어 있다.

렘몬 [Remmon] 참조. 림몬Rimmon.

회한 [Remords / Remorse] 다음은 회한에 관한 독일의 유명 민요시를 설명한 것이다. 이 시는 무수한 유령 이야기에 영감을 불어넣었다. 안타깝게도 역자의 이름은 알지 못한다.

"오를라문드Orlamunde 공작 부인은 첫 남편에게서 두 명의 자식을 낳았다. 이후 남편은 사망하였다. 그녀는 뉘른베르크Nuremberg 백작과 사랑에 빠졌지만, 백작은 그녀와 혼인할 수 없다고 말했다. 집에 있는 네 개의 눈이 그를 방해하고 있었기 때문이다. 비운의 눈들은 그녀가 낳은 자식들을 말하는 것이었다. 사랑에 눈이 먼 그녀는 '잔인한 사냥꾼'이라 불리는 부하에게 아이들을 죽이라 명하였다. 못된 어머니는 그녀의 베일 안에서 아이들의 머리에 박아 넣을 칼을 빼내기로 한 것이다. 부하는 성의 커다란 방 안에서 놀고 있던 아이들에게 다가갔다. 오늘날까지도 이 아이들이 노는 동안 부르던 동시가 남아있다. 어퍼 루사티아Upper Lusatia에서는 여전히 꼬마들이 이 노래를 부른다.

아이들의 살해 장면은 셰익스피어 이야기 속 어린 아서Arthur가 휴버트Hubert에게 눈을 파내지 말라고 비는 장면만큼 감동적이다. 남자아이는 부하에게 자신의 목숨을 살려준다면, 공작의 지위를 주겠다고 약속했다. 여자아이는 가지고 있는 모든 인형과 가장 좋아하는 새를 그에게 주었다. 하지만 부하는 거절했다. 이후 이 새는 어디든 살인자를 따라다니며, 그가 죽인 아이의 이름을 계속 읊었다. 살인자는 고통스러워하며 소리를 질렀다. '신이시여, 신이시여! 이 새로부터 도망치려면 어디로 가야 합니까? 이 새가 끊임없이 아이의 이름을 내게 말합니다! 오 나의 주님, 제가 어디로 가면 죽을 수 있습니까?' 절망에 빠진 그는 스스로 머리를 깨고 자살했다. 민요시에 따르면, 살해당한 두 아이는 대리석 관 속에 누워졌다고 한다. 두 아이의 몸에는 부패가 일어나지 않았다. 순결함이 죽음의 기운을 이긴 것이다."

독일 민요시의 이야기는 이후에도 이어진다. 이기적인 백작과 악독한 공작 부인에겐 두 어린 희생자들이 늘 따라다녔다. 미천한 삶을 몇 년간 이어가던 두 사람은 오를라Orla 강에 빠져 죽었다. 유령에게서 해방될 수 있을 것으로 생각하며….

빨판상어 [Rémore / Remora] 무수한 전설을 만들어 낸 물고기. 시라노 드 베르제락Cyrano de Bergerac은 장난스러운 말투로 빨판상어를 다음과 같이 설명했다.

'빨판상어는 북극 인근, 북극해에 산다. 이 물고기가 비늘을 통해 뿜어내는 찬 기운은 소금물을 얼게 만든다. 빨판상어가 뿜어내는 찬기가 얼마나 대단한가 보면, 함선 밑을 지나면 배가 얼어붙어 움직이지 못하게 될 정도이다. 빨판상어는 주변으로 겨울의 한기를 발산한다. 빨판상어의 땀은 미끄러운 빙판을 만든다. 이 땀은 화상을 치료하는 데 쓸 수 있다….'

르브룅Lebrun은 빨판상어에 관한 이야기가 유난히 기이하다고 지적하였다. 아리스토텔레스Aristotle, 아엘리아누스Aelian, 플리니우스Pliny는 이 물고기가 돛을 활짝 편 배도 멈출 수 있다고 주장하였다. 그러나 이런 어이없는 일은 단 한 번도 일어난 적이 없다. 그럼에도 여러 작가는 같은 주장을 펼치며, 빨판상어에게 비밀의 능력이 있다고 말했다. 이 물고기는 수세트Succet라고도 불린다. 빨판상어의 길이는 2미터에서 3미터 정도이며 어피는 끈적거린다. 빨판상어는 큰 상어, 작은 상어 및 움직이지 않는 물건에도 들러붙는다. 많은 수의 빨판상어가 배에 붙는다면 항해가 늦어질 수 있겠지만, 완전히 멈추게 하는 것은 불가능하다.

레뮈르 [Rémures] 참조. 레뮈르(원귀) Lémures, 마네스Manes.

여우 [Renards / Foxes] 일본의 신토Shinto 교도들은 여우의 몸에 악인의 영혼이 들어간다고 믿었다. 이는 여우가 큰 피해를 주는 동물이기 때문이다. 그렇기에 이들은 여우를 악마로 여겼다. 참조. 달Lune, 야코Ma.

레파레 [Réparé] 12세기경 병사 에티엔Etienne과 연옥, 지옥, 천국을 목격한 자.

장례 식사 [Repas du Mort / Death-Meal] 고대 히브리 민족 및 여러 민족이 행했던 장례 의식. 초기에는 막 매장된 사람의 무덤에서 간단한 식사를 하는 것이 관례였다. 하지만 점차 망자들이 찾아와 음식을 먹는다고 믿어 식사를 남겨두는 것으로 변화했다.

마녀 집회 식사 [Repas du Sabbat / Sabbat Meal] 학자들이 남긴 글에 따르면, 마녀 집회의 만찬은 다음과 같은 말로 시작한다.

"우리의 위대한 주인이자 지휘관 그리고 군주인 벨제부스Belzébuth의 이름으로 고기,

음료, 음식이 체력을 회복시키고 기쁨과 즐거움으로 가득 차길." 그러면 모두가 제창한다. "아멘." 식사 후에는 다음과 같이 말한다. "회복을 위한 우리의 유익한 식사를 마쳤으니, 지휘관이자 주인이신 벨제부스께 찬양, 은혜, 감사를 바칩니다. 그분의 영광과 모두의 안녕을 빕니다. 아멘.(1)" 참조. 프셀로스Psellus.

(1)괴레스Johann Joseph Görres, 『신비주의Mystique』, 8권, 21장.

부활 [Résurrection] 파시교도Parsis와 조로아스터교도Guebres들은, 선한 자들의 영혼이 수 세기 동안 사후 세계의 달콤함을 누리다가 육신을 되찾고 첫 삶을 살았던 곳으로 다시 돌아온다 믿었다. 이때 다시 찾아간 땅은 정화되고 아름다워져 새로운 낙원으로 변해 있다고 한다. 아프리카 서부 해안에 위치한 아르드라Ardra 왕국에선 전사자들이 무덤에서 나와 새 삶을 시작한다 믿었다. 이 미신은 전사들의 사기를 올리기 위해 지어낸 것이었다. 반면 해당 지역의 의사이자 철학자인 아만타Amantas들은 일반적인 부활을 믿었다. 이는 부활하는 자들이 특별히 고귀하지 않다는 것이며, 영광도 벌도 존재하지 않다는 것이었다. 이들은 손톱 조각과 머리카락을 소중하게 보관하여 벽의 틈새나 구멍에 잘 감추어 두었다. 만일 우연히 이 머리카락이나 손톱이 바닥에 떨어지면, 발견한 사람이 즉시 주워 다시 안전하게 보관했다. 이 관습의 이유는 다음과 같았다. '영혼들은 이 세상에서 다시 살아가야 하기에, 무덤에서 나올 때 자신에게 속한 모든 것과 함께여야 한다. 영혼이 손톱이나 머리카락을 찾지 못하는 경우를 예방하기 위해(그렇게 되면 많은 혼란이 일어난다), 한데 모아 나중에 찾기 쉽게 해야 한다.'

가갱Gaguin은 모스크바Muscovy에 관한 기록에서, 11월 27일 러시아 북부 주민들이 한파 때문에 사망했다는 이야기를 남겼다. 더불어 이들이 모두 4월 24일에 부활하였다고 기록했다. 이는 마멋처럼 겨울을 안전하게 보내는 방법의 하나일 수 있다. 참조. 가비니우스Gabinius, 파밀리우스 드 페르Pamilius de Phères, 테스페시우스Thespésius, 흡혈귀Vampires 등.

레츠 또는 라이츠(질 드 라발 드) [Retz, Raiz(Gilles de Laval de)] 15세기 프랑스 남작. 기괴한 범죄를 저지른 자이다. 레츠는 끔찍한 자기 과잉이 있었다. 그는 악마를 찾아갔으며, 아이들의 목을 조르고 추악한 행위에 가담하여 악마를 섬길 수 있다고 믿었다. 그는 마법사라 주장하던 이탈리아 협잡꾼 프렐라티Prelati의 지시를 받아 행동했다. 이후 협잡꾼은 그의 돈을 훔친 뒤 사라져 버렸다.

악마는 레츠 남작의 기대에 부응하지 못했다, 결국 그는 사형에 처해졌다. 법원장 피에르 드 로피탈Pierre de l'Hopital은 그에게 무고한 사람들을 죽이고 시신을 불태운 이유를 물었다. 그는 격분하여 답했다. "아! 판사 나리, 자신을 괴롭히고 나도 괴롭히시는군요. 이미 만 명을 죽여야 할 이유를 충분히 말씀드렸을 텐데요." 다음 날 열린 공판에서 그는 자백을 되풀이했다. 1440년 10월 25일, 레츠는 산채로 불태워지는 형에 처해졌다. 형은 낭트Nantes 인근의 마들렌Madeleine 들판에서 집행되었다.[1]

(1) 쥘 가리네Jules Garinet의 『프랑스 마법사Histoire de la Magie en France』, 『지옥의 전설Légendes Infernales』 속 레츠 남작 이야기를 참고할 것.

레츠 [Retz] 레츠 추기경이 신부였을 당시의 일이다. 그는 파리 대주교인 삼촌이 살고 있는 생 클루Saint-Cloud에서 야회에 참석하게 되었다. 그는 방돔Vendome 부인, 방돔 양, 수아지Choisy 부인, 튀렌Turenne 자작, 리지외Lisieux 주교, 브리옹Brion 군, 봐튀르Voiture 군과 함께 동행했다. 야회 분위기는 매우 좋았으며, 참석자들은 시간이 꽤 지나서야 파리로 돌아갔다. 한여름 깊은 새벽, 참석자들의 마차가 봉 좀Bons-Hommes 언덕 내리막길에 당도했을 때였다. 이들의 고급 사륜마차는 언덕 발치에서 급작스럽게 멈추어 섰다. 레츠 추기경은 회고록에 당시 상황을 다음과 같이 기록했다.

"방돔 양 옆에 앉아있던 나는 마부에게 왜 길을 멈추는지 물었다. 마부는 떨리는 목소리로 답했다. '저 앞에 악마들이 있습니다. 이를 지나가도 될까요?' 난 문밖으로 고개를 내밀어 살펴보았다. 하지만 아무것도 보이지 않았다. 그러나 튀렌 자작과 맞은편에 앉아 있던 수아지 부인은 마부가 놀란 그것들을 본 듯했다. 더불어 마차 뒤를 따라오던 하인들은 이미 겁에 질려 소리를 지르고 있었다. '예수님! 성모 마리아여!' 튀렌 자작과 비명을 지르던 수아지 부인은 서둘러 마차에서 내렸다. 나는 이들이 본 것이 강도라 생각했다. 난 재빨리 마차에서 내려 하인의 검을 들고 튀렌 자작을 향해 걸어갔다. 그는 내 눈에 보이지 않는 무언가를 뚫어져라 쳐다보고 있었다. 그에게 무엇을 보느냐고 묻자, 튀렌 자작은 내 팔을 가볍게 밀며 다음과 같이 속삭였다. '일단은 여성들이 겁먹지 않도록 하는 게 좋겠소. 그녀들이 소리를 질러 도움 될 건 없으니 말이오. 내 차차 설명해 주겠소.' 봐튀르 군이 기도문을 읊는 동안, 수아지 부인은 가느다란 비명을 내질렀다. 방돔 양은 묵주 기도를 시작했고, 방돔 부인은 리지외 주교에게 고해를 하려 했다. 이에 리지외 주교는 그녀를 진정시켰다. '나의 딸이여, 겁내지 말거라. 신이 당신들과 함께 하리라.' 브리옹 군은 성모 마리아의 호칭 기도를 구슬프게 외웠다. 이 모든 일은 동시에 아주 빠르게 일어났다. 내 곁에는 전투에 나갈법한 용맹한 태도로 작은 검을 뽑아 든 튀렌 자작이 있었다. 그는 나를 향해 몸을 돌리며 말했다. '저것들이 무엇인지 보러 갑시다!' 내가 물었다. '저것들이 무엇인데 그러시오?' 솔직히 말하면, 이때 난 모두가 제정신이 아니라고 생각했다. 튀렌 자작은 답했다. '아무래도 악마인 듯싶소.' 우리는 사보느리Savonnerie를 향해 대여섯 걸음을 나아가, 문제의 지점에 도착했다. 그러자 내 눈에도 뭔가 보이기 시작했다. 그것은 시커먼 얼굴을 가진 자들의 기나긴 행렬이었다. 나는 처음에 튀렌 자작만큼이나 깜짝 놀랐다. 하지만 오래도록 유령이란 존재를 보고 싶어 했다는 사실을 기억해 냈고, 행렬에 조금 더 다가갔다. 맨발을 한 그 악마들은 아우구스티노 수도회Augustinians의 가난한 수도사들이었다. 이들은 검은 성 프란치스코회Franciscan 수도사라 불렸다. 수도사들은 검을 든 우리 때문에 크게 놀랐다. 이에 한 명이 무리에서 빠져나와 소리를 질렀다. '선생님들, 저희는 가난한 신도일 뿐입니다. 아무도 해치지 않습니다. 건강을 위해 강물에 잠시 몸을 식히려던 것입니다.' 튀렌 자작과 나는 마차로 돌아가며 숨이 넘어가도록 깔깔대며 웃었다."

꿈 [Rêve / Dream] 왕립 복권이 있던 시절, 순진한 여성들은 왼손 새끼손가락을 오른손에 두고 자면 꿈속에서 당첨 숫자 조합을 잔뜩 볼 수 있다고 믿었다.

한 남성은 달을 먹는 꿈을 꾸었다. 너무 놀란 남성은 잠에서 반쯤 깨자마자 창으로 달려갔다. 창밖에는 달이 반밖에 보이지 않았다. 그는 다음과 같이 소리쳤다. "신이시여! 저를 깨우길 잘하셨습니다! 얼마나 배가 고팠던지, 불쌍한 달을 몽땅 먹어 치울 뻔했다 핍니까." 참조. 꿈Songes.

등대풀 [Réveille-Matin / Sun Spurge] 플랑드르Flanders 주민들은 이 식물을 악마의 우유Duivelsmelk라고 불렀다.

계시 [Révélations] 한 알렉산드리아Alexandria 시민은 자정경에 청동 동상이 움직이며 모리스Maurice 황제와 그의 자식들이 콘스탄티노플Constantinople에서 죽임을 당할 것이라 소리를 지르는 것을 보았다. 그리고 이 일은 실제로 이루어졌다. 하지만, 이 계시는 사건이 일어난 뒤에 대중에게 공개되었다. 필리프 드 코미네스Philippe de Comines의 증언에 따르면, 안젤로 카토Angelo-Catto 대주교는 숨이 끊어지는 순간 루이 11세Louis XI에게 용담공 샤를Charles the Bold의 죽음을 알렸다고 한다. 가짜 기적은 언제나 진짜 기적을 모방한 것이다. 같은 방법으로, 많은 가짜 계시는 진짜 계시가 존재하기 때문에 받아들여지는 것이다. 여기서 말하는 계시는 신의 계시가 아니다. 신의 계시는 우리 믿음의 근간이다. 신의 계시 없이 우리는 인간에 대해 아무것도 설명할 수 없다.

망령 [Revenants] 사람들은 예외 없이 망령을 만지면 차갑다고 입을 모아 말한다. 카르다노Cardan와 알레산드로 알레산드리Alessandro Alessandri는 이를 확증하는 증인이다. 카제탄Cajetan의 기록에 따르면, 한 마녀가 망령에게 왜 그들이 차가운지 물었다고 한다.

망령은 이에 그래야 하기 때문이라고 답했다. 만족스러운 대답이다. 이 일화를 통해 우리는 악마나 망령도 난처한 상황에서 꽁무니를 뺄 때가 있다는 것을 알게 되었기 때문이다.

돔 칼메Dom Calmet는 세루의 흰 망령 이야기를 기록했다. 그는 폴터가이스트* 형태로 출현했다. 오늘날엔 이와 유사한 무수한 예시가 있다.

월터 스콧Walter Scott은 『페브릴 성Peveril of the Peak』에서 어느 체스터필드Chesterfield 양조업자 이야기를 기록했다. 그는 우울증으로 사망했는데 이후 자신의 소유지에 출몰하였다. 양조업자는 생전에 가장 사랑했던 큰 개와 외딴길을 산책하는 모습으로 목격되었다.

불신하는 사람들이 많지만, 망령은 실제로 존재한다. 그러나 가짜 망령(속임수, 오해, 우연, 공포로 인해 만들어진 망령)은 진짜 망령보다 그 수가 훨씬 많다.

한 이탈리아인이 길동무의 장례를 치르고 로마로 돌아가는 길이었다. 그는 여인숙에서 하룻밤 숙박을 하기로 했다. 그가 혼자 방에 있자, 갑자기 창백하고 수척한 죽은 동무가 나타나 다가왔다. 이탈리아인은 몸을 떨며 고개를 들어 정체를 물었다. 죽은 자는 아무 대답도 하지 않고 옷을 벗더니 침대로 들어왔다. 그리고 그에게 등을 바짝 붙이고 누워 몸을 데우려 했다. 이탈리아인은 어떻게 행동해야 좋을지 알 수 없었다. 그는 크게 동요하며 망자를 밀쳤다. 거부당했다고 느낀 망자는 옛 길동무를 흘깃 쳐다보고는 침대에서 일어나 다시 옷을 입었다. 그리고 신발을 신은 뒤 사라졌고 다시는 나타나지 않았다. 이탈리아인은 침대에서 망자의 발이 닿았을 때, 마치 얼음처럼 차가웠다고 말했다. 이 이야기는 지어낸 것에 불과하다. 하지만 다음의 이야기는 더 명확한 망령 이야기이다.

이탈리아의 한 여인숙 주인은 어머니를 여의고 고인의 침실에서 밤을 보내고 있었다. 그러던 중 그는 숨이 차도록 방을 뛰쳐나와 모든 손님에게 자신의 어머니가 살아 돌아왔다고 외쳤다. 또 어머니가 침대에 누워있다고 덧붙였다. 그는 방에서 어머니를 똑똑히 보았으나, 말을 걸 용기는 내지 못했다. 이에 한 성직자가 방으로 올라가 진상을 확인하기로 했다. 그곳에 있던 모든 이들은 성직자의 뒤를 따랐다. 성직자는 침실에 들어가 침대의 커튼을 걷어냈다. 그리고 침대에는 시커멓고 주름진 피부를 지녔으며 잠옷 모자를 쓰고 기괴한 표정을 짓는 한 노인이 있었다. 사람들은 어머니 주인에게 침대 위 노인이 어머니가 맞는지 물었다. 그는 소리쳤다. "맞아요. 맞아. 내 어머니예요! 내 가여운 어머니!" 시종들도 그녀를 알아보았다. 그러자 신부는 그녀의 얼굴에 성수를 뿌렸다. 얼굴이 젖은 망령은 신부에게 달려들었고 사람들은 놀라 비명을 지르며 달아났다. 그러나 망령이 쓰고 있던 잠옷 모자가 바닥에 떨어졌을 때, 그것이 망령이 아닌 원숭이였다는 것이 밝혀졌다. 원숭이가 자신의 주인이 평상시 모자를 쓰던 모습을 따라 했던 것이었다.

『18세기 파리, 베르사유와 지방 도시들Paris, Versailles et les provinces au dix-huitième siècle』의 저자는 꽤 독특한 망령 이야기를 기록했다. 리옹Lyon의 어느 부유한 상인의 아들인 보드리Bodry는 22세 나이에 파리로 보내졌다. 그의 손에는 신세를 질 대리인에게 건넬 부모님의 추천서가 들려있었다. 보드리에게는 한동안 수도에서 유복하게 지낼 만한 돈이 주어졌다. 그는 성격 좋은 친구와 함께 여행길에 올랐다. 그러나 이들이 파리에 도착했을 때, 보드리는 그만 끔찍한 열병에 걸리고 말았다. 보드리의 친구는 첫날 침대 곁을 지키기를 원했다. 그는 오직 우정 때문에 보드리와 함께 파리까지 온 것이기 때문이었다. 하지만 보드리는 파리를 잘 알지 못한 친구가 파리 구경을 하길 원했다. 이에 보드리는 친구에게 자신의 행세를 하며 부모님의 추천서를 전달하는 일을 제안했다. 친구가 추천서만 자신의 이름으로 잘 건넨다면, 몸이 나은 후 나머지 일을 직접 수습할 수 있을 것 같았다.

이런 독특한 제안을 기분 좋게 받아들인 친구는 즉시 밖으로 나섰다. 그리고 대리인을 찾아가 자신을 보드리라고 소개한 뒤, 리옹에서 가져온 편지를 전했다. 그는 완벽히 역할을 수행했고 그곳에서 제대로 된 대접을 받았다. 이후 친구는 집에 돌아왔고 보드리가 매우 위급한 상태에 놓였다는 사실을 알게 되었다. 친구의 간병에도 불구하고 보드리는 밤을 넘기지 못한 채 숨을 거두었다. 이 잔혹한 사건 이후, 보드리의 친구는 보드리 집안의 대리인에게 사실을 고하기로 마음을 먹었다. 그러나 이렇게 비극적인 상황에서 어떻게 거짓을 고백한단 말인가. 그는 다양한 생각이 들었다. '오히려 불명예스러운 의심만 불러일으키지 않을까?', '보드리가 좋은 의도로 그런 일을 벌였다는 것을 아무도 믿지 않으면 어떡하지?' 그는 보드리의 비통한 예식에 대리인을 초대하지 않는 것은 예의에 어긋나는 행동이라 생각했다. 고통스러운 고민을 하던 그때, 그는 이를 해결할 아주 기발한 생각이 떠올랐다.

그는 기진맥진한 상태로 슬픔에 짓눌린 표정을 하고 밤 열 시경 대리인의 집을 찾았다. 대리인은 가족들과 함께 있었다. 대리인은 매우 늦은 밤에 방문한 보드리의 친구를 보고 어찌 된 영문인지 물었다. 또 수척해진 그를 보고 무슨 불행한 일이 생긴 것인지 질문했다. 보드리의 친구는 숙연한 표정으로 다음과 같이 말했다. "오, 존경하는 선생님. 저는 오늘 아침 세상을 떠났습니다. 내일 있을 저의 장례식에 선생님께서 와주시면 감사하겠습니다." 그리고 모두가 대경실색한 틈을 타, 보드리의 친구는 말릴 새 없이 순식간에 사라져 버렸다. 대리인은 그에게 답을 하고 싶었지만, 이미 모습을 감춘 뒤였다. 자리에 있던 이들은 방문한 자가 미쳤다고 생각했다. 이에 대리인은 다음 날 아들과 함께 그를 찾아가 어찌 된 영문인지 알아봐야겠다고 결심했다. 그리고 다음날 보드리가 묵은 곳에 도착한 이들은 장례가 준비되는 상황에 충격을 받았다. 그들은 보드리를 찾았고, 사람들은 그가 전날 죽어 오늘 매장될 예정이라 말했다. 이 말에 큰 공포를 느낀 대리인과 아들은 자신들이 목격한 것이 보드리의 망령이라고 생각했다. 이들은 집으로 돌아온 가족에게 이를 알렸고, 모두가 그 사실을 믿게 되었다.

다음은 여러 일간지에서 다룬 내용이다.

'최근 오브Aube의 뷔시 앙 오트Bussy-en-Oth에서 미신 때문에 자살까지 이어진 사건이 2건 있었다. 다음은 이 기이하고 비참한 사건의 진상이다(1841년). 마을 근교에 거주하던 한 젊은 청년은 개구리 여러 마리를 산 채로 잡아 봉지에 담았다. 그리고 집으로 돌아오는 도중 청년은 느리게 걷는 농부 한 명을 마주치게 되었다. 농부는 주머니가 벌어진 외투를 걸치고 있었다. 이를 재밌게 여긴 청년은 개구리를 농부의 주머니에 슬쩍 집어넣었다. 이후 농부 조아킴 자크맹Joachim Jacquemin은 집으로 돌아가 침대 위에 외투를 걸쳐놓고 잠에 들었다. 밤이 깊었고, 그는 얼굴에 이상한 감각을 느끼며 잠에서 깼다. 그의 귀에는 발음이 불분명한 작은 울음소리가 들려왔다. 바로 주머니에서 나온 개구리가 출구를 찾다 잠이 든 농부 얼굴에 올라탄 채로 울어댄 것이었다. 농부는 꼼짝할 엄두를 내지 못했고, 개구리는 곧 잠잠해졌다. 평상시 심약했던 농부는 자신이 망령을 마주쳤다고 굳게 믿어버렸다. 얼마 뒤, 그에게 장난을 치고자 했던 한 친구는 상Sens에 사는 자크맹의 삼촌이 최근 세상을 떠났다며, 방문해 유산을 받으라고 전했다.

자크맹은 자신과 아내를 위한 상복을 준비했고 집에서 8리유** 떨어진 욘Yonne (상이 위치한 지방)으로 향했다. 자크맹이 고인의 집에 도착했을 때, 가장 먼저 본 것은 안락의자에 편하게 앉아 있는 그의 삼촌이었다. 삼촌은 그곳에 앉아 자크맹이 놀라는 모습을 보았다. 공포에 질린 자크맹은 아내의 팔을 붙든 채 달아났고, 놀란 삼촌에게 어떤 설명도 해주지 못했다. 이 와중에도 개구리는 계속 농부의 집에 머물렀다. 개구리는 집 바닥 갈라진 틈에 자리를 잡고 이따금 울음소리를 내며, 자크맹에게 무시무시한 불안을 안겨주었다. 이는 특히 죽었다고 생각한 삼촌을 보고 온 뒤 더욱 심해졌다. 자크맹은 삼

촌의 영혼을 보았다고 착각하였고, 밤마다 들리는 울음소리가 망령이 자신을 겁주는 것이라 믿게 되었다. 이 저주를 풀기 위해 자크맹은 구마사를 불렀으나 소용없는 일이었다 울음소리는 계속 집안에 울려 퍼졌다.

매일 밤, 불쌍한 자크맹은 이불을 두건처럼 덮어쓰고 여행용 궤를 제단 삼아 노래를 불렀다. 그럼에도 울음소리는 계속되었다! 더 이상 참을 수 없었던 자크맹은 차라리 죽겠다는 의사를 주변 사람들에게 표현했다. 그리고 자신을 도와달라고 강하게 간청했다. 그는 철제 목걸이를 사 목에 감았다. 친구 중 하나는 나사를 조여 그의 목을 졸라주겠다고 약속했다. 친구는 자크맹이 고통으로 인해 죽음을 포기할 것으로 생각했다. 결국 자크맹은 이 계획을 끝까지 행하지 못했다. 자크맹은 다른 방법을 찾았다. 그는 다른 사람에게 자신을 침대 매트리스 두 겹 사이에서 질식시켜달라고 했다. 부탁을 받은 이는 매트리스로 누르다가 자크맹이 충분히 고통받았다고 느꼈을 때 또 행동을 멈추었다. 그러면서 그는 자크맹이 교훈을 얻겠다고 생각했다. 하지만 그즈음 자크맹은 너무 큰 고통 속에 있었고 불행을 절실히 느끼고 있었다. 이후 어느 날, 더 이상 자크맹이 보이지 않았다. 그는 곳간에서 목을 맨 채 발견되었다. 남편을 잃고 절망에 빠진 아내는 그다음 날 늪에 몸을 던졌고, 그녀 또한 생을 마감했다.'

이것이 경솔한 젊은이들이 행한 어리석은 장난질의 결과이다!

푸아투Poitou의 어느 마을에는 에르비아 Hervias라는 소작농이 살고 있었다. 에르비아는 시종을 하나 두었는데, 그는 에르비아의 딸 카테린Catherine을 마음에 두고 결혼까지 생각했다. 하지만 카테린은 평상시 마음이 통하던 사촌과 약혼을 한 상태였고, 시종은 무일푼의 사내였다. 결혼 한 달 전 에르비아가 깊은 잠에 빠져 있던 어느 날 밤의 일이다. 에르비아는 옆에서 들려오는 이상한 소음에 눈을 뜨게 되었다. 그의 눈앞에는 침대 커튼을 흔드는 망령이 서 있었다. 망령은 검은 주름 장식이 달린 긴 흰색 로브를 입고 있었다. 또 오른손에는 불이 반쯤 꺼진 횃불이 들려 있었고, 왼손에는 쇠스랑이 들려 있었

다. 바닥에는 쇠사슬이 끌렸고 몸 한쪽에는 빛이 나는 말의 머리가 달려있었다. 에르비아는 비명을 질렀다. 그는 공포로 몸이 얼어붙은 채 간신히 망령에게 무엇을 원하는지 물었다.

망령은 대답 말했다. "너는 3일 안에 죽는다. 만일 네 딸과 그 사촌이 결혼하도록 둔다면 말이다. 네 딸은 이 집에서 결혼시키도록 해라. 네가 아침에 처음 보는 남자가 바로 딸의 결혼 상대이다. 그리고 이 일은 모두 비밀로 하라. 네 대답을 확인하기 위해 내일 밤 찾아올 것이다." 말을 마친 망령은 그대로 사라졌다.

에르비아는 한숨도 자지 못하고 밤을 지새웠다. 그리고 새벽이 되었을 때, 누군가 그의 명을 받기 위해 침실에 들어왔다. 바로 에르비아의 시종이었다. 에르비아는 그에게 딸을 주어야 한다는 생각에 망연자실했지만, 티를 내지는 않았다. 대신 카테린을 찾아가 지난밤에 일어난 일을 들려주었다. 절망에 빠진 카테린은 아무런 대답도 하지 못했다. 그날 카테린과 약혼을 한 젊은 사촌이 집을 방문했다. 카테린은 사촌에게 전날 밤 이야기를 털어놓았다. 사촌은 겁먹지 않았고 미래의 장인에게 그의 방에서 함께 밤을 지새우겠다고 말했다. 에르비아는 이 제안을 수락했다. 밤이 되자 젊은 사촌은 도시로 가는 척을 했다. 그리고 해가 완전히 떨어진 뒤 몰래 농장으로 돌아왔다. 그는 에르비아 곁에 의자를 놓고 앉아 망령이 나타나길 침착하게 기다렸다. 자정 무렵, 창문이 열리더니 망령이 전날과 똑같은 옷을 입고 나타났다. 그리고 전날과 같은 말을 읊조렸다. 에르비아는 공포로 몸을 떨었지만, 망령을 겁내지 않는 젊은 사촌은 몸을 일으켰다. 그리고 다음과 같이 말했다. "우릴 위협하는 게 누군지 보자." 그는 망령에게 달려들었고, 달아나려는 망령을 잡아챘다. 사촌은 망령이 단단한 몸을 지녔다는 사실을 알아냈다. 사촌은 외쳤다. "이건 망령이 아니다!" 그는 망령을 창문 밖으로 던졌다. 창문과 지면의 거리는 대략 3.6미터였다. 이후 창 밑에선 구슬픈 비명이 울려 퍼졌다. 사촌은 다음과 같이 말했다. "더는 망령이 돌아오지 못할 겁니다. 어디 살아있나 봅시다." 기운을 차린 에르비아는 미래의 사위와 함께 계단을 내려갔다. 그리고 그 악마 같은 망령이 다름 아닌 시종이었다는 사실을 확인했다. 구태여 그를 치료할 필요는 없었다. 창에서 떨어지며 시종은 크게 다쳤고, 결국 몇 시간 뒤 사망했다. 이러나 저러나 비극적인 운명이었던 것이다.

다음은 피카르디Picardy의 브르퇴이Breteuil 인근에 있는 아르디빌리에Ardivilliers 성에서 있었던 일이다. 루이 15세Louis XV가 어릴 적, 끔찍한 소음을 내는 망령이 나타났다. 망령은 매일 밤 불꽃이 성을 뒤덮는 것처럼 보이게 만들었다. 또 여기에 무시무시한 고함까지 동반했다. 이러한 환영은 일 년 중 특정 시기에만 나타났는데, 만성절 전후가 그때였다. 이에 망령에 익숙한 농부들을 제외한 누구도 그곳에 머무를 엄두를 내지 못했다. 만약 운 나쁜 행인이 그곳에서 밤을 보내면 크게 혼쭐이나 한동안 온몸에 멍이 들었다. 게다가 인근 농부들까지 그곳에서 수많은 유령을 목격했다. 때로는 불붙은 유령들이 열 명 이상씩 무리 지어 성 위에서 춤추는 모습이 목격되었다. 한 번은 초원에서 의장들과 의원들이 붉은 로브를 입고 앉아 한 귀족에게 사형을 내리는 모습이 목격된 적 있었다. 이 귀족은 이미 지난 세기에 목이 잘린 인물이었다.

여러 사람이 아르디빌리에 성의 놀라운 이야기를 보거나 들었다. 이 장난은 4년 또는 5년 정도 지속되었다. 성 주인은 큰 피해를 보았고, 결국 아주 낮은 값에 농장을 임대하게 되었다. 하지만 결국 이러한 현상은 종결되었다. 기이한 일들 뒤엔 속임수가 감춰져 있다는 것이 밝혀졌기 때문이었다. 성 주인은 만성절이 다가올 때쯤 자신의 성을 찾아 밤을 보냈다. 그리고 자신의 방에 귀족 두 명을 머무르게 하였다. 이들은 망령이 소리를 내거나 모습을 드러내는 즉시 총을 쏘기로 마음을 먹고 있었다. 그러나 마치 망령들이 모든 것을 알고 있는 것처럼, 마치 누군가가 이런 준비 과정을 귀띔해 준 것처럼 아무 것도 나타나지 않았다. 망령들은 단지 위층 침실에서 쇠사슬만 끌고 다닐 뿐이었다. 이 소리에 소작농의 아내와 아이들은 성 주인에게 사실을 알리며 도움을 요청했다. 그리고 무릎을 꿇으며 그 방에 올라가지 말라고 부탁했다.

소작농 가족은 소리쳤다. "아, 나리! 저세상 존재들에게 인간의 힘이 무슨 소용 있겠습니까? 나리에 앞서 이들을 습격하려던 사람들은 모두 상처를 입고 돌아왔습니다." 이들의 계속되는 만류에 친구들 또한 성 주인에게 나서지 말 것을 권유하게 되었다. 하지만 결국 성 주인과 친구 하나는 총으로 무장하고 촛불을 든 채 소리가 나는 큰 방으로 올라갔다. 그곳에서 연기가 많이 솟아나고 있었으며, 사이사이로 불길이 번져 있었다. 이후 연기가 사라지며 그 사이로 흐릿한 모습의 망령이 등장했다. 망령은 키가 크고 시커먼 모습이었다. 또 뿔과 긴 꼬리가 달려있었다. 망령은 깡충깡충 뛰고 있었으며, 불길과 연기가 나타날 때마다 모습을 감추었다. 망령의 무시무시한 외모는 두 영웅의 사기를 꺾어버렸다. 성 주인은 친구에게 말했다. "뭔가 초자연적인 존재가 있는 것 같아. 물러나세." 이에 친구는 다음과 같이 답했다. "이건 화약 연기일 뿐이야. 저 망령이 우리가 든 촛불을 끄지 못한다면, 초자연적인 존재라 할 수 없어." 이 말을 끝으로 친구는 앞으로 걸어 나갔고 망령을 쫓아 총을 겨누었다. 총알은 망령에게 명중했다. 하지만 망령은 쓰러지기는커녕 뒤를 돌아 성주인의 친구를 빤히 쳐다보았다.

성 주인의 친구는 그제야 겁을 먹기 시작했다. 그렇지만 그는 그것이 망령일 수 없다 생각하며 침착함을 유지했다. 그리고 자신들이 다가가는 것을 망령이 두려워한다는 것을 알아차렸다. 그는 망령이라는 존재가 만져지는지 아니면 손안에서 사라지는지 확인해 보기로 했다. 다급해진 망령은 방에서 나와 작은 계단으로 달아났다. 성 주인의 친구는 그 뒤를 따랐고 놓치지 않은 채 산책로와 정원을 지나며 망령과 함께 성을 빙빙 돌았다. 결국 망령은 문이 열린 곳간을 찾아 들어갔다. 망령은 몸을 던져 손을 뻗는 순간 벽 안으로 사라져 버렸다. 성 주인의 친구는 도움을 요청했다. 망령이 사라진 장소에는 자물쇠로 잠긴 뚜껑 문이 있었다. 그리고 이곳을 내려

가 보니 질 좋은 매트리스 위에 누운 망령이 있었다. 이는 머리부터 떨어질 때를 대비해 깔아둔 것이었다. 망령을 밖으로 끌어내 가면을 벗기자, 교활한 소작농의 모습이 나타났다. 그는 자신의 모든 죄를 고백했다. 그리고 벌로 지난 5년간 망령이 나타나기 전 내야 했던 원래 임대료에 해당하는 금액을 지불했다. 그가 총에 맞아도 다치지 않았던 이유는 몸에 붙이고 있던 물소 가죽 덕분이었다.

다시 진짜 망령 이야기를 해보자. 북부인들은 망령의 존재를 인정했다. 북부의 망령들은 건물이나 장소에 나타나 인간을 상대로 싸우는 대신 법적 절차를 밟는 매우 기이한 존재들이었다. 『에이르비자 사가Eyrbyggja Saga』에선 한 아이슬란드인의 집에 이 같은 존재가 침입했던 사건을 들려준다. 이는 아이슬란드에 사람이 살기 시작한 지 얼마 되지 않았을 때 일어난 일이었다. 겨울이 시작될 즈음, 구성원이 많은 한 가정을 대상으로 전염병이 돌았다. 남녀노소 가리지 않고 감염시킨 이 병은 많은 이의 생명을 위협했다. 병자들의 죽음은 집 주변에 그들의 망령이 돌아다니는 현상으로 이어졌다. 망령들은 집 밖을 나서는 가족들을 공포로 몰아갔다.

곧 집안에선 산 사람보다 죽은 사람의 수가 많아졌다. 망령들은 벽난로 방에 끔찍한 얼굴을 한 흐릿한 모습으로 나타났다. 그 방은 겨울 동안 모든 가족이 모이는 유일한 장소였다. 살아남은 이들은 겁에 질린 채 방 한쪽 구석으로 물러났고, 벽난로가 있는 자리를 망령들에게 양보했다. 이후 가족들은 토르Thor 신의 신관에게 민원을 제기했다. 그는 섬에 막대한 영향력을 끼치는 사람이었다. 그의 조언에 따라 망령이 든 집 주인은 이웃들로 구성된 심사위원단을 모집했다. 그리고 정식으로 민사 재판을 진행했다. 신관은 죽은 가족 구성원의 이름을 불러 재판으로 소환했고 무슨 권한으로 집을 쟁탈하여 분란을 일으키는지 물었다. 또 왜 문제를 일으키고 산 자들을 괴롭히는지 답할 것을 지시했다. 이에 망령들은 소환되었고 집을 떠나야 하는 아쉬움을 토로하였다. 그리고 놀란 이웃들 눈앞에서 바로 사라져 버렸다.

배심원에 의한 재판은 여기서 기원하였다.

이렇게 망령들을 상대로 판결이 내려졌고, 가족들은 승리를 거두었다.

앞서 인용한 기이한 사건은 월터 스콧의 『악마학Démonologie』에서 가져온 것이다.

기니에서는 죽은 자들의 혼이 지상으로 돌아와 필요한 물건을 집에서 가져간다는 믿음이 있다. 따라서 누군가 물건을 잃어버리면 망령의 탓으로 돌린다. 이는 도둑들에게 아주 이로운 믿음이다. **참조.** 유령Apparitions, 귀신Fantômes, 요괴Spectres, 아테나고라스Athénagore 등.

* 이유 없이 소리가 들리고 물건이 떠다니는 현상. 악마, 마녀, 죽은 영혼에 의해 발생한다고 여겨졌다. / ** 과거의 거리 단위. 1리유는 약 4km 정도이다.

문장점 [Rhapsodomancie / Rhapsodomancy]

시인의 작품을 펼쳐 눈앞에 보이는 문장을 통해 앞날을 예견하는 기술. 호메로스Homer와 버질Virgil의 작품들이 주로 사용된다. 때로는 시집의 문장을 옮겨적고 항아리 안에서 섞은 뒤, 뽑은 문장이나 구절을 점괘로 여기기도 한다. 시가 적혀있는 판 위로 주사위를 던지는 방법도 존재한다. 이 경우 주사위가 멈춘 곳에 적혀있는 글귀를 점괘로 해석한다. 현대에 와서는 핀으로 책을 열어 핀이 가리킨 문장을 점괘로 해석한다.

롬부스 [Rhombus]

그리스의 마법 도구. 마법에 사용되는 팽이이다. 가죽끈을 뚫아 팽이를 두른 뒤, 이를 이용해 돌린다. 마법사들은 이 팽이의 움직임이 인간에게 열정을 불어넣는다고 주장했다. 한 방향으로 팽이를 돌리다가 이를 변경하고 싶을 때는 팽이를 다시 잡고 반대로 돌리면 된다. 연인에게 멸시를 받은 이들은 복수의 신 네메시스Nemesis에게 제주를 퍼부으며 롬부스를 돌렸다.

론 강 [Rhône]

이 강에는 여러 전설이 있다. 고대부터 얼음이 녹을 때면 악마가 헤엄쳐 론 강으로 내려온다. 그는 검집 없는 검과 금 공을 손에 든 남성의 모습을 하고 있다. 때로는 투박한 뗏목을 탄 여성의 모습으로 강을 내려오기도 한다. 하루는 악마가 마르티니Martigny에 멈추어, 그곳 방언으로 다음과 같이 외쳤다. "아이구Aigou, 하우수Haoussou!" (강이여, 일어나라) 론 강은 즉시 악마의 명에 따랐다. 물살은 강기슭을 뛰어넘어 도시 일부를 파괴하였다. 이 잔해는 지금도 남아있다.

스위스 오벨랜드Oberland에는 다음과 같은 이야기가 전해진다. 론 강에서 이어지는 푸르슈Fourche 빙하에서 나는 소리는 악하게 살다가 죽은 영혼들의 비명과 울음소리이다. 이 영혼들은 지하 빙하 속에서 평생 강의 거센 물결을 만드는 벌을 받는다고 한다.

로토마고 [Rhotomago]

중국 그림자극에 등장하는 저명한 마법사. 베르비귀에Berbiguier는 진지하게 그를 악마이자 마법사들의 그랜드 마스터라고 생각했다.[1]

(1) 『파르파데Les Farfadets』, 1권, 275페이지.

휜느 [Rhune]

바스크Basque에 있는 산. 마

법사들이 자주 모여 집회를 열기 때문에 '염소의 숲'이라 불린다.

로토마고

리바댕(자네트) [Ribadin(Jeannette)] 16세기 큰 화제가 된 18세의 젊은 여성. 리바댕은 보르도Bordeaux 인근 주앵 드 세른Jouin de Cernes 교구 출신이다. 어느 일요일, 리바댕은 들판에서 약초를 모으던 중 발작을 일으키게 되었다. 부모 중 하나는 그녀를 나무라며, 공개적으로 죄를 고해해야 한다고 말했다. 이에 그녀를 교회에 데려갔다. 대규모 군중 앞에서, 젊은 여성은 자신이 일요일에 일을 해서 몸이 아팠다고 고백했다. 그리고 리바댕은 곧 황홀경에 빠져 바닥을 굴렀다. 이후 여성은 주름진 소매가 있는 옷을 입지 말고, 남성은 붉은 모자를 쓰지 말라며 신의 말을 전했다. 이 사건은 보르도 대주교의 귀에 들어갔다. 그는 리바댕과 그의 공범을 체포하였다. 대주교는 그녀의 사기 행각을 알아차렸고, 리바댕의 자백을 얻어냈다. 세 명의 공범자가 그녀를 성녀로 보이게 만들며, 계시라는 것을 말하도록 돈을 준 것이었다. 교회 판사는 그녀에게 생 안드레Saint-Andre 대주교 교회에서 예를 갖추어, 한 손에는 횃불을 들고 신에게 용서를 빌며 사죄할 것을 명했다. 이는 곧 집행되었다. 이후 투르넬Tournelle 법원은 그녀를 사기, 유혹, 신성 모독, 남용, 추문이라는 죄목으로 유죄를 선고했다(1587년). 그녀의 공범들 또한 이 불쌍한 여성을 유혹한 대가로 징역형에 처했다. 이는 종교를 비방하는 자들의 주장과 다르게, 과거 신앙심을 상대로 한 사기 행각이 일반적이지 않았음을 증명한다.

리베살 [Ribesal] 실레지아Silesia 주민들은 리셈베르크Risemberg 꼭대기에 유령 리베살이 산다고 생각했다. 주민들은 이 산이 갑자기 구름으로 덮이고 폭풍이 몰려오면 그의 짓이라고 여겼다. 그는 루베잘Rubezal이라는 이름으로도 널리 알려져 있다. **참조**. 루베잘.

리처드 1세 [Richard Cœur de Lion / Richard the Lion-Hearted] 이 오만한 왕은 악마와 관계를 맺었다는 의심을 받았다. 개신교도들은 그를 비방하였다. 월터 스콧Walter Scott 또한 그의 소설에서 리처드 1세를 나쁘게 평가했다.[1]

(1)『십자군의 전설Légendes des Croisades』속 그에 관한 이야기 및 살라딘 Saladin 키워드를 참조할 것.

두려움 없는 리차드 [Richard Sans Peur / Richard the Fearless] 로베르 르 디아블Robert le Diable의 아들 혹은 형제라는 풍문

이 있다. 일부 기사도 소설에선 서큐버스Succubus(여성 몽마)와 혼인한 것으로 묘사된다. 참조. 헬Héla.

리슐리외 [Richelieu] 빈Vienna의 대사였던 리슐리외의 원수Marshal는 어느 강신술사들의 사교에 입문하였다. 강신술사들은 그에게 악마의 왕 벨제부스Belzébuth를 보여주겠다고 약속했다. 리슐리외는 이 말에 혹하였고 승낙하였다. 이후 한밤의 집회에서 소환이 이루어졌고, 이 사건은 화두에 올랐다. 어느 날 리슐리외는 루이 15세Louis XV에게 부르봉Bourbon 왕가가 악마를 두려워한다고 조언했다. 이를 들은 왕은 다음과 같이 답했다. "아직 당신처럼 악마를 만나보지 못해서이다."

릭키우스(자크) [Rickius(Jacques)] 『오늘날 마녀사냥 판사들이 사용하는 차가운 물 시험에 대한 간략하고 명확한 변호, 그리고 필수적으로 알아두어야 할 네 가지 요점 Defensio compendiosa certisque modis astricla probe ut loquuntur aquæ frigidæ qua in examinatione maleficorum judices hodie utuntur, omnibus scitu perquam necessaria, quatuor distincta capitibus』(1597년, 쾰른, 12절판)의 작가.

리구(마스터) [Rigoux(Maître / Master)] 마녀 집회를 주재하던 악마에게 부여되었던 이름.

림몬 [Rimmon] 하위 계급 악마로 지옥에서 특별한 위상은 없다. 지옥 황제의 주치의이기도 하다. 다마스쿠스Damascus에서 렘몬Remmon 또는 렘논Remnon이라는 이름으로 숭배받았다. 몇몇 이들은 림몬이 토성 또는 태양이라고 주장한다. 그에게는 나병을 치료하는 능력이 있다.

리비에르 씨(로슈 르 바이리프) [Rivière (Roch le Baillif, Sieur de la)] 16세기 팔래스Falaise에서 태어난 경험주의자 의사이자 점성가. 그는 앙리 4세Henry IV의 주치의가 되어 왕실을 모셨다. 리비에르는 1605년 11월 5일 사망했다. 힘든 시기에 앙리 4세는 리비에르에게 자식인 루이 13세Louis XIII의 별점을 봐달라고 요청했다. 리비에르는 오랫동안 이를 거절했지만 결국 왕의 고집을 꺾지 못하였다. 그는 어린 후계자가 자신만의 의견을 고집하지만, 다른 이들의 의견에 휩쓸릴 것이라고 왕에게 말했다. 또 위그노Huguenots 교도들로 인해 큰 고통을 받을 것이고, 대업을 이루고 어른이 될 때까지 살 것이라고 예언하였다. 이 점괘는 앙리 4세를 매우 슬프게 만들었다. 예언 중 일부는 왕도 이미 짐작하고 있던 일이기 때문이었다. 리비에르는 자연 철학의 열렬한 신봉자였다. 그는 『11월 10일, 서방 궁수자리에 나타난 혜성의 의미에 대한 논문Discours sur la signification de la comète apparue en Occident au signe du Sagittaire, le 10 novembre』(1577년, 렌, 4절판, 희귀본)을 펴냈다.

로베르 [Robert] 악마에게 빙의된 마리 클로제트Marie Clauzette가 마녀 집회의 집회장을 부르던 이름. 플라크Flaque가 소환한 악마의 이름이기도 하다.

로베르 르 디아블 [Robert le Diable] 두려움 없는 리차드Richard the Fearless의 형제 혹은 아버지라는 풍문이 있다. 그는 악마의 아들로 알려져 있다. 무시무시한 망나니였으며 끔찍한 행동들을 저질렀기 때문이다. 하지만 개종을 한 뒤 긴 고해의 시간을 거쳐 은둔자로 살다가 생을 마감했다. 노르망디Normandy에서는 그의 유령이 마지막 심판의 날까지 돌아다닌다고 믿었다. 『지옥의 전설Légendes Infernales』과 『다른 세계의 전설Légendes de l'autre monde』 속 악마 로베르의 연대기를 참조할 것.

로베르 [Robert] 아르투아Artois의 마법사. 1331년 추방 및 재산 몰수를 선고 받았다. 그는 왕, 여왕, 노르망디의 공작을 저주할 계획을 세웠다. 이에 한 사제에게 비밀스럽게 보석함에 담아둔 작은 밀랍상을 보여주었다. 그 밀랍상은 왕의 아들이자 노르망디의 공작을 상징하는 것이었다.[1]

(1) 쥘 가리네Jules Garinet, 『프랑스 마법사Hist. de la magie en France』, 87페이지.

로베르 [Robert] 프랑스의 왕. 그는 사촌 베르트Berthe와 결혼하였다. 교황 그레고리 5세Gregory V는 공의회에서 이 혼인을 검토하였다. 당시 법률에 따라, 해당 혼인은 근친상간으로 판정되었다. 공의회에서는 부부가 헤어져야 하며 고해해야 한다고 선언했다. 로베르 왕은 이를 받아들이지 않았다. 이후 그는 파문을 당했으며 그의 왕국은 성무 집행을 정지 당했다. 로베르 왕이 교회 앞에서 기도를 하고 있을 때, 사람들이 오리 머리와 목을 달고 있는 괴물상*을 보여주었다는 이야기도 있다. 하지만 이것은 역사가들이 지어낸 이야기다. 사실은 베르트 왕비가 사산을 한 이후 왕은 상처를 받고 그녀와 헤어지게 되었다고 한다. 이와 동시에 파문도 해제되었다. 이 전설 때문에 베르트 왕비는 일부 동상에서 오리 발이 달린 모습으로 묘사되기도 한다.

 * 오리는 프랑스에서 아내에게 충실한 남편을 비유하는 의미로 사용된다.

로빈 후드 또는 숲속의 로빈 [Robin Hood, Robin des Bois / Robin of the Woods] 참조. 퍽Puck.

로비네 드 볼 [Robinet de Vaulx] 가짜 은둔자로 흑마법과 관련이 있었다. 아라스Arras에서 '지식이 모자란 신부' 라는 별명이 있던 라비트Labitte와 함께 재판을 받았다. 15세기에 일어난 일이다.

로카야(마리 드) [Rocaya(Marie de)] 범죄로 악명 높은 마녀. 16세기 말 바스크Basque 지방에서 화형에 처해졌다.

로덴스테인 [Rodenstein] 참조. 하켈베르크Hakelberg.

로데릭 또는 로드리그 [Roderik, Rodrigue] 스페인 고트족Goths의 마지막 왕. 8세기 초, 범죄와 방탕함으로 악명을 떨쳤으나 결국 최후를 맞게 되었다.

로데릭은 스페인의 가장 힘 있는 영주 중 하나인 줄리앙Julian 백작의 딸을 사랑했다. 이후 로데릭은 그녀의 명예를 더럽힌 뒤 왕궁에서 쫓아냈다. 줄리앙 백작은 무어인Moor들에게 스페인 국경을 열어주어 로데릭에게 복수하였다. 7일 동안 지속된 큰 전투에서 로데릭은 죽음을 맞았지만, 그의 시신은 찾을 수 없었다. 이에 로데릭은 그동안 악행을 저지르도록 지시한 그의 주인 악마에게 붙잡혀 갔다고 공표되었다.[1]

(1) 『지옥의 전설Légendes Infernales』을 참조할 것.

로드리게스(이그나지오) [Rodriguez(Ignazio)] 참조. 종교재판Inquisition.

지옥의 왕 [Rois de l'enfer / Kings of Hell] 지옥의 왕은 총 일곱이다. 오전 3시부터 정오까지, 오후 9시부터 밤까지 이들을 만날 수 있다. 참조. 지옥의 군주제Monarchie infernale.

프랑스의 왕 [Rois de France / Kings of France] 일부 연대기 작가들은 프랑스 초기 왕들에게 원숭이와 유사한 꼬리가 달려 있다고 기록했다. 또 척추를 따라 멧돼지의 털이 나 있다고 말했다.

상모솔새 [Roitelet / Kinglet] 시골에선 상모솔새 깃털을 몰래 지니고 다니면 모든 게임에서 이긴다는 믿음이 있었다.

롤랑드 뒤베르누아 [Rolande Duvernois] 보게Boguet는 이 여성을 마녀라고 언급했다. 그녀는 16세기 당시 빙의, 도둑, 복화술 혐의로 교수형과 재갈형에 처해졌다.

로마 [Rome] 교황청이 있는 교회의 영역. 신은 이를 두고 '지옥의 힘은 절대 로마를 이기지 못한다'라고 말했다. 사탄과 그의 신봉자들은 로마와 그곳의 모든 건축물이 교황에게 속한다는 것을 잘 알고 있다. 콘스탄티누스Constantine는 이 신의 권력 앞에서 자신이 작아짐을 느꼈다. 결국 그는 로마와 교황청에 속한 여러 도시를 포기하고 다른 곳에 수도를 세웠다. 샤를마뉴Charlemagne 또한 콘스탄티누스의 생각을 인정하고 이어받았다. 로마 교회를 공경하고 수호한 자들은 축복을 받고 번영을 누렸다. 성 베드로St. Peter부터 현재까지, 교황(또는 교황의 권력)을 공격한 모든 자는 신의 심판을 받았다. 그러나 이단, 분열, 탈주의 아버지인 사탄은 절대 포기하지 않았다.

로물루스 [Romulus] 로마 도시를 세운 자. 몇몇 이들은 로물루스를 악마의 자식이라고 주장한다. 악마학자들은 그를 위대한 마법사로 생각한다. 사실 그의 아버지 마르스Mars는 악마였다. 로물루스는 제국을 굳건히 세운 뒤, 군대 열병식 때 군중이 보는 앞에서 폭풍에 휩쓸려 사라졌다. 보댕Jean Bodin은 그의 출생에 관여한 악마가 그를 다른 곳의 왕국으로 데려갔다고 주장했다.

론웨 [Ronwe] 지옥의 후작이자 백작. 괴물 모습을 하고 나타난다.

그는 자신의 추종자들에게 언어를 가르치고 박애심을 전한다. 그는 19개 군단을 지휘한다.[1]

(1) 요한 바이어Johann Weyer, 『악마의 유사군주제 Pseudomonarchia Dœmonum』.

장미십자회 [Rose-Croix / Rosicrucians] 오늘날 장미십자회는 프리메이슨의 하찮은 계급 속 고위 관직자를 일컫는다. 하지만 한때는 카발라의 비밀을 보존하는 이들을 칭하던 명칭이었다.

노데Naude는 장미십자단에 관한 작고 흥미로운 책을 펴낸 적이 있다. **참조.** 노데Naudé, 안드레Andreæ 등.

예리코 장미 [Rose de Jéricho / Rose of Jericho] 참조. 브라운Brown.

로젬베르크 [Rosemberg] 참조. 백색 여인 Femmes Blanches.

로젠달 [Rosendal] 오늘날 스웨덴인들은 마녀 집회가 열리는 장소를 로젠달(장미 골짜기)이라고 부른다.

로지에 [Rosier] 마녀 집회의 호칭 기도에서 주품천사의 왕자로 소환되는 악마.

로스콜닉스 [Roskolnicks] 러시아의 광신자들. 담배를 '악마의 나무'라고 부르며 피우는 것을 금지하였다.

룬플 [Rounfl] 브르타뉴Bretagne 주민들이 식인귀를 부르는 이름.

루살카 [Roussalkis / Rusalka] 러시아의 운디네Ondins(물의 요정). 연못과 강에 산다.

루스템 또는 루스탐 [Roustem, Rustam] 6세기의 페르시아 유명 영웅. 전설적인 인물로 여겨진다. 한 번에 타타르족Tatars 천 명을 죽이고, 용과 흰 악마를 무찌르며, 혼자서 도시를 정복하는 등 여러 초자연적인 업적을 남겼다. 페르시아의 헤라클레스Hercules라고 볼 수 있다.[1]

(1) 외젠 플란딘Eugène Flandin, 『페르시아 여행Voyage en Perse』.

빨간 머리 [Roux / Redhead] 현대에는 일

반적으로 빨간 머리에 대해 거부감을 느낀다. 이는 과거 붉은 수염의 기원에서 이유를 찾을 수 있다. 하루는 모세Mose가 금 송아지를 숭배하는 이스라엘인들을 보게 되었다. 그는 이 송아지를 가루로 만들어 물과 섞은 뒤 사람들이 마시게 하였다. 덕분에 우상을 숭배하던 자들의 수염에는 붉은빛이 도는 금이 붙어 쉽게 알아볼 수 있었다. 그 뒤로 이들은 붉은빛이 나는 수염을 가지게 되었다고[1].

[1] 예레미 드 푸르Jérémie de Pours, 『다윗 왕의 성스러운 멜로디Divine mélodie du saint Psalmiste』, 829페이지.

루베잘 [Rubezal] 노움Gnomes(땅의 요정)의 왕. 수데티Sudetes 산맥의 주민들에게 꽤 유명한 존재이다. 루베잘은 노움과 마찬가지로 아주 고약한 성격을 지니고 있다. 그는 산의 주민들에게 셀 수 없이 많은 장난을 친다. 그의 이야기가 기록된 책들은 수없이 많다. 심지어 몇몇 소설에서는 루베잘이 주인공으로 등장하기도 한다. 무스케우스Musceus는 오래도록 그의 위업을 이야기했다. 이 고대 슬라브 신화에 등장하는 작은 악마는 여전히 미지의 존재이다. 아직도 종종 외딴곳에 등장한다는 이야기가 있지만, 해가 지날수록 그의 명성과 사람들의 존경은 사라지고 있다. 리벤잘Ribenzal이라는 이름으로도 알려져 있다.

루비 [Rubis / Ruby] 고대인들은 루비를 가지고 있으면 독을 견디고 전염병을 피해가며 슬픔을 없앨 수 있다고 믿었다. 또 나쁜 생각이 빗겨나간다고 생각했다. 이 보석의 색이 변하면 나쁜 일이 닥칠 징조이다. 불행이 지나가면 다시 원래의 색을 되찾는다.

지옥 길 [Rue d'Enfer] 참조. 보베르Vauvert.

리파이 [Ruffaïs / Rifa'i] 모든 종류의 마법이 용인되는 인도에서는, 이슬람 마법사들이 공개 마법 공연을 하는 일이 흔하다. 1838년 건실한 영국인이 발행한 《해군 및 군사 잡지Naval and Military Periodical》 116호에는 이와 관련된 기사가 게재되었다. 다음은 그 내용이다.

'인도에 도착한 뒤로, 나는 줄곧 리파이라는 이슬람 이단에 대한 소문을 접했다. 이들은 이슬람교를 설파하면서, 검으로 자신의 몸에 상처를 내고 혀를 자른다. 또 이를 불에 구운 뒤 다시 입안에 넣는 데, 이를 통해 신앙을 증명한다. 이들은 제자들에게 이러한 기적을 행하는 방법을 알려준다. 신앙심이 있다면 몸 어느 부분도 자유자재로 통제할 수 있고, 눈을 뽑거나 목을 잘라도 멀쩡하다는 것이 이들의 주장이다.

G 대령은 한 진지한 성격의 성직자와 함께 이 광경을 보았다. 그리고 불편해하던 성직자는 이를 사탄의 짓이라 소리치며 달아나 버렸다. 대령은 이를 마법으로 생각했다. 하지만 난 이것이 분명 속임수일 것으로 생각했다. 난 직접 그 눈속임을 확인하고 싶다고 대령에게 말했다.

공연 날이 찾아오자, 커다란 천막이 세워졌다. 그 안에는 오십 개의 램프, 비소가 가득 찬 접시, 선인장(이 식물은 우윳빛 즙이 나왔는데, 피부에 한 방울만 닿아도 물집이 생겼다)으로 보이는 모종이 배치되어 있었다. 또 오래된 귀걸이, 팔찌, 단검, 검, 쇠꼬챙이도 한데 모여있었다. 모든 것이 갖추어졌고, 다섯 장교와 나는 백여 명의 관객과 함께 천막 속으로 들어갔다. 그곳에는 스무 명의 리파이들이 북을 치는 중이었다. 우리가 앉자, 이들은 북소리에 맞춰 자신들의 성서에서 가져온 구절을 노래처럼 불렀다.

소란스러운 분위기 때문이었을까? 관객들은 모두 일종의 황홀경에 빠진 듯했다. 리파이들의 몸은 끊임없이 경련을 일으켰다. 이들은 준비된 도구를 주워들었다. 몇몇 이들은 꼬챙이, 단검으로 뺨, 혀, 목을 찔렀고, 다른 이들은 검을 자신의 몸에 찔러 넣었다. 또 다른 몇몇은 혀를 잘라 불에 구운 뒤 제자리에 완벽히 붙이기도 했다. 이 중 하나는 많은 양의 비소를 삼켰지만, 고통스러운 내색조차 하지 않았다. 마치 사탕을 먹는 아이들처럼 팔찌와 귀걸이를 삼키는 자들도 있었다.

이 모든 행위는 관객이 앉아 있는 곳 바로 앞에서 벌어졌다. 모든 이들은 어떠한 속임수도 생각할 수 없었다. 이 광경은 나를 깊은 혼란에 빠뜨렸다. 대령은 내가 본 모든 것이 실제라고 말했다. 그렇지 않았다면 자기가 벌써 사기 행각을 모두 밝혀냈을 것이라 주장했다. 하지만 나는 의심을 멈출 수 없었다.
　나는 이 놀라운 일을 북이나 소란 없이 한 낮에 보고 싶다고 말했다. 다음 날 오후, 침대에 누워 신문을 읽고 있을 때였다. 갑자기 리파이의 대장이 나를 찾아왔다. 그는 연구리에 온갖 종류의 도구를 끼우고 있었다. 그는 바닥에 모든 도구를 내려놓았다. 그리고 단검을 집어 들어 왼쪽 뺨에 찔러넣었다. 이후 또 다른 단검은 오른쪽 뺨에 찔러넣었다. 뒤이어 다음 단검은 혀에, 네 번째 단검은 목에 찔러 넣었다. 그는 아주 날카로운 칼을 꺼내 몸에 박아 넣었다. 칼이 들어간 깊이는 대략 3인치 정도였다. 그의 몸에선 단 한 방울의 피도 흐르지 않았다.
　리파이의 대장은 혀를 자르려 했고, 나는 공포에 질려 그를 막았다. 분노에 가득 찬 그의 두 눈은 내 등골을 오싹하게 만들었다. 그는 비소 3온스를 삼켰고, 이후 몸을 관통한 모든 칼을 꺼냈다. 하지만 몸 어디에서도 피가 솟구치지 않았다.'
　이 기사를 작성한 장교는 해당 사건을 어떻게 받아들여야 할지 난감해했다. 그럼에도 이를 직접 보았음을 공식적으로 증언했다.

루게리(코스모) [Ruggieri(Cosme)] 피렌체Firenze의 마법사이자 여왕 카테린 드 메디시Catherine de Médicis의 신하. 1574년 샤를 9세 Charles IX에게 주술을 걸어 암살을 시도한 죄로 법정에 섰다[1].

　(1) 줄 가리네Jules Garinet, 『프랑스 마법사Hist. de la magie en France』, 451페이지.

루그너 [Rugner] 스칸디나비아의 거인, 숫돌로 만든 거대한 창을 지니고 다녔다. 한 결투에서 토르Thor는 대성당 만한 크기의 몽둥이로 그의 창을 한 번에 박살 내 버렸다. 이때 그의 창이 산산조각 나 흩어지게 되었다. 전설에 따르면 전 세계에 있는 모든 숫돌은 이 사건으로 인해 만들어졌다고 한다.

룰(엘스페스) [Rule(Elspet)] 1708년 마녀로 판결 난 스코틀랜드인. 비교적 이런 범죄에 관대했던 법원 덕분에 그녀는 한쪽 뺨만 불탄 채 추방되는 형을 받았다.

룬 문자 [Runes] 이 마법 문자는 북방민들에게 대단한 마법 효능이 있다고 여겨졌다. 해로운 룬 문자도 있는데, 이는 '씁쓸한 룬'이라 불리며 나쁜 일에 사용되었다. '구조의 룬'은 사고를 피하는 데 쓰였고, '승리의 룬'은 승리를 가져다주었으며, '치료의 룬'은 질병을 치료하는 데 사용되었다. 룬 문자는 주로 나뭇잎에 새겨졌다. 난파를 막고, 여성의 노동을 덜어주고, 독극물을 예방하는 룬도 존재했다. 룬 문자는 적을 때 행하는 의식, 새긴 재료, 놓아둔 위치, 문장의 배치(원, 구불구불한 선, 삼각형 등)에 따라 효과가 달라졌다. 지금도 북부 해안에 놓인 바다에 가면 바위에 새겨진 룬 문자의 일부를 찾아볼 수 있다.

러쉬 [Rush] 스웨덴의 장난꾸러기 악마. **참조.** 퍽Puck.

리엔스 [Ryence] 웨일스Wales 북부의 전설적인 왕. 마법사였으며 왕들의 수염 24개로 장식된 외투를 입고 다녔다. 그는 결국 아서Arthur 왕에게 죽임을 당했다.

라이머 [Rymer] 스칸디나비아의 거인. 신들의 적이다. 그는 세상의 종말이 오면 나글파르Naglefare를 조종한다. **참조.** 나글파르.

S

사바옷 [Sabaoth] 2세기 이단인 아르콘틱Archontic들은 사바옷을 모순된 천사로 여겼다. 또 사바옷이 세상의 사건들에 연루되어 있다고 믿었다. 더불어 이들은 여성이 사탄의 작품이라고 주장했다. 과연 이단에 걸맞은 감언이설이다.

사바시우스 [Sabasius] 일부 악마학자들은 사바시우스를 마녀 집회의 수장으로 여긴다. 이 이름은 한때 고대 이교도 마법사들의 마스터였던 바쿠스Bacchus의 별칭이기도 하다. 카발리스트들 사이에서 그는 노움Gnomes(땅의 요정)으로 여겨진다.

사바탄 [Sabathan] 마녀 집회의 호칭 기도에서 소환되는 악마.

사바 [Sabba] 무녀 중 하나이자 예언가. 쿠마Cumes 출신이다.

마녀의 집회 [Sabbat] 마녀, 마법사, 악마들은 밤에 모여 난잡한 연회를 연다. 악마학자들은 앞서 말한 이들이 마녀 집회에서 악행을 계획하고 사람들을 겁주며, 저주를 준비하고 끔찍한 미스터리를 벌인다고 주장한다. 마녀 집회는 교차로, 외딴 혹은 야생의 장소, 호수, 연못, 늪 근처에서 열린다.

이들은 이곳에서 날씨를 움직여 우박을 내리게 하거나 폭우를 쏟아붓게 만든다. 집회를 위해 선택된 장소는 저주받아 어떤 풀도 자랄 수 없다. 스트로치Strozzi는 비첸차Vicenza 인근 들판에 심어진 밤나무 한 그루 주변에 생긴 기묘한 현상을 목격했다. 이 밤나무 주변으로는 땅이 원형으로 메말라 있었는데, 리비아의 모래와 같았다고 한다. 이곳은 마녀들이 무도회와 집회를 연 곳이었다. 일반적으로 집회는 수요일과 목요일, 금요일과 토요일 사이 밤에 열린다. 때로는 한낮에 열리기도 하지만 이는 매우 드문 일이다. 마법사와 마녀에게는 악마가 남긴 표식이 있다. 그리고 표식에서 일으키는 어떤 움직임을 통해 집회 시간을 알 수 있다. 비상시, 악마는 구름 속에 양을 나타나게 해(이를 볼 수 있는 건 마법사뿐이다) 순식간에 추종자들을 한데 모은다.

일반적으로 마법사들이 잠에 들었을 때 (혹은 한쪽 눈씩 번갈아 가며 휴식을 취할 때) 마녀 집회로 떠나야 하는 일이 생기면, 이들은 막대나 아이 비계를 바른 빗자루 손잡이에 올라타 이동한다. 혹은 하급 악마들에 의해 옮겨진다. 악마들은 염소, 말, 당나귀 혹은 다른 짐승의 형태를 한다. 그리고 늘 하늘을 가로질러 이동한다.

마녀들이 집회 참석을 위해 빗자루 손잡이에 기름칠할 땐, 다음과 같은 주문을 세 번 외친다. "에멘 에탄Emen-Hêtan! 에멘 에탄!" 이는 '여기랑 저기! 여기랑 저기!' 라는 뜻이다. 이는 드 랑크르Pierre de Lancre가 한 말이다. 일부 프랑스 마녀들은 막대기, 비계, 탈 것 없이 몇 단어만 소리 내는 것으로 집회에 참석할 수 있다. 이탈리아에서는 항상 염소가 마녀를 집회까지 에스코트한다. 그리고 프랑스와 마찬가지로 굴뚝을 이용해 오간다. 마녀 집회 소집에 불응하는 자는 벌금을 내야 한다. 악마가 규율을 중시하기 때문이다.

마녀들이 유괴한 아이를 집회에 데려가는

것은 빈번하게 일어나는 일이다. 이는 여러 가지 의식을 위함이다. 만일 어느 마녀가 이웃에 사는 아이를 유괴해 집회에 데려가기로 악마에게 약속했으나 실패한다면, 친자식이 나이에 상응한 대로, 아이를 데려가야 한다. 악마의 마음에 든 아이들은 다음 의식을 통해 그의 백성이 된다.

집회를 주도하는 검은 악마인 레오나르 Leonard와 그의 보좌인 소악마 장 뮐랭 Jean Mullin이 아이에게 대부와 대모를 지정해 준다. 이는 악마의 세례라고 불리는 의식이다. 이후 아이에게 신, 성모, 성인들을 부정하도록 지시한다. 이 부정을 큰 책에 적은 뒤, 레오나르는 자신의 뿔을 이용해 아이의 왼쪽 눈에 표식을 남긴다. 이 표식은 아이의 모든 시험 동안 남아있는데, 시험을 통과하면 악마가 산토끼, 두꺼비 발, 검은 고양이 같은 다른 표식을 수여한다.

교육 동안, 집회에 받아들여진 아이들은 집회 날 호숫가에서 흰 막대를 들고 두꺼비들을 돌봐야 한다. 아이들이 두 번째 표식을 받는다면 이는 마법사로 인정받은 것이다. 그리고 무도회와 연회에 참석할 수 있게 된다. 마법사들은 이러한 의식에 대해 다음과 같이 말한다. "나는 탬버린을 마시고, 심벌즈를 먹고, 인정받은 구성원이 되었다." 르 루아예 Pierre Le Loyer의 기록에 따르면, '탬버린'은 염소의 부푼 껍질에서 짜낸 즙을 의미하고, '심벌즈'는 음식을 데우는 데 사용하는 냄비나 대야를 의미한다고 한다. 가능성을 보이지 못한 아이들은 희생양이 된다. 마녀들은 아이를 조금내 잔칫상에 올린다.

집회 장소에 도착했을 때 가장 먼저 해야 하는 일은 주인에게 경의를 표하는 것이다. 악마는 왕좌에 앉아 있다. 그는 일반적으로 뿔이 세 개 달린 거대한 염소 머리를 지닌다. 그의 가운데 뿔은 온 집회장을 밝히는 불빛을 내뿜는다. 때로는 새, 소, 밑 없는 나무둥치, 악마 같은 인간의 얼굴 등을 하고 있다. 하지만 가장 애용하는 것은 염소의 얼굴이다. 악마는 검은 왕관을 쓰고 머리는 비죽비죽 솟아있으며 얼굴은 창백하다. 또 탁하고 크고 동그란 눈을 부릅뜨고 있으며, 늘 눈이 이글이글 불타고 있다. 게다가 염소의 수염을 가지고 있으며 인간의 손을 취하고 있다. 손가락은 인간처럼 다섯 개이고 맹수의 발톱이 달렸는데 끝이 뾰족하다.

악마의 발은 거위의 발과 닮았고 꼬리는 당나귀 꼬리와 닮아있다. 그의 목소리는 소름 끼치고 낮으며 단조롭다. 악마의 엉덩이 밑에는 항상 검은 남성의 얼굴이 달려있다. 마법사들은 집회에 도착하면 이 엉덩이 아래 얼굴에 입을 맞추며 경의를 표한다. 그는 추종자들에게 은화를 조금씩 나눠주고 집회를 위해 일어난다. 집회를 주도하는 이는 모두를 불러 모으고, 계급에 따라 자리를 지정해 준다. 그리고 항상 마법사 옆에는 악마가 한 마리씩 동행한다.

일부 마녀들은 집회에서 사용되는 식탁보가 금빛이며, 맛 좋은 빵과 와인이 놓인 훌륭한 식사가 제공된다고 말했다. 반면 다른 마녀들은 끔찍한 요리들이 나왔다고 주장했다. 이 음식들을 살펴보면 두꺼비, 교수형 당한 자의 인육, 세례를 받지 않은 어린아이와 다른 소름 끼치는 요리, 메밀로 만든 악마의 빵 등이라고. 집회의 식사 중에는 불경한 음악이 흘러나온다. 식사 후에는 참석자들이 식탁을 떠나 주인을 찬양하며, 각자의 방식으로 연회를 즐긴다. 어떤 사람들은 등에 고양이를 묶은 채 춤을 춘다. 자신이 저지른 나쁜 짓을 보고하는 이들도 있는데, 충분히 악행을 저지르지 못하면 벌을 받는다. 마녀들은 하인으로 두는 두꺼비의 고발에 답해야 한다. 두꺼비들이 제대로 밥을 얻어먹지 못했다고 불평하면, 주인 마녀들은 벌을 받는다.

집회의 검열관들은 팔이 없는 작은 악마들이다. 이들은 큰불을 지핀 뒤 죄인들을 던져 넣고 적절한 순간에 다시 꺼낸다.

이 장소에서는 붉은색이나 검은색 벨벳 옷을 입은 두꺼비에게도 경의를 표한다. 이 두꺼비는 목에 종을 달고 있고, 오른발에도 같은 종을 달고 있다. 이 두꺼비들은 유능한 하인으로 지옥 군단의 부흥에 도움이 된 마녀에게 하사한다. 집회 장소 한쪽 구석에서는 마녀가 악마의 예배를 진행하며 원하는 자는 누구든 참석할 수 있다. 다른 구석에서는 가장 불쾌하고 치욕스러운 행위가 벌어진다. 이곳에서 집회의 주인 엉덩이에 입을 맞추는 자들은 모두 손에 어두운색 양초를 들고 있다. 어떤 이들은 벨벳 옷을 입고 종을 단 두꺼비들과 짝지어 춤을 춘다. 이러한 놀이는 수탉이 울 때까지 이어진다. 닭이 울면 모두 해산해야 한다. 주인 악마가 자리를 뜨는 것을 허용하면 각자 집으로 돌아간다[1].

아내가 집회에 참석한다는 정보를 들은 어느 숯 상인은 이를 염탐하기로 결심했다. 하루는 그가 자는 척을 하고 있자, 아내가 일어나 어떤 약물을 문지르고는 사라졌다. 유심히 관찰한 상인은 기름이 든 상자를 꺼내 그녀가 한 대로 몸에 문질렀다. 그는 굴뚝을 통해 순간 이동했고 어느 백작의 창고에 떨어지게 되었다.

이 백작은 지역에서 꽤 존경받는 인물이었다. 이 창고는 비밀 집회가 열리는 곳이었고 숯 상인은 그곳에서 자신의 아내를 발견했다. 집회 저녁 식사는 도르래를 타고 내려왔다. 숯 상인의 아내는 남편을 알아보고 신호를 보냈다. 그러자 모든 것이 순식간에 사라졌고, 지하에는 가여운 숯 상인만 남게 되었다. 노숙으로 몰린 그는 자신에게 일어난 일과 창고에서 보게 된 일을 고백했다[2].

한 농부가 우연히 한밤에 마녀 집회 장소를 지나게 되었다. 그는 그곳에서 받은 음료를 바닥에 버리고 빠르게 달아났다. 이때 농부가 들고 간 잔은 재질과 색이 아주 별난 것이었다. 전해지는 이야기에 따르면, 이 잔은 왕 헨리 더 엘더Henry the Elder에게 전달되었다[3]. 이 희귀한 잔은 아마 원래의 주인에게 돌아갔을 것이다.

마찬가지로 독일의 어느 푸줏간 주인은 한밤의 숲을 지나다가 집회에서 흘러나오는 음악을 듣게 되었다. 호기심이 발동한 그는 가까이 다가갔으나 모든 것이 증발했다. 그는 그곳에서 은으로 된 잔을 주워 관리에게 전달했고, 마을에서는 잔에 이름이 새겨진 사람들을 체포하거나 사형시켰다[4]. 한 마법사는 자신의 이웃을 설득해 집회에 데려갔다. 마법사는 이웃에게 엄청난 행복이 있을 것이라고 약속했다. 둘은 먼 장소로 옮겨졌고, 그곳에서 사람들은 커다란 염소를 둘러싸고 모여있었다. 이를 보고 참석한 이웃은 신을 불렀다. 그러자 소용돌이가 불며 모든 것이 사라졌고 그만 덩그러니 남겨졌다. 그가 원래 살던 나라로 돌아오는 데는 3년이라는 시간이 걸렸다[5].

카발리스트들은 다음과 같이 말한다. "집회는 현자들이 악마들을 한데 모아 인간의 딸과 약혼을 시킬 때 열리는 것이다. 위대한 오르페우스Orpheus는 이 지하의 존재들을 최초로 소환한 자였다. 첫 소환 당시 악마 중 가장 나이가 많던 사바시우스Sabasius는 한 여성과 결혼했다. 사바시우스의 이름에서 마녀 집회를 의미하는 '사바트Sabbat'라는 명칭이 생겨났고, 이에 관한 온갖 엉뚱한 이야기들이 생겨났다." 악마학자들은 오르페우스가 마녀 집회의 창시자이며, 최초의 마법사들은 오르페오틀리스트Orpheotlists라는 이름으로 불렀다 주장한다. 이 음산한 통음난무는 '사보에Saboe!'를 외치며 바쿠스Bacchus를 소환하던 바쿠스 축제에서 시작되었다.

루비에Louviers 빙의 사건 당시 지역 수도원 수녀였던 마들렌 바방Madeleine Bavent은 마녀 집회와 얽힌 다음의 기이한 폭로를 하였다. 그녀가 루앙Rouen의 한 여직공 집에 있었을 때, 마법사 하나가 나타나 그녀를 고급스러운 집회로 데려갔다. 그곳에서 그녀는 지옥의 악마 중 한 명인 다곤Dagon과 혼인을 올렸다. 또한 마들렌 바방은 자신이 속한 곳 모든 구성원에게 저주를 내리겠다고 약속했다. 마튀랭 피카르Mathurin Picard는 이를 듣고 그녀를 집회의 공주로 승격시켰다. 그녀는 희생 제물을 이용해 저주를 걸었다.

마들렌 바방이 병에 걸리자, 마튀랭 피카르는 마법서를 사용해 그녀와 강제 계약을 맺었다. 그녀는 집회에서 네 명의 여성이 출산하는 것을 목격했다. 그리고 아이들을 살해하고 잡아먹는 데 도움을 주었다고 자백했다. 그녀는 성목요일의 만찬에서 어린아이를 먹었다고도 증언했다. 끝으로, 어느 금요일 밤, 피카르와 불레Boule가 희생물을 찔러 피를 보았다고 말했다. 게다가 마들렌 바방은 헛간에서 불레가 피카르의 영혼을 소환하는 의식에도 참석했다. 이는 에브루Evreux 교구의 저주를 확인하기 위함이었다. 루앙 법원에서 진행되었던 재판 당시, 그녀는 수도원장 다비드David가 마법사라고 주장했다. 그녀의 주장에 따르면, 다비드는 피카르에게 마법 도구로 채워진 작은 상자를 전달했으며 악마의 힘을 함께 넘겨주었다고.

그녀는 어느 날 정원의 뽕나무 아래 앉아 있던 중, 못생기고 악취를 풍기는 검은 고양이를 발견했다고 말했다. 이 고양이는 그녀의 어깨에 올라타더니 주둥이를 가까이하며 악마의 본성을 드러냈다. 마들렌 바방은 집회의 예배행렬에 관해서도 언급했다. 이 혐오스러운 의식은 반은 인간 반은 염소의 모습을 한 악마가 집도했다. 악마는 제단 위에 검은 양초를 올려두었다. 이런 끔찍한 행위는 16세기 말 타락한 풍습에서도 발견된다.

지금(1863년)으로부터 100년도 채 되지 않은 시절, 림뷔르흐Limburg 지역에서는 수많은 보헤미안과 무뢰한들이 마녀 집회에 참석하였다. 이들의 입회는 외진 사거리에 있는 '염소들의 예배당'이라는 오두막에서 진행되었다.

입회식 날, 받아들여진 사람들은 술에 취한 채 지주 위 세워둔 나무 염소 위에 걸터앉았다. 이는 마치 공중을 나는 듯한 착각을 불러일으켰다. 이들은 탈것에서 내린 후, 요란한 연회 속으로 몸을 던졌다.[8]

말브랑슈Malebranche는 때때로 이 집회라는 행위가 근거 없는 것이라고 주장했다. 집회는 정신착란이나 상상 때문에 생긴 결과이며, 정신착란을 경험하고자 하는 이들이 약물을 사용해 발생한다는 것이다. 베지에Bergier는 대중의 경신이 겁 많은 이들의 증언으로 인해 힘을 얻는다고 보았다. 겁많은 사람들이 한밤중 숲에서 길을 잃다가 나무꾼이 켠 불을 집회로 오해한다는 것이다. 또 공포에 질린 상황에서 존재하지도 않는 집회를 보거나 들었다고 상상하는 것이라고 덧붙였다. 교회의 옛 신부들은 마녀 집회라는 개념 자체를 언급한 적이 없다. 이런 믿음은 아마 북부 야만인들 사이에서 파생되어 프랑스까지 내려온 것으로 추정된다. 그리고 '염소들의 예배당'과 같은 사건을 통해 무지한 자들 가운데 신빙성을 얻었을 것이다.

로렌Lorraine의 공작 샤를 2세Charles II는 신분을 감추고 자신의 영토를 여행했다. 어느 날 밤, 한 농가에 도착한 그는 그곳에서 밤을 보내기로 결심했다. 저녁 식사를 마친 샤를 2세는 그곳의 사람들이 한 번 더 식사를 준비하는 것에 놀랐다. 게다가 두 번째 식사는 자신이 먹은 것보다 훨씬 고급스럽고 정성을 들이며 깨끗하게 차리는 것이었다. 놀란 그는 집주인에게 어떤 손님들을 기다리는지 물었다. 농부는 다음과 같이 답했다. "손님을 기다리는 게 아닙니다. 오늘은 목요일이라서요. 매주 이 시간이 되면 악마들이 지역 마법사들과 함께 인근 숲에 모여 집회를 엽니다. 악마의 춤을 추고 난 뒤 이들은 네 개 무리로 나뉘지는데, 그중 하나가 우리 집으로 오고, 나머지는 인근 다른 농가로 가 식사를 한답니다." 호기심이 든 샤를 2세는 그 손님들이 돈을 내는지 물었다. 농부는 다음과 같이 답했다. "돈을 내기는요. 마음에 드는 게 있으면 가져가 버리고 마음에 들지 않는 게 있으면 화를 냅니다. 근데 저희가 마법사랑 악마에게 어떻게 대적하겠습니까?" 놀란 귀족은 이 진귀한 일을 더욱 깊이 알아보고자 했다. 그는 시종들에게 몇 가지 지시를 내렸고, 시종들은 3리유* 정도 떨어진 인근 도시 툴Toul을 향해 빠르게 말을 몰았다. 새벽 2시경이 되자 마법사, 마녀, 악마라고 자칭하는 서른여 명의 사람이 나타났다. 이들 중 몇몇은 곰의 모습을 하고, 몇몇은 뿔과 발톱이 달려 있었다. 이들이 식탁에 앉자, 샤를 2세가 모습을 드러냈다. 그는 군부대를 대동한 채였다. 귀족은 저녁 식사가 시작되려던 자리에 난입해 다음과 같이 말했다. "악마는 음식을 먹지 않는다. 그러니 나의 군대가 대신해 먹도록 하겠다…." 마법사들은 반박을 시도했고 악마들은 위협을 가했다. 그러자 샤를 2세는 다시 대꾸했다. "당신들은 악마가 아니다. 지옥의 진짜 시민들은 말보다 행동이 앞선다. 당신들이 정말 그곳에서 왔다면 우리는 이미 저주에 걸렸을 것이다."

이후 귀족은 지옥의 군단이라 주장하는 자들이 그곳에서 사라지지 않는 것을 목격했다. 그는 부하들에게 모든 마법사와 참석자를 체포하라 명했다. 다음 날 아침, 샤를 2세는 120명의 체포된 자들을 대동하고 나타났다. 이들은 가증스러운 통음난무를 펼치고 인근 농가를 약탈하기 위해 숲으로 모인 농부들이라는 사실이 밝혀졌다. 로렌의 공작은 농가를 떠나기 전 후한 밥값을 전달했고, 가짜 마법사와 악마들을 강도, 건달과 똑같이 처벌하였다. 인근 주민들은 이후 이들의 공포로부터 자유로워질 수 있었다. 하지만 로렌 지역에서 마녀 집회에 대한 두려움은 사라지지 않았다.

뒬뤽Duluc은 『지구와 인간사Lettres sur l'histoire de la terre et de l'homme』 4권 91편에서 다음의 내용을 다뤘다.

'지금으로부터 약 10년 전인 1769년, 로렌과 트리어Trier 영지에서는 촌부들의 단체가 만들어졌다. 이 단체의 존재는 모든 종교적, 도덕적 원칙을 뒤흔드는 것이었다. 이들은 법이 닿지 않는 곳에서 자신들의 모든 욕망을 만족시킬 수 있다고 믿었다. 경찰의 추적을 피하고자, 이들은 자신들이 사는 마을에서 아주 신중하게 행동했다. 이때 이들에겐 어떤 무질서도 보이지 않았다. 하지만 밤이 되면 이들은 무리를 지어 외진 곳에 사는 사람들을 약탈했다. 또 가증스러운 일을 저지르고 끔찍한 위협을 가하며 폭력을 통해 피해자들의 입을 막았다. 다행히도 이들 중 하나는 다른 사소한 죄 때문에 정체가 밝혀졌다. 그리고 이 끔찍한 집단의 존재가 세상에 드러나게 되었다. 이 일로 단두대에 오른 흉악범의 수는 백여 명이었다.' 참조. 블로쿨라 Blokula, 마녀집회의 호칭기도Litanies du Sabbat 등.

(1)줄 가리네Jules Garinet 그리고 드 랑크르, 보댕Bodin, 델리오Delrio, 마이올Maiol, 르 루아에, 다나에우스Danaeus, 보게Boguet, 몽스트를레Monstrelet, 토르케마다Torquemada 등. / (2)델리오, 『마법 연구Disquisitiones Magicae』. 그리고 보댕, 30페이지. / (3)『삼중 마법Trinum magicum』. / (4)캉브레의 요아힘Joachim de Cambrai. / (5)토르케마다Torquemada, 『6일 창조Hexameron』. / (6)『지옥의 전설Légendes Infernales』 속 마법사 이야기 중 '염소들의 예배당'을 참조할 것. / * 1리유는 약 4km 정도이다.

사바타이 제비 [Sabbathaï Zévi] 17세기 가짜 유대인 메시아(1).

(1)『구약성경의 전설Légendes de l'Ancien Testament』 속 해당 이야기 참조.

사비교 [Sabéisme / Sabians] 원소와 별들을 숭배하는 종교. 몇몇 이들은 사비교에서 판별점성술이 탄생했다고 주장한다.

사벨리쿠스(게오르크) [Sabellicus(Georges)] 독일의 어릿광대. 17세기 독일 전역에서 활동하였다. 사벨리쿠스는 자신이 강신술사, 점성가, 마법사, 손금쟁이, 불 점술가의 수장이라고 주장했다. 그 덕에 큰돈을 벌었고 노인과 아이에게 큰 숭배를 받았다(1).

(1)살그Salgues, 『오류와 편견Des erreurs et des préjugés』.

사비에누스 [Sabiénus] 카이사르Caesar와 폼페이우스Pompeius가 대적한 시칠리아Sicilia 전쟁에서 사비에누스는 카이사르의 함대를 지휘했다. 그는 적 부대에 생포되어 폼페이우스의 명으로 목이 잘리게 되었다. 이후 그의 시신은 하루 종일 해안가에 방치되었는데, 머리와 몸이 거의 분리되어 달랑달랑 연결되어 있었다. 그날 저녁, 사비에누스는 폼페이우스나 그의 측근을 만나고 싶다고 요청했다. 그가 지옥에서 왔으며 몇 가지 중요한 전달 사항이 있다고 말이다. 폼페이우스는 측근 몇 명을 보냈다. 사비에누스는 측근들에게 폼페이우스가 지옥 신들의 호의를 샀으며, 전쟁에서 승리할 것이라 일렀다. 더불어 사실은 냉혹 ~~~하고 있으며 이를 증명하기~~~ 위해 즉시 죽음을 맞이할 것이라고 고했다. 그리고 그는 바로 숨이 끊어졌다. 폼페이우스는 기대한 대로 승리하진 못했다.

사빔 [Sabim] 튀르키예의 점성가들을 일컫는 명칭.

모래 [Sable / Sand] 마다가스카르Madagascar 주민들은 점술가와 상의 없이는 절대 전쟁을 시작하지 않는다. 마다가스카르 점술가들은 모래로 채워진 작은 표주박을 사용하는데, 이 모래는 특정 지역에서만 찾을 수 있다. 이들은 나무판자 위에 모래를 뿌리고 그림을 그려 적을 이길 수 있는지 알아본다.(1)

(1) 『마다가스카르 여행Voyage de Madagascar』, 1722년.

사브낙 또는 사르막 [Sabnac, Salmac] 지옥의 대 후작이자 요새의 악마. 무장한 군인의 형태로 나타나며 사자의 머리를 가지고 있다. 그는 지독하게 못생긴 말을 타고 다닌다. 사브낙은 인간을 돌로 변신시키며 놀라운 재주로 탑을 세운다. 50개 군단을 거느린다.(1)

(1) 요한 바이어Johann Weyer, 『악마의 유사군주제Pseudomonarchia Dœmonum』.

사카라스 [Sacaras] 마다가스카르Madagascar의 6계급 천사. 모두 악하다.

사쿨라리우스 [Saccilaires / Saccularius] 마법을 이용해 다른 사람의 돈을 갈취했던 고대 사기꾼들.

제물 [Sacrifices] 계시의 빛을 잃어버린 인간들은 잔혹하고 피에 굶주린 살육의 신들을 만들어냈다. 헤로도토스Herodotus의 기록에 따르면, 스키타이족Scythians은 포로의 1/5을 말살자 마르스Mars에게 제물로 바쳤다고 한다. 고대 시베리아인들은 사제의 칼에 죽임을 당하는 영광을 누리기 위해 서로 다투었다. 조셉 드 메트르Joseph de Maistre는 이 불가사의를 깊이 탐구하였는데, 이 주제에 관하여 그가 남긴 글은 읽어볼 가치가 있다.

트라키아Thrace에는 인간 제물만을 바치는 사원이 존재했다. 이곳의 사제들은 항상 목에 단검을 걸고 다녔는데, 이는 언제나 살해 ~~할 준비가 되있다는 것을 의미했다.~~ 아르카디아Arcadia의 바쿠스Bacchus 신전과 라코니아Laconia의 미네르바Minerva 신전에서는 어린 소녀들을 무자비하게 매질했다. 이것이 그들의 숭배 방법이었기 때문이다. 게르만족과 킴브리족Cimbri은 잔혹한 고문을 겪게 한 인간을 제물로 바쳤다. 페구Pegu에는 귀족 출신의 아름다운 소녀들을 가두는 사원이 있었다. 이 소녀들은 존중과 함께 늘 귀한 대접을 받았다. 하지만 매해 이 중 한 명이 국가 우상의 제물로 성대하게 희생되었다. 보통 가장 뛰어난 소녀가 선택되었고, 희생제를 치르는 날은 전 국민의 축제일이나 다름없었다. 사제는 희생물로 선택된 소녀의 옷을 벗긴 뒤, 목을 조르고 심장을 뜯어내 우상의 얼굴에 던졌다. 멕시코인들은 악신에게 수천 명의 인간 희생양을 바쳤다. 대부분 민족(기원전 신의 백성, 기원후 기독교인들은 제외한다)은 이러한 야만적 행위를 거리낌 없이 범했다.

베냉Benin에서는 범죄자를 우상에게 바치는 풍습이 있었다. 그 때문에 이들은 늘 25명의 범죄자를 맞춰서 준비해 두었다. 이 수가 채워지지 않으면, 관료들은 밤중에 도시를 돌아다니며 마주치는 사람을 무작위로 잡아들였다. 어떤 빛도 들지 않는 곳에서 말이다. 이렇게 잡힌 주민들은 사제에게 넘겨지고, 사제들은 그들의 운명을 결정지었다. 부자들은 자신이나 노예가 잡히면 돈을 지불하고 풀려날 수 있었다. 하지만 가난한 이들은 제물로 희생되었다.

헤카톰Hecatomb은 원래 백 마리의 소를 제물로 바치는 의식을 의미했지만, 추후 같은 종 동물 백 마리를 바치는 것으로 변하였다. 나중에는 사자나 독수리도 제물로 바쳐졌다. 이는 황실의 의식이었다. 헤카톰은 풀밭에 마련된 백 개의 제단에서 백 명의 제사장을 통해 진행되었다.

마법사들은 두꺼비, 검은 닭, 세례를 받지 않은 어린아이들을 악마에게 바치곤 했다.

이는 참 멋진 동화 같은 이야기다!

사데이 [Saday] 플라크Flaque의 동료. 해당 단어를 참조할 것.

사디알 또는 사디엘 [Sadial, Sadiel] 이슬람교에서 세 번째 하늘을 지배하는 천사. 땅을 견고하게 하는 역할을 맡았다. 땅에 움직임이 있는 것은 그가 발을 딛고 있기 때문이다.

코피 [Saignement de Nez / Nosebleed] 코에서 피 세 방울이 흐르면 가족 중 한 명이 사망할 징조다. 하지만 네 방울이 흐르면 무효다.

사이노카와라 [Sainokavara / Sai no Kawara] 우소리Usori 호수에 있는 장소. 일본인들은 고성소*와 같은 이곳에서 아이들의 영혼이 붙들려있다고 믿었다.

  * 천국과 지옥, 연옥 중 어디에도 가지 못한 영혼들이 머무르는 장소.

생(마리 드) [Sains(Marie de)] 마녀이자 빙의자. 참조. 플랑드르의 빙의자들Possédées de Flandre.

생 앙드레 [Saint-André] 미신에 반대하는 글을 쓴 의사. 1726년, 생 앙드레는 자신을 신임하던 한 여성 환자에게 부름을 받았다. 그녀는 자신이 어린 토끼를 출산했다고 말했다. 며칠 뒤 여성은 다시 산통을 느꼈다. 그녀는 자신의 뱃속에 토끼가 아직 여럿 남아있음을 느꼈다. 이에 생 앙드레가 환자의 집에 도착해 환자를 직접 대면하였다. 놀랍게도 그녀는 살아있는 토끼를 낳았다. 이웃과 의사는 기적이라고 소리쳤다. 그리고 토끼들의 어머니에게 축하금을 주었다. 그녀는 돈맛을 알게 되어 8일마다 떠들썩한 출산을 이어갔다. 이 대단한 번식력에 놀란 경찰은 진상을 알아보기로 했다. 토끼 어머니를 가두고 감시하자, 그녀가 주민들과 생 앙드레를 속였다는 사실을 금세 입증할 수 있게 되었다.[1] 생 앙드레는 마법에 관한 책(12절판, 1부작)을 출간했다. 이 책에서 그의 판단은 정확하다고 말하기 어렵다.

  (1) 살그Salgues, 『오류와 편견Des erreurs et des préjugés』, 3권, 111페이지.

생 오뱅 [Saint-Aubin] 위르뱅 그랜디어 Urbain Grandier 사건에 관한 『루덩의 악마 이야기Histoire des Diables de Loudun』(1716년, 암스테르담, 12절판, 1부작)를 쓴 칼뱅주의자Calvinist 작가. 터무니없는 악의를 담아 쓴 이 책은 거짓으로 가득 채워져 있다. 레리슈Leriche 신부는 그의 훌륭한 저서인 『빙의에 관한, 특히 루덩 빙의에 관한 연구Études sur les possessions en général et sur la possession de Loudun en particulier』에서 이 칼뱅주의자의 무수한 거짓말을 짚어냈다. 생 오뱅은 해당 사건이 일어나고 60년 뒤에야 책을 출간했는데, 판사와 증인들은 이미 세상을 떠난 뒤였다. 그는 거슬리는 모든 것은 내용에서 지워버렸다. 더불어 오만하고 폭력적이며 복수심이 강한 데다 방탕한 인물이었던 그랜디어를 무고하게 탄압받은 자로 그려냈다. 제대로 입증된 마법 범죄 외에도 이 자는 '60명 증인의 진술'에 의해 화형을 당했어야 했다.

가요 드 피타발Gayot de Pitaval은 『저명한 사유들Causes célèbres』이라는 묵직한 총서에서 생 오뱅의 글을 베껴 넣었다. 진실을 좇는 올곧은 이라면 여기서 언급한 해박한 작품들만 읽으면 좋을 것이다. 만약 전기 작가들이 정직하다면, 더는 그랜디어를 피해자로 묘사하지 않을 것이다.

생 제르망 백작 [Saint-Germain(Le Comte de)] 18세기의 유명한 협잡꾼. 금을 만들고 다이아몬드를 불리는 등 여러 경이로운 일을 해낼 수 있다고 주장했다. 사람들은 생 제르맹 백작의 출신을 알지 못하여, 그가 현자의 돌을 통해 영생을 얻었다고 믿었다. 심지어 그가 2천 살이라는 소문까지 돌았다. 그는 희한한 방식으로 사람들의 신임을 얻어 속이는 재주가 있었다. 그는 예루살렘에서 본디오 빌라도Pontius Pilate를 잘 알고 지냈다고 이야기하며, 이 로마 총독의 저택을 자세히 묘사했다. 또한 그의 집에서 저녁 식사를 했을 때 식탁에 올랐던 음식들을 줄줄 읊었다. 하지만 로한Rohan의 추기경은 이를 망상이라 생각했다. 추기경은 백작의 시종을 찾아가 물었다. 시종은 흰머리의 정직한 얼굴을 한 노인이었다. "이보게, 친구여. 당신 주인이

하는 말을 내가 믿기 좀 어렵네. 그는 복화술 사일지도 모른다네. 만약 내가 금을 만든다고 치세. 하지만 2천 년을 살며 본디오 빌라도를 보았다니. 그건 너무 지나치지 않나? 당신도 그곳에 있었나?" 시종은 순진한 얼굴로 답했다. "오, 추기경님. 그건 저보다 오래된 일입니다. 제가 백작님을 섬긴 게 4백 년 정도밖에 되지 않아서….".

생 질 [Saint-Gille] 생 제르망 앙 레Saint-Germain en Laye의 약재상. 1770년 12월 22일, 과학 아카데미에 복화술사로 소개되었다. 그는 입을 꾹 다물고 두 입술을 완벽히 붙인 채, 혹은 온 관객이 들여다볼 수 있을 정도로 입을 크게 벌린 채 완벽히 말하는 능력이 있었다. 생 질은 경탄스러울 정도로 목소리 크기와 음색을 바꿀 수 있었다. 그의 목소리는 마치 하늘에서 뚝 떨어지거나, 반대편 집에서 들리는 것 같거나, 신전의 천장에서 들리는 것 같거나, 나무 꼭대기 혹은 땅 한가운데서 퍼지는 듯했다.[1]

(1) 라 샤펠La Chapelle 수도원의 복화술사, 줄 가리네 Jules Garinet, 『프랑스 마법사Hist. de la magie en France』, 278 페이지에서 언급함.

성인 [Saints] 파렴치한 사기꾼들은 성인들을 이용해 가증스러운 미신을 지어냈다. 1828년 3월, 생캉탱Saint-Quentin 법원은 이 사기 행각과 관련된 재판을 진행했다. 사건은 다음과 같다. 쇠약해진 아이들이 걱정스러웠던 농부의 아내들은 마법사 피에르 루이 D Pierre-Louis D를 찾아갔다. 그는 사실 피톤Pithon(캉브레Cambrai 교구에 속함)에서 보리 타작을 하던 자였다. 피에르 루이 D는 집안에 불만을 품은 성인들이 있으며 매우 노여워하고 있다 말했다. 그리고 이 때문에 아이들이 쇠약해진 것이라고 주장했다. 또한 이를 잠재울 방법이 있다고 장담했다.

이 방법이라는 것은 마법사에게 6 리아르Liards(이제는 사람들의 기억 속에만 남아있는 화폐)를 주어 그가 성수에 뛰어들도록 하는 것이었다. 의식을 통해 계시를 받은 마법사는 성인들의 이름을 불렀다(마법사의 말에 따르면 독실한 여성들에게 불만을 품은 성인이라고 한다). 일을 마친 뒤, 그는 수고비를 받아 갔다. 그러나 아이들은 조금도 회복되지 않았다. 이에 대한 소문이 떠돌자, 피에르 루이 D는 법정으로 불려 갔고, 1년의 금고형을 선고받았다.

사카르 [Sakhar] 『탈무드Talmud』에 기록된 솔로몬Solomon의 왕좌를 차지한 지옥의 악령. 과거 솔로몬은 시돈Sidon을 점령하고 그곳의 왕을 죽인 뒤, 그의 딸 테레다Tereda를 데려갔다. 테레다는 매일 아버지의 죽음을 슬퍼했고, 솔로몬은 악마에게 그녀를 위로할 조각상을 하나 만들라고 명령했다. 그리고 이 조각상을 테레다 방에 놓자, 그녀와 시녀들이 이를 숭배하기 시작했다. 솔로몬은 신하 아자프Asaf를 통해 이 숭배 의식에 대해 알게 되었다. 솔로몬은 동상을 부수고 테레다를 벌한 뒤 사막으로 가, 신 앞에 무릎을 꿇고 용서를 빌었다. 하지만 그가 눈물을 흘리고 회개해도 저지른 과오를 덮을 수는 없었다. 솔로몬은 늘 목욕을 하기 전, 반지(이 반지에는 왕의 힘이 담겨 있었다)를 빼 아내 중 하나인 아미나Amina에게 주곤 했다. 하루는 사카르가 솔로몬의 모습을 하고 아미나에게 다가가 반지를 직접 받아 갔다. 그리고 반지 속 왕의 힘을 이용해 왕좌를 차지했다. 이후 사카르는 모든 법을 자신의 입맛대로 바꿔버렸다. 이와 동시에 솔로몬은 외모가 바뀌어 신하들이 알아볼 수 없게 되었다. 결국 솔로몬은 길을 떠돌며 동냥을 하는 신세가 되었다. 40일 동안 그의 성에서는 우상이 숭배받았다. 이후 악마는 도망가며 반지를 바다에 던졌고, 물고기가 삼키게 되었다. 솔로몬은 이 물고기를 잡았고, 반지는 다시 주인에게 되돌아갔다. 왕국을 되찾은 솔로몬은 사카르를 잡아 목에 돌을 두른 뒤 테베리아스Tiberias의 호수에 던져버렸다.

사크라트 [Sakhrat] 이슬람교도들은 카프Kaf 산이 세상을 감싸고 있다고 믿는다. 이 산은 사크라트라는 거대한 초석 위에 올려져 있다. 루크만Luqman은 누구든 사크라트를 지닌 자는, 쌀알만 한 크기라도 기적을 일으킬 수 있다고 기록했다. 이 에메랄드 원석은 빛을 반사해 하늘이 푸른 빛을 내도록 한다. 신은 지진을 일으키고자 할 때, 이 돌의 뿌리 중 하나를 움직인다. 땅은 이 사크라트 덩어리 중심부에 놓여 있다(마치 손가락에 낀 반지처럼 자리한다). 사크라트라는 지지대가 없다면 지구는 영원히 흔들릴 것이다. 사크라트 지대로 가려면 암흑의 지역을 지나가야 한다. 이곳은 고등 지능을 갖춘 존재에게 안내받지 않고서는 아무도 닿을 수 없다. 암흑의 지역은 바로 인류의 첫 영웅들에게 패배한 디베Dives(악령)들이 갇혀있는 곳이다. 페리Peris(또는 여자 요정)들이 주로 거주하는 곳도 이 장소다.

석가모니 [Sakimouni / Shakyamuni] 칼미크족Kalmyks의 전설에 나오는 정령 혹은 신. 원래는 산토끼의 몸이었으나 아사 직전의 남자를 만나, 배를 채워주기 위해 잡아먹혔다. 이런 고귀한 희생에 감동한 땅의 정령은 이 산토끼의 영혼을 달에 놓아주었다. 칼미크족은 여전히 달에서 그 산토끼를 볼 수 있다고 말한다[1].

(1) 『팔라스 여행Voyages de Pallas』.

살라딘 [Saladin] 중세에는 사라센인Saracens이 전쟁에서 악마의 도움을 받는 뛰어난 마법사로 여겨졌다. 월터 스콧Walter Scott은 저서 『악마학Démonologie』에서 다음의 예시를 인용했다(월터 스콧은 이를 리처드 1세Richard I의 오래된 소설에서 발췌하였다).

사라센의 왕, 살라딘은 리처드 왕에게 용감한 어린 군마와 함께 사절단을 보냈다. 이와 동시에, 살라딘은 두 부대가 대치한 가운데, 일대일 결투를 벌여 팔레스타인과 얽힌 문제를 끝맺으려 했다. 이는 리처드 1세가 믿는 신인 기독교가 참인지, 사라센인들이 숭배하는 신이 참인지를 해결하는 것이었다. 하지만, 이 기사도적인 도전 속에는 악마의 속임수가 숨어있었다. 사라센인의 한 주술사는 미리 두 마리의 악마를 암말과 망아지 속에 숨겨두었다. 그리고 암말이 울 때, 덩치 큰 망아지가 젖을 먹기 위해 무릎을 꿇으라는 지시를 내려두었다. 살라딘은 이 신호에 잘 반응하길 바라며, 마법에 걸린 망아지를 리처드 왕에게 보냈던 것이다. 계획대로만 된다면 어미 말 위에 탄 살라딘은 매우 유리하게 결투할 수 있을 터였다. 하지만 영국인 군주는 꿈에서 자신을 상대로 한 덫이 놓여 있다는 경고를 듣게 되었다. 이에 왕은 저주를 무력화하는 조치를 취했다. 결투에 앞서 망아지는 구마되었고, 악마가 깃든 짐승은 머리를 숙이며 이에 복종했다. 그러나 왕은 이를 믿을 수 없었기에, 어미 말의 울음소리를 들을 수 없도록 망아지 귓구멍을 밀랍으로 막았다. 이렇게 준비가 끝난 리처드는 무장한 채 살라딘을 마주했다. 살라딘 또한 자신의 계략을 믿고 그를 기다렸다. 결투가 시작되자, 암말은 땅이 흔들릴 정도로 크게 울어 젖혔다. 그러나 밀랍으로 귀가 막힌 망아지는 신호를 들을 수 없어 명령을 따르지 않았다. 결투 중 살라딘은 말에서 떨어져 가까스로 죽음을 면했지만, 그의 군대는 기독교인들에게 무참히 패하였다.

샐러맨더 [Salamandres / Salamanders] 카발리스트들의 주장에 따르면, 샐러맨더는 불의 가장 정묘한 부분으로 결성된 원소 정령들이라고 한다. 빌라르Villars 수도원장은 샐러맨더를 불의 영역에 사는 존재이며 현자들을 섬긴다고 설명했다. 하지만 현자와 시간을 함께 보내지는 않는다고 덧붙였다. 샐러맨더의 딸이나 아내는 모습을 드러내는 일이 드물다. 원소 정령 중에는 샐러맨더의 수명이 가장 길다. 역사학자들은 로마의 건국자 로물루스Romulus가 마르스Mars 신의 아들이라고 말한다. 그리고 자유사상가들은 이를 신화라고 주장한다. 하지만 악마학자들은 로물루스가 인큐버스Incubus(남성 몽마)의 자식이라고 주장한다. 빌라르 수도원장은 여기에 그치지 않고 자연을 이해하는 사람이라면 마르스가 사실 샐러맨더임을 알고 있을 것이라 말한다. 참조. 카발라Cabale.

양서류 중에는 샐러맨더라고 불리는 도마뱀을 닮은 종이 있다. 이 동물은 검은 피부에 노란 반점이 있고 비늘이 없다. 또 끈적끈적한 액체를 끊임없이 분비한다. 고대인들은 이 동물이 불 속에서 살 수 있다고 믿었다.

재치 있는 베르제락Bergerac은 샐러맨더가 에트나Etna 산, 베수비오Vesuvius 산, 카프 루즈Cape Rouge와 같은 화산 아래 거주한다고 말했다. 그는 샐러맨더가 열을 내거나 싸울 때 끓는 기름을 땀처럼 흘리고 산성 물질을 뱉는다고 주장했다. 더불어 그는 샐러맨더가 있는 집은 부엌에 불을 피울 필요가 없다고 덧붙였다. 냄비 걸이에 샐러맨더를 걸어두면, 벽난로 앞에 놓인 것은 무엇이든 끓이고 굽기 때문이다. 또 샐러맨더의 두 눈은 밝게 빛나기에 어두운 방에 두어도 빛을 발한다고 말했다. 이는 꼭 영원의 램프 같다.

살그(장 밥티스트) [Salgues(Jean-Baptiste)] 『사회 각 계층에 만연한 오류와 편견Des erreurs et des préjugés répandus dans les diverses classes de la société』(1818년, 파리, 8절판, 3부작, 3쇄)의 저자. 네 번째 판까지 출간되었다. 지금은 많은 독자들이 관심을 갖지 않는 책이다.

소금통 [Salière / Salt Shaker] 고대에는 소금이 현명함을 가져다준다고 믿었다. 이에 식탁에는 반드시 소금통을 두었다. 소금통이 없는 것은 불길한 징조로 여겨졌다. 소금은 우정을 상징하기도 했다. 친구들은 식사 시작 시 소금을 함께 음용하였다. 만약 누군가 이를 엎는다면 친구 간 싸움이 일어날 것으로 보았다. 오늘날까지도 미신을 믿는 사람들에게 소금통을 엎는 것은 불길한 징조로 여겨진다. 이 미신의 유명한 예시로는 몽트라벨Montrevel 장성 이야기를 들 수 있다. 그는 바이론 장성의 아버지 집에서 저녁 식사를 하던 중, 자기 옷에 소금통이 떨어진 것을 보았다. 겁에 질린 그는 곧 다음과 같이 소리쳤다. "나는 죽은 목숨이다!" 그는 정신을 잃고 집으로 옮겨졌으며, 열병에 걸려 나흘 뒤 사망했다(1718년). 이 사건은 어리석은 자들의 소금통 미신을 더욱 굳건히 만들어주었다. 참조. 소금Sel.

살리사터 [Salisateurs / Salisators] 중세 시대의 점술가들. 맨 처음 흔들리는 팔다리를 관찰해 길흉을 점쳤다.

침 [Salive / Saliva] 박물학자 플리니우스Pliny는 손가락에 침을 발라 귀 뒤에 문지르면 걱정과 불안이 사라진다고 기록했다. 그러나 이것이 침이 가진 유일한 효능은 아니다. 침은 독사 및 독을 품은 파충류를 죽이는 것으로 유명하다. 대 알베르투스Albert le Grand는 이를 위해선 공복의 남성이 오래도록 물을 먹지 않고 있어야 한다고 명시했다. 피귀에Figuier는 자신의 침을 적신 막대기를 휘둘러 여러 마리의 뱀을 죽인 적이 있다고 주장했다. 살그Salgues는 약간의 침만으로도 독사를 죽일 수 있으나, 충분히 내리쳐야 한다고 말했다.

레디Redi는 아리스토텔레스Aristote, 갈레노스Galen, 루크레티우스Lucretius가 말한 침의 능력을 확인하고 싶었다. 그는 공복에 토스카나Tuscany의 대공이 모은 독사 무리에 침을 뱉었다. 하지만 고대의 기록과는 달리 뱀은 죽지 않았다. 참조. 침Crachat.

솔로몬 [Salomon / Solomon] 동방의 철학자, 식물학자, 점술가, 점성가들은 솔로몬 또는 술레이만Soliman을 그들의 주인으로 여긴다. 이들의 주장에 따르면, 신은 솔로몬에게 지혜를 내리며 모든 자연과 초자연의 지식을 전수해 주었다고 한다. 이 중 가장 대단하고 유용한 기술은 유령과 정령을 소환하고 명령을 내리는 방법이다. 솔로몬에게는 부적이 새겨진 반지가 있었다. 그는 이 반지로 모든 중간 존재(신과 인간 사이에 있는 존재)들을 다룰 수 있는 절대적인 권력을 부여받았다. 이 반지는 아직도 존재하며, 솔로몬의 무덤 속에 숨겨져 있다. 이 반지를 손에 넣는 사람은 세상의 지배자가 된다고 한다. 하지만 솔로몬의 무덤이 어디에 있는지 아는 사람은 아무도 없다. 우리는 남아있는 주문, 행동, 그림을 통해 솔로몬의 영혼을 다루는 능력 일부를 불완전하게나마 습득할 수 있다. 이 아름다운 비밀은 솔로몬 왕이 남겼다고 알려진 기이한 책들 속에 보존되어 있다. 이 중에서도 가장 유명한 서적은 『솔로몬의 진정한 열쇠Véritables Clavicules de Salomon』(멤피스, 18절판)로 이집트인 알리벡Alibeck이 출간하였다. 이 안에는 주술과 마법 주문이 들어있다. 아그리파Agrippa가 이 책을 매우 높이 샀다고 하지만, 이는 잘못 전해진 이야기이다. 솔로몬은 『현자의 돌 개론Traité de la pierre philosophale』, 『사상의 그림자들Les Ombres des idées』, 『아홉 반지의 서Le Livre des neuf anneaux』, 『아홉 촛대의 서Le Livre des neuf chandeliers』, 『세 유령 형상의 서Le Livre des trois figures des esprits』, 『악마를 쫓는 인장들Des Sceaux qui chassent les démon』 그리고 아들 르호보암Rehoboam에게 남긴 『강신술 개론Traité de nécromancie』의 작가로도 여겨진다. 참조. 액막이Conjurations, 사카르Sakhar, 벨리알Bélial, 아즈라엘Asrael, 아스모데우스Asmodée, 아스 노토리아Art Notoire.

살루다도레스 [Saludadores] 스페인에서 일부 질병을 치료한다고 주장하던 사람들. 민간 전승에 따르면 이들은 반으로 잘린 바퀴 형태의 표식을 지니고 태어났다. 이들은 성 카테린St. Catherine의 후손이라고 주장했지만, 그녀에게는 후손이 없었다. 참조. 불연성 Incombustibles.

로마의 구원 [Salvation de Rome / Salvation of Rome] 참조. 버질Virgile.

살베르트(유제브) [Salverte(Eusèbe)] 『마법, 기적 등에 관한 에세이Essai sur la magie, les prodiges』(1821년, 브뤼셀, 12절판, 파리에서 재판됨)의 작가. 이 책은 철학서지만, 잘못된 관점을 가지고 있다.

사마엘 [Samaël] 랍비들이 말하는 악마의 왕. 뱀에 올라타 이브Eve를 유혹한 것도 이 악마이다. 유대인 학자들은 그가 죽음의 천사라고 주장한다. 사마엘은 검 또는 화살과 활을 든 모습으로 나타난다. 아스모데우스Asmodeus와 동일한 악마라고 주장하는 이들도 있다.

사마리텐 [Samaritaine(La)] 퐁네프Pont Neuf 다리 아래 위치한 샘으로 파리 시민에게 큰 사랑을 받았다. 파리 민담에는 이 샘과 관련된 이야기가 있다. 바로 사마리텐이 파괴되는 날, 북방민이 프랑스를 침략하고 파리를 정복한다는 것이다. 샘은 결국 1813년에 파괴되었다.

삼베데 [Sambethe] 참조. 무녀Sibylles.

샘슨(아그네스) [Sampson(Agnès)] 참조. 제임스 1세Jacques Ier.

사무엘 [Samuel] 엔도르Endor의 무녀는 사울Saul 왕에게 예언자 사무엘의 영혼을 보여주었다. 사무엘은 왕에게 재앙을 예고했다. 메나세 벤 이스라엘Menasseh ben Israel은 두 번째 저서 『죽은자의 부활Résurrection des morts』에서 무녀가 사무엘의 영혼을 다시 돌려보내지 못했다고 기록했다. 또 그녀가 소환한 영혼이 사실 예언자의 모습을 한 악마였다고 덧붙였다. 사무엘의 영혼은 왕에게 다음과 같이 말했다. "왜 나의 휴식을 방해하면서까지 이곳에 올라오도록 한 겁니까?" 몇몇 이들은 불러낸 것이 예언자의 영혼이기에 이 말을 할 수 있다고 생각했다. 하지만 '올라오도록'이라는 표현이 악마가 주로 사용하는 표현이라 주장하는 이들도 있었다. 랍비 메이어 가발Meyer-Gabal은 이 영혼이 진짜 예언자라고 생각하는 사람 중 하나였다. 그는 사무엘이었기에 사울에게 '내일이면 너와 네 아들들이 나와 함께 있게 되리라Cras tu et filii tui mecum erunt.'라고 말한 것이라 보았다. 대다수의 신학자도 생각을 같이한다.[1]

(1) 베지에Nicolas Sylvestre Bergier, 『신학 사전Dictionnaire

théologique』 속 '무녀'를 참조할 것.

오디 [Sanaves / Ody] 마다가스카르Madagascar 여성들이 목과 손목에 차고 다니는 부적. 이 부적은 향이 나는 나무 조각을 천으로 감싼 것이다. 오디는 마법사의 공격으로부터 몸을 보호해 준다.

산초 [Sanche / Sancho] 피에르 당젤베르Pierre d'Engelbert의 하인. 피에르 당젤베르는 카스티야Castile를 상대로 전쟁 중인 아라곤Aragon 왕 알폰소Alphonse를 지원하기 위해 산초를 보냈다. 산초는 전쟁이 끝나고 무사히 집에 돌아왔으나, 얼마 뒤 병에 걸려 숨지고 말았다. 그가 세상을 떠나고 4개월 뒤, 주인 피에르 당젤베르는 방에 누워있다가 유령이 방으로 들어오는 것을 보았다. 이 유령은 달빛을 받아 빛나고 있었고 반쯤 헐벗은 상태였다. 유령은 벽난로 가까이 다가가 불을 발견하고는 몸을 데웠다. 피에르 당젤베르는 유령에게 누구냐고 물었다. 유령은 쉰 목소리로 답했다. "당신의 하인 산초입니다.", "여긴 무얼 하러 왔느냐?", "다른 몇 명과 함께 카스티야로 가려 합니다. 그곳에서 저희는 속죄해야 합니다. 저는 한 교회의 장식물을 훔쳤습니다. 그 때문에 이 여행을 하게 되었습니다. 당신이 자비를 베푼다면 저의 죄를 덜어주실 수 있습니다. 주인님의 아내는 제게 8수Sous*를 빚졌습니다. 그 돈을 제 이름으로 가난한 이들에게 주길 부탁드립니다." 피에르 당젤베르는 그에게 최근 숨진 몇몇 친구들의 안부를 물었다. 산초는 그의 질문에 성실히 답하였다. 피에르 당젤베르는 물었다. "알폰소 왕은 지금 어디에 있는가?"

그러자 그가 미처 보지 못한, 창가에 있던 다른 유령이 대신 답했다. "산초는 아라곤의 왕에 대해 아무것도 말해줄 수 없습니다. 산초가 우리와 함께하게 된 건 얼마 되지 않았거든요. 5년 전 죽은 제가 알려드리겠습니다. 알폰소는 사망 후 우리와 얼마 동안 함께했습니다. 하지만 클루니Cluny 베네딕토회Benedictine 수도사들의 기도를 통해 해방되었고, 지금은 어디에 있는지 모릅니다." 이후 두 망령은 사라졌다. 피에르 당젤베르는 아내를 깨워 산초에게 빚진 것이 있느냐 물었다. 아내가 답했다. "그에게 줄 돈이 8수 있었어요." 이에 수긍한 그는 기도를 하고 망자의 영혼을 위해 돈을 기부하였다.[1]

(1) 돔 칼메Dom Calmet, 『환영 개론Dissertations sur les apparitions』. / * 과거 프랑스의 화폐 단위.

산달폰 [Sandalphon] 유대 카발라에서 우월한 지능을 가진 세 존재 중 하나.

피 [Sang / Blood] 고대인들은 황소의 피를 독으로 취급했다. 플루타르코스Plutarch의 기록에 따르면, 테미스토클레스Themistocles는 황소의 피를 삼키며 스스로 목숨을 끊었다고 한다. 플리니우스Pliny는 에기나Aegina 사제들이 예언의 정령이 있는 동굴로 내려가기 전, 황소의 피를 마셨다고 기록하였다. 하지만 오염된 경우를 제외하고 황소의 피가 사람을 죽이는 일은 없다. 심지어 황소의 피는 소시지의 재료가 되기도 한다. 플리니우스는 말의 피 또한 인간에게 치명적이라고 주장했다. 하지만 그의 다른 기록을 살펴보면, 사마르트족Sarmatians이 말피와 밀가루를 섞어 특별한 케이크를 만드는 이야기가 쓰여 있다. 결국 자신이 자신의 말을 반박한 것이다. 고대인들은 황소 피를 독처럼 여기면서도, 이를 영혼의 치유제로 취급하였다. 그렇기 때문에 죄를 씻기 위해서는 황소 피를 몸에 뿌려야 했다. 이들은 황소를 제물로 바칠 때, 작은 구멍들이 있는 그릇에 피를 모았다. 그리고 그릇 아래 범죄자를 세워 두어 피로 몸을 적시도록 만들었다. 이는 죄를 정화하기 위함이었다. 스웨덴 농부들 사이에서는 황당한 미신이 존재한다. 이는 단두대 위 갓 머리가 잘린 사람의 피를 따뜻할 때 마시면 수명이 늘어난다는 것이다. 이를 마시면 쇠약한 자는 강해지고 병자는 회복되며 모든 병은 치료된다고 한다. 또 뇌전증에도 효과가 있다고 한다.

상제(르네) [Sanger(Renée)] 1680년경 뮌헨Munich에서 태어난 상제는 30년 전쟁이 불러온 야만의 시대를 겪었다. 그녀는 7살이 되었을 때, 한 노파의 권유로 악마 신비학에 입문하였다. 11세의 나이에 상제는 하녀 한 명, 귀족 부인 한 명 그리고 장교 두 명으로부터 교육을 받았다.

그녀는 마녀 집회에 참여했는데, 그곳에서 공식적인 배교를 하고 70년의 수명과 건강을 약속받았다. 19세가 되었을 때, 상제의 상황을 알지 못했던 부모는 그녀를 수도원에 보냈다. 이에 그녀는 폐쇄된 생활을 하게 되었다. 그곳에서 그녀는 위선과 은닉의 삶을 살아갔다. 상제의 연기는 매우 뛰어났고, 그녀는 이후 운터첼Unterzell 수도원의 부수도원까지 오르게 되었다. 상제는 몰래 마법을 행했지만, 폐쇄된 상황은 견디기 어려웠다. 결국 그녀는 동료 수녀들에게 마법을 걸어 질병, 환영, 한밤의 소동, 억압, 학대, 기이한 어지럼증을 유발하였다. 이후 구마 의식이 진행되었고, 이 혼란이 상제의 소행인 것으로 밝혀졌다. 그녀의 방에선 연고 약통, 마법에 사용되는 식물, 노란색 옷, 이상한 물건들이 발견되었다. 자신의 죄를 인정한 그녀는 법정으로 넘겨졌고 사형을 선고받았다. 상제는 뒤늦게 자기 행동을 뉘우쳤지만, 저지른 악행이 매우 컸기에 선고가 번복되는 일은 없었다. 그녀는 1749년 1월 21일, 사형에 처해졌다. 오버첼Oberzell의 수도원장 오르왈드 로셰트르Oswald Loschert는 이 사건의 목격자로, 빙의 이야기를 글로 남기고 이를 마리 테레사Marie-Theresa에게 보냈다.

산타바레누스 [Santabarenus] 콘스탄티노플Constantinople의 황제 바실Basil은 아들 콘스탄틴Constantine을 매우 사랑했다. 그는 아들을 여윈 뒤 어떤 대가를 치러서라도 콘스탄틴을 다시 만나고자 했다. 이에 이교도 수도사인 산타바레누스를 찾아갔다. 산타바레누스는 주술을 통해 콘스탄틴과 닮은 유령을 불러내는 데 성공하였다(1). 마찬가지로 스스로 마법사라 칭하던 이가 프레데릭 2세Frederic II의 광신도에게 프레데릭 2세의 유령을 보여준 적이 있다. 여기서는 환등이라는 고대로부터 전해지는 마술을 사용했다.

(1) 미셸 글리카스Michel Glycas.

타위즈 [Saphis / Ta'wiz] 『코란Quran』 글귀가 적혀있는 종이 조각. 무어Moors 사람들은 흑인들에게 이를 팔았다. 이 글귀를 지닌 자는 무적이 된다.

스펜타 아르마이티 [Sapondomad / Spenta Armaiti] 조로아스터교도가 믿는 대지의 수호령. 땅을 경작하는 자에게는 축복을, 이를 경시하는 자에게는 저주를 내린다.

사르쾨이 [Sarcueil] 유명하지 않은 악마로 마녀 집회의 호칭 기도에 등장한다.

사르(마르게리트 드) [Sare(Marguerite de)] 16세 나이에 마녀 혐의를 받았다. 그녀는 1600년경 악마와 계약을 맺은 일로 수감되었다. 이후 보르도Bordeaux 감옥에서 사망하였다.(1)

(1) 드 랑크르Pierre de Lancre, 『악마의 변화론Tabl. de l'inconstance des démons』, 95페이지.

사르메니우스 라피스 [Sarmenius-Lapis] 유산을 예방하는 효능이 있다고 알려진 돌.

채 [Sas / Sieve] 체나 여과기를 통한 점술은 체점Cosquinomancie을 참조할 것.

사탄 [Satan] 1급 악마(레지널드 스콧Reginald Scott은 3계급이라고 말했다). 일반적으로는 악마들과 지옥의 우두머리로 여겨진다. 악마학자들은 그를 불협의 악마이자 벨제부스Belzebuth 왕국의 혁명적인 군주로 본다. 천사들이 신을 상대로 반란을 일으켰을 때, 하늘 북부를 지배하던 사탄은 반란군 선두에 섰다. 하지만 그는 패배하였고 지옥으로 떨어졌다. 히브리어로 사탄은 '적' 또는 '대적자'를 의미한다. 밀턴Milton은 사탄을 탑만 한 키를 가진 것으로 묘사했다(그는 사탄의 키가 4만 피트라고 명시했다). 사탄은 마녀 집회의 호칭기도에 소환되지 않는다.

1843년경 『프리메이슨에게 보내는 사탄의 편지Lettre de Satan aux francs-maçons』라는 책이 출간되었다. 더 충격적인 것은 최근* 파리에서 처음엔 《사탄Satan》이라는 이름으로, 뒤 이어 《해적 사탄Corsaire-Satan》이라는 이름으로 발간된 일간지가 나타난 것이다. 이는 브뤼셀Brussels의 일간지 《메피스토펠레스Méphistophélès》와 유사하다. 그러나 악마의 이름을 달았음에도, 이들이 펴내는 기사는 그다지 영적이지 않다.

사탄은 파우스트Faust 앞에 1온Aune** 길이의 뿔과 고양이 꼬리를 단 당나귀 모습으로 나타난 적이 있다[1].

(1) 프랑수아 위고François Victor Hugo, 『영국의 파우스트Le Faust Anglais』. / * 『지옥사전』 집필 당시인 1863년. / ** 1온은 약 120센티미터이다.

사타나키 [Satanaki] 프셀로스Psellus는 마니교도(혹은 이들 종파의 일부)들이 사타나키를 숭배한다고 기록했다. 이들은 사타나키를 동물과 식물의 창조주로 여긴다.

사타님 [Satamins / Satanim] 대적 악마. 유대 카발라에서 사탄의 뒤를 잇는 자이다.

사탄학 [Satanalogie / Satanology] 지금*으로부터 몇 해 전, 독일 철학 학파의 탈선에 대한 보고서가 루뱅Louvain에서 출간되었다. 박식한 교수 묄러Moeller는 여기에 사탄학을 주제로 한 흥미로운 내용들을 게재했다. 다음은 그 내용을 재현한 것이다.

"셸링Schelling의 기독교 이론은 태초부터 큰 역할을 해 온 강력한 영에 대해 언급하면서 시작한다. 만약 이 부분이 빠진다면 그의 이론은 불완전했을 것이다. 사탄학(또는 악마학)은 그의 이론 속에서 매우 중요한 자리를 차지하고 있다. 셸링은 악마의 본성을 다루며 아직 알려지지 않은 (신비한 산물들) 이야기들을 했으며, 악마가 가진 힘에 대해 놀라운 관점을 제시했다. 학자들은 이를 면밀히 살펴볼 필요가 있다. 따라서 우리는 그의 사상을 진정으로 이해하길 바라며 다음을 설명하겠다.

셸링의 주장에 따르면, 사탄은 원래 하나의 힘이자 보편적인 원리였다(그의 모든 이론은 '현실'보다 '힘'에 기반해 설명된다. 신 또한[1] 이러한 힘으로 시작되었고, 악마도 마찬가지였다). 셸링은 사탄을 의미하는 히브리어 '후사탄Husatan'이 정관사와 함께 쓰일 경우, 특정 적 또는 영을 의미한다고 주장했다.

신약 성서에서, 사탄은 예수 그리스도Jesus Christ의 행적을 파괴하러 온 적으로 묘사되었다. 이런 묘사는 어둠의 왕으로서 그의 위엄을 보여준다. 사탄이 단순한 신의 창조물이었다면, 예수 그리스도와 사탄 사이의 싸움, 즉 동등한 힘 사이의 대립은 불가능했을 것이다. 예수 그리스도가 단순한 창조물과 맞서야 했다면 적수를 찾지 못했을 것이며 구세주의 위대한 준비, 고난, 고통은 대중에게 공감 받기 어려웠을 것이다. 우리는 여태껏 사탄을 선한 것에서 악한 것으로 추락한, 하나의 창조물로 보았다. 그러나 셸링의 주장에 따르면 이는 틀렸다. 11세기 이단 보고밀파Bogomils는 사탄을 예수 그리스도의 형으로 여겼다. 이는 어떻게 보면 사탄의 본질을 더 잘 이해하는 것일 수도 있다. 적어도 예수 그리스도와 동등한 위치에서 생각했으니 말이다. 신약성서에서 사탄은 '이 세상의 주'로 등장한다. 사도 바울Paul은 사탄을 '이 세상의 신'으로 지칭했다. 사탄은 수하에 천사들과 신하들을 두었다. 이는 단순한 창조물이 오를 수 없는 위치이다. 따라서 셸링에게 있어 사탄은, 신은 아니지만 이와 근접한 존재로 또 하나의 원리이자 힘으로 인식되었다. 그러므로 셸링은 우리가 그에 걸맞은 존중을 보여야 한다고 말했다.

셸링은 사탄을 무시하거나 경멸하거나 비웃어서는 안 된다고 말했다. 사도 유다Jude는 천사장 미카엘Michael이 모세Mose의 시체를 두고 사탄과 논쟁할 때 직접 저주하지 않았다고 설명했다. 단지 다음과 같이 말했다고 한다. '주님께서 너를 꾸짖으시기를!' (『유다서Jude』 1장 9절) 유다는 사탄의 위엄을 무시하는 자들을 다음과 같이 비난하기도 했다. '이 사람들도 그 권위를 업신여기며 영광을 훼방하는도다.' (『유다서』 1장 8절) 여기서 유다는 사탄을 '권위'라고 불렀다. 셸링의 해석에 따르면, 이는 영주를 '나리'라고 부르는 것과 비슷한 것이라고 한다. 즉 사탄의 권위를 '권위'라고 상징적으로 쓴 것이다.

베드로Peter 또한 유다의 말에 동의하며, 권위 있는 사탄을 경멸하는 이들을 비판했다 (『베드로후서2Peter』 2장 10절). 셸링은 이처럼 영적인 존재, 힘 사이에서 사탄을 찾아냈다. 셸링은 천사장 미카엘과 사탄 사이에 일어난 싸움의 원인을 다음과 같이 설명했다. '모세의 시신은 유대교에 잔재하는 우주적 힘, 이교적 힘을 상징했다. 그렇기에 사탄은 이런 요소를 가진 모세 시신에 대한 권리를 주장했다.' 더불어 셸링은 다음과 같은 질문을 던졌다. 사탄이 창조물에 불과하다면, 그가 예수 그리스도에게 세상 모든 왕국과 영광을 보여주며 이렇게 말할 수 있었을까? '네가 만일 내게 경배하면 이 모든 것이 다 네 것이 되리라' 따라서 사탄은 우주적 힘이며 원칙이라고 볼 수 있다….

이제 사탄의 권위를 알았으니, 그의 기원을 살펴보도록 하겠다. 셸링은 예수 그리스도가 신과 창조물의 중개자였다고 말했다. 전투란 같은 위치의 대상 사이에 일어나는 것이다. 즉 예수 그리스도의 적대자인 사탄은 그보다 열등한 지위에 있을 수 없다. 따라서 사탄은 창조주도 창조물도 아닌, 신의 체계 속에서 기능하는 중간의 힘이라고 볼 수 있다. 그렇다면 사탄의 역할은 무엇일까? 성서는 사탄에게 여러 수식어를 부여한다. 성서는 사탄을 '고소하는 자', '비방하는 자', '의심과 불신을 일으키는 자'라고 부른다. 이 명칭들의 진정한 의미는 『욥기Book of Job』

에 등장한다. 『욥기』의 서문에는 사탄이 신의 아이중 하나로 등장한다. 사탄은 신에게 욥Job의 성실함을 시험할 수 있도록 허락받았다. 신은 사탄에게 욥의 모든 재산을 빼앗는 것을 허락했다. 하지만 욥의 충성심을 꺾을 수 없었던 사탄은, 한 번 더 신 앞에 나타나 그를 고발했다. 셸링은 사탄의 역할을 신 앞에서 인간을 고발하고, 신에게 인간의 일을 귀띔하고, 인간에게 의심과 의혹을 깨우는 자로 정의했다. 따라서, 사탄은 숨겨진 것을 드러내기 위해 활동하는 힘이자 원칙이라고 볼 수 있다. 사탄의 영향력이 닿으면 불확실한 것은 확실해지고, 결정되지 않은 것의 결정이 내려진다.

이 힘에 따라 인간의 마음 깊은 곳에 감추어져 있던 악이 드러난다. 그리고 사탄은 신의 영광에 기여하게 된다. 악이 정복되고 사라지기 위해서는, 우선 악이 드러나야 하기 때문이다. 사탄이 인간의 타락에 힘쓰는 이유도 이 때문이다. 만약 인간이 자신에게 닥친 시험을 이겨냈다면, 사탄의 임무는 종료되었을 것이다. 하지만 인간은 이를 이겨내지 못했다. 이에 예수 그리스도가 사탄과 대적하게 된 것이다. 셸링의 이론에 따르면, 사탄은 인간 깊은 곳에 감춰진 것을 드러내기 위한 하나의 힘이었다. 그리고 사탄이 인간을 타락시킨 것이 아니라, 인간이 사탄을 타락시킨 것이다. 인간은 죄를 접하지 않은 상태에서는 불확실한 존재였다. 하지만 인간은 결국 타락을 통해 자신의 길을 결정지었다. 인간은 모든 원리, 신의 존재까지 품고 있는 존재였다. 그리고 인간은 이 같은 것들을 영원히 품고 있어야 했다. 하지만 사탄은 자극적인 힘을 가했고 인간을 흔들었다. 사탄으로 인해 그렇게 이 모든 것이 깨어졌고 사탄은 악해졌다. 그는 우주와 관련된 하나의 힘이 되었고, 어디서든 인간에게 덫을 놓았다.

셸링은 사탄이라는 개념이 변화하고 진화한다고 주장했다. 애초에, 사탄은 악한 존재가 아니었다. 그는 인간에게 숨겨진 악을 드러낼 역할을 할 뿐이었다. 그러나 점차 사탄은 곪아갔다. 이후 예수 그리스도와의 싸움 끝에 사탄은 힘을 빼앗겼다. 그리고 이때 그는 완전한 악에 물들었다. 사탄은 계속 존재하기에, 항상 그의 덫에 걸리지 않도록 주의해야 한다. 최후의 날이 올 때, 신이 모든 것의 주인이 될 때, 사탄의 역할은 끝날 것이다.

셸링은 그의 저서 『사탄학Satanalogie』에서 신약 성경의 여러 구절을 설명했다. 그는 사탄이 창조물이었다면 인간에게 아무 권력도 행사하지 못했을 것이라고 주장했다. 하지만 보편적인 힘을 가진 그는 신과 다름없는 존재이다. 모든 인간은 사탄의 권력 아래에 놓인다. 인간은 늘 일상에서 신의 의지에 반하는 행동을 하기 때문이다. 한 사도는 사탄과의 대립을 두고 다음과 같이 말했다. '우리가 싸울 것은 육체나 피로가 아니요. 정사와 권세, 이 세상의 통치자들, 그리고 이 악의 영역의 통치자들과 싸울 것이니라.'

『창세기Genesis』에서 사탄은 뱀으로 묘사된다. 이 상징은 진실하면서도 동시에 깊이가 있다. 사탄은 소리 없이 스며들고, 우리 내면에 독을 뿌리기 때문이다. 이는 고대 신화 속 프로세르피나Proserpine와 비교할 수 있다. 이 이름은 '기어간다'라는 뜻의 '프로세르페레Proserpere'에서 유래되었다. 『창세기』에서는 인간 내면에서 일어난 일을 마치 외부 사건처럼 기록했다. 그래서 신화로 여길 수 있겠지만, 이는 필요한 신화이다. 숨겨진 힘이 계속 인간을 유혹하고 현실을 마주하게 만들기 때문이다. 사탄은 굶주린 사자처럼 인간 주위를 떠돈다. 그리고 의식의 열린 틈을 타 침투해 그 안에서 평안을 찾는다. 만약 한 곳에서 쫓겨난다면 다른 곳으로 간다. 사탄은 이동하는 힘이다. 그가 없으면 역사는 곧 침체를 겪고 무의식에 빠지게 될 것이다. 사탄은 끊임없이 인간의 의식에 덫을 놓는데, 이는 삶이란 의식에 기반을 두기 때문이다.

다른 성경 구절을 살펴보자. 『요한계시록Apocalypse』에는 사탄이 하늘에서 지상으로 떨어졌다고 기록되어 있다. 이것의 의미는 선한 천사가 악한 존재로 변했다는 것이 아니다. 이는 신과 사탄의 관계가 변한 것이다. 사탄은 예수 그리스도로 인해 자신이 하늘에서 행사하던 종교적인 권한을 잃어버리게 되었다. 하지만 이와 동시에 세속적 영역에서 영향력을 행사할 수 있게 되었다. 그는 피가 흐르는 전쟁터 같은 곳에서 특히 영향력을 발휘했다. 셸링의 주장에 따르면, 사탄은 오늘날 정치권에서 그 영향력을 행사한다고 한다. 요한John은 다음과 같이 말했다. '죄를 짓는 자는 마귀에게 속하니 마귀는 처음부터 죄를 짓는 자라.' 이 말에서 우리는 사탄 존재의 기원을 찾을 것이 아니라, 사탄 활동이 언제 시작되었는지를 봐야 한다. 사탄이 숨어 있고 힘을 발휘하지 않는다면 이는 문제가 되지 않는다. 사탄은 각 인간과도 관계를 맺는다. 우리는 저마다 사탄의 영향 아래 태어난다. 이것이 바로 원죄의 진정한 의미이다. 예수 그리스도의 등장은 사탄에게 위기감을 안겨주었다. 요한은 이를 다음과 같이 말했다. '이제 세상의 지배자가 쫓겨날 것이다.' 셸링은 요한의 말이 종교적인 권한을 잃은 사탄을 의미한다고 보았다. 그리고 인간 세계에서 영향력을 행사하는 것을 의미한다고 여겼다.

셸링은 선한 천사와 악한 천사에 대해서도 몇 가지 의견을 내세웠다. 그는 천사들이 모두 권력을 가지고 있다고 주장하며 다음과 같이 말했다. '악한 천사들은 해로운 권력자이다. 이 권력자들이 사탄의 왕국을 지배하며 모두를 통치한다. 이들의 기원은 수장인 사탄과 동일하다. 이들은 창조된 존재들이 아니다. 악한 천사들은 사탄과 마찬가지로 인간 의지에 기반해 활동한다. 이들의 존재는 창조에 뿌리를 내리고 있다. 새로운 세계가 창조되면 악의 가능성 역시 존재하게 된다. 예를 들어, 하나의 나라가 세워지면 모든 범죄가 가능해지는 것처럼 말이다.

선한 천사들 또한 강력한 존재들이다. 이들은 악한 천사들과 대립한다. 여기서 우리는 매우 흥미롭고 주목할 만한 관계를 찾을 수 있다. 바로 악한 천사들이 현실로 존재하면, 선한 천사들은 잠재적 가능성이 된다는 것이다. 마찬가지로 선한 천사들이 현실로 존재하면, 악한 천사들 또한 단순한 가능성이 되어 버린다. 인간이 죄를 지어 잠재적으로 존재하던 악한 천사들이 깨어나 현실로 튀어나오면 인간은 악행을 하게 된다. 이때 선한 천사는 잠재적인 힘으로 변해 인간 속에 가능성으로 남게 된다.'

즉 천사들은 모두 가능성의 상태로 존재한다. 인간이 타락하면 선한 천사로부터 분리되어 그들과 함께할 수 없게 된다. 선한 천사들은 긍정적인 사고와 힘을 상징하지만, 타락한 인간은 이와 반대되는 금지된 것들을 받아들인다. 이때 선한 천사들, 즉 긍정적인 사고는 멀리 떨어져 있음에도 불구하고 늘 인간을 주시하고 있다. 이 이론으로 보자면, 인간은 늘 착한 천사와 나쁜 천사 사이에 놓여있다.

모든 인간과 민족에게는 저마다의 천사가 있다. 인간과 신이 붙어 있을 때, 선한 천사들은 인간을 보호할 필요가 없었다. 예수 그리스도는 아이들의 천사가 항상 신의 얼굴을 보고 있다고 말했다. 이는 곧 아이들이 신과 가깝다는 의미이다. 종말이 다가오면 천사들은 더 자주 나타난다. 이 천사들은 예수 그리스도의 종이다. 이때 악한 천사들은 다시 원래대로 잠재적 가능성 상태로 돌아간다. 『유다서』에 기록된 바에 따르면, 악한 천사들은 깊은 암흑 속 쇠사슬로 영원히 구속된다고 한다."

이는 (비난받는) 독일 철학, 사탄학의 한 부분이다. 여기서 우리는 셸링과 같은 독일 철학자들이 진리를 왜곡하지만, 완전히 부정할 수는 없다는 것을 알 수 있다.

(1)우리를 위해. / *『지옥사전』 집필 당시인 1863년.

사티로스 [Satyres / Satyrs] 이교 신화에 등장하는 농경의 신. 사티로스는 털로 뒤덮인 작은 인간 형태로 묘사되었다.

이들은 염소 뿔, 귀, 꼬리, 엉덩이, 다리를 가지고 있다. 플리니우스Pliny는 사티로스가 원숭이의 일종이라 주장했다. 또 인도 산맥에 거주하는 원숭이가 그것이라 말했다. 이 원숭이들은 멀리서 보면 인간을 닮았고, 간혹 목동들을 접주곤 했다. 악마학자들은 사티로스가 야생동물로 변신한 악마라고 믿었다. 카발리스트늘은 사티로스를 노옴Gnomes(땅의 요정)으로 여겼다.

성 예로니모St. Jerome는 성 안토니우스St. Anthony가 사막에서 사티로스를 만난 적이 있다고 기록했다. 사티로스는 성 안토니우스에게 대추야자를 주며 자신이 숲의 주민이라고 말했다. 또 자신이 이교도들로부터 사티로스 또는 파우누스Fauns라는 이름으로 숭배받는다고 소개했다. 더불어 사티로스는 종족을 대표해 성 안토니우스를 찾아왔으며, 이 땅에 찾아온 구세주에게 자기 민족의 안녕을 위해 기도해 줄 수 있느냐고 물었다. 이를 보면 사티로스들은 단순한 원주민일 수도 있다.

1599년, 보마누아Beaumanoir의 한 장교는 멘Maine의 숲에서 사냥을 하고 있었다. 이때 하인들이 덤불 속에서 잠들어있던 사람을 발견하고 데려왔는데, 매우 독특한 외모를 하고 있었다. 그의 이마 윗부분에는 양 뿔과 같은 뿔 두 개가 붙어 있었다. 또 그의 머리는 벗겨졌으며 사티로스처럼 붉은 수염이 북슬북슬하게 자라있었다. 그는 박람회장으로 옮겨져 전시되었고, 3달 뒤 파리에서 숨을 거두었다. 그는 생 콤Saint-Come 묘지에 묻혔.

르 루아예Leloyer는 스테판Stephen 왕 통치 당시 녹색의 두 아이 사티로스(또는 수컷 사티로스와 암컷 사티로스 한 쌍)가 수확기마다 영국을 방문했다고 기록했다. 이들은 영국의 언어를 익힌 뒤, 자신들이 대척지에서 왔다고 주장했다. 사티로스들은 그곳의 태양이 빛나지 않고 오직 일출 또는 일몰 전과 같은 어스름한 빛만 있다고 말했다. 이들은 자신들이 기독교인이며 교회를 가지고 있다고도 전했다.

한 랍비는 사티로스, 파우누스가 불완전한 모습의 인간이라고 주장했다. 안식일 저녁이 된 것을 보고 놀라, 신이 창조하는 일을 중단하는 바람에 생긴 생명체라는 것이다.

소바딘 드 수비에트 [Saubadine de Subiette] 마리 드 나귀유Marie de Naguille의 어머니. 자기 딸을 여러 번에 걸쳐 마녀 집회에 데려간 마녀이다[(1)].

(1) 드 랑크르Delancre, 『악마의 변화론Tableau de l'inconstance des démons』, 2권, 119페이지.

소진 [Sausine] 마녀 집회의 마녀이자 여사제. 지옥 수장들의 총애를 받았다. 사탄외 첫 번째 여성이다. 라부르Labourd에서 열린 마녀 집회에 흐리멍덩한 눈을 하고 자주 나타났다[(1)].

(1) 드 랑크르Delancre, 『악마의 변화론Tableau de l'inconstance des démons』, 141페이지.

덤불 뛰기 [Saute-Buisson] 참조. 베르데레Verdelet.

메뚜기 [Sauterelles / Grasshoppers] 카롤루스 대머리왕Charles the Bald이 앙제Angers를 포위했을 당시, 엄지손가락만큼 크고 날개가 여섯 달린 메뚜기 떼가 프랑스인들을 공격했다. 메뚜기 떼는 부채꼴 모양으로 비행하며, 전투태세를 갖추었다. 또 가느다란 침을 달고 있었다. 당시 풍습에 따라 구마를 하자, 메뚜기 떼는 후퇴하더니 바다로 사라져 버렸다[(1)].

(1) 줄 가리네Jules Garinet, 『프랑스 마법사Hist. de la magie en France』, 48페이지.

이탈리아의 구원자들 [Sauveurs d'Italie / Saviors of Italy] 성 바울St. Paul의 친척이라 주장하며 뱀의 표식을 지니고 태어났다 말하는 협잡꾼들. 뱀이나 전갈이 자신들을 해칠 수 없으며, 이 짐승들을 안전하게 만질 수 있다고 허풍을 떨었다.

비누 [Savon / Soap] 칸디아Candia, 튀르키예, 그리스의 대부분 섬에서는 비누를 선물하는 것을 꺼린다. 이는 비누를 통해 우정이 지워진다고 생각했기 때문이다.

사보나롤라(지롤라모) [Savonarole / Savonarola(Jérôme / Girolamo)] 15세기 이름을 떨친 페라라Ferrara 출신 성 도미니크회Dominican Order 수도사. 마키아벨리Machiavelli의 기록에 따르면, 그는 피렌체Firenze 주민들을 상대로 자신이 신과 대화할 수 있다며 과시했다고 한다. 나르딘Nardin은 『피렌체 역사Histoire de Florence』 2권에서 사보나롤라의 숭배자들이 피아그노니Piagnoni(울보)라 불렸고, 이들의 적들은 아라비아티Arrabbiati(분노자) 또는 무질서한 자[(1)]라고 불렸다 기록했다. 중대한 잘못을 저질렀을 수 있는 이 남자는 이 책『지옥사전』에서 판단하지 않도록 하겠다.

(1) 생 푸아Saint-Foix, 3권, 368페이지.

세이림 [Sayrims / Se'irim] 카발라에서 사탄의 사역자들을 의미함.

스카프 또는 스샤프 [Scaf, Schaf] 베른Bern의 15세기 마법사. 쥐로 변신하여 그를 잡아 죽이려는 적들로부터 도망칠 수 있었다.

스칸디나비아인 [Scandinaves / Scandinavians] 알파데Alfader는 스칸디나비아 신화에서 가장 오래된 신이다. 고대 북유럽 시집『에다Edda』에는 그의 12가지 이름이 등장한다. 1) 알파데(모두의 아버지), 2) 헤레온Hereon(군주 또는 전사), 3) 니카르Nikar(거만한 자), 4) 니쿠더Nikuder(바다의 신), 5) 피올너Fiolner(만물 학자), 6) 오른Orne(시끄러운 자), 7) 비피드Bifid(재빠른 자), 8) 비드렐Vidrer(아름다운 자), 9) 스비드렐Svidrer(몰살자), 10) 스비더Svider(방화자), 11) 오스케Oske(죽음을 결정하는 자), 12) 팔커Falker(행복한 자). 알파데는『에다』에서 가장 자주 언급하는 이름이다. **참조.** 오딘Odin.

판차 데바타 [Schada-Schivaoun / Pancha-Devata] 세상을 지배하는 인도 정령들. 아내를 가지고 있지만, 이는 의인화된 것뿐이다. 주요 인물은 비슈누Vishnu라고 불리며 하늘과 별의 영역을 다스린다.

샤두캄 [Schadukian / Shadukam] 페르시아 신화 속 지역인 지니스탄Jinnistan의 한 마을. 동방 소설에는 디베Dives(페르시아의 악령)와 페리Peri(페르시아의 요정)로 이루어졌다고 기록되어 있다.

샤먼 [Schamanes / Shamans] 시베리아의 마법사들. 주술을 부려 잃어버린 소를 찾거나, 질병을 낫게 하거나, 특정 사업이나 여행을 위해 혼령을 소환한다. 매우 무시무시한 존재이다.

셰다 [Schéda] 기원후 초기의 인물. 유대인 파우스트Faust라는 별명이 있다. 악마로부터 많은 것을 배웠다고 허풍떨던 자이다.

셰딤 [Schédims / Shedim] 카발라에 등장하는 사마엘Samael을 모시는 장관들.

셰이탄 [Scheithan / Shaytan] 이슬람교에서 사탄을 일컫는 말. '신이 우리를 보호하길!'이라는 말을 붙이지 않고는 그의 이름을 언급하지 않는다.

솅크(장 조르주) [Schenck(Jean-Georges)] 아그노Haguenau의 의사. 괴물에 관한 흥미로운 이야기인 『경이로운 괴물의 역사 Monstrorum Hisloria Mirabilis』(1609년, 프랑크푸르트, 4절판)를 출간했다.

스올 [Schéol / Sheol] 히브리의 지옥.

슈에르츠(페르디난드) [Schertz(Ferdinand)] 『사후 마법Magia Posthuma』(1706년, 올로모우츠)의 저자. **참조.** 흡혈귀Vampires.

슈미트(한스) [Schmidt(Hans)] 하이딩스펠트Heydingsfeld의 젊은 대장장이. 그는 울프 Wolf라는 동무와 함께 잉골슈타트Ingolstadt에 철을 구매하는 심부름을 떠나게 되었다. 이때 울프는 그를 악마 패거리로 끌어들였다.

그리고 작은 마법서를 빌려주었다. 다만 책의 내용은 한스가 모험을 따라나서겠다는 약속을 한 뒤에야 알려주었다. 울프는 매일 아침 일어나자마자 왼발을 먼저 땅에 내려놓아야 하며, 악마의 이름을 부르고 마법서의 한 구절을 읽어야 한다고 알려주었다. 이에 한스는 겁에 질려 책을 버리고 약속을 깨고자 했다. 그러자 곧 울프는 적이 되었고, 그를 죽여 벌하려 했다. 결국 한스는 도망치다가 소환한 악마와 마주쳤다. 그는 길을 잃고 여러 고통에 마주하게 되었는데, 구마 의식을 받은 뒤에야 해방될 수 있었다.

슘누스 [Schoumnus / Shoumnus] 칼미크족Kalmyks이 몹시 두려워하는 악한 요정들. 인간의 피와 살을 먹고 살아간다. 이들은 아름다운 여성의 모습을 하고 나타난다. 하지만 음산한 분위기와 간악한 눈빛만큼은 감출 수 없다. 슘누스는 멧돼지 이빨과 같은 치아가 네 개 있다. 이들의 코는 때때로 코끼리의 코만큼 길어질 수도 있다.

슈람(미셸) [Schramm(Michel)] 뷔르츠부르크Wurzburg에서 학업 중이던 독일인 슈람은 좋지 않은 만남을 겪었다. 그는 17세의 나이에 같은 법학도 친구로부터 마법사를 소개받게 되었다. 이들은 함께 술자리를 가졌고, 대화는 무르익어 손가락에 끼우는 마법 뿌리 이야기까지 이어졌다. 마법사는 뿌리를 손에 끼면 모든 문과 보석함을 열 수 있고, 금을 끌어당긴다고 말했다. 또 이 뿌리를 얻는 것이 그리 어려운 일이 아니며, 용시 있세 일마를 보고(마법사 본인 눈에는 그렇게 무섭지 않다고 말했다), 작은 계약서에 서명하면 된다고 말했다. 이 약속에 현혹된 두 청년은 제안을 받아들였다. 마법사는 손가락을 찔러 피를 내 각자 계약서에 서명하도록 지시했다. 그리고 막대를 하나씩 나눠준 뒤, 마을 밖 사거리로 두 사람을 데려갔다. 거기서 그는 원을 그린 뒤 악마를 소환했다. 악마는 청년의 모습을 하고 나타났다. 겁에 질린 두 친구는 달아나려 했으나 마법사가 제지하였다. 그들은 몸을 떨며 막대 끝에 매단 계약서를 악마에게 건넸다. 악마는 두 사람의 손가락에 마법 뿌리를 끼워 주었고, 그들은 아무런 고통도 느끼지 못했다. 바로 다음 날부터, 마법 뿌리가 끼워진 손가락은 자물쇠를 열었고 금화를 끌어당겨 이들을 부자로 만들어주었다.

그러나 영혼을 팔았다는 생각에 슈람은 모든 마음의 평화를 잃어버렸다. 그는 결국 용기를 내(혹은 은총을 받아) 신에게 다시 돌아가기로 마음먹었다. 그는 몰샤임Molsheim의 예수회 수도사들을 찾아가 자신의 죄를 고백하였다. 3주 간의 구마 의식 후 악마는 계약서를 돌려주었다. 이 사건은 1613년 1월 13일에 일어났다.[1]

(1) 『성 이냐시오의 사후 영광Gloria posthuma S. Ignatii』. 괴레스Johann Joseph Görres의 『신비주의Mystique』 6권, 16장.

슈로에틀리 [Schroettelis] 산의 정령 또는 스위스의 노움Gnomes(땅의 요정).

슈로터(울리히) [Schroter(Ulrich)] 1552년의 일이다. 루체른Lucerne의 윌리소Willissaw에서 카드 게임을 업으로 삼던 울리히 뉴노터라는 자가 있었다. 그는 자신의 운이 좋지 않자 같이 게임을 하던 사람들에게 신성모독적인 언사를 하였다. 그는 다음 판에 자신이 이기지 못하면 벽난로 위에 놓인 십자가에 단검을 던질 것이라고 맹세했다. 그러나 울리히의 협박은 먹히지 않았고, 그는 다시 게임에서 패했다. 분노한 그는 단검을 던졌지만, 십자가에 닿지 못했다. 당시 연대기 작가들은 이후를 다음과 같이 기록했다. 그가 신성모독적인 행동을 한 뒤, 즉시 악마 군단이 그에게 달려들어 목을 졸랐다. 그 소리가 얼마나 무시무시했는지 온 도시가 뒤흔들릴 정도였다고 한다.[1]

(1) 보댕Bodin, 『빙의망상Démonomanie』, 3권, 1장. 욥 핀셀Job-Fincel과 안드레 무스쿨Andre-Muscul 뒷부분. 『성상의 전설Légendes des Saintes Images』 속 해당 사건을 참조할 것.

그림자점 [Sciamancie / Sciomancy] 망자의 그림자를 소환하여 미래를 알아내는 점술. 망자의 영혼이나 신체가 나타나지 않고 환영만이 소환된다는 점에서 강신술, 심령술과는 다르다.

학문 [Sciences] 이슬람교도들은 학문의 전파가 에드리스Edris를 통해 이뤄졌다고 주장한다. 그는 에녹Enoch과 동일인이다. 에드리스라는 이름은 명상 또는 연구를 의미하는 아랍 단어에서 나왔다. 이슬람교도들은 에드리스가 오래된 선지자 중 하나라고 말한다. 신은 모든 학문과 인간의 지식을 담은 30개의 책을 그에게 보내주었다. 에드리스는 카인Cain의 후손인 이교도들과 전쟁을 치렀고, 전쟁 포로를 노예로 만든 최초의 사람이 되었다. 그는 깃펜, 바늘, 산술과 점성술을 최초로 발명하였다. 에드리스는 375년을 살고 하늘로 올라갔다.

오컬트학 또는 비밀의 학문 [Sciences Occultes, Sciences Secrètes / Occult Sciences, Secret Sciences] 마법, 요술, 대

부분의 점술, 계약의 법률, 아스 노토리아Ars Notoria, 부적, 마법서의 적용, 마법사의 비밀과 책략, 악마와 정령의 소환, 지배 및 돌려보내기 기술 등이 오컬트학에 속한다.

시마사 [Scimasar] 미셸 스콧Michael Scot이 『관상학론Traité de la physionomie』에서 언급하는 열두 종류의 점술 중 하나. 스콧은 이를 시마사 노바Scimasar Nova라고 칭했다. 만약 뒤에서 사람이나 새가 나타나 앞질러 갈 때, 오른쪽으로 지나가면 길조이고 왼쪽으로 지나가면 흉조이다.

모노포드 [Sciopodes / Monopods] 플리니우스Pliny가 언급한 에티오피아 전설의 민족. 발이 하나밖에 없다. 이들은 태양으로부터 몸을 보호하기 위해 바닥에 누워 발을 들어 그늘을 만든다.

스코펠리즘 [Scopelisme / Scopelism] 마법이 깃든 돌을 이용한 저주의 일종. 정원이나 밭에 하나 또는 열 개의 마법 돌을 던진다. 이를 발견하거나 발에 걸린 사람은 저주에 걸리며, 때로는 목숨을 잃기도 한다.

전갈 [Scorpion] 페르시아인들은 특정 마법석을 이용해 전갈의 독을 빼낼 수 있다고 믿었다. 페르시아에 많이 보이던 전갈들은 그렇게 위협적이지 않은 존재가 되었다.

프레이Frey는 햄스Hamps에서 뱀이나 전갈을 본 적이 없다고 말했다. 이는 해당 도시 성벽에 전갈 그림이 새겨진 부적이 달려있었기 때문이라고.

스콧 [Scot] 마법사. 참조. 무녀Sibylles의 마지막 부분.

스코토페트스 [Scotopètes] 참조. 키르쿰켈리온파Circoncellions.

스콧(미셸) [Scott(Michel)] 스코틀랜드 출신의 마법사로, 단테Dante의 지옥에 등장한다. 13세기를 살았다.

스콧(레지널드) [Scott(Réginald)] 영국에서 악마 정부에 관한 설명과 통계 서적을 출간하였다. 바이어Johann Weyer와는 의견을 달리했다.

스콧(월터) [Scott(Walter)] 참조. 월터 스콧Walter-Scott .

하인첼 소승 [Scouminkes / Heinzelmannchen] 독일의 사역마들로 주로 귀족 집안에 붙는다.

스콕스 또는 샥스 [Scox, Chax] 지옥의 위대한 공작이자 후작. 그는 쉰 목소리를 내며 거짓말을 하고, 황새의 모습으로 등장한다. 또한 여러 집에서 돈을 훔쳐 1,200년이 지난 후에야 돌려주는데, 그마저도 상부의 명령이 있어야 한다. 게다가 스콕스는 말까지 훔친다. 그는 자신에게 떨어진 모든 명령을 이행하지만, 즉시 이행할 것을 조건으로 달아야만 한다. 또 구마사에게는 복종을 약속하지만, 항상 그 약속을 지키진 않는다. 그는 삼각형 밖에서는 거짓말을 하는 반면, 삼각형에 갇히면 초자연적인 것들의 비밀을 털어놓는다. 또 악령이 지키지 않는 보물이 숨겨진 장소를 가르쳐 준다. 그는 30개 군단을 거느린다.[1]

(1) 요한 바이어Johann Weyer, 『악마의 유사군주제 Pseudomonarchia Dœmonum』.

스킬라 [Scylla] 글라우코스Glaucus가 사랑에 빠진 님프Nymph. 하지만 스킬라는 그의 마음을 받아주지 않았다. 절망에 빠진 글라우코스는 키르케Circe에게 이 사실을 말했다. 키르케는 스킬라가 평상시 목욕을 하던 샘에 마법을 걸었다. 샘에 들어가자, 스킬라는 12개의 발톱, 6개의 주둥이, 6개의 머리가 달린 괴물로 변하였다. 그리고 그녀의 배에선 개떼가 튀어나왔다. 자신의 변한 모습에 놀란 스킬라는 바다에 몸을 던졌고, 그 해협은 그녀의 이름으로 불리게 되었다.

키라민 또는 카티빈 [Sébhil, Sébhaël / Kiramin, Katibin]
인간의 선행과 악행이 기록된 책을 지키는 이슬람 정령.

세크레탱(프랑수아즈) [Secrétain(Françoise)]
보게Boguet의 종교 재판으로 프랑슈 콩테Franche-Comte 생클로드Saint-Claude에서 화형을 당한 마녀. 개, 고양이, 닭 등 여러 모습을 한 악마를 보았다고 자백했다.[1] 커다란 시체 모습을 한 흉한 형태의 악마를 접하기도 했다.

(1) 보게Boguet, 『지독한 마법사 논설Discours des exécrables sorciers』.

경이로운 비법들 [Secrets Merveilleux / Wonderful Secrets]
다음은 작은 알베르투스Petit Albert의 저서에서 발췌한 것이다.

종류에 상관없이 어떤 씨앗이든 포도주 찌꺼기에 담근 후 새에게 주면, 이를 먹은 새는 취해 잡기 쉬워진다. 공복에 운향 네 가지, 노간주나무 열매 아홉 개, 호두 한 개, 말린 무화과 한 개, 약간의 소금을 넣어 빻아 먹으면 완벽하게 건강을 유지할 수 있다. 아비센나Avicenna는 물고기 머리에서 나오는 돌을 갈아 포도주와 함께 먹으면 요로결석이 낫는다고 말하였다. 미잘두스Mizaldus는 백포도주와 산사나무 열매를 함께 먹으면 신장 결석을 치료할 수 있다고 주장했다. 카르다노Cardan는 덤불에서 잡은 개구리를 잘라 허리에 올려놓으면 많은 양의 소변이 나온다고 말했다. 그리고 이는 수종을 앓는 사람에게 도움이 된다고 덧붙였다.

미잘두스는 통풍 치료 방법을 저서에 기록했다. 방법을 살펴보면, 먼저 머리를 뜯어낸 솔개를 태우고 가루를 낸다. 그리고 이 가루를 한 꼬집(손가락 세 개로 집을 수 있는 정도의 양) 덜어 물에 타, 음용한다. 반면 카르다노는 은백양 나무껍질을 달여 좌골 통풍이 있는 팔다리에 바르면 이를 치료할 수 있다고 말했다. 웨커Wecker는 차 한 잔으로 독사에게 물린 상처를 치료할 수 있다고 주장했다.

티에르Jean-Baptiste Thiers는 침을 세 번 뱉으면 눈에 들어간 불순물을 제거할 수 있다고 말했다. 이것들은 건강 비결에 불과하다.

르 루아예Pierre Le Loyer는 마법을 막기 위해 시 오른쪽 신발에 침을 뱉어야 한다고 말했다. 또 저주를 피하고 싶다면 빗질로 빠진 머리카락에 침을 세 번 뱉고 바닥에 버리라고 말했다. 어느 고대인은 동정녀가 곡물 세 알을 가슴팍에 올리면 우박을 멈출 수 있다고 주장했다.

이제 더 신비한 비법을 다뤄보겠다. 침대에 제비알을 두면 남편의 잠을 방해할 수 있다. 포도주에 계란을 넣었을 때, 바닥으로 가라앉으면 포도주에 불순물이 든 것이다. 반면 계란이 떠오르면 깨끗한 포도주이다. 암컷 후투티의 피, 수레국화, 기름을 섞고 램프에 넣은 뒤 불을 밝히면, 그곳에 있는 사람들의 머리와 발의 위치가 위아래로 뒤집힌다. 이를 누군가의 코에 바르면, 그는 온 힘을 다해 달아날 것이다. 다음의 비법은 대 알베르투스Albert le Grand가 쓴(혹은 그가 썼다고 추정되는) 그의 저서에 등장하는 이야기이다. 세이지Sage를 유리병에 넣고 퇴비 아래 삭히면 벌레가 생기는데, 이를 태워 만든 재를 불 속에 던지면 벼락이 친다. 또한 이 재를 램프 기름과 섞으면 방 전체에 뱀이 가득 찬 것처럼 환영이 보인다.

협잡꾼들이 '뱀 기름 가루'라고 부르는 이 놀라운 가루는 기적을 행하는 것으로 유명하다. 이는 고양이, 두꺼비, 도마뱀, 살모사의 가죽을 벗긴 뒤 좋은 숯 아래 두고 가루가 될 때까지 태워 만든다.[1] 이와 유사한 비법들은 셀 수 없이 많다. 하지만 그런 비법들은 앞에서 언급된 비결들을 기반으로 만들어졌다. **참조.** 주문Charmes, Enchantements, 저주Maléfices, 기도Prières, 미신Superstitions 등.

플리니우스Pliny의 저서에는 바빌리우스Babilius라는 인물이 등장한다. 그는 알려지지 않은 한 약초 덕분에 시칠리아Sicilia에서 알렉산드리아Alexandria까지 6일 만에 이동했다. 여행자들 사이에서는 하루에 100리유*를 걸을 수 있는 가터가 회자된다. **참조.** 가터Jarretière.

세상에는 자연에서 얻을 수 있는 비법, 마법과 관련된 비법을 다루는 두꺼운 책들이 존재한다. 지금부터는 지옥에서나 읽힐 법한 이 백과사전들에 수록된 주문들을 확인하도록 하겠다.

대마법서의 마법 비법.

죽음 또는 현자의 돌 제작 : 새 항아리를 준비한 뒤, 순동 1리브르Livre"와 질산 반 잔을 넣고 30분 동안 끓인다. 이후 녹청 3온스를 추가해 1시간을 끓인다. 그리고 비소를 2.5온스를 추가해 또 한 시간을 끓인다. 다음은 잘 분쇄한 참나무 껍질 3온스를 추가하고 30분을 끓인다. 또 장미수Rose Water 한 단지를 추가하고 12분을 끓인다. 마지막으로 그을음 3온스를 더하고, 액체가 완성될 때까지 끓인다. 잘 완성되었는지 확인하기 위해서는 못을 담가본다. 못이 만들어진 액체를 완전히 뒤집어쓰면 이를 빼낸다. 이제 못은 1.5리브르의 순금이 되어 있을 것이다. 액체가 못을 덮지 못한다면, 아직 충분히 끓어지지 않은 것이다. 이 액체는 네 번까지 사용할 수 있다.

점술 지팡이를 만들고 회전하는 법 : 수평선에 해가 뜨는 것이 보이면, 왼손에 정결한 야생 개암나무로 제작한 지팡이를 집어 든다. 그리고 오른쪽으로부터 세 번 허공을 가르며 다음과 같이 외친다. "네가 모세Moses와 야곱Jacob의 미덕을 가지고 내가 원하는 모든 것을 알려주도록, 너를 엘로힘Elohim, 무트라통Mutrathon, 아도나이Adonai와 세미포라Sémiphoras의 이름으로 거두노라." 그리고 지팡이를 회전시키기 위해 양 끝을 두 손으로 꽉 쥐고 덧붙여 말한다. "엘로힘, 무트라통, 아도나이와 세미포라의 이름으로, 내게 비밀을 밝힐 것을 명하노라…."

복권에 당첨되는 법 : 잠에 들기 전, 다음의 기도를 세 번 외운다. 그리고 새 양피지에 적어 베개 아래에 둔다(이 양피지는 성령 의식을 치른 것이어야 한다). 그러면 정령이 찾아와 복권을 사야 하는 시간을 알려줄 것이다. "주 예수 그리스도여, 당신은 스스로 길이고 진리며 생명이라 말했습니다. 보십시오. 당신은 진리를 사랑하셨고, 언제나 저에게 불확실하고 숨겨진 것들을 보여주셨습니다. 이 밤에도 마찬가지로 나타나 미지의 것과 다가오는 것을 가르쳐 주십시오. 아이들처럼 제가 모든 것을 알 수 있게 해주십시오. 또한, 아름답고 좋은 고기, 예쁜 사과, 즐거운 무언가를 보여주십시오. 그렇지 않다면, 타오르는 불, 흐르는 물, 신을 기쁘게 할 어떤 다른 것을 제게 내려 주십시오. 천사 아리엘, 루비엘, 바라키엘이 돕길 바랍니다. 살아있는 자와 죽은 자, 이 시대를 불로 심판할 신을 통해 알기를 또 보기를 원합니다. 아멘 Domine Jesu Christe, qui dixisti ego sum, via, veritas et vita, ecce enim veritatem dilexisti, incerta et occulta sapientiæ tuæ manifestasti mihi, adhuc quæ révélés in hac nocte sicut ita revelatum fuit parvulis solis, incognita et ventura unaque alia me doceas, ut possim omnia cognoscere, si et si sit ; ita monstra mihi montem ornatum omni vino bono, pulclirum et gratum pomarium, aut quamdam rem gratam, sin autem ministra mihi ignem ardentem, vel aquarum currentem, vel aliam quamcunque rem quæ Domino placeat, et vel Angeli Ariel, Rubiel et Barachiel sitis mihi multum amatores et factores ad opus istud obtinendum quod cupio scire, videre, cognoscere et prævidere per ilium Deum qui venturus est judicare vivos et mortuos, et sæculum per ignem. Amen." 그리고 연옥의 영혼들을 위해 주기도문과 천사 성모송을 세 번 외운다….

화기에 마법을 거는 법 : 다음과 같은 주문을 외운다. "신께서 이를 이루시고, 악마는 물러가라." 그리고, 겨냥할 때는 왼발을 오른발 위에 올리며 다음과 같이 말한다. "주 예수 그리스도를 버리지 마소서. 마톤. 아멘Non tradas Dominum nostrum Jesum Christum. Mathon. Amen."

성 요한 축일 전날에 유령들과 대화하는 법 : 밤 11시에서 자정 사이, 고사리에서 한 발짝 떨어진 후, 다음과 같이 외친다. "대화하고자 하는 영혼들이 자정에 나타나기를 신께 간청드립니다." 그리고 45분이 지나면 이 주문을 다섯 번 왼다. "바르, 키라바르, 알리, 알라 테트라그라마톤Bar, Kirabar, Alli, Alla-Tetragramaton."

투명해지는 법 : 먼저 검은 고양이를 훔친다. 그리고 새 냄비, 거울, 부싯돌, 마노, 석탄, 부싯깃을 준비한 다음, 자정에 샘으로 물을 뜨러 간다. 이후 불을 지피고 고양이를 냄비에 넣은 다음, 어떤 소리가 들려와도 절대 움직이거나 뒤를 돌아보지 않는다. 냄비 뚜

껌은 왼손으로 덮는다. 이렇게 24시간 동안 뒤돌아보거나 먹거나 마시지 않고 움직임 없이 계속 끓인다. 그다음에 고양이를 꺼내 새 접시에 담는다. 그리고 살코기를 왼쪽 어깨 너머로 던지며 외친다. "내가 주는 것만 받으라Accipe quod tibi do et nihil amplius."[2] 뼈는 왼쪽 이빨로 씹은 채 거울을 처다본다. 뼈를 물고 있어도 모습이 사라지지 않는다면, 계속해서 적당한 뼈를 찾을 때까지 같은 주문을 외며 반복한다. 거울 안에서 자신의 모습이 보이지 않는다면, 뒤로 물러나 이렇게 외친다. "아버지, 내 영혼을 당신 손에 맡깁니다Pater, in manus tuas commendo spiritum meum."

1시간에 7리유 이동하는 무릎 띠 만들기 : 1살이 되지 않은 늑대를 준비한다. 화성이 관장하는 시간에 새 칼로 늑대의 목을 벤다. 이때 다음의 주문을 읊는다. "아두말리스는 그 음식의 힘으로 걸었다Adhumalis cados ambulavit infortitudine cibi illius." 뒤이어 늑대 가죽을 엄지손가락만 한 너비로 잘라 무릎 띠를 만든다. 이때 늑대의 목을 베는 순간 사용한 주문을 새겨넣는다. 단 만드는 이의 피로 첫 글자, 늑대의 피로 두 번째 글자를 쓰는 등 끝까지 교차하여 새긴다. 주문이 마르면 흰 실로 그 위를 감고, 양 끝에 보라색 리본 두 개를 매달아 무릎 위아래로 묶는다. 이 무릎 띠는 여성이나 어린 여자아이가 보지 못하게 하고, 강을 건널 때는 벗어야 한다. 이를 지키지 않으면 효력을 잃는다.

1시간에 10리유를 이동하게 해주는 연고 : 인간 비계 2온스, 사슴 기름 1온스, 월계수 기름 1온스, 사슴 비계 1온스, 자연 미라 1온스, 주정Spitits of Wine 반 파인트 그리고 버베나 잎 7장을 준비한다. 이후 모두 새 항아리에 넣고 절반으로 양이 줄어들 때까지 끓인다. 그리고 이 혼합물을 연고와 섞어 깨끗한 피부에 바른다. 바람처럼 빠르게 이동하고 싶다면 비장 근처 살에 연고를 바른다. 연고를 제거할 때는 병에 걸릴 수 있으니 피 3방울을 떨어뜨린 백포도주를 마신다.

악마 계약서를 쓰기 위한 잉크 만들기 : 악마 계약은 일반 잉크로 작성할 수 없다. 또한 악령을 소환할 때마다 새 잉크를 사용해야 한다. 잉크를 만드는 방법은 다음과 같다. 먼저 오배자 씨앗 10온스, 담반(또는 녹반) 3온스, 백반석(또는 아라비아 고무) 2온스를 빻아 고운 가루로 만든다. 그리고 광택을 내지 않은 새 항아리에 강물을 채운 뒤 앞서 만든 가루를 넣는다. 다음은 성 요한 축일 전날 딴 고사리 가지와 3월 보름달에 자른 포도나무 덩굴을 준비한다. 이 나무가지들은 새 종이로 감싼 뒤 불에 태워 항아리 물을 끓인다. 그러면 잉크가 만들어진다. 글을 쓸 때마다 잉크를 바꾸도록 한다.

숨겨진 보물에서 돈을 가져올 때 기록하는 잉크, 악마 루시푸주Lucifuge[3]에게 큰돈을 요청해야 할 때 사용하는 잉크 : 먼저 단단한 복숭아의 속을 꺼낸다(씨앗은 빼지 않는다). 이를 완전히 탄화될 때까지 불에 태운다. 까맣게 변하면, 같은 양의 그을음을 추가하고 빻은 오배자 씨앗 두 개를 추가한다. 끝으로 여기에 아라비아 고무를 통해 말린 기름 네 스푼을 추가한다. 이후 이 모두를 고운 가루로 만든 뒤 체에 거른다. 이 가루를 강물과 섞으면 잉크가 완성된다. 사용된 모든 것들은 새것이어야 한다.

이런 비법을 쓴 작가 중 하나는 책 말미에 다음과 같은 말을 기재했다. '자비로운 독자여, 위대한 솔로몬Solomon이 나를 통해 알려준 이 모든 것을 잘 수용하라. 내가 지금 그대에게 준 모든 것이 행복을 가져오길 원한다면, 솔로몬처럼 지혜로워야 한다. 동료들에게 인간적으로 굴고, 불행한 자를 돕고, 만족감 속에 살거라. 그럼 안녕히.'

이런 부류의 책이 우리 시골에서 불티나게 팔린다는 사실은 원통한 일이다. 볼테르파Voltaireans는 평화를 설파하는 이 경건한 소책자들의 확산을 비난한다. 그리면서도 마법서와 솔로몬의 책에 대해서는 아무 말도 하지 않는다.

(1)키바소Kivasseau. / (2)혹은 벨페고르Belphegor에게 다음과 같이 말한다. "내가 주는 대변을 너의 입으로 받거라Accipe quod tibi do, stercus in ore tuo." / (3)루시푸주(빛을 만드는 자)에 대한 내용은 계약Pactes을 참조할 것. / * 과거의 거리 단위. 1리유는 약 4km 정도이다. / ** 과거 사용하던 화폐단위이자 무게 단위. 1리브르는 약 500g이다.

사콰르 [Segjin / Saqar] 이슬람교에서 말하는 지옥의 7번째 구역. 불신자들의 영혼은 이곳에 있는 어둠의 나무 아래에 집어 던져진다. 이곳에선 영원히 어떤 빛도 들지 않는다. 확실히 즐겁지는 않겠다.

세이드 [Seidur / Seidr] 아이슬란드의 흑마법. **참조.** 니드Nid.

점 [Seings / Birthmarks] 몸에 난 점을 사용하는 점술도 있다. 이는 점의 위치에 따라 운명을 결정짓는 여러 요소를 예언하는 것이다. 멜람푸스Melampus는 프톨레마이오스Ptolemy 왕을 위해 이 점술을 사용했다. 이마에 난 점은 부를 가져온다. 눈썹 옆에 점이 있는 여성은 선량하고 아름답다. 눈썹 옆에 점이 있는 남성은 부유하고 잘생겼다. 눈썹 안에 점이 있는 남성은 다섯 아내를 둔다. 마찬가지로 눈썹 안에 점이 있는 여성도 다섯 남편을 둔다. 볼에 난 점은 번영을 예고한다. 혀에 난 점은 행복한 결혼 생활의 징표이다. 입술에 난 점은 식탐을 가리킨다. 턱에 난 점은 보물을, 귀에 난 점은 좋은 평판을, 목에 난 점은 큰 재산을 의미한다. 하지만 목덜미에 난 점은 참수형을 예고하기도 한다. 허리에 난 점은 가난한 사람의 특징이고, 어깨에 난 점은 속박을 의미한다. 가슴에 점이 나면 큰 부를 누릴 수 없다. 명치에 난 점은 못된 성향을, 배에 난 점은 자비로운 사랑을, 손에 난 점은 많은 자식을 의미한다. **참조.** 수상술Chiromancie.

소금 [Sel / Salt] 보게Boguet는 소금이 지옥의 힘에 대적하는 최고의 조미료라고 말했다. 마녀 집회 음식에는 소금이 들어간 것이 하나도 없다. 이를 보면 악마가 얼마나 소금을 싫어하는지 알 수 있다. 한 이탈리아인은 우연히 이 지옥 집회에 참여했다가 소금을 집요하게 요청하였고, 악마는 그의 끈기에 질려 소금을 내줬다. 이탈리아인은 소리쳤다. "내게 소금을 내려주신 신께 축복을!" 그러자 모든 참석자가 사라졌다.

식탁에 소금을 쏟는 것은 나쁜 징조로 해석된다. 이 저주를 풀기 위해서는 소금 한 꼬집을 등 뒤로 던져야 한다. 이때 오른손을 이용해 왼쪽 어깨 너머로 던져야 한다. 스코틀랜드인들은 소금물에 특별한 효능이 있다고 믿었다. 헤브리디스Hebrides 제도와 오크니Orkney 제도 주민들은 물과 소금이 든 병을 죽은 사람 가슴에 올려 악귀를 쫓았다. 소금은 부패하지 않기에 영원함과 지혜를 상징한다. **참조.** 소금통Salière.

세파르 [Sépar] **참조.** 베파르Vépar.

세피로트 [Séphirioths(Les) / Sephiroth] 카발라에서 우수한 존재들로 여겨진다. 하지만 제대로 정의되어 있지는 않다.

장례 [Sépulture / Burial] 한 철학자 무리가 페르시아를 여행하던 중 모래 위 버려진 시체 한 구를 발견하였다. 이들은 시신을 매장해 주었다. 다음 날 밤, 이들 중 한 명 앞에 유령이 나타났다. 유령은 묻어준 시체가 근친상간을 저지른 악인이며, 땅이 시체를 거부한 것이라 말했다. 다음 날, 철학자들은 시체를 꺼내기 위해 원래의 자리로 돌아갔다. 하지만 이미 시체는 땅 밖에 나와 있었다. 철학자들은 더 이상 상관 않고 다시 여행길에 올랐다. **참조.** 죽음Mort, 장례식Funérailles.

다음은 장례 의식의 기상천외함을 다룬 예시다. 쿠만족Cumans의 왕 중 하나였던 요나Jonas는 세례를 받기 전 급작스럽게 사망하였다. 이 때문에 그는 여느 이교도처럼 콘스탄티노플Constantinople 성벽 밖에 매장되었다. 그의 장교들은 이방의 의식에 따라 장례를 치러도 된다는 허가를 받았다. 요나의 무덤은 언덕 위에 만들어졌다. 그리고 무덤 주변 구덩이에선 저세상에서 그를 섬길 시종들이 목을 매달았다. 풍습에 따라 살아있는 말 26마리도 함께 목을 매달았다.

설교 [Sermons] 교회의 모든 풍습을 흉내내고 싶은 악마는 집회에서 설교를 한다. 모든 마법사는 이 설교를 들어야 한다. 아스모데우스Asmodeus가 주로 설교자로 섰고, 여러 마녀는 그의 불경스러운 설교를 들어야 했다.

스라오샤 [Serosch / Sraosha] 파시 교도Parsees들이 믿는 땅의 정령. 이들은 악마의 함정으로부터 인간을 보호한다.

뱀 [Serpent] 사탄은 처음 유혹을 시도했을 때, 무서운 뱀의 모습을 하고 있었다. 펜실베니아Pennsylvania의 검은 뱀은 새나 다람쥐에게 주술을 걸고 현혹하는 능력을 갖추고 있다. 이 뱀은 나무 밑에 누워 머리 위에 있는 새나 다람쥐를 뚫어져라 쳐다보는데, 그러면 새와 다람쥐는 내려와 뱀 입안에 몸을 던진다. 이 믿기 힘든 미신은 널리 퍼져있다. 이를 부정한다는 것은 자연에 존재하는 현혹능력을 부정하는 것이다. 아프리카의 주이다Juida 왕국, 아르드라Ardra 왕국에는 아주 온순하고 친밀한 독 없는 뱀이 존재한다. 이 뱀들은 끊임없이 독사와 싸우는데, 이 때문에 해당 지역의 숭배 대상이 되었다. 한 영국인 상인은 자기 상점에 들어온 이 뱀 한 마리를 죽인 뒤, 뱀의 사체를 문밖에 던져버렸다. 이때 앞을 지나던 주민들은 공포의 비명을 질렀다. 이 불경스러운 소식은 왕국 전역에 퍼졌고, 주민들 사이에서는 분노가 피어났다. 이들은 거주하는 영국인들을 말살하였다. 그리고 영국인들 가게에 불을 지르고 물건을 모두 파기했다.

일부 화학자들은 뱀이 허물과 껍질을 벗으면 어려지고 성장한다고 주장한다. 또 새로운 힘을 얻으며 절대 자연사하지 않는다는 이론을 펼친다. 이 주장을 실험으로 반박하기란 쉽지 않다. 만약 가둬놓고 키우던 뱀이 죽으면, 이 이론을 주장하는 자들이 뱀이 갇힌 탓에 슬픔으로 죽었다는 소리를 하기 때문이다. 혹은 맞지 않는 먹이를 먹였다고 주장할 수도 있겠다. 로크리안Locrian의 왕 아약스Ajax는 15피트 길이의 뱀을 길들였다. 이 뱀은 왕을 개처럼 따라다녔고 그의 식탁에서 식사했다. **참조.** 파플라고니아의 알렉산더Alexandre de Paphlagonie, 당나귀Ane, 해롤드Harold, 하리디Haridi 등.

거대 바다뱀 [Serpent de Mer / Serpent of the Sea(Le Grand / Great)] 1837년, 아조레스 제도Azores 근처에서 르 아브르Le Havre 선박이 발견한 거대 바다뱀은 큰 소란을 일으켰다. 이에 모든 일간지는 해당 사건을 다루었다. 하지만 시간이 지나자, 대중들은 바다뱀이 단지 상상의 동물일 것으로 생각했다. B. 드 지브리B. de Xivrey는 《토론 저널Journal des Débats》을 통해 이 주제와 관련된 흥미로운 연구 일부를 발표하였다. 내용은 다음과 같다.

"오늘날 북해는 거대 바다뱀의 주 서식지로 보인다. 특히 노르웨이에서 이는 매우 흔한 존재이다. 노르웨이 해변에선 이 짐승의 사체가 자주 떠밀려 온다. 하지만 해당 국가는 이런 일을 대수롭지 않게 생각하며 딱히 기록에 남기지 않는다.

기록은 주로 중대한 사안일 때 남겨진다.

만약 이 짐승의 사체가 부패해 공기가 오염되는 일 등이 생긴다면, 해당 국가에서 열심히 기록을 남길지도 모른다. 폰토피단Pontoppidan은 이 짐승에 대한 다양한 예시를 언급했지만, 그가 설명한 예시를 증명할 공식 문서는 존재하지 않는다. 스트론자Stronza에서 작성된 보고서는 거대 바다뱀의 모습을 그나마 가장 자세하게 기재하였다. 이 보고서에서 거대 바다뱀은 갈기가 달려있다고 기록되어 있다. 이는 과거 노르웨이의 목격담과 일치하는 내용이다.

1751년 2월 21일 베르겐Bergen에서 작성된 편지에는 로랑 페리Laurent Ferry 선장이 바다에서 마주친 거대 바다뱀의 묘사 내용이 등장한다. 이는 다음과 같다.

'가장 높은 파도 위로 머리를 꺼내든 그것은 말을 닮았다. 이 생물체는 회색이었고, 주둥이 부분은 어두웠으며, 눈은 검은색이었다. 또 기다란 갈기가 목에 붙어 흩날리고 있었다. 이 생물체는 머리를 제외한 몸 부분이 일곱 또는 여덟 번 정도 구부러져 있었다. 구부러진 간격은 6피트 정도로 추정되었다. 내가 목격한 것을 한 사람에게 들려주자, 그는 이를 공식적으로 기록하길 권했다. 이에 나는 선원이자 목격자인 니콜라스 피터슨 코퍼Nicolas Peterson Kopper와 니콜라스 니콜슨 엔젤웨븐Nicolas Nicolson Angleweven의 서명을 동봉한 문서를 작성하였다. 이들은 내가 묘사한 내용을 진술할 준비가 언제든 되어있다.'

폴 에제드Paul Egede가 두 번째 그린란드 여행에서 목격한 거대 바다뱀은 귀(또는 날개)가 달려있었다. 이는 로랑 페리 선장이 말한 갈기와 동일한 것일 수 있다. 다음은 폴 에제드의 거대 바다뱀 목격담이다.

'7월 6일, 우리는 바다 위로 높이 치솟아 오르는 괴물을 발견했다. 이 괴물은 머리가 돛대 끝에 닿을 정도로 거대했다. 또 지느러미 대신 커다랗게 늘어지는 귀를 가졌는데, 마치 날개 같았다. 이 괴물은 온몸이 비늘로 뒤덮여 있었고 꼬리 부분은 뱀과 유사했다. 그것은 물 속으로 들어갈 때 몸을 구부렸는데, 이 움직임을 통해 꼬리가 선박의 길이만큼 길다는 것을 알 수 있었다.'

16세기 중반, 웁살라Uppsala의 대주교 올라우스 마그누스Olaus Magnus는 거대 바다뱀을 직접 목격했다 주장하며, 이 갈기 부분을 명확히 언급했다. 그가 본 뱀은 길이는 200피드에 날했으며, 둘레는 20피트나 되었다. 그의 목격담은 다음과 같다.

'이 뱀은 2피트 길이의 갈기를 가지고 있었다. 뱀의 몸은 비늘로 덮여 있었고, 눈은 마치 불덩이처럼 빛났다. 그것은 때때로 선박을 공격했는데, 머리를 돛처럼 세우고 갑판 위의 선원들을 잡아챘다.'

수없이 많은 목격담 속에서, 이처럼 우리는 동일한 특성들을 찾아볼 수 있다. 스칸디나비아Scandinavia 시인들의 묘사에서도 이와 같은 모습이 관찰된다. 스칸디나비아 시인들은 600피트 길이의 바다뱀을 묘사하며, 그것이 말의 머리와 흰 갈기 그리고 검은 뺨을 가지고 있다 말했다. 이들은 거대 바다뱀이 갑작스럽게 돛처럼 솟아오르며, 끔찍한 쉿소리를 낸다고 덧붙였다. 이때 들리는 소리는 마치 태풍 소리 같았다고 한다. 시적 과장이 들어갔다 하더라도, 이들이 말한 모든 것이 거짓이라고 확신하긴 어렵다. 우리는 거대 바다뱀에 대한 충분한 기록을 가지고 있지 않기 때문이다.

이번에는 고대와 중세 민담에 등장하는 이야기와 비교해 보자[1]. 대 알베르투스Albert le Grand는 인도의 거대 뱀에 관한 묘사를 책에 기록했다. 이 뱀은 앞서 말한 거대 바다뱀과 놀라울 정도로 유사한 점이 존재한다. 그의 기록은 다음과 같다.

'아비센나Avicenna는 한 마리 뱀을 보았는데, 목에는 길고 숱이 많은 털로 덮여 있었다. 이는 마치 말의 갈기 같았다.'

대 알베르투스는 이 뱀에게 이빨이 세 개 있었고, 모두 턱뼈 밖으로 돌출되어 있다고 덧붙였다. 여기서 이빨과 관련된 특성은 크테시아스Ctesias의 『인디크Indiques』에서 언급된 갠지스Ganges 강 지렁이 이야기를 어렴풋이 참고한 것으로 보인다. 이 지렁이는 아엘리아누스Aelianus의 『동물의 특성 Propriétés des animaux』에도 기록되어 있다. 이 그리스 작가들은 이 괴물이 7큐빗Cubits* 정도의 길이를 가졌다고 설명했다. 또 둘레는 10살짜리 아이가 껴안기 힘들 정도로 두껍다고 묘사했다. 이를 통해 이 지렁이가 거대 바다뱀보다 작다는 것을 알 수 있다. 지렁이는 턱뼈에 붙은 두 개의 이빨로 강가에 있는 소, 말, 낙타를 잡아채 집어삼켰다. 처음 크테시아스가 이 이야기들을 했을 때, 우스꽝스러운 소설로 여겨지고 무시당했다. 하지만 훗날 과학의 발전으로, 그의 이야기가 사실임이 밝혀졌다. 말트 브룅Malte-Brun은 크테시아스의 견해를 높이 샀다.

이 글을 읽는 이들은 이쯤 되면 알렉산더Alexander가 인도에서 만났다고 알려진 공포스러운 동물 오돈토티라누스Odontotyrannus를 떠올릴 것이다. 중세 소설들은 이 정복자에 관해 언급할 때 오돈토티라누스에 대해 반드시 이야기한다. 거슬러 올라가 보면 이 동물의 이야기는 가칭 칼리스테네스Pseudo-Callisthenes의 책에서 파생된 것이다. 이후 다수의 비잔틴 작가 또한 이 괴물을 언급하였다. 이들은 이 괴물을 갠지스 강에 사는 거대한 양서류로 묘사했다. 팔라디우스Palladius는 오돈토티라누스를 두고 다음과 같이 말했다. '코끼리를 통째로 삼킬 수 있었다.' 이 주장이 우스워 보일 수 있겠지만, 거대한 육지 뱀들은 말이나 소와 같은 네발짐승을 한입에 집어삼키기도 한다. 저자 또한 이를 염두에 두고 한 말일 것이다. 육지의 거대 뱀들은 먹이를 나누지 않고, 감싸고 늘린 뒤 잡고 흔들어 통째로 삼킨다. 그로에프Groefe는 '상트페테르부르크St. Petersburg 왕실 과학 아카데미 학술지'에 게재한 논문에서 오돈토티라누스가 메머드의 흔적일 수 있다고 주장했다. 이러한 독특한 해석은 1818년 몬시뇨르 마이Monsignor Mai가 줄리우스 발레리우스Julius Valerius라는 이름으로 출판한 알렉산더 소설의 라틴어 버전에 기반을 두고 있다. 줄리우스 발레리우스는 오돈토티라누스가 마케도니아Macedonia 병사들을 '짓밟았다Conculcavit'고 기록했다. 알렉산더와 아리스토텔레스Aristoteles가 주고받았다고 추정되는 편지에도 동일한 이야기가 등장한다. 또 최근** 출간된 『괴물과 신비한 동물 개론 Traité des monstres et des bêtes extraordinaires』에도 같은 이야기가 담겨있다. 그리스 작가들(가칭 칼리스테네스, 팔라디우스, 케드레누스Cedrenus, 글리카스Glycas, 하마르톨루스Hamartolus 등)의 미발행 원고 속에서 오돈토티라누스는 크기 외에 다른 묘사가 없다. 확실히 매머드는 양서류와 생김새가 다르다. 하지만 거대 바다뱀은 양서류로 혼동될 수 있지 않을까?

에브라드 홈Everard Home 경은 거대 바다뱀을 스트론자 해변에 떠밀려온 상어 중 하나라고 주장했다. 하지만 이것을 파충류나 양서류로 본다면 어떨까? 이들은 물속에서 무한정 있을 수 있다. 그러면 육지에서 목격된 거대한 뱀 또한 바다에서 목격된 괴물과 동일한 것으로 볼 수 있다.

올라우스 마그누스는 거대 바다뱀을 당시 베르겐 인근 바위틈에 거주하던 뱀이라고 주장했다. 이 뱀은 인근 가축과 게를 잡아먹었다. 한 세기 후인 1656년 1월 6일, 노르웨이 론덴Londen의 복음 전도사 니콜라스 그라미우스Nicolas Grammius는 미오스Mios와 벤즈Benz 강을 지나 바다로 나가는 거대한 뱀을 보았다. 이는 다음의 기록이다.

'그것은 배의 돛과 비슷한 길이를 가졌다. 그리고 나무, 오두막 등을 지나가며 만나는 모든 것을 뒤엎었다. 그것이 내는 쇳소리 혹은 울음소리는 주변 모든 사람의 등골을 오싹하게 만들었다. 그것의 머리는 술통만큼 컸고, 머리만큼 거대한 몸통은 파도 위로 상당히 높이 치솟아 있었다.'

더 과거로 거슬러 올라가면, 로도스Rhodes 섬의 뱀을 이야기해 볼 수 있다. 이 뱀은 14세기 고존Gozon 기사의 손에 잡혔다.

그는 이 업적을 통해 예루살렘 성 요한St. John 기사단의 단장이 되었다(하지만, 이 이야기는 때때로 꾸며낸 우화로 여겨진다). 16세기 투르의 그레고리Gregory of Tours는 로마 티베르Tiber 강에서 홍수 당시 목격한 뱀의 이야기를 기록했다. 그는 뱀을 보며 '튼튼한 기둥같았다In modum trahis validæ'고 말했다. 투르의 그레고리는 이를 기록할 때 '드라코Draco'라는 용어를 사용했다. 이는 고대 라틴어에서 거대한 뱀을 가리키는 말이다.

수에토니우스Suetonius의 기록에 의하면, 아우구스투스Augustus는 에트루리아Etruria에서 75피트 길이의 뱀을 목격했다고 한다. 그리고 그는 이를 의회에서 공식적으로 발표했다. 디오 카시우스Dion Cassius는 85피트 길이의 뱀이 아우구스투스 통치 시절 같은 지역에서 목격되었음을 기록했다. 이 뱀은 벼락에 맞기 전까지 막대한 피해를 일으켰다.

고대 저자들이 언급한 가장 유명한 거대 바다뱀 일화는 로마 군대와 얽힌 이야기일 것이다. 기원전 256년 레굴루스Regulus의 두 번째 집정이 진행되고 있을 때였다. 로마 군대는 카르타고Carthage 근처 바그라다Bagrada 호수에서 거대 뱀을 마주하게 되었다. 이 뱀의 길이는 120피트였고, 로마 군대에 큰 피해를 줬다. 이에 레굴루스는 투석기와 노포를 가동하였고, 장비를 통해 거대한 돌을 던져 뱀을 짓이겨 버렸다. 그는 해당 상황을 로마 시민들에게 설명하기 위해 뱀의 가죽을 로마로 보냈다. 뱀 가죽은 누만티아 전쟁The Numantine War이 일어나기 전까지 어느 사원에 걸려있었다. 누만티아 전쟁 중, 뱀의 사체가 부패해 감염이 발생하자 적군은 모두 철수했다. 이 사건은 역사상 고증이 확실하고 기록이 잘 되어있는 사건 중 하나이다. 많은 작가는 이를 상세히 기록했다.

필로스토기우스Philostorgius는 로마에서 68피트 길이의 뱀 가죽을 본 적이 있다고 주장했다. 디오도로스Diodorus는 85피트 길이의 뱀이 나일Nile 강에서 잡힌 적이 있다고 기록했다. 이 뱀은 산 채로 알렉산드리아Alexandria의 프톨레마이오스 필라델푸스Ptolemy Philadelphus에게 보내졌다. 스트라본Strabo은 아가타르키데스Agatharchides의 기록을 인용하며 거대 뱀을 언급하였다. 그의 말에 따르면, 포시도니우스Posidonius는 코엘레 시리아Coele-Syria에서 길이가 120피트나 되는 뱀의 사체를 보았다고 한다. 이 뱀은 건너편에 서 있는 사람이 보이지 않을 정도로 두꺼웠다.

오네시크리투스Onesicritus의 기록에 따르면, 인도 아포시사레스Aposisares 지역에서는 120피트, 110피트 길이의 뱀 두 마리를 길렀다고 한다. 이는 알렉산더 대왕에게 보여주기 위한 것이었다. 해당 내용은 스타라본 또한 언급했다. 티레의 막시무스Maximus of Tyre가 알렉산더 대왕에게 보여준 뱀 중에는 500피트 길이인 것이 있었다. 자, 이쯤 되면 동방의 전설이 스칸디나비아 전설의 규모와 가까워진다. 스칸디나비아 바다뱀의 길이는 600피트였으니 말이다. 이처럼 비슷한 여러 이야기는 거대 바다뱀이 새로운 존재가 아니라는 것을 말해준다. 즉 거대 바다뱀은 아주 예전부터 다양한 형태와 방법으로 목격된 것이다. 우리가 생각하는 것과 달리, 이 뱀은 항해사들에게 큰 해를 끼치지 않는다. 이 무시무시한 괴물은 이미 성경에서 레비아탄Leviathan이라는 이름으로 언급되었다. 레비아탄은 보샤르Bochart가 지적했듯 다양한 거대 짐승을 가리키기 위해 사용된 용어이다. 선지자 이사야Isaiah는 다음과 같이 말했다. '날랜 뱀 레비아탄 곧 꼬불꼬불한 뱀 레비아탄(2)'

19세기 거대 바다뱀은 1808년, 1815년, 1817년, 1837년 등 여러 번에 걸쳐 목격되었다. 이 존재가 과거보다 미래에 더 자주 나타날 가능성은 작다. 그러나 언론을 통해 알려진 해당 일화들은 앞으로 발생할 유사 사건들까지 모두 대중의 관심을 받게 만들 것이다. 한 영국 작가는 거대 바다뱀과 관련된 증언을 수집해 최초로 출판하였다. 그는 노르웨이 어부들이 거대 바다뱀으로부터 몸을 지킬 때 사용하는 방법을 상세히 설명하였다. 이는 다음과 같다. 만약 거대 바다뱀을 발견하면 구부러진 뱀 몸통과 몸통 사이, 즉 바닷물만 보이는 공간을 특히 주의해야 한다. 그리고 해가 떠 있다면, 해의 방향으로 노를 저어 뱀이 눈부시게 만들어야 한다. 멀리서 거대 바다뱀을 목격했다면, 온 힘을 다해 노를 저어 이를 피하도록 한다. 피하는 것이 불가능하다면, 갑판 위에 사향 기름을 뿌린 뒤 곧장 뱀의 머리를 향해 나아간다. 이 짐승은 사향 냄새를 극도로 싫어하기 때문이다. 이것이 바로 노르웨이 어부들이 고요하고 뜨거운 여름 바다를 항해하기 전 사향 기름을 챙기는 이유이다. 1837년 거대 바다뱀이 발견되었을 때, 르 아브르 선박에 타고 있던 이들은 물결을 목격했다. 이들은 물결만으로도 뱀의 길이가 배의 몇 배는 될 것이라 예상했다."

(1) 영국인 작가가 『회고 논평Retrospective Review』에 기고한 내용이다. 이는 1835년 『영국 저널Revue britannique』에서 번역 후 게재되었다. / (2) 『이사야Isaiah』 27장 1절. / * 고대에 사용하던 길이 단위. 약 45cm. / ** 『지옥사전』 집필 당시인 1863년.

세루그 [Sérug] 악령. 참조. 샤센Chassen.

세르방 [Servants] 알프스Alps 지역의 작은 사역마들. 섬기는 자의 정원을 갈고 관리한다. 이들을 언짢게 하는 자가 있으면 깜짝 놀라게 만든다. 하지만 식탁 아래로 왼손을 뻗어 우유 한 숟가락을 주면, 화를 잠재울 수 있다.

세르비우스 툴리우스 [Servius-Tullius]
피에르 르 루아예Pierre Le Loyer와 몇몇 작가들은 로마의 왕 세르비우스가 악마의 자식이라고 주장했다. 한편 카발리스트들은 그가 샐러맨더Salamander(불도마뱀)의 자식이라고 주장했다.

셋파 [Sethiens / Sethians, Sethites]
2세기의 이단자들. 아담Adam의 아들인 셋Seth을 숭배하였다. 이들은 두 천사가 카인Cain과 아벨Abel을 만들었다는 등 많은 망상을 늘어놓았다. 이 이교도들의 주장에 따르면 예수 그리스도Jesus Christ는 사실 셋이며, 두 번째로 태어난 것이라고 한다. 이들은 셋을 비롯한 다른 선조들의 이름으로 책을 제작했다.

세투스 [Séthus]
니케타스Nicétas의 주장에 따르면, 마누엘Manuel 황제에게는 세투스라는 이름의 한 마법사가 있었다고 한다. 그는 마법에 걸린 복숭아를 주어 한 소녀를 사랑에 빠지게 만들었다.

세베루스(셉티미우스) [Sévère / Severus(Septime / Septimius)]
역사학자들은 카라칼라Caracalla가 안티키아Antioch를 떠날 당시, 세베루스 황제의 유령이 잠든 카라칼라에게 나타났다고 기록하였다. 유령은 다음과 같이 말했다. "네가 내 형제를 죽였으니, 나도 너를 죽일 것이다."

성별 [Sexe / Sex]
일부 증상을 통해 태어날 아이의 성별을 알아낼 수 있다는 풍설이 있다. 어머니가 출산 내내 행복하다면 아들을 낳는다. 또 오른쪽이 무겁게 느껴진다면 아들을 낳는다. 반면 왼쪽이 무겁게 느껴진다면 딸을 낳는다. 어머니가 창백하고 생기가 많아지면 딸을 낳는다. 대 알베르투스Albert le Grand는 산토끼를 먹는 집안에서는 아들을 낳고, 돼지의 내장을 즐겨 먹는 집안에서는 딸을 낳는다고 주장했다. 부벤퀠레Bubenquelle와 메그덴퀠레Maegdenquelle라는 두 물줄기가 흐르는 엠스Ems 강에는 특별한 효능이 있다. 이 물을 한 모금 마시면 아들을, 두 모금 마시면 딸을 낳는다. 이를 믿고 마시는 것은 말리지 않겠다. 하지만 요하니스베르크산Johannisberg 포도주나 샴페인을 마시는 것이 차라리 더 나을지도 모른다[1].

(1) 자크맹Jacquemin, 『독일 여행의 기억들Fragments d'un voyage en Allemagne』.

사마베다 [Shamavedam / Samaveda] 인도의 네 성서 중 하나. 점술과 예언의 기술을 담고 있다.

셸로 [Shelo] 참조. 사우스코트Southcote.

슈필틴 [Shoupeltins / Shoupiltins] 셰틀랜드Shetland 섬 주민들은 트리톤Triton* 또는 뱃사람이라 불렀다. 옛 전통과 민간 전승에 따르면 이들은 북부 해협에 살았다고 한다.

* 그리스신화에 등장하는 반인반어의 해신이다.

무녀 [Sibylles / Sibyls] 고대 무녀들은 광적인 면모를 가진 여성들이었다. 몇몇 무녀의 발언은 존경을 받았으며, 이 중 일부는 많은 이들에게 영감을 주기도 했다. 만약 이를 인정하지 않는다면, 여러 성직자가 인정한 사실 또한 문제 삼아야 한다. 무녀의 예언은 시적인 언어를 사용해 전해졌다. 불행히도 이들의 예언 원본은 거의 유실되었고, 남아 있는 일부 또한 위조된 것으로 의심받고 있다.

버질Virgil의 『아이네이스Aeneid』에서 아이네아스Aeneas는 무녀를 찾아간다. 이는 지옥에서 자신을 보호해 줄, 금으로 된 종려나무 가지를 얻기 위해서였다. 바롱Varron은 세상엔 10명의 무녀가 있다고 기록했다. 하지만 몇몇 이들은 12명으로 보기도 한다.

1) 페르시아의 무녀 : 스스로를 삼베스Sambethe라 칭했다. 위조된 무녀 예언집에서 노아Noah의 손녀로 등장한다.

2) 리비아의 무녀 : 사모스Samos 섬, 델포이Delphi, 클라로스Claros 및 여러 지역을 여행한 무녀. 그녀는 우상 숭배를 반대하는 시를 남겼다. 그녀는 이 시에서 손으로 만든 작품을 숭배하는 것, 돌이나 청동으로 만든 신에게 구원을 바라는 것 등을 비판했다.

3) 델포이의 무녀 : 예언자 티레시아스Tiresias의 딸. 테베Thebes가 두 번째로 함락된 후, 그녀는 에피고노이Epigoni들에 의해 델포이 신전에 봉헌되었다. 디오도로스Diodorus의 기록에 따르면, 그녀는 '무녀Sibyls'라는 명칭을 처음으로 사용했다고 한다. 그녀는 신의 위대함을 글로 남겼다. 일부 학자들은 호메로스Homer가 그녀로부터 많은 영감을 받았다고 주장한다.

4) 에리트레아Eritrea의 무녀 : 트로이 전쟁Trojan War을 예언한 무녀. 그녀는 호메로스가 길고 잔혹한 이 전쟁을 노래할 것이라고 예견했다. 에우세비오Eusebius와 성 아우구스티누스St. Augustine는 그녀가 모세Mose의 서를 알았다고 기록했다. 그녀는 예수 그리스도Jesus Christ의 도래에 대해서도 이야기하였다. 이는 아크로스틱Acrostic*으로, 첫 글자를 모으면 '예수 그리스도 하나님의 아들'이 만들어진다. 그녀는 때때로 아기 예수와 두 천사를 발치에 둔 모습으로 묘사된다.

5) 킴메르족Cimmerians의 무녀 : 수이다스Suidas의 주장에 따르면 킴메르족의 무녀는 에리트레아의 무녀보다 더 명확하게 성모 마리아Maria에 대해 예언했다고 한다. 그녀는 마리아라는 이름을 직접 언급했다.

6) 사모스 섬의 무녀 : 그녀는 유대인들이 신이 될 정의로운 자를 십자가에 못 박을 것이라고 예언했다.

7) 쿠마에Cumae의 무녀 : 가장 유명한 무녀. 이탈리아 쿠마에에 거주했다. 그녀의 이름은 데이포보스Deiphobus였으며, 글라우코스Glaucus의 딸이었다. 그녀는 아폴로Apollo의 사제이기도 하다. 쿠마에의 무녀는 100개의 문이 달린 동굴에서 신탁을 내렸다. 이 동굴에서는 문의 수만큼 많은 목소리가 응답했다. 그녀는 타르퀴니우스Tarquinius에게 예언집

을 선물했는데, 타르퀴니우스는 이 중 네 번째 부분만 받아 갔다. 이 예언집은 로마 카피톨리움Capitolium에 소중히 보관되었다. 이후 술라Sulla 시대 카피톨리움에 화재가 일어나 예언집이 소실되었고, 아우구스투스Augustus는 다른 무녀들의 신탁을 한데 모아 금 상자에 담았다. 그리고 이를 아폴로 동상 발치에 두었다.[(1)] 페티Petit는 저서 『무녀에 대하여De Sibylla』에서 쿠마에 무녀를 제외한 다른 무녀들은 존재한 적이 없다고 기록했다. 또한 다른 무녀들의 이야기는 쿠마에 무녀가 여행하며 읊은 예언들이 가공된 것이라고 덧붙였다.

8) 헬레스폰트Hellespontine의 무녀 : 드로아Troas의 마르페사Marpesa에서 태어난 무녀. 그녀는 솔론Solon과 크로이소스Croesus 시대에 예언을 했다. 예수 그리스도의 탄생을 예언한 것으로 알려져 있다.

9) 프리지아Phrygia의 무녀 : 갈라티아Galatia 앙카라Ancyra에서 신탁을 내린 무녀. 수태고지와 구세주의 탄생을 예언하였다.

10) 티부르Tibur의 무녀 또는 알부네아Albunea : 티부르에서 여신처럼 숭배되었던 무녀. 예수 그리스도가 베들레헴Bethlehem의 한 동정녀에게서 태어날 것이며 세상을 다스릴 것이라 예언하였다.

11) 에피루스Epirus의 무녀 : 마찬가지로 구세주의 탄생을 예언했다.

12) 이집트의 무녀 : 예수 그리스도의 수난과 유다Judas의 배신을 예언 및 노래하였다. 성 예로니모Saint Jerome는 이집트의 무녀들이 순결함을 대가로, 하늘로부터 미래를 읽는 능력을 받았다고 주장했다.

오늘날 존재하는 8권의 무녀 예언 모음집은 진위가 의심스럽다. 베지에Nicolas Sylvestre Bergier는 『신학 사전Dictionnaire théologique』에서 이 책들을 진위를 알 수 없다고 주장하며 2세기의 그노시스파Gnostics 신봉자들이 쓴 것으로 보았다.

(1) 15신관Fifteen Judges은 무녀의 예언집을 열람했던 신관들이다. 로마의 운명을 담고 있던 이 예언집은 카피톨리움 화재로 유실되었다(로마 건국 이후 670년 뒤). 이에 대신들은 사방을 돌아다니며 다른 무녀들의 예언을 모으기 시작했다. 15신관들은 이렇게 모은 신탁들로 새로운 예언집을 만들었다. 그리고 아우구스투스 황제는 이를 아폴로 동상 발치에 숨겼다. '15신관'은 타르퀴니우스가 처음 만들었으며, 애초에는 2명이었던 무리가 10명을 거쳐 술라에 의해 15명이 되었다. 이들은 고위 성직자들과 같은 방식으로 임명되었다. (단일서『Le Livre unique』, 15번) / *가 구절이 첫 글자가 되나나 문장을 형성하는 글.

현대 무녀 [Sibylles Modernes / Modern Sibyls] 무녀의 계승은 잘 알려지지 않았지만, 계속 이어져 왔다. 피에르 크레스페Piere Crespet는 『인간에 대한 악마의 증오De la haine des démons pour les hommes』라는 두 권의 책에서 이에 관한 몇 가지 사례를 기록했다. 나폴리Napoli에 위치한 누르시아Nursia 동굴은 아직도 무녀의 동굴이라 불린다. 종교개혁이 시작되던 중세 시대, 무녀들은 이곳에 거주하였다. 도미니크 미라벨리Dominique Mirabelli(출신 미상)는 마법 행위와 마법서 소유로 인해 체포되었다. 그녀는 심문 당시 동료들과 함께 누르시아의 무녀를 방문했다고 자백했다. 도미니크 미라벨리의 동료였던 스콧Scot은 무녀로부터 신비한 책과 악마가 갇힌 반지를 받았다. 이 반지 덕분에 스콧은 귀족들 앞에서 여러 기적을 행할 수 있었고, 원하는 곳으로 순간이동 할 수 있었다. 단, 역풍이 부는 경우는 예외였다. 그녀는 종교 기관에서 동굴 입구에 감시자들을 두었으나, 출입에 문제가 없었다고 말했다. 수련생들은 마법을 사용해 눈에 보이지 않게 동굴에 들어갔기 때문이었다. 도미니크 미라벨리는 무녀를 다음과 같이 묘사했다. "키는 작았고 낮은 의자에 앉아 있었으며 머리카락은 바닥에 닿았다." 방문자들이 무녀와 이야기를 나누면 동굴 주변으로 벼락이 내리쳤다. 도미니크 미라벨리와 그녀의 동료들, 스콧은 파리로 연행되었다. 이후 이들의 처분은 알려지지 않았다. 이 사건은 프랑스가 나폴리를 점령했을 때 일어난 것으로 보인다.

현대의 무녀 중에는 르노르망 아가씨Mademoiselle Lenormand, 르두 아가씨Mademoiselle Ledoux 등이 있다. 이 중 한 무녀는 아직 활동하고 있는지, 은퇴했는지 알 수 없다. 다만 1829년에 싼값으로 별점을 봐주었다고 한다.

시시디테스 [Sicidites] 르 루아예Pierre Le Loyer는 다음과 같은 이야기를 기록했다. 마법사 시시디테스는 마누엘 콤네누스Manuel Comnenus 황제의 창에 걸터앉아, 왕실 사람들과 콘스탄티노플Constantinople 항구를 내려다보고 있었다. 창밖에는 도자기를 실은 작은 배 한 척이 항구에 도착하는 것이 보였다. 시시디테스는 주변 사람들에게 창밖의 도공이 항아리를 깨뜨리게 만들겠다고 제안했다. 마법사는 마법으로 항아리를 깨뜨렸고 왕실 사람들은 이를 보며 깔깔 웃었다. 하지만 도공은 깨진 항아리를 보며 절망에 빠진 채 수염을 뜯으며 눈물을 쏟아냈다. 근처에 있던 이들은 도공에게 왜 항아리를 깨뜨렸는지 물었다. 도공은 머리가 붉고 빛나는 뱀이 도자기 주변을 감싸며 아가리를 쩍 벌리는 것을 보았다고 말했다. 그리고 도자기를 모두 깨자 뱀이 사라졌다고 말했다.

어느 날, 시시디테스는 자신을 험담하는 이들에게 복수를 하기로 마음을 먹었다. 험담꾼들과 같이 목욕을 하던 그는 빠져나와 인근 방으로 숨어들어 옷을 챙겨입었다. 그가 자리를 벗어나자마자 목욕탕 속 험담꾼들은 서둘러 도망칠 수밖에 없었다. 욕조 구석에서 검은 사람들이 나타나 발길질하며 그들을 내쫓았기 때문이다.

달군쇠점 [Sidéromancie / Sideromancy] 붉게 달궈진 쇠를 이용한 점술. 쇠 위에 작은 금속 조각을 태워 별들처럼 빛을 뿜도록 한다.

시드라가숨 [Sidragasum] 사교계 여성들을 춤추게 하는 능력이 있는 악마.

바람을 부르는 휘파람 [Siffler le Vent / Whistling for Wind] "바람을 일으키기 위해 휘파람을 부는 풍습은 뱃사람들의 것이다. 이 터무니없어 보이는 풍습은 강인하고 신을 믿지 않는 사람들의 마음을 조금씩 사로잡았다. 영국인 뱃사람에게 '바람은 원하는 곳에서 마음대로 부는 것이며, 바람과 대화할 필요가 없다'고 설득하려 시도하는 것은 쓸모없는 짓이다. 학문과 과학의 발전에도, 바람이 모자라면 뱃사람은 언제나 휘파람을 불 것이다."[1]

(1) 바질 할Bazil Hall 대위.

마법 호루라기(마법 피리) [Sifflet Magique / Magic Whistle] 1284년, 한 마법사는 하멜린Hamelin을 점령하던 수많은 쥐를 처리했다. 마법사는 피리 소리로 쥐들을 모은 뒤, 베저Weser 강에 빠뜨려 죽였다. 하지만 도시의 관리들은 그에게 수고비를 주는 것을 거부했다. 이에 마법사는 피리를 불어 하멜린의 모든 아이를 불러냈고, 부모들은 다시는 자식을 만나지 못하게 되었다. 이 일화는 여러 기념물을 통해 확인할 수 있다.[1]

(1) 『신의 계명에 대한 전설Légendes des commandements de dieu』 속 해당 일화를 참조할 것. 구스타프 드 니에리츠Gustave de Nierilz는 이 주제를 두고 완전한 소설을 지었다. J. B. J. 샴파냑J. B. J. Champagnac은 이를 프랑스어로 번역하였다. 제목은 『마법 호루라기Le sifflet magique』 또는 『하멜린의 아이들Les Enfants d'Hameln』이다.

아그니 [Sigéani / Agni] 아바Ava 왕국에서 원

소들을 지배하고 천둥과 번개를 내리는 정령.

성호 [Signe de Croix / Sign of the Cross] 한 유대인이 나폴리Napoli 왕국의 폰디Fondi를 방문했다. 한밤중, 우상을 숭배하는 사원 외에는 밤 굿을 찾지 못한 그는 어쩔 수 없이 그곳에서 아침을 기다리기로 했다. 그는 되는대로 구석을 찾아 망토를 덮고 잠을 청했다. 그가 눈을 감으려던 순간, 갑자기 여러 악마가 아치형 천장으로부터 내려왔다. 그리고 제단 주변으로 원을 만들었다. 게다가 지옥의 왕도 악마들과 함께 내려오더니, 왕좌에 앉아 부하 악마들에게 행동을 보고하라고 명했다. 각 악마는 자신이 지옥의 이익에 기여한 바를 자랑하며 자신의 '선행'을 읊었다. 지옥의 왕과 다른 판단 기준을 지녔던 유대인은, 그들이 읊는 선행이 인간 세상에서 말하는 악행이라는 생각이 들었다. 악마들의 생김새와 그들의 말을 듣고 유대인은 겁에 질렸다. 이에 악령을 쫓는 유대교 기도와 의식을 올렸다. 그러나 이는 소용없었다. 악마들은 유대인이 자신들을 보고 있는지 알아채지 못했다. 어디서 도움을 받아야 할지 고민하던 유대인은 성호를 그었다. 그는 성호가 악마에게 엄청난 영향을 미친다고 들은 적이 있었다. 그리고 이 말은 사실임이 증명되었다. 그가 성호를 긋자마자 악마들은 말을 멈추고 주변을 살폈다. 그리고 지옥의 왕은 유대인을 발견하였다. 왕은 신하에게 말했다. "저곳에 가 보아라." 악마 신하는 그의 말에 따랐다. 그는 유대인을 훑어보고 다시 주인에게 돌아갔다. "유기Reprobation된 자입니다. 근데 막 성호를 그었어요." 악마 왕이 말했다. "떠나자. 이 사원에서 더는 편안히 지낼 수 없겠구나." 이 말을 끝으로, 지옥의 왕은 날아가 버렸다. 그리고 악마들 또한 그를 따라 사라졌다. 유대인은 기독교로 개종했다.

실레노스 [Silènes / Silenus] 늙은 사티로스Satyrs. 때때로 사역마를 이 이름으로 부르는데, 소크라테스Socrates는 자신을 따라다니는 사역마를 이 명칭으로 불렀다.

시마고라드 [Simagorad] 마법서. 참조. 샤를 6세Charles VI.

폴크방 [Simle / Folkvangr] 스칸디나비아 천국의 일부 구역. 다소 초라하게 꾸며져 있다고 한다.

마법사 시몬 [Simon le Magicien / Simon the Magician] 사도들로부터 지식을 얻으려는 재능을 사려 시도한 자. 그의 이름은 시모니Simony (성직매매)라는 단어를 만들어 냈다. 성자들을 설득하는 데 실패하자 그는 악마들과 거래했다. 그는 문 앞에 큰 개 형상의 악마를 두고 기적, 아니 환영을 만들어냈다. 그는 자신이 머리가 잘려도 3일 뒤 부활할 것이라 주장했다. 황제가 시몬의 목을 베었을 때, 그는 자신의 머리와 양의 머리를 바꿔치기하고 3일 뒤에 다시 나타났다. 그는 낫에게 스스로 풀을 베도록 명령을 하기도 했는데, 이 낫은 숙련된 노동자보다 훨씬 일을 잘했다. 네로Nero 황제 통치 당시 어느 날, 시몬은 새처럼 하늘에서 나타났다. 하지만 시몬보다 더 강력했던 성 베드로St. Peter가 그를 떨어뜨려 다리를 부러뜨렸다. 이 사기꾼에게는 제자들이 있었다. 시몬은 최초의 그노시스파Gnostics 우두머리로 여겨진다. 그는 자신이 아이온Aeons (또는 정령)을 창조했으며, 이 신성한 아이온 중 가장 완벽한 존재들이 자신 안에 살고 있다고 말했다. 게다가 특별한 아이온 하나는 시몬의 연인인 셀렌Selene 안에 살고 있다고 말하며, 그녀에 대한 놀라운 이야기들을 했다. 시몬은 물질세계를 만든 정령 왕국을 파괴하기 위해 신이 자신을 보냈다고 주장했다. 또 신이 셀렌을 해방하도록 지시했다고 덧붙였다. 시몬은 숨진 뒤 로마인들에게 신처럼 숭배받았고, 그를 기리는 동상이 세워졌다.[1]

(1) 『지옥의 전설Légendes Infernales』 속 그의 생애를 참조할 것.

시몬 드 파레스 [Simon de Pharès] 몇몇 유명 점성가와 학자들의 이야기를 모아 기록한 작가. 이를 샤를 8세Charles VIII에게 바쳤다. 이 책이 정식으로 출간된 적은 없는 듯하다.[1]

(1) D. 리론D. Liron, 『역사적, 문학적 기발함Singularités historiques et littéraires』, 1권, 313페이지.

케오스의 시모니데스 [Simonide / Simonides

of Ceos] 어느 날, 케모스의 시모니데스가 친구 집에서 저녁 식사를 하고 있을 때였다. 갑자기 두 젊은이가 문 앞에 나타나 긴히 전할 말이 있다고 그를 불렀다. 그는 현관 밖으로 나가보았지만, 아무도 없었다. 시모니데스가 다시 집 안으로 들어가려는 찰나, 집이 흔들리더니 무너지고 말았다. 이에 안에 있던 이들은 모두 깔리고 말았다. 시모니데스는 이러한 우연으로 참사를 면했는데, 사람들은 그가 시를 통해 찬양했던 카스토르Castor와 폴룩스Pollux의 도움을 받았다고 믿었다.

시무르그 [Simorgue / Simurgh] 마법의 새. 아랍인들은 안콰Anqa, 랍비들은 지즈Ziz라고 불렀다. 페르시아인들은 시무르그가 카프Kaf 산에 살고 있다고 말한다. 이 새는 여러 산에 나는 모든 것을 먹어 치울 정도로 덩치가 매우 크다. 또 논리적인 화술을 구사한다. 사실 이 새는 거조의 모습을 한 요정이다. 하루는 누군가가 시무르그에게 나이를 물었다. 이에 시무르그는 다음과 같이 답하였다. "이 세상은 일곱 번 창조되고 일곱 번 완전히 비워졌다. 너희가 지내는 아담Adam의 시대는 칠천 년 동안 유지 될 것이다. 이를 하나의 주기로 본다면, 나는 그것을 이미 열두 번 겪었다. 그리고 앞으로 얼마나 더 겪게 될지는 모른다." 시무르그는 솔로몬Solomon의 전설 속에서 중요한 역할을 맡고 있다.

원숭이 [Singes / Monkeys] 이집트에서 숭배받은 동물.

반면 로마에서는 집을 나설 때 원숭이를 마주치면 흉조로 여겨졌다. 악마는 저지르는 모든 짓거리로 인해 '신의 원숭이'라는 별명을 얻었다.

아스 시라트 [Sirath / As-Sirat] 이슬람교에서는 사망한 뒤 영혼의 상태로 건너는 다리를 아스 시라트라 부른다. 이 다리 밑엔 영원의 불이 타오르고, 다리의 너비는 칼날처럼 좁다. 천국에 들어가기 위해 의로운 자들은 이를 빠르게 통과해야 한다.

시르차드 [Sirchade] 모든 동물을 지배하는 악마.

시스트러스 [Sistre / Sistrus] 아리스토텔레스Aristoteles의 주장에 따르면, 스카만데르Scamander 강에 서식하는 식물이다. 시스트러스는 병아리콩과 닮았으며 손에 쥐면 귀신과 유령으로부터 보호해 준다.

크셰트라파티 [Sittim / Kshetrapati] 인도의 악마. 숲에 살며 인간의 모습을 하고 나타난다.

스칼다 [Skalda] 참조. 노른Nornes.

스킨크라프티간 [Skinkraftigans] 앵글로색슨족Anglo-Saxons의 주술사. 이들은 마법을 동원해 가짜 기적을 만들어 기독교인들과 맞섰다.

스마엘 [Smaël] 사마엘Samael과 동일한 존재이다.

스미르나 [Smyrne / Smyrna] 역사라는 것이 존재하기도 전인 고대의 일이다. 아마조네스Amazones 한 명이 도시를 지으며 자신의 이름 '스미르나'를 부여했다. 이 도시는 영원히 기억되었다고 한다.

소크라테스 [Socrate / Socrates] 고대인들은 악마를 통해서만 초인적 능력을 얻을 수 있다고 생각했다. 그리고 악마를 나쁘게 여기지만은 않았다. 사람들은 소크라테스에게 사역마가 있었다고 생각했다. 프로클로스Proclus는 소크라테스가 모든 지식을 이 악마로부터 얻어냈다고 주장하였다[1]. 아마 그렇게 생각해야 마음이 조금이라도 편해졌을 것이다. 소크라테스보다 덜 고결한 것이 다름 아닌 악마의 도움을 받지 못해서라고 말이다.

(1) 프로클로스, 『영혼과 악마에 관하여De Anima et Dæmone』. 노데Naude, 『위인의 변증론Apol. Pour les Grands Personnages』.

태양 [Soleil / Sun] 참조. 태양의 춤 Danse du Soleil.

살레브 [Solèves / Saleves] 알프스 Alps 지역에 서식하는 산의 정령. 실프 Sylphs (공기의 요정)만큼 기민하다.

술레이만 [Soliman / Suleiman] 이슬람교도들이 솔로몬 Solomon을 부르는 이름. 매우 위대한 자라는 의미를 지닌다. 이들은 세상에 40명의 술레이만(또는 군주)이 있다고 주장한다. 술레이만들은 아담 Adam이 만들어지기 아주 오래전부터 차례로 세상을 통치했다. 이 군주들은 자신과 같은 종의 피조물을 다스렸다. 이 종족은 인간과는 다르지만 그만큼 이성을 갖춘 종족이었다. 바로 정령들이다.

잠 [Sommeil / Sleep] 반 데르 비엘 Van der Viel은 다음의 일화를 기록했다. 1684년 런던의 한 도자기 장인은 15일간 잠에서 깨어나지 않았다. 그는 음식을 섭취하지 못했음에도 전혀 허약해지지 않았다. 심지어 장인은 깨어난 뒤 자신이 하루만 잤다고 생각했다. 디오게네스 라에르티오스 Diogenes Laertius는 크레타섬 Crete의 철학자 에피메니데스 Epimenides가 동굴에서 잠들고 57년 뒤에 깨어났다고 기록했다. 하지만 이 기간에 대해서는 조금씩 의견이 다르다. 플루타르코스 Plutarch는 50년간 잠들었다 주장했고, 몇몇 작가들 27년이라 주장했다*. 잠에서 깨어난 그는 그 누구도 알아보지 못했다. **참조.** 잠자는 사람들 Dormants.

* 이 책 『지옥사전』의 잠자는 사람들 Dormants 키워드에서는 87년이라고 기록되어 있다.

몽유병자 [Somnambules / Sleepwalkers] 생생한 상상력과 열정적인 기질을 지닌 사람은 잠이 든 채 대담한 일을 벌이기도 한다. 깨어 있을 땐 절대 엄두를 내지 못할 일들을 말이다. 바르다이 Bardai는 낮 동안 가르친 수업 내용을 밤마다 잠든 채 다시 읊는 교수 이야기를 언급했다. 그의 수업 소리는 모든 이웃이 깰 정도로 시끄러웠다. 존스턴 Johnston은 『자연 기적에 대한 연구 Thaumatographia Naturalis』에서 한 젊은 청년의 이야기를 기록했다. 청년은 매일 밤 침대에서 일어나 셔츠만 입고 창가에 올라타 점프하며 상상의 경주를 펼쳤다. 어떤 이는 잠이 든 상태에서 우물 바닥으로 내려갔는데, 발에 차가운 물이 닿자마자 꿈에서 깨어났다, 탑에 올라 새 둥지를 치우고 밧줄을 타 바닥까지 내려오는 동안 한 번도 잠에서 깨지 않은 이도 있다. 한 파리 시민 또한 잠든 채로 검을 들고 센 Seine 강을 헤엄쳐 건넜다. 그리고 전날 암살하기로 계획했던 한 남자를 찔러 죽였다. 범죄를 저지른 뒤 그는 다시 강을 건너 집으로 돌아와 깨지 않고 그대로 잠을 이어갔다.

《쿠리에 드 지롱드 Courrier de la Gironde》에서는 지금(1863년)으로부터 몇 년 전 일어난 다음의 사건을 다루었다. 보르도 Bordeaux 인근 어느 지역에 한 가족이 살고 있었다. 이 가족 구성원 중 농부인 아버지와 아들은 몽유병을 앓는 것으로 유명했다. 특히 이 집의 가장인 아버지는 아직도 이 독특한 유전병에서 벗어나지 못했음을 최근 증명했다. 저녁 식사 후, 농부는 그날의 피로를 풀기 위해 방에서 쉬기로 했다. 농부의 아내와 아이들도 곧 잠이 들었다. 자정이 되자, 그는 눈을 뜨며 하품했고, 잠에서 갓 깨어난 사람처럼 두 팔을 뻗으며 침대에서 내려왔다. 그리고 작업복 바지와 상의를 입고 면 넥타이를 목에 둘렀다. 또 나막신을 신은 뒤 문을 열어 밖으로 나갔다.

농부는 축사로 곧장 향했다. 그리고 욕설을 뱉으며 막대를 휘둘러 일할 소들을 깨웠다. 착한 소들은 아직 밭에 나갈 시간이 아니라는 것을 알았다. 이들은 농부의 말을 못 들은 척하며 건초 더미 위에서 조금 더 뒹굴다 결국 몸을 일으켰다. 그렇게 포도밭으로 소들이 떠날 때 쟁기에는 별빛이 환히 비쳤다. 농부는 소들을 뒤따랐다. 그의 손에는 물통이, 그의 어깨 위에는 장대가 들려있었다. 밭에 도착하니 작업 도구가 준비되어 있었다. 농부는 쟁기를 연결하고 땅에 깊은 밭고랑을 파기 시작했다. 아침 6시경 날이 밝아지자, 모든 일이 마무리되었다. 일을 마친 농부는 빈 물통에 달린 끈을 조끼 단추에 묶은 뒤, 다시 장대를 어깨에 멨다. 그리고 소들을 축사로 데려갔다.

당시 농부의 집은 난장판이었다. 아내는 사라진 남편 때문에 눈물을 흘렸고 아이들은 온 마을을 뛰어다니며 밤새 사라진 소들과 쟁기를 찾아 헤맸다. 동네 사람들 또한 함께 걱정에 빠져 있었다. 이 통탄의 현장은 열기를 내뿜는 갈색 소들과 함께 야간 노동을 마친 그가 마당에 들어왔을 때, 순식간에 웃음바다로 변했다. 몽유 상태에서 깨어난 일꾼은 자신이 낮 동안 해야 할 일을 동틀 무렵 모두 끝냈다는 사실에 매우 놀랐다.

철학자들은 몽유병을 동물 생명 활동의 일부라고 본다. 활동적인 신체 기관이 인근 기관에 자극을 전달하면, 흥분으로 인해 나머지 기관들까지 활성화된다는 것이다. 행동 의지가 강력해지면 신경이 신체 기관을 움직일 정도로 활성화된다. 몽유병자는 그렇게 신체적인 움직임을 보이며, 깨어있을 때만큼 정확하게 목표한 일을 수행한다. 하지만 의식은 갖추지 못한다. 생명체의 다른 기관들은 이 활동에 참여하지 않고 그대로 휴식 상태에 머무르기 때문이다. 따라서 전반적인 감각 기관은 깨어나지 않는다.

갈Gall은 몽유병을 앓는 설교자를 알고 지냈다. 그는 밤에 잠든 채 설교 내용을 적거나 단락을 나눈 뒤, 전체를 연습하거나 몇 대목을 줄로 긋거나 수정하며 설교 준비를 하였다. 한 마디로 깨어있을 때처럼 행동하였다. 그러나 잠에서 깨어나면 자신이 한 일을 기억하지 못했다. 라 퐁텐La Fontaine의 우화 '두 비둘기'는 잠든 채 쓰였다는 소문이 있다. 이런 소문은 논쟁이 될 법하다.

델리오Delrio 신부의 뒤를 이은 프리치Fritsh의 기록을 살펴보자. 학교장 곤디살브Gondisalve는 낮 동안 아이들에게 교리 교육을 한 뒤, 수도원에서 잠이 들었다. 그날 밤, 잠에 빠진 그는 아이들을 모아 수업을 다시 시작했고 교가를 불렀다. 이에 잠을 자던 한 수도사가 조용히 하지 않으면 혼쭐을 내주겠다 말했고, 학교장은 다시 누워 잠들었다. 그리고 한밤중, 곤디살브는 잠든 채 일어나 큰 가위를 들고 핀잔을 주었던 수도사의 방으로 향했다. 운이 좋게 깨어있던 수도사는 달빛 속에서 그가 다가오는 모습을 볼 수 있었다. 수도사는 침대에서 빠져나와 옆 공간에 몸을 숨겼다. 침대로 다가온 학교장은 가위로 베개를 푹푹 수차례 찌른 뒤 잠을 청하러 갔다. 다음 날 찢어진 베개를 그에게 보여주자, 곤디살브는 수도사가 자신을 때려눕히려 들었고 이에 가위로 몸을 지킨 것밖에 기억나는 일이 없다고 말했다.

몽유병에 관한 이야기는 수없이 많다. 이러한 현상은 주로 후회 때문에 발생한다. 『맥베스Macbeth』가 출판된 이후, 잠든 채 배신을 한 죄인의 수는 계속 늘어났다.

자기 몽유병 [Somnambulisme Magnétique / Magnetic Somnambulism] 드디어 이 이야기를 할 때가 되었다. 자기 몽유병을 겪는 이는 깊이 잠든 채 비밀을 드러내며 속마음까지 이야기하게 된다. 이는 지금까지 설명이 불가한 기적이었다. 이 책에서는 이와 같은 자기 몽유병 현상을 평가하거나 판단하지 않겠다. 단지 이토록 신비한 주제를 다룬 여러 관찰자가 쓴 흥미로운 대목들만 인용할 것이다.

다음은 『영국 저널Revue britannique』에서 지금(1863년)으로부터 30여 년 전 발표한 내용이다. 이는 여러 일간지에서 다루었다. 이 글은 일부 학회의 틀에 박힌 주장을 반박한다. 이후에는 일부 자기 몽유에 관한 로마 법원의 판결에 관해 이야기할 것이다. 교황청은 자기 몽유병 자체를 비난하지는 않았다. 대신 남용과 위험성을 지닌 잠재력에 대해 비판했다.

"시대에 따라, 영국 작가들은 자기Magnetism에 대해 열렬하고 활발하게 논쟁했다. 이 주제는 찬반 의견 모두가 빠르게 극단적으로 치달았다. 또한 이들은 거의 오류에 가까운 해석을 내놓았다. 자기 신봉자들은 인간이 자기 몽유 상태에서 지금껏 모르던 재능을 지니게 된다고 주장했다. 자기 몽유에 걸린 이들 중 일부는 공간을 초월하는 듯 보이기도 했다. 신봉자들의 주장에 따르면, 자기 몽유 상태에서는 무언가의 본질을 뿌리째 바꿀 수 있다고 한다. 예를 들면 템스Thames 강물 1톤을 샹파뉴Champagne의 와인으로 바꾸는 것이나, 굶주린 사람들에게 좋은 음식을 많이 가져다줄 수 있다는 것이다. 또 신봉자들은 많은 시간과 노력이 필요한 학문도 자기 몽유를 통해 순식간에 통달할 수 있다고 주장했다. 즉 진지한 사고를 싫어하는 신경질적인 사람도 유능한 이의 도움을 통하면 더 박식하고, 행복하게 변할 수 있다는 것이다. 반면, 자기 몽유 비판론자들은 자연의 통상적 규칙에 반하는 현상은 무엇이든 받아들이지 못한다. 이들에게 자기 현상이란 몇몇 이의 이성적 오류, 사기 행각 등이 덧붙여진 것이다. 자연적인 몽유 현상의 탁월한 예시인 다음 사건을 살펴보자. 여기서 우리는 깨어있는 상태에서 겨우 나올까 말까 한 능력이, 최면 상태에서는 발현된다는 사실을 볼 수 있다. 단 해당 현상은 이를 제외하고 초자연적인 면은 하나도 없다. 하나의 대상에 모든 지성을 집중하면 특정 상황에서 일부 감각이 활성화된다. 그리고 이는 놀라운 능력처럼 보이게 된다. 우리가 분석해 볼 미국의 소책자에 기록된 다음의 사건은 어떤 의사도 문제를 제기하지 않았다. 이는 조금 놀라운 일이다(특히 이 일화는 불쌍한 가스파드 하우저Gaspard Hauser의 사건과 유사하다. 서로 다른 상황에서 벌어진 일이지만 말이다).

17세의 잔 리더Jeanne Rider는 공예가 버몬트Vermont의 딸이었다. 그녀는 중산층이 일반적으로 받는 교육보다 우수한 교육 혜택을 누렸다. 잔은 독서를 매우 좋아했고 특히 시집을 읽는 것에서 큰 기쁨을 느꼈다. 잔은 겉으로 보면 건강해 보였지만, 자주 두통에 시달렸다. 두통 때문에 여러 번 침대에서 일어나는 일도 있었다. 그러나 이런 증세는 그녀가 이후에 겪은 일과는 무관한 것이었다. 이 이상한 질환인 몽유병은 갑작스럽게 발생하였다. 그녀의 부모는 일단 그녀가 침대에서 일어나지 못하도록 온갖 노력을 기울였다. 또 의학의 도움을 받아보았지만, 별 효과가 없었다. 한 달 뒤, 그녀는 새로운 기이한 증세를 보였다. 이때 사람들은 그녀의 행동을 관찰하기로 했다. 일단 잔 리더의 몸을 더 이상 침대에 묶어두지 않자, 그녀는 옷을 입고 방에서 내려와 아침 식사를 준비하기 시작했다. 그녀는 매우 야무진 손길로 식탁을 정리하고 어두운 방에 들어가 찬장에서 커피잔을 꺼냈다. 그리고 이를 쟁반에 담은 뒤 식탁 위에 올렸다. 이를 옮길 때는 부딪히지 않도록 아주 조심하는 모습이었다. 그리고 덧문이 잠겨있는 우유 보관 창고로 들어갔다. 잔 리더는 여기에서 우유로 크림을 만든 뒤, 크림을 잔에 담고 우유는 또 다른 잔에 담았다. 단 한 방울도 흘리는 일은 없었다. 이후 그녀는 빵을 썰어 식탁 위에 올려 놓았다. 이 모든 일은 눈을 감은 채 진행되었다. 잔 리더는 아주 정확하게 평상시에 하는 일처럼 아침 식사를 차렸다. 이렇게 식사를 준비하는 동안 그녀는 주변 사람들을 전혀 인식하지 못하는 듯했다. 다만 사람들이 앞을 막아서거나, 의자 및 장애물을 앞에 놓는 경우엔 달랐다. 그녀는 이를 피해 가면서 약간은 불편한 태도를 보였다. 결국 그녀는 스스로 침대로 돌아갔다. 다음 날 일어났을 때, 잔 리더는 아침 식사가 차려져 있는 것을 확인했다. 그리고 누군가 요리를 하는 동안 왜 자신이 자도록 내버려두었는지 물었다. 그녀는 전날 밤 있었던 어떤 일도 기억해 내지 못했다. 그녀의 몸에 남은 유일한 증거는 약간의 피로감뿐이었다. 이러한 현상은 자주 발생했다. 환자는 매주 두세 번 이런 증상을 겪었는데 내용은 천차만별이었다. 때로는 침실에서 나오지 않고 자기 원피스를 뜯어보며 놀거나 여행 가방에 넣어둔 다른 옷가지를 가지고 놀았다. 여러 장소에 물건을 놓고 잠에서 깨면 찾지 않다가, 다시 잠이 든 상태에서 기억을 되짚어내는 일도 있었다. 몽유 상태에서 감추었던 상자를 찾지 못하다가, 다음 날 밤 잠든 상태로 상자에서 바늘을 꺼낸 적도 있었다. 그녀는 어둠 속에서 바느질하는 것은 물론, 눈을 감은 채 바늘에 실을 꿰었다. 잔 리더의 시간 개념은 대체로 부정확했다. 그녀는 계속해서 낮이 이어진다고 생각했다. 사람들은 계속해서 그녀에게 잘 시간이 되었다고 말했다. 그녀는 다음과 같이 답했다. '뭐라고요? 이런 대낮에 잠을 자라니!' 또 저녁상을 차리느라 분주할 때, 램프에 불이 켜진 것을 본 그녀가 왜 한낮에 불을 켰는지 물으며 불을 꺼버린 적도 있었다. 그녀는 거의 눈을 감은 채 움직였다. 하지만 간혹 눈을 크게 뜨는 경우도 있었는데, 이 경우 동공이 크게 확장된 상태였다. 대체로 눈을 뜨고 있든 감고 있든, 시야를 확보하는 데는 문제가 없어 보였다. 그녀는 눈을 감은 채 어둠 속에서도 아주 작은 글씨로 적은 글, 거의 지워진 동전 등을 잘 읽어냈기 때문이다. 이치럼 몽유증 때문에 시간 개념이 잘못되곤 했지만, 공간 개념은 매우 정확했다. 그녀의 모든 행동은 늘 감각기관이 잘 작용했고 대체로 정확했다. 잔 리더의 침실은 복도와 이어져 있었는데 끝에는 계단이 있었다. 그리고 이 계단 꼭대기로 올라서면 나갈 수 있는 문이 있었다. 이 문은 평상시에 항상 열어 두었다. 어느 날, 그녀가 잠든 뒤, 사람들은 걸쇠 부분에 칼을 집어넣어 이 문을 잠갔다. 그녀는 몽유 상태에서 일어나 잽싸게 침실 밖으로 나왔다. 그리고 주저 없이 손을 뻗어 칼을 뽑았다. 잔 리더는 왜 자신을 가두냐고 분개하며 물었다. 몽유 상태에서 그녀를 깨우려는 시도가 몇 번 있었지만, 이는 모두 헛수고였다. 그녀는 잠든 상태에서도 일어나는 모든 일을 느끼고 또 보았다. 하지만 몽유 상태에서 감각 기관을 통해 얻는 자극은 그녀를 깨우기에 역부족이었다. 하루는 몽유 상태인 그녀에게 찬물을 끼얹었다. 그녀는 다음과 같이 소리 질렀다. '왜 나를 물에 빠트려 죽이려 하나요?' 그녀는 방으로 가 옷을 갈아입은 뒤 다시 내려왔다. 혹은 다른 날, 그녀가 두통을 호소할 때 이를 해소하기 위해 독한 아편팅크를 주어 보기도 했다. 이 경우 그녀는 빠르게 몽유 상태에서 깨어났다. 몽유 현상을 해결하기 위한 다양한 자극은 더 많은 몽유 현상을 일으켰고, 그녀의 두통까지 악화시켰다. 잔 리더의 몽유 현상에는 다양한 전조 증상이 있었다. 머리에 생기는 불쾌한 무게감, 두통, 윙윙거리는 소리, 손발 끝이 차가워지는 느낌, 거부할 수 없는 졸음이 이에 해당했다. 이런 몽유 현상은 처음에는 밤에만 발생했는데, 그녀가 침대에 들고 얼마 지나지 않아 일어났다. 그러나 병이 깊어지며, 증상이 나타나는 시간은 점점 앞당겨졌다. 나중에는 낮에도 몽유증 현상이 발생했고, 간혹 하루에 두 번씩 발생하는 경우도 있었다.

몽유 현상이 생길 조짐이 보이면, 그녀는 격렬한 운동을 통해 이를 몇 시간 정도 지연시킬 수 있었다. 그중에서도 야외에 나가는 것이 특효약이었다. 다만 이를 중단하면 격렬한 활동을 했어도 무언가 머리로 차오르는 듯한 기분을 느꼈고, 즉시 몸의 움직임이나 말을 조절할 수 없게 되었다. 이때 사람들이 그녀를 재빨리 밖으로 데려 나가면, 몽유증이 멈추는 경우가 잦았다. 하지만 이를 지체했을 경우, 잔 리더와 소통이 불가해졌으며 몽유 상태에서 깨우는 것은 극도로 까다로웠다. 몽유 상태에서 그녀는 마치 편안히 잠든 사람 같았다. 그녀의 눈은 감겨있었고, 호흡은 깊고 시끄러웠으며, 그녀의 자세와 얼굴은 깊은 잠에 빠진 사람과 닮아있었다.

한낮에 몽유증이 일어난 경우, 그녀는 손수건으로 두 눈을 가렸다. 그리고 누구도 손수건을 치우지 못하도록 했다(아주 어두운 방에 있는 경우는 예외였다). 하지만 손수건으로 눈을 가리고 있어도 글을 완벽히 읽을 수 있었고 시계를 볼 수 있었다. 또 눈을 활짝 뜨고 있을 때만큼 온전한 시야를 자랑했다. 벨덴Belden 박사는 그녀를 대상으로 여러 실험을 진행했다. 그중 한 번은 손수건을 이중으로 올리고 코 사이 공간에 솜을 채워두었다. 이렇게 주의를 기울였음에도, 몽유 상태인 그녀가 앞을 보는 데는 조금도 문제가 없었다. 이 이상한 현상을 설명할 방법은 없었다. 하지만 중요한 점은 그녀가 늘 빛에 예민하게 반응했다는 것이다. 그녀가 베일 없이 낮에 움직이는 것은 불가능했다. 이러한 예민함은 몽유 도중 가장 활발히 발현되었다.

그러나 이런 모든 실험은 불쌍한 소녀를 대단히 피로하게 만들었다. 잔 리더의 상태는 나아지기는커녕 더 악화하였다. 앞선 모든 치료 실패와 증상 악화로 그녀는 결국 우스터Worcester 병원으로 보내지게 되었다. 1833년 12월 5일, 그녀는 병원에 입원하였다. 그곳에서도 몽유증은 자주 그리고 격렬하게 일어났다. 하지만 그 와중에 유의미한 변화가 생겼음을 알게 되었다. 우선 환자는 눈을 뜬 채로 몽유 현상이 진행되었고, 눈을 감으면 아무것도 보이지 않는다고 말했다. 그녀는 몽유 상태에서도 깨어있을 당시 상태를 기억해 냈다. 또 언제 몽유가 끝나고 언제 깨어났는지 정확한 시점을 구분하는 것이 더 어려워졌다. 이후 잔 리더의 몽유증 빈도는 점점 줄어들었다. 우스터 병원 의사인 우드워드Woodward는 그녀에 관한 마지막 보고서에 완치를 기대할 만한 상태라는 내용을 기재하였다."

다음은 자기 몽유와 연관된 최근의 사건으로, 아주 흥미로운 내용을 담고 있다.

'페랑Ferrand은 앙티브Antibes의 철물상이다. 그는 자신의 재산 중 로마 시대에서 내려온 동전이 있다는 것을 발견하였다. 그는 파리 그랑샹티에Grand-Chantier가 18번지에 있는 판매 대리인 드누Deneux와 그로네Gronnet에게 동전을 보냈다. 이는 그들이 자기술사 마르시예Marcillet에게 동전을 보여주고, 이에 관해 알렉시스Alexis의 의견을 들어보게 하기 위해서였다. 몽유 상태에서 알렉시스는 앙티브의 페랑 집 아래에 작은 함이 묻혀있다고 말했다. 또 같은 동전이 제법 많이 들어있다고 덧붙였다. 더불어 이 작은 보물이 묻혀 있는 곳을 알아내기 위해서는 집의 설계도가 필요하다고 말했다. 페랑은 드누와 그로네에게 설계도를 보냈고, 이들은 다시 설계도를 알렉시스에게 전달했다. 알렉시스는 연필로 땅을 파야 하는 지점을 표시해 주었다. 페랑은 몽유 상태인 알렉시스의 말을 따랐고 보물을 발견했다. 함에는 그가 이전에 가진 것과 유사한 3.5킬로그램의 은화가 들어있었다.'

다음의 내용들은 『자기와 종교의 관계 Magnétisme dans ses rapports avec la religion』를 참고한 것이다.

1841년 로마 교황청 내사원에 병자들을 대상으로 자기 몽유를 유발하는 것이 적절한가에 대한 검토 요청이 들어왔다. 교황청에서는 몽유 상태를 만드는 데 사용된 방식과 이를 통해 생긴 놀라운 결과들을 빠르게 검토하였다. 그리고 동물 자기를 환자에게 사용하는 것은 불법이라고 명백하게 답변했다. 다음은 로마에 전달된 요청서와 교황청의 간략한 답변을 번역한 것이다.

'교황 예하. 오늘날까지 동물 자기에 관한 답변이 부족했던바, 자주 발생하는 이 현상에 확신을 가지고 일률적으로 판단을 해주셨으면 합니다. 아래 서명한 자는 예하께 다음을 묻습니다. 자기 상태에 빠진 사람(일반적으로 여성)이 수면 상태에 드는 것을 자기 몽유라 부릅니다. 자기 몽유에 걸린 사람은 귀에 큰 소음이 들려도, 쇠 혹은 불로 자극을 가해도 깨어나지 않습니다. 오직 동의받은 자기술사만(동의가 필요한 일이기 때문에) 이런 황홀경과 같은 상태에서 깨어나게 할 수 있습니다. 자기 몽유를 거는 방식은 다양한 손짓, 몸짓을 통해 이루어집니다. 혹은 가까운 곳에서 단순한 내적 지시를 내리기도 합니다. 하지만 멀리 떨어져 있더라도 상관없이 자기 몽유를 걸 수 있습니다.

이후 자기 몽유에 걸린 이에게 그곳에 없는 사람들(또는 살아생전 본 적 없는 사람들 또는 몽유 상태의 자신)의 병에 관한 질문을 건네면 의사들보다도 뛰어난 지식을 바탕으로 답변합니다. 몽유 상태에서 이들은 정확하게 해부학적 묘사를 합니다. 또 인간 내부에 위치한 진단이 어려운 질병의 위치, 원인, 성질을 식별해 냅니다. 게다가 이러한 질병들의 진행, 변이, 합병, 기간을 적절한 의학 용어로 설명합니다. 더 놀라운 점은 가장 간단하고 효과 좋은 치료법까지 말한다는 것입니다.

만일 환자가 같은 장소에 있다면, 자기술사는 자기 몽유에 걸린 사람이 환자를 직접 만질 수 있도록 합니다. 만일 환자가 멀리 떨어져 있다면 머리카락만으로도 충분합니다. 이 머리카락이 몽유 상태에 빠진 사람의 손에 닿으면, 그 머리카락이 누구의 것이며, 그 사람이 현재 어디에 있으며, 무엇을 하고 있는지 알 수 있습니다. 또 질병과 관련해서는 앞서 명시했던 정보들을 읊어내는데, 정확도가 마치 신체를 부검했을 때와 같습니다.

끝으로, 자기 몽유에 걸린 사람은 직접 눈으로 보지 않습니다. 이들은 두건으로 눈을 가려도 무엇이든 읽을 수 있습니다. 글을 읽지 못해도 책을 펼치지 않아도 읽어냅니다. 심지어 머리 위나 배 위에 읽을거리를 올려두어도 내용을 알아냅니다. 아마 몽유 상태의 사람은 머리 또는 배를 통해 이러한 능력을 발휘하는 것 같습니다. 자기술사의 내적 지시 또는 선고와 함께 몽유에서 풀려나면, 이들은 몽유 동안 일어난 일을 전혀 기억하지 못합니다. 얼마나 시간이 흘렀는지는 상관없습니다. 몽유 상태에서 받은 질문, 자신이 한 답변, 느낀 것 등 무엇도 마음에 남지 않고 기억하지 못합니다.

이 문서의 작성자인 저는, 이토록 보잘것없는 방법으로 만들어낸 몽유 현상이 순수하게 자연적인 것이 맞는지 깊은 의심을 지니고 있습니다. 그러기에 깊은 지혜를 갖추신 예하께서 이를 판단해 주시길 부탁드립니다. 그리고 만약 이것이 진실이라면, 신부가 안전에 만전을 기울인 상태에서 다음과 같이 행해도 되는지 여쭈어봅니다. 이는 무엇보다 우리 주 예수 그리스도Jesus Christ가 죄를 대속한 영혼들의 안녕을 위한 일입니다. 1) 신부가 고백자(혹은 신자)들에게 앞서 설명한 동물 자기를 의학 보조 형태로 사용하는 것. 2) 신자들이 이 몽유 상태에 빠지는 일에 동의하는 것. 3) 자신 또는 타인을 위해 몽유에 걸린 이에게 조언을 구하거나 정보를 요구하는 것. 4) 명확하거나 암묵적인 악마 계약, 사탄의 개입이 없다는 조건 하에 앞의 세 가지를 하는 것(일부 사람들은 악마, 사탄이 개입된 방법으로 몽유와 유사하거나 동일한 효과를 보았기 때문입니다). 교황 예하.

로잔Lausanne과 제네바Geneva의 훌륭한 주교 예하 하명에 의해 이 문서를 전합니다. 저는 교황청의 보잘것없는, 순종하는 시종입니다.
자크 자비에 폰타나Jac. Xavier Fontana
주교관 사무국, 사무관.
1841년 5월 19일, 스위스 프리부르Fribourg 주교관에서.'

다음은 이에 대한 답변이다.
'내사원은 이번 요청에 따라 깊은 심의 끝에, 앞서 명시된 경우에도 자기 몽유를 사용하는 것이 합법이 아님을 답변한다.
1841년 7월 1일 로마 교황청 내사원에서.
C.카스트라카네Castracane, M.P. — Ph.포멜라Pomella, 내사원 사무관.'

우리에게 깊은 영감을 주는 한 저명한 작가는 헌신적인 가톨릭 교도들에게 내사원 판결은 돌이킬 수 없는 것이라고 말했다. 또 설명이나 해설이 필요하지 않다고 덧붙였다.

메스머Mesmer는 자기 몽유병을 언급하지 않았다. 어쩌면 이를 알지 못했을 수 있겠다.

그는 주로 경련을 동반한 발작 치료에 집중하였다. 메스머의 치료는 마치 마법 같았다. 어두컴컴한 방에 놓인 양철통 주변으로 환자들은 자기의 영향을 받기 위해 모여들었다. 양철통은 다양한 모양을 지녔고 꽤 작았는데, 두 개로 구성된 뚜껑이 달려있었다. 그리고 이 안에는 수렴선Convergent Rays 병이 여러 개 들어있었다. 이 병의 주둥이는 양철통 중심을 향해 있었다. 그 위에 놓인 다른 병들은 발산선Divergent Rays 병이며 수렴선 병처럼 물이 들어있었다. 병들은 모두 뚜껑이 덮여있었고 자기력의 영향을 받았다.

양철통에는 물이 담겨 병 사이 공간을 메웠는데, 때로는 유리 더미나 쇠줄 밥 같은 물질이 섞여 있기도 했다. 가끔 메스머는 물이 담기지 않은 나무통을 이용하기도 했다. 나무통 뚜껑에는 움직이는 쇠막대들이 꽂혀 있었다. 이 쇠막대들은 환자의 신체 부위를 향해 움직일 수 있도록 설치되었다. 막대 중 하나 또는 뚜껑에 달린 고리에는 긴 밧줄을 매달았다. 이 밧줄은 환자의 몸을 묶거나 통증 부위에 대는데 사용되었다.

환자들은 원형으로 둥글게 앉아 각자 밧줄을 붙들었다. 그리고 오른쪽 엄지손가락으로 옆 사람의 왼쪽 엄지손가락을 눌렀다. 원 주위에 모인 모든 사람은 발과 무릎이 닿을 정도로 몸을 가까이했다. 이 장치 중앙에선 메스머가 멋들어진 명주옷을 입고 서 있었다. 그리고 자기의 영향을 받는 사람들의 머리 위에서 손에 든 막대를 휘적거렸다.

이 글에서는 간단하게라도 최초로 인정받은 자기술사가 펼치는 풍경을 소개하고자 했다. 이를 통해 독자는 18세기 말, 동물 자기의 영향력, 메스머의 기이한 행동, 성마른 환자들의 상상력, 메스머주의자Mesmerists들의 경신을 판단할 수 있을 것이다. 다른 데서도 설명한 바와 같이 메스머의 행위는 곡예처럼 보였음에도 실질적인 능력이 깃들어 있었다. 그의 눈빛, 몸짓, 언행, 손짓은 놀라운 결과와 기적 같은 치료를 보여주었다.

자기 몽유병을 발견한 것은 퓌세귀르Puysegur 후작이었다. 그는 병자들을 치료하기 위해 이 방법을 행했다. 그는 직접 몽유병 환자나 다른 사람들을 상대했다. 그리고 이는 발전해

신종 사기의 기원이 되었다. 자기술사들은 자기 몽유에 대해 명확히 언급하지 않았다. 이런 사기 행위가 대중을 설득하기에 매우 효과가 좋았기 때문이었다.

많은 시귀은 실제로 의식이 있을 때, 자기 몽유 상태에 빠져있는 척을 했다. 이들은 닫힌 눈꺼풀 사이로 시야를 확보하며 자기술사가 하는 질문에 답하였다. 또 그의 한마디 말이나 작은 행동에도 복종하는 척했다. 이는 탐욕과 유치한 허영을 가진 자기술사와 공범들이 계획적으로 일을 꾸며 군중을 현혹하려던 것이었다.

소네이용 [Soneillon] 루비에Louviers 빙의 사건과 관련 있는 악마.

꿈 [Songes / Dreams] 뇌는 사고, 동작, 감정의 근거지이다. 뇌가 과한 공상으로 혼란을 겪거나 과한 노동으로 지치지 않았다면, 수면 동안 꿈을 꾼다. 이 꿈들은 전날의 인상 깊었던 장면, 신경의 자연적(혹은 우연한) 자극 때문에 생기는 반응으로부터 발생한다. 때로는 개인의 타고난 기질에 의해 발생하기도 한다. 이는 몽유병과 같이 명확하게 설명할 수 있다. 자연스러운 꿈은 일상에서 겪은 감정, 기질로부터 발생한다. 다혈질인 사람은 연회, 무도회, 놀이, 향락, 정원, 꽃에 관한 꿈을 꾼다. 화가 많은 사람은 언쟁, 싸움, 전투, 화재, 노란색과 관련된 꿈을 꾼다. 우울한 사람은 어둠, 암흑, 연기, 야간 산책, 유령, 슬픈 일과 관련된 꿈을 꾼다. 침착한 사람은 바다, 강, 해수욕, 항해, 난파, 무거운 짐과 같은 것을 꿈에서 본다. 다혈질이면서도 우울감이 있는 사람, 다혈질이면서 침착한 사람, 화가 많으면서 우울감이 있는 사람 등 입체적인 이들은 두 기질의 특성을 섞은 꿈을 꾼다. 이는 퍼서Peucer의 주장이다.

고대인들은 꿈에 큰 중요성을 부여했다. 트로포니우스Trophonius의 동굴은 꿈과 관련된 점술로 유명했다. 파우사니아스Pausanias는 자신의 경험을 바탕으로 그곳에서 행해지는 의식을 다음과 같이 기록했다.

'원하는 답을 얻고자 하는 탐구자는 행운의 사원에서 며칠을 보낸다. 그는 그곳에서 속죄를 행하고 하루에 두 번 몸을 씻는다. 사제들이 그가 정화되었음을 선언하면 신에게 희생양을 바친다. 이때 주로 검은 양을 사용한다. 그리고 두 아이로부터 기름칠을 받은 뒤 샘으로 향한다. 탐구자는 레테Lethe의 물 한 잔을 받아 마시며 세속적인 생각을 마음에서 내쫓는다. 그리고 므네모지네Mnemosyne의 물을 한 잔 마시며 앞으로 벌어질 일에 대한 기억을 새길 수 있도록 준비한다.

이후 사제들은 트로포니우스의 동상을 탐구자에게 보여주는데, 탐구자는 동상 앞에서 머리를 숙이고 기도를 올려야 한다. 이후 리넨으로 제작된 튜닉을 입은 채 이마에는 두건을 두르고 신탁을 받으러 이동한다. 이 장소는 산에 위치해 있다. 장소 한가운데는 깊은 동굴이 있으며 이를 돌벽이 감싸고 있다. 동굴로 들어가기 위해서는 아주 좁은 입구를 통과해야 한다. 사다리 몇 개를 타고 아래로 내려가는 데 성공하면, 작고 어두운 두 번째 동굴에 진입할 수 있다. 여기에 도착하면 탐구자는 바닥에 눕는다. 그리고 손에는 밀가루, 우유, 꿀로 만든 반죽을 쥐고 있어야 한다. 발은 동굴 한 가운데 놓인 구멍에 둔다. 그러면 빠르게 다른 동굴로 떨어지게 된다. 이후 탐구자는 막 제물로 바쳐진 희생양의 가죽 위에 눕게 된다. 그의 몸에는 오직 신의 대리인들만 아는 약물이 발려져 있다. 곧 탐구자는 깊은 잠에 들게 되고 경이로운 환영을 꿈꾸며 미래의 비밀을 알게 된다.'

히포크라테스Hippocrates는 꿈의 악영향을 피하기 위해서는 꿈속 모습에 따라 행동을 취해야 한다고 말했다. 그의 말에 따르면 꿈에서 별이 창백해지면 원을 그리며 달려야 한다. 만약 달이 창백해지면 직선으로 달려야 한다. 태양이 창백해지면 길게 뛰되 원을 그려야 한다. 갈레노스Galen는 담즙이 노랗고 침울한 사람은 꿈에서 불과 불꽃을 본다고 말했다. 반면 검은색 담즙이 있으며 우울한 사람은 연기와 어둠의 꿈을 꾼다. 가래가 생기거나 신물이 올라오는 사람은 물과 습기를 꿈에서 본다. 퍼서 또한 갈레노스의 이런 주장에 동의했다. 아르테미도루스Artemidorus는 죽음과 얽힌 꿈이 결혼을 의미한다고 주장했다. 또 꽃이 나오는 꿈은 번영을, 보물이 등장하는 꿈은 고통과 근심을, 눈이 머는 꿈은 아이를 잃는 일을 예고한다고 덧붙였다. 이러한 꿈의 비밀들은 아르테미도루스의 『해몽Oneirocritica』에서 더 찾아볼 수 있다. 또 다른 학자는 사탕과 크림 꿈을 꾸면 슬픔과 쓰라린 감정을 겪는다고 말했다. 반면 우는 꿈은 기쁜 일을, 샐러드 꿈은 질병을, 금과 부의 꿈은 가난을 가져온다고 주장했다. 일부 사람들은 꿈에 의사가 나온 것을 죽음의 예고로 해석해 유언장을 작성하기도 했다.

꿈(해몽) [Songes / Dreams (Explication des / Explication of)] 다음은 사람들이 많이 찾는 해몽서에 나오는 내용이다.

독수리 : 독수리가 나는 것을 보는 꿈은 길몽이다. 머리 위로 독수리가 떨어지는 꿈은 죽음을 상징한다.

당나귀 : 꿈속에서 달리는 당나귀는 불행을 의미한다. 휴식하는 당나귀는 험담과 악의를, 우는 당나귀는 걱정과 피로를 의미한다.

무지개 : 꿈속에서 무지개가 서쪽에 뜨면 가난한 자에게 복이 올 징조이다. 반면 동쪽에 뜨면 부자에게 좋은 징조이다.

돈 : 돈을 얻는 꿈은 슬픔과 손실을, 돈을 잃는 꿈은 사업의 성공을 의미한다.

목욕 : 깨끗한 물에 목욕하는 꿈은 건강을 의미한다. 더러운 물에 목욕하는 꿈은 가족과 친구의 죽음을 의미한다.

족제비 : 족제비 꿈은 나쁜 이성을 만날 징조이다. 혹은 현재 만나고 있을 수 있다.

물 : 꿈에 시원한 물을 마시면 큰 부를 누린다. 하지만 뜨거운 물을 마시면 병에 걸린다. 그리고 더러운 물을 마시면 슬픈 일이 생긴다.

나무 : 꿈에 등장하는 나무에 그림이 그려져 있다면 장수를 의미한다.

소시지 : 소시지를 만드는 꿈은 고통이 따를 징조이다. 소시지를 먹는 꿈은 예상치 못한 방문을 의미한다.

강도 : 강도에게 공격받는 꿈을 꾼다면, 지인이나 재산의 일부를 잃는다.

세르블라Cervelas 소시지 : 꿈에서 세르블라 소시지를 먹으면 건강이 좋아질 징조이다.

버섯 : 꿈에 버섯을 보면 장수를 한다

노래 : 남자가 노래하는 꿈은 희망, 여자가 노래하는 꿈은 눈물과 탄식을 의미한다.

숲 : 꿈에 등장하는 꺼진 숲은 죽음을, 불 붙은 숲은 복병을 의미한다. 숲을 먹는 꿈은 손실과 역경을 가리킨다.

부엉이 : 부엉이 꿈은 장례를 의미한다.

탈모 : 꿈에서 머리카락이 빠지면 친구를 잃는다.

까마귀 : 비행하는 까마귀 꿈은 죽음의 위기를 가리킨다.

왕관 : 머리 위의 금관이 올려진 꿈은 명예를 예고한다. 은관은 건강을, 풀로 된 왕관은 고위직을, 유골로 만들어진 왕관은 죽음을 예고한다.

검은 백조 : 검은 백조가 꿈에 보이면 집안에 근심이 생긴다.

이사 : 이사 꿈은 결혼이나 상속을 예고한다.

치아 : 이가 빠지는 꿈은 죽음을 예고한다.

칠면조 : 칠면조를 보거나 소유하는 꿈은 친인척의 광기를 의미한다.

매장 : 산 채로 묻히는 꿈을 꾸면 긴 고난에 처할 수 있다. 다른 사람의 장례에 가는 꿈은 행복한 결혼을 예고한다.

별 : 하늘에서 별이 떨어지는 것을 보는 꿈은 추락, 고뇌, 역경을 의미한다.

유령 : 꿈에서 보이는 흰 유령은 기쁨과 명예를 의미한다. 반면 검은 유령은 고통과 슬픔을 의미한다.

여성 : 꿈에 흰 여성을 보면 행복한 일이 생긴다. 반면 검은 여성을 보면 병이 생긴다. 꿈에서 여러 여성을 보면 구설수가 생긴다.

작두콩 : 꿈에 작두콩을 먹으면 싸움이나 재판에 휘말린다.

그물 : 꿈에 그물을 보면 비가 내린다.

햇불 : 꿈에서 불이 붙은 햇불을 보면 보상을 받을 수 있다. 반면 꺼진 햇불을 보면 감옥살이를 하게 된다.

프리카세Fricassées : 꿈에 프리카세(볶음요리)를 본다면 이웃 사이에서 구설수가 돌 수 있다.

교수대 : 꿈속에서 누군가 교수형을 당하면 기쁜 성공을 경험하게 된다.

개구리 : 꿈에서 나타나는 개구리는 무례함과 수다를 의미한다.

풍뎅이 : 꿈에 등장하는 풍뎅이는 성가심을 의미한다.

흰옷 입은 사람 : 꿈에서 흰옷을 입은 사람을 보면 행복한 일이 생긴다.

검은 옷 입은 사람 : 꿈에서 검은 옷을 입은 사람을 보면 불행한 일이 생긴다.

살해당하는 사람 : 꿈에서 살해당하는 사람은 안전을 의미한다.

미치광이 : 미치는 꿈을 꾸면 왕으로부터 은혜를 받는다.

게임 : 게임에서 이기는 꿈은 친구를 잃는 것을 의미한다.

우유 : 우유를 마시는 꿈은 우정을 상징한다.

토끼 : 꿈에서 보이는 흰토끼는 성공을, 검은 토끼는 역경을 의미한다. 토끼를 먹는 꿈은 건강을 의미한다. 토끼를 죽이는 꿈은 배신과 손실을 상징한다.

돼지비계 : 돼지비계를 먹는 꿈은 승리를 의미한다.

달팽이 : 꿈에서 보이는 달팽이는 명예로운 일을 상징한다.

옷감 : 꿈에서 흰 옷감을 본다면 결혼과 관련된 일이 생긴다. 반면 더러운 옷감을 본다면 죽음과 관련된 일이 생긴다.

달 : 꿈에 달을 보면 일이 지연된다. 꿈에서 보이는 창백한 달은 고통을 의미한다. 꿈에 어두운 달이 보이면 괴로운 일이 생긴다.

바닥 : 바닥에서 음식을 먹는 꿈은 격정을 의미한다.

약 : 약을 먹는 꿈은 고난을 상징한다. 하지만 약을 누군가에게 주는 꿈은 이득이 생길 징조이다.

살인 : 살인자를 보는 꿈은 오히려 안전할 징조이다.

거울 : 거울 꿈은 배반의 징조이다.

수염 : 많은 수염이 나는 꿈은 재산이 불어날 징조이다.

순무 : 꿈에 보이는 순무는 헛된 희망을 의미한다.

구름 : 꿈에 구름을 보면 불화와 관련된 일이 생긴다.

달걀 : 꿈에 흰 달걀이 보이면 행복한 일이 생긴다. 하지만 깨진 달걀을 본다면 불행한 일이 생긴다.

거위 : 꿈에 거위를 본 자는 귀족의 대접을 받는다.

해골 : 꿈에 보이는 해골은 피할 수 없는 난관과 고통을 상징한다.

야자수 : 꿈에 보이는 야자수는 성공과 명예를 의미한다.

공작 : 꿈에 공작을 보면 예쁜 자식을 낳는다.

앵무새 : 꿈에 보이는 앵무새는 경솔함, 비밀 누설을 의미한다.

씨아 : 씨아가 꿈에 보이면 가난해질 징조이다.

쥐 : 꿈에 등장하는 쥐는 숨은 적을 의미한다.

장미 : 장미가 꿈에 보인다면 행복한 일, 기쁜 일이 생긴다.

다이빙 : 물에 뛰어드는 꿈은 박해를 의미한다.

전갈, 도마뱀, 송충이, 지네 : 이 벌레들이 꿈에 나타나면 불행, 배신과 관련된 일이 생긴다.

따귀 : 따귀를 때리는 꿈은 부부간의 화합을 의미한다.

유황 : 꿈에 나타난 유황은 독살을 예고한다.

유령 : 꿈에 유령이 보인다면 뜻밖의 일이

생긴다.

태풍 : 꿈에 태풍을 보면 모욕과 큰 위험이 생긴다.

머리카락 · 꿈에 보인 흰 머리카락은 기쁨을, 짧은 머리카락은 배신을 의미한다.

머리: 털이 난 머리가 꿈에 등장하면 명예와 관련된 일이 생긴다. 반면 잘려진 머리가 나온다면 장애를 의미한다. 꿈에 양 머리를 뒤집어쓰는 자가 나타나면 행복한 일이 생긴다.

멧비둘기 : 꿈에 멧비둘기가 나타나면 부부가 돈독해질 징조이다. 만약 이 꿈을 꾼 사람이 미혼이라면 결혼을 상징한다.

포도 : 포도를 따는 꿈은 건강과 부를 의미한다.

제비꽃 : 꿈에 보이는 제비꽃은 성공을 상징한다.

바이올린 : 꿈에 바이올린이나 다른 악기 연주를 듣는다면(혹은 연주하는 장면을 본다면) 부부 사이가 좋아진다.

이는 해몽가들이 광범위하고 친절하게 떠드는 괴상한 이야기들이다. 하지만 많은 이들은 이 해몽을 믿는다! 세상에는 위인들이 초자연적 현상을 믿지 않는다는 이야기를 듣고, 영혼 불멸과 신의 힘을 부정하는 자들이 있다. 그렇게 함으로써 위인들과 동일한 위치에 있다고 생각하는 것이다. 아이러니하게도 이런 자들은 부조리한 편견의 비굴한 노예가 된다. 이런 무지의 사람들은 매일 아침 눈을 뜬 뒤 의미 없는 꿈의 속뜻을 찾고, 의미 없는 계획을 점치기 위해 카드를 뒤적거린다.[1]

모든 것을 다 설명할 수 있다 주장하는 학자들도 당황하게 만든 꿈이 있다. 여기에서 우리는 두 아르카디아인Arcadians의 유명한 꿈 이야기를 살펴보겠다 (발레리우스 막시무스 Valerius Maximus와 키케로Cicero도 이 이야기를

언급했다). 두 아르카디아인은 함께 여행을 떠나 메가라Megara에 도착했다. 그리고 한 명이 메가라에 사는 친구를 방문하고 머무는 동안, 다른 한 명은 여인숙에 묵기로 하였다. 이후 친구 집에 머물던 여행자는 꿈에서 길동무를 보았다. 꿈속에서 친구는 여인숙 주인에게 생명을 위협받고 있으니 빨리 와서 구해달라고 애원하였다. 꿈에서 깬 그는 서둘러 옷을 입고 길동무가 묵고 있는 여인숙을 향했다. 그러나 여인숙으로 가던 중, 자기 행동이 얼마나 우스꽝스러운지 깨달았다. 그는 꿈만 믿고 가볍게 행동한 것을 후회하며, 숙소로 돌아가 침대에 누웠다. 그러나 다시 눈을 감자마자, 친구가 꿈에 나타났다. 꿈속의 친구는 온몸에 상처가 나 있었고, 피를 흘리며 죽어가는 중이었다. 친구는 다음과 같이 말했다. "친구여. 내 목숨을 살려주지 않았구나. 그렇다면 내 죽음에 대해 복수라도 해 주거라. 나는 여인숙 주인의 손에 죽었다. 그는 범죄를 숨기기 위해 내 몸을 조각 내 퇴비 가득 실린 화차 안에 넣어두었다. 그리고 이를 도시 입구에 두었다." 꿈에서 깬 여행자는 첫 번째 꿈보다 더 끔찍한 친구의 모습에 충격을 받았다. 그는 친구의 말에 겁을 먹고 다시 일어나 서둘러 도시의 입구로 향했다. 그리고 그곳에서 친구가 알려준 화차를 발견했다. 화차 안에는 친구의 유해가 숨겨져 있었다. 그는 살인자를 즉시 신고하고 법정에 세웠다.

이 일화는 다음과 같이 추측할 수 있다. 두 친구는 아주 가까웠고 자연스럽게 서로를 걱정했다. 더불어 이야기에 등장한 여인숙은 두 친구가 모두 알 정도로 평판이 나빴을 수 있다. 따라서 첫 번째 꿈에는 놀라운 것이 없다. 두 번째 꿈도 여행자의 혼란스러운 상상력으로 인해 당연히 일어날 수 있다. 하지만 화차에 관한 이야기는 놀랍다. 이는 예감에 의한 것일 수도, 당시 떠돌던 이야기 때문일 수도 있다. 혹은 단순한 우연일 수 있다. 이처럼 설명이 불가능하고 이의를 제기하기 힘든 일도 세상에 존재한다.

아일랜드의 유명한 의사 아베르콤비 Abercrombie는 저서 『심리학 연구Études de psychologie』에서 앞서 언급한 이야기를 증명할

두 환자의 꿈 이야기를 기록했다.

'에든버러Edinburgh 인근 마을에서 온 사제가 여인숙에서 밤을 보내고 있었다. 꿈에서 그는 자신의 집에 불이 나 아이들이 큰 위험에 빠진 것을 보았다. 그는 즉시 일어나 도시를 떠났다. 그리고 성벽을 나서자마자, 그의 집이 불타고 있는 것을 보았다. 다행히도 그는 제때 도착해 가장 어린 딸을 구해내는 데 성공하였다. 혼란 속에서 사람들은 아이의 존재를 잊고 있었던 것이다.'

다음은 두 번째 이야기이다.

'에든버러의 한 부르주아는 치명적인 동맥류를 앓고 있었다. 두 명의 뛰어난 외과의사들은 그를 치료하였고, 며칠 내로 수술을 진행할 예정이었다. 하지만 환자의 아내는 꿈에서 남편의 동맥류가 사라지고 수술이 필요 없어지는 상황을 보았다. 다음 날, 환자의 문제 부위를 재검사하자, 병은 사라졌고 아무 흔적도 남지 않았다.'

기록에 따르면, 이렇게 치유되는 경우는 매우 드물다고 한다. 이런 종류의 질병이 의학 치료 없이 사라진 적은 단 한번도 없었다.

알레산드로 알레산드리Alessandro Alessandri는 저서 『찬란한 날들Jours Géniaux』 1권 11장에 다음의 이야기를 기록했다. 알레산드로 알레산드리는 정직하고 덕망 있는 충직한 하인을 두었다. 어느 날 하인은 깊은 잠에 빠져 신음을 하고, 한숨을 쉬며 괴로워했다. 이 소리는 매우 커서 온 집안 사람들이 모두 깨어났다. 잠에서 깬 알레산드로 알레산드리는 그에게 신음을 낸 이유를 물었다. 그러자 하인은 다음과 같이 답하였다. "이유 없이 그런 소리를 들으신 것이 아닙니다. 꿈에 제 어머니의 시신을 보았습니다. 어머니의 시신을 매장하기 위해 사람들이 나르던 중이었어요." 알레산드로 알레산드리는 하인이 꿈을 꾼 시간, 일자, 계절을 기록하였다. 그리고 그것이 어떤 불길한 징조를 의미하는지 해석하려 했다. 그리고 며칠 뒤 하인 어머니의 임종 소식이 들려왔다. 놀랍게도 그녀는 아들의 꿈에 나타난 그날, 그 시간에 세상을 떠났다. 참조. 람부이예Rambouillet.

성 아우구스티누스St. Augustine는 저서 『창세기Genèse』에서 어느 꿈 맹신가의 이야기를 기록했다. 이 맹신가의 집에서 여러 사람이 대화를 나누던 중, 한 여성이 언급되었다. 그녀는 당시 건강하고 행복하게 살고 있었다. 그러나 맹신자는 다음과 같이 말했다. "왜 그 사람 이야기를 합니까? 그녀는 이미 죽지 않았나요? 제가 그녀가 묻히는 것을 보았는데요." 그리고 며칠 뒤, 그가 했던 말은 실제로 일어났다.[2] 참조. 카시우스Cassius, 히메라Hymera, 아밀카르Amilcar, 데키우스Décius 등.

류트 연주자였던 한 이집트인은 당나귀의 귀에 류트를 연주하는 꿈을 꿨다. 처음에 그는 이 꿈에 큰 의미를 부여하지 않았다. 얼마 뒤, 시리아의 왕 안티오코스Antiochus는 조카 프톨레마이오스Ptolemy를 보기 위해 멤피스Memphis를 찾았다. 조카는 류트 연주가를 불러 안티오코스를 즐겁게 해주기로 했다. 하지만 안티오코스는 음악을 좋아하는 사람이 아니었다. 그는 건성으로 연주를 듣더니 연주자에게 물러가라 지시했다. 연주자는 그때 자신의 꿈을 기억해 내고 다음과 같이 말해버렸다. "분명 당나귀 앞에서 연주하는 꿈을 꿨었지." 불행히도 안티오코스는 그의 말을 들었고, 연주자를 체포해 매질하였다. 이후 그는 어디서도 꿈 이야기를 하지 않았다.

다음은 배우 샹메슬레Champmesle의 죽음에 얽힌 놀라운 일화이다. 자신의 어머니와 아내를 잃은 샹메슬레는 두 사람이 따라오라 신호를 보내는 꿈을 꾸었다. 그는 프란치스코회Cordeliers 수도사를 찾아 망자들을 위한 두 번의 예배를 부탁했다. 한 번은 어머니, 다른 한 번은 아내를 위한 것이었다. 예배 비용은 한 명당 10수Sous였다. 샹메슬레는 성당 관리인에게 30수짜리 동전을 주었다. 당황한 관리인은 그에게 10수를 돌려주려 했다. 하지만 샹메슬레는 다음과 같이 말했다. "그냥 두세요. 그리고 고인을 위한 세 번째 예배를 올려주세요. 그건 나를 위한 것일 테니까요." 그리고 그는 같은 날, 수도사가 자신을 찾아온 그 순간 세상을 떠났다.

마지막으로 『샹파뉴 안내서Indicateur de Champagne』에 기록된 일화를 소개하도록 하겠다. 25세의 한 젊은 농부 밥티스트 레나르Baptiste Renard는, 퐁트넬Fontenelle의 투르네르Tourners 마을에서 부모와 함께 살고 있었다.

어느 날 그는 나무에 올라갔다가 가지가 꺾여 추락하는 꿈을 꾸었다. 꿈속에서 그는 팔다리가 부러져 있었다. 다음 날, 자신이 꿈을 믿지 않는다는 것을 증명하기 위해 그는 꿈에서 본 나무에 오르는 멍청한 생각을 해냈다. 밥티스트 레나르는 나무에 매달려 동료에게 웃으며 지난밤의 꿈 이야기를 들려주었다. 그러나 갑자기 가지가 부러지며 그는 아래로 떨어지고 말았다. 이에 밥티스트 레나르는 팔 하나, 다리 하나가 골절되었다. 그의 상태는 매우 심각해, 사흘 뒤 끔찍한 고통 속에서 숨을 거두었다.

*(1)*아무것도 믿지 않으면서 꿈을 해석하며 복권을 사는 사람들이 있다. 그러나 신이 아니라면, 이 꿈은 누가 보내주는 것일까? 어떻게 잠이 든 몸이, 영혼 없이 꿈을 꿀 수 있을까? 제국 시절, 두 구두 수선공이 종교에 관해 논쟁을 펼쳤다. 한 명은 종교의식을 다시 도입하는 것이 옳다고 생각했고, 한 명은 이에 반대했다. 첫 번째 사람이 말했다. "너는 정치를 이해하지 못하는구나. 종교의식을 하는 것은 너나 나 때문이 아니라 백성을 위해서야." 그들은 현학적인 토론 이후 카드점 보는 사람을 찾아가 꿈 이야기를 했다. / *(2)*부아뛰오Boistuau, 『신비한 환영들Visions prodigieuses』. / * 과거 프랑스의 화폐 단위.

손하르디벨 [Sonhardibel] 15세기 말, 바스피레네Basses-Pyrénées의 배교자 신부. 삼각형의 검은 성체를 들고 마녀 집회 악마의 미사에 참석했다. 그는 머리를 아래로 향한 채 한참 공중으로 들어 올려졌다. 이 이상의 정보는 없다.

마법사 [Sorciers / Sorcerers] 지옥 권력자들의 도움을 통해 초자연적인 일을 행하는 자들. 마법사들은 이를 위해 악마와 계약을 맺는다. 하지만 일반적으로 대다수는 사기꾼, 협잡꾼, 위선자, 광신자, 광인, 우울증 환자, 무뢰한들이다. 자신의 재능을 통해 존재를 인정받지 못한 자들이 공포를 이용해 눈에 띄고자 하는 것이다. 마법사는 어느 나라에서든 찾아볼 수 있다. 또 기적을 행하는 자들은 마법사로, 숨겨진 것을 맞추는 자들은 예언가라 불렸다. 샤를 9세Charles IX 통치 시절, 파리에서는 3만 명의 마법사가 체포되었다. 앙리 3세Henry III 통치 시절, 당시 프랑스에 살던 마법사 수는 10만 명에 달했다. 각 도시, 부락, 마을, 촌락에는 저마다 이런 유형의 인물들이 존재했다. 오늘날 프랑스 언론은 해로운 동시에 많은 이들에게 영향을 미친다. 그리고 이러한 영향은 대중의 조잡한 정신을 개선해 주는 것이 아니라 종교적인 부분들에 반하고 있다. 아직도 대다수 마을 주민은 마법사의 존재를 믿는다. 앙리 4세Henry IV와 루이 13세Louis XIII 통치 당시에는 마법사들을 기소했다. 이 불쌍한 자들의 수는 루이 14세Louis XIV가 왕위에 오른 뒤에야 줄어들었다. 잉글랜드 또한 마법사와 얽힌 피해가 없었던 것은 아니다. 이들을 열렬히 박해하던 제임스 1세James I는 마법사를 비판하는 두꺼운 책을 썼으나, 진상을 명확히 밝혀내지는 못했다.

한 가지 확실한 점은, 마법사라 주장하는 대다수 사람이 악마의 가면을 쓴 범죄자라는 것이다. 이들이 흑마법이라 주장하는 것은 실제로 독살에 해당하며, 마녀 집회는 끔찍한 통음난무에 불과하다. 더불어 이 마법사들은 이단 집단으로, 악마 숭배를 통해 탈선을 거듭한다.

보댕Bodin에 따르면, 마법사에게는 15가지 죄목이 있다.

1) 신을 부정한다. 2) 신을 모욕한다. 3) 악마를 숭배한다. 4) 자신의 아이들을 악마에게 바친다. 5) 아이들이 세례를 받기 전에 희생물 삼는다[(1)]. 6) 이들은 어머니의 배 속에 있을 때부터 자신을 사탄에게 바친다. 7) 사탄을 위해 무엇이든 가져다 바칠 것을 맹세한다. 8) 악마의 이름으로 맹세하며, 이를 영광으로 여긴다. 9) 그 어떤 법도 지키지 않고, 근친상간까지 저지른다. 10) 사람들

을 죽이고, 끓이고, 먹는다. 11) 인육을 먹는데, 교수형에 처한 자들도 포함한다. 12) 독과 마법으로 사람을 죽인다. 13) 가축을 죽인다. 14) 열매를 썩게 하고, 불모로 만든다. 15) 모두 악마의 노예다.

사람들은 보댕의 이 죄목들을 비웃었지만, 이는 거의 진실에 해당한다.

산도발Sandoval은 저서 『카를 5세의 역사 Histoire de Charles-Quint』에서 각각 9세, 11세였던 두 여아가 나바르Navarre 왕실 의회 의원들 앞에서 마녀라고 자수한 일화를 기록했다. 두 아이는 자신들이 마녀 집단에 가입했으며, 사면해 준다면 소속된 모든 여성의 이름을 알려주겠다고 약속했다. 판사들은 이를 수락하였다. 이에 아이들은 왼쪽 눈을 보면 그 사람이 마녀인지 아닌지 알아볼 수 있다고 말했다. 아이들은 어디에 가면 마녀를 많이 찾을 수 있는지, 어디에서 집회를 여는지도 알려주었다.

의회는 두 아이와 함께 경찰을 마을로 파견했다. 여기에는 50명의 기마병도 포함되었다. 각 마을에 도착하면 이들은 두 여자아이를 서로 다른 집에 감금시켰다. 그리고 마녀로 의심되는 여성들을 아이 앞으로 데려가 능력을 시험해 보았다. 그 결과 두 여자아이가 마녀라고 지목한 여성들은 실제 마녀로 판명되었다. 이렇게 감옥 안에 갇힌 마녀의 수는 150명에 달했다.

만약 한 여성이 마녀 집단에 소속되길 원한다면, 예수 그리스도Jesus Christ와 그의 종교를 부정해야 했다. 이 의식이 있는 날이면, 원 안에 검은 염소가 나타나 원 주위를 여러 바퀴 돌았다. 그리고 염소의 쉰 목소리가 들리면 모든 마녀는 춤을 추었다. 이후 모든 마녀는 염소의 엉덩이에 입을 맞추었고 빵, 포도주, 치즈로 식사했다. 집회가 끝나면 마녀들은 하늘을 날아 말썽을 부릴 만한 곳으로 사라졌다. 이후 이들은 사탄 복종의 증표로 서너 명의 사람을 독살하였다. 사탄은 이를 위해 피해자들의 집을 알려주고 문과 창을 열어주었다. 그리고 저주가 발현되면 사탄은 다시 문과 창을 걸어 잠갔다. 마녀들은 매년 가장 큰 축제가 열리는 전날 밤 집회를 열었다. 이들은 집회에서 혐오스럽고 신성모독다운 일을 저질렀다. 집회 의식이 시작되면 이들의 눈엔 검은색 성체가 보였는데, 악마적 행위를 그만두는 즉시 하얗게 보였다. 산도발의 기록에 따르면, 사건의 진상을 직접 확인하고 싶던 어느 경관이 늙은 마녀에게 한 가지 제안을 했다고 한다. 이는 사면을 약속할 테니 눈앞에서 모든 마법을 부려보라는 것이었다. 늙은 마녀는 이 제안을 받아들였다. 그리고 이를 위해 체포 당시 지녔던 연고가 든 함을 돌려달라 말했다. 마녀는 준비가 되자 경찰과 군중들을 대동해 탑을 올랐다. 그녀는 탑의 창 앞에 서서 왼쪽 손바닥, 팔목, 팔꿈치, 겨드랑이, 서혜부, 몸의 왼편에 연고를 덜어 문질렀다. 그리고 큰 소리로 외쳤다. "여기 있습니까?" 모든 군중이 공중에서 대답하는 목소리를 들었다. "그래. 내가 여기 있다." 대답 이후 마녀는 탑을 내려가기 시작했는데, 머리를 숙이고 손발을 도마뱀처럼 움직였다. 탑의 중간쯤에 도달하자, 그녀는 모두가 지켜보는 가운데 하늘로 날아올랐다. 그리고 지평선 너머로 사라질 때까지 비행을 멈추지 않았다. 모두가 이 기적을 보며 놀란 가운데, 경관은 누가되었든 마녀를 잡아 오는 자에게 큰 포상을 할 것이라고 공표하였다. 이틀 뒤, 그녀는 목동들에게 잡혀 왔다. 경관은 그녀에게 어째서 더 멀리 날아가지 않고 붙잡혀 왔느냐 물었다. 그녀는 자신의 주인이 그녀를 3리유* 떨어진 곳까지만 옮겨주었고, 목동들이 이를 발견했다고 답하였다.

공신력 있는 작가가 썼음에도, 이 독특한 이야기를 그대로 믿기는 쉽지 않다. 판사는 이 150명의 마녀를 대상으로 사건의 선고를 내렸다. 이들은 200대의 회초리질과 여러 해의 금고형이라는 형벌을 받게 되었다. 안타깝게도 마녀들이 사용했던 연고나 숭배했던 악마 중 그 어느 것도 이를 피할 날개를 주진 못했다.

앞서 말했듯 아직도 우리는 마법사들에게서 완전히 벗어나지 못했다. 이들은 여전히 어느 마을에나 존재한다. 보라. 불과 40년 전 마법사 모로Moreau는 파리에서 놀라운 일들을 벌였다. 하지만 우리는 종종 마법사가 아닌 사람을 마법사로 오해한다. 몇몇 뛰어난 그림을 남긴 로리미에Lorimier는 1811년 다른 예술가와 함께 생 플루르Saint-Flour를 찾았다. 두 여성은 벌판에서 높은 고지에 위치한 도시의 모습을 관찰했다. 로리미에는 연필을 들고 안정적으로 그림을 그려나갔다. 마녀를 극심히 믿던 농부들은 이 두 여성에게 돌을 던졌고, 이들을 체포해 시장에게 데려갔다. 그리고 이들이 저주와 주문을 걸었다고 증언했다. 1778년경, 오베르뉴Auvergne 주민들은 지도를 만들던 두 기술자를 마법사로 오해해 돌을 던졌다. 1820년, 마르세유Marseilles 경제 법원은 마법에 관한 사건을 재판으로 다루었다.

결혼을 약속한 남성에게 버림받은 한 여성이 있었다. 그녀는 마법사로 알려진 한 의사를 찾아가 남성의 마음을 되돌리고 경쟁자를 해할 방법을 구했다. 마법사는 우선 돈과 함께 흑계, 소의 심장, 못을 가져오라 지시했다. 다만 흑계, 심장, 못은 훔친 것이어야 했

다(돈은 정당한 방법으로 취득한 것이어도 상관없었다). 그녀는 재료를 모두 구했고 나머지는 마법사의 재량에 달려있었다. 하지만 약속과 달리 미법사는 사랑하는 사람의 마음을 되돌리지 못했다. 여성은 돈이라도 돌려받길 원했다. 이 사건은 결과가 뻔히 예측되는 재판으로 이어졌다. 마법사는 사기죄로 벌금과 함께 2개월의 금고형을 선고받았다.

다음은 1841년 발로뉴Valognes에서 쓰인 글이다. 우리는 과거의 마법사와 현재의 마법사를 참고해 이 글을 판단해야 할 것이다.

"우리 경제법원에서는 최근 브릭스Brix의 마법사들에 대한 재판을 맡게 되었다. 피고인들은 총 7명으로 다음과 같다. 안 마리Anne-Marie('후작'이라는 별칭이 있는 르블롱Leblond의 아내, 아트로포스Atropos 혹은 『맥베스Macbeth』 속 마녀 얼굴을 함, 75세), 르블롱(안 마리의 남편, 71세), 샤를 르모니에Charles Lemonnier(석공, 26세). 드루에Drouet(석공, 44세), 테레즈 르블롱Therese Leblond('여후작'이라는 별칭이 있음, 볼에 열이 나거나 성이 난 듯 붉음, 48세), 잔 르블롱Jeanne Leblond(테레즈 르블롱의 자매, 그녀 역시 '여후작'이라는 별칭으로 불림, 르모니에의 아내, 34세), 르모니에(잔 르블롱의 전 남편, 암프레빌Amfreville 출생, 각목공, 33세). 이상 모두가 브릭스에 거주했다. 이들의 죄목은 부정한 권모술수를 통한 다수의 사기죄였다. 사기 행각 피해자들의 증언이 진행됐고, 이들이 경신을 인정할 때마다 박수가 나왔다.

알리Halley 부부(모르부아Morbois라는 별칭이 있음)와 이들의 형제이자 시형제인 자크 르구슈Jacques Legouche(무아티에 앙 보투아Moitiers-en-Bauptois 출신)는 자신들이 마법에 걸렸다고 믿었다. 하지만 이들 주변(반경 10리유)에서는 모두가 브릭스 후작과 여후작의 경이로움에 관해서만 떠들고 있었다. 그래서 이들은 후작과 여후작에게 선량한 자신들을 도와달라고 부탁했다. 이들의 집은 다수의 마법사에게 점령당해 더는 사람이 살 수 없는 곳이 되었기 때문이었다. 늙은 후작 르블롱은 딸 테레즈와 함께 이곳을 방문했고 탕약을 준비했다. 그러나 이보다 더 적극적인 조치가 필요하다는 것을 알게 되었다. 그의

두 딸과 르모니에 형제로 꾸려진 무리는 바로 치유에 들어갔다. 이들은 매우 강력한 약병을 들고 왔다. 이 약병은 바구니 속에서 춤을 출 정도로 기이했다. 여후작들은 본당의 신부, 브저신부, 교회지기가 이들에게 저주를 내렸으며 이를 풀기 위해서는 강력한 치료약이 필요하다고 말했다. 그 말은 곧 시간과 돈이 필요하다는 소리였다. 치료는 2년간 이어졌고, 들인 시간만큼 비용도 올라갔다. 결국 긴 시간을 기다린 이 많은 희생에도 끝이 존재했다. 부활절을 앞둔 일요일 밤, 르블롱이 알리 부부를 괴롭히던 저주를 풀기 위해 찾아온 날이었다. 그는 브릭스 패거리 여럿을 함께 데려왔다. 이 집에서는 어떤 일이 벌어졌을까? 재판에 소환되었던 이웃들은 이를 증언할 수 없었다. 이웃들은 쳐다보거나 들을 엄두조차 내지 못했기 때문이다. 단 한 사람만이 브릭스 패거리들이 떠날 때 했던 다음의 말소리를 들었다고 증언했다. '저들은 분명 이 말보다 멍청할 거야!' 몇몇 이웃들은 이 패거리가 피해자의 집을 들락거린 이후로 쑥대밭이 되었다고 증언했다. 알리 부부와 르구슈는 이 마법을 풀려는 시도가 있기 전까진 매우 부유하게 지내고 있었다. 하지만 브릭스 패거리와 얽힌 뒤부터는 이들의 가구, 가축, 정원, 얼마 안 되는 토지까지 모두 팔아야 했다. 심지어 이들의 갑옷까지 주인처럼 마법에 걸렸다며 패거리가 가져가 버렸다. 이들은 브릭스 패거리라는 탐욕스러운 괴물들을 만족시키기 위해 사과나무를 뽑고 목재까지 팔아 돈을 마련했다. 피고인들이 이 불쌍한 사람들에게 사기 친 돈의 액수는 2,000프랑에 달하는 것으로 추정되었다. 그러나 피고인들은 오직 250프랑에 해당하는 금액만 받았다고 인정했다. 그리고 이는 마법을 완전히 치유한 약의 값이라고 주장했다. 브릭스 패거리는 자신이 행한 일들에 대한 어떠한 이야기도 하지 않았다. 오히려 자신들이 베푼 은혜를 감사히 여기라고 말했다. 불쌍한 피해자들은 도움을 요청했던 이 패거리를 보며 두려움에 떨었다. 마치 이들의 눈빛만으로도 현혹될 것 같았다!

앙리 르주에즈Henry Lejuez라는 플로트망빌아그Flottemanville-Hague (셰르부르Cherbourg 행정) 출신의 한 남성이 있었다. 이 남성 또한 자신이 피해당한 교묘한 마법 장난 이야기를 진지하게 들려주었다. 하루는 그의 집에서 키우던 말과 돼지가 모두 죽었다. 이는 자연스러운 일이 아니었다. 큰 일재에는 반드시 대처법이 필요했고 그는 해결책을 찾기로 했다. 그는 이를 다음과 같이 회상했다.

'어느 날, 바스트빌Vasteville의 한 모임에 참석하여 한 남자를 만났게 되었소. 그는 내게 브릭스의 어느 후작이라는 자를 찾아가 보라고 말했지. 난 그렇게 브릭스로 갔다오. 내 이야기를 하자, 후작이라는 자의 아내가 수납장에서 책을 가져왔소. 그리고 그는 이 책을 두어 장 읽더니 원인을 말해주었지. 그의 말에 따르면 이는 질투로 인한 저주라는 것이오. 그는 이를 사라지게 해주겠다 말하며, 5프랑 50상팀**을 내라고 말했소. 약 두 병을 주고 저주를 내린 자를 죽게 만들겠다 선언했지.

하지만 나는 그것을 원치 않는다고 말했소. 그저 저주를 건 자가 포기하고 내게 나쁜 일을 하지 못하도록 해주면 충분할 뿐이라고 말했다오.

그로부터 15일 뒤, 난 다시 후작에게 돌아갔소. 25킬로그램의 밀가루, 5프랑짜리 동전 두 닢 그리고 그의 아내가 부탁한 섬유 2킬로그램과 함께 말이오. 저주자들은 어떤 행동도 보이지 않았기에 난 그저 요구한 대로만 처리해 주길 부탁했지. 결국 한 번 더 그들을 찾아갔고 후작의 딸 테레즈가 내 집을 방문하는 것으로 합의를 보았소. 그렇게 테레즈가 내 집을 방문했고 닭을 이용해 마법을 부렸다오. 놀랍게도 그 닭을 잡을 때 깃털 하나 날리지 않았지. 그녀는 순식간에 닭의 목을 땄는데, 작은 단지에 피와 닭의 심장을 받았소. 그리고 이를 의심되는 남자 집 문에 달아두었다오. 그녀는 피가 한 방울씩 떨어지는 동안 남자가 점점 수척해질 것이라고 말하더군. 그런 뒤 그녀는 접시에 새 바늘 25개를 받아 올린 뒤 물을 부었소. 그리고선 겹치는 바늘의 수만큼 내 집안을 원망하는 적이 있을 것이라고 말했지. 그래서 나도 살펴보니 그런 것이 딱 3개가 나왔다오. 그렇게 일이 마무리된 뒤, 그녀는 닭을 가져갔고 며칠 뒤 자매인 잔과 함께 다시 집을 방문했소. 그녀들은 의식을 치르는 데 몇 가지 재료가, 그중에서도 약물이 부족하다고 말하더군. 결국 난 25프랑을 주었고 그녀들은 약물을 사러 셰르부르로 떠났지. 참, 이때 내 아내가 빌려준 손수건 두 장을 가져갔다오. 원래대로라면 그녀들은 그날 밤 다시 집으로 돌아왔어야 했소. 하지만 이들은 다신 돌아오지 않았소. 그제야 나는 그녀들이 소문만큼 정통한 자들이 아니라는 생각을 하게 되었지. 나는 내 의심이 맞는지 확인하기 위해, 리무쟁Limousin의 점술사를 테레즈에게 데려갔다오. 그러자 두 여성 사이에 큰 싸움이 벌어졌소. 리무쟁 출신의 여성은 여후작을 보며 사기꾼, 후작을 보며 무뢰한이라고 말했소. 이는 큰 싸움으로 이어졌지. 그리고 그날은 거기서 마무리되었다오. 얼마 후, 내 아내는 테레즈를 피에르 뷔테Pierre-Butee의 한 상점에서 마주쳤다더군. 남편이라고 부르는 샤를 르모니에와 함께 말이오. 아내는 그녀에게 내가 주고 잊어버린 세 장의 셔츠, 침대보 두 장, 내가 직접 가져다준 오리와 닭 이야기를 꺼냈소. 또 마법을 위해 죽인 닭을 어떻게 했는지 물었소. 테레즈는 주저 없이 그것을 구운 뒤 식탁에 올렸고, 구워진 채 일어나 수탉처럼 세 번 울었다고 말했다더군. 샤를 르모니에는 옆에서 이것이 사실이라고 말했다오. 그것을 본 순간 먹을 수 없을 것 같았다고 덧붙이면서 말이오.'

후작과 패거리는 저주를 풀어주겠다는 사기만 친 것이 아니었다. 이들은 여러 죄목으로 법원에 기소되었다. 이들의 절도죄에는 훔친 캔버스 두 개, 종교 서적 두 권이 추가되었다. 이는 테레즈가 에일랑Helland 부인의 집을 방문했을 때 훔친 것이었다. 더불어 늙은 마법사 후작이 브릭스에 거주하는 이보 아담Yves Adam의 딸에게 건 저주 사기도 있었다. 검사 대리인 데모티에Desmortiers는 테레즈가 저지른 전과를 언급했다. 과거에 그녀는 이미 절도죄로 인해 일 년 하고도 하루 동안 감옥 생활을 한 적이 있었다. 결국 라망슈La Manche 중죄 법원은 테레즈에게 2심에서 7년의 강제노역형을 선고했다. 그녀의 자매 또한 6년의 같은 형을 선고받았다. 후작이라 불린 르블롱은 두 개의 유죄 판결을 받았으며 그중 하나는 9년에 달했다. 드루에는 일 년 하고도 하루의 징역을 선고받았다.

르블롱의 나이는 아내를 기소하지 않기로 한 법원은 최종 판결을 내리며 공동 피고들에게 다음의 벌을 내렸다. 테레즈 르블롱은 10년 금고형. 잔 르블롱(르모니에의 아내)은 6년 금고형. 자크 르블롱Jacques Leblond(별명 후작)은 5년 금고형. 샤를 르모니에는 1년 1일 금고형. 피에르 아마블 드루에Pierre-Amable Drouet는 6개월 금고형. 피에르 르모니에Pierre Lemonnier는 1개월 금고형. 그리고 각각 50프랑의 벌금을 비롯해 모든 소송 비용을 지불하도록 판결했다. 그리고 출소 후에도 10년간 고등 경찰의 감시를 받도록 지시하였다." 참조. 시시디테스Sicidites, 아그리파Agrippa, 파우스트Faust 그리고 마법사에 관한 여러 키워드.

오래된 옛이야기에도 마법사들이 등장한다. 신화 연대기를 살펴보면 로도스Rhodes 섬에 위치한 도시 이알리소스Ialysos에는 여섯 명의 극악무도한 악인이 살고 있었다고 한다. 이들은 시선만으로도 증오를 품은 대상에게 저주를 걸 수 있었다. 또 이들은 원하는 다른 사람의 땅에 비, 눈, 우박이 쏟아지도록 했다. 이들은 스틱스Styx 강물을 땅에 풀었고 이에 전염병, 기아, 여러 천재지변이 발생했다. 주피터Jupiter는 이들은 암초로 바꿔버렸다.

여행가 보리유Beaulieu는 아쳄Achem 왕궁에서 이러한 마법사 혹은 사기꾼 중 하나를 만난 이야기를 기록했다(아쳄 왕궁에서는 이러한 자들을 '그리스인'이라 불렀다). 보리유가 만난 이는 돔 프란시스코 카르네로Dom Francisco Carnero라는 젊은 포르투갈인이었다. 그는 재능 있는 노름꾼인 척을 했고 많은 재산을 가진 것처럼 보였다. 하지만 계속되는 성공이 행운 또는 능력이 아닌, 부정 때문이었다는 사실이 밝혀지게 되었다. 그는 왕궁의 한 대신을 상대로 큰돈을 뜯어냈는데, 이 대신은 그 손해를 상인들을 괴롭혀 벌충했다. 어느 날 그는 인도인 여성을 상대로 사기를 쳤다. 그는 이미 큰 액수의 돈을 번 상태였는데, 자신이 둔 수에 감탄하며 식탁을 주먹으로 내리쳤다. 그러던 중 주사위 하나가

깨지게 되었다. 주사위에서는 수은이 몇 방울 흘러내렸다. 식탁은 기울어져 있었고, 수은은 곧 흘러 사라졌다. 이 사건을 보며 인도인들은 유난히 놀랐다. 그는 잽싸게 주사위를 가까이 보여주길 거부했고 인도인들은 그가 주사위에 주문을 걸었다고 생각했다. 인도인들은 주사위에 영혼이 나왔고 그게 만질 수 있는 형태였으며 해를 입히지 않고 사라졌다 믿었다. 하지만 옆에 있던 보리유는 쉽게 진실을 알 수 있었다. 보리유는 인도인들이 계속해 헛다리를 짚도록 내버려두었다. 그리고 카르네로에게 손해를 입히는 대신 게임 포기를 강력히 권하였다[2].

다음은 영국 왕 제임스 1세의 통치 당시 일화이다. 한 어리숙한 판사는 릴리Lily라는 이가 마법을 사용했다고 판결했다. 판사는 그에게 화형을 선고했다. 하지만 릴리는 마법사와는 아무 상관이 없는 사람이었다. 그의 범죄는 단지 무지한 동향인들이 가진 미신에 대한 믿음을 악용한 것이었다. 릴리는 감히 왕에게 그리스어로 쓴 진정서를 제출했다. 영국에서 외국어에 대한 연구는 한참 뒤떨어진 것이었다. 그렇기에 이러한 진정서는 군주에게 아주 희귀한 물건처럼 보였다. 왕은 다음과 같이 말했다. "이 자는 사형을 당하지 않을 것이다. 만약 그가 예상한 것보다 훨씬 더 전문적인 마법사라고 한들 말이다. 내가 봤을 때 그는 어떠한 영국 성직자보다 그리스어를 잘 알고 있다."

한 무능한 장교는 공을 세운 대위의 영예를 질투한 나머지, 르부아Louvois에게 서신을 보내 그가 마법사라 고발하였다. 신부는 이에 다음과 같이 답했다. "당신이 마법사로 지목한 문제의 대위와 관련하여, 왕에게 보내주신 의견을 전달했습니다. 왕께선 그가 마법사여도 괜찮다고 하셨습니다. 그리고 당신이 마법사가 아닌 것만은 잘 알겠다고 하셨습니다."

1692년 북아메리카 세일럼Salem에서는 마법사와 관련한 여러 가지 독특한 징후가 발견되었다. 많은 우울증 환자가 귀신을 목격하는가 하면, 몇몇 이들은 약도 듣지 않는 경련에 시달렸다. 이 모든 것은 강신술 때문이라 여겼졌다. 이 사건 때문에 여러 여성은 고발되어 교수형을 당했다. 경련을 일으키거나 귀신을 나타나게 한 죄로 말이다. 고드윈Godwin은 『강신술사 이야기History of Necromancers』에서 이 기이한 현상을 다음과 같이 자세히 다루었다.

"이런 종류의 이웃 고발은 전염병처럼 퍼져 나가고, 현기증과 경련은 이 사람에서 저 사람으로 옮겨간다. 초자연적 출현은 무지와 허영에 기인한다. 우리는 모두 권력을 열렬히 탐낸다. 종종 이러한 권력은 일부 상황에서 뜻밖의 방법으로 가장 평범한 이들이 거머쥐게 된다. 그리고 이 평범한 사람들은 흔치 않은 이 권력을 놓지 않으려 한다. 악마와 지옥 영혼들이 흔한 대화 주제가 될 때, 유령 이야기가 그날의 새로운 소식이 될 때, 지금까지 존재를 모르던 사람이 갑자기 모두의 관심을 한 몸에 받을 때. 이럴 때 사람들의 상상력은 과하게 발현된다. 또 망상에 빠지며 누군가를 의심한다. 연령과 상관없이 모두 말이다.

세일럼처럼 이주자가 두 번째로 많은 도시에서 이러한 이웃 고발은 굉장한 속도로 퍼져나갔다. 많은 주민은 현기증을 호소했다. 이들의 얼굴과 팔다리는 끔찍한 뒤틀림으로 수축하였고 다가가는 이들은 공포의 현장을 목격했다. 이에 주민들에게 통증의 원인을 물었더니, 이들은 이미 불행하고 멸시받는 몇몇 이웃을 의심하였다. 이는 해당 사람들이 마을 주민에게 학대받기 유리한 환경을 만들었다. 곧 초자연적 출현을 경험했다 주장하는 사람들이 별도의 계급을 만들었고, 공익을 위해 사건의 용의자를 찾기 시작했다. 범인을 찾는 것은 오직 이들만이 가능한 일이었다. 고발당한 사람들로 인해 감옥에는 인파가 넘쳐났다. 주민들은 공포에 질려 해당 지역에 한 번도 일어난 적 없는 재앙들도 이야기했다. 게다가 불행한 우연까지 겹쳤다. 더불어 백스터Baxter의 저서 『영계의 불변성The Certainry of the World of Spirits』 사본들이 뉴잉글랜드New England에 상륙하였다. 고결한 이들은 이 우스꽝스러운 미신을 신뢰하며, 엄숙하게 이를 다뤘다. 또 이러한 고발에 대해 열과 성을 다했다. 덕분에 민중의 폭력성은 활활 타올랐다. 이 과정에서 모든 법적 조치가 수반되었다. 판사, 배심원, 집행자는 물론 박해자와 증인까지 차고 넘쳤다. 1692년 6월 10일부터 같은 해 9월 22일까지, 19명의 피고인이 교수형을 당했다. 마법 행위를 자백한 사람도 있었지만, 이는 단지 유일한 구원의 문이라 생각한 데서 나온 행동일 뿐이었다. 남편과 아이들은 무릎을 꿇고 아내와 어머니에게 죄를 자백하라고 애원했다. 여러 불쌍한 여성들이 고문을 당했는데, 추정되는 죄를 고백할 때까지 두 발을 목에 묶어두었다.

이 고통스러운 역사에서, 가장 흥미로운 사건은 질레 고리Gilles Gory와 그의 아내 이야기이다. 그의 아내는 9월 9일 재판을 받고 22일 교수형에 처했다. 이 기간 동안 남편 또한 법정에 세워졌다. 그는 자신에게 죄가 없다고 주장했다. 그에게 어떤 심판을 받고 싶냐고 물었을 때, 그는 '신과 조국의 법에 따라' 대답하길 거부했다. 앞선 사람들의 판결에서 무죄를 받은 이가 없었기에, 같은 심판을 받았다가는 그의 재판 결과도 다르지 않을 것으로 생각했기 때문이었다. 그렇기에 그는 이에 순응하기를 완강히 거부했다. 판사는 한때 잉글랜드에서 사용했던 이방의 풍습을 참고해 심판을 하기로 했다. 이 심판은 누워있는 피고의 배 위에 점점 무거운 무게의 추를 추가시키는 것이었다. 이는 북아메리카에서 한 번도 시행된 적이 없었다. 질레 고리는 고집을 꺾지 않았고, 심판이 집행되는 내내 입을 다물고 있었다. 이 끔찍한 비극에는 모든 것이 긴밀히 연결되어 있었다. 오랜 시간 동안 망상가들(자신이 초자연적 현상에 의해 고통받는다 생각하는 사람들)은 악한이나 낮은 계급의 사람들에 대한 고발만을 행해왔다. 하지만 이들은 곧 뛰어난 가문의 사람이나 조금의 의심도 사지 않을 법한 사람들을 마법사로 과감히 고발하기 시작했다. 이후 모든 국면이 바뀌었다. 주민들은 이들의 명예와 삶을, 이토록 미천한 고발자들에게 맡긴다는 것이 얼마나 한심한 일인지 깨닫게 되었다. 1693년 1월 3일 대배심 앞으로 준비된 56개의 고발장 가운데 단 26건만이 근거가 있는 고발로 판명되었고, 30건은 배제되었다. 26건의 고발 중에는 오직 3명에게만 유죄가 선고 되었고 나머지 사람들

은 사면되었다. 감옥의 문이 열리자, 죄를 시인한 사람들을 포함한 250명의 사람이 풀려났다. 그 뒤로 다시는 이런 고발 행위가 발생하지 않았다. 초자연직 현상으로 인해 현기증과 경련을 겪는다는 사람들도 나타나지 않았다. 유령의 출몰은 완벽히 사라졌고, 사람들은 말도 안 되는 증세에 시달렸다는 사실에 매우 놀랐다." 교회에 적대적인 나라에서 벌어지는 이러한 광기 현상은 연구가 필요하다.

<small>(1)스프렌저Sprenger는 41명의 유아를 살해한 한 마녀를 사형에 처했다. / (2)『일반적인 여행의 역사Histoire générale des voyages』. / * 과거의 거리 단위. 1리유는 약 4km 정도이다. / ** 프랑스 화폐 단위, 1상팀은 1프랑의 100분의 1이다.</small>

주술 [Sort / Spell] 어리석은 사람들이 놀라운 효과를 만들어낸다고 믿는 주문, 문자, 약. 이는 악마와의 계약을 통해 얻을 수 있다. 사용할 때는 흔히 '주술을 건다'라는 표현을 쓴다. 민간 미신에선 목동들이 이를 행하는 능력이 있다고 보았다. 이는 이들의 외롭고 무기력한 일상 때문에 생긴 풍설이다.
참조. 저주Maléfices, 주문Charmes, 스코펠리즘Scopélisme 등.

인간들은 언제나 제비뽑기 즉 우연에 기대었다*. 무언가를 나눌 때 혹은 마음을 정할 때 사용되는 이 방법은 그리 우스워 보이지 않는다. 그러나 고대인들은 이러한 제비뽑기를 신탁으로 여겼다. 현대에 와서도 이처럼 몰상식함을 드러내는 자들이 있다. 대부분의 점성술은 이처럼 우연에 기대 운명을 상담한다.

<small>* Sort에는 제비, 추첨이라는 의미도 있다.</small>

사술 [Sortilèges / Sorcery] 참조. 주술Sort.

임프 [Sotray / Imp] 솔로뉴Sologne와 푸아투Poitou의 작은 악마. 이들은 말의 갈기를 땋는다.

사와드 [Souad / Sawaad] 이슬람교 교리에 등장하는 검은 방울이자 원죄의 씨앗. 인간의 가슴 속에 있다. 무함마드Muhammad는 대천사 가브리엘Gabriel을 통해 이 죄로부터 해방되었다고 주장했다. 『코란Koran』엔 세상에서 사와드를 지니지 않은 사람은 예수 그리스도Jesus Christ와 마리아Maria가 유일하다고

아이 토욘 [Sougai-Toyon / Ai-Toyon]
야쿠트족Yakuts이 말하는 천둥의 신. 악령으로 분류된다. 악령 왕 우쿨란 토욘Ukulan-Toyon의 복수를 집행하는 사사이다.

슐리에(프레데릭) [Soulié(Frédéric)]
『악마의 기억Mémoires du Diable』의 저자. 불행하게도 이 비도덕적인 책을 만드는데 아주 뛰어난 재능을 발휘했다.

생쥐 [Souris / Mouse]
고대인들은 쥐 울음소리를 흉조로 여겼다. 모든 점괘를 무효로 만들 정도로 말이다. **참조.** 쥐Rats.

여러 지역 농부들은 다음의 미신적 방법을 동원해 생쥐로부터 곳간을 지키려 했다. 먼저 달걀 네 알을 준비한다. 단 이는 성금요일에 낳은 것이어야 한다. 이후 곳간 모서리 네 곳에 달걀을 하나씩 둔다. 그리고 그 위를 성 토요일과 오순절 이전 토요일에 축복한 성수로 적신다. 그러고는 수확한 첫 볏단 두 개로 십자가를 만든 뒤 그 위에 더미를 쌓는다. 생쥐는 십자가로 쌓아둔 볏단만 먹을 것이다.

지하의 것(악마) [Souterrains / Subterraneans(Démons)]
프셀로스Psellus가 언급한 지하의 악마는 입에서 유황 연기를 뿜는다. 그리고 이를 맞은 인간은 얼굴이 부풀어 오른다.

노르웨이에서는 다른 나라들처럼 땅 아래에 정령들이 살고 있다 믿었다. 다음은 한 영국 작가가 이 초자연적 존재에 대해 매우 진지하게 기록한 것이다. 이는 그가 묵고 있던 집의 여주인에게 들은 이야기이다. 그녀는 다음과 같이 말했다.

"제게는 무기를 판매하던 삼촌이 있었어요. 삼촌은 어릴 적 우리 아버지를 따라 집을 나서기 직전 칼을 떨어뜨렸어요. 이 칼은 집 안을 샅샅이 뒤져도 찾을 수가 없었죠. 얼마 뒤, 삼촌은 외국으로 떠났어요. 그리고 15년 후에야 노르웨이로 돌아왔답니다. 어느 날 저녁, 삼촌은 아버지 집으로 가던 중 10리유'를 남기고 피곤함을 느꼈어요. 이에 길가에 있는 오두막에 들어가게 되었죠. 그 집에는 노파가 혼자 살고 있었는데, 삼촌을 따뜻하게 맞이해주었어요. 삼촌은 식탁에 앉자마자, 그곳에서 15년 전 잃어버린 것과 똑 닮은 칼이 놓여 있는 것을 발견했어요. 삼촌은 노인에게 자신이 잃어버렸던 칼 이야기를 하며 다음과 같이 덧붙였답니다.

'이 집이 우리 집에서 멀리 떨어져 있지 않았다면, 아마 제 칼이라고 믿었을 겁니다.' 그러자 노인이 답했어요. '사실, 당신의 칼이 맞아요. 당신이 칼을 떨어뜨렸을 때, 내 딸아이의 다리가 크게 베었거든요. 딸아이는 당시 두더지로 변신해서 땅 밑을 달리는 중이었답니다. 저는 그 칼을 지렁이로 바꾸어 당신이 찾지 못하도록 했어요. 그리고 딸아이가 이 칼을 가져왔죠.' 삼촌은 자신이 마주하고 있는 존재가 인간이 아닌 지하 세계의 존재임을 알아챘어요. 이에 삼촌이 다시 길을 떠나려 하자, 노인은 다음 날 아침까지 머무르라고 고집을 부렸죠. 노인은 우리 아버지 집에 있는 붉은 암소와 소 목에 걸린 아름다운 방울을 준다면, 집까지 순간이동 시켜주겠다고 제안했어요. 이에 삼촌은 다음과 같이 말했답니다. '저는 집에 가지 않은 지 15년이 되었어요. 아직도 소들이 있는지 모르겠네요.' 그러자 노인도 답했어요. '존경하는 선생님, 집에는 소가 일곱 마리나 있어요.' 삼촌은 이를 듣고 다시 말했어요. '하지만 데려올 수는 없어요. 소가 있다고 해도 제 것이 아니니까요. 그래도 여기서 밤을 보내도록 할게요.' 다음 날 아침, 삼촌은 노인과 식사를 하는데, 방울 소리를 듣게 되었어요. 놀란 삼촌이 자리에서 일어나며 소리쳤죠. '아! 이 방울 소리는 어린 시절을 떠올리게 하네요. 어제 당신이 말한 그 붉은 암소군요.' 노인은 이에 답했답니다. '그럴 거예요. 오늘 아침 이곳을 찾아오라 명했으니까요.' 식사를 마친 후, 삼촌은 노인에게 작별 인사를 했어요. 오두막에서 나오자마자, 삼촌은 아버지의 정원에 도착했어요."

몇몇 이들은 이 초자연적 존재들이 동물이나 다른 것을 변신시킬 수 없다고 믿는다. 그리고 오로지 동물의 크기를 줄여 쉽게 지히로 데려갈 수민 있다고 생각한다. 이 쭈제와 관련하여 들려줄 이야기가 하나 있다. 바로 노르웨이에서 많은 사람이 믿는 민담이다. 이는 다음과 같은 속담을 낳기도 했다. '트론헤임Trondheim 주교의 양 떼를 기억하라.' 이 격언은 주로 우리가 가진 것을 소중히 지키라는 뜻으로 사용된다. 다음은 그 기원이다.

오래전 어느 여름날, 트론헤임의 주교는 산에 양 떼를 풀어 풀을 뜯도록 두었다. 이 양들은 노르웨이에서 가장 아름다운 가축이었다. 출발할 때, 주교는 양치기 두 명에게 절대 양에게서 눈을 떼지 말 것을 일렀다. 로에라스Roeraas 산 내부에는 수많은 지하 생명체가 살고 있었기 때문이었다. 당시 미신에 따르면, 지하 생명체들은 사람이 지켜보고 있는 동안 어떠한 힘도 발휘할 수 없었다.

하루는 가축들이 산에서 풀을 뜯고 있고, 양치기들은 앉아 이를 지켜보고 있었다. 이 때, 엄청난 크기의 사슴이 지나갔다. 양치기들은 이를 따라 잠깐 고개를 돌려 사슴을 쳐다보았다. 그리고 다시 양 떼로 시선을 돌리자, 양들은 쥐만큼 크기가 작아져 있었다. 삼백 마리나 되었던 양들은 산을 달려 내려갔다. 양들은 양치기들의 손을 피해, 땅에 난 작은 틈 사이로 들어가 사라져 버렸다. 그렇게 트론헤임의 주교는 양 떼를 잃었다.

* 과거의 거리 단위. 1리유는 약 4km 정도이다.

사우스코트(조안나) [Southcott(Jeanne / Joanna)] 18세기의 영국인 여성 예언자. 기이한 의식을 하는 이단을 설립했다. 아직도 이따금 이 광신교에 대한 이야기가 전해진다. 1830년경, 해당 종교 신봉자 백여 명은 시든햄Sydenham 인근 숲에 모여 미신 의식을 치렀다. 이 의식에는 작은 흑돼지 제물이 사용되었다. 신봉자들은 돼지를 불에 태운 뒤 재를 머리 위에 뿌렸다. 이 열렬한 신봉자들은 자신들이 시온Zion의 딸이라 부르는 사우스코트가 하늘로 승천해 메시아를 데리고 올 것이라 믿었다.

사우스코트는 자신이 새로운 메시아를 출산할 것이라 예언했다. 하지만 그녀는 이 예언을 이루지 못하고 세상을 떠나버렸다. 하지만 충직한 제자들은 그녀의 부활을 기다렸다. 또 그녀가 오면 고대하던 출산이 이뤄질 것이라는 믿음을 유지했다. 사우스코트의 신봉자들은 행렬 시 흰 리본과 노란 리본 스카프를 가슴에 달았다. 이들의 주장에 따르면 노란 리본은 신의 색이고 메시아의 이름은 셸로Shelo라고 한다.

수비니 [Souvigny] 민담에 의하면, 수비니 교회는 요정들이 세웠다고 한다. 우유를 짜던 한 여성은 퀴윈Queune이라는 작은 강물이 흐르는 아름다운 골짜기 안개 속에서 이 교회가 세워지는 장면을 목격했다. 교회는 톱니 모양의 첨탑, 꽃으로 장식된 복도, 채광창이 달린 문으로 꾸며져 있었다. 그곳은 전날까지만 해도 아름다운 나무와 샘이 있던 자리였다. 너무 큰 충격을 받은 여성은 그만 돌로 변해 버리고 말았다. 지금도 교회 탑 한 곳에선 돌로 변한 그녀의 머리를 볼 수 있다. 이처럼 수비니 교회에는 요정의 기운이 담겨 있다.

연구를 위해 수비니 교회를 찾은 아시유 알리에Achille Allier는 이곳에서 고딕 양식의 흥미로운 구조물을 발견하였다. 여기엔 그리스풍으로 보이는 섬세한 여성의 모습이 새겨져 있었다. 구조물 속 그녀는 몸을 비틀며 키메라Chimera와 놀고 있는 모습이었다. 그는 이것이 환상적인 사원을 설계한 자의 지성과 감정이 싸우는 것으로 보았다.[1]

(1) 쥘 뒤베르네Jules Duvernay, 『1841년 예술가의 소풍 Excursion d'artiste en 1841』.

사사본삼 [Sovas-Munusins / Sasabonsam] 독살자이자 피를 빨아먹는 자. 이 존재는 쿠오자Quoja*의 흡혈귀로 보인다. 이들은 인간 또는 동물의 피를 빨아먹는 것을 즐기는 유령이나 망자이다. 아프리카의 브루콜라카스Vrykolakas와 동일한 존재이다.

* 아프리카 서부 해안의 부족.

요괴 [Spectres] 육신이 없는 존재. 초자연적인 방법을 통해 나타나며 공포를 자아낸다. 요괴와 유령에 대한 믿음은 인간 사회 역사만큼이나 오래되었다. 이들은 영혼 불멸을 입증하는 존재인 동시에, 인간의 약한 정신을 반영하는 존재이다. 올라우스 마그누스Olaus Magnus는 부르케 끝에 사는 필라피안Pylapiens들이 요괴와 함께 먹고 마시며 이야기를 나눈다고 말했다. 엘리엔Aelien은 한 포도 재배자가 삽으로 살무사를 죽였고, 요괴가 되어 그를 따라다녔다고 기록했다. 수에토니우스Suetonius는 갈바Galba의 유령이 자신을 죽인 살인자 오토를 끈질기게 따라다녔다고 말했다. 또 오토를 침대에서 잡아당기고 겁에 질리게 하며 천 가지 고통을 주었다고 덧붙였다. **참조.** 유령Apparitions, 귀신Fantômes, 플렉스빈더Flaxbinder, 필린니온Philinnion, 폴리크리테Polycrite, 망령Revenants, 흡혈귀Vampires 등.

스펙트리아나 [Spectriana] 『놀랍고 경이로우며 주목할 만한 유령, 망자, 혼령, 귀신, 악마의 이야기와 모험을 어설프게 모은 책. 지하 묘지에서 수사본이 발견됨Recueil mal fait d'histoires et d'aventures surprenantes, merveilleuses et remarquables de spectres, revenants, esprits, fantômes, diables et démons ; manuscrit trouvé dans les catacombes』(1817년, 파리, 8절판).

스크라이어 [Spéculaires / Scryer] 마법사 또는 점술가를 칭하는 고대 명칭. 원하는 사람이나 알고 싶은 것을 거울에 나타나게 한다.

슈페 [Spée] 라이프니츠Leibniz는 독일인 예수교 신자이자 『마녀재판에 관한 형사적 경고Cautio criminalis circa processus contra sagas』의 저자인 P. 슈페에 대해 언급했다.

슈페는 마법으로 유죄 선고를 받은 자들의 처형에 동행했다. 하지만 그는 이 불쌍한 자 중 악마와 실제로 거래했거나 마녀 집회에 참여한 이는 없다고 보았다. 하지만 그렇다고 이 사람들이 부당하게 형을 받았다고 생각해서는 안 된다. 이들은 실제로 죄를 지었기 때문이다. 다만 그들에게 내려진 벌은 지나치게 가혹하다.

스페르 [Sper] 리에주Liege 지방의 사투리. 망자 또는 혼령을 의미한다. 영기, 정령, 정신을 의미하는 라틴어 '스피리투스Spiritus'에서 파생된 단어이다.

스핑크스 [Sphinx] 고대인들 신화에 등장하는 신비한 동물. 여성 얼굴과 엎드린 사자의 몸을 지녔다. 자리에 앉아 수수께끼를 내는 것으로 유명하다.

스피나(알폰스) [Spina(Alphonse)] 성 프란치스코회Franciscan 수도사이자 『신앙의 요새Fortalitium Fidei』(1494년, 뉘른베르크 외 다른 도시, 4절판)의 저자. 그는 가스코뉴Gascogne와 도피네Dauphine의 여성들이 염소를 숭배하기 위해 외딴 장소에 밤마다 모인다고 저서에 기록했다. 이때 염소는 횃불로 둘러싸인 채 숭배를 받았다. 스피나는 15세기 중반에 개종한 유대인이었다.

스피넬로 [Spinello] 14세기 토스카나Tuscany의 아레초Arezzo에서 태어난 화가. 그는 77세가 되었을 때, 타락 천사의 그림을 그리기 시작했다. 특히 루시퍼Lucifer를 매우 끔찍하게 그렸다. 이는 그림을 그린 스피넬로 자신도 겁을 먹을 지경이었다. 어느 밤, 스피넬로의 꿈엔 자신이 그린 모습 그대로의 악마가 나타났다. 그리고 그에게 위협적인 목소리로 어디서 자신을 그렇게 무시무시한 모습으로 보았는지 물었다. 스피넬로는 두려움에 몸을 떨며 큰 공포를 느꼈다. 이 꿈을 꾼 뒤 그는 계속 정신착란을 겪었으며, 흐리멍덩한 눈을 하게 되었다. 그는 죽을 때까지 루시퍼가 자신을 쫓아다닌다고 생각했다.

스피링스(장) [Spirinx(Jean)] 15세기 벨기에의 점성가. 용담공 샤를Charles the Bold에게

스위스와 맞선다면 불행이 닥칠 것이라 예언했다. 하지만 샤를은 자신의 검이 별들의 영향을 이길 것이라고 답했다. 그러나 그와 그의 검, 그가 가진 모든 능력도 그의 패배와 죽음을 막지 못했다.

교령술 [Spiritisme / Spiritism] 대중들은 유령과의 소통이 최근에 생겨난 것이라고 말한다. 해당 주장에 대한 책들은 현재도 쏟아져 나오고 있으나, 우리는 이를 신중하게 받아들일 필요가 있다. 여기서는 미국에서 발간된 일간지에 등장한 내용들을 살펴볼 예정이다. 이 기사들은 프랑스 브로슈어에서 다시 인용되었다. 언급하는 한 두 개의 이야기만으로도 독자는 교령술에 대해 충분히 판단할 수 있을 것이다.

미국에서 교령술이 처음 주목받기 시작한 때로 거슬러 올라가 보겠다. 다음은 1850년 12월 4일《진실의 목소리 Dans la Voix de la Vérité》에서 발췌한 내용이다.

"뉴욕에 소재를 둔 한 영매 단체는 스웨덴보리 Swedenborg와 꾸준한 관계를 맺고 있다고 주장했다. 우리는《자기 저널 Journal du magnétisme》의 미국 통신원 덕분에 뉴욕의 몇 몇 신자에게서 나타난 초자연적 현상을 알아볼 수 있었다.

작은 마을에 살던 존 폭스 John Fox는 밤마다 이상한 소리 때문에 잠을 잘 수 없었다. 이 소리는 늘 바닥을 두드리는 듯 울려 퍼졌고, 불가사의하게도 원인을 찾을 수 없었다. 1847년 3월 31일, 폭스의 딸들은 이 소리 때문에 잠에서 깼다. 딸들은 손가락을 튕기며 그 소리를 따라해 보기로 했다. 그러자 놀랍게도 손가락의 리듬에 맞춰, 똑같은 소리가 들려오는 것이었다. 가장 어린아이는 이 현상을 확인하기 위해 한 번, 두 번, 세 번 등 여러 번 손가락을 튕겨보았고, 미지의 소리는 이에 답했다. 다른 아이는 장난으로 다음과 같이 말하며 손뼉을 쳤다. '이제 내가 하는 걸 따라 해봐요. 하나, 둘, 셋, 넷, 다섯, 여섯….' 미지의 소리는 아이의 손뼉을 정확히 따라 했다. 겁에 질린 아이들은 놀이를 그만두었다. 이때 폭스 부인이 끼어들었고, 다음과 같이 말했다. '10까지 세어보세요.' 그러자 미지의 소리는 즉시 답했다. 폭스 부인은 말을 이어갔다. '우리 딸 캐서린 Catherine의 나이를 알고 있나요?' 뒤이어 정확히 아이 나이만큼 두드리는 소리가 들려왔다. 폭스 부인은 그가 사람인지 물었으나, 이번엔 답이 없었다. 그녀는 다시 물었다. '유령이면, 두 번 두드리세요.' 즉시 두 번 두드리는 소리가 들렸다. 폭스 부인은 다른 질문을 했다. '당신이 살해를 당한 유령이라면, 같은 방식으로 답해주세요.' 즉시 답이 들렸다. 이런 식으로 대화가 오갔고, 폭스 부인은 소리를 낸 존재가 남자라는 것을 알아냈다. 그리고 이 집에서 몇 년 전 살해당했다는 사실 또한 알아냈다. 그는 상인이었고, 당시 이 집에 세 들어 살던 사람은 그의 돈을 갈취하기 위해 그를 살해했다.

이 사건은 여기서 끝나지 않았다. 폭스의 집에는 구경꾼들이 여기저기서 몰려와 이 미지의 소리와 대화를 하고자 했다. 이 소리는 집의 다른 장소에서도 들려왔다. 구경꾼들은 알파벳을 이용해, 미지의 존재가 원하는 철자에 소리를 내도록 요청했다. 이후 공개 실험이 진행되었고 회의론자들은 온갖 방법을 동원해 속임수를 밝혀내려 했다.

하루는 여러 사람이 모여 소리를 듣고 있을 때였다. 소리는 알파벳을 통해 군중에게 말을 걸었다. '모두 해야 할 일이 있습니다. 저는 당신들이 관찰하고 있는 이 상황이 더 널리 퍼지길 원합니다.' 뜻밖의 요청에 군중들은 급하게 논의를 시작했다. 이 기이한 주제가 대중에게 닿았을 때, 조롱과 불신의 목소리가 들릴 것이 뻔했기 때문이다. 이에 미지의 소리는 다음과 같이 말했다. '오히려 좋은 것 아니겠습니까? 진실임이 밝혀질 때, 여러분의 영광은 커질 테니까요.' 군중들은 이 보이지 않는 존재와 긴 대화를 나눴고, 그에게 많은 지시를 받았다. 미지의 소리는 대중들이 이 사건을 알게 될 것이고, 지금 모인 이들은 좋은 결과를 얻을 것이라고 다독였다. 사람들은 결국 큰 공간을 빌리기로 했다. 이곳의 장소는 미지의 소리를 내는 존재가 정하였다. 그리고 대중들에게 이 현상을 공개하였다. 미지의 소리는 이 행사가 두 세계 사이에 새로운 소통을 만드는 일이라 주장했다.

몇몇 자기술사들은 이 현상에 관심을 가졌다. 특히 카프론Capron은 이 사건과 관련된 책을 펴내며, 해당 현상을 대대적으로 알렸다. 이에 대한 의견은 빠르게 양극화되었다. 역력한 신봉자와 확고한 반대자가 생긴 것이나. 낯낯 이늘은 사기술사를을 찾아가 이 언상에서 들리는 소리가 믿을만한 것인지 물어보았다. 이에 자기술사들은 해당 존재에 대해서 부정하지 않았다. 사람들은 영능력이 있는 소년을 데려와, 이 소리의 정체를 알아보려 했다. 소리를 들은 소년은 소리의 존재가 보인다고 주장했다. 사람들은 물었다. '이 존재는 어떤 모습을 하고 있니?' 소년은 답했다. '빛, 베일을 닮은 존재가 보여요. 몸이 투명합니다.' 이에 사람들은 놀라며 물었다. '그럼, 그 존재는 어떻게 소리를 내니? 무언가를 두드리는 것이니?' 소년은 다시 답했다. '아니요, 아무것도 두드리지 않습니다.' 얼마간 주의 깊게 무언가를 바라보던 소년은 다음과 같이 말했다. '이 존재는 소리를 내려고 하면, 원하는 곳 어디서든 낼 수 있습니다.'

1850년 2월 26일, 《로체스터 일간 마그넷Rochester Daily Magnet》에는 폭스 가족이 벤자민 프랭클린Benjamin Franklin의 영혼과 만났다는 놀라운 이야기가 게재되었다. 벤자민 프랭클린의 영혼은 앞선 미지의 존재처럼 폭스 가족과 대화를 나눴으며, 2월 20일에 있을 엄숙한 의식에 소집할 사람들과 장소를 지목했다. 정해진 시간에(이후 이야기는 미국 일간지 실린 내용이다) 지목된 사람들이 드레이퍼Draper의 집에 모였지만, 몇몇 이들이 지각을 했다. 벤자민 프랭클린의 영혼은 두드리는 소리로 다음과 같은 지시를 내렸다. '서두르시오. 드레이퍼 부인에게 최면을 거시오.' 이에 드레이퍼는 부인에게 최면을 걸고, 그녀는 잠이 들자마자 다음과 같이 말했다. '벤자민 프랭클린 씨가 의식에 늦은 것을 비난하십니다. 이번에는 용서하지만 다음부터는 시간을 잘 지키라고 합니다.'

이후 인원은 두 그룹으로 나뉘었다. 제르비스Jervis, 존스Jones, 폭스 부인, 브라운Brown, 캐서린은 두 개의 문이 있는 먼 방으로 배정되었다. 드레이퍼 부인, 제르비스 부인, 드레이퍼, 윌렛Willet, 마가레타Margaretta는 거실에 남았다. 뒤이어 두 장소 모두 전신기 소리가 들려왔다. 이 소리는 매우 컸고, 이를 들은 폭스 부인은 겁에 질렸다. 그녀는 '왜 갑자기 전신기에서 소리가 들릴까요?' 라고 소리쳤다, 이를 거실에서 들은 드레이퍼 부인은 최면에 빠진 상태에서 기뻐하며 외쳤다. '그 전신기에 전기를 모으는 중입니다!'

이후 전신기에 신호가 도착했다. 이 신호는 다음의 메시지가 담겨 있었다. '친구들이여, 이제 나는 준비가 되었다. 19세기에 놀라운 변화들이 일어날 것이다. 지금은 불분명하고 불가사의한 일들이 곧 밝혀질 것이다. 놀라운 일들이 드러날 것이다. 세상이 빛날 것이다. 절대로 다른 방으로 가지 말 것. 서명: 벤자민 프랭클린.'

방에서 전신을 받아 메모를 한 사람들은 잠시 대기했다. 곧이어 제르비스는 거실을 방문했다. 그리고 벤자민 프랭클린이 양쪽에서 온 전신을 비교해 보라 지시했다고 말했다. 모인 사람들은 제르비스에게 물었다. '그럼, 그가 원하는 대로 여기 온 것입니까?' 제르비스는 이에 그렇다고 답했다. 그리고 전신을 해석하라는 메시지를 받았다고 말하며 다음의 전신 내용을 읽었다. '친구들이여, 이제 나는 준비가 되었다. 19세기에 놀라운 변화들이 일어날 것이다. 지금은 불분명하고 불가사의한 일들이 곧 밝혀질 것이다. 놀라운 일들이 드러날 것이다. 세상이 빛날 것이다. 다른 방으로 가서 전신 내용을 비교해 볼 것. 서명: 벤자민 프랭클린.'

전신을 비교한 후 제르비스는 원래의 무리로 돌아갔다. 뒤이어 프랭클린은 또 다른 지시 사항을 전달했다. '이제는 모두 거실로 모이시오.' 인원은 모두 그의 말에 따랐다. 그리고 모든 이들은 그의 메모를 낭독했다. 낭독 후, 사람들은 벤자민 프랭클린을 향해 물었다. '우리에게 보여줄 것이 더 있을까요?' 그러자 그가 전신으로 답했다. '오늘은 충분히 내가 존재한다는 증거를 보여준 것 같다.' 사람들은 다시 물었다. '오늘 일을 비밀로 해야 할까요?' 이에 대한 답이 즉시 들려왔다. '아니, 신문에 기고하거라.' 다시 사람들의 질문이 이어졌다. '어떤 신문이요?' 벤자민 프랭클린은 답했다. 《데모크라트Democrat》

또는 《마그넷》.' 사람들은 마지막 질문을 했다. '신문사에 보낼 보고서는 누가 써야 할까요?' 그는 이에 단답형으로 답했다. '조지George 윌렛.'

이 대화가 끝난 뒤, 다음 의식의 시간과 장소가 정해졌다. 그리고 두 명의 사람이 더 추가 지목되었다.

유령들이 교령 원탁을 통해 인간과 소통한다는 것은 잘 알려진 사실이다. 또한 영매를 통해서 유령과의 소통이 이루어지기도 했다. 1862년 1월, 프랑스 일간지들은 미국의 또 다른 교령 소식을 게재했다. 다음은 그 내용이다.

'스콧Scott 장군은 로즈우드 나무로 만든 교령 원탁의 조언을 받곤 했다. 《메이필드 저널The Journal of Mayfield》에 실린 기사에 따르면, 보르가드Beauregard는 교령 원탁이 아닌, 영매를 찾아가 조언을 구했다고 한다. 이 영매는 엘주르 바후르Elzur Bahoor라는 젊은 힌두스탄Hindustan 여성이었다. 이 여성은 과거 나나 사히브Nana Sahib의 무희였다. 하지만 칸푸르Kanpur 학살 당시 영국인들이 포위한 마을에 갇혀있다가 하벨록Havelock 장군의 손에 넘어갔고, 장군은 그녀를 런던으로 보냈다. 엘주르 바후르는 런던에서 혼령의 선택을 받아 영매가 되었다. 그리고 홈Home을 만나 한 부유한 농장주와 함께 뉴올리언스New Orleans로 떠났다. 뉴올리언스에서 엘주르 바후르는 보르가드를 만나 그에게 다양한 조언을 하였다. 보르가드는 그녀의 조언을 완전히 신뢰하였다. 그는 엘주르 바후르의 조언에 따라 섬터Sumter를 폭격하였다. 그리고 불런 전투Bull-Run의 승리도 그녀의 덕으로 돌렸다. 그녀는 보르가드에게 훗날 당당히 워싱턴Washington에 입성할 것이라고 예언했다. 뛰어난 영매였던 엘주르 바후르는 산 자, 죽은 자 가리지 않고 원하면 언제든 영혼을 소환할 수 있었다. 그녀는 제퍼슨 데이비스Jefferson Davis 앞에 링컨Lincoln을 나타나게 만들기도 했다. 이는 제퍼슨 데이비스 대통령이 백악관에서 잠들어 있을 때를 이용한 것이었다. 링컨은 제퍼슨 데이비스에게 자신의 모든 비밀을 털어놓은 뒤, 방을 세 번 돌고 날아 벽난로를 통해 사라졌다. 이런 능력을 보여주

었는데 보르가드가 그녀를 신임하지 않았을 리 없다.'"

이 모든 일에 우리는 직접적으로 판단하지 말아야 한다. 그것은 오로지 교회의 일이다. 마티뇽Matignon 신부는 저서 『사자와 산자, 무덤 너머의 소통Les morts et les vivants, entretiens sur les communications d'outre-tombe』(12절판)에서 이 영매 사건에 대해 언급했다. 그는 유령에 호의적인 사람은 누구나 출입이 가능한 주간 모임이 파리에 존재한다고 기록했다. 더불어 이런 대다수의 모임에서 소환된 영혼들은 거짓말쟁이 유령이며 환영과 속임수에 가득 차 있을 뿐이라고 지적했다. 신은 망자의 소환을 금지했다. 그러므로 이름을 가진 영혼들은 우리를 시험하는 하늘의 권능에 불과하다. 참조. 교령 원탁Tables Tournantes.

유해점 [Spodomantie, Spodanomancie / Spodomancy, Spodanomancy] 제물이 모두 타고 난 뒤 유해를 통해 행하던 고대 점술. 독일에는 이러한 관습이 일부 남아있다. 이는 다음과 같다. 먼저 알고 싶은 내용을 재 위에 적는다. 밤새 재를 놔둔 뒤, 다음 날 아침 여전히 읽을 수 있는 글자를 검토해 점괘를 해석한다. 때로는 악마가 와서 글을 적어 준다고 믿기도 했다. 참조. 재Cendre S.

슈프랑거(바르톨로메우스) [Spranger (Barthélemi / Bartholomeus)] 앤트워프Antwerp의 화가. 16세기 '마법사들의 그림'을 통해 유명해졌다.

스프렌저(자크) [Sprenger(Jacques)] 성 도미니크회Dominican 수도사. 동료 헨리 잉스티토르Henri Institor와 함께 『마녀의 망치Malleus maleficarum』라는 책을 펴냈다. 이 책은 직접 겪은 마법 경험을 다룬 것이다. 1484년 리옹Lyon에서 출간된 이 책은 큰 파장을 불러일으켰다. 또 다양한 판형으로 쾰른Cologne, 뉘른베르크Nuremberg, 프랑크푸르트Frankfurt 등에서 재판되었다.

스푼키 [Spunkie] 스코틀랜드에서 농작물 도둑과 산적을 수호하는 악마. 이들은 늘 떠돌아다니며 제법 무섭다.[(1)]

(1) 『정령과 악마의 전설Légendes des esprits et démons』

속 스푼키 이야기를 참조할 것.

스푸리나 [Spurina / Spurinna] 수에토니우스Suetonius는 다음과 같은 이야기를 기록했다. 점성가 스푸리나는 카이사르Caesar에게 3월 15일이 치명적인 날이 될 것이라고 예언했다. 카이사르는 그의 말을 비웃었지만, 그날 암살당하고 말았다.

해골 [Squelette / Skeleton] 다음은 러시아 황제 표트르 대제Czar Peter the Great를 섬긴 한 외과의사의 이야기이다. 그는 자신의 방 창 근처에 해골을 매달아 두었었다. 이에 바람이 불 때마다 해골은 뼈를 움직였다. 어느 저녁, 의사는 창문에서 류트를 연주하고 있었다. 이때 황제의 호위병 스텔리치Streltsy* 몇 명이 음악 소리에 이끌려 창 가까이 다가왔다. 이들은 창을 주의 깊게 쳐다보다가 해골이 움직인다는 사실을 깨닫고 겁에 질렸다.

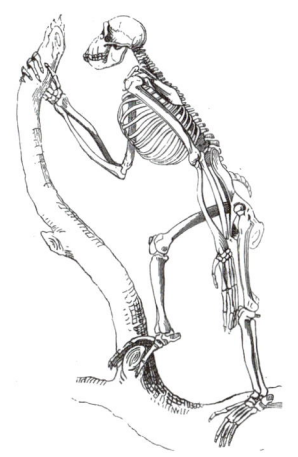

몇몇 병사들은 이를 본 후 즉시 도망쳤다. 또 다른 몇몇은 외과의사 음악에 맞춰 해골이 춤을 추었다고 황제 직속 신하들에게 보고했다. 조사를 위해 보내진 몇 사람을 통해 이 이야기가 진실로 여겨졌고, 의사는 사형을 선고받았다. 형이 집행되려던 때, 황제의 총애를 받는 한 귀족이 그를 옹호하며 황제의 선처를 요청하였다. 그는 의사가 인간의 여러 신체 부위를 연구하고자 해골을 보유하고 있었다고 변호했다. 이후 의사는 나라에서 추방되었다. 해골은 길거리를 나뒹굴다 공개적으로 불태워졌다.

* 16세기부터 18세기까지 존재했던 러시아의 경비대. 이들은 화기를 보유했었다.

스타디우스 [Stadius] 헨리 3세Henry III 통치 시절 사람들 앞에서 재주를 부리던 손금쟁이 하루는 왕에게 불가리아 첩자들을 언지에 반지 자국처럼 주름이 있다고 고했다. 왕은 이를 확인하기 위해, 사형수의 손을 확인해 보라고 명했다. 그러나 표식은 없었고, 마법사는 사기꾼으로 몰려 감옥에 수감되었다.(1)

(1) 드 랑크르Pierre de Lancre, 『악마의 변화론Tableau de l'inconst. des démons』, 3권, 187페이지.

스타피르 [Staffirs] 몰도바Moldova와 왈라키아Wallachia에서 하얀 여성의 모습을 하고 나타나는 위험한 유령들.

스타지루스 [Stagirus] 이교도 수도사. 그는 자주 빙의되었다. 스타지루스의 몸을 점령한 악마는 지독한 악취가 나는 돼지의 모습을 하고 나타났다.(1)

(1) 생 장 크리소스톰Saint Jean Chrysostome.

스토커 [Stalkers] 플랑드르Flanders를 맴도는 나쁜 악마.

스타노스카 [Stanoska] 헝가리의 젊은 여성. 그녀에게는 다음과 같은 사연이 있다. 불쌍한 스타노스카는 잠에 들었다가 한밤중 비명을 지르며 잠에서 깨어났다.

9주 전 사망한 물로Mullo가 흡혈귀로 변한 채 찾아와 그녀의 목을 조르려 했기 때문이었다. 어머니가 달려와 급하게 그녀를 치료했지만, 그녀는 활력을 잃고 사흘* 만에 숨을 거두었다. 이런 흡혈귀 미신은 두려움과 상상력이 만들어낸 것이다. **참조**. 흡혈귀 Vampires.

* 이 책 『지옥사전』의 '물로' 키워드에서는 9일로 기록되어 있다. 이는 저자의 오류로 추정된다.

슈타우펜베르거 [Stauffenberger] 조상 중에 인어 또는 물의 정령이 있는 독일의 한 가문. 이 정령은 13세기에 슈타우펜베르거 가문과 혼인을 맺었다.

스테가노그래피 [Stéganographie, Sténographie / Steganography, Stenography] 숫자 또는 약어를 사용해, 해독 암호를 지닌 자만 보도록 글을 작성하는 기술. 트리테미우스Trithemius는 스테가노그래피에 관한 책을 펴냈는데, 샤를 드 부엘Charles de Bouelles은 이를 마법으로 여겼다. 또 글쓴이를 강신술사로 생각했다. 한때는 해석 불가한 문자를 마법과 연관되었다고 여겼기 때문이다. 이 책 때문에 대중들은 선량한 트리테미우스 신부를 마법사로 여기게 되었다.

스테이너(베로니크) [Steiner(Véronique)] 다음은 괴레스Johann Joseph Görres의 저서 『신비주의Mystique』 제7권 13장에서 발췌한 이야기이다.

스테이너는 오스트리아 탁시스가Taxis 귀족들과 함께 스타렌베르크Starenberg 성에서 거주했다. 1574년, 그녀는 여러 악마에게 빙의되어 구마 의식을 받았다. 이에 악령 중 네 마리가 그녀의 몸을 떠났고 지독한 악취를 내뿜었다. 몇몇 이들은 그녀에게서 나는 심각한 악취 때문에 기절까지 하였다. 하지만, 이 의식도 그녀를 악마로부터 완전히 해방시킬 수 없었다. 구마사들은 남아있는 악마들에게 그녀의 몸에서 나갈 것을 명하였다. 또 나가는 동시에 촛불을 하나씩 끄라고 지시했다. 그러자 스테이너의 몸에서 설명할 수 없는 소음이 터져 나왔다. 또 얼굴, 가슴, 목이 크게 부풀었고 몸은 공처럼 말렸다. 이후 서른 마리의 악마가 쏟아져나오며 촛불을 하나씩 껐다. 빙의된 스테이너는 한동안 죽은 듯 누워있다가, 완전히 구마되며 정신을 차렸다.

스테인린(장) [Steinlin(Jean)] 1625년 9월 9일, 사관이었던 장 스테인린이 콘스턴스Constance 교구에 속한 알트하임Altheim에서 세상을 떠났다. 사망 이후 며칠 뒤 한밤중, 그는 재단사 시몬 보Simon Bauh에게 나타났다. 스테인린은 유황 불꽃으로 둘러싸인 모습으로 나타나 말없이 집안을 돌아다녔다. 두려움에 찬 시몬 보는 그에게 무슨 도움이 필요하냐고 물었다. 이후 11월 17일 밤 11시가 조금 지난 시간, 보가 난롯가에서 쉬고 있을 때였다. 스테인린 유령은 창을 통해 들어와 쉰 목소리로 다음과 같이 말했다. "지키지 못할 약속이라면 하지 마시오." 재단사는 답했다. "제가 할 수 있는 일이 있다면 해드리겠습니다." 이를 들은 유령은 다음과 같이 말했다. "로템부르크Rotembourg 성모 마리아Virgin 예배당에서 예배를 봐주시오. 살아있을 때 약속했지만 지키지 못했소. 또 알트하임에서 두 번의 예배를 봐주었으면 하오, 한 번은 고인을 위한 것이고 한 번은 성모 마리아를 위한 것이어야 하오. 그리고 우리 시종들에게 보수를 챙겨주지 못했으니, 굶고 있는 그들에게 밀 25포대를 주었으면 하오." 재단사는 모든 요청을 들어주겠다고 약속했다. 유령은 확실히 하기 위해 악수를 청했지만, 시몬은 어떤 일이 일어날까 두려워, 자신이 앉아 있던 의자를 내밀었다. 유령은 의자를 만졌고 그곳엔 다섯 손가락과 손마디가 새겨졌다. 마치 불도장이 찍힌 듯했다. 그런 뒤 유령은 아주 큰 소음과 함께 사라졌다. 이 소리는 너무 커서 세 집이나 떨어진 곳까지 들렸다. 이 이야기는 여러 야담집에 수록되었다.

배점 [Sternomancie / Sternomancy] 배를 통한 점술. 빙의된 악마나 혼령이 뱃속에서 답하게 만들어 미래를 점친다. 단, 악마의 목소리가 제대로 식별될 수 있어야 한다. 이 점술은 주로 복화술을 이용한 가짜였다.

스티펠스 [Stiffels] 소형 일간지들은 대형 일간지보다 영적인 이야기를 더 많이 다룬다. 다음은 이런 소형 일간지들이 인용한 익명 작가의 출판물에서 발췌한 내용이다.

"1544년, 한 과격한 설교자 스티펠스는 카발라에 광적으로 사로잡혔다. 또한 그는 마법을 통한 전술을 믿었다. 스티펠스는 인간이 지구의 일시적인 세입자에 불과하다고 주장했다. 또 그는 이 세상의 수명이 1년밖에 남지 않았다고 덧붙였다. 그는 성경에 나오는 숫자, 별, 쉼표로 이를 예측했다. 즉 성경 속 별들과 숫자에 놀아난 것이다.

이런 연구를 바탕으로 그는 교단에 올라 설교를 했다. 스티펠스는 『요한계시록Apocalypse』에 등장하는 일곱 번째 나팔, 뿔 두 개 달린 짐승의 승리 등을 해석했다. 그는 성경에 나오는 짐승이 분명 카를 5세Charles V를 가리키는 것이라 말했다. 그의 해석은 주변 지역으로 점점 퍼져갔고, 사람들은 1545년 8월 15일 정오에 일어날 세상의 종말을 준비했다.

이후 모든 광기가 동시에 폭발했다. 개신교 목사들은 쉽게 주민들의 죄를 사면하며 혼란을 부추겼다. 작센Saxony의 여러 마을에서는 심판의 날, 다가올 우주의 혼란을 위해 축배를 들었다. 또 생생하고 행복한 모습으로 천국에서 재회할 것이라는 희망을 품으며 축제를 열었다.

농부들은 쟁기를 부쉈고, 포도 재배자들은 농사에 사용하는 버팀목에 불을 지펴 몸을 녹였다. 종말의 날까지 배를 채울 보리와 취하는 데 필요한 포도주는 충분했다. 이들에게 재산은 의미가 없었다. 삶을 충만하게 누리는 일이 최우선이었고, 종말 전에 교묘하게 죄를 사면받으면 될 일이었다. 이에 사람들은 마음껏 즐겼다.

그리고 드디어 기다리던 날이 되었다. 사람들은 가구를 모아 큰 불을 피우고 가축을 들판에 풀어주었다. 그리고 이 최후의 통음난무 이후 '라블레Rabelais의 위대한 15분'*이 시작되었다. 군중들은 서둘러 스티펠스가 예배를 통해 은총을 내리는 사원으로 향했다.

정오가 되자, 창백한 번개와 불길한 천둥소리를 동반한 거대 구름이 모여들기 시작했다. 날은 흐려지고 어둠은 땅을 집어삼켰다. 마치 밤이 된 것 같았다. 이후 위협적인 정적이 하늘과 땅, 나무 그리고 모든 사물을 휘감았다. 바람은 멎고 고요함이 내려앉았다. 땅에서 올라오는 뜨거운 증기가 공기 중에 반짝거렸다. 이는 마치 무덤에서 영혼들이 해방되는 것처럼 보였다. 더불어 나뭇잎 한 장 움직이지 않았고, 날개를 펄럭이는 새 한 마리 없었으며, 호수에는 물결 하나 퍼지지 않았다. 모든 것은 어둠 속에 있으면서 빛 속에 있었다. 곧이어 하늘이 불타는 궁륭처럼 무너져 내리는 듯했다.

촛불의 미약한 불꽃과 함께 찬송가가 울려 퍼졌다. 스티펠스는 목소리를 키웠다. 그의 목소리 뒤에는 무시무시한 충격이 뒤따랐다. 벼락 소리와 교회의 종소리가 울려 퍼진 것이다. 아무도 건드리지 않은 종탑에서 종은 몸을 떨며 스스로 울렸다.

교회의 유리창은 우박을 맞고 산산조각이 났다. 돌풍에 나뭇잎이 날아다니고, 우박과 먼지바람은 촛불을 꺼트렸다. 또 겁에 질린 죄인들의 눈을 감게 만들었다. 폭풍이 안뜰에 교회 유리창 조각을 흩뿌렸고, 여성들과 아이들은 끔찍한 비명을 내질렀다. 이에 군중은 한데 모여 무릎을 꿇었다. 그렇다, 세상의 종말이 온 것이었다!

하지만 3분 뒤, 갑작스럽게 날이 화창해졌다. 작센을 가로지른 폭우는 거대한 무지개를 남겼다. 하늘의 자비를 담은 이 징표를 본 주민들은 공포에서 벗어나 스티펠스에게 이것이 어찌 된 일인지 물었다. 예언자는 이들에게 카발라는 정확하며, 이 예측은 수학적 확신이 있었다고 말했다. 사람들은 그의 말을 듣고 고개를 저었다. 그리고 재산을 탕진하고 더없이 끔찍한 가난에 빠진 것에 격노했다. 이후 군중들은 자신의 잘못을 인정하지 않으려는 예언자를 목매달려 했다. 겁에 질린 스티펠스는 군중에게 두들겨 맞은 뒤 간신히 비텐베르크Wittemberg로 달아났다. 그곳에서 그는 루터Luther에게 이 일화를 들려주었다.

루터는 스티펠스에게 말했다. '아! 명확한 것이 존재한다면, 나 또한 그것을 배우고 싶군. 예언하는 것은 좋지만, 자신을 위험에 빠뜨리면 안 된다네. 하늘의 분노를 진정시키려는 시도도 함께 했어야 빠져나갈 구멍이 있지 않겠는가? 친구여, 당신은 예언을 하는 이 직업의 평판을 떨어뜨렸네. 세상의 종말을 예언하기 전에, 이 직업의 종말이 왜 오는 시부터 배우세나."

스티펠스는 이 이교도의 논리가 옳다고 생각했다. 그는 1567년 이에나Insane 병원에서 58세의 나이로 사망했다.

* 이는 혼란스럽고 무절제한 행동을 묘사할 때 사용하는 말이다.

스토플러 [Stoffler] 15세기 이름을 널리 알린 독일 출신의 수학자이자 점성가. 그는 토성, 화성, 목성, 물고기자리가 모이는 1524년 2월에 대홍수가 일어날 것이라 예고했다. 이 소식은 유럽에 엄청난 공포를 불러일으켰다. 모든 목수가 갤리선, 곤돌라, 배를 만들기 위해 모집되었고 각각 비상식량을 비축하였다. 그리고 1524년 2월이 되었지만, 하늘에선 물 한 방울도 떨어지지 않았다. 이처럼 건조한 달이 없을 정도였다. 사람들은 스토플러를 비웃었다. 하지만 이성을 잃은 일부가 여전히 사기꾼의 말을 믿었다. 스토플러는 계속해서 예언을 했다[(1)]. 그는 스티펠스Stiffels보다 이전의 사람이다.

(1) 살그Salgues, 『오류와 편견Des erreurs et des préjugés』, 1권, 88페이지.

책점 [Stoïchéomancie / Stichomancy] 호메로스Homeros나 버질Virgil의 책을 펼쳐 가장 첫 줄로 운명을 점치는 점술. 문장점 Rhapsodomancy의 한 부류이다.

스톨라스 [Stolas] 지옥의 위대한 왕. 부엉이 모습을 하고 나타난다. 사람의 모습을 하고 구마사 앞에 나타날 때는 점성술을 교수한다. 스톨라스는 식물의 특성과 보석의 가치를 알려준다. 26개 군단이 그를 장군으로 모신다[(1)].

(1) 요한 바이어Johann Weyer, 『악마의 유사군주제 Pseudomonarchia Dæmonum』.

복장점 [Stolisomancie / Stolisomancy] 옷을 입는 방식으로 보는 점술. 아우구스투스Augustus는 왼쪽 구두를 오른쪽 발에 신긴 시종의 잘못으로 인해, 아침에 군사 반란이 일어날 것이라는 예언을 들었다.

스톨렌웜 [Stollenwurms] 거대한 검은 뱀으로 두 개, 네 개 혹은 여섯 개의 발이 달려 있다. 또 그리핀Griffin의 머리와 붉은 볏을 달고 있다. 다만 이 뱀은 한 번도 목격된 적이 없다. 베른 알프스Bernese Oberland에선 스톨렌웜이 한밤중 평원의 소젖을 먹으러 온다고 한다. 이때 흰 수탉을 두면 쫓아낼 수 있다.

스트라사이트 [Strasite] 소화를 돕는 효능이 있는 보석.

계략 [Stratagèmes / Stratagems] 오자남Ozanam의 『수학과 철학 놀이Récréations mathématiques et philosophiques』(4권, 177페이지)에는 자연 발광 물질이 고대에 잘 사용되지 않았다고 기록되어 있다. 이는 다음의 이야기를 통해 살펴볼 수 있다.

스코틀랜드의 두 번째 왕인 케네스Kenneth는 833년 왕좌에 올랐다. 그의 아버지 알핀Alpin은 격분한 픽트족Picts에게 불명예스럽게 죽임을 당했었다.

케네스는 이 야만인들을 복종시키기 위해, 영주들과 군대에게 싸울 것을 제안했다. 하지만 지난 전투의 참혹함을 본 영주들은 모두 이를 주저했다. 이들을 설득하기 위해 케네스는 계략을 사용하는 수밖에 없었다. 그는 왕국의 주된 영주들과 용감한 수장들을 성으로 초대했다. 그리고 이들을 극진히 대접하였고 연회, 게임, 풍족한 음식 등을 제공하며 매우 환대했다.

호화스러운 파티가 이어지던 어느 저녁, 왕은 이들에게 포도주를 대접한 뒤 포근한 잠자리에 눕혔다. 이미 온 왕실엔 고요가 가득했다. 그리고 모두가 깊이 잠들었을 때, 끔찍한 고함이 울려 퍼졌다. 포도주와 잠에 취해있던 사람들은 이상한 소리에 침대에서 일어나 문으로 달려갔다. 이들은 복도에서 빛나는 막대기와 커다란 황소 뿔을 든 기괴한 유령들을 보았다. 유령들은 끔찍한 울음소리를 내며 돌아다니고 있었다. 유령들은 외쳤다. "픽트족에게 알핀 왕의 죽음을 되갚아주어라! 우리는 신의 심판을 전하러 하늘에서 내려왔다. 신은 이들의 범죄를 벌할 준비가 되었다." 포도주를 마신 데다가 잠에 취한 이들을 속이는 것은 그리 어렵지 않았다. 다음날 모집된 의회에서 영주들은 전날 본 환영을 보고하였다. 이에 케네스 왕 또한 자신이 똑같은 장면을 듣고 보았다고 말했다. 결국 만장일치로 하늘의 뜻에 따라 픽트족과 전쟁을 치르기로 결정되었다. 케네스 왕은 세 번이나 연속하여 전쟁에서 승리했다. 그리고 픽트족은 스코틀랜드의 검 아래 굴복하고 말았다. 이는 승리에 대한 자신감이 큰 몫을 한 것이었다. 자연 발광 물질을 사용할 줄 알았던 케네스는 영주들이 모인 밤, 키가 큰 사람 몇 명에게 빛나는 바다표범 가죽을 입고 나타나도록 지시했다. 그리고 '죽은 나무'라고 불리는 막대를 들게 시켰다. 죽은 나무는 어둠 속에서도 빛을 발하는 막대였다.

슈트라우스 [Strauss] 확고하게 입증된 역사적 사실 안에서 신화적인 면을 다루는 독일 작가. 같은 이름을 사용하는 같은 나라의 어느 학자(같은 사람일 수도 있다)는 특별한 음식과 양념을 통해 곰이 사고하고, 개가 말하고, 물고기가 노래하게 만들 수 있다 주장했다. 즉 데카르트Descartes가 단순한 기계라고 말했던 이 불쌍한 존재들에게 (그의 말을 빌려) '영혼'을 부여하는 것이다. 이 학자의 친구들은 그의 초상화를 출판했다. 이때 옛 독일어로 슈트라우스가 '거짓말쟁이'라는 의미가 있다는 점을 함께 덧붙였다.

스트리게스 [Stryges] 고대에 이 말은 나이 든 여성을 의미했다. 프랑크족Franks은 사람을 먹는 마녀 또는 유령을 지칭할 때 해당 단어를 사용했다. 살리카 법전Salic Law에는 이 괴물들을 대상으로 한 다음의 조항이 포함되어 있다. '만일 스트리게스가 인간을 잡아먹었고 그 사실이 입증되었다면, 8,000드니에Deniers* 즉 금화 200닢을 벌금으로 내야 한다.' 스트리게스는 5세기에 흔히 볼 수 있었다. 같은 법전 다른 조항에서는 여성을 스트리게스(또는 매춘부)라고 부르면 187수Sous**의 벌금을 내야 한다고 명시되어 있다. 스트리게스에게 벌금형을 선고하는 것으로 보아, 이는 손에 잡히지 않는 유령이 아닌 마녀에게 사용되었던 명칭으로 볼 수 있다.

스트리게스 체포가 과도해지자, 샤를마뉴Charlemagne는 이를 주목했다. 그는 정복한 색슨족Saxons을 위해 만든 법령집에 스트리게스와 관련된 조항을 넣었다. 그는 법령집에 스트리게스로 지목된 남성이나 여성을 불에 태우는 자는 사형에 처한다고 명시했다. 이때 그는 '스트리가***' 또는 마스카Stryga Vel Masca'라는 표현을 사용하였는데, 마스카는 라르브Larvae, 유령, 귀신, 늑대인간 등을 가리키는 것으로 짐작된다. 이를 보면[1] 색슨족은 사람을 먹는 마녀와 흡혈귀의 존재를 믿었으며, 이들을 불태웠다는 것을 알 수 있다. 그리고 이들은 스트리게스의 공격을 피하고자 오히려 스트리게스의 고기를 먹었다. 이 같은 행위는 18세기 흡혈귀 미신에서도 찾아볼 수 있다.

러시아와 현대 그리스 일부 지역에서는 아직도 흡혈귀를 지칭할 때 '스트리게스'라는 명칭을 사용한다. 이를 통해 이 용어가 시대에 따라 혼용되었다는 사실을 알 수 있다.

참조. 흡혈귀Vampires.

(1) 『카롤루스 대제가 색슨족을 위해 제정한 칙령Capitul. Caroli Mag. pro partibus Saxoniæ』, 6장. / * 과거 프랑스의 화폐 단위 가치를 보면 1/12 수이다. / ** 과거 프랑스의 화폐 단위. / *** 스트리게스의 단수형.

슈투페(프레데릭) [Stuffe(Frédéric)] 합스부르크의 루돌프Rudolph of Habsburg 통시 당시, 독일의 한 마법사가 군주 프레데릭 슈투페를 사칭하였다. 마법사는 악마들의 도움을 받아 모든 병사에게 마법을 걸었다. 병사들은 마법사의 작은 신호에도 움직였고 충성을 다하게 되었다. 사람들은 그가 진짜 슈투페라고 믿었다. 이 마법사의 행위에 격노한 루돌프는 전쟁을 선포했다. 마법사는 쾰른Cologne을 점령했지만, 베츨라어Wetzlar로 숨어들 수밖에 없었다. 그리고 그곳에서 포위를 당하게 되었다. 이에 루돌프는 가짜 군주의 손발을 묶어 데려오면 평화롭게 물러가겠다고 선언했다. 제안은 받아들여졌고, 사기꾼은 루돌프 왕 앞에 끌려갔다. 그는 마법사답게 화형에 처해졌다.[1]

(1) 르 루아예Pierre Le Loyer, 『귀신의 역사 혹은 귀신 환영Histoire des spectres ou apparitions des esprits』, 303페이지.

슈토뷔(피에르) [Stumf / Stubbe(Pierre)] 서큐버스Succubus(여성 몽마)에게 20년 동안 묶여있던 불쌍한 자. 그는 서큐버스에게 늘 내로 변신시켜 주는 허리띠를 입었다. 늑대로 변신한 그는 아이 열다섯 명을 집어삼켜 뇌를 먹었다. 슈토뷔는 바이에른Bavaria 비부르크Biburg에서 처형을 당하기 전 의붓딸 둘을 잡아먹을 준비를 하고 있었다.[1]

(1) 델리오Delrio, 『마법연구 제 6서Disquisitionum Magicarum Libri sex』, 2권, 190페이지. 마인츠Mainz 판, 1612년.

스틱스 [Styx] 고대 이도교들 사이에서 언급되었던 지옥의 강.

수코르 베노스 [Succor-Bénoth] 벨제부스Belzébuth를 모시는 환관들의 수장. 질투의 악마이다.

서큐버스 [Succubes / Succubus] 여성의 모습을 한 악마. 랍비 일리아스Elias는 아담Adam이 130년 동안 서큐버스의 방문을 받았다고 주장했다. 이후 서큐버스는 악마, 유령, 라미아Lamia, 악귀, 원귀Lemures, 귀신 등을 낳았다. 로저Roger 왕 통치 시절, 시칠리아Sicily에서 한 청년은 여러 사람과 달빛 아래 목욕을 하고 있었다. 그러던 중 물에 빠진 여성을 발견했고 구조하여 물에서 건져냈다. 그녀와 사랑에 빠진 청년은 혼인을 하고 아이를 낳았다. 그러나 그녀는 아이와 함께 사라져 아무런 소식도 들리지 않았다. 이 여성이 서큐버스라는 풍문이 있다. 헥도르 드 보에티우스Hector Boethius는 『스코틀랜드사Histoire d'Écosse』에서 다음과 같은 이야기를 기록했다. 한 어린 여자 악마가 아주 빼어난 외모를 지닌 청년을 쫓았다. 그녀는 닫힌 문을 통과해 들어와 남자에게 결혼을 청하였다. 이에 청년은 주교에게 가서 고백을 하였고, 주교는 그에게 금식, 기도, 고해를 하라고 지시했다. 그러자 악마는 더 이상 그를 찾아오지 않았다. 드 랑크르Pierre de Lancre는 이집트의 한 정직한 제철공의 이야기를 기록했다. 이 제철공은 밤에 철을 벼리고 있는 도중 아름다운 여성의 모습을 한 악마를 만났다. 그는 악마의 얼굴에 뜨겁게 달궈진 쇠를 집어던졌고, 악마는

달아났다.

    카발리스트들은 서큐버스 또한 원소 정령으로 여긴다. **참조.** 인큐버스Incubes, 아브라헬Abrahel 등.

설탕 [Sucre / Sugar] 그리스인들은 설탕을 귀하고 값진 물건으로 취급했다. 테오프라스토스Theophrastus는 설탕을 최초로 언급했다. 그리스에서 이 물질은 인도의 소금이라 불렸다. 하지만 이때 중국인들은 이미 설탕 정제법을 알고 있었다. 설탕은 중국에서 서인도로 넘어갔다. 그리고 그곳에서 수카르Sucar라 불리며 거래되었다. 중세 유럽인들 중에서는 포르투갈인들이 최초로 인도 항구에서 설탕을 알게 되었다.

    인도인들은 설탕의 효능을 두고 놀라운 이야기들을 하며 포르투갈인들을 현혹했다. 이 때문에 유럽에서는 설탕의 기원을 두고 수천 가지 가짜 이야기가 떠돌았다. 학자들은 설탕을 '동방의 꿀'이라 불렀다. 이에 기존의 꿀 안에도 설탕이 들어있다는 반론을 제기하는 이들이 나타났다. 그러자 학자들은 '동방의 꿀'은 인도 하늘에서 떨어진 만나Manna*의 한 종류라고 주장했다. 이 주장에 반박할 수 있는 것은 아무것도 없었다. 희고 깨끗하고 달콤함까지 갖춘 설탕은 이 주장이 사실인 것처럼 보이게 만들었다.

    이후 설탕은 화학적 분석에 들어갔고, 그것이 체리 나무 수지처럼 나무에서 발생하는 수지로 확인되었다. 이토록 다양한 설탕의 기원들이 나돌았고, 무지한 자들은 여기에 망상을 덧붙였다. 이들은 설탕을 인도 마녀의 작품이라 보았다. 그리고 상현달이 떴을 때 달의 뿔에서 채취했다고 주장하였다. 마르코 폴로Marco Polo가 여행을 마치고 베네치아Venice로 귀환 했을 때, 그의 손에는 사탕수수가 들려있었다. 그는 대중들에게 설탕 제조법을 알려주었다. 이후 사탕수수 재배는 아라비아에 도입되었고, 커피와 마찬가지로 남부 지방으로 퍼지기 시작했다. 설탕은 이집트, 시칠리아Sicily, 마데이라Madeira, 히스파니올라Hispaniola를 거쳐 브라질까지 퍼져나갔다.

    * 이스라엘 백성이 광야에 이르러 굶주릴 때 신이 내려준 신비로운 양식. 『출애굽기Exodus』에 등장한다.

빨아먹는 악마들 [Suceurs / Suckers(Démons)] 괴레스Johann Joseph Görres의 기록에 따르면, 악마는 불멸의 존재지만 본질을 잃었기에 부족한 것을 찾아 헤맨다고 한다. 그리고 이들은 필요한 것의 일부를 인간에게서 발견했다, 이들에게 부족한 생명은 인간의 핏속에 있다. 따라서 악마는 인간의 피를 빨아먹으며 생명을 유지한다[1]. 하지만 인간은 내재한 본질의 일부를 잃어버릴 수 없다. 그렇기에 악마들은 인간의 허락을 받아 피를 양도받는다. 그리고 양도받은 피는 그들이 지배한다. 이에 악마에게 있는 죽음의 한기는 생의 온기로 탈바꿈된다. 이들은 때때로 흡혈귀의 모습을 하고 나타나기도 한다. 호메로스Homer의 저작을 살펴보면 율리시스Ulysses가 지옥을 향해 제물을 바칠 때, 지옥의 악마들과 지옥 신들이 피를 얼마나 탐내는지 알 수 있다.

    (1) 『신비주의Mystique』, 8권, 30장.

땀 [Sueur / Sweat] 땀 흘리는 이의 겨드랑이에 빵조각을 넣으면 치명적인 독이 된다고 한다. 또 이걸 개에게 먹이면 광견으로 변한다는 풍설이 있다. 하지만 이건 사실이 아니다. 인간의 땀은 침만큼이나 무해하다.

수마누스 [Summanus] 고대 신화 속 마네스Mânes의 군주.

사비트 [Sunnyass / Savites] 인도의 광신자들. **참조.** 미신Superstitions.

속임수 [Supercherie / Deception] 앙리 에스티엔Henri Estienne은 그의 시대에 일어난 다음의 사건을 기록했다.

    한 시골 신부가 가재의 등에 작은 초를 붙여 한밤중 묘지에 풀어놓았다. 이 불빛들로 인해 마을 사람들은 겁에 질렸고, 모두 신부의 집으로 달려갔다. 신부는 묘지의 불빛들이 기도를 청하는 연옥의 영혼들이라고 설명했다. 하지만 안타깝게도 다음 날, 미처 초를 제거하지 못한 가재 한 마리가 발견되었고 속임수가 밝혀졌다.

    앙리 에스티엔의 이 짧은 이야기는 많은 이교도들이 정성껏 퍼트린 중상모략 중 하나이다.

미신 [Superstitions] 성 토마스Saint Thomas 는 미신을 다음과 같이 정의했다. 종교에 반하는 악덕, 신으로 여겨지기에 마땅하지 않은 존재에게 경의를 표하는 일, 불법적인 방식을 통해 경의를 표하는 일탈 등이 바로 그것이다. 또한 이런 경우도 미신으로 취급했다. 1) 자연적으로 일어날 수 없는 상황에 기대하던 효과가 나타나는 경우. 2) 이성적으로 이 효과들이 신이나 자연이 한 것으로 볼 수 없는 경우. 3) 신이나 교회가 가르치는 것이 아닌 경우. 4) 악마와의 계약에 기반한 경우. 미신은 너무나 광범위하다. 그렇기에, 이 정의는 매우 불완전하다.

날씨를 좋게 만들기 위해 집 밖으로 냄비를 던지는 사람들이 있다. 어떤 이들은 태풍을 잠재우기 위해 선박의 돛에 검정을 벗긴 검을 둔다. 몇몇 이들은 두통을 예방하기 위해 동물의 머리를 먹지 않는다. 또 교수형 당한 자의 치아나 망자의 뼈를 씹거나, 성 토요일 종이 울리는 동안 치아 사이에 쇠를 넣는 이들도 있다. 이들은 이렇게 하면 치통이 치료된다고 믿는다. 더불어 경련을 치료하기 위해 수난곡Passion을 부르며 만든 반지를 착용하는 사람들도 있다. 또 다른 이들은 개암나무 씨앗 두 개를 엮어 목에 두르며 탈구를 예방하기도 한다. 어떤 사람들은 처녀가 뽑은 실을 사용하거나, 물에 녹인 납을 사용해 기생충으로 고통받는 아이를 치료한다. 어떤 이들은 고통받는 병자의 죽음이 늦어질 때, 지붕을 뜯어내 고통을 덜어주려 한다. 출산할 때 날파리를 쫓으면 아들을 낳는다고 믿는 사람도 있다. 일부 유대인들은 기도문을 읊으며 강물에서 몸을 씻는다. 이는 지옥 불에 있는 아버지나 형제의 영혼을 시원하게 해줄 수 있다고 믿기 때문이다.

미신을 더 살펴보도록 하겠다. 신발을 오른쪽부터 신으면 불행이 닥친다. 칼을 선물하면 우정이 끊어진다. 칼을 십자가 모양으로 놓거나, 교차한 잔가지 위를 걸으면 안 된다. 마찬가지로, 십자가 형태로 놓인 포크는 불길한 징조이다. 거울을 깨는 것, 소금 통을 엎는 것, 빵을 뒤집는 것, 장작불을 흐트러뜨리는 것 등은 큰 불행을 가져온다. 일부 사람들은 비를 내리게 하기 위해 빗자루를 물에 적신다.

인도인들은 소똥을 태우고 생긴 재를 신성하게 여긴다. 이들은 이를 매일 아침 이마와 가슴에 바르면 영혼이 정화된다고 믿는다. 프랑스 일부 고장에서는 여성이 아이를 낳는 동안 남편의 반바지를 입는다. 이렇게 하면 산통이 없어지기 때문이다. 몇몇 농장에서는 사육제 날 순대 끓인 물을 마당에 뿌린다. 이렇게 하면 여우들이 농장의 닭을 잡아먹으러 오지 않는다. 목요일과 토요일 오후에 바느질을 하면 예수 그리스도Jesus Christ에게 고통을 준다. 또 성모 마리아Maria를 눈물 나게 만든다. 금요일에 만든 셔츠는 벼룩을 끌어들인다. 사육제 날 뽑은 실은 쥐가 갉아 먹는다.

성 스테파노 축일St. Stephen's Day엔 양배추를 먹으면 안 된다. 이 성인이 양배추 속에 숨어 있기 때문이다. 목동이 성 바실리우스St. Basil의 이름을 쪽지에 쓴 뒤 목장 꼭대기에 매달면, 늑대들이 양과 돼지를 해칠 수 없다. 마다가스카르Madagascar에서는 과거 로마와 마찬가지로 길일과 흉일을 나누었다. 마다가스카르의 여성은 흉일에 아이를 낳으면 용서받을 수 없는 죄를 저질렀다고 생각했다. 이에 아이를 사나운 짐승에게 잡아먹히도록 두거나 산 채로 묻거나 목을 졸라 살해했다.

다음의 주문을 외우면 취할 염려 없이 술을 마실 수 있다. '주피터가 이다 산에서 부드럽게 그들에게 말을 걸었다Jupiter his alta sonuit dementer ab Ida.'

이 책 『지옥사전』에 등장하는 모든 용어는 저마다의 미신을 몇 가지씩 가지고 있다. 혼란스럽겠지만, 몇 가지 미신을 더 살펴보겠다. 다음은 스웨덴에 대해 기록한 마미에Marmier의 글이다.

"죽은 사람을 묻을 때는 묘지와 집 사이 길에 나뭇잎과 전나무 가지를 뿌린다. 이것은 부활의 개념을 상징화한 것이다. 또 기독교인이 무덤으로 가는 길을 꾸미는 것과 동일한 개념이다. 5월에는 봄의 귀환과 자연의 재생을 환영하기 위해 현관 앞에 리본과 화환으로 장식한 나무를 심는다. 성탄절에는 모든 식탁 위에 달걀과 열매를 매단 트리를 올리고, 주위에 불을 밝힌다. 이는 이 세상을 밝히러 온 천상의 빛을 상징하는 것이다. 율

Jul이라 불리는 이 축제는 보름 동안 이어지며 스칸디나비아 지역에서 성대하게 치러진다.

이 축제 동안, 농촌의 모든 주민은 바삐 움직인다. 이때 친구는 친구를, 부모는 자신들의 부모를 방문한다. 그리고 길에는 썰매가 다닌다. 이웃들은 서로에게 선물을 건넨다. 남성들은 식탁에 나눠 앉아 축제를 위해 특별히 제조한 맥주를 마신다. 아이들은 받은 선물에 감탄한다. 모두가 웃고, 노래하고, 기뻐한다. 마치 천사들이 목자들에게 '기뻐하라, 너희의 구세주가 태어났으니.'라고 말한 그 밤처럼 말이다. 주민들은 집 꼭대기에 밀 다발을 매단다. 이는 나무 열매나 밭의 곡물을 구할 수 없는 작은 새들을 위한 것이다. 이처럼 주민들은 축제 기간 먹이를 먹지 못하는 가여운 동물들을 떠올린다. 그리고 모든 존재가 기뻐하길 바라는 감동적인 마음을 가진다."

스웨덴의 여러 지역에서는, 아직도 엘프들이 밤마다 언덕에서 춤을 춘다는 믿음이 있다. 일부 지역에서는 독특한 풍습이 존재한다. 이 곳에서는 약혼을 하면 종을 치는 밧줄로 두 사람을 묶는다. 이렇게 하면 결혼을 파기할 수 없다고 믿기 때문이다.

인도 여행기 서적 또한 우리에게 무수한 지역 미신을 보여준다. 다음은 책에서 인용한 내용이다.

"인도인은 임종이 임박해진 이를 갠지스Ganges 강변으로 데려간다. 그리고 그를 강둑에 눕히고 발을 강물에 담근 뒤 입과 콧구멍 속을 진흙으로 채운다. 이에 누워있는 사람은 곧 질식하고 마지막 숨을 내뱉는다. 이 순간, 그를 둘러싼 가족들은 격렬한 방법으로 절망을 표현한다. 이들은 하늘을 향해 비명을 지르고 머리를 쥐어뜯으며 옷을 찢고 맥박이 남아있는 시신을 강물에 밀어 넣는다. 그리고 수면에 떠오른 시체는 독수리와 자칼의 먹이가 된다.

여러 도시와 마을을 지난 뒤, 나는 베나레스Benares에 도착했다. 그곳은 힌두교도들의 성지이자 미신의 중심지였다. 여러 왕자는 이곳에 집을 보유하고 있었다. 또 그들의 대리인들도 이곳에 거주했다. 대리인들은 신앙에 따라 정화 의식과 제물을 바치는 의식을 수행했다.

아직 해가 뜨기 전이었다. 거대하고 웅장한 석조 계단은 갠지스 강까지 이어졌다. 강은 이미 기도와 목욕을 하기 위해 온 힌두교도들로 북적였다. 모두가 꽃은 들고 있었고, 기도가 진행되는 중간마다 물에 꽃을 던졌다. 짧은 시간이었지만 강물은 동백, 장미, 재스민으로 뒤덮였다. 이는 브라흐마Brahma 숭배자들이 강의 왕에게 바치는 일상적인 의식이었다.

나는 좁은 거리를 돌아다니며, 망고나무가 늘어선 길을 따라가는 많은 사람들을 보았다. 이 길은 사원 중 한 곳으로 향해있었다. 때마침 그날은 성대한 축제의 날이었다. 나는 힘들게 그 사원에 들어갔고, 그곳에서 기이한 풍경을 마주하게 되었다. 죄인이나 분노한 광신도 같은 이들이 나를 둘러싸고 있는 것이었다. 이들은 살아있는 해골 같았다. 어떤 이들은 20년간 쇠창살 안에 갇혀 그곳을 벗어난 적이 없었다. 한 광인은 팔로 무언가에 매달려 있었는데, 팔에 감각이 느껴지지 않고 모든 관절을 잃을 때까지 버티게 해달라고 소원을 빌었다.

이때 광신도 중 한 명이 나를 어둡고 야만적인 눈으로 노려보았다. 그는 주먹을 꼭 쥔 채, 느끼고 있는 끔찍한 불안을 드러내고 있었다. 그의 손톱은 손바닥을 파고 들어갈 정도로 자라있었다. 더불어 이 우상숭배 민족에게는 더 끔찍한 미신들이 존재했다. 이는 남편이 사망한 여성들을 화형에 처하는 야만적 희생 의식이었다. 이 거대한 지역에 적용되는 영국의 엄격한 법과 윤리는 이 부조리하고 불쾌한 풍습을 축소하는 데 실패했다. 이 끔찍한 희생은 여전히 비밀리에 치러지고 있다. 만약 여성이 화형대에서 달아난다면 그녀는 자신이 속한 사회에서 배척되고 가족에게 저주를 받는다. 또 치욕과 불행, 버려짐 속에서 살아가게 된다.

복음의 빛을 받지 못한 민족, 그중에서도 인도인들은 여성을 매우 하찮게 여긴다. 그리고 가혹한 대우를 하며 고된 일을 맡긴다. 따라서 이들은 유럽 여성들이 존경과 예우에 둘러싸인 것을 이해하지 못한다.

베나레스는 다른 인도 도시와 마찬가지로,

동방 여러 민족의 미신을 한데 섞은 모습을 보여준다. 알리Ali와 무함마드Muhammad 신도들은 반듯한 모습, 근육질의 팔다리, 흰색 터번, 통이 넓은 바지 등으로 알아볼 수 있다. 비슈누Vishnu 숭배자들인 브라만Brahmin들은 진중하고 거만한 걸음, 민머리, 아침 금식 후에 새로 이마에 쓰는 흰색과 노란색과 붉은색 끈, 어깨 위 정교하게 걸쳐진 흰옷, 왼쪽에서 오른쪽으로 비스듬히 걸친 끈으로 알아볼 수 있다.

브라만들이 씨아 없이 직접 뽑은 이 끈은 엄격하게 정해진 실로 만들어진다. 새로 입문한 자들의 끈은 세 가닥과 하나의 매듭으로 구성된다. 이들은 12살이 되면 임무를 수행할 권한을 얻는다. 그리고 여섯 가닥과 두 개의 매듭으로 구성된 끈을 받는다.

힌두교도들은 네 개의 카스트 계급Caste으로 나뉜다. 첫 번째 계급은 브라만 혹은 사제, 두 번째 계급은 전사, 세 번째 계급은 농민, 네 번째 계급은 장인이다. 계급이 다른 사람들은 겸상을 할 수도, 결혼을 할 수도 없다. 그리고 이 신분제도 외에 불가촉천민 계급은 파리아Pariah이다. 이들은 모두에게 경멸당하고 미움받는다. 파리아는 몇 세기 전에 이 카스트 계급에서 쫓겨난 자들이다. 이 불명예는 아버지에게서 아들로 대대손손 대물림되었다. 만약 카스트 계급에 속한 힌두교도가 파리아에게 말을 하도록 허락하면, 파리아는 손으로 자신의 입 앞을 막아야 한다. 자신의 입김이 앞에 있는 사람을 오염시킬 수 있기 때문이다.

파리아의 수는 매우 많다. 만약 이들이 구렁텅이에서 나오려고 마음만 먹는다면, 반대로 권력자가 될 수도 있을 것이다.

여기서 다른 작가의 글에 쓰여 있던 내용을 잠깐 언급해 보겠다. 어느 날 해가 중천이었을 때 일이다. 작가는 힌두교도들이 가득 모여있는 거대한 평야에 도착했다. 이 평야 한복판에는 기다란 가로 장대를 중간에 고정한 기둥이 세워져 있었다. 남자 몇 명이 장대의 끝부분을 누르자, 반대편 장대 근처에 있던 남자가 하늘로 솟았다. 그는 장대에 매달려 있었고, 마치 공중에 떠 있는 듯 보였다. 가까이 다가간 작가는 놀랄 수밖에 없었다. 이 가여운 자는 등에 두 개의 갈고리가 박힌 채 장대에 매달려 있던 것이었다.

이후 이 남자는 풀려났고, 다른 산야시Sannvasi로 대체되었다. 산야시는 이런 광신도를 칭하는 용어이다. 새로 온 산야시는 겁먹기는커녕, 확신을 가지고 즐겁게 앞으로 나아갔다. 한 브라만은 그에게 다가가, 쇠로 찔러 부위를 표시했다. 또 다른 사제는 희생자의 등을 때린 후, 견갑골 바로 아래에 능숙하게 갈고리를 박아 넣었다. 산야시는 고통을 전혀 느끼지 못하는 듯했다. 그는 곧 머리 위로 들어 올려졌고, 활기찬 몸짓과 행복의 비명을 지르며 허리춤에서 꽃을 한 줌씩 꺼내 군중에게 던졌다.

이 광신도는 자신의 위치에 만족하는 듯 보였다. 그는 5분간 공중에서 세 바퀴를 회전했다. 다시 내려진 그는 밧줄을 풀고 북소리와 환호 속에서 우상 앞으로 이동했다.

이와 같이 희생을 요구하는 종교를 뭐라고 생각해야 할까? 이게 무슨 미신이며 눈먼 짓거리인가! 이 민족이 예수 그리스도의 진정한 위안과 섬세함, 숭고한 행위를 느끼지 못함에 깊은 슬픔을 느낀다. '태양이여, 무에서 나와 낮을 다스려라.'라고 명령했던 신이 죽음의 그림자에 앉아 있는 이 백성들을 신성한 빛으로 비춰주길 기도한다.

마드라스Madras의 부유한 주민들은 정원으로 둘러싸인 주택을 보유하고 있다. 이는 손님들에게 정말 불편한 요소인데, 한 집에서 다른 집으로 가기 위해서 3마일을 걸어야 하기 때문이다. 어느 저녁, 근교에 위치한 이런 멋진 집에서 돌아오는 길에 있었던 일이다. 나는 한 인도식 저택에서 찢어지는 비명을 듣게 되었다. 이 비명은 귀청이 터질 듯한 음악 소리에 묻혔는데, 슬픈 북소리가 음악을 이끌고 있었다. 나는 가마에서 내려, 집에서 몇 걸음 떨어진 작은 언덕 위로 올랐다. 그리고 그곳에서는 기이한 공연을 마음껏 감상할 수 있었다.

나는 그 저택에서 음악가들이 둘씩 짝을 지어 나오는 것을 보았다. 이후 30여 명의 인도인들은 애도의 표식으로 머리에 손수건을 두른 채 행진하고 있었다. 이들은 길 위로 30피트 길이의 흰 천을 정성스럽게 펼치며 나아갔다. 뒤이어 한 남성 무리가 어깨 위에 값비싸 보이는 무언가를 둘러맨 채, 흰 천 위를 걸어갔다. 여성들은 이들이 다가올 때마다 꽃을 뿌렸다. 이들이 운반하는 짐은 소녀의 시신이었고, 호화롭게 치장되어 마지막 거처로 옮겨지는 중이었다. 사망한 소녀는 교회의 찬송가를 들으며 매장되는 행운을 누렸다. 인근에서 말라바르Malabar 출신의 한 기독교인 여성을 매장하는 중이었기 때문이다."

이 책의 같은 장에서는 명예를 잃은 인도인들이 어떻게 묻히는지 기록되어 있다. 티푸 사히브Tipu Sahib는 배신 때문에 권력을 잃게 되었다. 반역 혐의를 받은 그의 첫 번째 신하는 병사들에게 죽임당했다. 그리고 바부슈Babouches(가죽 신발)를 놓는 곳 아래에 묻혔다. 이는 동방에서 가장 큰 경멸의 표시였다.

딱총나무 막대 [Sureau / Elder Stick] 마법사로부터 저주를 받았다면, 그의 옷을 걸고 딱총나무 막대로 내려치도록 한다. 막대로 친 타격은 고스란히 해당 마법사 등에 전해진다. 이에 마법사는 잽싸게 저주를 풀러 찾아올 것이다.

수르트 [Surtur / Surtr] 켈트족 전설에 등장하는 정령. 수르트는 종말이 오면 불의 정령들을 이끌고 나타난다. 이 무리 앞뒤로는 화염 돌풍이 몰아친다. 이후 이들은 하늘 구멍으로 파고들어 비프로스트Bifrost 다리를 부순다. 그리고 태양만큼 빛나는 검을 들고 신들을 무너뜨릴 것이다. 더불어 온 천지에 불덩이를 던져 세상을 불태울 것이라고 한다. 그의 적은 프로이Frey 신이다. 하지만 프로이는 그를 이길 수 없다. **참조.** 비프로스트.

수스트루기엘 [Sustrugiel] 『솔로몬의 열쇠Key of Solomon』에 등장하는 악마. 마법을 가르치고 사역마를 제공한다.

수티 [Suttée] 남편을 잃은 여성을 불태워 제물로 바치는 인도 의식. 이 여성들이 자의로 참여하는 일은 극히 드물다. 다음은 한 영국인 여행가가 1836년에 쓴 내용이다.

'지난달(4월) 자이푸르Jaipur 성곽 밖에서 수티 의식을 치르려는 시도가 있었다. 나는 이 이야기를 전해 들었고, 많은 군중이 메르타 시티Merta City로 향하는 모습을 보았다. 나는 이 사람들이 수티에 참여하기 위해 이동한다는 것을 알았다. 제물이 되는 여성은 이미 화형대 위에 놓여 있었다. 불길이 여성에게 닿자, 여성은 불 밖으로 몸을 던졌다. 하지만 다시 불길 속으로 던져졌다. 그녀는 다시 한번 탈출했지만, 또 불 속으로 던져졌다. 하지만 여성은 세 번째 탈출에 성공했다. 이에 자이푸르 경찰이 개입하였고, 사건을 로울Rawul에게 보고했다. 로울은 무력을 행사하지 말 것을 명했다. 그녀는 그렇게 목숨을 부지했고, 우리 병원 중 한 곳으로 피신하였다. 만약 그렇지 않았다면 여성은 그 지역에서 사망했을 것이다. 수많은 증거로 미루어보아, 이러한 의식은 희생자의 부모들이 계획한 살인임을 알 수 있다…'

스웨덴보리(에마누엘) [Swedenborg (Emmanuel)] 스웨덴의 유명한 예언자. 에밀 수베스트르Emile Souvestre는 그에 대해 다음과 같이 설명했다.

"프랑스인들은 스웨덴보리에 대해 거의 알지 못한다. 스웨덴보리는 런던 술집에서 저녁 식사를 하던 중, 천사로부터 '그렇게 많이 먹지 말아라!'라는 외침을 들었다. 이후 그는 매주 몇 번씩 하늘로 올라가 황홀경에 빠지게 되었다. 일부 작가들의 주장에 따르면, 스웨덴보리는 뛰어난 현대 학자 중 하나이며, 데카르트Descartes 이후 새 사상을 가장 많이 제시한 자라고 한다. 스웨덴보리는 1737년 『철학적, 광물학적 창작Opera philosophica et mineralia』이라는 저서를 출간했다. 그는 이 책에서 우리가 지질학이라고 이름 붙인 학문을 처음으로 어렴풋이 다루었다. 이 책의 두 번째 장은 야금학에 대한 이론을 담고 있다. 과학 아카데미는 스웨덴보리의 다른 저서『기술 공예의 역사Histoire des arts et métiers』속 철과 강철에 대한 내용을 인용하였다. 그는 여러 해부학 책을 펴내기도 했는데(이 점도 데카르트와 유사하다), 뇌의 질병을 다루는 부분에서 골상학 이론을 언급하기도 했다. 이 학문은 갈Gall이 명성을 얻게 된 이론이기도 하다. 끝으로 그는 『북쪽의 다이달로스Dædalus hyperboreus』라는 수학과 물리학 논문을 저술해 당대 사람들의 이목을 끌었다.

스웨덴보리는 고대어, 여러 현대어, 동방의 언어 등을 사용할 수 있었다. 또 당시 위대한 기계공 중 하나로 평가받았다. 프레데릭 홀Frederick Hall 공성전에서, 그는 직접 발명한 기계로 거대한 대포를 육로로 이동시켰다.

민담과 달리, 스웨덴보리가 남긴 대다수 종교 서적은 비밀 언어로 쓰이지 않았다. 이 책들은 질서 정연하고 간결하게 정리되어 있다. 그의 글은 네 종류로 분류되어 있다. 첫 번째는 가르침과 교리, 두 번째는 성서에서 찾아낸 증거, 세 번째는 형이상학과 종교적 윤리에 기반한 논쟁들, 네 번째는 작가의 황홀경 계시를 다룬다(예언서의 형식을 갖추고 있으며, 다소 기괴하다).

스웨덴보리는 다른 예언자와 마찬가지로, 본인의 신비성을 기반해 종교를 만들었다. 그의 수학적 발견은 몇몇 수학자들보다 앞섰다. 그리고 그의 철학은 현대 철학자들의 바탕이 되었다. 그는 '모두가 만족을 찾는, 모든 종파가 합치된 방대한 가톨릭'을 주장했다. 스웨덴보리는 다음과 같이 말했다. '모든 선의 원칙은 자신과 세상의 이별에서 시작된다. 이 상태에서 우리는 현재와 미래의 행복, 즉 천국으로 향한다. 반면 자신과 세상에 대한 절대적인 사랑은 영벌, 지옥으로 향한다.'

그는 현대 철학자들처럼 성령의 새로운 계시를 예언하였다. 그리고 부활한 기독교에서 자신이 예수 그리스도Jesus Christ의 자리를 차지할 것이라 주장했다. 이와 동시에 스웨덴보리는 고등한 지적 존재 및 세상을 떠난 망령괴도 교류한다 말했다. 오늘날 스웨덴보리를 모방하는 사람이 있다면, 그와 같은 평가를 받을 수 있을까?

무화과나무잎점 [Sycomancie / Sycomancy] 무화과나무의 잎을 이용한 점술. 궁금한 질문이나 제안을 나뭇잎에 적어 점술가에게 건네면 이를 보고 점괘를 낸다. 잎이 마르면 흉조로, 잎이 마르지 않으면 길조로 해석한다.

시도나이 [Sydonay] 참조. 아스모데우스Asmodée.

술라 [Sylla / Sulla] 그가 무장을 하고 이탈리아에 들어섰을 때, 하늘에는 두 마리의 거대한 흑염소가 전투를 펼치고 있었다. 두 흑염소는 아주 높이 올라가더니, 몇 피트 떨어진 땅으로 내려온 뒤 연기가 되어 사라졌다. 술라의 군대는 이 계시를 보고 공포에 질렸다. 하지만 곧 이것이 지상의 발산물로 인해 만들어진 두꺼운 구름에 불과하다는 것을 알게 되었다. 이 구름을 보며 염소뿐 아니라 다른 어떤 동물도 가져다 붙일 수 있던 것이다. 또한 술라에겐 미래의 일을 자문하는 아폴로Apollo 상이 있었다고 한다.

실프 [Sylphes / Sylphs] 가장 깨끗한 공기로 이루어진 정령이다. 이들은 공기 중에 존재한다.

공기는 인간의 형상을 한 무수한 존재들인

실프로 이루어져 있다. 가발리스 공작Comte de Gabalis의 주장에 따르면 이들은 거만해 보이지만, 실제로는 온순하다고 한다. 또 학구열이 있고 예리하다. 이들은 현자에게는 도움이 되지만 어리석고 무지한 자들은 적대시한다. 실프이네와 딸들은 남성미사 올라넘치는데, 이는 아마조네스Amazones를 연상케 한다. 이들과 관련된 이야기들은 수없이 많다. 참조. 카발라Cabale.

실베스테르 2세 [Sylvestre II] 제르베르Gerbert는 999년 생 피에르St. Peter의 주교자 자리에 오르며 '실베스테르'라는 명칭을 얻었다. 그리고 가장 위대한 교황 중 하나가 되었다. 실베스테르 2세가 가진 방대한 지식은 당시 그의 위상을 드높였다. 실베스테르 2세의 위대함을 부정할 수 없던 이단들은 그의 특출난 지식이 악마와의 계약을 통해 얻은 결과물이라고 주장했다. 신학 공부를 마친 그는 주로 수학 연구에 전념했다. 그가 연구하던 선과 삼각형은 무지한 자들의 눈에 일종의 마법서로 보였다. 이들은 실베스테르 2세를 강신술사로 본 것이다. 이런 상식 밖의 사고는 서민들 사이에서만 있었던 것은 아니었다. 교황의 전기를 집필하던 한 작가는 실베스테르 2세가 교황 자리에 대한 열망 때문에 악마에게 도움을 요청했다고 기록했다. 그리고 그 대가로 사망 시 영혼을 주기로 계약했다고 덧붙였다. 이는 비열한 거짓말일 뿐이다. 형편없는 판단력을 가진 이 작가는 다음과 같은 기록을 남겼다.

"이 가증스러운 방법을 통해 교황청에 입성한 실베스테르 2세는 악마에게 자신이 얼마나 오랫동안 권위를 누릴 수 있는지 물었다. 인간의 주적답게 악마는 다음의 모호한 대답을 했다. '그대가 예루살렘에 발을 들이지 않는 이상, 원하는 만큼 누릴 수 있을 것이다.' 그리고 이 예언은 현실이 되었다. 그는 4년간 교황 자리에 있었으며, 임기 5년째 되던 해에 로마의 성 십자가 예루살렘 성당Basilica of the Holy Cross in Jerusalem에서 종교의식을 치르게 되었다. 그는 예식과 동시에 치명적인 병을 얻게 되었다. 실베스테르 2세는 그 자리에 있던 사람들에게 자신이 악마와 내통했다는 사실과 악마의 예언을 밝혔다. 그리고 자신의 경험을 교훈 삼아 악한 존재의 책략에 넘어가지 말 것을 당부하였다."

이 이야기가 사소한 것 하나까지 조작된 뻔뻔한 거짓이라는 것을 굳이 언급하지 않겠다. 무지한 중상가들의 말에 따르면, 교황이 사망하자 그의 시신은 조각나 두 마리 말이 끄는 수레에 실렸다고 한다. 또 이 말들이 멈춰 선 곳에 시신이 묻혔다고 한다. 다만 마지막 부분은 실제로 있었던 일이다. 실베스테르 2세는 라트란 바실리카Latran Basilica 대성당에 묻혔다. 그곳이 그의 시신을 옮기던 말들이 멈춰선 곳이었기 때문이다….

마르티누스 폴로누스Martinus Polonus는 실베스테르 2세가 매일 6천 명의 사람을 죽이는 용을 데리고 있었다고 적었다…. 몇몇 이들은 실베스테르 2세가 죽은 뒤에도 다른 교황의 사망을 예언하였다고 주장했다. 무덤 안에서 뼈를 부딪치며 내는 소리와 비석에서 흐르는 땀을 통해 말이다. 이 우스꽝스러운 이야기들을 보면, 늘 교회와 저명한 교황들은 어리석은 중상모략의 대상이 된다는 것을 알 수 있다.

오지만디아스 [Symandius / Ozymandias] 연금술사들의 주장에 따르면 위대한 작업을 한 이집트의 왕이다. 그는 자신의 기념비를 거대한 원형 금덩어리로 둘러쌌다. 이 금덩어리의 둘레는 자그마치 355큐빗Cubits*에 달했다. 그리고 1큐빗마다 금으로 된 정육면체가 장식되어 있었다. 이 기념비에 인접한 궁전의 회랑 한 면에는 오지만디아스의 그림이 그려져 있다. 그림 속에서 그는 신에게 매년 수확한 금과 은을 바치고 있다. 또 그가 바치는 제물의 금액도 기록되어 있다. 기록된 금액은 131,200,000,000마인Mines**이다[1].

(1) 구리에Gouriet, 『유명한 협잡꾼들Charlatans Célèbres』, 1권, 195페이지. / * 고대에 사용하던 길이 단위. 약 45cm. / ** 고대 그리스 화폐 단위.

호감 [Sympathie / Sympathy] 모든 것을 별의 영향으로 보는 점성가들은 두 사람 사이에서 발생하는 호감, 조화를 별자리 때문이라고 말한다. 이들의 주장에 따르면, 같은 시각에 태어난 자들은 서로 호감을 느낀다고 한다. 하지만 실상 이런 일들은 찾아볼 수 없다. 미신을 믿는 자들은 호감이란 설명할 수 없는 기저과도 같다고 말하며, 반면 관상학자들은 관상으로 인한 끌림으로 해석한다. 관상학을 연구한 라바터Lavater는 특정 얼굴들은 서로 호감을 느끼지만, 어떤 얼굴들은 서로 반감을 느낀다고 말했다.

호감은 때때로 상상의 영향을 받는다. 첫눈에 마음에 드는 사람을 만났다면, 이는 평소 마음속에서 상상하던 모습과 닮았기 때문이다. 관상학자들은 긴 얼굴과 둥근 얼굴의 만남을 만류한다. 이는 호감이 깨져 불행을 초래하기 때문이라고 한다. 그러나 일상에서는 이런 유형의 부부들 또한 조화롭게 잘 사는 것을 볼 수 있다.

호감을 연구하는 철학자들은 인간의 몸에서 끊임없이 미립자가 나온다고 주장한다. 우리의 감각기관을 건드리는 이 미립자들은 뇌까지 영향을 미친다. 그리고 호감 또는 반감을 일으킨다.

콩데Conde 공과 마리 드 클레브Marie de Cleves의 결혼식은 1572년 8월 13일 루브르Louvre에서 진행되었다. 16살이었던 마리 드 클레브는 아름다운 외모를 가지고 있었다. 그녀는 오래도록 춤을 추었고, 무도회장의 열기에 피로감을 느끼며 옷방으로 향했다. 그곳에서 시녀들은 마리 드 클레브의 셔츠가 땀에 젖은 것을 보고 새 옷을 꺼내주었다. 얼마 뒤, 앙주Anjou 공작(훗날 앙리 3세Henry III가 된다)은 신나게 춤을 춘 뒤 가발을 정리하고자 옷방에 들렀다. 그리고 가장 먼저 눈에 띈 셔츠로 얼굴을 닦았다. 그 셔츠는 마리 드 클레브가 방금 벗어둔 것이었다.

무도회로 돌아가며, 그는 마리 드 클레브를 보았다. 그리고 그녀에게 혼란스러운 감정을 느꼈다. 앙주 공작은 그녀를 여섯 달 동안 보지 않았지만 늘 무관심했다. 그런데 난데없이 그녀의 매력이 또렷하게 느껴지며 깊은 인상을 남겼다. 그날 저녁부터, 그는 그녀에 대한 감정에 집착했다. 앙주 공작은 폴란드 왕으로 선출되었지만, 그녀를 만날 수 없음에 유배나 다름없다고 생각했다. 폴란드에서도 그는 마리 드 클레브를 향한 사랑을 멈추지 않았다. 그는 그녀에게 편지를 보낼 때마다, 손가락을 찔러 피를 낸 뒤 글을 썼다.

앙주 공작은 샤를 9세Charles IX의 사망 소식을 듣게 된 날, 마리 드 클레브에게 편지를 보냈다. 그는 편지에 곧 자기가 프랑스로 가서 왕이 될 것이고, 그녀가 프랑스의 왕비가 될 것이라는 내용을 기재하였다. 프랑스로 돌아오며 그는 이 약속을 지킬 생각만 하였다. 그러나 얼마 뒤, 마리 드 클레브는 중병에 걸려 세상을 떠나고 말았다. 앙리 3세(앙주 공작)의 절망은 말로 설명할 수 없었다. 그는 며칠을 울고 통곡하며 보냈고, 백성 앞에는 상복을 입은 채로만 나섰다.

그녀가 사망하고 4개월 뒤, 앙리 3세는 부르봉 추기경Cardinal de Bourbon의 초대를 받아 생 제르맹 Saint-Germain 수도원에서 열린 만찬에 참여했다. 이 수도원은 마리 드 클레브가 묻힌 곳이기도 했다. 그곳에 들린 앙리 3세는 갑자기 격렬한 심장 박동을 느꼈다. 사람들은 이 심장 박동을 늦추기 위해 마리 드 클레브의 시신을 옮겨야 했다. 그는 사망 후에도 계속해서 그녀를 사랑했다[1]. 이는 어떤 방법으로도 억누를 수 없는 감정이었다. 몇몇 이들은 그가 저주에 걸렸다고 보았다.

아라칸Arracan(갠지스Ganges 강 너머 아시아에 있음)의 왕과 왕비는 서로를 열렬히 사랑했다. 이후 이들은 결혼을 했고, 6개월 뒤 왕이 세상을 떠났다. 이에 왕의 시체는 화장되었고 재는 유골함에 담겼다. 왕비는 유골함을 끌어안고 울었는데 이때마다 유골은 따뜻해졌다….

다른 유형의 호감도 존재한다. 알렉산더 Alexander는 그의 군마 부세팔루스Bucephalus를 좋아했다. 아우구스투스Augustus는 앵무새를 아꼈다. 네로Nero는 찌르레기를, 버질Virgil은 나비를 좋아했다. 코모두스Commodus는 기르던 원숭이를 애지중지했다. 헬리오가발루스는Heliogabalus 참새를, 호노리우스Honorius는 닭을 아꼈다[2]. **참조.** 혐오Antipathie, 황금 열쇠 Clef d'or 등.

(1) 생 푸아Saint-Foix, 『수상록Essai』. / (2) 반감은 호감만큼이나 특이한 현상이다. 칼레Calais의 한 남성은 오리 울음소리만 들으면 분노에 휩싸이곤 했다. 그는 늘 손에 검을 들고 오리를 쫓아다녔다. 하지만 오리고기는 좋아했

다. 엘베시우스Helvetius는 다음의 일화를 기록했다. "로렌Lorraine의 공작이 성대한 만찬을 준비했다. 식사는 꽃밭으로 이어지는 현관에 차려졌다. 저녁 식사가 한창이던 중, 한 여성이 거미를 보았다고 착각하며 비명을 질렀다. 그녀는 식탁에서 뛰쳐나와 정원으로 달려가다가 잔디 위에 넘어지고 말았다. 그 순간 그녀는 옆에 누군가가 함께 구르고 있는 소리를 들었다. 바로 공작의 최고 시종이었다. 그녀는 말했다. '아! 선생님, 오셔서 저를 챙겨주시다니 감사해요! 제 행동이 너무 무례했나요?' 시종은 답했다. '아닙니다. 부인. 말해주세요. 그것이 컸나요?' 여성은 이에 답했다. '아! 정말 끔찍했어요.' 시종은 물었다. '그것이 제 옆을 날아갔나요?' 그러자 여성은 당황하며 시종을 쳐다보았다. '무슨 소리세요? 비행하는 거미라니요?' 이에 시종은 화를 내며 답했다. '아니, 겨우 거미 때문에 이러신 겁니까? 세상에! 완전히 미치셨군요 부인. 저는 박쥐라도 되는 줄 알았습니다.'"

사이렌 [Syrènes / Sirens] 이 글을 읽는 독자들은 거인과 용을 믿지 않듯, 사이렌의 존재도 믿지 않을 것이다. 하지만 오늘날 용과 거인이 존재했다는 것이 입증되었다. 아메데 피쇼Amedee Pichot의 『월터 스콧의 앵무새Perroquet de Walter Scott』 속 성 오란St. Oran의 전설(6세기) 부록에는 흥미로운 이야기가 등장한다. 작가는 다수의 사실과 유적을 열거하며 브르타뉴Bretagne에 사이렌이 존재했다는 사실을 증명한다.

해당 지역에서 사이렌은 '바다의 가수'라고 불렸다. 뱃사람들은 사이렌의 휘파람 소리를 들었다. 사실 이는 밀집된 공기가 소리를 내는 경우이다. 이 소리는 하늘에서도 땅에서도 바다에서도 존재한다. 이런 자연의 힘은 천체의 조화, 바람 소리, 해변의 파도 소리 등을 만들어낸다. 사람들은 이를 하늘, 땅, 바다에 사는 여성 정령의 노래라 생각했다. 고대인들이 인식하던 사이렌은 이런 가상의 존재이며, 여기에 새나 물고기 몸을 한 여성의 모습이 부여되었다. 조로아스터Zoroaster는 영혼을 사이렌이라고 불렀다. 이는 히브리어로 '노래하는 자'라는 의미가 있다[1].

(1) 자크 캠브리Cambry, 『피니스테르 여행Voyage dans le Finistère』.

시로카이트 [Syrrochite] 플리니우스Pliny의 기록에 따르면, 강신술사들이 사용한 보석이라고 한다. 이들은 소환한 환영을 시로카이트를 사용해 묶어두었다.

시트리 또는 비트루 [Sytry, Bitru] 지옥의 위대한 공작. 그리핀Griffin의 날개를 단 표범의 모습을 하고 나타난다. 시트리가 인간의 모습을 할 때는 매우 아름답다. 그는 열정을 불러일으키는 악마이다. 그는 명을 받고 여성들의 비밀을 들춰 놀리는 것을 좋아한다. 70개 군단을 거느린다[1].

(1) 요한 바이어Johann Weyer, 『악마의 유사군주제Pseudomonarchia Dœmonum』.

T

타오라 [Taaora] 타히티인Tahitians은 타오라를 모든 것의 창조주로 여긴다. 그는 땅을 만들었고 원소 정령을 불렀다. 또 바다를 마련하고 자신을 닮은 최초의 인간들을 만들었다….

담배 [Tabac / Tobacco] 리스본Lisbon의 대사 니코Nicot은 프랑스에 처음으로 담배를 들여온 사람이다. 생트 쿠아Sainte-Croix 추기경은 이탈리아에 담배를 도입했고, 드레이크Drack 대위는 잉글랜드에 담배를 도입시켰다. 어떤 식물도 담배만큼 빠르게 전파되지 않았다. 담배를 반대하는 이들도 많았다. 튀르키예의 황제, 러시아의 황제, 페르시아의 왕은 백성들에게 담배를 금지하였다. 만약 이를 어기면 신체 절단, 사형을 경고하기도 했다. 처음에는 교회에서 담배를 피우는 것이 허락되지 않았다. 담배 연기가 만들어내는 재채기 때문에 왕실 중요한 회의에서도 금지되었다. 영국의 왕 제임스 1세James I는 담배의 위험을 고발하는 두꺼운 책을 펴냈다. 파리 의과 대학은 가루 형태, 연기 형태의 담배가 해롭다는 논문을 발표했다. 하지만, 이 논문을 쓴 의사는 수업 시간 내내 담배를 피웠다고 한다. 생 뱅상Saint-Vincent 섬 주민들은 담배가 지상 낙원 속 금단의 열매라고 보았다.

교령 원탁 [Tables Tournantes / Table-Turning] 18세기에 시작된 자기Magnetism, 19세기 초에 시작된 최면술과 마찬가지로, 교령 원탁과 폴터가이스트'를 이용한 점술은 오늘날 많은 이들의 이목을 끌고 있다.

이 마법 같은 소환술은 새로운 것이 아니다. 모든 시대의 철학은 악마의 기술로 인해 종말을 맞았다. 신을 배척하는 자, 무신론자, 범신론자들은 물질을 숭배하였고 신은 이런 악마와 악마의 기술을 내버려두었다. 성 바울St. Paul은 '공기 중에 떠도는 보이지 않는 힘들과 맞서 싸워야 한다'고 말했다. 악마의 기술이 만연하는 때가 오면 이 말을 인정하고 기억해야 한다.

테르툴리아누스Tertullian는 당시 대중들 사이에서 유행했던 교령 원탁에 대해 기록했다. 이 교령 원탁은 현재의 교령 원탁과는 다른 형태의 의식이었다. 미르빌Mirville(『혼령 Des esprits』의 저자)은 암미아누스 마르켈리누스Ammianus Marcellinus의 저서 29권에 등장하는 다음의 이야기를 인용하였다.

"다음은 마법 범죄로 인해 로마 법정에 소환된 파트리키우스Patricius와 힐라리우스Hilarius의 변론이다.

힐라리우스가 말했다. '우리는 보는 바와 같이 델포이Delphi 삼각대를 모방하여 월계수 조각들로 이 작은 탁자Mensulam를 만들었습니다. 그리고 관습에 따라 이를 축복한 뒤 사용했습니다…. 우리는 이것을 집 한가운데 놓고 여러 금속으로 만든 둥근 대야를 올려두었습니다. 이후 리넨 옷을 입은 남자가 주문을 읊고 점술의 신에게 제물을 바쳤습니다. 다음에 그는 매우 얇은 리넨 실로 만든 고리를 둥근 대야 위에 매달아 두었습니다. 이 고리는 신성한 의식을 거쳐 준비된 것이었습니다.

이 고리는 새겨진 여러 철자 위를 왔다 갔다 하다가 몇몇 글자에서 잠깐씩 멈추었습니다. 이는 저희가 던진 질문에 대한 답이었습니다. 이 답은 완벽한 단어를 형성해 냈습니다. 어느 날 우리는 누가 현 황제를 뒤이을 것인지 물었습니다. 그러자 고리는 오가며 '테오Theo'라는 단어를 만들어냈습니다…. 우리는 이 이상 물어보지 않았습니다. 그게 테오도르Theodore를 가리킨다는 것을 충분히 알았으니까요. 이후 예상은 빗나갔지만, 점술은 틀리지 않았습니다. 테오도시우스Theodosius가 그 자리에 올랐으니까요."

이게 오늘날 유행하는 교령술과 유사하다는 점에 동의할 것이다. 이 의식에서 제일 중요한 것은 탁자이다. 그리고 사제는 교령술의 영매(소환한 혼령과 인간의 중재자)를 대신한다. 그리고 고기는 교령술에 사용되는 연필을 대신한다. 이 세 가지 요소가 모이면 그 위로 점술의 신이 떠다니게 된다….

테이블로 점을 치는 의식은 늘 존재했다. 최근** 《상트페테르부르크의 꿀벌L'Abeille de Saint-Pétersbourg》 관보에는 라마Lamas(인도 불교 사제)들이 오래전부터 탁자를 이용해 미래를 점쳤다는 내용의 기사가 실렸다. 다음은 알렉시스 드 발드마르Alexis de Valdemar가 서명한 해당 기사의 발췌본이다.

'누군가 라마에게 잃어버린 물건을 찾아 달라고 부탁하면, 라마는 즉시 요청을 들어주지 않았다. 라마는 점술 의식을 준비할 시간이 필요하다며 며칠 뒤로 약속을 잡아주었다.

약속한 날이 되면, 라마는 작은 사각 탁자를 앞에 두고 바닥에 앉는다. 그리고 탁자 위에 손을 올린 뒤, 낮은 목소리로 티베트어책을 읽기 시작한다. 삼십 분 뒤, 그는 자리에서 일어나 손을 탁자에서 뗀다. 그리고 팔은 앞으로 뻗은 채 살짝 들어 올린다. 그러면 신기하게도 탁자가 손의 움직임을 따라 공중에 뜨며 함께 올라간다.

이후 라마는 그대로 자리에서 일어나 머리 위로 손을 높이 들어 올린다. 그러면 탁자는 공중에 뜬 채 라마의 눈높이 까지 올라간다.

탁자는 라마의 움직임을 따라 한다. 그가 몸을 앞으로 움직이면, 탁자 또한 앞으로 이동한다. 라마가 빠르게 달리면, 탁자는 잽싸게 그를 앞지른다. 이에 라마는 탁자의 뒤를 간신히 쫓는 모양새가 된다. 뒤이어 탁자는 여러 방향으로 움직이다가, 공중에서 잠시 흔들리며 바닥으로 추락하게 된다. 탁자가 움직인 방향 중에는 유난히 두드러지는 쪽이 있는데, 그 방향으로 가면 잃어버린 물건을 찾을 수 있다. 또 탁자가 떨어진 곳을 살펴보면 잃어버린 물건을 찾을 수 있다.

나는 실제로 이 의식을 목격했다. 이를 목격한 날, 탁자는 80피트가 넘는 거리를 헤맨 뒤 어느 지점에 떨어졌다. 하지만 그곳에는 도난당한 물건이 없었다. 그러나 같은 날, 같은 방향에 살던 한 러시아 농부가 자살을 했고, 이 자살은 의심을 불러일으켰다. 주민들은 그의 집을 찾아 수색했고, 그곳에서 훔친 물건들이 나왔다.

나는 이 의식에 세 번 참석했고, 세 번의 실패를 목격했다. 라마는 의식 동안 잃어버린 물건을 찾을 수 없다고 선언했다. 하지만 네 번째 실험에 동행했을 때, 앞서 설명한 사건을 목격하게 되었다. 이는 오늘날 자바이칼스키Zabaykalsky Krai라 불리는 지역 인근의 엘란Elane 마을에서 벌어진 일이다.

눈앞에 보이는 것을 맹목적으로 믿을 수 없었기에, 나는 이 현상을 요술사가 재주를 피운 것으로 생각했다. 또 그가 잘 보이지 않는 실을 통해 식탁을 들어 올렸다고 생각했다. 그러나 낱낱이 살펴보아도 속임수의 흔적은 발견되지 않았다. 게다가 소나무 목재로 만든 식탁의 무게는 1.5리브르Livre***나 되었다. 나는 이 의식이 식탁, 모자, 열쇠 등을 움직이게 하는 폴터가이스트와 유사한 것이라고 믿게 되었다.'

우리는 '교령술Spiritisme' 키워드에서 교령 원탁 및 유령을 통한 점술을 살펴보았다. 교령 원탁 의식은 전염병처럼 삽시간에 유행했다. 2년이 채 지나지 않아, 미국에서는 50만 명이 유령과 소통하게 되었다. 이 기술에 관한 책과 신문이 발행되었고, 구경꾼들은 호기심에 가득 찬 채 이를 지켜보았다.

곧 유럽에서도 교령 원탁에 대한 연구가 시작되었다. 그리고 이는 1850년부터 큰 인기를 끌었다. 이 현상에 대해 반박할 수 없는 일화들 또한 많이 생겨났다. 몇몇 이들은 진지하게 이를 연구하였다. 그리고 이 유령들이 성 바울이 말했던 '공기 중에 떠도는 보이지 않는 악마'일 뿐이라고 결론지었다.

하지만 미르빌이 지적하듯, 학자들은 그들의 이론에 조금이라도 방해가 되는 증거는 선뜻 받아들이지 않았다. 그는 다음과 같이 말했다. "우리는 점점 의학 박사들이 초자연적 사상에 집착하는 행위를 이해하기 어려워질 것이다. 이들은 적이나 질병보다 초자연적 사상에 더 집착한다."

르레Leuret 박사는 말했다. "유령을 믿는 모든 사람은 즉시 샤르통Charenton 정신병원에 수감되어야 한다."

를뤼Lelut 박사는 다음과 같이 주장했다. '현시대에 초자연적 존재와 소통한다고 주장하는 사람은 정신착란자로 취급될 각오를 해야 할 것이다….'

파르샤프Parchappe 박사는 훨씬 더 가혹하게 이들을 비판했다. 그는 다음과 같이 말했다. "세기마다 점차 쇠약해져 온 초자연주의는 지난 세기 과학 분야에서 확실하게 쫓겨나게 되었다. 그리고 오늘날에는 문명 사회에 존재하는 하급 계층과 무지한 사람들만이 이를 믿고 있다….[1]"

하지만, 이 책 『지옥사전』은 무례함에 무례함으로 답하지 않을 것이다. 학자 중에는 눈을 뜨고도 보지 못하고, 지성을 갖추고도 이해하지 못하는 자들이 있다. 누구인지는 언급하지 않겠다. 그리고 이들을 샤랑통 정신병원에 가둔다는 말도 하진 않겠다.

교령 원탁에 대한 견해를 더 알아보길 원하면 미르빌과 구그노 데 무소Gougenol des Mousseaux가 《말하는 테이블La Table Parlante》에 쓴 논평들을 참고하길 권한다. 자, 이제 우리는 다시 유령의 두드림 현상과, 폴터가이스트 현상에 관해 이야기해 보겠다.

보이지 않는 존재들은 무언가를 두드리거나 알파벳을 이용해 긍정, 부정의 신호를 보인다. 이들은 셈을 하기도 하고, 문장 또는 종이 한 장을 빼곡히 글로 채우기도 한다. 하지만 이게 전부가 아니다. 이들은 두드리는 소리로 행진곡을 연주하거나, 인간이 부르는 노래에 맞춰 똑똑 소리를 낸다. 또 지시받은 리듬을 따라 물건을 두드린다. 보이지 않는 존재들은 톱, 대패, 북, 비, 바다, 천둥과 같은 다양한 소리를 흉내 낸다. 또한 허공에서 바이올린과 기타를 연주하거나, 종을 울리거나, 악기 없이 환상적인 군악을 연주하는 경우도 있다.

게다가 이들은 이유 없이 혹은 누군가의 부탁으로 가구나 모든 종류의 물건을 움직인다. 반대로 일부 물건을 바닥에 완전히 붙이는 경우도 있다. 이때 이 물건은 여러 명이 힘을 써도 들리지 않는다. 거대한 식탁이 방을 무시무시한 속도로 가로지르는 것도 이들의 소행이다. 수백 권의 책이 테이블 위에 쌓여있음에도 말이다. 혹은 45도 이상 탁자를 기울이는 경우도 있다. 이때 탁자 위에 있는 물건들은 떨어지지 않는다. 어떤 탁자는 통통 뛰며 춤을 추는 경우도 있다. 이는 탁자 위에 여러 사람이 있어도 영향을 받지 않는다. 게다가 사람들이 방 반대편으로 날아가 공중에 매달리는 경우도 존재한다.

다른 예도 있다. 손만 나타나 종이 위에 죽은 사람의 서명이나 다른 글자를 남기는 경우도 보이지 않는 존재들의 소행이다. 반투명의 인영이 나타나는 것, 목소리만 들리는 것, 도자기가 스스로 깨지는 것, 천이 찢어지는 것, 항아리가 뒤집어지는 것, 초가 꺼졌다 다시 켜지는 것, 방이 밝아졌다가 갑자기 어두워지는 것, 날아온 돌멩이에 창문이 깨지는 것, 여성들의 머리가 헝클어지는 것도 이들이 한 짓이다. 이처럼 기이하고 환상적이며 그로테스크한 사건을 열거하자면 끝이 없다.

분명 이 중에는 정확하지 않거나, 잘못되었거나, 지어낸 이야기들이 존재할 것이다. 그러나 초자연적인 현상에 대해 어떤 것이 진실이고 거짓인지 비판적으로 구별하는 것은 어렵다. 또한 이러한 현상들을 다룰 때 이성적으로 특정한 사실만을 선택하거나 무시할 수 없다. 확실한 것은 여기서 언급한 사건들, 특히 그중에서도 주목받은 사건들은 명확하게 사실인 것으로 입증되었다는 것이다. 이를 비판하는 것은 증언한 판사, 의사, 교수 등의 인격과 진실성을 비난하는 것과 다름없다.

이런 현상을 만들기 위해 필요한 것은 무엇일까? 지금까지 알려진 유일한 조건은 인간과 이 기이한 존재들 사이에서 중재 역할을 하는 특정 인물이다. 이들은 일반적으로 영매라 불린다. 이런 영매들은 신체적 혹은 정신적으로 티가 나지 않는다. 이들의 능력은 갑자기 드러나거나 다른 영매의 지목을 통해 발현된다. 또 성별, 나이, 사회 계층, 신앙의 유무와 상관없이 예상치 못한 순간에 능력이 나타난다. 1854년 초, 미국에는 3~4만 명의 영매들이 거주했다. 이 가운데는 진지하고 유식하며 존중받고 인정받는 사람들도 있었다. 또한 대법관, 신부, 고위층의 유명한 여성들도 포함되어 있었다. 물론 이 외에 문맹, 야만인, 부도덕하고 퇴폐한 자들도 있었다.

최면 상태에서 영매 능력이 더 잘 발현되는지는 알 수 없다. 하지만 이는 가능성이 있는 주장이다. 다만 해당 문제들을 다루는 책들에서 이 주제에 관한 의견은 상반된다.

일부 뛰어난 영매들은 영들과 지속적으로 소통하며, 언제 어디서든 영을 자유자재로 불러낼 수 있다. 그러나 이러한 현상을 일으키기 위해서는 영적 서클을 만들어야 한다. 이 서클은 산 자와 죽은 자의 교류를 몹시 용이하게 해준다. 이를 위해서는 같은 목적과 견해를 가진 사람들이 테이블 주위에 원 형태로 모여 앉아야 한다(이들은 영혼의 수동적 도구로서 활용되는 것에 거부감이 없어야 한다). 이때 그 지역에 영매가 거주한다면 함께 하는 것이 좋다. 다음은 서로 손을 잡거나, 독서하거나, 노래 부르면서 영이 나타나기를 기다린다.

대체로, 몇 번씩 몇 시간을 시도해야 탁자 또는 다른 곳에서 약하게 두드리는 소리가 들린다. 때로는 참석한 사람들의 신체적 혹은 정신적 상태가 소환에 영향을 미치기도 한다. 어떤 경우에는 의식의 진행 시간과 상관없이 어떤 현상도 일어나지 않는다. 혹은 마음에 들지 않는 사람이 방을 나갈 때까지 어떤 신호도 주지 않는 영도 있다. 이와 반대로 불신자들이 장난으로 만든 모임에서 영이 갑자기 등장하는 일도 생긴다. 영은 끔찍한 소리를 내며 나타나고 둥글게 앉아 있던 참석자들을 공포스럽게 만든다.

이후 영들은 단순하게 영매를 통해 바로 소통하는 방식을 찾아냈다.

두드리는 영매 Rapping Mediums (영의 두드리는 소리를 듣는 영매) 외에 갑작스럽게 최면에 걸린 것과 유사한 상태에 빠지는 영매도 있다. 이 상태에서 이들은 영의 인형이 된다. 그리고 영들은 마음껏 이들의 팔다리와 신체 기관을 사용한다. 이 상태에서 영에게 질문을 던지면 영매는 발작적인 움직임으로 답한다. 손으로 무언가를 두드리거나, 머리나 신체 부위를 움직여 신호를 보내거나, 손가락으로 알파벳을 가리킨다. 간혹 이런 신호는 너무 빨라 이해하기 어려운 경우도 있다.

쓰는 영매 Writing Mediums는 영과 접촉할 때 팔에 강력한 경련을 느낀다. 이후 영매는 펜, 연필을 쥐고 영들이 소통하고자 하는 내용을 적거나 그린다. 즉 영의 필기구가 되는 것이다. 때때로 이들은 자신의 지식과 상관없이 책 한 권을 써 내려가기도 한다.

일부 영매는 영을 통해 질병을 진단하고, 위기를 예측하며, 치료법을 제시한다. 이는 자기 몽유병 Magnetic Somnambulism과 유사하다. 이와 같은 영매는 손을 얹거나 동물 자기를 이용해 병을 치료한다.

일부 유령들은 오래되고 잊힌 사실들, 현대인이 모르는 사건들, 상당한 거리에서 일어난 사건들에 대한 자세한 정보를 말한다. 이는 때때로 놀라울 정도로 정확하다.

무수한 저서와 『말하는 테이블』[2]에서도 폭넓게 다뤄진 이 두려운 주제는 여기서 마무리하는 것이 좋겠다. 더불어 교회는 이러한 악마들과의 위험한 거래를 공식적으로 비난하고 엄격히 금지했음을 기억해 주었으면 한다.

(1) 망령, 유령의 집, 가짜 조폐공, 두드리는 영, 폴터가이스트 등의 이야기에서도 비슷한 소리가 종종 등장한다. 성당이나 건물을 축복하기 전에 했던 이 기도를 떠올려 보자. '주님, 모든 악령, 유령, 두드리는 영혼을 달아나게 하소서.' 우리가 다루는 문제에 비추는 한 줄기 빛과 같은 기도이다! / (2) 파리에서 앙리 플론Henri Plon이 8절판으로 묶어 출간. 참조. 보르티즘Bortisme. / * 이유 없이 소리가 들리고 물건이 떠다니는 현상. 악마, 마녀, 죽은 영혼에 의해 발생한다고 여겨졌다. / ** 『지옥사전』 집필 당시인 1863년. / *** 과거 사용하던 화폐단위이자 무게 단위. 1리브르는 약 500g이다.

침묵 저주 [Taciturnité / Taciturnity] 악마는 자주 자신의 앞잡이들에게 침묵 저주를 걸었다. 이 저주에 걸린 마법사들은 종교 재판에서 묻는 질문에 답하지 못하게 되었다. 불레Boulle는 조사 동안 침묵 저주에 걸린 척하며 입을 다물고 있었다.[(1)]

(1) 쥘 가리네Jules Garinet, 『프랑스 마법사Histoire de la Magie en France』, 245페이지.

타쿠인 [Tacouins] 이슬람교도들 사이에서 언급되는 요정의 일종. 때로는 고대 '운명의 세 여신Fates'과 같은 일을 하기도 한다. 이들은 악마로부터 인간을 보호하고 앞날을 알려준다. 동로마인들은 타쿠인이 아름다운 외모를 가지고 있다고 믿었다. 또 천사의 것과 유사한 날개가 달려있다고 생각했다.

타이유피에(노엘) [Taillepied(Noël)] 1589년에 사망했다. 그는 『영혼의 출현에 관한 개론Traité de Vapparition des esprits』(12절판, 자주 재판됨)을 집필했다. 이 책은 망자, 분리된 영혼, 유령 등의 이야기를 담고 있다. 이 외에도 『루터와 카를로스타트의 생애Vies de Luther et de Carlostadt』(1577년, 파리, 8절판), 『아리스토텔레스 철학 요약Abrégé de la philosophie l'Aristote』(1583년, 8절판) 등을 저술했다. 그리고 수많은 우화와 독특한 견해를 담은 『대홍수부터 예수의 출현까지 드루이드, 켈트족 승려, 갈리아 사제, 켈트족 음유 시인들로 이루어진 국가와 공화국의 역사Histoire de l'État et la république des druides, eubages, saronides, bardes, depuis le déluge jusqu'à Notre-Seigneur Jésus-Christ』(1585년, 8절판)를 썼다.

타이트루(잔) [Tailletroux(Jeanne)] 피에로 본볼Pierre Bonnevault의 아내. 마녀 집회에 참여한 마녀라는 이유로 1599년 푸아투Poitou 몽모리용Montmorillon에서 기소되었다. 심문 당시 그녀는 남편이 자신을 강제로 지옥의 집회에 데려갔으며, 25년 동안 계속 참석했다고 자백했다. 타이트루는 집회에서 처음 악마를 봤을 때, 검은 사람의 모습을 하고 있었다고 말했다. 악마는 군중이 보는 앞에서 다음과 같이 외쳤다고 한다. "뛰어라! 뛰어라!" 그렇게 그녀는 춤을 추기 시작했다. 악마는 그녀에게 드레스 천 한 조각과 암탉 한 마리를 달라고 요구했다. 이후 그녀가 사람과 동물을 죽이고 저주를 걸기 위해 마법을 사용했다는 증언들이 나왔다. 결국 그녀와 그녀의 남편은 사형에 처해졌다.

타인가이리 [Taingairi] 칼미크족Kalmyk 민담에 등장하는 하늘의 정령으로 별을 움직인다. 칼미크족은 별을 작은 유리공으로 생각했다. 타인가이리는 두 가지 성별이 있다.

탤라포인 [Talapoins] 라오Lao 왕국 사제이자 강력한 마법사들.

이들은 대단한 권력을 누린다. 라오의 주민들은 마법과 저주에 크게 의존한 삶을 산다. 이들은 포도주와 인간의 담즙을 섞은 액체를 머리에 바르면 무적이 된다고 믿는다. 이 액체를 코끼리의 관자놀이와 이마에 바르기도 한다. 이 약물을 얻기 위해 주민들은 탤라포인에게 살인 허가를 구매한다. 그리고 이런 일의 전문가인 용병들에게 살인을 청부한다. 용병들은 숲의 경계에 자리 잡고 있다가 가장 먼저 마주치는 사람을 (성별 관계없이) 살해하고 배를 갈라 담즙을 꺼낸다. 용병이 담즙을 꺼낼 사람을 구하지 못한다면, 그는 자신 혹은 자신의 아내 혹은 아이를 희생해 고용주가 지불한 돈의 대가인 인간의 담즙을 전달한다.

탤라포인들은 주술의 두려움을 능숙하게 이용해 돈벌이 수단으로 활용했다. 이들은 바치는 돈의 액수에 따라 저주를 걸어주거나 풀어주었다. 마리니Marini가 남긴 기록을 살펴보면, 더 자세한 내용을 살펴볼 수 있다(내용의 많은 부분이 상상에 기반을 둔다 해도 말이다). 이 작가는 책에 탤라포인과 기독교 수도사들을 유사하게 보는 거짓된 이야기를 기록하기도 했다.

부적(탈리스만) [Talismans] 천상의 기호 혹은 다른 기호, 형상, 문자, 이미지가 새겨진 돌. 부적(탈리스만)은 특정 행성의 날과 시간에 행운이 깃든 장소에서 장인이 제작한다. 이때 날씨는 화창하고 청명해야 한다. 이는 좋은 영향력을 끌어들이기 위함이다.

태양의 문양이 새겨진 부적은 태양의 영향을 받는 날에 순금으로 만든다. 태양은 금을 관장하기 때문이다. 반면 달의 부적은 비슷한 환경에서 순은으로 만든다. 화성의 부적은 고급 강철로 제작한다. 목성의 부적은 순수한 주석으로 만든다. 금성의 부적은 윤이 나고, 잘 정제된 구리로 만든다. 토성의 부적은 정제된 납으로 만든다. 수성의 부적은 안정된 수은으로 만든다.

돌과 행성의 관계도 살펴보겠다. 적갈색 지르콘, 취석은 태양의 성질을 가진다. 에메랄드는 달의 성질을 가진다. 자석과 자수정은 화성의 성질을 가진다. 녹주석은 목성, 홍옥수는 금성의 성질을 가진다. 옥수와 벽옥은 토성의 성질을 가진다. 황옥, 반암은 수성의 성질을 가진다.

이집트인들이 발명한 부적의 종류는 셀 수 없이 많다. 가장 유명한 것은 솔로몬Solomon의 반지로, 신의 위대한 이름이 새겨져 있다. 이 반지를 손에 넣은 이는 모든 악령을 지배하는 힘을 얻는다.

티아나의 아폴로니오스Apollonius of Tyana는 콘스탄티노플Constantinople에 황새 상을 세웠다. 이후 상에서 풍기는 마법적 기운 때문에 모든 황새가 도시에서 먼 곳으로 도망갔다. 이집트에는 누워있는 비너스Venus 형상의 부적이 있었는데, 이는 우박을 막아주었다.

부적은 온갖 종류의 재료로 만들어졌다. 가장 흔히 제작된 것은 카발라 부적인데, 악마의 도움을 받지 않아도 되니 가장 만들기 용이했다. 다만 제작 시 몇 가지 고려할 점이 있었다.

태양의 부적을 신뢰와 존경을 담아 착용하면, 왕의 호의, 자비, 명예, 부, 대중적인 존경을 얻는다. 달의 부적은 모든 유행성 질병으로부터 지켜주고 미신으로부터 보호해 준다. 특히 모든 위험으로부터 여행자들을 보호해 준다. 화성의 부적을 경건한 마음으로 착용하면 무적이 될 수 있다. 또 놀라운 힘과 활력이 깃든다. 목성의 부적은 슬픔과 공포를 없애고 모든 일에 성공을 가져다준다. 금성의 부적은 증오를 잠재우고 음악적 재능을 준다. 토성의 부적은 고통 없는 출산을 하도록 도와준다. 이 부적의 효능은 그동안 난산을 겪은 여러 사람들이 증명해 주었다. 또한 이 부적은 함께 있는 물건의 양을 증식시켜 준다. 한편, 어느 기수가 이 부적을 왼쪽 부츠에 끼운다면, 그의 말은 상처를 입지 않게 된다. 수성의 부적을 경건하게 착용하면 말재주와 신중함을 얻을 수 있다. 또 지식, 기억력 등이 향상된다. 이 부적은 모든 종류의 열병을 낫게 한다. 그리고 침대 머리맡에 두면 원하는 것을 알려주는 꿈을 꾸게 된다. 이는 무시할 수 없는 즐거움일 것이다[1]. **참조.** 탈리스Talys, 테라핌Theraphim, 토마스 아퀴나스Thomas Aquinas, 악어Crocodiles, 펜타클Pantacles 등.

(1)『작은 알베르투스의 비밀Secrets du Petit Albert』.

탈리손 [Talissons] 우상 숭배 시대의 프러시아Prussia 사제들. 이들은 장례가 열리면 예식을 진행한 뒤, 하늘을 올려다보았다. 그리고 고인이 빛나는 무기를 차고 말을 탄 채, 수행원들을 대동하며 하늘을 날아 사후 세계로 가는 모습을 지켜보는 척했다.

탈무드 [Talmud] 참조. 탈무드Thalmud.

탈리스 [Talys] 인도인들의 결혼식에 사용되는 부적. 일부 계급은 무늬나 그림 없이 작은 원형 금판을 사용하고, 어떤 계급은 호랑이의 이빨을 사용한다. 또는 특정 형상을 띠지 않는 금은 세공품을 사용하기도 한다.

마법 북 [Tambour Magique / Magic Drum] 사미인Lapps*의 주요 마법 도구. 일반적으로 소나무나 자작나무 둥치를 파낸 후 제작한다. 사미인들은 북 위를 덮는 가죽에 붉은색 염료를 사용해 상징적인 그림을 그린다. **참조.** 사미인Lapons.

* 라플란드에 사는 소수민족.

타마라쿤가 [Tamaracunga] 스페인들이 페루에 들어온 뒤 세례를 받고자 한 페루 청년. 그는 그때까지 해당 지역을 지배하던 악마들로부터 잔혹하게 괴롭힘을 당했다. 그러나 그는 그들을 물리치는 은총을 받게 되었다. 그가 악령들과 싸운 이야기는 피에르 시에사 데 레온Pedro Cieza de Leon의 『페루의 역사Histoire du Pérou』(1555년, 세비야, 2절판)에 기록되어 있다. 평이 좋은 이 책에선 사건의 흥미로운 내막이 소상히 담겨있다. 격노한 광대 같은 악마들은 자신의 먹이인 타마라쿤가를 포기하지 않기 위해 최선을 다했다.

체점 [Tamis(Divination par le) / Sieve (Divination by the)] 참조. 체점Cosquinomancie.

타무스 [Tamous] 칼미크족Kalmyk의 지옥. 이곳에선 암염소의 머리를 단 악마들이 지옥에 떨어진 자들을 괴롭힌다. 지옥에 온 자들은 끊임없이 토막 나고 톱질을 당하며 맷돌에 갈린 뒤 다시 살아나 똑같은 형벌을 받는다. 가축들은 이곳에서 가장 무거운 짐을 지며 죗값을 치르고, 포식자 동물들은 서로를 끊임없이 물어뜯는다.

타나킬 [Tanaquil] 타르퀴니우스Tarquin의 아내. 그녀는 전문 점술가였다. 로마에서는 그녀의 허리띠를 보존했다. 이 허리띠에는 큰 능력이 있다고 여겨졌다.

탄첼름 또는 탄첼린 [Tanchelm, Tanchelin] 이 문란한 이교도는 1105년부터 1123년까지 앤트워프Antwerp와 인근 지역에서 큰 숭배를 받았다. 심지어 그의 배설물마저 부적으로 여겨져 사람들이 찾아 헤맬 정도였다.[1]

(1) 『원죄의 전설Légendes des péchés capitaux』 속 해당 이야기를 참조할 것.

타니와 [Taniwoa] 뉴질랜드 토착민들이 믿는 바다의 신.

태너 [Tanner] 다음은 스폰드라트Sfrondrate 추기경이 남긴 글에 기록된 이야기이다. 독실하고 박식한 예수회 신부 태너는 고향의 공기를 마시고 건강을 회복하기 위해 프라하Prague에서 인스부르크Innsbruck로 여행을 떠났다. 하지만 여행 도중 이름 모를 어느 마을에서 숨을 거두고 말았다. 사법 기관에서는 그의 짐을 조사했고, 그곳에선 의심스러운 희귀한 형태의 작은 함이 나왔다. 이 함은 검은색이었으며 나무와 유리로 만들어서있었다. 조사관 중 하나는 유리를 통해 함의 내부를 들여다보았다. 그리고 뒷걸음질을 치며 안에서 악마를 보았다고 말했다. 이에 사람들은 매우 놀랐다. 뒤이어 그를 따라 함을 들여다본 사람들은 모두 같은 반응을 보였다. 함 안에는 크고 검고 머리에 뿔을 단 흉측한 존재가 있었다. 철학 전공인 한 청년은 함에 갇힌 자가 함보다 덩치가 클 수는 없다고 말했다. 그렇기에 이는 물질적인 존재가 아닌 동물 몸에 갇힌 영혼일 가능성이 높다고 덧붙였다. 결국 사람들은 이런 함을 지니고 다니는 자가 마법사일 수밖에 없다는 결론을 내렸다. 이 악마에 관한 사건은 큰 파장을 일으켰다. 조사를 지휘하던 판사는 고인에게 교회 장례식을 금할 것을 결정했다. 또 신부에게 함을 구마하여 악마를 내쫓을 것을 지시했다. 대중들은 고인이 예수회였기에 예수회 수도사들이 악마와 거래를 한다고 생각했다. 이는 무지한 대중들이 내리는 특유의 성급한 판단을 잘 보여주는 예시이다. 판사의 명을 행하는 그때, 프러시아Prussia 출신의 한 철학자가 해당 마을을 지나게 되었다. 그리고 어느 예수회 마법사와 함 안에 갇힌 악마의 이야기를 듣게 되었다. 그는 크게 웃으며 그 사건을 직접 보기 위해 현장을 찾았다. 철학자는 그것이 다름 아닌 현미경이었다는 사실을 알게 되었다.

촌사람들은 이 물건에 대해 알 리가 없었다. 그는 렌즈를 빼고 사슴벌레를 꺼냈다. 벌레는 식탁 위를 돌아다니며 사람들을 바보로 만들었다. 그런데도 몇몇 사람들은 계속해서 태너가 남긴 첫인상에 관해서만 이야기하며 자신들이 악마를 보았고 모든 예수회 신자는 마법사라 떠들고 다녔다[1].

(1) P. 보나방튀르 지로도 P. Bonaventure Giraudeau. 『우화집 Paraboles』.

탑 또는 갑 [Tap, Gaap] 지옥의 위대한 의장이자 군주. 탑은 인간의 모습을 한 채 정오에 나타난다. 그는 지옥의 주요 왕 넷에게 명령을 내린다. 그는 빌레스Byleth만큼 강력한 악마이다. 한때 강신술사들은 탑에게 술과 제물을 바치며, 마법을 통해 그를 소환했다. 현명한 왕 솔로몬Solomon이 이를 처음으로 행했다고 알려져 있으나, 이는 잘못된 풍설이다. 실상 최초로 탑을 소환한 것은 노아Noah의 아들 함Cham이었다. 함은 빌레스에게 섬김을 받았다. 또 악마를 이용해 수학자들이 높이 평가하는 책을 만들어냈다. 예언자 엘리야Elijah와 엘리사Elisha가 만들었다는 또 다른 책은 『솔로몬의 열쇠Key of Solomon』에 등장하는 성스러운 이름을 이용해 탑을 소환하는 방법을 소개한다.

만약 구마사가 빌레스의 능력을 익힌다면, 탑은 구마사의 존재를 감당할 수 없다. 탑은 사랑과 증오를 일으킨다. 그는 아마이몬Amaimon의 권력 하에 놓인 악마들을 다스린다. 또 인간을 여러 지역으로 빠르게 이동시킬 수 있다. 그는 60개 군단을 거느린다[1].

(1) 요한 바이어Johann Weyer, 『악마의 유사군주제Pseudomonarchia Dœmonium』, 823페이지.

타란툴라 [Tarentule / Tarantula] 미신에 따르면, 타란툴라에 쏠리면 숨을 주게 된다고 한다. 수탉과 말벌이 이 거미에 쏠리면 바이올린 소리에 춤을 추는 것은 물론 율동을 맞추기까지 한다고. 일부 자연주의자들은 타란툴라가 춤을 추게 할 뿐 아니라, 직접 우아하게 춤을 추기도 한다고 주장한다. 생 안드레Saint-Andre는 타란툴라 침에 쏘인 나폴리 출신 병사를 치료한 적 있다고 말했다. 병사는 매년 나흘에서 닷새 동안 춤을 추었다. 이러한 기현상의 원인은 아직도 완벽하게 설명되지 않았다.

타르니 [Tarni] 칼미크족Kalmyk이 사용한 구마 주문. 양피지에 적어 병자의 목에 두르면 건강이 회복된다.

타로아타이헤토메오 [Taroataihetomeo] 타히티인Tahitians들의 최고신. 분명 타오라Taaora또는 이투아스Eatuas와 동일한 존재일 것이다.

타로 카드 [Tarots] 이집트, 이탈리아, 독일에서 기원한 카드. 78장으로 구성되며, 일반적인 카드보다 더 자세히 미래를 예견한다. 실질적으로 '타로'라고 불리는 카드는 22장이다. 이탈리아의 타로 카드에는 4원소 (옛날 양식), 복음서, 죽음, 최후의 심판, 감옥, 불, 가룟 유다Judas Iscariot 등이 그려져 있다. 독일 타로 카드에는 미치광이, 마법사, 곰, 늑대, 여우, 유니콘 등이 그려져 있다. 이외에 56장의 카드가 추가된다. 이 카드는 왕 4장, 여왕 4장, 기사 4장, 시종(잭) 4장이 포함되어 있다. 또 1(에이스)에서 10까지의 카드 10장이 4세트 있다. 이는 막대기(클로버), 검(스페이드), 컵(다이아), 동전(하트)으로 구성된다.

모든 카드에 대한 설명을 여기서 자세히 다루기에는 지면이 부족하다. 타로 카드의 해석은 카드점과 유사하나, 부수적으로 다수의 신탁을 제공한다.

타르타라! [Tartara!] 도피네Dauphine의 예언자들이 전투에 나설 때 외치던 소리. 이 소리를 외치면 승리를 보장받고 적을 퇴각시킬 수 있다고 믿었다. 그러나 그 반대의 결과가 벌어지기도 했다.[1]

(1)『지옥의 전설Légendes Infernales』 속 도피네의 예언자들 이야기를 참조할 것.

타르타로스 [Tartare / Tartarus] 고대인들의 지옥. 지하 깊숙이 존재하며 평평하다고 생각했다. 호메로스Homeros는 지상과 지옥의 거리가 지상과 하늘의 거리만큼 떨어져있다고 주장했다. 버질Virgil은 지옥이 세 개의 성벽으로 둘러싸인 거대한 장소라고 말했다. 또 플레게톤Phlegethon 강이 주위를 감싸며 흐른다고 묘사했다. 이곳은 높은 탑이 입구를 지키고 있다. 지옥의 문은 다이아몬드만큼 단단하며, 신의 힘으로도 부술 수 없다. 티시포네Tisiphone가 항상 이를 지키며 그 누구도 나갈 수 없게 감시한다. 반면 라다만토스Rhadamanthus는 죄인들을 복수의 세 여신Furies에게 데려간다. 타르타로스에 들어간 자는 절대 돌아올 수 없다고 한다. 하지만 플라톤Plato은 이를 반박했다. 그는 지옥에서 일 년을 보내면, 갑자기 물살에 휩쓸려 덜 고통스러운 곳으로 이동한다고 생각했다.

타르티니 [Tartini] 어느 날 밤, 유명한 음악가 타르티니는 머릿속에 음악적 영감을 가득 채운 채 잠에 들었다. 그러자 꿈속에 악마가 나타나 바이올린으로 소나타를 연주했다. 악마는 그에게 물었다. "타르티니, 나처럼 연주할 수 있겠는가?" 이 아름다운 선율에 매혹된 음악가는 잠에서 깨어나 피아노로 달려갔다. 그리고 자기 작품 중 가장 아름다운, 악마의 소나타를 작곡했다.

타소(토르콰토) [Tasso(Torquato)] 타소는 판별점성술을 믿었다. 1576년, 그는 한 편지에 다음과 같이 적었다. '점성가 세 명이 내 탄생을 살펴보았다. 그들은 내가 누군지 모르는 채, 모두 입을 모아 뛰어난 위인이자 장수와 부를 누릴 인물이라고 말했다. 이들은 내 장단점을 제대로 알아냈는데, 체질과 습관까지 맞추었다. 그러고 나니 난 확실히 위인이 될 것이라고 믿기 시작했다.' 그는 52세의 나이로 1595년 생을 마감하였다. 그는 큰 부도 장수도 누리지 못했다. 그에게는 사역마가 있었다.

타티안 [Tatien / Tatian] 2세기 이교도 엔크라티테스Encratites의 우두머리. 이들은 악마가 포도 재배법과 혼인 제도를 만들어냈다고 주장했다.

두더지 [Taupe / Mole] 두더지는 한때 점술에서 중요한 역할을 맡았다. 플리니우스Pliny는 점술을 행할 때 그 어떤 동물보다 두더지의 내장에서 제일 정확한 점괘가 나온다고 말했다. 평민들은 아직도 두더지가 특별한 능력을 갖추고 있다 주장한다. 가장 놀라운 것은 살아있는 두더지를 질식시킨 손이다. 온기가 남은 이 손으로 환자를 만지면 모든 치통과 복통이 낫는다. 두더지의 발을 월계수 잎으로 감싸고 말의 입에 넣으면 말은 겁을 먹고 달아난다. 이를 새의 둥지에 넣으면 알을 낳지 못한다. 검은 말을 두더지 삶은 물로 문지르면 백마가 된다.[1]

(1)『대 알베르투스의 경이로운 비밀들Les admirables secrets d'Albert le Grand』, 114페이지.

타우즈 [Tauses] 악몽을 일으키는 독일 악령. 선한 이들의 꿈으로 찾아간다.

타비드 [Tavides] 몰디브Maldives 섬 주민들이 사용하는 문자. 질병으로부터 보호해 주며 부적처럼 사용한다. 사랑의 감정을 불러일으키는 능력도 있다.

타이무랄 [Taymural] 페르시아 전설의 왕. 그는 기니스탄Ginnistan에서 악령들을 내쫓았다. 참조. 정령Génies.

티 [Tée] 타히티Tahiti 가문들이 숭배하는 수호령. 조상 또는 죽은 부모 중 하나이다. 이 정령들에겐 질병을 만들거나 낫게 하는 능력이 있다.

테후프테후 [Tehuptehuh] 부탄의 산에 있는 쇠사슬 다리를 만든 악령.

텔 [Tell] 스위스 루체른Lucerne 호수 근처, 인적 드문 어느 산에는 세 명의 텔이 거주하는 동굴이 있다. 세 명의 텔은 스위스인들이 구세주라고 믿는 이들이다. 세 명의 텔은 여전히 옛날 의복을 입고 있는데, 때가 되면 조국을 구하러 동굴에서 나온다. 이들이 사는 동굴 입구는 찾기가 몹시 까다롭다. 한 여행기는 어린 목동에게 이들에 대한 이야기를 들었다. 목동의 아버지는 잃어버린 염소를 찾기 위해 바위 사이를 헤매던 중, 우연히 한 동굴을 발견했다고 한다. 그는 동굴에 들어가 잠들어 있는 세 명의 남자를 발견했다. 그리고 직감적으로 이들이 세 명의 텔이라는 것을 알아챘다. 이때 갑자기 한 명이 깨어났다. 그는 목동의 아버지에게 다음과 같이 물었다. "지금 세상은 몇 시인가?" 겁에 질린 목동의 아버지는 생각할 겨를도 없이 대답했다. "정오입니다." 그러자 텔은 소리쳤다. "아직 우리가 돌아올 때가 아니구나." 그리고 다시 잠에 들었다. 훗날 스위스가 위험한 전쟁에 빠졌을 때, 늙은 목동은 다시 동굴을 찾아가 세 명의 텔을 깨우려 해보았다. 하지만 그가 방문했던 동굴은 찾을 수 없었다.

텔레즈(가브리엘) [Tellez(Gabriel)] 티르소 데 몰리나Tirso de Molina라는 이름으로 더 잘 알려진 극작가. 『설교자 악마Diable prédicateur』라는 작품을 썼다. 50세의 나이에, 이 극작가는 연극을 포기하고 복되신 동정 마리아 수도회Order of the Blessed Virgin Mary of Mercy에 들어갔다. 이를 언급하는 것은, 텔레즈가 극에 등장하는 다소 자유로운 농담 때문에 철학가들에게 방탕한 수도사라는 비난을 받았기 때문이다. 아마 이들은 텔레즈가 극을 쓸 당시 수도사가 아니었다는 사실을 잊어버렸나 보다.

온도 [Température] 그리스에는 칼라조필라스Calazophylaces라는 사제들이 있었다. 이들의 역할은 우박과 폭우를 관찰하고 양이나 닭을 제물로 바쳐 이를 막는 것이었다. 제물이 없거나 의식에서 좋은 징조가 보이지 않는다면, 이들은 주머니칼이나 송곳으로 손가락에 상처를 냈다. 그리고 피를 흘림으로써 신의 기분을 달래려 하였다. 에티오피아에도 이와 비슷한 사기꾼들이 있었다. 이들은 칼이나 면도칼로 신체를 훼손해 비를 부르거나 좋은 날씨를 만들어냈다. 1년 모든 날의 온도를 예상하는 마테오 라엔스버그Matthieu Laensberg 연감도 있다. 연감에서 맑은 날씨를 예고했다면 반드시 외투를 챙기기를 바란다.

태풍 [Tempêtes / Storms] 발트해Baltic Sea 연안 주민들은 마법의 힘으로 태풍, 파도를 불러일으키는 마법사를 믿는다. 이들은 낚싯배를 뒤집기도 한다. 참조. 에릭Éric, 핀란드인Finnes, 제임스 1세Jacques Ier 등.

성전 기사단 [Templiers / Templars] 1118년경, 몇몇 독실한 기사들은 성묘Holy Sepulcher를 수호하고 순례자들을 보호하기 위해 예루살렘으로 모였다. 보두앵 2세Baldwin II는 이들에게 '솔로몬Solomon 성전'이 있었다고 여겨지는 곳에 지어진 집을 선물했다. 이들은 이에 따라 '성전 기사단'이라고 불리게 되었다. 또 기사단이 머무는 거처는 '성전'이라 불렸다.

처음 이들은 오직 자선을 받아 생활했다. 이에 '성지의 가난한 자'들이라 불리기도 했다. 그러나 이후 이들은 수많은 공을 세우게 되었고, 왕들과 대영주들은 곧 막대한 재화를 부여했다. 이들은 세 가지 종교 서약을 하였다. 1128년, 투루아Troyes 공의회에서 성 베르나르Bernard of Clairvaux는 이들에게 규율을 내려주었다.[1] 1146년, 교황 외젠 3세Eugene III는 이들의 의복을 정하고 십자가를 달도록 했다.

성전 기사단은 빠르게 성장하였고 위업을 남기며 번영했다. 14세기 초 이들은 유럽에서만 9천 개의 영지를 획득하였다. 그러나 부유함은 부패로 이어졌다. 성전 기사단은 알비파Albigensian 이교에 연루되었고, 이들의 도덕성은 파문을 일으켰다. 곧, 이들에겐 다섯 가지 혐의가 주어졌다. 이단, 신성모독, 기독교 경멸, 예수 그리스도Jesus Christ의 부정, 부도덕한 행위가 그것이었다. 또한 이들은 마법의 사용, 우상 숭배, 악마 숭배로도 고발당했다. 이들은 비밀 회동에서 황금으로 만들어진 네 발이 달린 바포메트의 머리Baphomet's Head를 숭배했다.[2]

필리프 4세Philippe IV는 성전 기사단원들의 힘을 매우 불안해했다. 그는 이들의 재산을 탐하여 1307년 프랑스의 모든 기사단원을 체포해 법정에 세웠다. 교황 클레멘스 5세Clement V는 이 절차에 반대했다. 성전 기사단은 성좌의 권한에 따르는 종교 집단이기 때문이었다. 이후 파리에서 140명의 단원들이 죄를 시인하였다. 교황은 푸아티에Poitiers에서 이 중 72명을 심문하였고 이들은 죄를 인정했다. 뒤이어 빈Vienna에서 의회가 소집되어 사건을 심판하였고, 기사단은 폐지되었다.

클레멘스 5세는 회개한 기사단원들과 기사 단장을 사면했다. 그러나 필리프 4세는 자크 드 몰레Jacques de Molay 기사단장(그랜드 마스터)이 노트르담Notre Dame 대성당 입구에서 공개적으로 고해하고 명예를 바로 잡기를 요구했다. 자크 드 몰레는 이를 거부하였고, 1314년 3월 18일 다른 고위 기사단원과 함께 화형을 당했다.

자크 드 몰레가 왕과 교황을 신 앞에 소환했다는 풍설은 사실이 아니다. 그와 동료들은 재판관들에게 복수하기 위해, 헛되고 알 수 없는 기도만 행했다. 이것이 성전 기사단에 대한 진실이다.

프리메이슨에는 사라진 성전 기사단의 후예를 자처하는 기사단이 남아있다.

(1) 이 규율은 72개 조항으로 구성되어 있다. 규율에 따르면, 기사단원들은 흰옷을 입어야 했다. 또 이들은 매일 신성한 예배에 참석해야 했다. 다만 군사 상황으로 인해 불가할 경우, 규정된 다른 기도로 대신할 수 있었다. 기사 단원들은 매주 네 번 금식을 하며 사냥이 금지되었다. / (2) 이들은 몽펠리에Montpellier에서 열린 회동 때, 이 머리를 전시했다고 자백했다 (참조. 바포메트의 머리Tête de Bophomet). 그리고 곧 악마가 고양이의 모습을 하고 나타났다고 덧붙였다. 참여자들에게 숭배를 받은 이 고양이는 친절하게 모두와 이야기를 나누었다고 한다. 이후 여러 마리의 악마가 등장했다.

템자르풀리에 [Temzarpouliet] 브르타뉴Bretagne 가정에 깃든 악마. 장난기가 많으며 개나 가축 등 여러 모습으로 변신한다. 모를렉스Morlaix의 담 드 라 퐁텐Dame de la Fontaine 사거리에는 템자르풀리에를 내쫓기 위해 그려둔 십자가가 있다.

테나로 [Ténare / Tenaro] 고대인들은 지옥에 테라노라는 창문이 있다고 생각했다. 이 창은 케르베로스Cerberus가 감시한다.

어둠 [Ténèbres / Darkness] 악마를 어둠의 힘이라고 부르는 것은 이들이 빛을 견디지 못하기 때문이다. 이는 지옥이 어둠의 집이라고 불리는 이유이기도 하다.

유혹 [Tentations / Temptations] 참조. 악마Démons, 계약Pactes, 희생Dévouement 등. 다음은 『니콜의 영Esprit de Nicole』에서 발췌한 내용이다.

'악마들은 천사와 마찬가지로 선하게 태어났지만, 마음을 굳건히 지키지 못하고 오만함에 빠져 지옥에 떨어진 존재들이다. 하지만 신은 마지막 심판까지 이들을 완전히 묶어 놓지 않고, 지옥에서 나와 인간들을 시험하도록 허락했다. 이는 비밀스러운 시험이기도 하다. 악마는 어디에서든 지옥을 품고 있다. 또 언제나 인간을 해할 준비가 되어 있다. 다만 신이 허락하지 않는 한 이들은 아무런 힘도 발휘할 수 없다. 신이 악마의 힘을 허락하는 이유는 인간을 벌하거나, 시험하거나, 영광을 내리기 위함이다.

악인들은 악마의 진정한 노예이다. 이들은 악마의 의지에 따르고, 악마의 함정에 빠지고, 악마의 변덕에 굴복한다. 그러나 신은 악마의 능력을 규제한다. 악마가 자신의 능력을 한계 없이 휘두르지 못하게 하는 것이다. 악인과 선인은 다음의 차이가 있다. 신은 악마의 능력을 제한하여 악인이 과한 악행에 빠지는 것을 막는다. 반면, 악마가 선인을 괴롭히기 위해서는 신의 허락이 필요하다.

세상에는 보이지 않는 사자처럼 우리를 집어삼킬 기회만 엿보는 악마들이 즐비하다. 인간들은 어리석음에 빠져 악마의 힘이 두렵지 않다는 오만함을 지니기도 한다. 혹은 악마 존재 자체를 의심한다.

대중들은 악마 탓을 하는 행위가 정신력이 약하기 때문이라고 생각한다. 이는 악마가 이 세상에서 아무 할 일 없이 존재한다고 믿는 것이다. 또 신이 이들에게 행동의 자유를 주었다가 지금은 완전히 무력한 존재로 힘을 축소해 버렸다고 여긴다. 외부의 현상만을 놓고 본다면 이 불신은 그럴싸한 이야기이다. 하지만 큰 문제는, 소수의 사람만 악마의 유혹을 진지하게 믿는다는 것이다. 악마가 함정을 파고, 굴복시키기 위해 우리 주변을 어슬렁댄다는 것을 믿는 사람은 거의 없다. 하지만 이를 알아챈다면, 우리는 방탕한 삶과 방심으로 영혼의 문을 악마에게 활짝 열어젖히지 않을 것이다. 또 이에 저항하기 위해 필요한 조처를 할 것이다.

악마를 진정으로 두려워하는 사람은 드물다. 또 그들의 함정에 빠지지 않기 위해 노력하는 사람도 거의 없다. 어쩌면 대중들은 이것이 별로 중요치 않다 생각하는지도 모른다. 우리를 둘러싼 보이지 않는 악령 무리는 마치 동화나 환상처럼 대다수의 기독교인에게 어떠한 영향도 미치지 못한다. 악마가 흥분, 열정을 들쑤시고 끊임없이 영혼을 유혹함에도 말이다. 이성과 깊게 연관된 우리의 영혼은 오직 만질 수 있는 자극에만 반응한다. 그렇기 때문에 보이지 않는 것은 두려워하지 않는다. 하지만 그렇다고 해서 이들이 두려워할 가치가 없는 것은 아니다. 사실상 이는 악마들에게 유리하다. 이러한 무감각이 그들의 힘을 키우고 목표에 다가갈 수 있도록 하기 때문이다. 이런 무사태평 상태에 빠지는 것은 악마에게 큰 승리를 주는 것이나 다름없다. 악마는 어둠의 정령이다. 그렇기에 이들의 본성은 영혼을 타락시켜 그 안에 숨는 것이다. 예수 그리스도Jesus Christ의 정신이 깃든 영혼을 제외하고, 모든 이들은 악마의 영향을 받는다.

악마는 직접 소통하는 대신, 빙의한 인간의 입을 통해 이야기한다. 그리고 우리 마음에 부여하고 싶은 감정을 불어넣는다. 이들은 지상의 물건을 이용해 행동을 취한다. 악마는 거대한 재산과 행복을 줄 것 같은 가짜 형상을 보여준다. 이들은 우리의 감정을 조작하고, 재산에 대한 열망을 키워낸다. 그리고 우리를 진정한 행복으로부터 멀어지도록 만든다. 우리는 계속해서 악마가 행하는 이런 영향들을 받는다.

악마는 우리의 마음에 개입하거나, 우리 앞에 나타날 수 없다. 그렇기에 열망과 욕망이 서린 우리의 언어를 사용해 의도를 전한다. 복수심이 강한 사람의 말을 통해 정당한 복수를 주장하고, 야망 있는 자를 통해 출세의 이득을 말한다. 또 인색한 자를 통해서 부를 쫓는 집착을 말하며, 향락주의자를 통해 세상 쾌락의 즐거움을 말한다. 악마는 이들의 상상력에 관여하고, 생각을 유발한다. 그리고 이들의 입을 통해 말함으로써 영향력을 행사한다. 그렇지만 이런 사람들의 말보다 방탕한 행동이 더 효과가 좋다. 악마는 세상의 물건들을 조용히 보여준다. 더불어 세상이 유혹적이고 이 물건들은 열망할 가치가 있다는 것을 우리에게 설득한다.

악마의 책략과 교활함은 인간이 현생에서 범죄를 저지르도록 선동한다. 인간이 죄를 지을 때마다 인간에 대한 악마의 힘과 영향력은 더욱 강해진다. 악마는 인간을 더 강하게 지배하기 위해, 더 잔혹하고 효율적으로 괴롭히기 위해 비난 받아야 마땅한 행동을 저지르도록 강요한다. 이 때문에 악마의 통상적인 계략은 인간의 열정을 자극하고 길러내는 데 있다. 악마는 신봉자들에게 부와 향락을 내려주고, 부정한 목표에 닿을 수 있도록 도움을 준다. 또 인간들이 자신으로부터 달아나지 못하도록 애쓰며, 무기력한 상태로 만든다. 이를 위해, 그는 모든 종류의 책략과 인위적 수단을 동원한다. 악마는 잡은 인간을 절대 놓아주지 않는다.

악마는 방탕한 행위를 부추기고 허락하는 자, 잘못된 예를 보여주며 양심의 가책을 없애는 자들로 주변을 채운다. 악마는 즐거움을 주며 가짜 희망을 부여한다. 일, 활동, 목적, 오락에 시달리게 만들며 사고를 하지 못하게 막는다. 악마는 다양한 사람과 다양한 상황에 맞는 다양한 방법을 사용한다. 그리고 재앙과 해악을 통해 슬픔으로 인간을 짓누르고 절망에 빠지게 만든다. 또 무수한 과오로 인해 개종을 생각하지 못하게 만든나. 마지막으로 악마는 자신이 소유한 것을 잃지 않으려 모든 방법을 동원한다. 악마는 인간에게 자신의 속박이 사후 세계에서도 이어진다고 말한다.

재점 [Tephramancie / Tephramancy] 제물(희생양)을 태우고 생긴 재를 이용하는 점술.

유령점 [Tératoscopie / Teratoscopy] 하늘에서 보이는 유령, 기적에서 징후를 찾는 점술. 연대기 작가들이 기록했던 하늘에 나타난 기병대 등도 이에 포함된다.

테라공 [Terragon] 다음은 『파리의 한 아이가 보낸 끔찍한 것들에 관한 앙리 드 발루아의 건의Remontrances à Henri de Valois sur les choses horribles envoyées par un enfant de Paris』라는 1589년 제작된 한 소책자 속 내용이다.

'앙리, 당신은 기억하시나요? 당신은 루브르Louvre 궁의 방과 서재에서 마법사, 주술사, 점술가들을 불러 마법학교를 운영했지요. 또 한 사람당 매일 한 시간씩 당신을 교육할 수 있는 시간을 부여하고, 그들에게 테라공이라는 사역마도 선물 받았지요. 당신은 테라공을 보며 즉시 형제라 부르며 껴안았습니다….' 뒤이어 이 사역마에 관한 고약한 이야기가 등장한다. '앙리, 테라공이 당신에게 준 반지를 기억하시나요. 그 반지의 보석 속에 당신의 영혼이 새겨진 것도….' 이 특이한 이야기들은 오직 해당 소책자에만 등장한다. 그러나, 앙리 3세가 미신을 신봉했고 마법에 관심이 있었다는 것은 사실이다. **참조.** 앙리 3세Henri III.

지구 [Terre / Earth] 펠릭스 노가레Felix Nogaret는 『지구는 짐승이다La terre est un animal』 (베르사유, 16절판, 3년)라는 소책자에서 지구와 관련된 기이한 이론을 주장하였다. 리옹Lyon의 점성가는 지구가 하늘 위 아래로 매일 움직이는 해면 동물이라고 주장했다. 또 이 움직임을 통해 낮과 밤이 생긴다고 덧붙였다. 그의 이론이 맞으려면, 별들이 움직이지 않아야 한다. 즉 일식과 월식은 불가능해진다. 더불어 그는 지구가 코끼리처럼 숨을 쉬고, 화산이 콧구멍 역할을 한다고 말했다. 가톨릭 연합은[1] 요즘 같이 각자의 신념이 존재하는 시기에, 이 아름다운 발견을 한 저자가 해당 이론을 공식화 해보는 것도 적절하겠다고 언급했다.

동방에서는 풀이 지구의 머리카락이며, 미풍이 이를 빗질한다 보았다.

(1) 1842년 7월 16일.

지상의 것과 지하의 것 [Terrestres, Souterrains / Terrestrials, Subterraneans] 칼데아인Chaldeans들이 신성한 지식으로부터 가장 멀리 있다는 이유로 거짓말쟁이라 생각했던 악마들. **참조.** 지하의 것Souterrains.

공황 [Terreurs Paniques / Panic Attacks] 한 기사가 밤에 교수형 당한 시체와 악수를 하는 내기를 했다. 그의 동료는 이를 확실히 확인하기 위해 앞서 약속 장소에 도착했다. 곧 도착한 기사는 몸을 떨며, 갈등하더니 용기를 내 교수형 당한 시체의 손을 잡고 인사를 건넸다. 내기에서 진 것에 절망한 동료는 긴 한숨을 내쉬었다. 기사는 이 소리가 죽은 자가 내는 소리라 생각해 놀라 거꾸로 넘어졌다. 그는 즉사하고 말았다. **참조.** 레츠Retz, 공포Frayeur, 망령Revenants.

테리에 [Terrier] 마녀 집회의 호칭 기도에서 소환되는 악마.

테르바강 [Tervagant] 중세 시대의 유명한 악마. 사라센인Saracens들의 수호자이다.

테르빌 [Tervilles] 드롤Drolles들과 함께 노르웨이에 사는 악마. 못되고 음흉하며 입이 가볍다. 이들은 예언자 행세를 한다[1].

(1) 르 루아예Pierre Le Loyer, 『귀신의 역사 혹은 귀신 환영 Histoire des spectres ou apparition des esprits』, 6권, 329페이지.

테스페시온 [Tespesion] 나무에 마법을 걸 수 있었던 마법사. 그는 느티나무 한 그루를 향해 티아나의 아폴로니오스Apollonius of Tyana에게 인사를 하라고 명했다. 느티나무는 이에 복종하며 가느다란 목소리로 인사를 했

다.[1]

(1) 자크 도텡Jacques d'Autun, 『마술사와 마법사의 학습된 불신과 무지의 경솔함Incrédulité savante et la crédulité ignorante, au sujet des magiciens et des sorciers』.

머리 [Tête / Head] 다음은 살그Salgues가 인용한 트랄레스의 플레곤Phlegon of Tralles의 글에 등장하는 이야기이다. 시인 푸블리우스Publius는 늑대에게 먹혀 오직 머리만 남게 되었다. 거룩한 열정에 사로잡힌 이 머리는 로마 제국의 몰락을 예고하는 20절의 예언을 읊었다. 유사한 다른 사례도 있다. 아리스토텔레스Aristoteles는 한 주피터Jupiter 사제가 사망한 이야기를 언급했다. 그의 몸에서 떨어져 나온 머리는 살인자의 이름을 읊었고, 살인자는 체포되어 재판을 받았다. 그리고 머리가 했던 증언에 따라 처벌을 받았다. **참조.** 폴리크리테Polycrite.

바포메트의 머리 [Tête de Bophomet / Baphomet's Head] 1818년, 하머Hammer는 비밀 결사단과 얽힌 중요한 발견을 했다. 그는 빈Vienna 황실 박물관 고대 유물 전시실에서 성전 기사단이 숭배하던 우상 몇 개를 발견했다. 이 우상들은 바포메트의 머리라 불렸는데, '메테Mete' 또는 '지혜'라 불린 그노시스파Gnostics 신을 상징했다. 여기에는 잘려 나간 십자가, 생과 죽음의 이집트 열쇠, 뱀과 해와 달의 인장, 앞치마, 일곱 가지 촛대, 프리메이슨의 여러 상형문자가 새겨져 있었다. 하머는 성전 기사단 고위 기사들이 기독교를 거부하고 가증스러운 미신에 뛰어들었음을 증명했다. 그의 주장에 따르면, 성전 기사단과 프리메이슨은 그노시스파에 기원을 두고 있다고 한다. 이는 일부 그노시스파 관습이 성전 기사단에 전해지고, 그것이 다시 프리메이슨에 전해진 것이다.

성전 기사단 재판 당시 압류된 황금 머리 중 하나는 오랜 시간 마르세유Marseille에 보관되었다.

망자의 머리 [Tête de Mort / Death's-Head] 한 기독교인 왕은 자신이 언제 어떻게 죽게 되는지 알고 싶었다. 이에 그는 강신술사를 불러들였다. 강신술사는 악마에게 미사를 올린 뒤, 강신술을 위해 열 살짜리 어린 아이의 머리를 잘랐다. 그리고 검은 성체 위에 아이의 머리를 얹었다. 이후 몇 가지 주문을 외친 뒤, 머리에게 왕의 질문에 답하도록 명했다. 하지만 머리는 다음과 같이 말할 뿐이었다. "하늘이 날 대신해 복수할 것이다….[1]" 격노한 왕은 비명을 질렀다. "이 머리를 치워라!" 얼마 후, 그는 미쳐 죽었다[2].

(1) 원문에는 이렇게 적혀있다. 'Vim Patior.' / (2) 보댕Bodin, 『마법사들의 빙의망상Démonomanie des Sorciers』.

성 요한의 머리 [Tête de Saint Jean / St. John's Head] 17세기의 한 예언가는 독특한 방식으로 미래를 보는 자로 유명했다. 그를 만나러 온 사람들은 어두운 방으로 들어갔는데, 오직 횃불 몇 개만 켜져 있는 곳이었다. 그는 이 방에 접시를 두었고, 그 위에 세례자 성 요한의 머리를 형상화한 물건을 두었다. 예언가는 몇 가지 마법 의식을 치른 뒤, 머리가 질문에 답하도록 주술을 걸었다. 그러면 머리는 명료한 말로 꽤 정확하게 질문에 답을 하였다. 이 기이한 점술의 비밀은 식탁의 구조 속에 숨어있었다. 식탁은 네 개의 모서리와 중앙에 각각 기둥이 하나씩 달려 있었다. 그리고 식탁 중앙 기둥은 나무로 된 관이었다. 세례자 성 요한의 머리는 상자에 그림을 그린 것에 불과했다. 이 머리의 열린 입은 접시의 구멍을 통해 중앙 기둥 속 공간과 연결되어 있었다. 그리고 식탁 아랫방에서는 사람이 확성기로 이 구멍을 통해 정확히 신탁을 전하였다. 이렇게 하면 마치 머리가 답을 하는 것처럼 보였다.

뱀 머리 [Têtes de Serpent / Snake's Heads] 청년 시절 린네Carl Linnaeus는 함부르크Hambourg를 지나던 중 머리 일곱 개 달린 전설의 뱀을 마주하게 되었다. 이 뱀은 슈피켈센Spukelsen 시장 것이었는데, 사실 완전한 가짜였다. 린네는 첫눈에 이 뱀 머리 중 여섯 개가 뱀 가죽을 씌워 묶은 족제비 주둥이라는 것을 알아차렸다.

테트라그라마톤 [Tetragrammaton] 대부분의 악마 소환 주문에서 사용되는 미지의 단어.

테울라 [Teula] 스코틀랜드에 나타난 일종의 신기루. 이를 본 사람은 죽음의 행렬 또는 장례 행렬을 목격했다고 믿었다. 목격자는 행렬에 방해되지 않도록 지리를 이동했다.

테우자르풀리에 [Teusarpouliet] 참조.
템자르풀리에Temzarpouliet.

테우스 [Teuss] 피니스테르Finistere의 선한 정령. 흰옷을 입었으며 거대한 몸집을 가지고 있다. 그는 가까이 다가갈수록 거인처럼 커진다. 테우스는 자정에서 새벽 두 시 사이, 교차로에서만 만날 수 있다. 만약 악령이 해를 끼치려 다가온다면 그의 외투 자락 안에 숨으면 된다. 테우스의 옷자락에 당신을 감추면, 악령은 수레 소리처럼 요란한 소음을 내며 달아날 것이다. 악마는 빛줄기를 그리며 땅속 또는 물 속으로 사라진다[1].

(1) 자크 캠브리Cambry, 『피니스테르 여행Voyage dans le Finistère』.

투타테스 [Teutatès] 갈리아족Gauls 신화에서 플루토Pluto와 같은 존재. 주민들은 숲에서 그를 숭배했다. 갈리아인들은 숲에 들어갈 때 지옥의 악마들이 나타날 것이라 믿으며 매우 두려워했다. 하지만 드루이드 사제가 한 명이라도 있으면, 악마들이 해를 끼치는 것을 방지할 수 있다고 생각했다. 이들은 성역에서 넘어지면, 몸을 일으키지 않고 무릎으로 기어 재빨리 그곳을 벗어났다. 이는 초자연적 존재들의 분노를 잠재워야 했기 때문이다[1].

(1) 쥘 가리네Jules Garinet, 『프랑스 마법사Histoire de la Magie en France』, 3페이지.

탈무드 [Thalmud] 『탈무드』는 현대 유대인의 교리, 환상담, 윤리, 전통을 담고 있는 책이다. 성전이 파괴되고 120년 후, '우리의 성스러운 스승'이라 불리던 랍비 유다 아카도슈Juda-Haccadosch는 흩어진 유대인들이 율법과 전통을 잊는 것을 안타깝게 여겼다(당시 그는 안토니누스 피우스Antoninus Pius 황제에게 큰 총애를 받고 있었으며 매우 큰 부를 축적한 상태였다). 이에 그는 당대 영향력 있는 모든 랍비의 사상, 법령, 전통을 한데 아우르는 책을 쓰기로 결심했다. 이 2절판 서적은 『미슈나Mischna』 혹은 『두 번째 법』이라 불린다. 100명의 랍비는 이 책에 주석을 달아 『게마라Gemare』라는 책을 만들었다. 『미슈나』와 『게마르』를 한데 모으면 2절판 책 12권이 된다. 이를 『탈무드』라 부른다.

유대인들은 『탈무드』를 성경보다 더 중요하게 여긴다. 이들은 신이 성경책을 하루에 세 시간 읽고, 『탈무드』는 아홉 시간을 본다고 말한다.

타무스 [Thamus] 위대한 판이 죽었다고 외친 항해사. **참조.** 판Pan.

타무즈 [Thamuz] 2계급 악마이자 포병의 창시자. 그는 불꽃, 석쇠, 장작을 관장한다. 일부 악마학자들은 그가 여성들이 착용하는 팔찌를 발명했다고 주장한다.

테아게네스 [Théagènes] 참조. 신탁Oracles.

테안티스 [Théantis] 미지의 여성. **참조.** 오페레이트Oféreit.

출생 도표 [Thème Céleste / Birth Chart] 출생 도표는 점성가들이 별점을 보기 위해 작성한다. 이 도표에는 특정 시간 별과 행성의 위치가 담겨있다. 또 2개의 정사각형 안에 12개의 삼각형이 들어있다. 이를 황도 12궁이라고 부른다. **참조.** 점성술Astrologie.

테무라 [Thémura] 랍비 카발라의 세 가지 분류 중 하나. 테무라는 다음과 같은 방법으로 사용한다. 1) 문자 어순을 전환하거나 변경한다. 2) 일부 동등한 글귀에서 문자만 변경한다.

테오클리메누스 [Théoclimène / Theoclymenus] 필로스Pylos 지역 멜람푸스Melampus의 직계 후손 점술가. 율리시스Ulysses가 부재했을 당시 이타카Ithaca에서 점술을 행했다.

테오다하드 [Théodat / Theodahad] 참조. 이름점Onomancie.

테오도릭 [Théodoric] 고트족Goths의 왕. 유명한 상원의원이었던 시마크Quintus Aurelius Symmaque와 보에티우스Boethius를 반역죄로 감옥에 가두었다(보에티우스는 테오도릭의 사위이기도 했다). 기독교인이었던 보에티우스는 524년 사형에 처해졌고, 시마크 또한 그다음 해 같은 운명이 되었다. 하루는 테오도릭의 식사를 위해 관료들이 커다란 생선을 준비했다. 하지만 테오도릭은 접시 속 생선이 갓 자른 시마크의 머리로 보였다. 환영 속 시마크의 머리는 왕을 매섭게 노려보고 있었다. 환영에 기겁한 테오도릭은 벌벌 떨며 침대로 향했고 절망 속에서 생을 마감했다.

보에티우스

테오도시우스 [Théodose / Theodosius] 참조. 수탉점Alectryomancie.

테오만시 [Théomancie / Theomancy] 유대인 카발라의 한 부분으로 신성한 군주의 신비를 연구하고 성자의 이름을 탐구하는 것이다. 이 지식을 보유한 자는 미래를 내다보고 자연을 통제하며 천사와 악마에게 절대적인 권한을 행사할 수 있다. 또 기적을 만들어낼 수 있다. 일부 랍비들은 이 기술을 통해 모세Mose가 많은 기적을 행했고, 여호수아Joshua가 태양을 멈추었고, 엘리야Elijah가 하늘에서 불을 떨어뜨려 죽은 자를 되살렸고, 다니엘Daniel이 사자의 주둥이를 막았고, 세 아이가 화덕에서 불타 죽지 않게 되었다고 주장한다. 이와 같은 능력을 알고 있음에도, 오늘날 유대인 랍비들은 선조들이 행한 기적을 재현하지 못하고 있다.

테오필루스 [Théophile / Theophilus] 6세기 실리시아Cilicia 아다나Adana의 교회 관리자. 그는 정의롭고 자비로운 삶을 살았다. 하지만 테오필루스를 질투한 이들의 중상모략 때문에 주교 지위를 박탈당하게 되었다. 그는 악심을 품었고 악마에게 자신을 팔아 복수를 하게 되었다. 그와 악마의 계약은 동방 곳곳에 알려졌다, 이 계약은 독실한 로스비타Rosvitha의 라딘어 시에 자세히 기록되어 있다. 지속적인 기도와 진심 어린 회개로 이후 테오필루스는 용서를 받았다. 아무도 이의를 제기하지 못하는 이 사건의 자세한 내막은 『지옥의 전설Légendes Infernales』에서 확인할 수 있다.

테라핌 [Théraphim / Teraphim] 랍비 아벤 에즈라Aben-Ezra는 히브리족 우상인 테라핌이 점술을 위해 사용된 시계 형태의 청동 부적이라고 말했다. 이를 제작하기 위해서는 다음과 같은 과정을 거쳐야 한다. 먼저 집안 장손을 죽이고 그의 머리를 떼 소금과 기름에 절인다. 이후 몇몇 악령의 이름을 금판에 새겨 아이 혀 아래에 놓는다. 다음은 잘린 머리를 벽에 고정한 뒤 앞에 횃불을 켠다. 무릎을 꿇고 예를 최대로 갖추면, 머리가 테라핌의 생김새를 말해 줄 것이다. 그러면 머리가 말한 지시대로 이를 만든다. 일부 랍비들은 테라핌이 만드라고라라고 주장한다.

온도계 [Thermomètre / Thermometer] 1722년 오베르뉴Auvergne 모리악Mauriac 출신의 수도원장이자 과학 아카데미 회원이었던 샤프Chappe는 두 번의 여행으로 이름을 알리게 되었다. 그의 첫 번째 여행은 1761년 시베리아 토볼스크Tobolsk를 방문한 것이고, 두 번째 여행은 1769년 캘리포니아를 찾은 것이었다. 그는 두 번째 여행에서 사망했다.

첫 여행 당시, 샤프는 피로에 기진맥진해 잠에 들었다가 한밤중에 깨게 되었다. 그리고 동료들에게 버려진 채, 식량도 없이 얼음 사막 썰매 위에 홀로 남겨진 것을 알게 되었다. 용기를 잃지 않은 그는 무작정 걸었고, 눈이 채워진 구덩이에 빠졌으나 기적적으로 탈출했다. 이후 샤프는 멀리서 희미한 빛을 발견하고 다가가 동료들을 되찾았다. 잠들어있는 동료들을 깨워 용서한 그는 다시 함께 길을 떠났다. 목적지인 토볼스크 근처에 다다른 일행은 세 개의 강을 보게 되었다.

이 강들의 얼음은 곧 녹을 것으로 보였으며 물기가 여기저기 드러나고 있었다. 마부들은 위험한 강을 걸어서 건너는 것에 거부했다. 이에 샤프는 마부들에게 술을 먹여 취하게 한 뒤 처음 두 개의 강을 건너는 데 성공했다. 하지만 마지막 강에 다다르자, 마부들은 완강히 반대했다. 화가 난 샤프는 온도계를 들고 설득을 하기 위해 이들 대장의 야영지를 찾았다. 이때 장작 난로의 열기 때문에 온도계 수치가 크게 올랐고, 구경꾼들은 이를 지켜보며 깜짝 놀랐다. 사람들의 반응을 확인한 샤프는 기회를 놓치지 않았다. 그는 통역사에게 자신이 위대한 마법사이며, 자기 손에 들린 도구가 모든 위협으로부터 경고를 해준다고 말했다. 더불어 강의 얼음이 녹는다면, 도구 속 빨간 동물이 밖에서도 내려가지 않고 그대로 있을 것이라고 말했다. 다만 얼음이 계속 단단하게 얼어있다면, 자신이 가리킨 선 아래로 빨간 동물이 내려갈 것이라고 덧붙였다. 그는 군중과 함께 야영지 밖으로 나갔고, 온도계의 수치는 내려갔다. 놀라움과 감탄 속에서 마부들은 서둘러 그의 말에 따랐다. 썰매 밑 얼음이 갈라지고, 계속 깨졌지만, 이들은 무사히 강을 건널 수 있었다.

테스페시우스 [Thespésius] 실리시아Cilicia의 시민. 플루타르코스Plutarch의 기록에 따르면, 테스페시우스는 사기 행각을 거듭하며 재산과 명성을 잃는 방탕한 삶을 살았다고 한다. 한 신탁은 테스페시우스가 사망한 뒤 일이 더 잘 풀릴 것이라 예언했다. 이후 테스페시우스는 집에서 떨어져 목이 부러져 사망했다. 그러나 3일 뒤 장례식 도중 다시 살아났고, 실리시아에서 가장 공정하고 독실하며 덕이 넘치는 사람이 되었다. 주민들이 그에게 변화의 이유를 묻자, 그는 추락할 당시 자신의 영혼이 별까지 올라갔다고 말했다. 그리고 그곳에서 놀라운 광채를 관찰했다고 설명했다. 테스페시우스는 공중에 떠다니는 수많은 영혼도 함께 보았는데, 일부 영혼들은 불의 소용돌이 속에 갇혀있었다. 또 다른 영혼은 소용돌이를 따라 빙빙 돌고 있었다. 이들은 큰 고통 속에서 끔찍한 울음소리를 내었다. 하지만 다른 일부 영혼은 행복한 모습으로 빠르게 날아올랐다. 뒤이어 테스페시우스는 흉악범들의 형벌을 묘사해 주었다. 그곳에서 만난 한 영혼은 테시페시우스에게 그가 아직 죽지 않았으며, 신의 배려 덕분에 이 작은 여행을 하게 되는 것이라고 말했다. 이후 테스페시우스는 열렬한 기운에 밀려 다시 몸으로 돌아왔다고 한다[1]. 그렇지만 독자들이여, 부디 더 좋은 사람이 되기 위해 죽어보지는 마시길.

(1) 『다른 세계의 전설Légendes de l'autre monde』 속 해당 이야기를 참조할 것.

테살리아의 여성들 [Thessaliennes / Thessalians] 테살리아Thessaly에는 많은 수의 마법사가 거주했다. 특히 여성의 수가 월등히 많았기에 마녀와 '테살리아 여성Thessaliennes'이라는 말은 거의 동의어로 취급되었다.

테우르기아 [Théurgie / Theurgia] 이교도들은 초자연적 지식을 연구하고, 유령 또는 악령을 신으로 모시며(교회 신부들에게 이 존재들은 그저 악마에 불과했다) 테우르기아라 불리는 기적을 행했다. 이에 많은 철학자들이 테우르기아를 연구하고 행했다. 특히 3세기와 4세기의 절충주의 철학파, 신플라톤주의자Neoplatonists들은 연구에 더 힘을 쏟았다. 이러한 철학자들로는 포르피리오스Porphyry, 율리아누스Julian, 이암블리코스Iamblichus, 에베소의 막시무스Maximus of Ephesus

가 있다. 이들은 소환 주문과 특정 행위를 통해 유령과 소통할 수 있다고 주장했다. 또 유령에게 지시를 내리고, 유령의 도움을 통해 초자연적인 일을 할 수 있다고 말했다. 철학자들은 테우르기아와 마법이 거의 유사하다고 생각했다. 철학자들은 초자연적인 기법을 선한 술법과 악한 술법으로 나누어 구분했다. 먼저 게티아Goetia는 악한 술법이다. 이는 흑마법과 유사한데, 악마에 기원을 두고 있다. 다음은 백마법에 해당하는 테우르기아이다. 이는 신성을 통해 영을 소환하는 선한 술법이다.

베지에Bergier는 다음의 의문을 가졌다. '유령이라는 존재를 지배하고 조종할 수 있는 주문이나 행위는 어떻게 아는 것일까?' 그는 유령들이 테우르기아 주술사들에게 방법을 알려준 것이라 가정했다. 인간 피를 제물로 바치는 것과 같은 범죄 행위를 통해서 말이다. 테우르기아 주술사들은 이러한 의식을 실제로 진행하였다. **참조.** 배교자 율리아누스Julien, 마법Magie, 아스 노토리아Art Notoire.

티에르(장 밥티스트) [Thiers(Jean-Baptiste)]
소르본Sorbonne 대학을 나온 학자이자 파리 대학교 교수. 르 망Le Mans 교구에 속한 비브라예Vibraye의 사제이기도 하다. 티에르는 1638년 샤르트르Chartres에서 태어나 1703년 비브라예에서 사망했다. 얀센주의자Jansenists와 유사한 면을 다소 보였던 그는 여러 흥미로운 저서를 남겼다. 이 중 『미신 모음집Traité des superstitions』(12절판, 4부작)은 여전히 인기가 많다. 이 책에는 온갖 기이한 사건들이 등장한다.

토마스(성) [Thomas(Saint)]
악마학자들의 주장에 따르면 성 토마스 아퀴나스Thomas Aquinas는 연구에 몰두할 때 소음으로 인해 자주 방해를 받았다고 한다. 이는 창 아래로 지나가는 말들이 술집으로 향하며 내는 소리였다. 이에 부적을 만드는 재주가 있었던 그는 작은 말 모형을 만들어 길바닥에 묻었다. 이후 마부들은 이곳을 지나갈 수 없었다. 온갖 애를 써도 말들이 마법 걸린 길을 지나가지 않았기 때문이었다. 이는 지어낸 이야기에 불과하다. **참조.** 대 알베르투스Albert le Grand.

토마스 [Thomas]
다음은 여러 이야기꾼이 전하는 이야기다.

"토마스라는 한 수도사가 루카Lucca 수도원의 성직자들과 싸운 뒤 혼란에 빠져 숲에 숨어들었다. 그곳에서 그는 끔찍한 외모의 남성을 마주쳤다. 남성은 못생긴 얼굴에 음침한 눈빛을 하고 검은 수염을 단 채 긴 옷을 입고 있었다. 남성은 토마스에게 다가와 왜 이 외딴곳을 혼자 헤매느냐고 물었다. 수도사는 잃어버린 말을 찾는 중이라고 거짓말을 했다. 이에 남성은 '제가 도와드리지요.'라고 말했다. 이렇게 이들은 잃어버리지도 않은 말을 찾아 숲을 돌아다녔다. 이들은 낭떠러지로 둘러싸인 개울가에 도착했다. 남성은 신발을 벗으며 자기 어깨에 올라타라고 토마스에게 권했다. 그는 자신의 키가 커 개울을 쉽게 건널 수 있을 것이라 덧붙였다. 토마스는 겁이 났지만, 제안을 받아들였다. 그리고 등에 타자마자, 토마스는 남성에게 악마 특유의 기형 발이 달려있다는 사실을 깨달았다. 충격에 휩싸인 그는 신에게 마음속으로 간청했다. 그러자 악마는 불평했고, 커다란 떡갈나무 한 그루를 뽑더니 큰 굉음과 함께 달아났다. 토마스는 개울가에 널브러진 채, 사탄의 발톱으로부터 구해준 선한 천사에게 감사를 올렸다.[(1)]"

[(1)] 요한 바이어Johann Weyer, 『악마의 환상De Præstigiis Dæmonum』 등.

토르 [Thor]
고대 게르만족의 천둥 신. 망치를 들고 다닌다.

투 [Thou]
1598년, 투의 법원장은 매우 독특한 일을 겪었다. 소뮈르Saumur에 머물고 있던 그는 한밤중 발에 엄청난 무게를 느끼게 되었다. 이에 잠에서 깬 후, 격렬하게 움직여 무거운 물체를 바닥에 떨어뜨렸다. 아직 비몽사몽인 도중, 그는 뒤에서 발소리를 듣게 되었다. 법원장은 침대 커튼을 열어젖혔다. 그리고 열린 창 사이로 뿌려지는 달빛을 받으며 흰 형체가 움직이는 것을 보았다. 그는 벽난로 옆 의자에 옷들이 널브러져 있는 것을 보며 도둑이 들었다고 생각했다. 흰 형체가 침대로 다가오는 것을 본 그는 목소리에 힘을 주어 물었다. "누구십니까?" 흰 형체는 준엄한 목소리로 답했다. "난 하늘의 여왕이다."

법원장은 여성의 목소리를 듣고, 사람임을 알아챘다. 그리고 즉시 자리에서 일어나 시종들을 불렀다. 이후 시종들에게 그녀를 밖으로 데려가라 지시하고는 더 캐묻지 않고 다시 잠자리에 들었다. 다음날 그는 지난 밤 자신을 찾아온 여성이 미친 사람이었다는 것을 알게 되었다. 그녀는 사람들의 구경거리가 되어 이곳저곳을 배회하는 여성이었다. 전날 밤, 그녀는 잘 곳을 찾아 평소 알고 있던 법원장의 집에 몰래 출입했다. 그리고 문이 열려있던 법원장의 침실로 들어갔다. 이후 그녀는 난로 옆에서 옷을 벗어 의자 위에 쌓아 둔 뒤 발을 뻗고 쉬었다. 마을에서 그녀는 '하늘의 여왕'이라는 별칭으로 유명했는데, 이는 스스로 부여한 것이었다.

투기즘 [Thuggisme / Thuggeeism] 인도의 끔찍한 여신인 데비Devi(검은 여성, 탐욕자, 인육 먹는 자 등으로도 불린다)의 호의를 사기 위해 행하는 살인. 이런 방식으로 살인하는 자들은 여행자가 지나는 길목에 숨어 있다가 끈을 던져 목을 조른다. 이들은 투기즘을 통해 신이 상을 내려줄 것이라 믿는다. 일반인들은 '교살자'라 부르는 이 살인마들은 인도에서 '투그Thugs'라 불린다.

연기점 [Thurifumie / Turifumy] 재에서 나오는 연기를 통해 점괘를 얻는다.

티미아마타 [Thymiamata] 빙의된 자들을 구마하기 위해 고대인들이 사용했던 향.

티레(피에르) [Thyrée(Pierre)] 빙의망상, 귀신 들린 집, 밤이 만들어내는 공포에 관한 책(1)을 저술한 예수교 신자.

(1)『저주받은 장소들과 밤의 공포 그리고 악령 들린 자들Dæmoniaci, Cum Locis Infestis et Terriculamentis Nocturnis』.

티발랑 [Tibalang] 필리핀 원주민들은 특정 고목에서 티발랑이라는 유령을 볼 수 있다고 믿었다. 이는 조상의 영혼인데, 나무 속에 거주한다. 티발랑은 키가 매우 크고 긴 머리카락, 작은 발, 커다란 날개를 가진 모습으로 묘사된다. 그는 몸에 색칠이 되어 있다.

티베리우스 [Tibère / Tiberius] 카르다노Cardan의 주장에 따르면 이 로마 황제는 암흑 속에서도 앞을 훤히 보았다고 한다. 카르다노 역시 같은 능력을 갖추고 있었다. **참조**. 트라술레Trasulle.

튀코 브라헤 [Ticho-Brahé / Tycho Brahe] 스웨덴의 점성가. 그는 집에서 나올 때 처음 마주친 사람이 나이 든 여성이거나, 처음 마주친 동물이 길을 건너는 토끼일 경우 흉조로 생각했다. 이에 신속하게 집으로 돌아갔다.

티엑(루이) [Tieck(Louis)] 독일인 소설가. 15세기 아르투아Artois 이단의 역사를 소설 형식으로 기록했다. 이 책은『마녀들의 집회 Le Sabbat des sorcières』(8절판)라는 표제를 달고 프랑스어로 번역되었다.

대호 [Tigre / Tiger(Le Grand / The Great)] **참조**. 대 토끼Lièvre.

이명 [Tintement / Ringing] 브라운Thomas Brown은 볼에 열기가 느껴지거나 이명이 들리면 누군가 해당 인물의 이야기를 하는 것이라고 말했다. 프랑스인들은 이명을 매우 흉한 징조로 여겼다.

티파인 [Tiphaine] 고대 연대기 작가들은 놀라운 일화가 있는 역사 속 여성들을 요정(혹은 요정과 거래하는 자)이라고 의심했다. 오를레앙의 소녀Pucelle d'Orléans*는 고향의 '요정 연못(또는 여왕 연못)'이라 불리는 곳에서 요정과 거래했다는 누명을 썼다. 베르트랑 뒤 게스클랭Bertrand du Guesclin의 옛 연대기를 살펴보면 티파인의 아내 티파인 부인의 이야기가 기록되어 있다. 그녀는 뛰어난 재주가 있었는데, 남편에게 일어날 모든 일을 알 수 있었다. 그녀는 이로 인해 요정으로 여겨졌다

* 잔다르크Jeanne d'Arc의 별칭이다.

치즈점 [Tiromancie / Tyromancy] 치즈를 이용한 점술. 우리가 알지 못하는 다양한 방법을 통해 점괘를 얻어냈다.

티타니아 [Titania] 요정들의 여왕. **참조**. 오베론Oberon.

티투스 [Titus] 오래된 어느 유대인 역사 모음집엔 다음과 같은 내용이 등장한다. 황제 티투스는 예루살렘에서 유대인의 신을 물리쳤다고 선언했다. 그러자 다음과 같은 끔찍한 목소리가 들려왔다 "불행한 자여, 네가 물리친 것은 내 창조물 중 가장 연약한 것이니라." 그리고 작은 날벌레가 황제의 코안으로 들어가 뇌까지 도달했다. 날벌레는 7년간 황제의 뇌를 파먹었고, 그 어떤 의사도 이 날벌레를 꺼내지 못했다. 티투스는 끔찍한 고통에 시달리다 결국 세상을 떠났다. 의사들은 그의 사망 원인을 찾기 위해 티투스 시체의 머리를 열어보기로 했다. 그러자 잔뜩 살이 찐 날벌레가 튀어나왔다. 벌레는 거의 비둘기만 해져 있었는데, 쇠로 된 발과 구리로 된 입을 가지고 있었다[1].

(1) 알프. 카르Alph. Karr가 소개하는 옛날이야기. 『내 정원을 돌아보는 여행Voyage autour de mon jardin』, 서신 11.

토이아 [Toia] 플로리다Florida의 악마 숭배자들이 악마(악의 원천)를 부르던 명칭.

무덤 [Tombeaux / Tombs] 고대 여러 우상 숭배 국가에선 무덤에서 잠을 자는 풍습이 있었다. 이는 죽은 자들로부터 꿈을 얻고, 이들을 꿈에 소환해 질문하기 위함이었다. **참조.** 죽음Mort.

톰트고브 [Tomtegobbe] 고블린Goblin 가문의 스웨덴 요정. 다락방에 늙은이의 모습으로 거주한다.

톤달 [Tondal] 병사 톤달은 자신이 천사에게 이끌려 지옥으로 인도되었다고 말했다. 그는 그곳에서 지옥에 떨어진 자들이 겪는 고통을 보고 느끼게 되었다. 그를 안내한 천사는 지옥 여러 지역을 보여주었다. 톤달은 그곳에서 추위의 공포와 유황의 악취를 경험했다. 이는 그가 소를 도둑질한 벌이었다. 천사는 이를 통해 품행이 바르지 못한 삶의 위험성을 알려주었다. 이후 천사는 그를 침대에 돌려놓기 전, 천국의 광채도 맛보게 해주었다. 톤달은 잠에서 깨어났을 때, 완벽한 기독교인의 삶을 살기로 결심했다[1].

(1) 디오니시우스 카르투시아니Dionysii Carthusiani, 49. 해당 내용은 『톤달의 환상Visio Tondali』이라 불리는 책자에서 더 자세히 찾아볼 수 있다. 『다른 세계의 전설 Légendes de l'autre monde』 속 톤달 여행기를 참조할 것.

천둥 [Tonnerre / Thunder] 천둥은 신처럼 숭배되었다. 이집트인들은 천둥을 먼 곳에서 늘려주는 목소리라고 믿었다. 천둥소리는 가장 멀리까지 들리기 때문이다. 천둥이 치면 친굴레족Chingulais은 하늘이 형벌을 내리고 싶어 한다고 믿었다. 또 나쁜 자들의 영혼이 벼락을 내리쳐 주민들을 괴롭히고 벌을 준다고 믿었다. 브르타뉴Bretagne에서는 천둥이 칠 때 알을 품은 암탉 둥지에 작은 쇳덩어리를 넣는 풍습이 있다[1]. 이렇게 하면 벼락으로부터 보호받을 수 있다고 믿었기 때문이다. **참조.** 종Cloches, 요한복음서Évangile de saint Jean 등.

(1) 『피니스테르 여행Voyage dans le Finistère』, 2호, 16페이지.

토피엘니트시스 [Topielnitsys] 러시아와 폴란드의 악령들. 이들은 물 위에서 춤을 춘다.

토키 [Toqui] 위대한 토키는 아라우칸족Araucanians의 최고 신이다. 토키의 적은 악마 구에쿠바Guecuba이다.

토르가석 [Torngarsuk] 그린란드인들은 기도도, 희생제도, 종교의식도 하지 않는다. 다만 몇몇 초자연적 존재를 믿을 뿐이다. 토르가석은 초자연적인 존재들의 우두머리이며 가장 강력한 자이다. 그의 소문은 주로 낚시꾼들 사이에서 오간다. 토르가석은 다양한 모습으로 묘사된다.

그는 곰, 외팔 남성, 손가락 크기의 인간 등의 모습을 한다. 그린란드인은 병이 생기면 안가쿡Anguekkok을 찾는다. 그럼 안가쿡은 다시 이 신을 찾아 조언을 구한다. 토르가석은 안가쿡의 눈에만 보인다. 토르카석 외에도, 안가쿡을 매개체로 사용하는 여러 정령이 존재한다. 이들은 행복을 얻기 위해 해야 할 것과 피해야 할 것을 알려준다. 안가쿡은 사역마를 한 마리씩 지니고 있는데, 신탁이 필요할 때 사역마를 소환해 도움을 청한다.

토르케마다(앙투안 드) [Torquemada (Antoine de)] 스페인 작가. 여러 교리를 담은 『6일 창조Hexameron』를 펴냈다. 투렌Touraine의 가브리엘 샤퓌스Gabriel Chappuys는 출간되지 않은 이야기와 주목할 만한 다수의 이야기를 추가해 프랑스어로 번역하였다(1582년, 리옹, 8절판). 이 책엔 불가사의한 일, 악령과 유령의 모험 등의 내용이 가득하다.

토레블란카(프란시스코) [Torreblanca (François / Francesco)] 코르도바Cordoba의 법률가. 마법사들의 범죄에 관한 흥미로운 책을 썼다.[1]

(1) 『악마의 공개적 혹은 숨겨진 소환이 개입된 범죄의 요약 혹은 마법Epitome delictorum, sive de Magia, in qua aperta vel occulta invocatio dæmonis intervenit』, 1679년, 리옹, 4절판, 최신판.

고문 [Torture] 마법사들이 고문을 당할 때, 고통스러워하면서도 입을 열지 않는 경우가 있었다. 사람들은 이를 보며 악마가 고통을 느끼지 못하게 만든다고 믿었다.

토템 [Totam / Totem] 북아메리카 원주민들의 수호령. 몇 가지 동물의 모습을 하고 나타난다. 원주민들은 토템이라 추정되는 동물을 절대 죽이거나 사냥하거나 먹지 않는다.

투판 [Toupan] 브라질 토착민들의 전설에 등장하는 악령으로 벼락을 관장한다.

능력 대결 [Tour de Force] 다음은 델리오Delrio가 언급했던 재미있는 이야기이다. 두 마법사 무리가 독일에서 만나 한 왕자의 결혼을 축하하였다. 마법사 무리의 수장들은 서로 경쟁자였다. 이들은 왕족을 즐겁게 하는 영광을 서로 독차지하고 싶어 했다. 이를 위해, 수장들은 마법을 이용해 결투를 벌이게 되었다. 마법사 중 하나는 경쟁자를 집어삼켜 일간 위 안에 두었다. 그리고 지금 당신이 상상하는 그 구멍으로 배출시키는 기이한 공연을 펼쳤다. 이 마법을 통해 해당 무리 수장은 우쭐댈 수 있었다. 반면 다른 무리 수장은 매우 창피해했다. 그리고 자신의 무리를 데리고 최대한 멀리 벗어나 몸을 씻고 향수를 뿌렸다.

몽펠리에 탑 [Tour de Montpellier / Tower of Montpellier] 아직도 몽펠리에 주민들은 창세보다 더 오래 존재한 낡은 탑이 이 지역에 있다고 믿는다. 이 탑은 세상의 종말보다 몇 분 앞서 무너질 예정이라고 한다.

쥐 탑 [Tour des Rats / Tower of Rats] 참조. 하톤 2세Hatton II.

위글라 탑 [Tour de Wigla / Tower of Wigla] 노르웨이의 저주받은 탑. 이교도 왕 베르문드Vermund는 성녀 에설레드St. Aethelred의 유방을 성 십자가의 나무와 함께 불태웠다. 이 십자가는 올라우스 3세Olaus III가 코펜하겐Copenhagen에서 가져온 것이었다. 이 사건 이후, 위글라 탑을 예배당으로 바꾸려는 모든 시도는 실패했다. 그곳에 십자가를 둘 때마다 하늘에서 내린 불로 몽땅 타버렸기 때문이다.[1]

(1) 프랑수아 위고François Victor Hugo, 『아이슬란드의 한Han d'Islande』, 12장.

멧비둘기 [Tourterelle / Turtledove] 이 새의 심장을 늑대 가죽으로 감싸면 모든 감정이 잠재워진다. 멧비둘기 발을 나무에 매달면, 그 나무는 절대 열매를 맺지 못한다. 멧비둘기의 피와 두더지를 삶은 물을 섞어 털이 있는 부위에 문지르면, 모든 털이 빠지게 된다.[1]

(1) 『대 알베르투스의 경이로운 비밀들Les admirables secrets d'Albert le Grand』, 113페이지.

민간 전승 [Traditions Populaires / Popular Traditions]

『계간지Quarterly Magazine』에 실린 한 식견 있는 철학자의 주장에 따르면, 민간 전승의 철학은 선과 악 사이의 숙명과 대립에 근원을 둔다고 한다. 이러한 기반은 초자연적 능력을 다루는 유치한 이야기들 속에서도 드러난다. 농촌의 투박한 벽난로 앞에 앉아 이야기를 들려주는 여성은 지혜만 놓고 본다면 고대 그리스 제사장들, 고대 페르시아 마법사들과 어깨를 나란히 한다. 이 세계에서 가장 활발하게 발생하는 이치는 파괴의 원칙이며, 이는 다양한 모습으로 온갖 미신에 깃들어 있다. 이러한 미신들의 일부는 어둡지만, 밝은 이야기 또한 존재한다. 우리는 어디서든 오로마시스Oromasis와 아리만Ahriman 이야기와 유사한 의인화, 마니교Manichaeism와 같은 이단들을 찾을 수 있다. 시골 사람의 경박한 믿음은 어떤 면에선 고대 현자의 신화적인 지혜와 동일하다.

바다를 사이에 두고 나누어진 민족은 신화를 통해 하나가 된다.

그리스의 수목 요정 하마드리아데스Hamadryad와 스칸디나비아의 루틴Lutins들은 현대 마녀가 소환한 유령과 동지가 되어 춤을 춘다. 이 현대 마녀는 마법사 카니디아Canidia의 방식을 따라 만드라고라Mandrakes, 독

미나리, 독사의 혀를 넣고 마법 물약을 만든다. 마녀는 버질Virgil과 호라티우스Horace의 글을 참고하기도 한다.

현대 마법사들의 주문 뒤엔 (테살리아Thessalians의 마법사들처럼 부엉이 울음소리, 큰 까마귀의 까옥대는 소리, 뱀의 쎅쎅대는 소리, 풍뎅이가 시끄럽게 날개를 휘젓는 소리 등이 답가처럼 뒤따른다.

전설 속의 사탄은 타락 천사의 어두운 위엄을 지니지 않는다. 그는 고대부터 악마이자 적이었으며, 태생적으로 해를 끼치는 존재였다. 그가 교활하게 생각하고 움직이지 않는 한, 내뿜는 분노는 어떠한 의미도 지니지 않는다. 그는 단순한 두려움을 넘어선 공포를 몰고 온다. 사탄은 기이한 변덕과 우스꽝스러운 장난을 부리기도 한다. 그리고 이러한 행동들은 그의 이름 때문에 생기는 공포들을 누그러뜨리게 만든다. 악의 원칙이 만들어낸 지옥의 수많은 악마도 비슷한 요소를 가지고 있다. 웃음이 늘 심술궂고 간사한 성격을 띠는 것은 아니다. 하지만 웃음은 대체로 악의와 배신을 상징한다. 웃음과 악의를 합친 존재인 그리스 신화의 모모스Momus, 스칸디나비아 신화의 로키Loki와 같은 존재들은 남을 놀리는 신 또는 신의 어릿광대로 여겨진다. 민간 전승은 다양한 형태로 존재한다. 이는 미신 및 악령과 악마를 다루는 모든 키워드를 참조하자.

다음은 빠 드 칼레Pas-de-Calais에서 전해 내려오는 한 이야기이다. 이는 해당 고장의 어느 학자가 기록한 것이다.

'베튠Bethune 인근 뷰브리Beuvry의 늪지대에는 독특한 샘이 있다. 이 샘물은 끊임없이 소용돌이치며, 중심부에 구멍을 만든다. 이 구멍에 닿는 모든 물건은 샘물 안으로 빨려 들어가, 다시 나오는 법이 없다. 이 구덩이의 깊이를 재보기 위해 많은 시도가 있었지만, 어떤 측량기도 샘 바닥에 닿지 못했다. 주민들은 이 샘 아래에 지하 강이 합쳐져 흐르고 있다고 믿었다. 그리고 이 강물이 측량기 납을 집어삼킬 정도로 큰 소용돌이를 만든다고 보았다. 펠릭스 르퀴앵Felix Lequien은 지역 노인들이 이 샘에 대한 수많은 전설을 알고 있다 말했다. 다음은 이 중 가장 널리 퍼진 이

야기다.

한때는 뷰리Beury라 불린 뷰브리 늪 중심부엔 어두운 성벽을 지닌 성이 한 채 있었다. 성은 방대한 물 위를 당당히 군림했다. 이 성에 가기 위해선 이동식 다리가 군데군데 놓여있는 좁은 길을 지나야만 했다.

성주는 어째서 이런 곳을 거주지로 선택했을까? 그 이유는 아무도 알 수 없었다. 성주가 성에 갇혀 지낸 20년간, 아무도 그를 보지 못했다. 성의 문이나 외부 건물에 침입한 자도 없었다. 이 성에는 생소한 언어를 쓰는 외국인들이 밤낮으로 경계를 늦추지 않고 보초를 서고 있었다.

이곳 근처를 여행하는 사람들은 모두 이곳을 멀리하며 두려워했다. 성과 성주 정체에 관한 추측은 많았지만, 지나치게 대담한 의견을 꺼낸 자들은 갑작스럽게 실종되었다. 이에 이 불가사의한 성을 두고 왈가왈부하는 일은 더 이상 없었다. 아주 사적인 모임에서도 말이다. 사람들은 성주가 악마와 계약했을 것으로 생각했다. 성탄절 전날이 되면, 성에선 놀라운 일들이 벌어졌다. 뷰브리의 주거지에는 목소리, 비명, 울음소리, 웃음소리가 뒤섞인 메아리가 울려 펴졌다. 그리고 자정이 되면 기이한 소리는 적막 속으로 사라졌다. 다음 날이 찾아오면 아무도 전날 들은 것을 이야기하지 않았다. 대담한 자들, 전쟁터에서 목숨을 걸고 싸우던 자들마저도 성탄절 전날에는 뷰브리 늪을 신중히 피해 다녔다.

이 불가사의는 무려 20년간 지속되었다. 마찬가지로 소란스러운 사건이 있었던 어느 성탄절 전야였다. 갑자기 주민들은 더 이상 이 성을 찾을 수 없었다. 이들은 늪 한복판에 있었던 건물을 찾기 위해 샅샅이 살폈지만 헛수고였다. 바로 아까까지만 해도 늪과 대조되는 어두운 존재가 그곳에 있었는데 말이다. 해가 뜬 뒤에도 성은 여전히 보이지 않았고, 주민들은 이 기이한 사건을 받아들였다. 넓은 늪지 가운데는 어떤 잔해도 남지 않았다…. 오직 좁다란 길 하나만 남아 있었다. 한 달 뒤, 용기 있는 자들은 늪을 탐험하며 조심스럽게 길을 걸어보았다. 그리고 늪의 가장자리에 닿아 성이 있던 곳을 살펴보게 되었다. 그곳엔 소용돌이가 치는 불길한 샘이 있었다. 또 샘 중앙에는 입을 쩍 벌린 것 같은 구멍이 있었다. 이 샘에는 흉측한 샘이라는 공포스러운 이름이 붙었다.

성주와 하인들의 운명이 어떻게 되었는지는 알 수 없었다. 주민들은 신이 내린 정당한 형벌이라며 떠들었다. 물론 이는 추측일 뿐이었다. 이 지역 민간 전승에 계속 남아있는 것은, 매해 성탄절 전날 자정에 가까운 시각이 되면 샘에서 울부짖음, 한탄, 불길한 웃음소리가 들려온다는 것이다.'

우유 짜기 [Traire / Milking] 우유 짜는 마법. **참조.** 블로쿨라Blokula.

트라야누스 [Trajan] 로마의 황제. 디오 카시우스Cassius Dio의 주장에 따르면, 트라야누스는 안타키아Antakya 전역을 파괴한 지진 발생 당시 그곳에 있었다고 한다. 이때 그는 갑자기 눈앞에 나타난 악마에 의해 구출되었다. 악마는 황제를 안은 채 창문으로 벗어나 그를 도시 밖으로 데려다 놓았다.

트라야누스는 선조들의 땅이었던 이탈리카Italica를 재건하지 않았다. 이는 한 점술가(수학자이기도 했다)가 이탈리카에 집이 늘어날수록, 트라야누스 제국 영토를 잃게 될 것이라 예언했기 때문이다.

영혼의 윤회 [Transmigration des mes / Transmigration of Soul] 엠페도클레스Empedocles, 피타고라스Pythagoras, 플라톤Plato 등, 많은 고대 철학자들은 인간의 영혼이 죽음 뒤 몸을 떠나 다른 몸에서 정화를 거친다고 주장했다. 또 마지막에는 팔복Beatitude의 상태에 이른다고 말했다. 몇몇 이들은 영혼의 이동이 사람끼리만 가능하다고 생각했다. 그리고 다른 이들은 사람의 영혼이 짐승 또는 식물에도 들어갈 수 있다고 보았다. 그리스에서는 이를 윤회Metempsychosis라 불렀다. 오늘날, 이 개념은 인도 종교의 주된 교리 중 하나이다. 범신론에서 발생한 이 비합리적인 교리는 현생에서 겪는 고통을 유익한 시험이 아닌, 다른 몸에서 저지른 범죄에 대한 벌로 여긴다. 하지만 이들은 이전 몸에 대한 범죄의 기억이 전혀 없기에 현생의 잘못을 막는 데 아무런 도움이 되지 않는다. 이는 인도의 천민 계급에 속한 사람들이 전생에 끔찍한 죄를 저질렀다는 두려움만 낳게 할 뿐이다. 더불어 이 교리는 인간에게 해로운 짐승이라도 자비를 베풀도록 만든다. 그리고 맹수를 죽이는 유럽인들을 상대로 혐오감을 키우게 만든다. 길고 긴 회는 미덕의 보상을 아주 민 훗날 받게 될 것임을 의미한다. 이는 선하게 행동할 이유가 사라지게 한다[1].

(1) 베지에 Nicolas Sylvestre Bergier, 『신학 사전 Dictionnaire théologique』.

마녀의 이동 [Transport des Sorcières / Transportation of Witches]

일부 마녀는 마법사 시몬 Simon Magus처럼 탈 것 없이 하늘을 날아 집회에 참여했다. 프랑스 마녀들은 아이를 집회에 데려갈 때, 하늘을 나는 염소를 타고 오갔다.

트라술레 [Trasulle]

티베리우스 Tiberius는 로도스 Rhodes 섬에 머무는 동안 판별점성술에 대해 더 깊이 연구하려 했다. 이에 그는 미래를 예언한다는 모든 자들을 개별적으로 불러 모았다. 티베리우스는 바다 절벽에 위치한 테라스에서 이들을 맞이했다. 티베리우스는 키가 크고 힘이 센 해방 노예와 함께 살고 있었다. 그는 이 해방 노예를 시켜 점술가들을 데려오도록 지시했다. 그리고 티베리우스가 사기꾼임을 적발해 내면, 해방 노예는 신호를 확인한 후 사기꾼을 절벽 밑 바다로 던져버렸다.

당시 트라술레라는 이름의 점성가가 로도스에 살고 있었다. 그는 점성술에 매우 능했으며 영리한 면모를 가지고 있었다. 다른 이들과 마찬가지로, 그도 티베리우스를 방문하게 되었다. 트라술레는 티베리우스를 믿니 그가 황제가 될 것이라고 알려주었다. 또 앞으로 일어날 많은 사건을 예견해 주었다. 티베리우스는 그에게 스스로의 운명을 점쳐 본 적이 있는지 물었다. 이때 트라술레는 의심을 하기 시작했다. 자기 동료 중 누구도 돌아오지 못했기 때문이었다. 트라술레는 티베리우스의 표정을 보았다. 그리고 자신을 데려온 남자가 주변을 떠나지 않는 것을 확인했다. 마지막으로 발아래 낭떠러지를 내려다보았다. 이에 트라술레는 하늘을 향해 고개를 들며 별을 읽는 듯한 행동을 취했다. 그리고 순식간에 아연실색하더니, 얼굴이 창백해지며 자신이 곧 죽을 위기에 처했다고 겁에 질려 말했다. 놀란 티베리우스는 트라술레가 진짜 점성술을 한 것이라 믿었다. 티베리우스는 트라술레를 껴안은 뒤 안심시켰고, 사제로 인정하였다.

트라제니 [Trazégnies]

정당하게 명성을 얻은 벨기에의 한 가문. 이 귀족 집안에서는 한 번의 출산으로 13명의 아들을 낳은 여성이 있다고 한다. 남편은 산책 후 귀가하는 중이었고, 누가 맏이인지 궁금해했다.

하지만 모든 아이를 평등하게 사랑한 어머니는 아이들을 요람 안에 두고 골고루 섞어

놓았다. 이에 아무도 누가 맏이인지 알아내지 못했다. 이후 아이 모두는 막대한 유산을 공평하게 나누어 가진 뒤, 13개의 또 다른 귀족 가문을 만들었다.

트라스고스 [Trazgos] 스페인의 요정들. 고블린Goblin과 코볼트Kobold의 일종이다.

네잎클로버 [Trèfle à Quatre Feuilles / Four-Leaf Clover] 교수대 아래에서 사형수의 피를 먹고 자라는 풀. 이 풀에는 마법적인 능력이 깃들어 있다. 도박꾼들은 정월 초하루 자정이 지났을 때 네잎클로버를 채집해 소중히 몸에 지니고 다녔다. 그렇게 하면 모든 게임에서 승리할 수 있었기 때문이다.

트레지투리 [Trégitourie] 중세 강신술사들은 환영을 일으키는 마법에 능했다. 그들이 사용한 착시와 환영 기술은 '트레지투리'라 불린다. 고드윈Godwin은 『강신술사의 역사Histoire des nécromanciens』에서 아그리파Agrippa와 파우스트Faust 박사 및 여러 유명한 이들이 트레지투리를 통해 신비로운 일을 행했다고 주장했다. 이들이 주로 사용한 도구는 마법 램프였다. 물론 이 마법 램프라는 것이 지금은 진부해졌지만 말이다.

13 [Treize / Thirteen] 고대인들은 13이라는 숫자를 불길하다고 여겼다. 만약 같은 식탁에 13명의 사람이 모이면 그중 한 명은 그해에 죽는다고 한다. 물론 열네 명이 앉아 있을 땐 그런 일이 절대 일어나지 않는다. 루앙Rouen 법원의 최초 법원장은 자신이 열세 번째로 식탁에 앉게 되었을 때, 찜찜함을 이기지 못해 한 명을 더 식탁에 앉혔다. 이후 편안하게 식사를 했는데, 식사를 마치자마자 뇌출혈로 그 자리에서 숨지고 말았다.

지진 [Tremblements de Terre / Earthquakes] 안데스Andes의 원주민들은 땅이 흔들릴 때, 신이 하늘을 떠나 모든 인간을 점검하러 내려온다고 생각했다. 이러한 미신 때문에, 원주민들은 조금만 땅이 흔들거려도 오두막에서 빠르게 뛰쳐나와 달리고 발을 굴렀다. 더불어 다음과 같이 외쳤다. "저희가 여기 있습니다! 여기 있습니다!"[1]

일부 이슬람 학자들은 땅이 거대한 소의 뿔 위에 놓여있다고 주장했다. 그리고 이 소가 고개를 숙일 때 지진이 일어난다고 믿었다[2].

타타르족Tatars의 라마Lama승들은 신이 세상을 만든 뒤 거대한 황색 개구리 등 위에 올려놓았다고 생각했다. 이 기적의 동물이 머리를 흔들거나 걸음을 떼면, 그 위에 얹힌 땅이 흔들렸다고 한다[3].

(1) 마누엘 소브르Manuel Sobre 교수, 비엘라Viela, 베르셀로Barcelo, 『페루 여행Voyages au Pérou』, 1794년. / *(2)* 『콘스탄티노플 여행Voyages à Constantinople』, 1800년. / *(3)* 『J. 벨의 안테르모니 여행Voyage de J. Bell d'Antermoni』.

보물 [Trésors / Treasures] 스코틀랜드인들은 산 아래에 거인과 요정이 지키는 지하 보물이 있다고 믿었다. 브르타뉴Bretagne에서는 노인, 뱀, 검은 개, 키가 1피트 정도 되는 작은 악마 등이 보물을 지킨다고 믿었다. 이 보물을 손에 넣기 위해선 특정 주문을 몇 가지 읊은 뒤, 아무 말 없이 깊은 구멍을 파야 한다. 보물에 근접하면 벼락이 치고 불수레가 하늘을 날며 쇠사슬 소리가 들려온다. 그러면 금 무더기를 찾을 수 있다. 이 보물을 구멍 밖으로 가져오는 동안, 한 마디라도 입 밖으로 내면 1천 피트 깊이의 구렁 속으로 빠지게 된다.

브르타뉴인들은 종려주일 복음을 통해 돌멩이, 석탄, 나뭇잎 등으로 위장된 보물을 찾아낼 수 있다고 믿었다(이 보물은 악마가 위장시킨 것이다). 이 보물에 축복된 물건을 던지면 원래의 형태를 되찾아 이를 차지할 수 있다[1]. **참조.** 돈Argent.

(1) 자크 캠브리Cambry, 『피니스테르 여행Voyage dans le Finistère』, 2호, 15페이지.

비밀 법정 [Tribunal Secret / Secret Court] 프랑스의 왕 중 하나가 설립한 비밀 법정은 중세 시대에 큰 영향을 끼쳤다. 이 법정은 게르만 일대, 갈리아 북부까지 흔적을 남겼다. 하지만 많이 알려져 있음에도 불구하고 비밀 법정의 내막, 목적, 활동에 대해서는 여전히 오해가 존재하며 불완전하거나 잘못된 해석을 하기도 한다.

이 책 『지옥사전』에서 제시하는 비밀 법정

의 관점이 놀랍게 느껴질 수도 있다. 하지만 우리는 이를 진득한 연구 끝에 발견해 냈으며, 진실이라 믿는다. 우리의 이러한 접근은 역사에 새로운 시각을 부여할 것이다. 특히 재조명되어야 할 지난 몇 세기의 역사에서 말이다. 행동 없이 말하는 자들, 후궁의 슬픈 환관 같은 자들은 무의미한 이론들을 만들어 우리를 괴롭힌다. 우리는 깊은 연구를 통해 원래의 활기차고, 생생하고, 다양하고, 극적인 역사로 재현할 것이다.

대중 사이에서 '비밀 법정'의 동의어인 '베미크 법정Vehmic Court'은 음침한 용어로 여겨진다. 이는 베미크 법원이란 용어가 일부 학자 주장처럼 '붸 미히Væ Mihi(나에게 불행이 왔다)'에서 왔다 생각하기 때문이다. 하지만, 이 법정의 어원은 색슨어 '베멘Vehmen(정죄하는 자)'에 있다. 어떤 법정도 이런 부당하고 부조리한 명칭을 스스로 정할 리가 없지 않은가. 학대당하고 자주 변질된 역사는 베스트팔렌Westphalia의 비밀 법정에 대해 불만족스러운 정보만을 전달해 왔다. 비밀 법정을 구성하던 비밀 재판관들이 절대적 침묵을 지킨다는 맹세를 하며 입을 다물었기 때문이다. 이들은 두려운 법정의 이름을 언급하는 것만으로도 큰 용기가 필요했다. 더불어 당대 작가들은 오늘날보다 더 피상적인 내용들만 다루었다.

라이프니츠Leibniz가 출간한 『브라운슈바이크 역사가 모음집Recueil des historiens de Brunswick』 3권 624페이지에는, 샤를마뉴Charlemagne가 779년 색슨족Saxon을 상대로 10번째 승리를 거둔 이야기가 등장한다. 색슨족은 불굴의 민족으로 피 외에는 관심이 없었다. 이들은 약탈을 통해서 부를 얻고, 인간 제물을 바치며 신을 숭배했다. 샤를마뉴는 교황 레오 3세Leo III(당시엔 교황이 아니었다)에게 대사를 보내, 통제가 불가한 이들을 어떻게 해야 할지 조언을 구했다. 더불어 샤를마뉴는 색슨족을 말살하고 싶지 않다고도 전했다. 대사의 말을 전해 들은 레오 3세는 한마디 말 없이 자리에서 일어나 정원으로 이동했다. 그리고 가시덤불과 잡초를 주워 나무막대로 만든 교수대에 걸었다. 돌아온 대사는 자신이 본 것을 샤를마뉴에게 전달하였다. 아직 황제가 되기 전이었던 샤를마뉴 왕은 이를 듣고 비밀 법원을 설립했다. 그리고 북부의 이교도들이 기독교로 개종하도록 만들었다. 이 이야기는 모든 역사가를 통해 반복 기록되었다. 역시가들은 비밀 법정 실험 이후 게르마니아 전역이 밀고자, 첩자, 집행자로 가득 찼다고 주장했다. 비밀 법정은 온갖 중범죄를 다루었고, 공권력까지 권한을 행세했다. 선거인, 왕자, 주교마저도 이 법원의 손바닥 안에 있었다. 특정 상황에서만 교황이나 황제의 힘을 통해 이를 벗어날 수 있었다. 이후 13세기에 이르러 성직자, 여성들은 비밀 법정의 조사 대상에서 벗어나게 되었다.

비밀 법정의 구성원인 비밀 재판관들은 일반적으로 신원을 노출하지 않았다. 이들에겐 악인을 재판할 때 사용하는 비밀스러운 관습과 절차가 있었다. 에네아스 실비우스Aeneas Sylvius는 비밀 재판관들이 공포나 돈의 유혹을 받아도 절대 비밀을 밝힌 적이 없다고 주장했다. 이 재판관들은 지방 도시를 돌아다니며 범죄자를 찾아내고, 이름을 알아내 비밀 법정에 고발했다. 이에 피고는 소환되고, 재판을 거친 뒤, 유죄라면 사망자 명부에 이름을 기재하고 형을 받았다. 이 형은 가장 어린 재판관들이 집행했다.

비밀 법정의 모든 구성원은 이해를 같이 했다. 한 번도 만난 적 없는 사이일지라도 이들에게는 서로를 알아보는 암호가 있었다. 바로 색슨어인 '막대Stock', '돌Stein', '풀Grass', '가지Grein' 등이었다. 하지만, 이 단어들이 어떻게 암호로 사용되었는지는 정확히 알 수 없다. 이들의 비밀 활동은 매우 잘 지켜졌다. 베저Weser의 기록에 따르면, 비밀 법정이 죄인을 처형하는 이유는 황제도 알지 못했다고 한다.

일반적으로 비밀 법정에서 피고를 지목하면, 모든 비밀 재판관은 그를 추격했다. 그리고 발견 즉시 처형을 진행했다. 만일 재판관이 이 임무를 수행하기에 부적합하다면, 그의 동료들이 서약에 따라 도움을 주어야 했다. 이는 대다수의 역사가가 언급한 사실이기다(그리고 이 부분은 역사가들의 주장이 맞다). 때때로 비밀 법정은 모든 사법 절차를 무시하고 피고인을 소환해 심문하거나 유죄가 입증되지 않은 피고인을 처벌하기도 하였다. 그러나 일반적으로, 피고인은 네 번의 소환장을 통해 출두를 독촉받았다. 피고인을 소환하는 임무를 받은 자들은 어두운 곳에 숨어있다가 기회를 틈타 현관에 소환장을 못 질했다. 이 소환장에는 큰 글씨로 죄인의 이름, 그의 (입증되었거나 추정되는) 범죄 내역 등이 기록되어 있었다. 또 다음의 구절도 함께 적혀있었다. '주님의 비밀 징벌자, 무자비한 범죄 재판관, 순수함의 보호자인 우리는 신의 법정에 너를 소환한다. 3일 이내에 출두하라! 출두하라!'

소환된 피고인은 네 개의 갈림길이 있는 교차로로 향했다. 그러면 가면을 쓰고 검은 망토를 입은 비밀 재판관이 죄인의 이름을 부르며 천천히 다가왔다. 재판관은 길을 알아보지 못하도록 피고인의 머리에 두꺼운 베일을 씌운 뒤 어딘가로 데려갔다. 판결은 언제나 자정에 내려졌다. 재판은 어느 장소에서든 열릴 수 있었고, 동굴처럼 누구에게도 발각되지 않는 곳에서 진행되었다. 피고인이 재판장에 다다르면 비밀 재판관들은 베일을 벗겼다. 여기서 피고인은 여러 명의 비밀 재판관들을 마주하게 되었다. 비밀 재판관들은 마치 신처럼 양팔을 벌리고 서 있으며, 얼굴에는 가면이 씌워져 있었다. 그리고 횃불의 빛 아래에서 신호로만 의사소통하였다.

피고의 변론 이후, 판결이 내려질 때는 종이 울렸다. 그러면 재판장에는 환한 빛이 밝혀졌고 검은 옷을 입은 재판관들이 피고를 둘러쌌다. 콘라드 본 란젠Conrad von Langen을

심판한 법정엔 300명의 비밀 재판관이 참석했고, 룩셈부르크Luxembourg 가문의 지기스문트Sigismund 황제가 비밀 법정을 열었을 때는 1천 명의 재판관이 참석했다.

명백한 범죄, 오랜 기간의 강도질은 법정에 소환되지 않았다. 비밀 법정에서 자신을 찾는다는 것을 알아챈 죄인은 법원의 칼날을 두려워해 달아났기 때문이다. 죄인은 영원히 '적토' (비밀 법원에서 재판이 열리는 곳이자 비밀 권력의 중심지)를 떠났다.

집행하는 일을 맡은 비밀 재판관들은 죄인을 발견하면 바로 체포했다. 그리고 가장 가까운 나무에 버들가지로 밧줄을 만든 뒤 목을 매달았다. 만약 단도로 찌르는 형벌이 내려질 경우, 나무에 시체를 묶고 단검을 박아두었다. 그리고 죄인의 소매에 판결문을 붙여 살인이나 암살이 아닌 심판을 받았음을 알렸다.

비밀 법정의 판결은 어떤 이의도 제기할 수 없었다. 판결 내용은 즉시 집행되었고 여기에는 절대적인 복종이 따랐다. 모든 재판관은 알고 있는 범죄 사실을 반드시 밝힌다는 끔찍한 맹세를 했다. 그렇기에 아버지, 어머니, 형제, 자매, 친구 또는 친지도 예외 없이 고발할 수밖에 없었다. 이들은 가장 아끼는 존재에게도 명에 따라 사형을 선고할 것이라 맹세했다.

브라운슈바이크의 공작 빌헬름William은 비밀 재판관으로 임명되자, 이런 슬픈 이야기를 했다. "만약 슐레스비히Schleswig의 아돌프Adolph 공작이 나를 보러 온다면, 난 그를 목매달아야 한다. 그렇지 않으면 내 동료들이 나를 목매달겠지."

같은 귀족 집안 왕자인 브라운슈바이크 공작 프리드리히Frederick는 한때 황제로 선출되었다. 이때 그는 비밀 법정에서 유죄 판결을 받아 늘 경비병들을 대동하며 생활하였다. 그러던 어느 날, 프리드리히는 잠시 경비병들과 떨어져 있게 되었다. 이에 경비대장은 걱정에 휩싸여 프리드리히가 있는 숲으로 서둘러 향했다. 하지만 황제는 이미 체포되어 살해된 뒤였다. 프리드리히 옆 단검에는 그의 판결문이 붙어있었다. 경비대장은 조용히 멀어지는 살인자를 보았지만, 그를 추격할

엄두를 내지 못했다.

해당 사건은 1400년에 일어났다. 당시 독일에는 10만 명의 비밀 재판관들이 있었다. 비밀 법정의 권력은 어느 때보다도 강력해져 있었으며, 모든 가족은 거실을 깨끗받았다. 앞서 언급한 바와 같이 지기스문트 황제는 몇 번이나 비밀 법정을 주재하였다. 같은 룩셈부르크 가문의 카를 4세Charles IV는 비밀 재판관의 도움을 받았다. 이들이 없었다면 추악한 벤체슬라우스Wenceslaus를 퇴위시킬 수 없었을 것이다. 다소 진지한 연대기에선 용담공 샤를Charles the Bold의 죽음을 비밀 법정의 탓으로 돌렸다.

여기까지는 여러 역사가의 글에 기반해 비밀 법정을 이해할 수 있도록 요약하여 기록하였다. 이 기괴한 법정은 샤를마뉴에 의해 만들어졌으며, 공포로 압제하기 위함이 아닌 약자들을 지켜내는 것에 목표가 있었다. 그가 이 강력한 법정을 만들 때는 피난처를 함께 만들었다. 만약 종교 범죄 또는 정치 범죄로 인해 판결을 받았다면 죄인은 사형 대신 추방을 선택할 수 있었다. 그러면 죄인은 피난처로 떠났고 국가도 죄인을 놓아주었다.

이후 비밀 재판관들은 약자와 무고한 자들을 보호하는 임무에 충실했다. 백성들을 죽이고 약탈하던 영주는 비밀 재판관들의 단검으로 빠른 처단을 받았다. 강도는 비밀 징벌자로 구성된 법정이 있다는 사실을 알고, 범죄 행위를 망설였다. 군주들 또한 두려워하며 독재 시도를 접었다.

일찍이 비밀 법정의 영향이 미치던 지역에선 폭정이 현저히 줄어들었다. 독일, 갈리아Gaul 북부에서는 영국 중세 역사를 끔찍하게 물들였던 잔혹함을 찾아볼 수 없게 되었다. 프랑스 중부에 창궐했던 영주들의 흉측한 독재정치는 북부에서 그리 심하게 나타나지 않았다. 노상강도와 다를 바 없는 귀족으로부터 서민을 보호하는 비밀 권력 덕분에 작은 소도시들이 생겨났고 상업이 발전하였다.

야만의 시대에 무자비한 자에게 깊은 인상을 남기려면 이 권력은 비밀스럽고 두려운 것이어야 했다. 전쟁을 좋아하는 백작은 작은 군대는 두려워하지 않았지만, 비밀 재판관의 이름 앞에서는 얼굴이 창백해졌다. 이들의 판결로부터 달아나기가 매우 어렵다는 것을 알고 있었기 때문이었다.

일부 비밀 재판관은 비밀 법정에서 유죄를 선고받은 친구를 마주칠 때, 곧 닥칠 위험을 미리 같이 경고해 주기도 했다. "이곳만큼 좋은 빵은 다른 곳에서도 있다네." 하지만 이를 들키면 동료 재판관들은 그를 다른 죄수보다 7피트 높은 곳으로 옮겨 목을 매달았다. 거듭하여 말하지만, 비밀 법정의 심판은 피할 수 없어야만 했다. 비밀 법원은 저속한 자들의 유일한 공포였다.

15세기 말이 되자 비밀 재판관의 쓸모는 줄어들었다. 이 비밀 법정의 규모는 10만 명에 이르렀고 군주들에게 잠재적 위험이자 두려움이 되며 관심을 끌었다. 군주들은 법원을 없앨 방법을 찾았다. 이에 성공한 자는 마리 드 부르고뉴Marie de Bourgogne의 남편이었다. 황제의 자리에 오른 막시밀리안Maximilian은 1512년, 비밀 법정을 영원히 폐지하였다. 그의 손자이자 후계자인 카를 5세Charles V는 법정의 폐지를 유지하였고, 비밀 법정은 잔해만 남게 되었다.

이 책 『지옥사전』은 학자들에게 비밀 법정의 새로운 시각을 제시하고자 하였다. 더 뛰어난 연구자가 이 법정이 이룬 거대한 공헌의 역사를 증명해 내길 바란다.

트리테미우스(요하네스) [Trithème / Trithemius(Jean / Johannes)] 성 베네딕토회St. Benedict의 박식한 수도사. 1516년에 사망했다. 트리테미우스는 암호화된 글을 제작하는 스테가노그래피 기술을 연구했다. 하지만 그가 쓴 저서들은 모두 마법서로 여겨졌다. 프리드리히 2세Frederick II는 트리테미우스 서재에 있던 원본과 수사본을 모두 불태워버렸다. 우리에게 조예 깊은 작품을 남겨준 어던Andin은 수도원에 관한 연구를 진행하며 트리테미우스와 얽힌 주목할 만한 글을 남겼다. 트리테미우스는 라인가우Rheingau에서 파우스트Faust처럼 죽은 자를 소환하고 기적을 행하는 마법사로 여겨졌다.

트로드 [Trodds] 덴마크의 작은 요정. 항상 회색 옷을 입고 빨간 모자를 쓰고 다닌다.

트로얀 [Troian] 어두운 시간에만 움직였던 세르비아의 왕. 그의 전설은 세르비아 민중가요 '클레흐드Klechd' 속에서 찾아볼 수 있다. 이는 《북부 논평Revue du Nord》에도 게재되었다[1]. 햇빛을 견딜 수 없었던 이 왕은 오직 밤에만 살아있음을 느꼈다. 그는 늘 밤에 약속을 떠났고, 날이 밝기 전 궁으로 복귀했다. 하루는 트로얀이 동이 트는 것을 잊고, 충직한 하인의 재촉에도 불구하고 궁 밖에 나가 있었다. 트로얀이 복귀를 위해 길을 나섰을 때는 여명이 하늘을 물들이고 있을 때였다. 그는 첫 볕이 들기 전에 궁으로 돌아가려 했지만, 결국 절반 정도밖에 이동하지 못했다. 트로얀은 말에서 뛰어내려 축축한 땅에 누웠다. 그리고 하인에게 두꺼운 망토로 자신을 덮어달라고 말했다. 하인은 왕의 명에 따랐고, 왕의 귀가가 늦어지는 이유를 설명하기 위해 궁전으로 달려갔다. 이때 평원으로 양 떼를 몰던 목동들이 망토를 발견했다. 이들이 왕을 일으키려 하자, 트로얀은 다음과 같이 외쳤다. "망토를 덮어주시오. 햇볕을 가려주시오." 그러나 햇볕은 이미 그의 얼굴에 닿은 후였다. 트로얀은 갑자기 말을 멈추고 눈물을 흘렸다. 그의 얼굴은 녹아내리기 시작했고, 곧 목과 가슴을 비롯한 몸 전체가 물로 변해버렸다. 충직한 하인이 주인 곁으로 돌아왔을 땐, 망토만이 덩그러니 남아있었다.

(1) 1837년 5월호.

3 [Trois / Three] 고대인들은 저주를 피하고자 자신의 가슴에 세 번 침을 뱉었다. 브르타뉴Bretagne에서는 같은 소리를 세 번 들으면 불행이 닥친다고 믿었다. 한 방에 횃불 세 개가 켜져 있는 것 또한 불길한 징조이다.

투아제셸 [Trois-Échelles] 샤를 9세Charles IX 시대의 마법사. 마법 행위, 독살, 살인을 저지른 죄로 결국 화형에 처해졌다. 심문 당시 그는 마법 종사자의 수가 1만 8천 명에 달한다고 자백하였다. 보댕Bodin이 기록한 이 마법사의 능력은 다음과 같다. 앙주Anjou 공작(훗날 앙리 3세Henry III가 된다)이 있는 자리에서 투아제셸은 먼 거리의 금 사슬고리들을 끌어당겨 자기 손 위로 올려두었다. 이후 사슬고리들은 그의 손안에서 완벽한 사슬로 완성되어 있었다. 노데Naude는 『마법사로 지목된 위인들을 위한 변론서Apologie pour les grands personnages accusés de magie』 3장에서 투아제셸을 언급하며 협잡꾼, 요술꾼, 사기꾼이라 소개했다.

트와 리유 [Trois-Rieux] 참조. 맥로도Mac-Rodor.

트롤드만 [Troldman] 스칸디나비아의 마법사. 참조. 하롤드 겜손Harold-Germson.

트롤렌 [Trollen] 르 루아예Pierre Le Loyer는 이들을 북방의 가택 도깨비들이라고 기록했다. 이들은 여성 또는 남성의 옷을 입고 충실히 집안일을 수행한다. 드롤Drolles과 동일한 존재이다.

나무둥치 [Tronc d'arbre / Tree Trunk] 악마는 간혹 마녀 집회에 나무둥치로 변신해 나타나곤 한다.

트로포니우스 [Trophonius] 참조. 꿈Songes.

카르노에 성의 구멍 [Trou du château de Carnoët / Hole of the Castle of Carnoet] 캄브리Cambry는 저서 『피니스테르 여행Voyage dans le Finistère』에 라이타Laita (이솔Isole 강과 엘레Elle 강이 만나는 지점) 강 북쪽에 위치한 옛 카르노에 성의 거대한 잔해를 방문한 경험을 기록했다.

"거대한 성벽은 큰 나무, 가시덤불, 다양한 식물 등으로 뒤덮여 웅장한 크기만 남아있었다. 한때 카르노에 성은 물이 가득 찬 해자에 둘러싸여 있었고, 높은 탑들이 성을 보호했다. 더불어 카르노에 성은 주민들에게 큰 두려움을 안긴 곳이기도 하다.

과거 성주 중 한 명은 '푸른 수염'과 유사한 인물이었다. 그는 아내가 임신한 것을 알면 살해했다. 한 성자의 여동생은 이 잔인한 성주와 혼인을 하게 되었다. 그녀는 임신 사실을 알게 되자, 위험을 깨닫고 탈출을 시도했다. 하지만 잔혹한 성주는 그녀를 잡아 머리를 베어낸 뒤 성으로 돌아갔다. 이 잔인한 행위를 알게 된 성자는 여동생을 부활시켰고, 카르노에 성을 찾아갔다. 하지만 성으로 출입하는 도개교는 내려오질 않았다. 성자는 세 번이나 다리를 내려 달라고 요청했지만, 모두 거절당했다. 이에 성자는 공중에 먼지 한 줌을 날렸다. 그러자 갑자기 성이 무너지더니 성주와 함께 지옥으로 떨어지고 말았다. 성주가 사라진 구멍은 오늘날까지도 남아있다. 이곳에 들어가는 사람은 누구든 거대한 용에게 잡아먹힌다고 한다."

분노의 군대 [Troupe Furieuse / Furious Troop] 독일 숲에 거주하는 미지의 사냥꾼들. **참조.** 숲의 남자Monsieur de la Forêt, 사냥꾼Veneur 등.

양 떼(가축 떼) [Troupeaux / Flocks] 미신을 믿는 목동들은 주문을 동반한 어둠의 기도문을 '가드Guards(지킴이)'라고 부른다. 다음의 내용을 통해 이를 이해할 수 있을 것이다. 이는 마법서와 다른 불가사의를 다룬 어두운 책들에서 발췌한 것이다. 이 의식들은 매우 단순하다. 그렇기에, 이 방법들이 효과가 있는지는 장담하기 어렵다. 어둠의 책 저자들은 가드가 모든 종류의 가축을 건강한 상태로 유지할 수 있게 해준다고 주장한다.

말 또는 가축을 위한 가드(벨 성Belle Castle 의식) : 먼저 접시에 소금을 담는다. 이후 해를 등지고 눈앞에 가축을 둔다. 그리고 모자를 벗고 다음을 읊는다. "벨 성에서 만들어지고 생산된 소금이여, 글로리아Gloria, 오리엔테Oriante와 자매 갈리안Galliane의 이름으로 간청한다. 소금이여, 여기에 있는 말들이 건강하고, 깨끗하고, 잘 마시고, 잘 먹고, 덩치가 좋아지고, 기름지도록 만들어라. 그리고 내 말에 복종하도록 도와라. 소금이여, 영광의 힘과 영광의 덕으로 간청한다. 나의 모든 의지는 언제나 영예롭다."

이 주문은 해가 뜨는 방향에서 읊는다. 그리고 해의 움직임을 따라 반대편으로 이동하며 같은 주문을 읊는다. 이후 또 다른 방향으로 가서 이 주문을 읊는다. 마지막으로 첫 장소로 돌아와 한 번 더 같은 주문을 읊는다. 이때 가축은 의식 내내 당신 앞에 있어야 한다. 만약 가축이 장소를 가로질러 이동하면 미칠 우려가 있기 때문이다. 이후 가축 주변으로 세 바퀴를 돌며 소금을 뿌린다. 이때, 다음과 같이 외친다. "소금이여, 내 손을 통해 너를 뿌린다. 그라핀Grapin이여, 나는 너를 기억할 것이다. 나는 네게 말하고 있는 것이다." 다음은 가축의 몸에 상처를 만들어 피를 낸다. 그리고 나머지 소금을 뿌리며 다음과 같이 말한다. "말(혹은 가축)이여, 신이 주신 손으로 너의 피를 본다. 그라핀이여, 나는 너를 기억할 것이다. 나는 네게 말하고 있는 것이다."

이렇게 피를 낼 때는 단단한 나무 조각을 사용하는데, 회양목이나 배나무가 좋다. 상처 낼 때 부위는 상관없다. 일부 미신에서는 특정 부위에 상처를 내면 특별한 효능을 본다고도 한다. 중요한 것은 가축의 엉덩이가 당신 뒤쪽을 향해야 한다는 것이다. 예를 들어, 양의 머리에 상처를 낸다고 가정해 보자. 이럴 때는 다리 사이에 머리를 끼우면 된다. 다음은 가축 오른발의 발굽을 잘라낸다. 칼을 이용해 작은 조각으로 베어내면 된다. 이 조각은 두 개로 나누어 십자가 모양을 만든다. 이렇게 만든 십자가는 새 천 조각 위에 놓은 뒤, 소금으로 덮는다. 이후 양이라면 양모를 사용해 십자가를 만든다. 그리고 말이라면 말총을 이용해 십자가를 만든다. 이를 아까 만든 소금 위에 올리고 천으로 덮는다. 그 위를 다시 소금으로 덮고, 부활절에 획득한 천연 빌탑 또는 축복받은 양초로 십자가를 만들어 올린다. 이제 남은 소금을 더하고 모든 것을 실로 감아 둥근 덩어리를 만든다. 이 덩어리로 외양간에서 나오는 말을 문지르거나, 우리나 초원에서 나오는 양을 문지른다.

양을 대상으로 하는 경우, 피를 낼 때 사용한 주문을 읊으며 문지른다. 1일, 2일, 3일, 7일, 9일, 11일 등 연속으로 이 문지르는 행위를 하는데, 양의 힘이나 활력을 고려해 진행한다. 그리고 주문의 마지막 단어를 읊을 때는 피를 낸다. 말을 대상으로 할 때는 주문을 빠르게 읊고, 양을 대상으로 할 때는 시간을 들여 주문을 외운다.

모든 가드 의식은 금요일 아침, 초승달일 때 진행한다. 그러나 급할 경우에는 이를 무시할 수 있다. 더불어 만든 부적 덩어리가 습기를 빨아들이지 않도록 주의해야 한다. 이는 짐승들에게 죽음을 가져올 수 있다. 일반적으로 이 덩어리는 작은 주머니에 넣고 소지한다. 하지만 경험자들의 말에 따르면, 집안 건조한 곳에 두는 것만으로도 충분하다고 한다. 앞서 이 부적 덩어리를 만들 때 가축의 오른발 발굽을 잘라내야 한다 했으나, 대다수 목동은 네 발에서 발굽을 떼어낸다. 그리고 이렇게 생긴 네 조각으로 두 개의 십자가를 만든다. 네 지점을 이동하면서 의식을 치르는 행동은 역효과를 낼 수 있다. 가축이 여기저기 흩어질 수 있기 때문이다.

악의를 품은 목동은 여러 방법으로 폐를 끼칠 수 있다. 그는 가축에게 고통을 주거나 죽일 수 있다. 첫 번째 방법은 부적 덩어리를 여러 조각으로 자른 뒤 식탁이나 다른 곳에 뿌리는 것이다. 두 번째 방법은 두더지, 족제비를 이용하는 것이다. 세 번째 방법은 개구리나 대구 꼬리를 개미집에 놓고, "저주, 파멸"이라는 말을 읊는 것이다. 이후 9일 뒤에 넣어둔 것을 다시 회수하는데, 같은 주문을 읊는다. 그리고 가루로 만든 다음, 가축 방목장에 뿌린다. 다른 묘지에서 주운 돌멩이 세 개를 이용하는 방법도 있다. 이때 기이한 주문을 사용하면 옴과 같은 질병을 퍼뜨리거

나, 원하는 가축을 폐사시킬 수 있다.

다른 가드 : "바올Bahol인 아스타린Astarin과 아스타로트Astarot여, 내 가축을 맡기니 이를 돌보고 보호해다오. 그 대가로 내가 선택한 흰 짐승이나 검은 짐승 한 마리를 바칠 것이다. 아스타린이여, '훌루파핀Hurlupapin'을 외치며 이 정원에서 가축을 돌봐달라고 간청한다." 그리고 앞서 언급한 벨 성 의식을 그대로 따라 하며, 다음과 같이 외친다. "구팽 페랑Gupin Férant 이 대업에 실패했다. 너를 고양이로 만드는 것은 카인Cain이다." 이때 같은 주문을 외우며 가축을 문지른다.

또 다른 가드 : "양 떼여, 내가 뽑는 너희들의 피가 유익하기를 신께 기도한다. 신과 내 앞에 있는 이 양 떼, 나의 책임 아래 있는 이 양 떼의 모든 주술과 마법을 거둬주기를." 벨 성에서 진행한 의식을 참고해 행동하며, 다음의 주문을 외우며 가축을 문지른다. "플로리Flori, 티를리피피Tirlipipi, 지나가라."

옴, 피부병, 전염병을 막는 가드 : "월요일 아침, 구세주께서 성모 마리아Maria와 충실한 목동인 성 요한St. John과 함께 신성한 양 떼를 찾아 이곳을 지나갔다. 내가 맡은 이 양 떼는 건강하고 아름다울 것이다. 생 주느비에브St. Geneviève께 기도하니, 전염병을 물리치도록 친구로서 나를 도우소서. 전염병이여, 신의 이름으로 명하니, 이곳을 떠나 신과 내 앞에서 사라져라. 마치 태양 앞의 이슬처럼 말이다. 오 소금이여. 살아계신 위대한 신의 이름으로 간청합니다. 저를 보호하고 제 양 떼를 옴, 벼룩, 종기, 나쁜 물로부터 보호해 주소서." 이 주문을 외기 전에 먼저 벨 성의 의식을 따르도록 한다(이 의식들은 다른 것들처럼 어느 촌부가 언급하였다).

옴을 막는 가드 : "우리 주가 하늘에 오르셨을 때, 그는 자신의 성스러운 능력을 이 땅에 남기셨다. 파슬Pasle, 콜레Collet, 헤르베Herve. 신이 말씀하신 모든 것은 옳다. 붉거나 희거나 검은 짐승아. 네 색깔이 무엇이든 옴이나 벼룩이 생겼다면, 그것들이 땅속 9피트 깊이에 묻히더라도 사라지게 만들고 죽일 것이다." 그리고 다음의 말을 읊으며 가축을 문지른다. "소금이여, 신이 주신 손으로 너를

뿌린다. 나는 원하고 약속한다, 성스러운 세례자 아카가 가져왔도다Volo et vono Baplista Sancta Aca latum est." 이후 벨 성의 의식을 따른다.

늑대가 양 떼에게 접근하지 못하도록 막는 가드 : 해가 떠오르는 방향에 선 뒤, 다음의 주문을 다섯 번 읊는다. 만약 한 번만 읊고 싶다면 닷새 동안 반복한다. "와라, 양아! 내가 너를 보호한다. 지나가라. 회색 짐승, 움켜잡는 회색의 존재여. 가서 너의 먹이를 찾거라. 숫늑대와 암늑대와 새끼 늑대들아. 여기 있는 이 고기는 너희가 넘볼 것이 아니다." 이를 읊은 뒤, 다른 지점으로 이동해 똑같이 반복한다. 그리고 처음 지점으로 돌아와 다시 반복한다. 나머지 의식은 벨 성 의식을 따른다. 가축을 문지를 때는 이렇게 읊는다. "바누스Vanus 바네스Vanes, 소금만 공격할 것."

말을 위한 가드 : "바다의 거품으로 만들어진 소금이여. 너에게 간청하건대, 내 행복과 주인의 이익을 가져오거라. 크루아이Crouay, 루Rou 그리고 루바예Rouvayet의 이름으로 간청한다. 이리로 와 나의 종이 되거라." (소금을 뿌리며 말한다. 또한 루바이라고 발음하지 말 것) 다음의 주문을 읊는다. "네가 하는 일은 모두 옳다고 여겨진다." 이 강력한 가드는 반드시 필요한 것으로 여겨졌다. **참조.** 늑대 기도Oraison du Loup(이는 가드의 다른 버전이다).

트로우 [Trows] 셰틀랜드Shetlands 주민들은 언덕 동굴에 트로우라 불리는 유령이 산다고 믿었다. 이들은 재주가 좋은 장인들로 모든 귀금속을 다룰 수 있다. **참조.** 광부Mineurs, 마운티니어Montagnards 등.

암퇘지 [Truie / Sow] 열정이 대단했던 파리 프레보테Prévôté 비종교 판사들은, 1466년 질 술라르Gillet-Soulart와 그의 암퇘지를 화형에 처했다. 이 불쌍한 협잡꾼은 암퇘지에게 일어서서 물레 잡는 기술을 가르쳤을 뿐이었다. 이 돼지는 '실을 뽑는 돼지'라 불렸다(돼지를 기리기 위한 간판이 생기기도 했다). 사람들은 이를 악마의 짓이라 보았다. 하지만 악마가 개입했다면 더 끔찍한 일을 시켰을 것이다. 프랑수아 위고François Victor Hugo는 『노트르담의 꼽추Notre-Dame de Paris』에 다음의 내용을 기록했다. '짐승을 상대로 한 종교 재판만큼 쉬운 것도 없다.' 1466년 작성된 프레보테 회계 장부엔 질 술라르와 암퇘지 재판에 든 논란의 비용이 기록되어 있다. 이들은 코르베이Corbeil에서 저지른 죄로 인해 형을 받았다. 이때 암퇘지 똥통 비용, 모르상Morsang 항구에서 가져온 장작 다섯 개, 사형집행인과 형제처럼 나눠 먹은 사형수의 마지막 식사(와인 세 병과 빵), 11일 동안 암퇘지에게 먹인 여물 등이 소요되었다. 이들 식사와 여물의 가격은 각 8드니에Deniers*였다.

암퇘지는 고대에도 미신의 대상이었다. 라레스 그룬둘레스Lares Grundules는 새끼를 서른 마리 낳은 암퇘지를 기리기 위해 로물루스Romulus가 만든 일종의 가택신이었다. **참조.** 돼지Porcs.

* 과거 프랑스의 화폐 단위 가치를 보면 1/12 수Sous이다.

추와셰 [Tschouwasches] 시베리아 민족인 추와셰들은 이리히Irich (또는 제리히Jerich)라고 불리는 신성한 가지 다발 앞에서 기도를 올린다. 이 다발은 야생 장미 열다섯 가지를 꺾어 만든다. 이때 가지의 길이는 모두 4피트 정도로 같아야 한다. 이 가지들은 나무 껍질로 한데 묶는데, 여기에 작은 주석 조각을 매단다. 주민들의 집에는 이런 이리히 다발이 각각 존재한다. 이 다발은 가을 전에 만지면 안되며 모든 잎이 떨어지면, 추와셰들은 새로운 이리히 다발을 만든다. 그리고 지난 이리히 다발은 예를 갖추고 흐르는 물에 버린다.

툴리아 [Tullie / Tullia] 16세기 중반, 아피아 가도Appian Way 인근에서 한 무덤이 발견되었다. 무덤 안에는 정체 모를 액체가 있었고 어린 여자의 시신이 액체 위에 떠 있었다. 그녀의 금발 머리는 금고리로 묶여있었고, 마치 잠에 든 것처럼 생생했다. 시체 발치에는 램프가 불타고 있었는데, 공기가 들어가자마자 불이 꺼졌다. 무덤에는 글이 적혀있었으며, 이를 통해 추정하면 그녀는 1천 5백 년째 잠들어 있는 셈이었다. 사람들은 그것이 키케로Cicero의 딸 툴리아라고 짐작했다. 이 시체는 로마로 옮겨져 카피톨리노 언덕Capitoline Hill에 전시되었다. 호기심 많은 군중은 떼로 몰려와 이를 구경하며 경탄했다. 이후 주민들은 그녀의 유해에 성인과 유사한 방식으로 경의를 표했다. 이에 로마 당국은 그녀의 시신을 티베르Tiber 강에 던져 숭배하지 못하게 만들었다. 참조. 마법 램프Lampe Merveilleuse.

자유심령 형제단 [Turlupins / Brethren of the Free Spirit] 14세기의 이교도들. 프랑스, 독일, 네덜란드 전역에 있었으며 옛 키니코스 학파Cynics의 상스러움을 답습했다. 이들은 나체로 다니며 겸손과 도덕이 부패의 징조라고 주장했다. 또 수치심을 느끼는 자들은 모두 악마에게 빙의된 것이라고 주장했다.

튀르팽 [Turpin] 랭스Reims의 대주교. 튀르팽은 샤를마뉴Charlemagne의 모든 연대기에 등장한다. 하지만 그는 샤를마뉴의 실제 삶보다 전설에 더 많이 언급된다. 튀르팽은 도피네Dauphine의 비엔느Vienne에 있을 때 환영을 겪게 되었다. 바로 악마 무리가 샤를마뉴 영혼을 지배하기 위해 쫓는 것이었다. 하지만 그는 곧 작전에 실패한 악마 무리가 기운을 잃은 채 돌아오는 모습도 보았다.[(1)]

(1)「다른 세계의 전설Légendes de l'autre monde」속 환영 부분을 참조할 것.

트바르도스키 [Tvardowski] 독일의 파우스트Faust와 비슷한 폴란드인 마법사.

티빌레누스 [Tybilenus] 색슨족Saxons의 악령들.

틸위스 테그(훌륭한 가족) [Tylwyth-Teg(La Belle Famille / The Beautiful Family)] 웨일스Wales의 작은 요정 집단. 이들은 밤이 되면 청소와 정리를 충실히 한 농장을 찾아가 도움을 준다. 작은 악마들인 엘리온Ellyllons과 반대되는 존재이다. 엘리온은 관리가 되지 않은 집과 나쁜 하인들에게 짓궂은 장난을 친다.

팀파니트 [Tympanites] 참조. 우에Huet.

팀파논 [Tympanon] 마법사들은 수프를 가죽 주머니에 담는다. 이때 가죽 주머니에 쓰이는 염소 가죽을 팀파논*이라고 한다. 참조. 마녀 집회Sabbat.

* 하지만 이 책 『지옥사전』의 '마녀 집회' 키워드에서는 팀파논을 가마솥이라고 기재하였다. 이는 저자의 오기로 보인다.

티르 [Tyre] 사미인Lapps*들이 마법을 부릴 때 쓰는 도구 중 하나. 셰퍼Scheffer는 티르를 다음과 같이 설명했다. 티르는 호두알 또는 작은 사과 크기의 둥근 공이다. 이는 가장 부드러운 솜털로 만들어지며, 매우 반들반들하다. 또 속이 빈 듯 가볍다. 티르 색은 노란색, 초록색, 회색이 섞여 있지만, 주로 노란 빛을 띤다. 사미인들이 파는 이 티르는 살아있는 듯 움직인다. 이 도구는 누군가에게 저주를 걸고 싶을 때 사용한다. 티르는 회오리처럼 적을 향해 움직인다. 하지만 적을 향해 이동 중 움직이는 다른 것을 만나면 그 존재가 대신 저주를 받는다.

* 라플란드에 사는 소수민족.

우코바흐 [Ukobach] 하급 악마. 늘 몸에 불이 붙은 채로 등장한다. 우코바흐는 튀김과 불꽃놀이를 발명했다. 벨제부스Belzébuth는 그에게 지옥의 대형 가마솥 속 기름을 관리하는 일을 맡겼다.

오컬트 대학 [Universités Occultes / Occult Universities] 여왕 카테린 드 메디시Catherine de Médicis는 코시모 루게리Cosimo Ruggieri를 친자식처럼 여겼다. 코시모 루게리는 수아송 저택Hotel de Soissons*에 머무르며 고위급 고문의 역할을 수행했다. 그가 맡은 임무는 고문관들의 제안과 조언이 합당한지 별을 보며 확인하는 것이었다. 코시모 루게리는 여왕이 숨을 거두는 순간까지 강한 영향력을 행사했다. 16세기에 가장 뛰어난 학자를 선정한다면, 분명 카테린의 아버지이자 우르비노Urbino 공작인 로렌초 드 메디시Lorenzo de Medici의 주치의일 것이다. 이 의사는 루게리 노공Ruggieri the Old이라고 불렸다(연금술을 다루는 프랑스 작가들 사이에서는 베치오 루기에Vecchio Ruggier, 로저 랑시앙Roger l'Ancien으로 불렸다). 이는 카발라 작가들로부터 '위대한 자'라는 별칭을 얻은 그의 아들 로랑 루게리Laurent Ruggieri(로렌초 루게리노Lorenzo Ruggiero), 또 다른 아들이자 카테린의 점성가였던 코시모 루게리(프랑스 역사학자들은 그를 로저Roger라고 불렀다)와 구분하기 위함이다. 루게리 노공은 메디시 가문에서 큰 존경을 받았다. 또한 코시모Cosimo 공작과 로렌초Lorenzo 공작은 그의 두 아이의 대부가 되어주었다. 그는 저명한 수학자 바질Bazile과 입냅지어 카테린 여왕 탄생 당시 별의 위치를 찾아냈다. 그는 수학자, 점성가, 메디시 가문의 의사로서 자기 능력을 활용했다.

이 시기 오컬트 학문에 대한 관심은 매우 뜨거웠다. 무엇이든 분석하는 성향이 짙은 현시대의 의심 많은 이들에게는 당시 현상이 이상하게 보일 수 있을 것이다. 하지만 당시 역사적 일화들을 자세히 살펴본다면 19세기에 이르러 빛을 본 실학의 씨앗이 싹트고 있음을 알 수 있다. 물론 지금에 와서는 16세기 학자들이 행한 서정적 깊이를 찾아볼 수 없게 되었지만 말이다. 16세기 학자들은 산업에 기여하는 대신 학문에 예술적 깊이를 더하거나 사고를 비옥하게 만들었다. 당시 군주들은 '연금술' 탐구에 뛰어들었다. 그리고 발명가들의 경이로운 창조물을 보며 이러한 학문에 아낌없이 지원하였다. 이 시기처럼 군주들이 연금술의 비밀을 풀기 위해 열정적이었을 때도 없었다. 당시 빛에 시달리는 군주들에게 돈을 대주던 세속적인 은행가 또한 파라켈수스Paracelsus의 작업을 후원하였다.

16세기 초, 루게리 노공은 일종의 비밀 대학을 운영했다. 그리고 이 비밀 대학에서 노스트라다무스Nostradamus, 아그리파Agrippa와 같은 인물들이 배출되었다. 이들은 차례로 발루아Valois 가의 주치의가 되었다. 이 외에 당시 기독교 왕들과 가까이 지낸 무수한 천문학자, 점성가, 연금술사를 키워내기도 했다. 이들은 특히 프랑스에서 카테린 드 메디시의 큰 환대를 받았다. 바질과 루게리 노공이 제작한 점성도는 카테린 여왕이 생애 겪은 주요 사건들을 예언했다. 이는 오컬트학을 비난하는 자들을 놀라게 할 정도로 정확했다. 이들은 점성술로 피렌체Firenze 공성전 당시 불행했던 카테린의 초년, 프랑스 왕자와의 결혼, 왕자의 갑작스러운 왕위 승계, 자녀의 출생과 그 수를 예견했다. 점성술은 그녀의 세 아들이 차례로 왕이 되고, 두 딸은 왕비가 될 것이라고 예언했다. 또 이들 모두가 후손을 보지 않고 사망할 것이라고도 예견했다. 이 점성도는 역사학자들이 왕비 사후에 만들어진 것이라 의심할 정도로 훌륭했다.

르노디Le Renaudie 보의 딩시, 노스트라다무스는 카테린이 지내던 쇼몽Chaumont에서 예언 능력이 있는 남성을 만나게 되었다. 이때는 프랑수아 2세Francis II 통치 시기였고, 당시 여왕은 어리고 건강한 네 명의 아들이 있었다. 그리고 엘리자베스 드 발루아Elizabeth de Valois와 스페인의 왕 펠리페 2세Philip II가 결혼했고, 마르게리트 드 발루아Marguerite de Valois와 나바르Navarre의 왕 앙리 부르봉Henry Bourbon이 결혼을 했다. 노스트라다무스와 그가 만난 남성은 점성술을 통해 이 모든 사건을 상세히 예견했다. 노스트라다무스는 혜안을 갖추고 연금술의 비밀을 끈기 있게 연구하던 사람이었다. 그는 마지막으로 왕위에 오른 아이는 암살당할 것이라고 예언했다.

또 한 점성가는 여왕을 마법 거울 앞에 데려갔다. 거울에는 채찍에 그려진 각 아이 실루엣이 반사되고 있었다. 점성가가 물레를 돌리는 동안 여왕은 물레가 몇 바퀴 돌아가는지 세었다. 이 바퀴 수는 곧 자식이 통치할 햇수를 의미했다. 앙리 4세Henry IV의 물레는 22바퀴를 돌았다. 점성가는 놀란 여왕에게 그가 프랑스 왕이 될 것이며, 22년 동안 나라를 통치할 것이라고 선언했다. 그리고 마지막 왕이 될 것이며 암살당할 것이라고 덧붙였다. 이 사실을 들은 여왕 카테린은 극한 증오를 담아 점성가를 저주했다.

점성가는 자신의 최후를 알고 싶어하는 여왕에게 생제르망Saint-Germain을 조심하라 조언했다. 그날 이후, 그녀는 생제르망 성에 갇히거나 그곳에서 끔찍한 처사를 받을 것을 우려해 완전히 발길을 끊었다(파리 인근에 위치한 그 성이 어려운 시기 몸을 피하기에 가장 적당했음에도 불구하고 말이다). 블루아Blois에서 귀즈Guise 공작이 암살당하고 며칠이 지난 뒤, 병이 난 여왕은 자신을 돌보러 온 성직자의 이름을 물었다. 성직자는 자신을 생제르망이라고 소개했다. 이를 들은 여왕은 외쳤다. "나는 죽었구나!" 그녀는 다음 날 숨을 거두었는데, 당시 점성가들이 예언했던 나이였다. 로렌Lorraine의 추기경이 마법이라 불렸던 이 점술의 내용은 하나씩 현실이 되었다. 이를 살펴보면 다음과 같다. 프랑수아 2세는 물레가 예고한 햇수만큼 통치했다. 다음 왕위는 샤를 9세Charles IX가 이어받았다. 뒤이어 후임자는 앙리 3세Henry III가 이어받았다. 카테린은 폴란드로 떠나던 아들 앙리 3세에게 다음과 같이 소리쳤다. "곧 돌아오게 될 것이다!" 이는 그녀의 오컬트학에 대한 믿음을 보여주는 일화이며, 왕을 독살하려는 계획을 의미하지 않는다. 마르게리트 드 프랑스Marguerite de France는 나바르의 여왕이 되었고, 엘리자베스Elizabeth는 스페인의 여왕, 앙주Anjou 공작(앙리 3세)은 폴란드의 왕이 되었다.

이 외에 여러 일화는 카테린이 더 공고하게 점술을 믿게 만들었다. 앙리 2세Henry II가 치명적인 상처를 입었던 운명의 결투 전날, 카테린은 꿈속에서 그의 죽음의 전조를 목격했다. 노스트라다무스와 두 명의 루게리가 도입한 판별점성학의 조언에 따르면 이 꿈은 왕이 사망할 징조였다. 기록에 따르면 카테린은 앙리 2세가 시합에 참여하지 않도록 설득하며 여러 대비책을 준비했다고 한다. 그러나 점술의 예지와 꿈은 결국 그대로 현실이 되고 말았다.

앙리 2세

당시 기록에는 또 다른 기이한 사건이 수록되어 있다. 어느 날 밤, 몽콩투르Moncontour의 승리를 전하는 서신이 도착했다. 이 서신은 말 세 마리가 지쳐 쓰러질 정도로 급하게 배달되었다. 이에 여왕을 깨우자, 그녀는 다음과 같이 말했다. "이미 알고 있었다." 브란톰Brantome의 기록에 따르면 전날 여왕은 이미 아들의 승리를 알고 있었다고 한다. 심지어 이는 상세한 내용들을 포함하고 있었다. 부르봉Bourbon가의 점성가는 섬 루이St. Louis의 많은 후손 가운데 앙투안 드 부르봉Antoine de Bourbon이 프랑스의 왕이 될 것이라 예언했다. 쉴리Sully에 의해 보고된 이 예언은 그대로 적중하였다. 앙리 4세는 이를 보며 거짓을 고하는 자들도 간혹 진실을 찾을 때가 있다고 말했다.

어찌 되었든 당시 대다수 자유사상가는 판별점성학 전문가들이 '마법'이라고 지칭하는 방대한 학문을 믿었다. 그리고 대중은 이를 마녀의 행위라 보면서도 결국 점술에 의해 설득당했다. 수학자이자 천문학자, 점성가였고 누군가에겐 마법사였던 코시모 루게리는 카테린 곁에서 특별한 직위를 맡았다. 카테린은 수아송 저택 밑 창고에 그를 위한 기둥을 세우기도 했다(이 창고는 현재 유일하게 남아있는 잔해이다). 코시모 루게리는 고해신부들과 같은 신비한 능력을 지녔었는데, 이러한 능력을 남용하지 않았다. 그는 현세의 야망보다 훨씬 큰 꿈을 가지고 있었다. 소설가나 극작가가 묘사하는 바와 달리, 그는 사기꾼이 아니었다. 코시모 루게리는 바스 브르타뉴Basse-Bretagne의 부유한 생마에Saint-Mahe 수도원의 주인이었는데, 성직자의 영위를 거절하였다. 당시 유행하던 미신 덕분에 생기는 금만으로도 그는 비밀 연구를 지속하기에는 충분했다. 또 여왕의 보호는 그를 모든 악의로부터 보호하였다.[(1)]

(1) 발자크Balzac, 『루게리가의 비밀Le secret des Ruggieri』. / * 여왕이 거주하던 주거용 고급 궁전.

우피르 [Uphir] 연금술 악마. 약초학의 전문가이다. 지옥 왕국에서 벨제부스Belzébuth를 비롯한 고위층의 건강을 책임지고 있다. 지상의 의사들은 의학의 신인 아이스클레피오스Asclepius가 신뢰를 잃자, 우피르를 자신들의 주인으로 섬겼다.

우피에 [Upiers] 참조. 흡혈귀Vampires.

우르다 [Urda] 참조. 노른Nornes.

우르간드 [Urgande] 중세 시대의 선한 요정. 악한 요정 멜리에Melye를 적으로 두고 있었다. 다음은 두 요정이 다툰 일화 중 하나이다. 아마디스Amadis를 헌신적으로 보호하던 우르간드는 이 방랑의 아들인 에스플란디안Esplandian에게 모든 저주를 깨는 마법 검을 선물하였다. 하루는 에스플란디안과 기독교 기사들이 우르간드의 도움을 받아 갈라티아Galatia에서 전투를 펼치고 있었다. 그리고 이들 앞에는 멜리에가 여느 때보다 더 끔찍한 모습을 하고 나타났다. 큰 바위 위에 선 채, 그녀는 사라센Saracens의 군대를 수호하고 있었다. 에스플란디안은 이들의 위협에 맞서기 위해 전진했다(요정이 심판의 날까지 죽지 않는 불멸의 존재라 할지라도, 칼로 두 동강을 낸다면 소멸시킬 수 있기 때문이었다). 멜리에는 민첩하게 몸을 움직여 에스플란디안의 공격을 능숙하게 피했다. 이어지는 압박 공격에 그녀는 불꽃이 나오는 동굴 속으로 몸을 숨겼다. 기사들의 이야기를 전해 들은 우르간드는 직접 두 눈으로 멜리에를 보고자 했다. 그녀는 에스플란디안과 기사 몇 명을 대동하여 초원으로 올라가 멜리에를 찾았다. 발견한 멜리에는 책상다리를 하고 앉아 깊은 생각에 빠져있었다. 이 요정은 우르간드가 오랜 시간 가지고 싶어 했던 마법서를 가지고 있었다. 우르간드를 발견한 멜리에는 연기를 하며 그녀를 동굴로 끌어들였다. 그리고 우르간드가 동굴로 들어가자마자, 멜리에는 그녀에게 달려들어 세차게 바닥에 내동댕이쳤다. 또 온 힘으로 목을 조르기 시작했다. 싸움 소리에 기사들은 서둘러 동굴로 들어갔으나, 마법의 힘 때문에 모두 의식을 잃고 말았다. 오직 에스플란디안만이 마법 검 덕분에 저주에 걸리지 않았다. 에스플란디안은 멜리에를 향해 몸을 던져 우르간드를 구해냈다. 그와 동시에 멜리에는 마법서 『메데아Medea』를 펼쳐 저주 주문을 외웠다. 곧 하늘이 어두워졌고 시커먼 먹구름 속에서 불을 내뿜는 두 마리의 용이 모는 수레가 나타났다. 멜리에는 잽싸게 우르간드를 데리고 수레에 태워 사라졌다. 멜리에는 테지판트Thesyphante로 가, 우르간드를 거대한 탑에 가두었다. 하지만 얼마 지나지 않아 에스플란디안은 우르간드를 구출해 내는 데 성공했다.

소변 [Urine] 소변에도 주목할 만한 효능이 있다. 건강한 사람으로부터 채취한 소변은 비듬과 궤양을 치료한다. 또 여러 독사에게 물린 상처를 치료하는 데 사용한다. 마녀들이 비를 내릴 때 소변을 사용한다는 말도 있다.

델리오Martin Delrio가 기록한 이야기를 살펴보자. 트리어Trier 교구의 한 농부는 자신의 여덟 살 딸에게 양배추를 잘 심는다고 칭찬했다. 이에 아이가 다음과 같이 말하였다. "아! 제게 다른 재주도 있어요. 뒤로 가보세요. 아버지. 원하는 곳에 제가 비를 내릴게요." 농부가 답했다. "어서 해보렴. 뒤로 물러나마." 아이는 땅에 구멍을 파고 소변을 본 뒤, 이를 흙으로 덮고 몇 마디 중얼거렸다. 그러자 밭 위로 비가 억수같이 내렸다. 얼빠진 농부는 아이에게 물었다. "누가 네게 이 기술을 가르쳤니?" 아이는 다시 답했다. "어머니가요. 어머니는 이 분야에 도사거든요." 겁에 질린 농부는 마차에 아내와 딸을 태워 도시로 향했고, 두 사람을 재판에 넘겼다.

소변으로 살피는 의학은 다른 유사 의학에 비해 정확성이 떨어진다. 재담꾼들은 유사 의학을 펼치는 의사를 골려 먹을 셈으로 말의 소변을 담은 병을 가져갔다. 소변을 검사한 의사는 말했다. "병자에게 귀리와 건초를 주어라."

이집트인들은 헤르메스 트리스메기스투스Hermes Trismegistus가 세라피스Serapis 신의 동물인 비비를 관찰하다 낮과 밤을 각각 12시간으로 나누었다고 말한다. 이 동물은 일정한 간격을 두고 낮에 열두 번, 밤에 열두 번 소변을 보았다고 한다.

우로토페니 [Urotopégnie / Urotopegny] 못 박기. 드 랑크르Pierre de Lancre 는 『우로토페니』라는 이름의 책이 있다고 말했다. 이 책에는 물레방아, 통, 화덕, 인간 등에게 못 박기 저주를 내리는 법을 담고 있다고. **참조.** 불능 저주Ligatures.

우테르펜 [Uterpen] 참조. 멀린Merlin.

우테세튀르 [Utéseture] 아이슬란드에서 행해지는 일종의 마법. 이는 밤에 집 밖으로 돌아다니는 자들이 귀신과 이야기를 나누는 것이다. 이때 귀신들은 주로 악행을 하도록 조언한다. 우테세튀르는 오딘 시절부터 존재한 마법이다.

V

백신 [Vaccine] 런던에 천연두 백신이 도입되었을 때, 한 영국 국교회 신부는 이를 지옥의 기숙이자 악마적인 것이요 끔찍하다 했다. 또 천연두는 사탄이 감염시킨 욥Job의 병*과 같은 것이라고 말했다.(1)

다른 영국인 신부들도 백신을 이와 유사하게 생각했다. 프랑스 의사는 백신을 맞은 자들이 소의 특성을 보이게 될 것이라고 말했다. 또 백신을 맞는 여성들은 이오Io처럼 암소가 될 수 있다고 기록했다. **참조.** 봄 Vaume, 물레Moulet, 샤퐁Chapon 등.

(1) 살그Salgues, 『오류와 편견Des erreurs et des préjugés』, 3권, 84페이지. / * 욥은 사탄에게 병을 얻었지만, 끝까지 신앙을 버리지 않아 은총을 받았다.

소 [Vache / Cow] 인도에서 존경받는 동물. 힌두교도들은 이 동물의 몸을 통과한 모든 것이 신성하며 약성을 지닌다고 믿었다. 브라만Brahmans들은 소에게 쌀을 먹인 뒤, 배설물로 나온 소화되지 않은 쌀을 주워 병자에게 주었다. 이 쌀이 몸을 치료하고 영혼을 정화한다고 굳게 믿었기 때문이다. 소똥의 재 또한 특별한 숭배의 대상이 되었다. 왕실에는 매일 아침 왕을 알현 오는 이들에게 소똥 재를 전달하는 신하가 있었다. 왕실 사람들은 이 재를 물로 개어 손가락으로 몸 여러 부분에 발랐다. 이들은 이 행위가 몸을 이롭게 한다고 생각했다. **참조.** 바이카라니 Vaïcarani.

히브리인들은 붉은 소를 제물로 사용했고 그 재로 속죄의 물을 만들었다. 시체와 접촉해 몸을 더럽힌 자들은 속죄의 물을 사용해 몸을 정화했다. 이 전통 때문에 남부 주민들이 붉은 소를 꺼리는 것일 수 있다.

바드 [Vade] 바드(또는 바드Wade)와 그의 아들 대장장이 볼룬드Volund의 전설은 스칸디나비아 문학에서 매우 유명하다. 다음은 데핑Depping과 프란시스크 미셸Francisque Michel이 스웨덴과 아이슬란드 유적을 기반으로 작성한 이야기이다. 이는 1833년 파리에서 『중세 전설에 관한 논문Dissertation sur une tradition du moyen âge』이라는 제목으로 출간되었다.

"덴마크 왕 윌킨Wilkin은 바닷가 인근 숲에서 한 아름다운 여성을 만났다. 이 여성은 하프루Haffru(지상에서 여성의 모습을 하는 일종의 바다 생명체) 또는 바다의 여성이었다. 왕은 그녀와 혼인했다. 그리고 두 사람 사이에 바드라는 거인 아들이 태어났다. 윌킨은 바드에게 질란드Zealand의 열두 영토를 물려주었다. 바드는 볼룬드(또는 웨이랜드 Weyland)라는 아들을 낳았다. 볼룬드가 9살이 되었을 때, 바드는 후날란드Hunaland의 재주 좋은 대장장이 미메르Mimer에게 그를 데려갔다. 미메르는 볼룬드에게 쇠를 단련하고 담금질하며 가공하는 법을 가르쳤다.

볼룬드가 3번의 겨울을 후날란드에서 지내고 나자, 거인 바드는 그를 데리고 칼로바 Kallova 산을 찾았다. 이 산에는 뛰어난 대장장이 난쟁이가 둘 살고 있었다. 이들은 다른 난쟁이나 사람보다도 재주가 뛰어났다. 이 난쟁이들은 창, 투구, 갑옷을 만들었고 금과 은을 다루는 법과 다양한 장신구를 만드는 법을 알았다. 금 1마르크를 받고 이들은 볼룬드를 세상에서 가장 뛰어난 대장장이로 만들어주었다. 그러나 볼룬드는 두 스승을 죽일 수밖에 없었다. 난쟁이들은 바드가 태풍을 만나 사망한 틈을 타 볼룬드까지 죽이려 했기 때문이었다. 볼룬드는 난쟁이들의 도구를 챙겨 말에 실었다. 그리고 가져갈 수 있는 모든 금과 은도 함께 챙겨 덴마크로 떠났다. 볼룬드는 여행 도중 비사라Visara(또는 비세르아라Viser-Aa) 강 근처에 도착했다. 그는 강변에서 나무를 한 그루 베어 구멍을 만들었다. 그리고 그 안에 보석과 수중에 있던 물건을 넣은 뒤, 물이 들어오지 않도록 밀폐했다. 이후 볼룬드는 이 나무 안에 들어가 바다로 떠내려 이동했다.

어느 날 유틀란트Jutland 왕 니둥Nidung은 궁정에서 낚시를 하고 있었다. 갑자기 함께 있던 낚시꾼들이 그물을 걷어 올리자, 이상한 모양으로 깎인 거대한 나무 둥치가 걸려 올라왔다. 나무 안에 뭐가 들었는지 보기 위해, 사람들은 나무를 여러 조각으로 자르려 했다. 그때 나무 안에서 일꾼들에게 그만하라는 목소리가 울려 퍼졌다. 자리에 있던 사람들은 이 소리를 듣고 모두 뿔뿔이 달아났다. 마법사가 나무 안에 숨어있다고 생각했기 때문이었다. 하지만 나무에서 나온 것은 볼룬드였다. 볼룬드는 왕에게 자신이 마법사가 아니라고 설명하였다. 그리고 자신과 자신의 보물을 그냥 보내준다면 그에게 충성을 다하겠다고 약속했다. 니둥은 이를 수락했다. 볼룬드는 보물을 땅속에 숨긴 뒤 니둥을 섬기러 갔다. 그가 맡은 임무는 왕의 식탁에 놓인 칼 세 개를 다듬는 일이었다. 이후 왕은 볼룬드가 무기를 만드는 능력이 있음을 알아챘다. 왕은 왕실 대장장이와 그의 실력을 겨뤄보도록 지시했다.

먼저 왕실 대장장이는 뚫을 수 없는 갑옷을 만들어냈다. 하지만 볼룬드는 몇 시간 만에 만든 황금 검으로 갑옷을 한 번에 두 동강 내버렸다. 그 뒤로 볼룬드는 왕의 총애를 받게 되었다. 하지만 힘들고 험한 일에 대한 대가를 제대로 받지 못하자, 볼룬드는 마음에 복수심을 품게 되었다. 그는 왕을 독살하려 했지만, 왕이 이를 알아채고 그의 오금줄을 잘라버렸다. 이 모욕에 분노한 볼룬드는 반성하는 척 하며 기회를 엿보았다. 왕은 볼룬드에게 아름다운 갑옷과 장신구를 만드는데 필요한 도구와 대장간을 제공해 주었다. 이후 양심을 품고 있던 볼룬드는 자신의 집으로 왕의 두 자식을 불러내 살해했다. 그리고 니둥에게 아이들의 두개골로 만든 잔 두 개를 선물했다. 또한 볼룬드는 날개를 만들어 단 뒤, 높은 탑으로 날아가 큰 소리로 왕을 불렀다. 이 목소리를 들은 왕이 나타나 물었다. '볼룬드여, 새가 된 것이냐?'

볼룬드는 답했다. '군주여, 전 이제 새이자 인간입니다. 전 떠날 것이고 당신은 절 보지 못할 것입니다. 떠나기 전에 당신에게 몇 가지 비밀을 알려주려 합니다. 당신은 제가 도망치지 못하도록 제 오금줄을 끊어버렸습니다. 그래서 복수를 했습니다. 당신의 두 아이를 제 손으로 목 졸라 죽여버렸습니다. 당신의 식탁에 올려 둔, 금과 은으로 장식한 잔들은 그들의 뼈로 만든 것입니다.'

이 말을 끝으로 볼룬드는 하늘을 날아 사라졌다."

이 이야기는 스칸디나비아 문학의 금자탑이라 할 수 있는 작품들에 등장하는 바드와 그 아들의 전설을 가장 완전하게 담아낸 것이다. 하지만 대중에게 볼룬드를 알린 『에다Edda』와는 여러 부분에서 차이를 보인다. 『에다』에서 볼룬드는 엘프 왕의 셋째 아들이자 초자연적 존재로 등장한다. 세 왕자는 백조 드레스를 벗은 채로 호숫가에서 옷을 짜던 발키리Valkyries(또는 요정)들과 결혼을 하였다. 7년의 결혼 생활 이후 발키리들은 사라져 버렸다. 볼룬드의 두 형제는 아내를 찾아 떠났지만, 볼룬드는 혼자 오두막에 남아 쇠를 벼렸다. 니두스Niduth 왕은 볼룬드가 만드는 훌륭한 물건에 관한 소문을 전해 들었다. 이에 왕은 볼룬드가 자는 동안 그를 납치했다. 이후 볼룬드는 왕비에게 두려운 마음이 들게 만들었고, 왕비는 볼룬드의 오금줄을 잘라버리라고 명했다. 복수를 하기 위해 볼룬드는 앞서 언급한 일들을 행했다.

독일과 앵글로색슨족Anglo-Saxons 시인들은 바드와 아들의 이야기를 자주 모방하곤 했다. 프랑스의 음유시인들은 볼룬드의 갑옷 만드는 재능을 자주 언급했다. 그들이 노래하는 영웅의 검이 볼룬드의 손에 의해 만들어졌다고 말이다….

바프스루드니르 [Vafthrudnis / Vafthrudnir] 스칸디나비아의 악령. 해박한 지식을 지니고 있다. 오딘Odin은 바프스루드니르의 궁전을 찾아 그에게 도전했다. 바프스루드니르는 우월한 지식으로 오딘을 이겼다.

바그노스트 [Vagnoste] 거인이자 아가베르트Agaberte의 아버지. 해당 단어를 참조할 것.

바이카라니 [Vaïcarani] 인도 신화에 등장하는 불의 강. 영혼들은 지옥에 도착하기 전이 강을 건넌다. 만약 병자가 세상을 떠나는 순간 암소 꼬리를 쥐고 있다면 바이카라니를 안전하게 건널 수 있다. 이 암소는 바이카라니 강가에서 기다리고 있으며, 병자는 소의 꼬리를 잡고 천천히 강을 건너면 된다.

유령 배 [Vaisseau-Fantôme / Ghost Ship] 참조. 플라잉 더치맨호Voltigeur Hollandais.

발라파르 또는 말라파르 [Valafar, Malafar] 지옥의 강력한 공작. 그는 천사의 모습으로 나타난다. 때로는 거위의 머리와 발, 산토끼의 꼬리를 단 사자의 모습을 하기도 한다. 발라파르는 과거와 미래를 알고 있으며, 인간에게 재능과 용기를 부여한다. 그는 36개 군단을 거느린다.[1]

(1) 요한 바이어Johann Weyer, 『악마의 유사군주제Pseudomonarchia Dœmonium』.

발렌스 [Valens] 아리우스파Arianism 황제. 후계자의 이름을 알고 싶었던 그는 금지된 방법을 동원했다.

악마는 발렌스에게 'Theod'라는 철자로 그의 후계자 정보를 알려주었다.[1]. 이에 발렌스는 테오도르Theodore, 테오둘Theodule 등의 이름을 지닌 자들을 처형했다. 하지만 테오도시우스Theodosius라는 이름을 떠올리지 못했고, 결국 그에게 왕위를 넘겨주었다.

세브로Chevreau는 다음의 유명한 일화를 저서에 기록했다. 파르마Parma의 피에르 루이Pierre-Louis 공작은 루카스 고릭Lucas Gauric으로부터 그를 상대로 한 음모가 있다는 경고를 받았다. 공작은 유령을 소환해 음모자들의 이름을 알아내고자 했다. 이에 유령은 찾는 것을 손에 넣고자 한다면 화폐에 집중하라는 수수께끼 같은 답을 내밀었다. 이 대답은 모호했으나, 악마는 진실을 말했다. 고대 파르네세Farnese 화폐에는 "ALOIS P. PARM. AND PLAC. DUX."라고 적혀 있었다. 여기서 네 글자인 PLAC은 플라센티에Placentice였으며, 음모자들이 모이는 장소를 의미하는 것이었다. 또 각각의 철자는 음모를 품은 네 가문을 의미했다. P는 팔라빈치니Pallavicini, L은 란디Landi, A는 안귀스콜리Anguiscioli, C는 콘팔로니에리Confalonieri를 뜻했다.

(1) 이는 수탉점을 통해서 알아냈다. 수탉점Alectryomancie을 참조할 것.

발렌티누스 [Valentin / Valentinus] 이집트 출신의 이교 창시자. 마지막 사도의 죽음 직후 자신의 교리를 설파했다. 그는 플레로마Pleroma(또는 '풍만')라는 영원한 빛의 장소가 있다고 말했다. 그리고 이곳에 신이 산다고 주장했다. 이 플레로마에는 서른 개의 아이온Aeons(불멸의 지성)이 거주하는데 남성과 여성이 섞여 있으며 세 가지 계급이 존재한다.

발렌티누스는 이들이 서로가 서로를 낳고 혈통을 구축하며 이름을 붙여주었다고 주장했다. 최초의 아이온은 비토스Bythos로, 깊이를 상징했다. 발렌티누스는 이 아이온을 프로파토르Propator(또는 '첫 아버지')라고 불렀다. 비토스는 지성과 고요함을 상징하는 에노이아Ennoia(또는 침묵을 상징하는 시제Sige)를 아내로 맞았다. 발렌티누스는 예수 그리스도Jesus Christ와 성령이 이 아이온들의 마지막 자식이라고 주장했다. 발렌티누스는 많은 제자를 거느렸다. 그의 교리에서 여러 이교가 탄생했다는 것은 믿기 어렵다. 하지만 길 잃은 인간의 영혼은 때때로 의도치 않은 행동을 한다.

발렌타인(바실) [Valentin(Basile)] 참조. 바실 발렌타인Basile-Valentin.

발레리우스 막시무스 [Valère-Maxime / Valerius Maximus] 티베리우스Tiberius 통치 당시 명성을 크게 얻었던 작가. 그의 저서『기억할 만한 행동과 발언 모음집Recueil des actions et des paroles mémorables』1권에선 기적과 놀라운 꿈들을 다룬다.

발키리 [Valkiries] 참조. 발키리Walkiries.

흡혈귀 [Vampires] 지난 역사에서 흡혈귀들은 지적 선동자들이었던 18세기 철학자들을 놀라게 하고 교란하는 역할을 했다. 이들은 로렌Lorraine, 프러시아Prussia, 실레지아Silesia, 폴란드, 모라비아Moravia, 오스트리아,

러시아, 보헤미아Bohemia, 유럽 북부 전역을 두려움에 떨게 했다. 당시 영국과 프랑스의 진보주의자들은 민간 전승을 재론하였고 오직 미신만을 비판하였다.

칼메D. Calmet가 짚고 넘어간 바와 같이, 각 시대에는 경향이라는 것이 존재했다. 또 각 국가는 이에 맞춰 자신들의 편견과 선입견을 발전시켰다. 다만 흡혈귀들은 야만적인 시대 또는 야만족 사이에서 화려한 등장을 이루지 못했다. 오히려 디드로Diderot, 볼테르Voltaire와 같은 인물이 활동했던 계몽주의 시대에 도드라졌다. 이미 문명화를 이룬 유럽에서 말이다.

흡혈귀는 우피에 우피레스Upiers Oupires라는 명칭이 있었으나, 일반적으로 서구권에서 뱀파이어라 불렀다. 모레Morea에서는 부르드라카스Vourdoulakas(브리콜라카스Vrycolakas), 실론Ceylon*에서는 카타카네스Katakhanes라고 불렀다. 이들은 몇 년 또는 며칠 전에 사망하여 땅에 묻힌 인간들이었다. 이들은 생전과 같은 모습으로 돌아와 말하고 음식을 씹으며 마을을 휩쓸었다. 또 인간과 짐승을 괴롭혔는데, 특히 가까운 사람의 피를 빨아 바짝 쪼그라들게 하여 죽게 만들었다(1). 흡혈귀의 위험한 방문과 침입에서 벗어나기 위해서는 이들의 시체를 꺼내 몸에 말뚝을 박고, 머리를 자르며 심장을 파내고 불태워야 했다.

일반적으로 피를 빨려 사망한 이들은 흡혈귀로 변했다. 1693년부터 1694년까지, 프랑스와 네덜란드 대중 일간지에선 폴란드, 러시아의 흡혈귀 출몰 사건을 다뤘다. 『친절한 수성Le Mercure Galant』에선 해당 2년간 있었던 흡혈귀 소문을 다루었다. 소문에 따르면 흡혈귀는 정오에서 자정까지 활동하며 인간과 동물의 피를 탐욕스럽게 빨아먹었다고 한다. 이때 종종 흡혈귀의 입, 코, 귀 등으로 피가 흘러나왔다. 놀랍게도 때로는 흡혈귀가 들어있는 관에 피가 가득 차 있었다고 한다.

끊이지 않는 식탐을 지닌 이 흡혈귀들은 시체를 감싸는 수의마저 먹어 치웠다. 묘지에서 나온 그들은 밤새 부모나 친구들을 찾아갔다. 그리고 이들이 소리를 지르지 못하도록 목을 누른 채 피를 빨아먹었다. 열렬히 포옹하며 말이다. 피를 빨린 이들은 허약해지다가 곧 사망했다. 이러한 흡혈은 단지 한 사람에게만 국한되지 않았다. 가족 그리고 마을(이들은 도시에서 활동하는 법이 절대 없었다) 전체까지 흡혈귀의 피해를 보았다. 이들의 머리를 자르거나 심장을 뚫어버리지 않는 이상, 이 끔찍한 상황은 계속되었다. 흡혈귀의 시체는 사망 이후 오랜 시간이 지났어도 부드럽고 유연했다. 다만 몸에서 찬기가 맴돌았다. 이런 흡혈귀의 시체에서는 많은 양의 피가 나왔다. 몇몇 이들은 밀가루를 들고 와 이 피로 반죽을 해 빵을 만들었다. 이렇게 만든 빵을 먹으면 흡혈귀의 피해에서 벗어날 수 있다 믿었기 때문이다.

다음은 흡혈귀에 관한 몇 가지 이야기다.

칼메의 기록을 살펴보자. 그의 기록에 따르면 흡혈귀는 오래전부터 모라비아에 자주 출몰했다고 한다. 죽은 지 몇 주 된 모라비아 흡혈귀들은 마을에 나타나 아무것도 모르는 사람들과 함께 식탁에 앉았다. 그리고 아무 말도 하지 않았다. 이후 흡혈귀는 참석한 사람 중 하나에게 고갯짓을 하는데, 그는 며칠 뒤 어김없이 사망했다. 해당 소문을 들은 로렌 공작 레오폴드 1세Leopold I는 바시몽Vassimont을 모라비아로 파견했다. 한 나이 든 사제는 파견 나온 바시몽에게 해당 이야기를 들려주었다. 그의 이야기에는 자신이 직접 목격한 여러 일화도 함께 포함되어 있었다. 나라의 주교, 신부들은 이 당혹스러운 주제를 다루기 위해 로마를 찾았으나, 교황청은 어떠한 답변도 주지 않았다. 이 모든 것이 환영이라 생각했기 때문이었다. 흡혈귀들의 시체를 파헤치고 태우거나 다른 방식으로 없애 버린 뒤에야 주민들은 그들로부터 자유로워졌다.

1706년 페르디난드 드 슈에르츠Ferdinand de Schertz는 이러한 출몰 사건에 기반해 『사후 마법Magia Posthuma』이라는 책을 올로모우츠Olomouc에서 출간했다. 이 책에선 종부 성사를 받고 평범하게 묘지에 묻힌 어느 여성의 일화가 기록되어 있다. 그녀는 절대 파문당한 사람이 아니었다(어쩌면 신성 모독은 했을지도 모른다). 하지만 그녀가 죽고 4일 후, 마을에선 굉음이 들려왔고 개의 모습을 한 유령이 나타났다. 이 유령은 곧 사람 모습으로도 나타났는데 목격자가 한두 명이 아니었다. 유령은 주민들을 찾아가 목을 졸랐고 위를 비틀어 숨이 막히게 했다. 그리고 몸을 부순 뒤 허약하게 만들어버렸다. 피해자들은 늘 창백하고 야위어 있었으며 기운이 없었다. 동물들 또한 이 흡혈귀의 악의로부터 자유롭지 못했다.

흡혈귀는 여러 소의 꼬리를 묶고 말을 지치게 만들며 모든 종류의 가축을 괴롭혔다. 그렇기에 마을에서는 항상 울음소리와 신음이 가득했다. 이런 재앙은 여러 달 동안 지속되었다. 흡혈귀 몸을 불태워 버린 뒤에야 마을은 겨우 자유를 되찾았다.

『사후 마법』의 작가는 이보다 더욱 기이한 일화도 기록했다. 이번에는 보헤미아 카담Kadam 인근에 있는 블로우Blow라는 마을에서 일어난 일이다. 이 마을의 한 신부는 사망한 지 얼마 되지 않아 흡혈귀로 의심할 만한 상태로 출몰했다. 그는 몇몇 사람의 이름을 불렀고, 이 사람들은 모두 일주일 안에 사망했다. 그는 과거의 이웃들을 괴롭혔고 공포를 심어 주었다. 블로우의 농부들은 신부의 시체를 파내 심장을 관통하는 말뚝을 박아버렸다. 신부는 죽은 채 말을 하며 집행하는 이들을 비웃었다.

그는 커다란 흡혈귀의 입을 열며 말했다. "개들을 내쫓도록 몽둥이를 선물로 주다니, 은혜받은 자들이구나." 사람들은 신부가 하는 말에 신경 쓰지 않고 그가 떠들도록 두었다. 다음 날 밤, 신부는 말뚝을 부수고 일어나 여러 사람을 겁에 질리게 한 뒤, 지금까지 한 것보다 더 심하게 주민들의 목을 졸라 살해했다. 결국 그는 사형 집행관에게 넘겨졌다. 그리고 수레에 태워져 도시 밖에서 화형을 당했다. 신부는 팔다리를 휘저었고, 불타는 눈을 이리저리 굴리며 미친 사람처럼 고함을 쳤다. 다시 그의 몸에 말뚝을 박자, 고함을 치며 매우 새빨간 피를 토했다. 이후 불에 태워지고 난 뒤에는 아무것도 남지 않았다.

17세기에도 같은 방식을 사용해 흡혈귀를 퇴치했다. 흡혈귀를 다시 무덤에서 꺼내면 시체는 신선했고 붉었으며 팔다리는 부드러웠고 움직일 것만 같았다. 벌레를 먹거나 상한 부분은 없었고 지독한 냄새도 풍기지 않았다.

페르디난 드 슈에르츠는 실레지아와 모라비아의 산에서 흡혈귀들이 자주 목격되었다고 주장했다. 이들은 낮이든 밤이든 가리지 않고 나타났다. 또 흡혈귀가 생전에 소지했던 물건들은 건드는 사람이 없는데도 자리가 옮겨지곤 했다. 이 출몰에 대한 유일한 해결법은 흡혈귀의 머리를 자르고 몸을 불태우는 것이었다.

1725년 한 병사가 헝가리 국경에 있던 어느 농부의 집에 머물고 있었다. 하루는 농부의 집에서 저녁 식사가 있었는데, 갑자기 처음 보는 남성이 들어와 집주인 옆에 자리를 잡고 앉았다. 집주인을 포함해 식탁에 앉아 있던 모든 이는 그를 알아보고 겁에 질렸다. 병사는 어떤 상황인지 알 수 없었고, 무언가 질문을 던졌다가 실례를 할까봐 가만히 있었다. 다음 날 집주인이 사망했고, 병사는 이 사고를 일으킨 이가 누군지 집주인 가족들에게 물었다. 혼란에 빠진 가족들은 식탁에 앉아 온 가족을 떨게 만든 이가 집주인의 아버지였다고 말했다. 그는 10년 전 사망했는데, 아들 곁에 앉으며 죽음을 가져왔다는 것이었다. 병사는 부대 장교들에게 다음의 사건을 보고했다. 부대에선 보병대 대장이었던 카브레라스Cabreras 백작에게 해당 사건을 위임해 진상을 알아보기로 했다. 카브레라스 백작과 다른 장교들은 의사, 감사관을 대동해 문제의 장소를 찾았다. 그리고 모든 집안 사람들의 증언을 들었다. 이들은 유령이 집주인의 아버지라 말하며 군인의 보고를 증명해 주었다. 마을 대다수 주민 또한 이를 입증해 주었다. 이후 사람들은 집주인 아버지의 시체를 묘지에서 파냈다. 시체에는 피가 흐르고 있었고 피부는 갓 죽은 사람처럼 생생했다. 사람들은 그의 머리를 자른 뒤 다시 묘지에 집어넣었다. 조사관들은 다양한 정보를 채집한 후, 30년 전 사망한 남성에 대해 알아냈다. 이 남성은 식사 시간에 세 번이나 집을 찾아와 형제, 자식, 집안 시종의 목을 차례로 물었고 피를 빨았다. 이 세 사람은 즉사했다. 조사관들은 남성의 묘지를 파헤쳤다. 그리고 흡혈귀를 무덤에서 꺼냈을 때, 처음 발굴한 시체와 마찬가지로 몸에 생기가 있고 혈색이 도는 것을 알았다. 사람들은 흡혈귀의 머리에 대못을 박고 다시 묘지에 묻었다. 이후 카브레라스 백작은 세 번째 흡혈귀를 불태웠는데, 그는 16년 전에 묻힌 자였다. 이 흡혈귀는 과거 자식 두 명의 피를 빨아먹어 살해한 이력이 있었다. 이렇게 고장은 다시 평화를 찾았다.[2]

앞서 목격한 바와 같이, 발굴한 흡혈귀의 사체는 주로 붉고 생기가 있으며 유연하고 잘 보존된 상태이다. 이렇게 많은 증거가 흡혈귀의 존재를 증명하고 있지만, 법적 조치 없이 해당 사건들을 다루는 일은 없었다. 조사관들은 증인을 소환해 이야기를 듣고 주장을 분석하고 시체를 면밀히 살펴보았다. 모든 증거를 통해 흡혈귀임이 확실해지면 그때는 사형집행인에게 시체를 데려가 불태웠다. 흡혈귀들은 형 집행 후에도 삼사일 간 나타나는 경우가 있었다. 시체는 재만 남아있었는데도 말이다. 주민들은 의심스러운 이들의 시신을 6주에서 7주 정도 매장하지 않고 기다리는 경우가 있었다. 그리고 시신이 썩지 않고 팔다리가 부드러우며 피가 흐르면 그 때는 시체를 태워버렸다. 흡혈귀들이 생전에 입었던 옷은 만지는 사람이 없는데도 저절로 흔들렸고 장소를 옮겨갔다. 페르디난 드 슈에르츠는 19세기 말 올로모우츠에서 매장되지 않은 흡혈귀 중 하나가 이웃들에게 돌을 년시고 극심히 괴롭혔다고 기록했다.

돔 칼메는 흡혈귀에 관한 특이한 이야기를 기록했다. 그의 기록에 따르면 흡혈귀가 출몰한 마을 묘지 무덤에 손가락 크기의 구멍이 두세 개 나 있는 경우가 있었다고 한다. 그리고 해당 무덤을 파보면 부드럽고 붉은색을 띠는 시체가 나온다고. 이 시체의 목을 자르면 동맥과 정맥에서 신선한 피가 넘쳐 흘렀다. 돔 칼메는 이 구멍을 통해 흡혈귀가 호흡, 생장을 하며 생명을 유지하는 것이 아닌지 궁금했다. 또 그렇기 때문에 산 사람들 사이를 돌아다닐 수 있는 것은 아닌지 의문이 들었다. 하지만 그는 이 가정이 확인되지 않은 사건을 기반으로 했기 때문에 그리 주목할 만한 문제는 아니라고 결론 지었다.

또 돔 칼메는 헝가리 흡혈귀에 관한 글에서 생 미셸Saint-Michel의 일Isle과 주고받은 편지를 인용했다. 그는 문제 지역에 오래 머물렀기에 흡혈귀에 대해 아는 것이 많은 사람이었다. 일은 편지에서 다음과 같이 설명했다.

'8일, 10일 혹은 15일 만에 우울감에 사로잡힌 사람이 식욕을 잃는데, 눈에 보일 정도로 살이 빠진다. 그리고 열도 없이 사망한다. 하지만 체중 감소, 수척함 외에 다른 질병의 전조는 없다. 헝가리에서는 이런 피해자를 두고 흡혈귀가 붙어 피를 빨아먹는다고 말한다. 깊은 우울함에 빠져 심란한 대다수 사람은 흰 귀신이 그림자처럼 자신을 쫓아다닌다고 말한다.

블라크Vlachs의 겨울 야영지에 있을 때, 우리 기병대의 기병 두 명이 같은 병에 걸려 사망했다. 하사 한 명이 고장 사람들만의 방법으로 이를 치료하지 않았다면, 여럿이 함께 목숨을 잃었을 것이다. 그 방법은 어디에서도 본 적 없는 특별한 것이었다. 치료법은 다음과 같다.

먼저 소년 하나를 골라 옷을 모두 벗겨 흑마 위에 태운다. 그리고 소년과 말을 묘지로 이끈다. 이들은 모든 무덤을 지나가는데, 채찍질을 해도 말이 접근을 거부하는 무덤은 흡혈귀가 있는 곳으로 본다. 이후 무덤을 열면 마치 잠든 사람처럼 멀쩡하고 신선한 상태의 시체가 나온다. 이후 사람들이 시체 목에 삽질을 하면 그곳에선 아름다운 붉은색 피가 넘치게 쏟아진다(이는 믿거나 말거나이다). 마지막으로 흡혈귀를 다시 무덤에 집어넣는다. 그러면 사람들은 길고 지독한 병에서 벗어나고 점차 기운을 회복한다….'

그리스인들은 흡혈귀를 브리콜라카스라고 불렀다. 이들은 대다수 흡혈귀가 파문당한 자이기에 무덤 안에서 썩지 않는다고 생각했다. 브리콜라카스는 낮이든 밤이든 나타나는데 이들을 마주치는 것은 매우 위험한 일이었다.

16세기 작가인 레온 알라티우스Leon Allatius는 이에 관하여 상세히 기록했다. 그는 키오스Chios 섬 주민들이 이름을 두 번 불릴 때만 대답을 한다고 말했다. 이는 브리콜라카스가 이름을 한 번만 부르기 때문이었다. 이들은 아직도 브리콜라카스가 산 사람을 부르며, 이에 대답을 해야 사라진다고 믿고 있다. 하지만 대답한 이는 며칠 가지 못해 사망한다. 보헤미아와 모라비아에서도 흡혈귀를 두고 같은 이야기가 전해진다.

브리콜라카스에게 피해를 보지 않기 위해, 그리스인들은 흡혈귀의 시체를 파내 태웠다. 단 태우기 전에는 기도문을 읊었다. 한 줌 재로 돌아간 그들은 다시 나타나지 않았다.

17세기에 레반트Levant를 여행한 리코Ricaut는 튀르키예인, 그리스인 사이에서 브리콜라카스에 대한 두려움이 만연했다 기록했다. 그는 칸디아Candia 출신의 한 수도사에게 들은 다음의 일화를 기록하였다(수도사는 이 이야기를 하며 사실임을 맹세했다).

모레아Morea에서 저지른 잘못 때문에 파문당한 후, 장례 없이 성지가 아닌 외진 곳에 묻힌 남성이 있었다. 이후 남성은 무시무시한 모습을 하고 주민들 사이에 출몰하였다. 몇 해가 지나 그의 무덤을 파보았을 때, 남성의 몸은 부어있었으나 건강하게 잘 보존된 상태였다. 남성의 혈관은 빨아먹은 피로 인해 부풀어있었다. 그가 바로 브리콜라카스였던 것이다. 필요한 절차를 밟은 수도사들은 남성의 몸을 조각내 포도주로 끓이자는 의견을 내었다. 이 방식은 아주 오래전부터 브리콜라카스를 처리하는 방식이었다. 하지만 남성의 부모가 기도와 함께 이를 거부했고, 결국 집행이 중단되었다. 수도사들은 콘스탄티노플Constantinople을 찾아 고인에게 필요한 총대주교의 사면을 받고자 했다. 이를 기다리는 동안 시체는 교회에 안장되었다. 사람들은 매일 남성의 안식을 위해 기도를 올렸다. 어느 날 아침, 수도사가 미사를 보는 도중 관 속에서 폭음이 들려왔다. 관을 열자, 남성의 시체가 녹아내렸다. 그제야 7년 전에 묻힌 시체처럼 보인 것이다. 이 소리는 정확히 총대주교의 사면이 결정된 순간에 터져 나왔다….

그리스인과 튀르키예인은 브리콜라카스의 시체가 밤새 영양소, 음식 등을 섭취하고 돌아다닌다고 믿었다(**참조.** 저작Mastication). 이들은 흡혈귀를 파내면 붉은빛을 띠며, 빨아먹은 피 때문에 혈관이 몹시 팽팽하다고 말했다. 더불어 몸을 열면 마치 다혈질 남성 몸에서 흐를 법한 피가 넘치도록 흘러나온다고 주장했다. 이러한 소문은 널리 퍼져 있다.

흡혈귀의 몸을 태우는 것은 여러 나라에 존재하는 매우 오래된 풍습이다. 12세기 기욤 드 느브리주Guillaume de Neubrige는 다음의 이야기를 언급했다[3]. 당시 잉글랜드 버킹엄Buckingham에선 육신과 영혼을 갖춘 유령이 나타나 아내와 부모를 겁에 질리게 한 일이 있었다. 그가 다가올 때는 큰 소리를 내야 해를 입지 않았다. 그는 때때로 낮에도 사람들 앞에 모습을 드러냈다. 이에 링컨Lincoln의 주교는 위원회를 소집하였다. 위원회는 같은 일이 잉글랜드 내에 빈번하게 일어나며, 유일한 대처 방법은 유령의 시신을 태우는 것이라고 말했다. 주교는 해당 의견이 너무 잔혹하다며 거절하였다. 결국 주교는 사면 증서를 발행했고 이를 망자의 시신에 올렸다. 망자의 시신은 매장 당시처럼 생생한 상태였다. 신기하게도 이후 이 유령이 다시 나타나는 일은 없었다. 기욤 드 느브리주는 이러한 출몰이 잉글랜드에서 매우 자주 일어났다고 덧붙였다.

망자들이 음식을 섭취한다는 레반트의 민담은 이미 다른 고장에서 몇 세기 전부터 존재했다. 오래전 독일에서는 망자들이 무덤 안에서 돼지처럼 음식을 씹는다고 믿어왔다. 그리고 이때 꿀꿀대는 소리가 무덤 안에서 들려왔다고 한다[4]. 17세기 필립 레리우스Philippe Rherius와 18세기 초 미셸 로프트Michel Raufft는 무덤 안에서 음식을 섭취하는 망자들에 관한 논문을 발표하기도 했다[5].

해당 작가들은 독일 일부 지역에서 망자가 음식을 씹지 못하게 하기 위해 턱 아래 흙덩어리를 둔다고 언급했다. 이는 죽은 사람이 무덤 속에서 손에 닿는 것은 무엇이든(수의를 비롯해 자기 살마저) 먹어 치우기 때문이었다. 다른 지역에선 입안에 작은 동전이나 돌멩이를 넣기도 했으며, 손수건으로 목구멍을 세게 틀어막는 경우도 있었다. 때때로 관 속에서 스스로를 집어 먹어 시체가 상한 이들도 있었다고 한다(이처럼 자연스러운 사건 속에서 어떤 경이로운 점을 찾아낸 학자들이 놀라울 따름이다).

살Salm의 하인리히Henry 백작의 장례가 있던 날이었다. 그가 묻힌 오트 세유Haute-Seille 수도원 교회에선 낮은 비명이 들려왔다. 독일인들은 이를 누군가가 음식을 씹으며 내는 소리라고 믿었다. 다음 날, 백작의 무덤을 파보았더니 그는 죽어있었지만, 묻었을 때와 다르게 엎드린 채였다. 다른 비슷한 사례들처럼, 그가 산 채로 묻힌 것이었다. 로프트Michel Raufft도 이와 비슷한 이야기를 기록했다. 이는 1345년 한 보헤미안 여성의 이야기이다. 그녀는 무덤 속에서 자신의 수의를 반이나 먹었는데, 아마 비슷한 이유로 추정된다.

18세기 한 가난한 남자가 공동묘지에 급하게 묻혔다. 그리고 밤이 되니 그의 무덤에서 소음이 들려왔다. 다음 날 아침 관을 열자, 그가 자신의 팔에 붙은 살을 뜯어 먹었다는 사실을 알게 되었다. 브랜디를 너무 많이 먹어 취했던 남자는 산 채로 묻혔던 것이다.

아우크스부르크Augsburg에서도 한 여성이 혼수상태에 빠진 것을 사망한 것으로 오인해 매장한 일이 있었다. 그녀는 깊은 지하 묘실에 흙을 덮지 않은 채 안치되었다. 뒤이어 그녀의 무덤에서 소리가 들렸지만, 아무도 주의를 기울이지 않았다. 그로부터 2년에서 3년 뒤 가족 중 하나가 사망해 묘소를 열었을 때, 여성의 몸이 입구를 막던 돌 인근에 있는 것을 보게 되었다. 그녀는 돌을 옮기려 했으나 실패하였고 절망감에 오른손을 뜯어먹어 손가락이 남아있지 않았다.

투르느포르Tournefort의 『레반트 여행기Voyage au Levant』 1권에는 미코노스Mykonos 섬에서 브리콜라카스를 파내는 방식이 기록되어 있다. 투르느포르는 1701년에 이를 목격한 뒤 기록했다.

"그는 천성이 우울하고 싸우기 좋아하는 자였다. 이런 이야기에서 이 같은 성격은 한 번 짚고 넘어갈 법하다. 그는 시골에서 죽임을 당했는데 누가 어떻게 죽였는지는 아무도 몰랐다. 그가 한 성당에 묻히고 이틀이 지났을 때였다. 밤이면 그가 성큼성큼 걸어 산책을 한다는 소문이 돌았다. 심지어 여러 집을 찾아 가구를 뒤집고 램프 불을 꺼트리며 뒤에서 끌어안는 등 다양한 장난을 친다는 이야기도 뒤따랐다. 처음 이 소문은 비웃음을 샀다. 하지만 신뢰할 만한 이들이 이를 털어놓자, 사건이 심각해지고 말았다. 파파Papas(그리스의 사제)들 또한 이러한 소문이 사실이라는 것에 동의했다(아마 그만한 이유가 있었을 것이다).

이러는 와중에도 죽은 이는 계속 장난을 이어갔다. 이에 도시 주요 인사, 사제, 성직자들이 모여 회의를 열게 되었다. 회의에서 내린 결론은 일단 과거 풍습에 따라 매장 이후 9일을 기다리자는 것이었다. 기다린 이후 10일째 되는 날, 이들은 시신이 안치된 성당에서 예배를 올리고 시체에 깃든 악마를 내쫓으려 시도했다. 먼저 예배 이후 시신을 꺼낸 다음, 심장을 적출했다. 이는 참석자의 박수를 이끌었다. 시신에서는 심한 악취가 났고 사람들은 향을 피워야만 했다. 그러나 향과 악취가 섞이자, 불쌍한 참석자들의 뇌가 뜨거워졌고 이들 앞에 헛것이 보이기 시작했다. 사람들은 시체에서 커다란 연기가 피어오른다고 생각했다. 참석자들은 이것이 향의 연기라고 인정하기 어려웠다. 그들은 성당과 광장에서 브리콜라카스를 외쳤다. 이 소리는 ~~거리고 피시나사고 보수를 동요시켰다.~~ 일부 참석자는 시체에서 흐르는 피가 여전히 붉었다 말했고, 다른 이들은 그가 여전히 따뜻했다고 주장했다. 결국 죽은 자가 사실 죽지 않았다는 결론이 내려졌다. 이는 곧 악마가 그를 되살렸음을 의미했다. 이것이 대중들이 생각하는 브리콜라카스이다. 그를 매장했던 인부들은 애초에 시골에서 교회로 옮겨올 때부터 그가 시체 같아 보이지 않았다고 말했다. 이에 그는 진짜 브리콜라카스로 결론지어졌다. 주민들은 이 이야기를 계속 떠들어댔다. 결국 주민들은 망자의 심장을 불에 태우기로 했다. 하지만 이를 실행에 옮긴 뒤에도 죽은 이는 여전히 문제를 일으켰다. 그는 밤마다 주민들을 폭행하고 문을 두드리며 옷을 찢고 항아리의 내용물을 비워버렸다. 그는 제대로 찌들어버린 망자였던 것이다. 다만 죽은 자는 우리가 머무르던 영사의 집은 건드리지 않았다. 주민 모두는 이러한 현상 때문에 헛것까지 보았다. 마치 뇌 질환 같은 것이었는데 광기나 분노만큼 위험했다. 사람들은 집을 버리고 작은 침대를 챙겨 영사의 집에서 잠을 청했다. 그리고 이성적인 이들은 시골로 떠나갔다. 일부 주민들은 의식을 치를 당시 가장 중요한 부분을 빼먹었다고 주장했다. 망자의 심장을 꺼낸 뒤에 예배를 보았어야 한다는 것이다. 이들은 이러한 부분을 지켰다면 악마를 놀래게 하지도, 다시 유령이 뻔뻔하게 돌아오지도 않았을 것이라고 말했다. 그리고 예배를 먼저 시작한 것은 악마가 도망쳤다가 돌아오는 시간을 벌어준 셈이라고 덧붙였다. 주민들은 사흘 밤낮 동안 도시 전역에서 예배행렬을 펼쳤다. 그리고 신부들이 금식을 행하도록 강요했다. 주민들은 밤새 보초를 섰고 도시를 혼란스럽게 만드는 부랑자들을 체포했다. 하지만 부랑자들은 일찍 석방되었고, 감옥에서 굶주린 것을 보상받기 위해 도시를 떠난 이들의 집에서 밤마다 술단지를 비워댔다. 사람들은 이에 또 기도를 올려야 했다.

어느 날 아침, 여느 때처럼 주민들이 기도를 올리며 시신이 매장된 묘지에 검들을 쑤셔 넣고 있을 때였다. 미코노스에 거주하던 한 알바니아인Albanian은 이를 보고 조언을 했다. 그가 말하길 이런 상황에서 기독교 검을 꽂아 넣으면 안 된다는 것이었다. 망자는 이미 주민들에 의해 서너 번 발굴된 상태였다. 알바니아인은 말했다. '불쌍한 자들이여, 손잡이의 십자가 때문에 악마가 저 몸에서 나오지 못하는 게 안 보이는가? 차라리 튀르키예의 검을 사용하는 건 어떻소?'

그러나 그의 의견은 도움이 되지 않았다. 여전히 브리콜라카스는 제어할 수 없을 정도로 날뛰었다. 더는 방법이 없자 주민들은 만장일치로 시신 전체를 불태우기로 하였다. 시신을 불태우면 악마도 그곳에 머물 수 없을 것이라는 결론이 난 것이다. 그렇게 타르와 통나무가 준비되었고, 1701년 1월 1일 성 조지St. George 섬 외각에서 시체는 불태워졌다.

이후 브리콜라카스에 대해 말하는 사람은 없어졌다. 사람들은 이번엔 악마를 제대로 쫓았다며 만족해했고, 악마를 비웃기 위한 노래들이 만들어졌다.

이후 오직 그리스 정교회에 속한 그리스인들의 시신만 악마가 부활시킨다는 소문이 돌았다. 산토리니Santorini 섬 주민들은 이런 부류의 유령을 몹시 두려워했다. 미코노스 섬 주민들은 유령이 사라지자, 튀르키예인과 티네Tine 주교의 조사를 두려워했다. 어떤 신부도 시신을 태울 때 성 조지 섬에 머무르고 싶지 않아 했다. 주교 허가 없이 성당에서 시신을 발굴해 불태웠으며, 이에 벌금을 내라고 할까 봐 두려웠기 때문이었다. 튀르키예인들은 미코노스 섬 사람들에게 이 불쌍한 망자의 피에 대한 대가로 벌금을 물렸다. 그의 피는 튀르키예에서 혐오와 공포의 대상이 되었기 때문이었다."

장 크리스토프 에렌베르크Jean-Christophe Herenberg는 1773년 『흡혈귀에 대한 철학적 그리고 기독교적 고찰Philosophicæ et christianæ cogitationes de vampiriis』이라는 소책자를 출간했다. 작가는 이 책에서 자신이 직접 한낮에 흡혈귀를 목격한 이야기를 다뤘다. 그는 흡혈귀가 사람을 죽이지 않으며 오직 병자들의 상상이 만들어낸 것이라고 주장했다. 그는 다양한 실험을 통해 상상력이 심신에 큰 이상을 야기할 수 있다는 사실을 밝혀냈다. 또 슬라보니아Slavonia에선 살인자들이 말뚝형에 처해졌는데, 죄인의 심장에 말뚝이 박힌다고 언급했다. 그렇기에 흡혈귀에게 똑같은 형벌을 내린다는 것은 이들이 피를 빨아먹으며 살인을 저질렀다 보기 때문이라고 덧붙였다.

장 크리스토프 에렌베르크는 이처럼 흡혈귀를 상대로 집행된 형벌(1337년, 1347년)을 기록했다. 더불어 작가는 망자들이 무덤 안에서 음식을 먹는다는 소문을 언급했다. 그는 이러한 민간신앙이 얼마나 오래되었는지 증명하기 위해 테르툴리아누스Tertullian의 『부활Résurrection』 앞부분, 성 아우구스티누스St. Augustine의 『신국La Cité de Dieu』 8권을 인용했다.

발굴한 시체에서 피가 흘렀고 수염, 머리카락, 손톱은 새로 자라났다는 이야기. 이러한 이야기 중 열에 아홉은 면밀한 분석을 통해 거짓으로 밝혀졌다. 하지만 나머지 일부는 인정할 수밖에 없었다. 이성적인 사람이라면 경신하는 이와 일부 역사학자들이 비범한 사건을 얼마나 과장하는지 잘 알고 있을 것이다. 그러나 이러한 사건의 원인을 물리적으로 설명하는 것이 불가능하지는 않다. 간혹 묫자리 중에는 시신을 완벽한 상태로 보존하게 해주는 곳이 있다. 이에 관한 설명은 흔하게 찾아볼 수 있으니 넘어가도록 하겠다.

툴루즈Toulouse의 한 교회에서는 아직도 시신들이 온전히 보존되는 지하실이 있다. 1789년, 2세기 넘게 교회에 묻혀있던 자들을 확인해 보았더니, 거의 살아있는 것 같이 생생했다고 한다. 교회에서는 이들을 벽에 붙여 나란히 세웠다. 매장 당시 이들이 입었던 옷은 그대로 보존되어 있었다. 더 놀라운 것은, 같은 지하실 반대편에 놓은 시신들은 이삼일 뒤 벌레가 들끓었다는 것이다.

손톱, 머리카락, 수염이 자라는 것은 여러 시신에서 목격할 수 있는 일이다. 시신에는 얼마간 많은 습기가 남아있다. 이에 생명력에 영향 받지 않는 신체 부위가 계속 자라나는 것은 놀라울 게 하나도 없다. 흡혈귀 심장에 못을 박을 때 나는 비명도 기이할 것이 하나 없다. 시신 안에 머물던 공기가 갑자기 목을 통해 빠져나오며 소리가 나는 것일 뿐이다. 때로는 손대지 않아도 소리를 내는 시신이 있다.

흡혈귀의 존재를 전면 부정하거나 그 현상을 완벽하게 설명할 필요는 없다. 다만 여기 흡혈귀 미신의 다른 면을 볼 수 있는 또 다른 일화가 있다. 이 글을 읽는 이는 여기서 자연스럽게 결론을 도출하면 될 것이다. 해당 이야기는 영국 여러 일간지에서 다루어졌는데, 특히 1802년 5월 22일 《더 선The Sun》에서 이를 특필했다.

1802년 4월 초, 알렉산더 앤더슨Alexander Anderson은 엘진Elgin에서 글래스고Glasgow로 향하던 중 몸이 좋지 않아 길가의 농장을 찾아 잠시 휴식을 취하고자 했다. 술에 취한 그는 방해가 되고 싶지 않았기에 곳간에 들어가 건초더미를 덮고 잠이 들었다.

불행히도 그가 잠드는 동안 농장 사람들이 돌아와 엄청난 양의 건초더미를 쌓아 올렸고, 남자는 그 안에 파묻혀버렸다. 이 기이한 일이 밝혀진 것은 5주가 지나서였다. 남자의 몸은 탈진되고 뼈만 남은 것처럼 앙상했다. 그는 완전히 미쳐버렸으며 어떤 지적 반응도 하지 않았다. 더불어 다시는 두 다리를 쓰지 못하게 되었다. 그의 몸을 둘러싸고 있던 건초는 먼지가 되었고, 얼굴 옆에 있는 건초는 뜯어 먹은 흔적이 보였다. 무덤 같은 건초 더미에서 남자를 꺼냈을 때 맥박은 거의 잡히지 않았지만, 심장은 빠르게 뛰고 있었다. 또 피부는 축축하고 차가웠으며 놀란 듯 크게 뜬 눈은 아무 움직임이 없었다. 알렉산더 앤더슨에게 포도주를 조금 먹이자, 그는 신체와 지적 기능을 어느 정도 회복하기 시작했다. 그는 마지막으로 기억하는 장면이 누군가 자신에게 건초더미를 던진 순간이라고 말하였다. 하지만 이후 그 어떤 기억도 나지 않는다고 덧붙였다. 사람들은 그가 5주간 차단된 공기와 건초 냄새로 인해 정신 착란 상태에 놓여있었을 것이라고 가정했다. 그가 숨을 쉬지 못했거나 겨우 호흡했을 것으로 생각했다. 또 주변 건초를 본능적으로 씹었을 것으로 추측했다.

놀랍게도 이 남성은 여전히 살아있다. 만일 그의 부활이 흡혈귀 미신을 믿는 타락한 주민들 사이에서 이루어졌다고 생각해 보라. 크게 뜬 눈, 미친 듯한 모습을 보며 그가 정신을 차리기도 전에 불태웠을 것이다. 그랬다면 불쌍한 흡혈귀 한 마리만 늘어났겠지. 참조. 폴Paul, 아르프Harppe, 블라고예비치Plogojowits, 폴리크리테Polycrite, 카타카네스Katakhanès, 구울Gholes, 위에Huet 등.

(1) 칼메가 내린 정의다. / (2) 칼메는 이 정보를 어떤 진중한 신사에게 알아냈다고 말했다. 그 신사는 카브레라스 백작에게 직접 이야기를 들었다고. / (3) 기욤 드 느브리주, 『영서Anglicarum lib』, 5권, 22장. / (4) 옛사람들은 죽은 사람도 음식을 먹는다고 믿었다. 이들이 음식 씹는 소리를 들었는지는 모르겠다. 다만 이런 생각에서부터 장례 음식, 특히 모든 민족이 무덤에 음식을 차리는 행위가 기원했다고 볼 수 있다. / (5) 『무덤 속 망자의 저작에 관하여De masticatione mortuorum in tumulis』. / * 스리랑카의 옛 명칭.

판 달레(안토니) [Van-Dale(Antoine)] 네덜란드의 의사. 1708년 사망했다. 그는 『신탁 이야기Histoire des oracles』라는 엉터리 책을 썼다. 퐁트넬Fontenelle은 이 책을 요약해 출판했다.

볼룬드 [Vanlund] 참조. 바드Vade.

수증기 [Vapeurs / Vapors] 크니스테노Knistenaux (캐나다의 원주민)는 늪에 떠다니는 수증기가 근래 사망한 이들의 영혼이라 믿었다(1). 유럽에서는 이렇게 피어오르는 수증기를 장난꾸러기 정령으로 여긴다.

(1) 매켄지Mackenzie, 『북아메리카 여행Voyage dans l'Amérique septentrionale』, 1802년.

바풀라 [Vapula] 지옥의 강력한 공작. 그리핀Griffin의 날개를 단 사자의 모습을 하고 나타난다. 바풀라는 소환한 자를 기계공학과 철학에 해박하게 만들어준다. 또 학자들에게는 지식을 선사한다. 그는 36개 군단을 거느린다(1).

(1) 요한 바이어Johann Weyer, 『악마의 유사군주제Pseudomonarchia Dæmonium』.

바로닌 [Varonnin] 인도의 빛의 신, 즉 태양이다. 그는 악어를 타고 은 채찍을 들고 있다.

발도파 [Vaudois] 피에르 발도Pierre Valdo의 이교도. 이들은 거짓 겸손에 빠져 길을 잃었고, 교회로부터 완전히 떨어져 나갔다. 이들 교리는 엉뚱한 방향으로 흘러갔다. 발도파는 연옥의 존재와 고인을 위한 시느낙 효능을 부정하고 악마를 소환하며 마법을 활용했다. 또한, 이들은 미사를 거부하고 교회와 수도원을 약탈하기도 했다. 알비파Albigensians와 합세하여 광신으로 사회를 어지럽혔으며, 소위 개혁의 선구자 중 하나로 꼽힌다.

볼(장 드) [Vaulx(Jean de)] 리에주Liège 스타벨로Stavelot 출신의 저명한 마법사. 여러 집에서 마녀 집회를 주도했다. 그는 이 오컬트 집회 장소를 자신의 이름을 따 '볼'이라고 부르곤 했다.

보베르 [Vauvert] 루이 9세Louis IX는 카르투시오회Carthusian 수도사들을 파리로 불러들였다. 그리고 생 자크Saint-Jacques 인근에 이들의 거처를 마련해주었다. 그곳은 과거 로베르Robert 왕이 지은, 오래된 보베르 성 근처였다. 보베르 성은 악마가 나타난 뒤 오랫동안 버려진 곳이었다(아마 가짜 악마였을 것이다). 주민들은 성에서 끔찍한 울음소리가 들린다고 말했고, 쇠사슬을 끄는 유령들이 오간다고 믿었다. 특히 주민들이 무서워했던 것은 흰 수염을 달고 커다란 몽둥이를 휘두르는 반은 인간 반은 뱀인 녹색 괴물이었다. 이 괴물은 밤이 되면 행인들을 공격했다. 그는 불붙은 수레를 타고 성 인근의 길을 달리며, 길을 막는 사람들의 목을 비틀었다. 주민들은 그에게 '보베르의 악마'라는 별칭을 붙여주었다. 이 같은 소문이 도는 데에도 수도사들은 겁먹지 않고, 루이 9세에게 성을 달라고 청했다. 이에 왕은 그들에게 성과 부속물을 전했다. 이후 이상한 심령 현상들은 사라졌다. 성 앞 거리에는 '지옥'이라는 이름이 붙었고, 주민들은 이를 통해 악마들이 일으킨 사건을 추억하게 되었다[1].

(1) 생푸아Saint-Foix, 『파리 수상록Essais sur Paris』

황금 송아지 [Veau d'or / Golden Calf]

랍비 솔로몬Salomon은 이스라엘의 황금 송아지가 살아 움직였다고 주장했다. 『코란Koran』에서는 황금 송아지가 울었다고 기록되어 있다. 일부 랍비들은 이집트를 떠나는 이집트인과 합류한 마법사들이 이 송아지를 만들었다고 주장했다. 훌Hur은 이 송아지를 만드는 것을 반대했다. 오래된 이야기에 따르면 히브리인들은 훌의 반대에 분노해 그를 향해 침을 뱉었다고 한다. 이들이 힘차게 내뱉은 침은 훌의 목을 막아버렸고, 결국 사망하게 되었다[1].

(1) 베일Bayle, 『비평 사전Dictionnaire Critique』, 아론 Aaron, 노트 A.

바다소 [Veau Marin / Sea Cow]

바다소의 피와 심장을 조금 떼 물에 넣으면 주위로 많은 물고기를 모을 수 있다. 바다소 심장 조각을 겨드랑이 밑에 끼우고 다니면 판단력과 지성이 모두를 능가할 것이다. 끝으로 바다소 심장 조각을 몸에 지닌 범죄자는 판사를 온화하고 호의적으로 만들 수 있다[1]. 참조. 메로베크Mérovée.

(1) 『대 알베르투스의 경이로운 비밀들Les admirables secrets d'Albert le Grand』, 110페이지.

대장장이 볼룬드 [Veland le Forgeron / Veland the Smith] 참조. 바드Vade.

벨레다 [Velleda / Veleda]

타키투스Tacitus의 기록에 따르면, 베스파시아누스Vespasian 시대에 게르만족과 함께 살던 사제라고 한다. 벨레다는 반은 요정, 반은 사제의 모습을 하고 있다. 그녀는 머물던 높은 탑 꼭대기에서 왕과 같은 권력을 누렸다. 유명한 전사들은 벨레다의 허락 없이 어떤 전쟁에도 나서지 않았고, 그녀에게 전리품 일부를 바쳤다.

금요일 [Vendredi / Friday]

수요일과 마찬가지로 마녀들이 집회에서 그들의 신비를 행하는 날이다. 미신을 믿는 이들은 금요일을 불길하게 여긴다. 하지만 기독교에서는 이와 반대임을 늘 강조한다[1]. 미신을 믿는 이들은 금요일에 일어난 불행을 두려워하느라 다른 요일에 일어난 불행들은 까먹어 버린다. 잦은 비난에 시달리는 금요일은 나름의 유명한 신봉자들이 있었다. 프랑수아 1세 François I는 금요일에 하는 일은 무엇이든 성공한다고 말했다. 앙리 4세Henry IV는 금요일을 가장 좋아했다. 교황 식스토 5세Sixtus V는 금요일을 편애했다. 그는 금요일에 태어났고, 금요일에 추기경이 되었으며, 금요일에 교황으로 선출되었다. 또 교황직에 재위하게 된 것도 금요일이었다.

사람들은 금요일이 모든 일을 망치는 불길한 날이라고 믿는다. 그러나 잃는 것이 있으면 얻는 것이 있는 법. 누군가 불행한 금요일을 보냈다면, 누군가는 행복한 금요일을 보낼 것이다. 다른 요일도 매한가지이다.

이 미신은 미국에도 널리 퍼져있다. 뉴욕에서는 몇 년 전, 이러한 미신에 맞서는 시도가 있었으나 결과가 좋지 못했다. 금요일에 배를 한 척 만들고, 첫 자재를 금요일에 놓고, 금요일이라는 이름을 붙여주고, 금요일에 채용한 선원들을 태워, 금요일에 바다로 보낸 것이다. 불행히도 이 배는 다시 육지로 돌아오지 못했다···. 이 실험은 뉴욕 주민들이 가진 금요일에 대한 두려움을 더욱 키웠다.

일부 지역에서는 금요일에 만든 셔츠가 이 (벌레)를 불러온다고 믿는다(2).

(1) 예수 그리스도Jesus Christ의 죽음, 인류의 대속, 지옥 권세의 추락은 금요일을 신성하게 만든다. / *(2)* 티에르 A. Thiers, 『미신 모음집』Traité des superstitions』.

사냥꾼(또는 수렵장) [Veneur] 역사가 마티유Mathieu는 다음과 같은 이야기를 기록했다. 앙리 4세Henry IV는 퐁텐블로Fontainebleau 숲에서 사냥 도중 개가 낑낑대는 소리, 비명, 사냥꾼의 뿔피리 소리를 들었다. 이는 반 리유* 떨어진 곳에서 들려온 소리였다. 이 소리는 곧 스무 걸음 앞까지 가까워졌다. 놀란 앙리 4세는 수아송Soissons의 백작에게 무슨 일인지 확인해 볼 것을 명하였다. 백작이 앞으로 나아가자, 빽빽한 덤불 속에서 검은 남자가 나타났다. 그는 끔찍한 목소리로 다음과 같은 소리를 지른 뒤 사라졌다. "내 말이 들리느냐?"

인근의 농부, 목동들은 그 존재가 악마라고 입을 모아 말했다. 주민들은 이 존재를 '퐁텐블로의 사냥꾼(수렵장)'이라 불렀다. 이 악마는 주로 퐁텐블로에서 사냥을 했다. 몇몇 이들은 이 현상을 '성 위베르Saint Hubert의 사냥'이라고 말했다. 이는 인간 유령, 개의 유령이 함께 하는 기이한 사냥을 지칭하는 말이다(이 사냥은 몇 리유 떨어진 곳에서도 소리가 들린다). 또 다른 이들은 왕의 사냥감을 탈 없이 잡고 싶어 하는 인간의 짓으로 여겼다. 이들은 이를 위해 악마로 위장했다고 한다. 하지만 어쩌면 다음의 내용이 이 현상의 내막일지 모른다.

1596년, 파리의 두 거지는 사냥용 뿔피리 소리와 개 짖는 소리를 열정적으로 흉내내며 연습했다. 이 소리는 서른 걸음 밖에서 들었을 때, 정말로 사냥꾼과 사냥개가 있는 것처럼 들렸다. 또 바위가 있는 곳에서는 소리가 반사되어 더 크고 웅장하게 들렸다. 두 거지는 퐁텐블로 숲을 찾아 해당 소리를 내었다. 이 소리를 들은 주민들은 진짜 유령이 나타난 것으로 착각했을 것이다.

한 영국인 작가는 『계간지Quarterly Magazine』에서, 이 사건을 상세히 다루었다. 이 글은 읽어 볼 가치가 있다.

"앙리 4세는 수아송의 백작에게 무슨 일이 일어났는지 확인하라고 명령했다. 수아송의 백작은 몸을 떨며 왕의 말에 따랐고, 무언가 초현실적인 것이 나타났음을 직감했다. 그는 앙리 4세의 곁으로 돌아와 말했다. '폐하, 아무것도 보이지 않습니다. 다만, 저도 소리를 들었습니다. 개 짖는 소리와 뿔피리 소리를요.' 이에 왕이 답했다. '그렇다면 환청에 불과하구나!' 그러자 나무 사이로 어두운 그림자가 나타나 앙리 4세에게 외쳤다. '나를 보고 싶어 했느냐? 내가 여기 있다!'

이 이야기는 여러 면에서 주목할 만하다. 마티유는 『프랑스 역사와 평화롭던 앙리 4세 통치 시절에 일어난 기억할 만한 일들Histoire de France et des choses mémorables advenues pendant sept années de paix du règne de Henri IV』을 앙리 4세가 왕위에 올랐을 때 펴냈고, 그에게 헌정했다. 마티유는 앙리 4세와 개인적인 친분이 있었으며, 왕은 자신의 삶에 대해 직접 다양한 이야기를 해주었다. 이 유령은 암살자가 변장한 것이라는 설도 있다. 만약 왕이 그곳에서 한 걸음 더 내디뎠다면, 그는 라바이약Ravaillac의 칼이 아닌 퐁텐블로 숲의 낯선 자에 의해 암살당했을 것이다.

이 이야기의 비밀이 무엇이든 앙리 4세는 이 일화를 조금도 부정하지 않았다. 마티유는 다음과 같이 말했다. '만일 이처럼 많은 목격자가 없었더라면, 이 일화는 멀린Merlin이나 우르간드Urgande의 우화처럼 묻혔을지도 모른다. 인근 목동들은 이 존재를 사냥꾼이라 부르며, 퐁텐블로 숲에서 사냥을 한다고 주장했다. 그러나 이는 다른 지방에서도 나타나는 기현상인 성 위베르의 사냥일 수도 있다.'"

악마든, 유령이든, 무엇이든 간에 앙리 4세는 이 유령을 실제로 목격하였다. 그가 유령을 목격한 교차로는 '사냥꾼의 십자가'라는 명칭이 붙게 되었다. 샤를 6세Charles VI 또한 이와 유사한 유령을 보았다. 샤를 6세는 이 유령 때문에 공포에 질려 이성을 잃고 말았다.

* 과거의 거리 단위. 1리유는 약 4km 정도이다.

복화술사 [Ventriloques / Ventriloquist] 배로 말을 하는 사람들. 한때는 악마 숭배자 혹은 마법사로 오해받았다. **참조.** 세실리아Cécile 등.

바람 [Vents / Winds] 고대인들은 아이올로스Aeolus가 바람을 완전히 통제할 수 있다고 믿었다. 현대 신화에서도 일부 마법사들은 이와 유사한 능력을 보여준다. **참조.** 핀란드인Finnes, 바람 모자의 에릭Éric au Chapeau Venteux.

콩고 왕국에는 바람을 이용해 많은 이익을 취하는 폭군이 있었다. 백성들에게 새로운 세금을 부여하고 싶었을 때, 그는 머리에 모자를 쓴 채 큰바람이 불 때 밖으로 나갔다. 그리고 모자가 날아서 떨어지는 땅에 세금을 부과했다.

슬라브족Slavs은 격렬한 바람이 불면, 폐허에 거주하는 악령들이 집을 부수는 것으로 생각했다. 악령들은 벽난로를 공격해 흔들었다. 이들은 때때로 부엉이로 변신했다.

브르타뉴Bretagne 캥페르Quimper에서는 남편을 바다로 보낸 여성들이 근처 예배당 앞을 청소했다. 이들은 먼지를 하늘로 날려버리는데, 이 의식이 순풍을 만들어 낸다고 믿었다. 또 순풍에 힘입어 남편이 무사히 집으로 돌아올 것으로 생각했다(1). 같은 지역에서, 아이를 가진 여성들은 아기를 식탁 위로 주고받지 않았다. 이 과정에서 나쁜 바람을 맞으면 평생 영향을 받는다고 믿었기 때문이다(2).

(1) 자크 캠브리Cambry, 『피니스테르 여행Voyage dans le Finistère』, 3호, 35페이지. / (2) 자크 캠브리Cambry, 『피니스테르 여행Voyage dans le Finistère』, 3호, 48페이지.

베파르 또는 세파르 [Vépar, Sépar] 지옥의 강력하고 무시무시한 공작. 인어의 모습을 하고 나타난다. 그는 상인들의 배를 지휘하고, 인간들에게 독이 깃든 상처를 입힌다. 그가 입힌 상처는 구마 의식을 통해서만 치료할 수 있다. 그는 29개 군단을 거느린다.

베란디 [Vérandi] 참조. 노른Nornes.

베르데레 [Verdelet] 2계급 악마이자 지옥 왕국의 의전관. 마녀들을 집회로 옮기는 일을 한다. 보게Boguet는 그를 다음과 같이 설명했다. '베르데레는 졸리 보이스Joli-Bois, 베르졸리Vert-Joli, 덤불 뛰기, 마스터 파슬리Master Parsley와 같이 듣기 좋고 재미있는 이름을 사용해 여성을 유혹하고 함정에 빠뜨린다.'

베르됭(미셸) [Verdung(Michel)] 프랑슈 콩테Franche-Comte의 마법사. 1521년 피에르 부르고(부르제 또는 뷔르고)Pierre Bourgot, 그로 피에르Gros-Pierre와 함께 체포되었다. 요한 바이어Johann Weyer는 세 광인의 사형 선고를 저서에 상세히 기록했다. 세 광인은 모두 악마와 계약을 맺었다고 고백하였다(1). 베르됭은 부르고에게 기유맹Guillemin이라는 이름의 사역마를 가지고 있다고 자랑했다. 그리고 그를 샤토 샤를롱Chateau-Charlon 근처으로 데려갔다. 그곳에선 많은 이들이 푸른 불꽃을 내는 녹색 밀랍 초를 들고 있었다. 뒤이어 이들은 악마를 기리기 위해 의식을 치르고 춤을 추었다. 또 몸에 기름을 바른 후, 늑대로 변신했다. 이후 베르됭과 부르고는 실제 늑대처럼 생활하였다. 부르고는 늑대의 발과 이빨로 어린 남자아이를 죽였다. 그는 농부들이 자신을 쫓지 않았다면 아이를 잡아먹었을 것이라 고백하였다. 베르됭은 정원에서 콩을 줍던 어린 여자아이를 죽였다. 그리고 부르고와 함께 다른 여자아이 네 명을 죽인 뒤 잡아먹었다. 이들은 아이들을 죽인 시간, 장소, 아이들의 나이 등을 정확하게 말했다. 또 베르됭은 살인할 때 마법 가루를 사용했다고 덧붙였다. 세 늑대인간은 산 채로 화형당했다. 이 사건의 자세한 내막은 폴리니Poligny 교회에 걸린 그림에서 확인할 수 있다. 그림 속에 등장하는 각 늑대인간은 오른손에 칼을 들고 있다[2].

(1) 6권, 13장. / (2) 보게Boguet, 364페이지.

지팡이 [Verge / Rod] 대구들은 때때로 모세Moses의 지팡이와 점술 지팡이를 헷갈린다. **참조.** 점술 지팡이Baguette Divinatoire.

이 책을 읽는 독자라면 수많은 기적을 만들어 내는 '벼락 지팡이'에 대해 들어보았을 것이다. 이를 제작하기 위해서는 다소 복잡한 의식을 따라야 한다. 먼저 제작을 원하는 자는 해당 달의 첫날, 새끼 염소를 구매해야 한다. 그리고 사흘 뒤 염소를 버베나로 장식한 후 사거리로 데려간다. 이후 새 칼로 염소의 목을 베고 흰 나무 장작에 염소 고기를 불태운다. 이때 가죽은 간직한다. 그리고 한 번도 열매를 맺은 적 없는 끝이 갈라진 야생 개암나무 가지를 찾아둔다. 다음 날 아침 해가 뜰 때 염소의 목을 벤 칼로 이 나뭇가지를 잘라 지팡이를 만든다. 이 칼은 피를 닦지 않은 상태여야 한다. 또 지팡이 길이는 라인Rhine 지역의 오래된 측량법에 따라, 19.5인치(약 50센티미터)여야 한다. 그리고 지팡이의 갈라진 양 끝에 칼날을 박고 자석을 이용해 자기화시킨다. 이후 새끼 염소 가죽으로 원을 그린 뒤, 어린아이 관에 사용된 네 개의 못을 이용해 바닥에 박는다. 그리고는 가죽 한 가운데 적철석으로 삼각형을 그린다. 이제 이 안에 들어간 뒤 손에 지팡이를 들고 주문을 외운다. 이때 몸에는 금이나 은만 지니도록 한다. 마법서에는 이 의식이 유령을 소환하고 명령을 내릴 수 있게 만든다 기록되어 있다.

아론의 지팡이 [Verge d'Aaron / Aaron's Rod] 몇몇 이들은 『출애굽기Exodus』 8장에서 언급된 아론의 지팡이에 신 또는 마법의 힘이 깃들어 있다고 믿는다. 아론이 강, 운하, 못에 지팡이를 휘둘러 온 이집트를 개구리로 채웠다는 구절 때문이다. 그러나 벤자민 비네Benjamin Binet는 지팡이에 이러한 능력이 깃든 것이 아니라 말했다. 그는 아론이 신의 사제였고 기적을 행하기 위해 상징적으로 지팡이를 사용했을 뿐이라고 덧붙였다.

물잔 [Verre d'eau / Glass of Water] 오를레앙Orleans 공작 통치 당시, 물잔을 사용하는 점술이 크게 유행했다. 다음은 이 점술을 행하는 방법이다. 동쪽으로 돌아보며 "아브락사 씨 노스트룸Abraxa Per Nostrum"이라고 외치고 물이 채워진 병을 관찰한다. 원하는 모든 것을 볼 수 있을 것이다. 일반적으로 이 점술은 머리카락이 긴 아이들이 행할 때 좋은 결과를 얻을 수 있다.

물잔 점술 외에 액체를 이용한 다른 점술도 존재한다. 요셉Joseph 시절, 이집트에서는 여러 의식에 잔을 이용한 점술을 동원했다. 칼리오스트로Cagliostro는 물병을 이용해 점을 쳤다. 레옹 드 라보르드Leon de Laborde는 카이로Cairo에서 한 알제리인Algerian 마법사가 만든 환상적인 장면을 기록했다[1]. 그는 어린 아이에게 최면을 걸고 손에 문양을 그렸으며 신비한 주문을 읊었다. 또 잉크를 아이 손에 붓고, 이를 쳐다보도록 지시했다. 아이는 그 속에서 살아있거나 죽은 사람들의 모습을 보았는데, 이중에는 셰익스피어Shakespeare 같은 인물도 있었다. 레옹 드 라보르드의 이야기가 진실이라면, 이는 참 불가사의한 일이 아닐 수 없다. **참조.** 칼리오스트로, 달걀점Oomancie, 하비Harvis, 물점Hydromancie 등.

(1) 『두 세계의 리뷰Revue des Deux Mondes』, 1833년 8월.

사마귀 [Verrues / Warts] 작은 알베르투스Petit Albert의 저서에 기록된 사마귀 없애는 방법은 다음과 같다. 몸에 난 사마귀의 숫자만큼 완두콩을 천에 감싼 뒤 길에 버린다. 그러면 이를 주운 사람에게 사마귀가 옮겨간다. 사마귀를 없애는 더 놀라운 방법도 있다. 살아있는 뱀장어의 머리를 자르고 그 피를 사마귀 위에 문지른다. 그리고 뱀장어 머리는 땅에 묻는다. 머리가 부패하면 사마귀도 사라졌을 것이다. 라바터Lavater를 포함한 관상학자들은 얼굴에 난 사마귀에 의미와 징조가 숨어있다고 보았다. 라바터의 주장에 따르면, 지혜롭고 고결하며 차분한 남성의 턱에는 큰 갈색 사마귀가 나지 않는다고 한다. 이런 사마귀는 주로 어리석은 이들에게 나타난다. 지혜를 갖춘 사람의 얼굴에 이런 사마귀가 있다면, 아마 부주의하고 어리석은 순간들이 자주 보일 것이다. 매력적이고 지적인 사람들은 이마나 눈썹 사이에 사마귀가 생길 수 있다. 하지만 갈색빛을 띠지 않거나 크지 않을 것이다. 윗입술에 생긴 크고 짙은 사마귀는 능력의 결여 혹은 중대한 결점을 의미한다. 영국의 평민들은 얼굴에 사마귀가 생기는 것을 행운의 징표로 보았다. 이들은 사마귀 위로 자라나는 털을 몹시 중요하게 여기며 잘 관리하였다.

지렁이 [Vers / Worms] 지렁이를 갈아 끊어진 신경 위에 바르면 곧 다시 신경이 이어진다. 해당 내용은 『대 알베르투스의 경이로운 비밀들Les admirables secrets d'Albert le Grand』에 기록되어 있다.

녹색 [Vert / Green] 영국 여러 섬에서는 요정들이 가장 사랑하는 색이 녹색이라 믿는다.

베르 졸리 [Vert-Joli] 참조. 베르데레Verdelet.

버베나 [Verveine / Verbena] 주피터Jupiter 제단을 빗질할 때 사용했던 신성한 풀. 버베나로 만든 정화수를 뿌리면 집의 악령들을 쫓을 수 있다. 드루이드 사제들은 이 식물에 많은 미신을 부여했다. 이들은 여름철 해가 뜨기 직전에 이 풀을 채취했다(마법사들 또한 같은 방식으로 버베나를 채취했다). 악마학자들은 악마를 소환하기 위해선 버베나로 만든 화관을 머리에 써야 한다고 주장했다.

베스파시아누스 [Vespasien / Vespasian] 베스파시아누스가 네로Nero와 함께 아카이아Achaia에 있을 때의 일이다. 하루는 베스파시아누스의 꿈에 낯선 사람이 나타나 네로의 치아가 하나 뽑히는 순간부터 그에게 행운이 따를 것이라고 말했다. 잠에서 깨어난 베스파시아누스가 처음으로 마주친 자는 의사였다. 의사는 그에게 막 황제의 치아 하나를 뽑았다고 말했다. 얼마 지나지 않아 네로는 사망했다. 하지만 베스파시아누스는 갈바Galba, 오토Otho, 비텔리우스Vitellius 이후에 왕위를 물려받을 수 있었다.

베스타 [Vesta] 고대 이교도의 여신. 카발리스트들은 베스타를 노아Noah의 아내로 보았다. 참조. 조로아스터Zoroastre.

망자의 옷 [Vêtements des Morts / Clothes of the Dead] 메나세 벤 이스라엘Menasseh Ben Israel은 신이 망자들의 옷을 보관한다고 주장했다. 사울Saul에게 나타난 사무엘Samuel은 예언자의 복장을 하고 있었다. 그리고 그의 옷은 조금도 상하지 않았었다. 이는 놀라울 일들이 아니다. 메나세 벤 이스라엘의 말처럼 신은 육신만큼이나 옷을 제대로 보관하기 때문이다. 과거에는 모든 사람이 부활의 날 제대로 복장을 갖추기 위해 비단옷을 입은 채 매장당하길 원했다.

베탱 [Vétin] 9세기의 수도사 베탱은 병에 걸렸을 당시 놀라운 환영을 보았다. 그는 자신의 방에서 다수의 끔찍한 악마들을 보았는데, 모두 묘지를 만들기 위한 도구를 지니고 있었다. 이후 성직자의 옷을 입은 근엄한 이들이 나타나 악마들을 쫓아버렸다. 그리고 빛으로 둘러싸인 천사가 다가오더니, 그의 손을 잡고 넓은 강가로 이어지는 아름다운 길로 안내했다. 그곳에선 영혼들이 생전 저지른 죄에 따라 여러 고통을 받고 있었다. 이 중에는 베탱이 아는 얼굴도 있었다. 한 수도사는 사유재산을 소유한 대가로 최후의 심판일까지 납 관에 갇혀 속죄해야 했다. 그는 국가 원수와 군주들이 화염 속에서 죄를 정화하는 것을 보았다. 그곳엔 샤를마뉴Charlemagne 황제도 있었다. 황제는 일정 기간이 지나면 해방될 것이라는 약속을 받았다. 이후 베탱은 축복받은 자들이 생활하는 하늘의 거처를 방문하였다. 그곳의 영혼들은 저마다 쌓은 덕에 따라 자신의 자리를 부여받았다. 베탱은 잠에서 깨어나자마자 이 환영을 자세히 설명하였고, 즉시 글로 옮겼다. 그는 자신의 죽음이 임박하며 살날이 이틀 밖에 남지 않았다고 말하였다. 그는 성직자들에게 기도를 청했다. 그리고 사흘째 되는 824년 10월 31일 아침, 에그 라 리슈Aigue-la-Riche에서 평화롭게 숨을 거두었다[(1)]. 이 독실한 수도사가 본 환영은 그 뒤로 지옥을 묘사하는 자들에게 영감이 되었다.

(1) 랭글레 뒤프레누아Lenglet-Dufresnoy.

우카 파차 [Veu-Pacha / Ukha Pacha] 페루의 지옥.

비아람 [Viaram] 중세 시대에 유행한 점술 중 하나. 길에서 만난 것들을 해석해 점괘를 얻는다. 오른쪽에서 다가와 왼쪽으로 지나쳐간 인간이나 새는 흉조로 본다. 반면 왼쪽에서 다가와서 오른쪽으로 지나쳐 간다면 길조로 본다.[(1)]

(1) 미셸 스콧Michel Scott, 『관상De physiogn』. 56장.

비달 드 라 포르트 [Vidal de la Porte] 16세기의 마법사. 그는 인간, 개, 고양이 및 여러 동물에게 저주를 걸었다. 비달 드 라 포르트는 리옴Riom에서 목이 매달린 뒤 화형에 처해졌다.

비드 블랭 [Vid-Blain] 엘프들이 가는 가장 높은 천국.

노파 [Vieille / Old Woman] 아직도 미신을 믿는 가문 일부는 노파가 찾아와 집안 사람의 죽음을 알려준다고 생각한다. 카르다노Cardan는 저서에서 파르마Parma의 명망 있는 한 귀족 가문을 언급했다. 이들은 가족 구성원 중 누군가가 죽을 때, 벽난로 앞으로 유령 노파가 나타난다고 믿었다. **참조.** 백색 여인Femmes Blanches, 멜리진Mélusine 등.

빌랭(신부) [Villain(L'abbé / Father)] 『니콜라 플라멜과 그의 아내 페르넬에 대한 비판Histoire critique de Nicolas Flamel et de Pernelle, sa femme』(1761년, 파리, 12절판)이라는 제법 인기 있었던 책의 저자.

수도원장 빌라르 [Villars(L'abbé de / Abbot of)] 리무Limoux 출신의 문필가. 1673년 리옹Lyon의 한 도로에서 살해당했다. 그는 장미십자회의 일원이었다고 한다. 빌라르는 카발라를 다루는 책을 많이 저술했다. 그가 이를 진지하게 믿었는지, 혹은 이를 조롱하기 위해 쓴 것인지는 알 수 없다. 그가 남긴 저서로는 『가발리스 공작 또는 비밀 기술에 대한 대담Comte, de Gabalis, ou Entretiens sur les sciences secrètes』(1742년, 런던, 12절판), 『보좌하는 정령Génies assistants』(같은 해, 12절판, 『가발리스 공작』의 후속작), 『화해할 수 없는 노옴Gnome irréconciliable』(역시 『가발리스 공작』의 후속작), 『비밀 기술의 새로운 대담Nouveaux Entretiens sur les sciences secrètes』(『가발리스 공작』의 세 번째 후속작) 등이 있다. 이 책 『지옥사전』에서 많이 인용한 그의 소책자들은 오늘날 찾기가 쉽지 않다. **참조.** 카발라Cabale.

빌리에(플로랑 드) [Villiers(Florent de)] 위대한 점성가. 그는 어린 시절부터 아버지에게 여러 곳에서 살게 될 테니 집을 지어줄 필요가 없다고 말했다. 빌리에의 이 예언은 실제로 이뤄졌다. 그는 보장시Beaugency, 오를레앙Orleans, 파리, 잉글랜드, 스코틀랜드, 아일랜드까지 여러 장소를 이동했다. 빌리에는 몽펠리에Montpellier에서 의학을 공부했고 로마, 베네치아Venice, 카이로Cairo, 알렉산드리아Alexandria를 거쳐 장 드 부르봉Jean de Bourbon 공작 곁으로 오게 되었다. 빌리에는 루이 11세Louis XI에게 채용되었고 그와 함께 사부아Savoie로 가서 약초, 약용 돌 등을 연구하였다. 또 부적을 다듬고 새기는 법을 학습했다. 이후 그는 제네바Geneva, 샤블레Chablais의 생 모리스Saint-Maurice, 스위스의 베른Bern으로 떠났다. 그리고 마지막으로 리옹Lyon에 자리를 잡았다. 그는 연구를 위해 200여 권이 넘는 책을 수집하였는데, 이를 대중에게 공개하였다. 빌리에는 결혼을 하고 자녀를 두었다. 그는 점성 학교를 열었는데, 샤를 7세Charles VII까지 예언을 들으러 올 정도로 유명했다. 그는 모든 질문에 빠르게 대답한다는 이유로 사역마를 두었다는 논란을 샀다.

비네 [Vine] 지옥의 강력한 왕이자 백작. 사자처럼 맹렬한 모습으로 나타난다. 그는 독사를 들고 검은 말을 탄다. 또 건물을 짓고 강을 범람케 하며 막다른 모든 길을 알고 있다. 그는 19개 군단을 거느린다.[(1)]

독사 [Vipère / Viper] 아직도 스페인과 이탈리아에선 성 바울St. Paul의 친척이라 우기는 자들이 존재한다. 이들은 뱀에게 마법을 걸 수 있다고 말한다. 또 독사에 물린 상처를 치료할 수 있다고 주장한다. **참조.** 침Salive.

버질 또는 베르길리우스 [Virgile / Virgil, Vergilius] 학자들은 여전히 버질을 둘러싼 신비로운 전설에 놀란다. 중세 오래된 연대기 작가들은 이 위대한 시인을 미화하며 강력한 마법사로 묘사했다. 이런 평판은 그의 작품이 만들어낸 경탄 때문일까? 혹은 예수 그리스도Jesus Christ의 탄생을 예언한 네 번째 목가Eclogue 때문일까? 아니면 『아리스타이오스Aristaeus의 모험』과 『아이네이스Aeneid』의 여섯 번째 책 속 마법 이야기 때문일까? 틸버리의 저베이스Gervase of Tilbury, 뱅상 드 보베Vincent de Beauvais, 아드네스Adenes의 시인, 알렉산더 네캄Alexander Neeckam, 그라티안 뒤 퐁Gratian du Pont, 고이테 드 메츠Gauthier de Metz 등 여러 사람들은 그의 신비한 모험을 기록했다. 이 이야기들은 마치 『천일야화One Thousand and One Nights』에서 한 페이지를 찢어낸 듯 환상적이다.

버질은 학교를 졸업하자마자, 악마를 붙잡아 강제로 모든 마법 비밀을 알아냈다. 그는 어머니가 영지를 몰수당했다는 이야기를 듣고, 악령들에게 모든 작물을 거두어 집에 가져다 놓을 것을 명했다. 게다가 거대한 성을 세워 악마 하인 군단들을 두었고, 이들을 완벽히 제어했다.

로마의 황제가 그를 체포하기 위해 찾아왔을 때, 버질은 뚫을 수 없는 안개로 성을 둘러쌌다. 이에 황제의 병사들은 방향 감각을 잃었다. 병사들은 이 마법 때문에 물속을 걷고 있다고 착각했다. 황제의 마법사들 또한 버질을 상대로 한 싸움에서 패배했다. 버질은 성을 포위하려는 모든 자들을 동상처럼 움직일 수 없게 만들었다. 결국 황제는 그를 공격하기를 포기했다.

이후 황제의 총애를 받은 버질은 마법 동상들을 만들었다. 그리고 가장 먼 로마 지방 도시에서도 폭동이 감지되면 황제가 통보를 받을 수 있도록 조처했다. 버질은 이외에도 여러 기적을 행했다.

버질은 사랑하는 도시 나폴리Napoli를 날벌레로부터 보호했다. 그는 나폴리 입구 중 한 곳에 거대한 날벌레 청동상을 만들어 배치해 두었고 날벌레들은 도시로 들어가지 못했다. 그는 황제를 위해서 모든 병이 즉시 낫는 신비한 목욕탕을 만들어주기도 했다. 또 버질은 금 거머리 조각을 만들어 로마 우물 중 하나에 넣었다. 그러자 도시에 흐르는 물에서 모든 거머리가 사라졌다. 끝으로, 그는 로마 한 복판에 300년 동안 빛을 밝히는 등대를 만들어 도시 후미진 곳까지 밝혔다.

그러나 이러한 업적은 위대한 시인 버질의 것이 아닌 듯 하다. 이는 와전된 것으로, 진짜 마법사 버질은 아르덴Ardennes의 기사로, 『아이네이스Aeneid』 출간 보다 훨씬 이전의 사람이다(이 마법사의 엉뚱한 이야기는 오래된 중세 기사도 소설에서 시작되었다)[1].

(1) 『지옥의 전설Légendes Infernales』 속 해당 전설을 참조할 것.

버질 [Virgile] 잘츠부르크Salzburg의 주교. **참조.** 대척지Antipodes.

환영 [Visions] 환영*에는 다양한 종류가 존재하고, 대다수는 혼란한 상상력 때문에 생긴다. 아리스토텔레스Aristotle는 매일 같이 극장에서 시간을 보내던 미치광이에 관해 이야기한 적이 있다. 그는 극장에 아무도 없었음에도, 세상에서 가장 재미난 희극을 보듯 손뼉을 치며 신명 나게 웃었다.

경이로울 정도로 순수하고 무해한 삶을 살던 청년은 22세의 나이에 사망하였다. 이후 한 여성은 꿈에서 신의 시종 여럿을 보게 되었다. 그들은 웅장한 궁전을 장식하고 있었다. 그녀는 누구를 위해 이를 준비하느냐 물었다. 시종들은 전날 죽은 청년을 위해서라 답했다. 그리고 잠시 후 궁전에서 흰옷을 입은 한 노인이 나타났다. 노인은 시종 둘에게 청년을 무덤에서 꺼내 하늘로 데려오라고 명했다. 이 꿈을 꾸고 사흘 뒤, 한 수도사 앞에 청년이 갑자기 나타났다. 이 수도사가 머무는 곳은 청년의 아버지 아르멘Armene이 있는 수도원이었다. 청년은 신이 자신을 천국에 맞이했으며, 이번엔 아버지를 데리러 왔다고 말했다. 다음 날 아르멘은 사망하였다.(1)

다음은 토르케마다Torquemada가 들려주는 다른 부류의 이야기이다. 스페인의 한 대영주가 성도 중 한 곳으로 사냥을 나갔다. 그는 누군가 자신의 이름을 부르는 것에 매우 놀랐다. 그 목소리가 낯설지 않았기 때문이었다. 영주는 대답하지 않았고, 목소리는 다시 그의 이름을 불렀다. 영주는 목소리를 듣고 얼마 전 생을 마감한 아버지와 같다는 것을 알게 되었다. 그는 겁이 났지만, 조심히 걸음을 옮겼다. 목소리가 들려온 곳은 커다란 동굴(혹은 어떤 깊은 구덩이)이었고, 그곳엔 아주 긴 사다리가 놓여있었다! 아버지의 영혼은 사다리 윗부분에 앉아, 신이 만남을 허락했다고 전했다. 이는 영주와 아버지 그리고 조부의 안녕을 위해 그가 해야 할 일을 알려주기 위함이었다. 아버지의 영혼은 신의 심판으로 형벌을 받고 있으며, 조상들이 부당하게 뺏은 재산을 돌려줄 때까지 이 형벌은 멈추지 않을 것이라고 말했다. 결국 영주가 서두르지 않으면 아버지는 계속해서 고통을 받게 되는 셈이었다. 말이 끝나기 무섭게 유령과 사다리는 사라졌고, 동굴의 입구는 닫혔다. 이 사건으로 인해 영주의 머릿속은 공포로 가득 찼다. 그는 집으로 돌아가 받은 유산을 돌려주었고, 자식에게 나머지 재산을 물려준 뒤 수도원에서 여생을 보냈다.

스코틀랜드인들이 '두 번째 시선Second View'이라 부르는 것과 유사한 환영도 있다. 보아이스튀오Boaistuau는 다음과 같은 일화를 기록했다.

"레오니세투스Leonicettus 통치 시절 파비아Pavia에 살던 어느 마녀에겐 특이한 능력이 있었다. 그녀의 능력은 파비아에서 일어나는 모든 안 좋은 일을 알아차리는 것이었다. 악마의 기술로 벌이는 이 놀라운 일 덕분에 마녀는 큰 명성을 얻게 되었다. 또 이탈리아의 영주들과 철학자들은 그녀를 방문해 이러한 능력을 확인했다. 하지만 누구의 설득에도 그녀를 방문하지 않던 한 철학자가 있었다. 도시의 몇몇 장관들은 철학자에게 그녀를 찾아가 보라 부탁했고, 이를 거절하지 못한 철학자는 결국 마녀의 집을 방문했다. 사탄의 몸종 앞에 선 철학자는 그녀를 시험하기 위해, 버질Virgil의 모든 글 중에서 가장 좋은 구절이 무엇인지 물었다. 늙은 마녀는 다음과 같이 답했다. '경고를 받는 사람이여, 정의를 배우고 신들을 경멸하지 마라Discite Juslitiam Moniti et Non Temnero Divos.' 그리고 바로 이와 같이 덧붙였다. '이는 버질이 쓴 가장 품위 있는 구절이다. 가라. 그리고 다시는 나를 시험하러 돌아오지 마라.' 이 불쌍한 철학자와 동행인들은 어떤 대답도 하지 못하고 돌아갔다. 이들은 마녀의 박식한 답변에 어안이 벙벙해졌다. 그녀는 평생 글을 읽고 쓰는 법을 배운 적 없었기 때문이었다…."

보아이스튀오는 다음과 같은 이야기도 언급했다.

'일부 환영은 독 또는 약물에 의해 발생한다. 플리니우스Pliny와 에두아르두스Eduardus는 곰의 뇌를 먹은 이는 곰으로 변하는 상상을 하게 된다 주장했다. 현대의 한 스페인 귀족은 곰의 뇌를 먹고, 곰으로 변했다 착각하며 산속을 방황하였다. 이 외에 특정 인물의 비밀이나 신비를 통해 만들어지는 가공의 환영도 있다. 이는 환영을 보는 사람에게 큰 공포심을 주게 된다. 몇몇 이들은 사람들에게 겁주기 위해 두개골 안에 양초를 켜거나, 불을 켠 밀랍 초를 거북이나 달팽이 등에 달기도 한다. 그리고 이를 밤새 묘지에 둔다. 사람들은 멀리서 이 것들이 만들어내는 불빛을 보며 망자의 혼이 떠다닌다 믿는다. 또 인간의 비계로 만든 초는 악마가 부른 것 같은 불빛을 만들어낸다. 이렇게 밤사이 타오른 불빛은 불쌍한 주민들의 마음을 완전히 홀린다. 주민들은 코앞에서 물건을 훔쳐 가도 침대를 벗어날 수조차 없다. 이는 지금 이탈리아에서 일어나고 있는 일이다. 하지만 신의 순리를 피해 갈 수 있는 사람은 없기에 이런 도둑들은 결국 체포되고 남은 생을 교수대에서 마감한다.' 참조. 영광의 손Main de Gloire.

다음은 몇몇 흥미롭고 희귀한 책들에서 발췌한 이야기들이다.

『실레지아 귀족가에서 출몰한 기묘한 악마에 관한 괴담Discours épouvantable d'une étrange apparition de démons en la maison d'un gentilhomme de Silésie, en 1609』(1609년, 파리).

"실레지아의 한 귀족은 자택으로 친구들을 초대했다. 하지만 연회 시간이 다가왔을 때, 친구들은 불참 소식을 전했고 귀족은 크게 격노했다. 그리고 아무도 자신의 집을 방문하고 싶어 하지 않자, 차라리 악마들이나 잔뜩 왔으면 좋겠다고 외쳤다!

그는 집을 나선 후 교회를 찾았다. 때마침 교회에선 신부 한 명이 설교하는 중이었고 귀족은 이를 경청했다. 그 사이 키가 큰 검은 사람들이 말을 타고 귀족의 집을 찾아왔다. 이들은 귀족의 시종들에게 손님들이 왔다고 전하라 일렀다. 시종 중 하나는 교회로 달려가 주인에게 이 사실을 알렸다. 깜짝 놀란 주인은 신부에게 조언을 구했고, 설교를 끝낸 신부는 온 가족을 집에서 탈출시키라고 말했다. 귀족은 즉시 조언을 실행에 옮겼다. 하지만 사람들은 서둘러 집을 벗어나려다 요람에서 잠든 아이를 두고 오고 말았다. 이 손님들, 정확히는 악마들(이는 저자의 생각이다)은 곧 식탁을 흔들며 고함을 치고 창밖을 내다보았다. 그리고 뒤이어 곰, 늑대, 술통, 무시무시한 인간 등의 모습으로 변했다. 이들의 손(또는 앞발)에는 포도주로 가득 찬 잔, 생선, 삶거나 구운 살덩이가 들려있었다. 이웃과 귀족, 신부를 비롯한 많은 사람은 이 장면에 기겁했다. 불쌍한 귀족은 외쳤다. '아! 내 불쌍한 아이는 어디 있소?' 검은 사람들은 아이를 창가로 데려와 길을 지나는 모두에게 보여주고 있었다. 귀족은 평소 가장 신임하던 하인에게 물었다. '자네, 어떻게 하면 좋겠는가?' 하인은 답했다. '나리, 저는 신께 목숨을 바치겠습니다. 신의 가호로 집에 들어가, 신의 도움으로 아이를 구해오겠습니다.' 주인이 외쳤다. '좋다! 신이 너와 함께하고, 도우며 또 강하게 하리라!' 주인과 신부, 다른 선한 이들의 축복을 받은 하인은 집으로 뛰어 들어갔고, 이 어둠의 손님들이 있는 곳 가까이 다가가 무릎을 꿇은 뒤 신의 가호를 빌었다. 그리고 문을 열자, 끔찍한 모습의 악마들이 있었다. 이들은 앉거나 서 있었고, 걸어 다니거나 바닥을 기는 자도 있었다. 검은 사람들은 하인을 둘러싸며 외쳤다. '휘! 휘! 여기 무얼 하러 온 게냐?' 식은땀을 흘리던 하인은 신의 가호를 느끼며 아이를 안고 있는 악마에게 말했다. '그 아이를 내게 주리리.' 악마가 답했다. '싫다 이 아이는 내 것이다. 네 주인에게 돌아가 직접 찾으러 오라 일러라.' 하인은 고집을 피웠다. '나는 신의 명령을 따른다. 내가 하고자 하는 일은 신이 함께하는 일이다. 따라서 나의 임무와 예수의 권한으로, 그 아이를 데려가 아버지에게 돌려줄 것이다….' 말을 끝낸 시종은 아이를 움켜잡은 뒤 가슴에 품었다. 검은 사람들은 오직 끔찍한 비명만 내지를 뿐이었다. '휘! 휘! 어리석은 자여. 휘! 망나니여! 두어라, 아이를 두어라. 그러지 않으면 너를 토막 내 버리겠다.' 위협에도 불구하고 하인은 무사히 밖으로 나가 귀족에게 아이를 돌려주었다. 며칠 후 그자들은 사라졌고, 귀족은 정숙하고 독실한 기독교인이 되어 가정으로 돌아갔다."

『캥페르 코랭탕 대성당에 내리친 큰불, 천둥, 벼락과 화염 속 무시무시한 악마의 목격 Le grand feu, tonnerre et foudre du ciel, advenu sur l'église cathédrale de Quimper-Corentin, avec la vision publique d'un très-épouvantable démon dans le feu, sur ladite église』(1620년, 렌 인근).

'1620년 2월 첫 번째 토요일, 캥페르 코랭탕에 큰 불이자 재앙이 닥쳤다. 대성당 중앙홀에 있는 아름다운 납 피라미드가 벼락을 맞아 꼭대기부터 중앙홀까지 홀랑 타버린 것이었다. 화재의 피해는 되돌리지 못할 만큼 심각했다.

이날 아침 7시 반에서 8시 사이 끔찍한 천둥과 번개가 내리쳤다. 이때 무서운 악마가 나타났는데, 악마는 거대한 우박 무리를 몰고 와 앞서 말한 피라미드 위를 점령했다. 악마는 녹색을 띠고 긴 꼬리를 가지고 있었다. 1시까지는 피라미드에서 어떤 연기도 발견되지 않았다. 하지만 1시가 지나자, 피라미드 꼭대기에서 연기가 올라왔고 이는 15분간 유지되었다. 그리고 같은 장소에서 불이 차츰 발화되더니, 위에서 아래로 내려오며 점점 불길이 거세졌다. 이 불은 매우 크고 공포스러웠다. 주민들은 교회뿐만 아니라, 온

도시가 불에 타버릴까 두려워했다. 이에 주민들은 교회에 있던 보물들을 밖으로 꺼냈고 교회를 둘러싼 후 기도를 올렸다. 그리고 중앙 홀의 성물을 불과 마주 보는 곳에 두었다. 사제들은 이 악랄한 악마를 쫓기 시작했다. 모두가 불 속에서 악마를 목격했는데, 그것은 푸른색, 녹색, 노란색을 띠었다. 사제들은 어린 양 조각을 불 속에 던졌다. 또 150여 개 물통과 퇴비 50여 수레를 불에 쏟아 넣었다. 하지만 이러한 노력에도 불구하고 불을 꺼지지 않았다. 마지막 방법으로, 사제들은 서푼짜리 호밀빵을 불에 던졌다. 그리고, 품행 좋은 유모로부터 얻은 모유에 성수를 섞어 던졌다. 결국 악마는 불을 떠날 수밖에 없게 되었다. 떠나기 전 악마는 엄청난 소동을 일으켰는데, 마치 모든 것을 불태우고 교회를 통째로 들어 사라질 것만 같았다. 악마가 떠난 것은 저녁 6시 반경이었다. 다행히도 신의 가호 덕에 피라미드를 제외하고 교회는 아무 피해가 없었다(피라미드는 최소 1만 2천 에큐**에 달하는 값어치를 지녔다). 못된 악마가 사라지자, 사람들은 모두 모여 불을 진화했다. 얼마 뒤, 그들은 겉만 조금 타고 멀쩡한 상태로 보존된 호밀빵을 찾게 되었다. 저녁 8시경, 모든 불이 꺼진 뒤 교회에서는 종을 울려 신께 감사를 드렸다. 저녁 9시경, 사제들, 성가대원들, 음악가들은 트리니티 예배당에서 테 데움Te Deum과 스타바트 마테르Stabat Mater를 노래했다. 신의 가호로 그 누구도 목숨을 잃지 않았다. 하지만 이토록 끔찍하고 무시무시한 불은 세상에 없던 것이었다.'

『1620년 7월 22일 수요일 밤, 푸아투 뤼지냥 성 인근 주둔군과 주민에게 일어난 끔찍한 만남Effroyable rencontre apparue proche le château de Lusignan, en Poitou, aux soldats de la garnison du lieu et à quelques habitants de ladite ville, la nuit du mercredi 22 juillet 1620』(1620년, 파리 생 자크Saint-Jacques가 니콜라 로베르Nicolas Robert)

'7월 22일 수요일 밤, 뤼지냥 성과 파르Fare 사이에 위치한 강에서 불이 붙은 두 남성이 나타났다. 이들은 완전히 무장한 채였는데, 체격이 놀랍도록 좋았다. 그리고 한 손에는 불이 붙은 검을, 다른 손에는 화염이 치솟는 창을 들고 있었다. 창에선 피가 뚝뚝 떨어졌다. 서로 마주한 두 사람은 오래도록 결투를 벌였다. 둘 중 한 남성이 상처를 입고 넘어지면서 끔찍한 비명을 질렀다. 이 비명은 매우 컸기에 윗마을과 아랫마을 주민 몇 명이 깨어났고 군인들까지 놀랐다. 결투 후, 불의 정령과 유사한 존재가 나타나 강을 건너 공원으로 향했다. 그리고 원숭이 같은 불의 괴물들이 뒤따랐다. 숲에 나무를 구하러 갔던 사람들은 이 초자연적인 장면을 목격하고 곧 죽겠다고 생각했다. 갈로슈Galoche 숲의 한 불쌍한 일꾼은 겁을 먹어 큰 열병을 앓게 되었다. 군인들은 마을 성벽으로 향했다. 성벽 위에는 셀 수 없이 많은 새가 날아다니고 있었다. 이 새들은 반은 흑색 반은 백색이었다. 또 무시무시한 울음소리를 내었다. 불의 괴물들 앞에는 불꽃이 앞서가고 있었고, 이들을 뒤따르는 한 남성은 부엉이 소리를 내었다. 군인들은 환영에 기겁했다. 그리고 마을 주민들에게 이 사실을 알리기 위해서 아침이 오기를 기다려야 했다. (작가는 이야기 끝에 이렇게 덧붙였다) 이 이야기를 들려주는 내게 감사해야 할 것이다. 이제 들판에서 밤을 지새울 때 무엇을 보게 될 것인지 알게 되었으니 말이다.'

『12월 5일, 독일 뷔르템베르크 알토로프 하늘에서 목격된 기현상Description d'un signe qui a été vu-ait ciel le cinquième jour de décembre dernier en la ville d'Altorff, au pays de Wurtemberg, en Allemagne』(1678년, 파리 생자크가 마튀렝Mathuirin 맞은편 디 엘리펀트The Elephant, 왕의 윤허 포함).

'귀차르디니Guicciardini는 이탈리아 역사를 다룬 저서에서 다음과 같은 이야기를 기록했다. 어린 왕 샤를 8세Charles VIII가 나폴리Naples에 입성했을 때였다. 지롤라모 사보나롤라Girolamo Savonarola 신부의 예언과 함께, 밤이 된 풀리아Apulia 하늘엔 세 개의 태양이 떠올랐다. 또한 구름이 태양들을 둘러쌌고, 천둥과 번개가 강하게 내리쳤다. 아레초Arezzo 하늘에서는 기병대 무리가 나타났고 엄청난 소음과 함께 북소리와 나팔 소리가 울려 퍼졌다. 이탈리아 여러 지역의 조각상과 석상은 땀을 흘렸고, 반인반수들이 나타나 온 나라를 공포로 몰아갔다. 이후 나폴리 왕국에는 전쟁이 발발했고, 곧 프랑스인들에게 정복당했다.

1577년 12월 5일 아침 7시. 녹일 뷔르템베르크 알토르프 마을, 튀빙겐, 인근 1리유*** 정도 떨어진 곳 등에서 기이한 일이 일어났다. 해가 원래의 밝기나 빛을 발하지 못한 것이다. 해는 마치 보름달처럼 노란빛을 띠었다. 이는 꼭 거대한 술통처럼 보였고 똑바로 바라보아도 눈이 부시지 않을 정도로 빛이 약했다. 곧 일식이 생기듯 해 주변으로 어둠이 짙어졌다. 이후 태양은 피보다 붉어졌는데, 태양이라고 알아볼 수 없을 정도였다. 다음에는 두 개의 태양이 나타났다. 이 태양들은 하나는 붉었고 하나는 노랬다. 그리고 마치 하늘에서 충돌하여 싸우는 것만 같았다. 두 태양의 싸움은 한동안 이어졌고, 하나가 사라지며 노란 태양만이 남았다. 얼마 뒤 원형 모양의 검은 구름이 나타나 곧장 태양을 향하더니 일부를 가렸다. 그렇게 태양 주위로 크고 노란 원만 남게 되었다. 태양이 가려져 있는 동안, 또 다른 먹구름이 나타났는데 기존의 먹구름과 싸움을 벌였다. 이 먹구름 덕분에 태양은 다시 원래의 노란 빛을 되찾았다. 이후 또 다른 구름이 나타났는데 그것은 팔처럼 길었다. 구름은 서쪽에서 와서 태양 근처에 멈추어 섰다. 그러자 구름에서 검은 옷을 입고 전사처럼 무장한 사람들이 나타났다. 이들은 두 발로 걷거나 말을 타고 있었다. 전사들은 행렬을 시작했다. 이들은 태양을 지나 동쪽으로 향했다. 이 부대 뒤에는 키가 크고 힘이 센 사람 하나가 따르고 있었다. 부대가 지나가자, 태양은 약간 어두워졌으나 본연의 밝기를 유지했다. 그리고 태양은 붉은색으로 바뀌었다. 이에 따라 하늘과 땅도 붉게 물들었다. 곧 피처럼 붉은 구름이 하늘에 나타났으며 부대가 사라진 동쪽을 향해 이동했다. 다시 많은 먹구름이 태양 주변으로 나타났다. 이에 태풍이 들이닥칠 것 같은 분위기가 되었다. 태양에서 다른 붉은 구름이 나타났다. 또 불타는 구름, 사프란같이 노란 구름도 나타났다. 이 구름들에서는 빛이 나왔는데 마치 폭이 높고 넓은 모자처럼 보였다. 붉은색, 푸른색, 녹색, 검은

색이 뒤섞인 거대한 모자들로 뒤덮인 대지는 황적색으로 물들었다. 더불어 안개가 생성되었고 피로 된 비가 내렸다. 이런 현상 때문에 하늘, 땅, 사람들의 옷은 붉게 물들었다. 이런 현상은 태양이 원래 빛깔을 되찾을 때까지 이어졌다. 현상이 끝난 시각은 고작 아침 10시였다. 이 기적을 우리는 쉽게 해석할 수 있다. 다름 아닌 위협이다.'

우리는 이 놀라운 이야기에 대한 다른 증언이 전무하기에 17세기의 전형적인 장난으로 보도록 하겠다.

『리무쟁 벨락 인근에서, 예배 행렬의 형태로 나타난 경이로운 징조Signe merveilleux apparu en forme de procession, arrivé près la ville de Bellac, en Limousin』(1621년, 파리).

'리무쟁 벨락 인근에는 거대한 평야가 있는데, 여행자들은 절대 이곳을 지나가지 않았다. 이 평야에는 신앙심 있는 여러 사람이 살고 있었다. 이 중엔 몽모리용Montmorillon의 무두장이 자크 롱도Jacques Rondeau, 이스그레Isgre의 신부 피에르 리보노Pierre Ribonneau, 샹비녜Chanvigne에 사는 나무장수 마튀랭 꼬냑Mathurin Cognac이 있었다. 이들은 한데 어울려 다니다 겪은 다음의 이야기를 내게 들려주었다.

1) 난생처음 보는 검은 옷을 입은 남자 셋이 각각 한 손에 십자가를 들고 나타났다.

2) 그 뒤에는 여자아이들이 따라 행렬했는데, 이들은 흰 천으로 만든 긴 외투를 입고 있었다. 또 맨발과 맨다리로 있었으며, 꽃으로 만든 모자를 쓰고 있었다. 이 모자의 은색 리본은 발뒤꿈치까지 길게 떨어졌다. 아이들은 왼손에 종려나무 가지를, 오른손에 연기가 피어나는 도자기를 들고 있었다.

3) 이 뒤를 괴상한 상복 차림의 성인 여성이 따랐다. 그녀가 입은 로브는 땅에 질질 끌렸고 화살이 심장을 관통하는 무늬, 눈물과 불꽃 무늬가 흰 새틴으로 장식되어 있었다. 여성의 머리는 산발이었고 손에는 삼나무 나뭇가지가 들려 있었다. 그녀는 큰 슬픔에 잠긴 채 걸어 나갔다.

4) 이 뒤를 여섯 아이가 따라 걸었다. 아이들은 긴 녹색 타프타 로브를 걸치고 있었다. 로브에는 붉은 새틴으로 만들어진 불꽃 장식

이 달려 있었다. 아이들은 큰 횃불을 손에 들고 꽃 모자를 쓴 채였다.

이게 다가 아니었다. 이들 뒤에는 희고 검은 옷을 입은 군중이 뒤따르고 있었다. 이들은 두 명씩 짝을 지 채 손에 힐 마대기를 들고 있었다. 이 무리 한 가운데에는 우아한 차림을 한 여신이 있었다. 그녀는 커다란 화관을 머리에 쓰고 소매를 걷고 있었다. 또 손에는 아름다운 사이프러스 나뭇가지가 들려 있었는데 사방으로 작은 수정이 매달려있었다. 그녀 주위를 음악가들이 둘러싸 연주했지만, 선율을 만들어내지는 못했다. 이 행렬 뒤에는 여덟 명의 상의를 탈의한 남성들이 뒤따랐다. 이들은 건장한 몸을 가졌으며 털이 수북했다. 더불어 허리춤까지 내려온 수염이 염소 가죽을 덮고 있었다. 남성들의 손에는 커다란 망치가 들려 있었고 잔뜩 성이 난 채 떨어져서 무리를 쫓아갔다.

이 행렬은 섬 전체를 지나 인근 섬까지 이어졌다. 하지만 누군가 자세히 보기 위해 다가가자 곧 사라져 버렸다. 존재의 가치를 알아보는 당신이여. 이 경이로운 환영이 무엇을 의미하는지 나에게 알려주지 않겠는가?'

위 내용은 순진한 작가의 글을 그대로 옮긴 것이다. 작가가 묘사한 행렬은 소설『라스트레L'Astree』가 있었을 당시 발생한 사건이다. 당시 사회에선『돈 키호테Don Quixote』주인공들처럼 삶을 즐기는 풍조가 있었다.

『지진과 함께 발생한 브장송의 불가사의한 사건Grandes et merveilleuses choses advenues dans la ville de Besançon, par un tremblement de terre』(1564년, 샤토 셀랭Chateau-Salins, 자크 콜롬비에Jacques Colombiers 출간).

"12월 3일, 아침 9시경, 해가 쨍한 좋은 날씨였다. 갑자기 하늘에 창 아홉 개를 합칠 정도로 키가 큰 남자나 나타났다. 그는 다음과 같이 세 번 외쳤다. '백성들이여, 백성들이여, 백성들이여, 행실을 고쳐먹어라. 그러지 않으면 종말을 맞이할 것이다.' 이날은 장날이었고, 하늘 아래에는 1만 명의 사람들이 있었다. 말을 끝마친 남자는 구름 속으로 사라지더니 곧장 하늘로 날아가 버렸다. 1시간 뒤, 갑자기 날이 어두워졌다. 20리유 밖에는 아무것도 보이지 않는 어둠뿐이었다. 많은 사람이 목숨을 잃었고, 주민들은 곧 신에게 기도를 올리며 예배 행렬을 시작했다. 3일이 지나자, 이전처럼 맑은 날씨가 돌아왔으나, 민에 없니 홀름이 한 시간 반 동안 불어닥쳤다. 이 돌풍은 엄청난 양의 비를 양동이처럼 쏟아부었다. 그리고 이와 함께 거대한 지진이 동반되었다. 도시는 황폐해졌다. 이에 피해를 본 곳의 면적은 6리유, 길이는 14리유나 되었다. 남은 것은 도시 한복판에 있는 성 한 채, 종탑 한 채, 집 세 채뿐이었다. 살아남은 사람들은 흙으로 된 작은 언덕에 앉아 있었다. 도시에는 외벽 같은 잔해들이 일부 남아 있었다. 게츠Guetz 마을의 종탑과 성안에는 간판과 깃발 같은 것들이 있었으나, 가까이 갈 수 없었다. 이것들이 의미하는 바는 알지 못하나, 이 이야기를 들은 모든 사람은 공포감에 휩싸였다. 이는 놀라우면서도 무시무시한 사건이었다."

『사자가 돌아올 수 있다는 증명을 담은 환영과 출몰에 관한 신학 교수의 논문, 이들이 행복한 유령인지 불행한 유령인지 구분하는 방법 포함Dissertation sur les visions et les apparitions, où l'on prouve que les morts peuvent revenir, avec quelques règles pour connaître si ce sont des âmes heureuses ou malheureuses』(1675년, 리옹).

마냥 순진하지 않은 소책자의 작가는 유령의 존재를 인정하며, 일부는 악마에게서 나머지는 신에게서 온다는 사실을 알아냈다. 그러나 그는 많은 환영을 상상력 때문이라고 결론지었다.

작가는 오래도록 은둔자 차림을 한 유령을 본 환자에 대한 이야기를 언급했다. 유령은 긴 수염을 달고 머리 위에는 두 개의 뿔이 나 있었으며 무시무시한 얼굴을 하고 있었다고 한다. 작가는 환자를 겁에 질리게 한 이 환영이 분명 정신 착란으로 인한 것이라고 보았다. 참조. 환각Hallucinations.

작가는 죽은 자들이 사무엘Samuel의 유령 때문에 돌아올 수 있다고 믿었다. 더불어 그는 연옥의 영혼들이 흥미로운 모습을 하고 나타난다고 말했다. 이들은 신음하거나 기도하는 모습을 보이는 것만으로도 만족한다고.

하지만 악령들은 일종의 속임수나 악한 행위를 남긴다. **참조.** 유령Apparitions.

환영에 관한 이야기는 여러 야담집에서 다루는 다음의 일화로 마무리하도록 하겠다.

영국의 한 대위는 청년 시절 어리석은 행동으로 모든 것을 탕진하였다. 그에게 남은 피난처라고는 오랜 친구의 집밖에 없었다. 그 친구는 몇 달을 시골에서 보내게 되었다. 그는 몸이 아파 누워있던 대위를 데려갈 수 없었기에 나이 든 하녀에게 대위를 돌볼 것과, 집을 잘 지킬 것을 부탁했다. 어느 아침 하녀는 대위를 찾아갔다. 그가 밤새 죽는 꿈을 꿨기 때문이었다. 대위가 전날과 다름없는 상태로 있자, 그녀는 다시 업무를 보러 떠났다. 하지만 나가는 길에 문을 닫는 것을 잊어버렸다. 런던에서는 굴뚝 청소부들이 사람이 살지 않는 집에 들어가 검댕을 차지한 다음 팔아넘기는 일이 빈번했다. 굴뚝 청소부 두 명은 그 집의 주인이 자리를 비웠다는 것을 알고, 집안에 들어갈 틈을 노렸다. 나이 많은 하녀가 집에서 멀어지는 모습을 본 이들은 집으로 들어와 대위의 침실이 열려있는 것을 확인하였다. 하지만 이를 신경 쓰지 않고 두 사람은 굴뚝을 기어오르기 시작했다. 당시 대위는 자리에 앉아 있었다. 그날은 컴컴한 날이었고, 시커먼 남자 둘을 본 대위는 형용할 수 없는 두려움에 사로잡혔다. 그는 이불을 뒤집어쓰고 누워 옴짝달싹하지 않았다. 얼마 뒤 대위의 주치의가 들어와 평소처럼 침대에 다가가 대위를 불렀다. 그의 목소리를 알아챈 대위는 이불을 걷고, 흔들리는 눈으로 의사를 쳐다보았다. 그는 말할 엄두도 내지 못했다. 의사는 대위의 손을 잡고 상태를 물었다. 그가 답했다. "좋지 않아요. 악마들이 나를 데려갈 준비를 하고 있어요. 그들은 굴뚝 안에 있어요…." 의사는 고개를 저으며 그의 맥박을 짚어보고는 다음과 같이 엄중히 답했다. "사고가 굳어버렸군요. 그저 가벼운 빈혈입니다. 대위님." 이에 대위가 다시 말했다. "그런 말 마십시오. 선생님. 농담할 때가 아닙니다. 여기 악마 두 마리가 있어요….", "말도 안 되는 소리를 하는군요. 직접 증명해 주겠소. 악마가 어디 있단 말이

요. 당신의 두려움은…." 의사가 여기까지 말할 때였다. 그때, 두 굴뚝 청소부가 가득 채운 가방을 아래로 떨어뜨린 뒤, 굴뚝을 기어 내려왔다. 이들의 등장에 의사는 말문이 막혔다. 대위는 이불을 뒤집어쓰고 침대 밑으로 소리 없이 기어가 부디 악마가 의사를 데려가길 빌었다. 공포에 질려 굳어버린 의사는 어렸을 적 배운 기도문을 떠올리려 애썼다. 그는 대위에게 도움을 요청하려 침대로 향했지만, 그곳에 아무도 없음을 보고 매우 놀라고 말았다. 그때 검댕으로 채운 가방을 줍던 굴뚝 청소부 한 명이 그의 눈에 들어왔다. 의사는 한 치 의심도 없이 대위가 그 가방 안에 들었다고 생각하게 되었다. 자신이 나머지 가방에 들어가게 될까 봐 두려웠던 그는 한달음에 문으로 달려 계단을 순식간에 뛰어 내려갔다. 바깥으로 나온 그는 온 힘을 다해 소리쳤다. "도와주시오! 악마가 내 환자를 데려가오!" 곧 고함에 사람들이 모여들었다. 그는 집을 가리켰고, 사람들이 현관으로 집결했지만, 그 누구도 먼저 들어갈 엄두를 내지 못했다. 인파 덕분에 조금 안정을 되찾은 의사는 사람들에게 들어가 보라며 부추겼다. 길에서 나는 소리를 들은 굴뚝 청소부들은 잠시 계단에 가방을 두고 계단 위로 피신했다. 불편하게 침대 아래에 숨어있던 대위는 악마들이 더는 보이지 않자, 방 밖으로 나왔다. 하지만 겁에 질려 서두른 나머지 가방을 보지 못했고 그 위로 넘어지며 검댕을 온몸에 칠하고 말았다. 대위는 잽싸게 일어나 서둘러 집 밖으로 나갔다. 이 모습을 본 군중은 겁에 질려 뒷걸음질 치며 그에게 길을 터주었다. 의사 또한 그를 피하고자 인파 속에 몸을 숨겼다. 악마를 구마하기 위해 나타난 한 신부는 집을 조사하다가 굴뚝 청소부들을 발견하였다. 그리고 그들을 내려오게 한 뒤 가짜 악마의 모습을 군중에게 공개했다. 의사와 대위는 진상을 인정하였다. 그러나 바보 같은 두려움으로 인해 자존심에 먹칠을 하게 된 의사는 그 불량배들을 두드려 패주고 싶어 했다.

(1) 에보드Evode 주교가 생 오귀스탱Saint Augustin에게 보낸 편지. / * 본래 '환영'이란 눈앞에 없는 것이 있는 것처럼 보이는 것을 말한다. 하지만 이 글에서는 실제

나타난 기이한 장면들까지도 환영에 포함하고 있다. / ** 17~18세기에 사용되던 프랑스 은화. / *** 과거의 거리 단위. 1리유는 약 4km 정도이다.

보세라트리시 [Vocératrices / Voceratrici]

코르시카Corsica 섬에서는 사람이 사망했을 때 (특히 살해당했을 때) 독특한 방식을 지른다. 이들은 망자의 몸을 식탁에 올리고, 집 안의 여성들 또는 시를 잘 짓는 여성들을 초대한다. 이들은 즉석에서 지역 언어로 애가를 부른다. 이 여성들은 보세라트리시(코르시카에선 부세라트리시Buceratrici라고 발음한다)라고 불린다. 이들이 읊는 애가는 섬 동쪽에서 보세로Vocero, 부세루Buceru, 부세라투Buceratu라고 부른다. 그리고 섬 서쪽에서는 발라타Ballata라고 부른다. 보세로라는 단어와 파생어인 보세라Vocerar, 보세라트리스Voceratrice는 라틴어 보치페라레Vociferare(소리치다)에서 나왔다. 때로는 여러 여성이 즉석에서 노래를 이어받는데, 고인의 아내나 딸이 직접 이 슬픔의 노래를 부르곤 한다[1].

(1) 프로스페르 메리메Prosper Mérimée, 『콜롱바Colomba』.

베일 [Voile / Veil]

현대 유대인들 사이에선 얼굴에 베일을 쓰면 유령이 알아채지 못한다는 믿음이 있다. 하지만 벌을 받아야 하는 사람이 있다면, 신은 이 베일을 떨어뜨려 유령이 그를 물어뜯게 만든다.

부아쟁(라) [Voisin(La)]

카드점을 보던 유명한 여성 점술가. 부아쟁은 물이 든 항아리에 원하는 것을 띄울 수 있고, 마음대로 악마를 소환할 수 있다고 주장했다. 그녀의 집은 늘 손님들로 붐볐다. 한 젊은 남성은 자신이 없을 때 아내가 자주 외출하는 것을 알아채고, 몰래 아내를 미행하였다. 아내는 어두운 골목으로 들어가 어느 집 문을 두드렸다. 문으로 들어간 아내를 확인한 남편은 열쇠 구멍으로 안을 살펴보았다. 그의 아내는 막 옷을 벗으려는 참이었다. 그리고 부아쟁은 다음과 같이 재촉했다. "자, 옷을 벗어야 해요. 아이처럼 굴지 말고, 서두릅시다…." 남편은 문을 세게 흔들어 열고 안으로 들어갔다. 이때 아내는 악마를 부른다며 마법 지팡이를 막 휘두르려던 찰나였다….

다른 이야기도 있다. 부유한 한 부인이 카드점을 보기 위해 부아쟁을 찾아갔다. 부아쟁은 점술 외에 도둑질 능력도 겸비한 자였다. 부아쟁은 부인에게 악마를 보여주겠다고 말했다. 그리고 악마가 부인을 해치지 않을 것이라 안심시켰다. 부아쟁은 부인이 입고 있는 모든 옷과 보석을 벗으라고 지시했다. 부인은 이 말을 따랐고, 곧 홀로 남게 되었다. 부인 옆에는 오래된 작업대, 항아리, 카드만이 남겨졌다. 부인의 마부는 밖에서 오랜 시간 주인을 기다리다가 방으로 올라가 보기로 했다. 그리고 큰 혼란 속에 있는 부인을 발견하였다. 부아쟁은 무일푼의 부인을 둔 채 짐을 챙겨 사라진 뒤였다. 마부는 부인에게 자신의 외투를 입혀준 뒤 집으로 데려갔다.

부아쟁과 얽힌 이와 유사한 일화들은 너무도 많다. 다음은 당시 보고서에서 발췌한 재판 관련 내용이다.

1677년경, 악명 높은 점술가 부아쟁은 비구루Vigoureux라는 여성과 배교한 성직자 르자주Lesage와 연합을 하였다. 이는 이탈리아인 엑실리Exili가 만든 독을 유통하기 위해서였다. 이후 독을 사용한 갑작스러운 죽음이 많아졌고 사람들은 비밀 범죄에 대한 의심을 품기 시작했다. 이후 1680년, '불타는 방'이라는 이름으로 알려진, 독극물 재판소가 아스날Arsenal에 만들어졌다. 고위 계층에 속한 사람 중 몇 명이 이 방에 소환되었다. 이 중에는 마자린Mazarin 추기경의 두 조카, 부용Bouillon의 공작부인, 수아송Soissons의 백작부인 (외젠Eugene 군주의 어머니), 유명한 룩셈부르크Luxembourg의 장군도 있었다.

부아쟁, 비구루, 르자주는 사람들의 어리석음을 이용해 부를 쌓았다. 이들은 점을 치고 미래를 예견하며 악마를 소환하는 척했다. 만일 이들의 활동이 여기서 그쳤다면 그저 우스꽝스럽고 위선적인 행동일 뿐이었을 것이다. 또 불타는 방이 생기지도 않았을 것이다.

불타는 방을 주관하는 이들 중 하나였던 레이니Reynie는 부용 공작부인을 심문하며 악마를 보았는지 물었다. 그녀는 다음과 같이 답했다. "지금, 이 순간에도 보고 있어요. 끔찍하고 혐오스러운 국가 공무원으로 변장한 모습이에요."

이 재판은 14개월간 이어졌고, 도중 수아송의 백작 부인은 플랑드르Flanders로 도주하였다. 룩셈부르크의 장군은 이 사건에 연루된 다른 고위 계층들과 마찬가지로 사면되었다.(1) 부아쟁과 두 공범자는 그레브 광장에서 화형을 선고받았다.

놀랍게도 부아쟁은 자신의 운명을 미리 알고 있었다. 형 집행 나흘 전, 그녀는 이미 악마와의 관계를 통해 자신의 판결을 알고 있었다. 그럼에도 그녀는 술을 요구하고 마시며, 방탕한 행동을 멈추지 않았다. 월요일 자정, 그녀는 포도주를 마시며 외설스러운 가사의 노래를 불렀다. 화요일, 그녀는 평상시처럼 특별 심문을 받았다. 이후 저녁을 잘 차려 먹고 여덟 시간을 잤다. 밤이 되자, 그녀는 저녁 식사를 한 후 지치지 않고 폭음을 이어갔다. 사람들은 이 행동을 비난했다. 그리고 신에게 돌아가기 위해 아베 마리스 스텔라Ave Maris Stella나 살바 레지나Salve Regina와 같은 기도문을 읊을 것을 제안했다. 그녀는 이를 듣고 장난스럽게 기도를 읊은 뒤 잠에 들었다. 부아쟁은 수요일도 폭식과 노래 사이에서 같은 일과를 보냈다. 그녀는 고해신부를 보는 것도 거부했다. 그리고 목요일이 되었을 때, 그녀는 수프 한 그릇만을 받았다. 부아쟁은 이를 불쾌해했지만, 당국에 이야기할 힘이 없다고 한탄했다….

이후 부아쟁은 뱅센느Vincennes에서 파리까지 수레로 호송되었다. 부아쟁의 자백을 끌어내려는 여러 시도에도 불구하고 그녀는 완고했다. 다섯 시, 그녀는 흰옷을 입고 횃불을 든 채 호송차에서 모습을 나타냈다. 부아쟁은 온 힘을 다해 고해 신부와 십자가를 뿌리쳤다.

노트르담 드 파리Notre-Dame de Paris에서 부아쟁은 잘못을 빌고 용서를 구하길 거부했다. 그녀는 그레브 광장Place de Greve에서 온 힘을 다해 호송차에서 내리지 않으려 했다. 사람들은 그녀를 강제로 끌어당겨 화형대에 올렸다. 그리고 부아쟁을 앉힌 뒤 쇠사슬로 묶고 주변에 짚단을 쌓았다. 그녀의 욕설과 발버둥에도 불구하고, 결국 불길은 치솟았다. 그녀는 타오르는 불길 속에서 생을 마감했다.

(1) 불명예스러운 천민 사건에 얽인 고위 계층들은 재판에서 의외로 거리낌 없는 태도를 보인다. 1680년 독극물 법정에 부용의 공작부인이 소환되었을 때, 그녀는 호화로운 마차 아홉 대를 내동댔다. 또 방돔Vendome 공작이 그녀를 인도했다. 베존Bezons은 그녀에게 심문을 받으러 온 것이 맞느냐고 물었다. 이에 공작부인은 그렇다고 답하였다. 그리고 심문을 시작하기 전, 자신이 하는 말이 무엇이든 자신의 계급과 특혜에 해를 끼칠 수 없을 것이라고 당당하게 선언했다. 그녀는 서기관이 이 선언을 받아적기 전까지 무엇이든 말하거나 들으려 하지 않았다. 부아쟁에게 요구한 것을 묻는 질문에서, 공작부인은 단지 그녀에게 무녀들을 보여달라고 말했을 뿐이라고 변명했다. 이처럼 의미 없는 질문 8~10개가 이어졌고, 공작부인은 비웃음을 담아 답변했다. 이후 베존은 그녀에게 돌아가도 좋다고 말했다. 방돔 공작은 법정 문턱에서 그녀의 손을 잡아주었다. 공작부인은 이처럼 진지한 말투로 헛소리를 늘어놓는 대화는 처음 보는 일이라 말했다.

악마의 마차 [Voiture du Diable / Devil's Vehicle] 17세기 초, 파리의 한 교외에선 며칠 밤 동안 기이한 장면이 목격되었다. 바로 검은 말이 끄는 검은 마차를 검은 마부가 조용히 몰고 지나간 것이다. 이 마차는 매일 밤 최근 사망한 어느 귀족의 집에서 출발하는 듯했다. 이에 망자를 나르는 악마의 마차라는 소문이 돌았다. 이후 악마의 마차는 사망한 귀족의 재산을 손쉽게 넣으려는 한 사기꾼의 속임수였다는 게 드러났다. 그는 마차바퀴와 말발굽에 펠트를 부착해 조용한 악마의 마법처럼 보이게 만들었다.

목소리 [Voix / Voice] 보게Boguet는 목소리만으로 빙의된 사람을 알아볼 수 있다고 주장했다. 저음의 쉰 목소리를 낸다면 즉시 구마 의식을 진행해야 한다.

다음은 예수 그리스도Jesus Christ가 세상을 떠날 때 쯤이었던 티베리우스Tiberius 통치 시절에 있었던 일이다. 항해사 타무스Thamus는 어느날 밤 에게해Aegean 인근 섬을 항해하던 중이었다. 그는 자신의 이름을 여러번 부르는 큰 목소리를 듣게 되었다. 이 목소리는 배에 타고 있던 다른 사람들도 함께 들었다. 이에 타무스가 대답을 하자, 목소리는 더욱 큰 소리로 특정 지역에 배를 정박시키고 위대한 판Pan이 죽었다는 사실을 외치라고 명했다. 그는 지정된 장소로 가 시킨대로 크게 외쳤고, 그러자마자 통곡과 울음소리가 사방에서 들려왔다.[1] 티베리우스Tiberius 황제는 학자를 모아 해당 문제에 대해 논의했다. 이에 학자들은 천 년 전 사람인 페넬로페Penelope의 아들 판을 가리킨다고 결론지었다. 아시아 가장 널리 퍼진 해석에 따르면, 이 '위대한 판'은 악마들의 대장이라고 한다. 그의 왕국은 예수의 죽음으로 인해 파괴되었다.

회의론자들은 타무스가 들은 울음소리가 메아리라고 주장했다. 하지만 이 주장이 그것을 완벽하게 설명하진 못한다.

가발리스 백작Count de Gabalis은 이 목소리가 공중의 정령들이 물의 정령들에게 전한 소리라고 주장했다. 또한 가장 오래된 실프가 막 죽었다는 것을 알리는 목소리라고 덧붙였다.

더불어 그는 이런 원소 정령들에 대한 자세한 내용을 기록했다. 그의 주장에 따르면, 원소 정령들은 이교도의 가짜 신이었다. 가발리스 백작은 악마들이 불행하고 유약해 숭배 받을 능력이 없다고 말했다. 그래서 악마들은 원소 정령들을 조종해 인간 앞에 나타나게 하고, 사원을 짓도록 지시했다. 이 정령들은 원소를 쉽게 움직일 수 있어서 날씨와 바다를 뒤엎고, 땅을 흔들며 하늘에 불을 일으킬 수 있었다. 그리하여 이들은 쉽게 신으로 칭송되었다.

아르고 벨 미세르Arrgo bel Missere (앙리 벨 미세르Henri bel Missere) 백작은 1000년경에 사망했다. 그는 코르시카Corsica를 침략하는 무어인Moors을 상대로 싸웠다. 전설에 따르면, 그가 죽을 때 다음의 목소리가 하늘에서 들려왔다고 한다. "아르고 벨 미세르 백작이 죽으니, 코르시카는 더욱 고난을 겪을 것이다. È morto il conte Arigo bel Missere, E Corsica sarà di male in peggio"[2]

알렉산드리아의 성 클레멘스Saint Clement of Alexandria는 페르시아 승려들이 거주하는 지역에 세 개의 산이 있다고 말했다. 그리고 이는 거대한 평야 위에 존재한다고 덧붙였다. 세 개의 산은 동일한 거리를 두고 떨어져 있는데, 첫 번째 산에 다가가면 여러 사람이 싸우는 목소리가 들렸다. 그리고 두 번째 산에 다가가면 소음이 더 커졌다. 마지막으로 세 번째 산에 가면 기쁨과 축하의 목소리가 들렸다. 같은 작가는 그레이트 브리튼Great Britain 어느 산 발치에 서면 심벌즈 소리와 종소리를 들을 수 있다고 기록했다. 그는 이 사실을 고대 역사가들의 기록으로부터 알아냈다고 말했다.

아프리카 일부 가문의 구성원 중에는 목소리나 말로 마법을 걸 수 있는 마녀들이 있었다. 이들은 곡식을 시들게 하고, 동물과 인간의 목숨을 앗아갈 수 있었다. 또 겉으로 덕담하는 척 하며 저주를 걸 수 있었다.

브르타뉴Bretagne 주민들은 밤바다에서 들리는 바람소리, 파도소리가 익사자가 내는 목소리라고 믿었다. 익사자들은 밤바다에서 이런 소리로 자신의 장례를 요구했다.[3]

(1) 플루타르코스Plutarch 그리고 에우세비오Eusebius. / (2) 프로스페르 메리메Prosper Mérimée, 『콜롱바Colomba』. / (3) 자크 캠브리Cambry, 『피니스테르 여행Voyage dans le Finistère』.

볼락 [Volac] 지옥의 의장. 천사의 날개를 단 아이의 모습으로 나타난다. 볼락은 머리 두 개 달린 용을 타고 다니며 행성들의 위치와 뱀의 은신처를 알고 있다. 그는 30개 군단을 거느린다.[1]

(1) 요한 바이어Johann Weyer, 『악마의 유사군주제 Pseudomonarchia Dœmonium』.

볼레(마리) [Volet(Marie)] 1691년경, 부르그Bourg 인근 브레스Bresse의 푸이야Pouillat 교구에 거주하던 젊은 여성. 그녀는 자신이 빙의가 되었다고 주장했다. 그녀는 히브리어로 들리는 비명을 질렀고 성물, 성수, 사제를 보

면 경련과 함께 쓰러졌다. 리옹Lyon의 한 수도사는 의사에게 이를 어떻게 치료하면 좋을지 물었다. 볼레를 검진한 의사는, 그녀의 위장 속에 부패한 발효 덩어리가 있다고 진단했다. 이에 혈액과 체액이 강한 산성이 되어 볼레를 괴롭힌다고 결론지었다. 사람들은 볼레를 온천으로 보냈다. 맑은 공기를 쐬고 악마, 지옥과의 접촉을 금지한 덕분에 그녀의 혼란스러웠던 정신은 어느 정도 진정되었다. 볼레는 이후 더 이상 경련을 겪지 않았다. 그리고 금방 일상을 되찾았다[1].

(1) 쥘 가리네Jules Garinet, 『프랑스 마법사Histoire de la Magie en France』, 255페이지.

볼즈 또는 바우스트 [Vols, Voust] 라틴어 불투스Vultus(얼굴)에서 파생된 말. 얼굴 또는 상을 의미한다. 과거에는 증오하는 이와 닮은 밀랍상을 사용하는 죽음의 저주를 지칭했다. 저주의 방법은 밀랍이나 진흙으로 해를 끼치고 싶은 상대의 초상을 만드는 것부터 시작한다. 이후 상을 찌르면 해당 인물은 동일한 부위에 통증을 느낀다. 이를 불에 말리거나 녹이면, 저주받은 이는 금세 쇠약해져 죽고 만다.

앙게랑 드 마리니Enguerrand de Marigny는 밀랍상을 사용해 루이10세Louis X에게 저주를 걸려고 시도한 죄로 고발되었다. 레오노라 갈리가이Leonora Galigai는 소형 관 속에 작은 밀랍상 여러 개를 보관했다는 혐의를 받았다. 상을 이용하는 주문은 시대에 따라 달랐다. 이 마법의 기원은 고대로 거슬러 올라간다. 플라톤Plato은 그의 저서 『법률Laws』에서 다음과 같이 말했다. '선입관을 가진 이들에게 문앞, 사거리, 조상의 무덤에 둔 밀랍 모형을 걱정하지 말라고 설득하는 것은 무의미하다. 이들은 저주가 사실이라는 믿음을 가지고 있기 때문이다. 누군가를 해하려는 목적으로 주술, 저주, 마법을 사용하는 자들은 사형에 처해야 한다! 그가 점술가든 기적을 읽는 사람이든 말이다. 저주에 대한 지식이 없어도 이를 행했다면, 법원은 그가 받을 형벌을 결정해야 한다. 그게 죄인 신체에 가해지는 것이든 재산에 가해지는 것이든 말이다.' (쿠쟁Cousin 번역).

신대륙 원주민들 사이에도 이러한 미신을 찾아볼 수 있다. 샤를부아Charlevoix 신부는 일리노이Illinois 사람들이 죽이고 싶은 사람을 대변하는 작은 인형을 만들고, 가슴에 구멍을 뚫는다고 기록하였다. **참조**. 감응술Envoûtement.

볼타 [Volta] 에트루리아Etruria의 오래된 민담에 등장하는 괴물. 볼타는 여러 시골 지역을 황폐하게 만들었다. 이를 막기 위해 포르세나Porsena는 괴물에게 벼락을 떨어뜨렸다. 고대의 유명한 작가인 루키우스 피소Lucius Piso는 이전에 누마Numa 또한 같은 방식을 사용했다고 주장했다. 또 툴루스 호스틸리우스Tullus Hostilius가 충분한 연구 없이 이를 모방해 오히려 벼락을 맞았다고 덧붙였다[1].

(1) 플리니우스Pliny, 2권, 33장.

볼테르 [Voltaire] 피아르드Fiard 수도원장, 토마스Thomas, 스탈 부인Madame de Stael 및 다른 상식적인 사람들은 볼테르를 악마의 화신이라 주장했다.

플라잉 더치맨호 [Voltigeur Hollandais / Flying Dutchman] 지역을 막론하고, 모든 뱃사람은 플라잉 더치맨호라는 배의 존재를 믿는다. 이 배의 선원들은 해적질과 잔혹한 행위로 인해 신의 심판을 받았다. 그리고 이 세상이 끝날 때까지 바다를 떠돌게 되었다. 이 배를 마주치는 것은 흉조로 여겨졌다. 현대의 한 작가는 이 배에 얽힌 다음의 이야기를 기록했다.

"어렸을 적 나의 아버지는 종종 나를 품에 안고 배의 움직임에 익숙해지도록 살살 흔들어 주었다. 그때 아버지는 다음과 같은 이야기를 들려주곤 했다(참고로 아버지는 이 이야기가 완전한 사실이라고 단언했다). 어느 날 밤, 아버지의 배가 희망봉Cape of Good Hope

근처 해역에 있을 때였다. 한 어리석은 견습 선원이 반감을 품고 고양이를 바다에 던져버리는 일이 있었다. 그러자 마치 기다렸다는 듯 끔찍한 폭풍이 배를 공격했다. 돛 하나도 끼지 아니했지만 배는 뒤로 돛풍으로부터 빠져나가기로 했다. 배는 12노트의 속도로 질주했다. 하지만 자정이 되어도 상황은 변하지 않았다. 그러던 중 선원들은 기괴한 배가 바람을 가로지르며 곧장 다가오는 것을 보게 되었다. 돌풍이 난폭하게 부는 중이었는데도 말이다. 그 기괴한 배를 살펴보니, 돛은 찢어지고 선체는 조개껍질과 해초로 두껍게 덮여 있었다. 이는 마치 몇 년 동안 청소하지 않은 듯 보였다. 그러다 배에서 작은 배가 튀어나오더니, 마치 비행하듯 아버지의 선박으로 다가왔다. 그리고 그곳에서 한 남자가 내렸다. 그는 긴 수염을 가지고 있었고 얼굴은 하얗게 질려 있었다. 또 그의 눈동자는 고정되어 있었고 눈 주위는 시체처럼 움푹 꺼져 있었다. 그는 그림자처럼 소리 없이 갑판에 올랐고 세 번째 돛대 발치에 자리를 잡았다. 뒤이어 그는 눈물을 흘리며 선원들에게 편지 한 묶음을 건넸다. 이때 그의 손은 마치 해골처럼 바싹 말라 있었다. 선장은 이 편지를 받지 않겠다고 거절했다. 참, 말하는 것을 잊었는데, 이 끔찍한 존재가 갑판에 발을 딛자마자 무섭게도 배의 모든 불빛이 꺼졌다. 선실 안에서 나침반을 밝히던 불빛조차 말이다. 그와 동시에 아버지가 탄 선박은 놀라운 속도로 뒤로 물러나기 시작했다. 이는 바람도 파도도 무시한 행보였다. 또 밧줄 위에는 수천 개의 불빛이 춤을 추며, 공포에 질린 선원들의 얼굴을 기묘하게 밝혔다. 선장은 남자를 향해 이렇게 외쳤다. '전능하신 주님의 이름으로 명하니, 내 배를 떠나라!' 이 말이 끝나자마자, 그 이상한 남자는 길고 가냘픈 비명을 질렀다. 이 소리는 어떤 인간도 흉내 내지 못할 그런 소리였다. 심지어 그의 비명은 돌풍 소리보다 더 크게 울려 퍼졌다. 뒤이어 끔찍한 벼락이 내리쳤고 선박 전체가 흔들렸다…" 작가의 말에 따르면 이후 배는 운 좋게 탈출했다고 한다. 이는 굉장히 드문 일이었다.

플라잉 더치맨호 선원들이 쓴 편지를 전달받은 사람들도 있다. 이때 선원이 쓴 편지는 이미 몇 세기 전 사망한 사람에게 쓰인 것이라고 한다.

본델 [Vondel] 저명한 네덜란드 출신의 시인이자 연극 『루시퍼Lucifer』의 극작가.

뷔브르 [Vouivre] 참조. 뷔브르Wivre.

마녀들의 여행 [Voyages des Sorcières / Travels of Sorceresses] 마녀들은 집회에 갈 때 염소, 검은 양, 악마 등을 탄다. 반면 다른 여행에서는 빗자루 손잡이를 이용한다.

브리콜라카스 [Vroucolacas, Broucolaqu-es / Vrykolakas, Brykolakas] 참조. 흡혈귀Vampires.

시선 [Vue / Sight] 눈빛만으로도 생명을 앗아가는 마녀들이 있다. 스코틀랜드의 많은 여성들은 '제2의 눈'이라 불리는 것을 가지고 있다. 이를 통해 여성들은 미래를 내다보고 설명하며 이해할 수 있다. **참조.** 눈Yeux.

워터 엘프(물의 요정) [Waeter-Elves / Water-Elves(Fées des Eaux / Fairies of the Water)] 뱃사람들 사이에서 회자되는 엘프. 단조로운 곡조로 휘파람을 불면 이들을 호의적으로 만들 수 있다.

웨이크맨(로다) [Wakeman(Rhoda)] 지금*으로부터 몇 년 전, 뉴 헤이븐New-Haven에서 센세이션을 일으킨 예언자. 그녀는 신이 자신을 땅에 내려보냈다고 주장했다. 또 예수 그리스도Jesus Christ의 재림을 예고하고 천년 왕국이 시작될 것이라고 주장했다. 웨이크맨은 때때로 성령이 자신을 찾아오며, 가끔 신의 계시를 받는 영광을 누린다고 말했다. 언론에선 그녀가 열 명에서 열 두 명의 제자를 두었다고 보도했다. 이 제자들은 도대체 누구인가! 다음은 언론이 기록한 사실이다.

'이 작은 공동체는 주기적으로 모여 웨이크맨의 집에서 기도하거나 이야기를 나누었다. 매튜스Matthews는 이 교회의 가장 충직한 신도 중 하나였다. 하지만 최근 그의 교회 참여 열정은 부쩍 줄어든 듯했다. 웨이크맨은 그에게 성서에서 언급되는 악령(오래된 영)이 깃들었다고 생각했다. 웨이크맨은 이 악령이 자신까지 괴롭히며 생생한 고통을 느끼게 만든다고 말했다. 또 이 악령은 천년 왕국의 시작을 방해하는 존재라고 덧붙였다. 웨이크맨은 악마가 자신을 죽일까 걱정하며, 악령이 종말과 심판을 가져올 것으로 여겼다. 이래서야 천년왕국이 도래하기는 어려운 일이었다!'

이것이 바로 광기이다. 다음은 범죄와 얽힌 이야기다.

'그녀는 악령을 내쫓아야 한다고, 매튜스를 설득하는 데 성공했다. 어느 일요일 밤 11시경, 매튜스는 웨이크맨의 집을 찾아갔다. 그리고 이 독특한 종교의 신봉자들이 시도하고자 하는 모든 방법을 받아들이기로 마음먹었다. 그가 집을 찾았을 땐 늙은 사제 웨이크맨, 매튜스의 여동생네 부부인 샌포드Sanford 부부, 샌포드의 여자 형제인 줄리아 다비스Julia Davis, 아비게일 세이블Abigail Sables, 조시아 잭슨Josiah Jackson, 허세이Hersey, 우딩Wooding, 웨이크맨의 이복 동생인 사무엘 슬리Samuel Sly가 이미 기도를 하고 있었다.

그의 여동생인 샌포드 부인은 그를 불이 붙은 벽난로가 있는 방으로 안내했다. 매튜스는 자리에 앉아 부츠를 벗고 몸을 데우며, 오늘 이곳에 온 이유에 대해 여동생과 긴 대화를 나누었다. 매튜스는 자신과 다른 사람 그리고 존경하는 웨이크맨을 괴롭히는 악령으로부터 해방되고 싶다고 열렬히 말했다. 매튜스의 눈은 손수건으로 가려졌고 손은 밧줄로 결박되었다. 이는 샌포드 부인이 맡아서 진행했다. 샌포드 부인은 이 작업이 악령을 상대로 대적할 힘을 줄 것이라고 말했다. 또 매튜스 안의 악마가 그의 눈으로 저주를 쏘지 못하게 해줄 것이라고 설명했다. 그는 그렇게 새벽 2시까지 그 자리에 있었다. 간혹 악령을 퇴치하기 위해 기도하는 여러 교우가 방문하기도 했다.

이따금 모임이 이뤄지고 있는 위쪽 방에선 큰 소리가 터져 나왔다. 이는 웨이크맨이 악령에게 고통을 당하는 소리였다. 매튜스는 악령을 쫓아내지 못한다면 웨이크맨을 죽일 것이라고 크게 소리를 질렀다. 그리고 웨이크맨의 죽음을 막기 위해, 또 최후의 심판이 일어나지 않기 위해 자신이 죽겠다고도 말했다. 일부 증인들은 매튜스가 목숨을 바치는 일에 동의했다고 증언했다.

기도는 한 시간 더 이어졌다. 샌포드 부부는 우딩과 사무엘 슬리를 대동해 한 번 더 매튜스를 찾아갔다. 이때 잭슨은 계단 위에 서서 매튜스를 보내지 않는다면 악령이 웨이크맨을 해칠 것이라고 고함쳤다. 고함에 놀란 네 사람은 즉시 방을 빠져나왔다. 샌포드 부부는 계단을 올라가 자신들의 물건을 챙기고, 매튜스를 집에 데려다주기로 했다. 그러나 우딩과 슬리는 매튜스가 머물던 방의 옆방으로 들어갔고 이후 아래층에서는 싸움 소리와 비명이 들려왔다. 샌포드와 그의 아내, 그리고 다비스는 빠르게 매튜스의 방으로 향했다. 하지만 문은 안쪽에서 잠겨있었다. 이들은 문을 억지로 열려 했지만 절대 열리지 않았다. 이 와중에도 우딩과 슬리는 보이지 않았다.

샌포드는 즉시 매튜스의 가족이 살고 있는 햄든Hamden으로 이동했다. 그리고 그날 아침 매튜스의 아들을 데려왔다. 이들은 강제로 문을 열어 들어갔고 방바닥에 쓰러져있는 매튜스를 발견했다. 그의 목은 5~6개의 상처와 함께 잔인하게 잘려 나가 있었다. 또 배에는 포크로 찔린 듯한 열두 개의 상처가 보였다. 방 한복판에는 피 웅덩이가 있었고, 문걸쇠에는 나무 조각이 박혀 있었다.

신고를 받고 출동한 경찰은 재앙이 벌어진 집에 있던 모든 이들을 체포했다.

다음은 슬리가 배심원단 앞에서 자백한 내용이다.

처음에 그는 매튜스 살인의 유일한 책임자라고 고백했다. 그러나 끝에 가서는 잭슨과 허세이를 공범으로 지목하는 듯했다.

슬리는 악령(또는 매튜스 내에 깃든 힘)이 자신의 누나인 웨이크맨을 괴롭혔기에 무엇이든 해야 했다고 자백했다. 이를 위해 그는 잭슨과 함께 개암나무 막대로 때리면 악령에게 효과가 있을지 의논했다. 이들은 이미 사건일 며칠 전 개암나무 막대를 준비해 두었다. 또 개암나무 껍질을 우린 물과 오리나무 차를 함께 사용한다면 주술을 풀 수 있을 것으로 생각했다. 준비한 막대는 지름이 약 2.6cm였으며 길이는 50cm 정도였다. 이들은 막대를 매튜스가 있던 방의 옆방에 놓아두었다. 잭슨과 허세이는 슬리가 무기를 가지러 갈 때 함께 있었다.

샌포드와 그의 부인이 매튜스를 다시 데려가려고 준비하고 있을 때, 슬리는 방에 들어가 문을 걸어 잠갔다. 그리고 눈이 가려지고 손이 묶인 매튜스에게 다가갔다. 슬리는 그의 오른쪽 관자놀이에 막대를 휘둘렀고, 매튜스는 의자에서 떨어져 바닥에 넘어지고 말았다. 슬리는 계속해서 매튜스를 내리쳤고, 주머니에서 칼을 꺼내 목에 상처를 입혔다. 매튜스의 비명에도 불구하고 그는 처음 타격을 가한 후에 한마디도 하지 않았다. 이후 슬리는 포크를 집어 들고 배에 문제의 상처들을 냈다. 슬리는 막대만 사용할 생각이었으나, 설명할 수 없는 힘에 의해 칼과 포크를 사용하게 되었다고 자백했다.

이후 슬리는 30분 정도 방에 있었다, 그리고 허세이가 있던 방을 찾았다. 슬리의 한 손에는 피가 묻은 막대가, 다른 손에는 램프가 들려 있었다. 허세이 앞에서 그는 손을 씻었고, 피로 물든 셔츠 소매는 찢은 뒤 불태웠다. 사용한 막대는 세 동강 낸 다음 칼과 함께 화장실에 버렸다.'

이 재판의 결과가 어떻게 되었는지는 알지 못한다.

* 『지옥사전』 집필 당시인 1863년.

발할라 [Walhalla / Valhalla] 옛 스칸디나비아 전사들의 천국. 전투 중에 사망해야 이곳에 들어갈 수 있다. 발할라에서 전사들은 절대 비워지지 않는 술잔에 독한 맥주를 부어 마신다. 또 살아있는 멧돼지를 구워 먹는데, 항상 먹어도 먹어도 줄어들지 않고 온전한 모습을 유지한다.

발키리 [Walkiries / Valkyries] 스칸디나비아의 요정. 신화에서 나오는 내용처럼 매우 야성적이다. **참조**. 바드Vade.

왈 [Wall] 지옥의 위대하고 강력한 공작. 크고 무서운 단봉낙타의 모습으로 나타난다. 왈은 인간의 모습을 할 때 이집트어를 사용한다. 왈은 과거, 현재, 미래의 일을 알고 있으며 능품천사에 속한다. 그는 36개 군단을 거느린다.

월터 [Walter] 스코틀랜드의 왕 제임스 1세James I는 한밤중 침대에서 그의 삼촌 월터에게 암살을 당했다(월터는 프랑스 역사학자들에게 고티에Gauthier라는 이름으로 알려져 있다). 왕좌를 열망한 배신자 월터는 결국 에든버러Edinburgh에서 처벌을 받게 되었다. 이 벌은 군중들이 보는 가운데 기둥에 묶여 달궈진 쇠 왕관을 쓰는 것이었다. 이 왕관에는 '배신자들의 왕'이라는 글귀가 적혀 있었다. 과거 한 점성가는 그에게 많은 군중이 보는 앞에서 공개적으로 왕위를 물려받을 것이라고 예언했었다….

월터 스콧 [Walter-Scott] 이 저명한 소설가는 악마학과 마법사에 관한 모음집을 출간했다. 월터 스콧은 이 모음집에서 본인 소설에 등장한 여러 불가사의, 미신, 민간 전승 등을 명확히 설명하였다. 불행하게도 작가의 반가톨릭적인 견해는 그에게 회의감이 들게 했다. 그는 자신이 다루는 주제들을 시적으로 보는 경향이 있었다. 그의 연구를 따르는 것은 매우 흥미롭지만, 주의를 기울여 읽어야 한다. 그가 로마 교회에 대적하는 글을 썼기 때문이다.

모음집 속 첫 번째 글에서, 월터 스콧은 무형의 영혼을 인정하는 교리가 유령에 대한 믿음을 강화했다고 주장했다.

두 번째 글에서, 그는 원죄에 대한 전통을 다루었다. 그리고 인간과 유령의 소통 방식을 찾았다. 월터 스콧은 마법사들이 모세Moses의 율법에 따라 사기꾼, 독살자, 배교자로서 죽임을 당하는 것이 정당하다고 말했다. 또 고대 유대인들이 그들의 마법사와 점술가에게서 본 것과 우리가 중세 시대 마법사들에게서 본 것은 다르다고 주장했다. 더불어 아직 이들에 대해 절반밖에 이해하지 못했다고 덧붙였다.

세 번째 글에서, 그는 악마학과 고대 로마, 켈트족, 북부 민족의 마법사들을 다뤘다. 작가는 고대 켈트족의 미신이 아직도 여러 지역에 잔재한다고 기록했다. 또 시골 사람들이 맹목적으로 이를 따른다고 지적하였다.

그는 네 번째와 다섯 번째 글에서 요정을 다뤘다.

여섯 번째 글은 사역마에 집중했다. 주로 다뤘던 존재는 유명한 악마 퍽Puck이었다. 그는 로빈 굿펠로우Robin Goodfellow라는 이름으로도 알려져 있다. 그의 기록에 따르면 퍽은 실프Sylphs(공기의 요정) 사이에서 시골 어릿광대 노릇을 했다. 퍽의 장난은 단순하면서도 기상천외했다. 귀가하던 농부가 길을 잃게 하는 것, 노인이 의자에 앉으려 할 때 원숭이로 변해 넘어뜨리는 것 등이 바로 그것이었다. 퍽은 사람들이 잠들었을 때 집안일을 하는 대가로 맛있는 아침을 제공받았다.

일곱 번째, 여덟 번째, 아홉 번째 글은 마법사와 마법을 다뤘다. 마지막 글은 점술가와 망령을 주인공으로 두었다. 이 모음집에서 독자는 월터 스콧의 책에서 찾아볼 수 있는 모든 흥미로운 이야기들을 발견할 수 있다.

와티어(피에르) [Wattier(Pierre)] 와티어는 17세기 『꿈의 교리와 해석Doctrine et interprétation des songes』(1664년, 파리, 12절판)이라는 책을 펴냈다. 이 책은 압드 알 라흐만 이븐 나스르 샤이자리Abd al-Rahman ibn Nasr Shayzari가 쓴 아랍 원서를 번역한 것이다.

체인질링 [Wechselbalg / Changeling] 맨 섬Isle of Man의 여러 가정을 돌아다니며, 손에 잡히는 모든 것을 먹어 치우는 요정 또는 꼬마 악마.

웰츠(안드레) [Welz(André)] 도팅겐Dottingen의 부르주아. 1689년, 그의 집엔 폴터가이스트*가 들러붙었다. 이 유령은 회색 새, 못생긴 노파, 고양이의 모습으로 나타나 여러 장난을 쳤다.

* 이유 없이 소리가 들리고 물건이 떠다니는 현상. 악마, 마녀, 죽은 영혼에 의해 발생한다고 여겨졌다.

웬햄(제인) [Wenham(Jane)] 18세기 초, 자신이 마녀라고 주장하던 여성. 사람들은 그녀를 교양 있는 파월Powell 판사 앞으로 데려갔다. 증인들은 그녀가 하늘을 나는 모습을 목격했다고 말했다. 웬햄은 이를 듣고 반박하지 않았다. 판사는 그녀에게 정말 하늘을 나는 능력이 있느냐 물었고, 여성은 그렇다고 답했다. 파월 판사는 다음과 같이 말했다. '우리 법에는 당신이 하늘을 나는 기쁨을 누리면 안 된다는 법이 없소. 가서 일 보시오.' 웬햄은 물러났고, 마녀의 위엄이 무너진 것에 대해 슬퍼했다.

웨슬리 [Wesley] 감리회Methodist의 창시자. 그의 집에는 폴터가이스트기*빙모함 이이 있다. 유령은 다리가 짧은 개, 작은 토끼의 모습으로 나타났다. 이에 웨슬리가 집게로 찌르려 하자 사라졌다.

* 이유 없이 소리가 들리고 물건이 떠다니는 현상. 악마, 마녀, 죽은 영혼에 의해 발생한다고 여겨졌다.

위클리프 [Wiclef / Wycliffe] 악마에게 목 졸림을 당했다고 한다.

바이어(요한) [Wierus, Wier / Weyer, Wierus (Jean / Johann)] 브라반트Brabant 출신의 저명한 악마학자. 그는 아그리파Agrippa의 제자였으며 저서를 통해 스승을 열렬히 옹호하였다. 그의 저작 중에선 『악마의 마력Des prestiges des démons』이라는 표제의 책, 다섯 권이 유명하다. 그의 라틴어 저서들은 『악마의 사기 및 기만과 주술 및 마법을 다룬 책 5부작Cinq livres de l'imposture et tromperie des diables, des enchantements et sorcelleries』(1569년 8절판, 파리)이라는 표제로 프랑스에서 번역 출간되었다. 클레르몽Clermont의 자크 그레뱅Jacques Grevin이 이를 번역하였다. 바이어의 작품은 특유의 경신, 비전형적인 개념, 대중적인 상상을 담고 있다. 하지만 이에 못지않게 다양한 지식을 품고 있기도 하다. 그는 라미아Lamia와 사탄의 유사 군주제에 관한 책(『악마의 유사군주제Pseudomonarchia Dæmonum』)을 펴내기도 했다. 그의 저서에선 이 책『지옥사전』에서 언급한 거의 모든 악령의 묘사를 찾아볼 수 있다.

윌리스 [Wilis] 독일 일부 지역에서는 결혼식 전에 죽은 약혼자가 춤을 좋아했다면 사후에 윌리스로 변한다고 믿었다. 윌리스는 반투명의 하얀 유령으로 매일 밤 묘지 사이에서 춤을 춘다. 이 망자들의 춤은 지상의 춤과는 아무런 공통점이 없다. 얌전하고 엄숙하며 고요하다. 춤을 출 때 윌리스의 발은 이슬을 머금은 꽃을 가볍게 스친다. 달빛이 이 장중한 움직임을 희미하게 비춘다. 하늘과 땅 모두 밤이 찾아온 가운데 윌리스는 숲, 산, 푸른 호숫가를 따라 춤을 추며 자신의 길을 걸어간다.

지친 여행 끝에 오솔길에서 벗어나 주윽히 길으ㅃ 때, 나대 사이에서 이리저리 흔들리는 외로운 미광을 본 적 있는가? 불행한 여행자여, 조심하라! 그건 윌리스, 지옥의 무용가이다. 이들은 춤을 추며 거부할 수 없는 환각으로 당신을 유혹한다. 절대 다가가서는 안 된다. 그러면 길을 잃을 것이다. 쥘 자냉Jules Janin이 기록한 대로, 윌리스는 당신이 완전히 녹초가 되기 전까지 춤을 추려고 할 것이다.
참조. 쿠릴Courils.

위울메로즈(기욤) [Wiulmeroz(Guillaume)] 1600년경 태어난 프랑슈 콩테Franche-Comte의 마법사. 위울메로즈의 12세 아들은 아버지가 마녀 집회에 데려갔다며 그를 비난했다. 분개한 아버지는 소리 질렀다. "너는 우리 둘 모두를 위험에 빠뜨렸다!" 위울메로즈는 자신이 집회에 간 적이 없다고 주장했다. 하지만 5명의 증인이 증언을 했고, 그는 유죄 판결을 받았다. 그의 어머니와 형제 또한 마법을 부렸다는 의심을 받았으며 여러 악행으로 인해 유죄를 선고받았다. 아이는 마법 행위에 가담하지 않은 것으로 밝혀져 풀려났다[1].

(1)쥘 가리네Jules Garinet, 『프랑스 마법사Histoire de la Magie en France』, 164페이지.

뷔브르(와이번) [Wivre / Wyvern] 중세 시대의 괴물. 환상적 모습을 하고 있다.

'프랑슈콩테Franche-Comte 오트 피에르Haute-Pierre 고원에선 반은 여성 반은 뱀인 멜리진

Melusine과 유사한 존재가 종종 목격된다. 이는 바로 뷔브르다. 이들은 눈이 없다. 또 낮이건 밤이건 빛줄기가 새어 나오는 석류석을 이마에 달고 있다. 뷔브르는 강에 몸을 담글 때 이 석류석을 바닥에 내려놓는다. 누군가 이것을 훔친다면, 모든 악령에게 명령해 산속에 숨겨진 보물을 찾아낼 수 있다. 하지만 모험을 하지 않는 것이 좋다. 작은 소음에도 뷔브르는 물 밖으로 뛰쳐나올 것이다. 그리고 이 괴물과 마주친다면 불행이 따를 것이다!

무스티에Moustier의 어느 불쌍한 남성은 뷔브르를 찾은 뒤 멀리서 따라갔다. 뷔브르가 루Loue 강 연안에 석류석을 내려놓고 강물에 자신의 뱀 비늘을 적실 때, 남성은 조심스럽게 석류석을 향해 다가갔다. 하지만 그가 손을 뻗는 순간, 뷔브르가 소리를 듣고는 몸을 던져 그를 바닥에 넘어뜨렸다. 그리고 손톱으로 가슴을 파내고 목을 졸라 죽이려 들었다. 만일 이 자가 아침에 로드Lod 교회에서 성찬을 받지 않았더라면, 못된 뷔브르의 손에 꼼짝없이 죽었을 것이다. 그는 얼굴과 몸에 상처를 입고 집으로 돌아가며, 앞으로 절대 석류석을 탐내지 않을 것이라고 맹세했다[1].'

(1) 자비에 마미에Xavier Marmier, 『여행의 기억들과 민간 전승Souvenirs de voyages et traditions populaires』, 72페이지.

우덴 [Woden] 오딘Odin이라는 이름으로도 알려진 고대 게르만족의 절대신. 주민들은 수확기에 우덴의 말을 위해 이삭을 남겨놓았다. 또 그의 사냥을 위해 숲에는 늘 사냥거리를 남겨두었다. 몇몇 학자들은 게르만족이 기독교를 받아들이며 우덴이 신이 되었다고 말했다. 또 인도의 부처와 유사함을 보인다고 주장했다[1].

(1) 오자남Ozanam의 『독일의 기독교 수립에 관한 연구 Recherches sur l'établissement du christianisme en Allemagne』를 참조할 것.

볼로트 [Wolotys / Volots] 무시무시한 괴물. 로모노소프Lomonosoff의 이야기에 따르면, 슬라브족Slavs 사이에서 그리스 신화의 거인처럼 여겨졌다고 한다.

우드워드 [Woodward] 시커먼 안색 때문에 검은 의사라고 불렸던 경험주의 의사. 1844년, 그는 막대한 재산을 남기고 신시내티Cincinnati에서 세상을 떠났다. 주민들은 그의 집 커다란 유리장 안에 크기가 다른 작은 병이 정리되어 있는 것을 보며 놀랐다. 각 병에는 미국의 여러 주, 캐나다, 앤틸리스Antilles, 멕시코에 살고 있는 이들의 이름과 주소가 새겨져 있었다. 검은 의사는 환자들의 발산물을 받는 것만으로도 원거리에서 모든 질병을 치료할 수 있다고 생각했다. 그가 주장한 방법은 이러했다. 환자는 한 시간 동안 정화수가 담긴 병에 손가락을 담근다. 그리고 그 병을 조심히 닫아 의사에게 보낸다. 이후 환자의 땀이 담긴 병은 화학 분석을 거친다. 다른 정보 없이, 의사는 폐결핵, 가슴막염, 통풍, 류머티즘 등에 걸렸는지 환자에게 알려주고 그에 맞게 처방을 내린다.

만약 그가 병을 맞춘다면, 환자들은 그의 능력에 놀라워하며 첫 진료보다 비싼 진료비를 내며 상담을 받았다. 하지만 사실 검은 의사는 병을 분석조차 하지 않았다. 모든 병은 발견 시 완전히 밀폐되어 있었다.

보르티게른 [Wortigern / Vortigern] 잉글랜드의 왕. **참조.** 멀린Merlin.

불손 드 라 콜롬비에르(마르쿠스) [Wulson de la Colombière / Vulson de la Colombiere(Marc / Marcus)] 그는 『호기심의 궁전Palais des curieux』(1660년, 오를레앙)을 썼다. 이 책에서 다루는 여러 주제 가운데에는 꿈과 관상이 포함되어 있다.

X

자카 [Xacca / Zaca] 기원전 1000년에 태어난 시카Sikka의 이두 철학자. 일본인들은 자카를 그들의 입법자로 간주한다. 그는 하늘에 오르려면 다음의 말을 반복해서 말하면 된다고 주장했다. '나마, 미오, 포렌, 키, 키오Nama, Mio, Forai, Qui, Quio.' 이 주문의 의미는 오늘날까지 미스터리로 남아있다. 일본에 아미타불을 소개한 이도 자카로 알려져 있다[1].

(1) 숭배자들은 일본의 신 아미타불을 절대적 존재와 동일시했다. 이들에게 아미타불은 무형이자 불변하고, 모든 것들과 구분된다. 그는 자연이 생기기 이전에 존재했다. 또 모든 선의 근원이며 시작도 끝도 없이 무한하고 거대하다. 아미타불은 세상의 창조주이다. 제단 위에 그의 모습은 머리가 일곱 달린 말을 타고 있다. 이는 7천 년을 의미한다. 아미타불은 개의 머리를 달고, 손에는 자신이 만든 금 고리를 들고 있다. 이 상징은 이집트 원과 다수의 유사점을 보인다. 주로 시간의 상징으로 해석된다.

자판 [Xaphan] 2계급 악마. 사탄과 그의 천사들이 신을 상대로 반란을 일으켰을 때, 자판은 이들 곁에 섰다. 그는 뛰어난 지략을 겸비했기에 무리에서 환영을 받았다. 자판은 반역자들에게 하늘에 불을 지르는 것을 제안했다. 하지만 결국 다른 이들과 함께 지옥 깊은 곳으로 내던져졌다. 자판은 이곳에서 영원히 가마의 숯에 입과 손으로 바람을 불어 넣어야 한다. 그의 상징 문양은 풀무이다.

수상술 [Xeirscopie / Chiroscopy] 다음은 뮈니에 데 클로조Munier des Closeaux가 쓴 영적인 글에서 발췌한 이야기이다.

"수상술Xeirscopie은 '손Xeir'과 '관찰하다 Ocopeo'를 합친 단어이다. 독자들은 이 두 단어가 원래는 그리스 단어라는 점에 주목해 주길 바란다. 이 단어를 그리스 철자로 쓸 수도 있겠지만, 알파벳을 사용해 적은 이유는 수천 가지도 댈 수 있다. 하지만 제일 중요한 이유는 대포가 없는 도시에서는 대포를 쏘지 않듯, 그리스어를 쓰지 않는 이곳에서 굳이 그리스어로 표기할 필요가 없기 때문이다.

앞서 설명했듯 '수상술'의 정확한 의미는 '손의 관찰'이다. 그렇다면 '골상학Cranioscopie'이라는 단어를 살펴보자. 이는 원래 '두상의 관찰'을 의미한다. 하지만 실제로는 더 나아가 두상을 통해 뇌의 부위, 신체 기관, 지능의 발달을 알아보는 기술을 말한다. 수상술 또한 손의 관찰이라는 의미에 국한되지 않는다. 이는 손의 형태에 따라 인간의 특성을 알아보는 기술을 의미한다. 따라서, 수상학은 라바터Lavater(관상학을 연구한 학자)와 갈Gall(골상학을 연구한 학자)의 이론과 견줄 수 있는 관찰 이론이다.

처음에 사람들은 수상술을 장난으로 여겼다. 하지만 라바터와 갈도 발표 당시 같은 일을 겪었을 것이다. 이 이론은 과학 혹은 과학에 준하는 반열에 올라가기까지 많은 비웃음을 샀다. 주의 깊게 살펴보면, 이 이론의 창시자가 이를 매우 진지하게 연구했음을 알 수 있다. 이 이론을 만든 사람은 손의 여러 부위에서 두상이 보여주는 것만큼 다양한 정보를 찾을 수 있다고 주장했다.

이 새로운 이론의 창시자는, 믿음을 줄 만한 여러 직함을 소유하고 있다. 다음은 그 직함과 이름이다. '뷔르츠부르크Wurzburg 의과대학 박사이자 예나Jena 대학의 관상학 교수이자 고문, 그리고 독일 아카데미의 회원이자 여러 학술단체의 회원인 W.F. 자르겐쾨니히Sargenkoenig'. 자, 이제 믿는 것은 당신의 몫이다. 감정이 머무는 곳인 두상에서 여러 가지를 관찰할 수 있다면, 감정을 표현하는 도구인 손에서도 이를 알아채지 못할 이유가 없다.

지금 이 지성의 시대에서는 더 이상 마법사를 믿지 않는다. 지난 시절 손을 주의 깊게 관찰하며 앞날을 예언한 마법사들은 우스꽝스러운 우화 속 주인공으로 취급된다. 하지만 연감을 살펴보면, 이러한 종류의 예언들은 실제로 다수 실현되었음을 볼 수 있다.

예를 들어 마르티니크Martinique의 아름다운 혼혈 여성 손을 보고 여왕이 될 것이라 말한 이는, 전해지는 것처럼 늙고 까무잡잡한 마녀가 아니었다. 그는 단지 직감적으로 손을 관찰하는 뛰어난 수상술사였을 뿐이다. 이 여성은 이후 프랑스의 황후, 이탈리아의 여왕, 라인Rhine 연합의 수호자, 스위스 연방의 중재자가 되었다.

신체를 관찰하는 기술이 발전함에 따라 얽혀있는 여러 비밀들도 함께 밝혀지고 있다. 관찰을 통해 읽어내는 기술은 라바터의 관상학에서 멈추지 않았다. 갈의 골상학이 그 뒤를 따른 것이다. 그리고 골상학에서 멈추지 않고, 박식한 자르겐쾨니히가 나타났다. 하지만 여기가 끝이 아니다. 관찰 기술은 수상술에서 멈추지 않을 것이다. 퀴비에Cuvier는 몇 조각의 작은 뼈들로 고대 동물을 재현할 수 있었다. 언젠가는 인간도(도덕이 허락한다면) 뼛조각을 통해 물리적, 정신적인 것들을 읽어낼 수 있게 될 것이다. 이 얼마나 대단한 시대인가!

자르겐쾨니히는 수상술 이론의 출발점을 분노로 잡았다. 분노를 뜻하는 라틴어는 '이라Ira' 또는 '푸로르 브레비스Furor Brevis'이다.

그렇다면 분노란 무엇인가? 분노는 심장 박동과 호흡의 가속, 강한 안면 홍조, 눈의 번뜩임, 위협적인 목소리, 폭력적 행동 등의 특성을 보이는 격렬한 감정이다. 때로는 창백함, 떨림, 목소리의 변질 등으로 표현되기도 한다. 이 증상들은 특정 원인을 통해 뇌가 격렬한 흥분 상태로 변하기 때문에 나타난다. 여기까지 우리는 분노라는 감정을 의학적으로 살펴보았다.

골상학자들의 주장에 따르면, 분노를 통해 뇌의 흥분 상태가 길어지거나 반복되면 두개골에 혹이 형성된다고 한다. 무슨 혹을 말하는 것일까? 정확히는 알 수 없지만, 뇌의 흥분이 특정 기관에 영향을 미친다는 결과는 참고하도록 하자. 분노는 폭력적인 행동과 목소리로 표출된다. 그렇다면 행동에 사용되는 주요 기관은 무엇일까? 바로 손이다. 우리는 분노할 때 손을 움켜쥔다. 화가 난 사람은 손을 꽉 쥐거나 주먹을 불끈 쥐어 무언가를 가격하려 한다. 즉 이런 사실을 바탕으로 손을 심도 있게 연구한 사람이라면, 손의 형태를 보고 화를 잘 내는 사람인지 판별할 수 있다. 분노와 관련해서는 수상술이 골상학보다 훨씬 더 명백한 정보를 제공한다.

자르겐쾨니히는 실용적인 측면에서 수상학이 골상학을 훨씬 앞지른다고 말했다. 한때 연인들은 결혼을 하기 전 상대방의 성격, 품행, 습관을 알아두어야 했다. 하지만 지금부터는 손이 모든 것을 알려 줄 것이다. 만약 그림에도 속는다면, 그것은 수상술을 믿지 않고 당신이 보고 싶은 대로 상대를 보는 탓이다.

배우자로 맞이하고 싶은 이에게 다음과 같이 말하는 건 쉽지 않다. '저는 당신을 사랑할 준비가 되었습니다. 라바터의 관상학을 참고하자면, 당신은 매우 호감 가는 얼굴을 가졌습니다. 하지만 제 선택이 맞는지 확인하기 위해, 당신 두개골을 만져보도록 허락해 주세요. 만약 두개골에 혹이 없다면, 저는 당신이 마음을 받아 줄 것입니다.' 아시반 수상술을 배워둔다면 솜씨 좋은 악수 한 번만으로도 연인의 성격을 파악할 수 있다.

결혼을 앞둔 연인들은 자신의 결점을 숨긴다. 남성은 세심하고 다정하게, 여성은 매력적이고 우아하게 보이고 싶어 한다. 이런 상황에서 서로의 두개골을 만져보는 것은 쉽지 않다. 그러나 약혼자의 손은 언제나 잡을 수 있다. 또 예의범절을 지키면서 약혼자의 손바닥, 무지구(엄지손가락 밑 볼록한 부분), 소지구(새끼손가락 밑 볼록한 부분), 손등 등을 부드럽게 조사해 볼 수 있다. 일부 징후는 두 사람이 신혼여행이 끝나기 전에 상처를 입게 될 것인지도 확실히 알려준다

모든 미신이 거짓은 아니다. 결혼식에서 신랑은 신부 약지에 반지를 끼운다. 이때 신부는 반지가 마지막 마디까지 닿지 않게 빠르게 손가락을 접는다. 그렇게 하면 신부가 집의 주인이 될 것이라는 미신이 있기 때문이다. 하지만 이는 단순한 미신이 아니다. 약지를 접는 본능적인 움직임은 도덕성에 기인하는 물리적 결과이다. 이는 자르겐쾨니히의 수상학 이론에서 매우 명확히 설명되어 있다. 이 박식한 교수는 총 여덟 장에 걸쳐 약지의 빠른 움직임이 강한 성격, 세찬 기운,

고집을 보여준다는 점을 기록했다.

수상술과 비교하면 골상학은 아이들의 놀이에 불과하다. 두상을 연구하는 것은 해부학 지식이 없어도 가능하다. 골상학의 경우 이미 모든 것이 준비되어 있기 때문이다. 부위별로 번호가 새겨진, 광택 나는 머리 모형 하나만 있으면 모든 것을 알아낼 수 있다. 하지만 수상술은 다르다. 이 기술은 오랜 시간과 많은 인내를 통해 사전 지식을 습득해야 한다. 그리고 실전에서는 재능과 요령이 필요하다. 두상 관찰자들은 '골상학자'라는 명칭을 스스로 부여하며 영역을 확장해 왔다. 하지만 실상을 보면 이는 두개골에 혹이 얼마나 튀어나와 있는지 보는 기술에 불과하다.

골상학의 선구자, 박사, 교수들은 밝혀지지 않은 두상의 신비를 파고들었다. 그리고 두개골의 돌출부에 감정, 성향, 감각 등의 의미를 부여했다. 이 기초 작업이 끝나고 나서 이들은 골상학이 완전해졌다고 믿었다. 그리고 거침없이 실전에서 사용했다. 이는 수상술과 많은 차이가 있다! 손에는 단순한 돌출뿐 아니라 연구를 필요로 하는 무수한 세부사항들이 있다.

필자는 과하게 학구적인 자르겐쾨니히의 저서를 읽던 중, 해부학 설명 페이지에서 수백 번 길을 잃었다. 골상학자들이 두개골을 구해 영역을 세분화한다 해도, 그곳에 인간의 지능이나 장단점을 모두 읽도록 배치할 수는 없을 것이다. 하지만 손에는 이 모든 것들이 세분화되어 있다.

자, 손바닥(정확히는 손가락을 제외한 손바닥 면)을 살펴보자. 손바닥의 윗부분은 손가락 부착부까지로 본다. 그리고 아랫부분은 손목 관절까지로 본다. 또 무지구와 소지구 사이를 양 끝으로 본다. 이렇게 경계가 지어지는 손바닥은 건장한 남성일 경우 3제곱인치 면적을 넘지 않는다. 하지만, 이 작은 부위 안에 수많은 열정, 욕망, 선과 악이 모두 담겨 있다.

엄지 아래 튀어나온 무지구는 최소 12개의 근육이 연결되어 있다. 이 근육 중 하나는 눈에 거의 보이지 않지만, 전문가들은 알아챌 수 있다. 이 근육이 도드라진 사람은 고도의 웅변 능력을 갖추고 있다. 어떻게 웅변

능력이 이 근육과 관련이 있는 것일까? 이를 이해하기 위해 당신은 미로와도 같은 복잡한 설명을 들어야 한다. 그의 책 본문에는 이와 관련해 설명을 돕는 도판들이 첨부되어 있다. 피트Pitt의 무지구 그림과 평범한 사람의 해당 부위를 비교해 보면 고개를 끄덕이며 믿게 될 것이다.

자르젠쾨니히는 예나 대학 박물관을 다양한 수상학 소장품으로 가득 채웠다. 그는 모든 사회 계층의 손을 이곳에 모아두었다. 다만 이곳에 나폴레옹의 손이 없는 것은 애석한 일이다. 그의 하얗고 부드러우며 근육이 거의 드러나지 않은 손이, 어떻게 그토록 강한 의지와 천재성을 가리킬 수 있는지 알고 싶다. 이에 대해 자르젠쾨니히의 설명을 들을 수 있다면 얼마나 좋을까? 분명 그는 정확하게 이를 해석했을 것이다. 그는 석고로 만든 손이 불확실한 정보를 제공한다고 말했다. 수상술은 살아있는 인간의 손을 대상으로 관찰했을 때 정확한 해석이 가능하다. 이처럼 수상학은 자연적으로 살아있는 순간에서 비밀을 포착한다. 영구적으로 돌출부가 생기는 두개골과는 결이 다르다.

신체를 관찰해 해석하는 책들에는 많은 예시가 실려 있다. 물론 예시는 이해를 도와준다. 하지만 예시 자체가 확실하게 입증된 것이 아니라면 이는 쓸모가 없다. 자르젠쾨니히의 이론을 믿으려면 예시 뿐 아니라 다양한 사전 지식이 필요하다.

어느 날 한 사람이 소개장을 들고 자르젠쾨니히를 방문했다. 그는 자신을 유명한 학자라고 소개하며, 자르젠쾨니히의 곁에서 가르침을 받고 싶다고 말했다. 자르젠쾨니히는 손님을 향해 손을 뻗었고, 손님은 감격하며 악수를 했다. 그러자 갑자기 자르젠쾨니히는 달군 쇠를 만지기라도 한 듯 손을 빼냈다. 그는 말했다. '저리 가라! 내 집은 살인자의 피난처가 아니다.' 당황한 남성은 얼굴이 창백해지더니 자르젠쾨니히 앞에서 무릎을 꿇고 죄를 고백했다. 『수상술 개론Le Traité de xeirscopie』에는 이와 같은 사건이 20~30개가량 기록되어 있다. 우리는 이 학자의 연구를 의심하지 않지만, 법정에서 증거로 사용될 정도의 확실한 예시가 필요하다.

자르젠쾨니히의 책에는 손과 관련된 몇 가지 속담이 기록되어 있다. 이 속담들은 전혀 근거 없는 이야기가 아니다. 일반적으로 혈관이 도드라지는 손을 보던 우리는 다음과 같이 말한다. '혈관Veines을 보면 형벌Peines이 보인다.' 이 속담은 자연스럽게 설명할 수 있다. 다혈질인 자는 혈관이 돌출되어 얇은 피부에서 잘 보인다.

노르망디인의 손가락은 구부러져 있다. 일반적으로 노르망디인은 싸움을 좋아하고 탐욕스럽다. 과거 노르망디에서는 아이가 태어나면 아이를 벽에 집어 던졌다. 그리고 아이가 손으로 벽을 꼭 쥐어 붙어 있으면 훌륭한 노르망디인이자 가족 구성원으로 인정했다. 하지만 아이가 벽을 잡지 못하고 떨어지면 머리를 다쳐도 상관하지 않았다.

그렇다면 싸움을 좋아하는 특성과 탐욕스러운 성향이 어디에 나타나는지 자르젠쾨니히의 책에서 찾아보자. 손가락뼈가 일반적인 크기보다 큰 경우 고집이 세다는 내용을 발견했다. '고집이 세다'는 '싸움을 좋아한다'와 비슷한 의미이다. 탐욕스러운 성향은 손가락 굴곡근의 탄력으로 알아볼 수 있다. 즉 구부러진 손가락은 아무 관련이 없다.

앞서 언급한 바와 같이, 우리는 사전 지식이 부족해 자르젠쾨니히의 이론 전개를 완벽하게 따라갈 수 없다. 그렇기에 이제부터 실용적인 부분을 주로 언급하도록 하겠다.

토실토실하고 부드러우며 말랑말랑한 손, 손가락이 가는 손, 손등이 조금 튀어나와 있는 손은 유순하고 소심하며 약한 성격을 가리킨다. 체격에 맞지 않는 너비를 지닌 손, 넓적한 손, 손바닥에 들어간 부분이 없는 손 (손바닥을 쫙 폈을 때 돌출부가 거의 식별되지 않는 손)은 고압적이고 단호하며 냉정한 성격을 나타낸다. 외측 신근이 단단하다면 솔직함이 부족하며 탐욕스러운 성격을 가진다.

프랑스에는 '손바닥 위에 마음이 있다'라는 말이 있다. 이 문장은 거절하지 못하는 사람을 떠올리게 만든다. 거절하지 못하는 이들은 손을 활짝 펴기 때문이다. 신근이 경직되는 탐욕스러운 사람은 손이 쉽게 열리지 않는다. 반대로 굴곡근이 유연한 관대한 사람은 언제든 손을 벌릴 수 있다.

손등이 도톰하고 무지구 부피가 지나치게 크다면 자비로움과 열정을 가진 사람이다. 드문 일이지만, 소지구 부피가 무지구보다 크다면 최악의 징조이다. 화가 많은 사람의 경우 손가락 접촉부 관절이 튀어 드러난다. 손등이 통통하고 털로 덮여 있다면, 이는 관능적인 사람임을 나타낸다. 마르고 평평한 손, 손가락 끝이 각진 손은 정교한 기술을 행하는 데 적합하다.

수상술은 아직 초기 단계의 학문이다. 자르겐코니히를 두고 비웃는 사람도 있을 것이다. 갈이 골상학 이론을 세상에 내놓았을 때 비웃음을 산 것처럼 말이다. 그러나 수상술도 골상학처럼 놀라운 길을 개척해 나갈 수 있다.

이와 더불어 앞서 말했듯 관찰을 통해 읽어내는 기술은 여기서 멈추지 않을 것이다. 프랑스 육군 고위 간부 중 하나는 두 줄의 글씨만 보고도 아들을 낳을 것인지, 딸을 낳을 것인지를 알 수 있었다고 한다. 만약 자르겐쾨니히의 체계적인 연구가 없었다면 수상술 학자들은 이런 마법사들보다 더 초라한 입지를 가졌을 것이다.

크세르크세스 [Xerxès] 그리스에서 전쟁을 치르지 말라는 삼촌 아르타바누스Artabanus의 조언을 들은 뒤, 크세르크세스 왕은 혼란스러운 꿈을 꾸었다. 그의 꿈엔 아름다운 얼굴의 젊은 남성이 나타나 그리스 원정을 포기하지 말라고 부추겼다. 그렇지 않으면 왕위에 오른 것만큼 빠르게 추락하게 될 것이라고 덧붙였다. 이 꿈은 다음 날 밤에도 반복되었다. 이에 놀란 크세르크세스 왕은 아르타바누스를 불러 진상을 확인하고자 했다. 그는 삼촌에게 자신을 괴롭히는 두 번의 환영을 자세히 이야기해 주었다. 그리고 삼촌에게 자신의 의복을 입힌 뒤, 자신의 침대에 누워 잠을 자줄 수 있느냐 물었다. 그것이 단순한 환영이 아니라는 생각이 들었기 때문이었다. 아르타바누스는 이와 같은 행위가 신들에 대한 기만이 아닐까 생각했지만, 왕의 명에 따르기로 했다. 잠에 든 그는 크세르크세스와 같이 젊은 청년을 보았다. 청년은 그에게 다음과 같이 말했다. "왕에게 두려워해야 할 것을 이미 말했다. 만일 내 명령을 따르지 않으면 곧 너도 빠르게 추락할 것이다. 그러므로 운명에 반대하지 마라." 아르타바누스의 눈엔 이 유령이 달군 쇠를 가지고 그의 눈을 불태우려 하는 것처럼 보였다. 겁에 질린 그는 침대에서 뛰어내려 크세르크세스에게 자신이 보고 들은 바를 보고했다. 이들은 신이 페르시아를 호의적으로 대하기에 이런 꿈을 꾸었다고 생각했다. 그러나 전쟁 뒤에 이어진 비극적 사건들은 이것이 신의 호의가 아님을 알게 했다.

제스베스 [Xezbeth] 헛된 기적, 경이로운 이야기, 거짓말의 악마. 제스베스 추종자의 수는 셀 수 없이 많다.

치트라굽타 [Xitragupten / Chitragupta] 인도인들은 지옥 신의 보좌관을 치트라굽타라고 부른다. 그는 각 인간이 일생동안 한 행위를 낱낱이 기록한다. 이후 지옥 심판 법정에 망자가 섰을 때, 이 보좌관은 망자의 일생을 담은 기록물을 법정에 전달한다. 이 기록물에 따라 지옥 신은 심판을 내린다.

나무점 [Xylomancie / Xylomancy] 주로 슬라보니아에서 행한 나무를 이용한 점술. 길에서 주운 마른 나무 조각 위치로 점괘를 얻는다. 혹은 장작이 쌓인 형태, 장작이 타는 방식을 두고도 점괘를 얻을 수 있다. 깜부기 불이 흐트러지면 손님이 찾아온다는 속설도 이 점술에서 비롯된 것으로 보인다.

Y

야가 바바 [Yaga-Baba] 러시아 민담에 등장하는 괴물. 큰 키를 가진 여성의 모습을 하고 있다. 끔찍한 해골의 몰골을 하고 앙상한 발을 드러낸다. 손에는 쇠몽둥이를 들었는데, 이를 통해 이륜차를 운전한다. 벨로나Bellona 혹은 다른 지옥의 신들과 유사하다.

야쿠트족 [Yakouts / Yakuts] 참조. 망 타르Mang-Taar.

얀간이탄 [Yan-Gant-Y-Tan] 피니스테르Finistère의 야행성 악마. 다섯 손가락에 다섯 개의 양초를 들고 있다. 얀간이탄은 얼레만큼 빠른 속도로 빙빙 돈다. 브르타뉴Bretagne에서는 그를 마주치면 불길한 일이 생긴다고 믿었다.

야스드 [Yasdh] 예스둔Yesdhoon과 동일.

이첸 바녹 [Ychain-Bonawgs / Ychen-Bannog] 스코틀랜드 산에 사는 괴물 황소들. 눈에 보이지 않지만, 힘이 굉장히 강해 필요하다면 산을 쪼개거나 옮길 수 있다. 때때로 산에서는 무시무시한 이첸 바녹의 울음소리가 들리기도 한다. 이 소리는 10리유* 이상 떨어진 건물의 창문도 흔들리게 할 수 있다.

*1리유는 약 4km 정도이다.

음 양 [Yen-Vang / Yin-Yang] 중국의 지옥 신. 제물을 바치지 않는 자에게 끔찍한 벌을 내린다.

예스둔 [Yesdhoon] 히브리주의자이자 선교자인 울프Wolff는 이스파한Isfahan에서 조로아스터Zoroaster와 불을 숭배하는 이들과 대화를 나누었다. 이들은 게브르Guebres라 불렸는데, 그들끼리는 베딘Behdin이라는 명칭을 사용했다. 이들은 '예스둔 우르무즈드Yesdhoon-Urmuzd(오르마즈드Ormazd)'라는 유일신을 숭배하였다. 그리고 이 신에게 1,001개의 이름이 있다고 믿었다 (동방에서 1,001은 신비함이 깃든 숫자로 여겨졌다). 이들은 세 명의 천사 또한 숭배했는데, 천사들은 각각 불, 물, 나무(수확)를 관장했다. 베딘은 알로에와 백단목으로 불을 피워 절대 꺼트리지 않았고, 경건한 마음을 가지고 불에 다가갔다. 이들의 전설에 따르면, 조로아스터는 불길 속에서도 아주 편안하게 있었다고 한다. 그는 불길 속에서 눕고 잠들었다. 또 맑은 냇물에 빠졌다 나온 사람처럼 생생한 모습으로 불길에서 나왔다.

베딘은 『야슈트Yasht』라는 책을 가지고 있다고 주장했다. 이 책에는 특별한 효능이 있었다. 이 책을 통해 기도하는 자는 결국 죽게 된다는 것이었다. 하지만 사람은 모두 다 죽는다. 여기서 다른 점은, 죽은 뒤 시체에서 달콤한 향이 난다는 것이다. 현재에도 『야슈트』는 황당할 정도로 구하기 어렵다. 베딘은 세상이 결국 재로 없어질 것이라고 믿었다. 그들은 언젠가 종말이 오면 신이 또 다른 세상을 만들 것이고, 이러한 새 창조가 1만 8천 번 반복할 것이라고 주장했다. 베딘은 7세가 되면 허리띠를 부여받는데, 이 허리띠는 평생 몸과 떨어져서는 안 되었다. 허리띠에는 네 개의 단추가 달려있었다. 이는 매일 해야 하는 기도의 수를 상징했다. 만일 베딘의 집에 불이 나면, 그는 불을 끄기 위한 어떤 조치도 취하지 않고, 엎드린 채로 불타는 모습을 지켜봐야 했다.[1]

(1) 울프의 회고록과 서신. 『코티디엔Quotidienne』에서 해석함.

예르몰로프 [Yermoloff] 현대 러시아 장군이자 매우 영적인 학자. 모스크바Moscow의 귀신 들린 집에 관한 흥미로운 이야기를 기록했다.

눈 [Yeux / Eyes] 보게Boguet는 마녀들이 하나의 눈에 두 개의 눈동자를 지닌다고 주장했다. 일리리아Illyrian의 마녀들 또한 해당 특성을 지녔다. 이들의 눈빛에는 치명적인 능력이 있어, 쳐다보는 것만으로도 마법을 걸 수 있었다. 또 오랫동안 응시하며 목숨을 빼앗을 수 있었다. 퐁Pont에는 한쪽 눈에 두 개의 눈동자가 있고, 다른 쪽 눈에 말의 얼굴을 지닌 마녀들이 있었다. 이탈리아에서는 눈빛만으로 인간의 심장과 오이의 속을 파먹는다는 몇몇 유명한 마녀들이 존재했다. 스페인 일부 지역에서는 눈빛을 통해 독을 퍼뜨리는 마법사들을 두려워했다. 한 스페인 남성은 사악한 눈빛을 가졌으며, 강렬히 쳐다보는 것만으로 모든 창문을 깰 수 있었다. 또 다른 이는 별생각 없이 눈이 마주치는 이를 모두 죽일 수 있었다. 해당 소식을 전해 들은 왕은 마법사를 소환해, 사형 선고를 받은 범죄자들을 뚫어져라 쳐다볼 것을 명했다. 눈빛 독살자는 명에 따랐고, 범죄자들은 그의 눈빛에 모두 사망했다. 세 번째 언급할 다른 마법사는 인근의 모든 암탉을 어느 밭으로 불러 모았다. 그리고 이 중 선택한 암탉을 뚫어져라 쳐다보았고, 닭은 순식간에 사라졌다[1].

스코틀랜드인들은 '나쁜 눈'이라고 부르는 것을 상당히 두려워했다. 이들 사이에선 해로운 결과를 초래하는 눈빛이 존재한다는 속설이 존재했다. 달리엘Dalyell은 지금(1863년)으로부터 몇 년 전, 천연두로 목숨을 잃은 집안의 한 시종에 대해 기록했다. 시종의 어머니는 그가 나쁜 눈에 의해 희생되었다고 주장했다. 오늘날까지도 평원에 사는 주민들은 눈빛으로 우유를 상하게 하고, 염소들의 불임을 유발하고, 가축을 죽이는 여성이 있다는 이야기를 믿는다. 이 여성의 저주는 오직 녹슨 말발굽으로 막을 수 있다고 한다. 아일랜드에서는 반저주를 통해 나쁜 눈의 효력을 무력화시키는 마녀들이 있다.

펠로폰네소스 반도Peloponnesus에서는 산과가 갓 태어난 아이를 베일로 덮었다. 그리고 오랫동안 물이 고인 항아리 밑바닥의 진흙을 조금 덜어내 아이 이마에 발랐다. 이는 나쁜 눈이라는 이름의 악령을 쫓아내고자 함이었다. 그리스인들은 어디서든 나타날 수 있는 이 악령을 두려워했으며, 유해한 영향을 믿었다.

메종Maison 남작의 원정 당시, 한 병사가 길길이 날뛰며 밧줄을 집어삼키고 입으로 불을 뿜어낸 일이 있었다. 사람들은 그를 나쁜 눈 혹은 악령이라고 믿었다[2].

바실리스크를 보면 눈이 먼다는 주장도 있다. 참조. 바실리스크Basilic.

브루타뉴Bretagne 랑데르노Landerneau 인근 플루에데른Plouédern에서는 망자의 왼쪽 눈이 닫히지 않으면 가까운 친지 중 하나의 목숨이 위태롭다고 해석했다[3].

나쁜 눈 저주는 특히 집시나 보헤미안 사이에서 많은 지탄을 받았다. 제로니모 달칼라Geronimo d'Alcala 박사는 다음과 같이 주장했다.

"집시 언어에서 케렐라 나줄라Querelar Nazula는 나쁜 눈으로 쳐다본다는 의미를 지닌다. 이는 곧 눈빛만으로 누군가를 병들게 함을 의미한다. 특히 어린아이들이 이 위험에 취약했으며, 이들은 사슴뿔을 나쁜 눈에 대항할 부적으로 사용했다. 여전히 안달루시아Andalusia의 아이들은 흰 암말 털로 만든 끈에 작은 은조각 뿔을 매달아 목에 걸고 다닌다. 일부 집시들이 나쁜 눈 저주를 사용할 수 있는 것은 사실이지만, 다행히도 이들은 이를 통해 생긴 병의 치료제도 가지고 있다. 하지만 나는 개인적으로 그 약을 그리 신봉하지 않는다. 내가 알기로 그 약이라는 것은 비저병에 걸린 말에 사용하는 가루와 동일하기 때문이다.

나쁜 눈에 대한 미신은 이탈리아, 독일에도 존재하지만, 『탈무드Talmud』 속 랍비들이 밝힌 바와 같이 동방에 기원을 두고 있다. 만일 유대인이나 이슬람교도와 함께 있다면, 그들의 아이를 빤히 쳐다보지 않는 것이 좋다. 그들은 당신이 나쁜 눈 저주를 건다고 생각할지 모른다. 나쁜 눈의 효력은 시각 기관을 손상하는 것을 시작으로 뇌까지 저주가 퍼지도록 만든다. 더불어 남성보다 여성이 건 저주가 더 해롭다. 바르바리아Barbarie의 유대인들은 이 저주의 치료법을 다음과 같이 설명한다.

이들은 나쁜 눈의 효력을 느끼는 즉시, 해당 저주와 관련한 가장 뛰어난 의사를 호출한다. 도착한 의사는 손수건이나 허리띠의 양 끝을 묶는다. 이후 이를 자기 왼손으로 세 뼘의 길이로 측정한 뒤, 각 길이에 맞춰 매듭을 하나씩 만든다. 그리고 이 손수건(또는 허리띠)으로 머리를 세 번 휘감은 뒤 다음의 축도를 올린다. '요셉은 비옥한 나뭇가지다. 샘 근처에 있는 나뭇가지Ben porat Josef, ben porat ali ain.' 이제 다시 손수건(또는 허리띠)의 길이를 잰다. 만약 아까 측정했던 부분에서 세 뼘이 아닌 세 뼘 반이 나오면, 의사는 나쁜 눈 저주를 건 사람의 신원을 짐작해 피해자에게 말해준다.

용의자의 신원이 나왔다면, 환자의 어머니, 아내, 여자 형제는 큰 목소리로 죄인의 이름을 부르며 집을 나선다. 그리고 현관문 앞과 자신들의 침실 앞 흙을 조금 담는다. 또한 아침 식사 전인 용의자의 침을 소량 채취한다. 다음은 화덕에서 불타고 있는 석탄 일곱 개를 꺼낸 뒤 여성의 목욕물에 담가 불을 끈다. 이제 이 네 개의 요소 즉 흙, 침, 석탄, 물을 같은 그릇에 담아 섞는다. 환자는 이를 세 입 삼킨다. 먹고 남은 것은 뒤로 세 걸음을 간 뒤 한 사람이 '나쁜 눈이 땅속에 매장될 것이다!'라고 외치며 직접 땅에 묻도록 한다. 이는 용의자를 알고 있을 때 밟는 절차이다. 만약 용의자를 알지 못하는 경우에는 유리잔을 들고 문 앞에 서서 행인들에게 잔속에 침을 뱉도록 요청한다. 그리고 석탄과 목욕물을 넣어 섞은 뒤, 혼합물을 환자의 눈에 바른다. 이후 환자는 왼쪽으로 돌아누워 잔다. 다음 날 일어났을 때 환자는 회복되어 있을 것이다.

이 미신은, 여타 미신과 마찬가지로 물리적 사실에 기반을 두고 있을 가능성이 있다. 나는 태양과 달이 아주 밝은 빛을 뿜는 따뜻한 지역에서 나쁜 눈 저주가 더 만연한다는 점을 확인했다. 모든 미스터리를 설명하는 경이로운 책인 성서는 이를 어떻게 보고 있을까? 『시편Psalm』 121장 6절에는 다음과 같은 구절이 기록되어 있다. '낮의 해가 너를 상하게 하지 아니하며 밤의 달도 너를 해치시 아니하리로다.' 나쁜 눈 저주를 피하고자 하는 이들은 부적, 집시의 치료약에 의존할 것이 아니라 태양을 피해야 할 것이다. 태양이야말로 뇌에 열을 발생시키는 해로운 빛을 지녔기 때문이다. 마찬가지로 부드러운 달빛 아래에 머리를 노출한 채 잠을 자지 않길 권한다. 달빛 또한 실명을 초래할 정도로 시력을 손상시키는 독성을 지녔기 때문이다."

(1) 『뒤몽 여행기Voyage de Dumont』, 3권. / (2) 망제아Mangeart, 『모래의 기억Souvenirs de la Morée』, 1830년. / (3) 자크 캠브리Cambry, 『피니스테르 여행Voyage dans le Finistère』, 1호, 470페이지. 오늘날까지도, 파리 인근에서는 나쁜 눈과 저주를 거는 자들에 대한 믿음이 이어지고 있다. 다음의 이야기는 파리의 한 일간지에서 전하는 이야기를 인용한 것이다. 파리 인근에서 농사를 짓던 한 젊은 여성 마리안Marianne이 있었다. 이 불쌍한 여성은 자신이 저주받았으며, 사랑하는 이에게 불행이 닥친다고 믿었다. 그 이유는 다음과 같았다. 삼 년 전, 이 여성은 사촌 중 한 명과의 결혼을 앞두고 있었다. 약혼식, 면제권, 혼인공시와 같은 모든 준비가 완료되었다. 하지만 약혼남은 장티푸스에 걸렸고 사흘 만에 숨을 거두었다. 이는 첫 장례였으나, 또 다른 불행의 시작이기도 했다. 일 년 뒤, 또 다른 구혼자가 등장하였고, 그의 구혼을 수락하여 다시 예식 준비를 했지만, 결혼 예정일로부터 나흘 전 갑작스러운 정신 질환이 발생해 감금을 당하였다. 반년 뒤 그는 사망하였다. 지역 사람들은 마리안에게 남자 복이 없다고 말했다. 그 뒤로는 겁모르는 이들만 그녀와 춤을 추고 싶어 했다. 그녀의 뛰어난 외모 덕에 마리안에게는 세 번째 구혼자가 나타났고, 지금으로부터 삼 개월 전 그녀는 구혼을 받아들였다. 다시 한번 결혼 준비가 끝났고, 4월의 어느 날 결혼식을 올리기로 예정되었다. 새신랑은 결혼식에 초대할 몇몇 친지를 데리러 고향으로 돌아갔다. 결혼식 전날, 마리안의 아버지는 사위의 죽음을 알리는 편지를 받게 되었다. 가여운 청년이 결혼식에 가져올 토끼 사냥에 나섰다가, 총기 오발 사고로 왼쪽 가슴에 총을 맞아 즉사했다는 것이었다.

이프로트 [Yffrotte] 고트족Goths과 스웨덴의 왕. 이프로트는 해안가에서 산책을 하다가 소뿔에 부딪혀 사망했다. 사실, 이 소는 마녀가 변신한 것이었다. 이는 마녀가 과거 왕에게 받았던 어떤 불이익을 복수하기 위함이었다.[1]

(1) 토르케마다Torquemada, 『6일 창조Hexameron』, 428페이지.

요르문간드 [Yormoungandour / Jormu-

ngandr] 스칸디나비아 신화에 등장하는 괴물 뱀. 지구를 감쌀 정도로 거대하다.

유프(마리 안) [Youf(Marie-Anne)] 몇 해 전* 한 건장한 여성 농부 유프는 치료를 위해 마법사를 찾아갔다. 그리고 이 사건의 연루자들은 생 로Saint-Lo 형사법원에 소환되었다. 상세한 내막은 다음을 살펴보도록 하자.

유프는 의사들도 고치지 못하는 무릎 통증으로 고통을 받았다. 그러던 중 에크람빌Ecrammeville의 르브룅Lebrun이라는 한 마법사의 소문을 듣게 되었다. 그녀는 르브룅의 중개자인 마리 르데제르Marie Ledezert에게 돈과 여러 식료품을 건네며, 모든 병을 낫게 해준다는 유명한 마법사를 만나게 해달라고 부탁했다. 이에 중개인은 그녀에게 마법사를 만나게 해주겠다고 약속했다. 유프는 라마르Lamare(그녀의 나이는 36세였지만, 그다지 철이 들지 않았다)를 대동해 마법사를 찾아갔다.

당시 마법사는 쿠탕스Coutances 감옥에 투옥되어 있었다. 위험한 약물을 처방해 젊은 여성의 목숨을 앗아갔기 때문이다. 유프와 라마르, 마리 르데제르는 쿠탕스로 찾아가 감옥에 있는 마법사에게 음식을 주었고, 3개월 이내에 무릎을 치료해 준다는 귀한 처방을 받아 돌아왔다.

이 치료약의 조제는 간단했다. 그녀는 먼저 주목, 병꽃풀, 현호색 그리고 약간의 비소를 섞은 후 여기에 '밀 찌꺼기(이는 증인들의 표현을 그대로 사용한 것이다)' 라는 것을 더했다. 이후 이 모든 것을 잘 갈아 제과점에서 빌린 절구통에 넣고 빻았다. 이 이야기가 나왔을 때 법정은 웃음바다가 되었다. 제과점에서는 이 이상한 제조를 위해 절구통이 쓰인 것을 알고 있을까?

이 모든 것이 천박해 보이겠지만, 더 중요한 것은 다음이다. 치료약의 효과는 이후 의식에 따라 결정되기 때문이다. 해가 뜨기 전, 유프는 딱총나무 가지를 잘라 준비했다. 그리고 가지 조각을 십자가와 문 아래에 두었다. 이후 모든 가족은 축복받은 소금 봉지를 목에 걸었다. 이때 봉지 안에는 유프에게 저주를 건 것으로 의심되는 자의 이름, 주술 문구 등을 담았다. 뒤이어 유프가 양초를 든 채 치료약을 먹었다. 유프가 치료제를 먹는 동안, 마리 르데제르는 큰 소리로 다음의 주문을 외웠다(문법과 양식에 맞추어 외우는 것이 핵심이다).

'오, 신비로운 카발라의 신, 별들의 통치자, 제자들의 첫걸음을 주관하는 자여! 마리 안 유프가 어떤 잘못을 했길래, 그대의 사악한 힘 속에 놓인 겁니까? 모든 별의 아버지여. 너무나 성스럽고 너무나 순수한 위대한 신이시여! 마리 안 유프에게 지원군을 보내주시어 적들이 결코 그녀에게 닿지 못하게 하소서. 아그라Agla, 아다Ada, 마니사이트Manisite, 조피Jofi 그리고 조필Jofil이여. 마리 안 유프를 당신들의 방패로 지켜주소서. 그레수스Gresus여, 마리 안 유프에게 부정한 의도를 품고 해악을 보낸 자에게 다시 그것을 돌려보내 주소서. 맹세하건대, 저는 영원히 선행을 실천할 것입니다. 주님, 가장 정직하고 충직한 당신의 종을 도우소서. 타밧Tabat, 타밧, 타밧, 사바옷Sabaoth! 위대한 여호와의 힘으로 그녀의 적들이 영원한 혼란에 빠지고 어긋나도록 하소서. 아브라Abra, 아나야Anayaa, 아도니Adoni의 이름으로, 마리 안 유프의 몸을 떠날 것을 명한다. 아라 마크롬 아르파옌 알라마레, 부르고시 세라바니 베니아트 아 라가로테Alla machrome arpayon alamare, bourgosi serabani veniat a lagarote.'

여기에 거머리 치료와 훌륭한 아침 식사가 더해졌고, 뒤이어 유사한 저녁 식사를 진행했다. 재판에서 증인들은 마리 르데제르가 유프의 가족들에게 공주 취급을 받았지만 절대 만족하지 못했다고 주장했다.

유프의 병세는 생각보다 오래 지속되었다. 지출은 계속되었지만, 병은 나을 기미가 없었고 결국 유프는 이들에 대한 신뢰가 사라졌다. 그러나 유프가 원망한 대상은 마법사가 아닌, 중개자였다. 마리 르데제르는 유프를 향해 비난과 욕설을 일삼았다. 결국 해당 지역의 검사장은 사건의 조사를 시작했다. 그리고 마리 르데제르는 사기 혐의로 형사법원에 소환되었다. 이후 미신을 극복하는 교훈적인 판례를 남기기 위해, 법원은 마리 르데제르에게 6개월의 징역을 선고했다.

유프와 같이 마법사들을 찾는 불쌍한 인간들은 대체로 교회에 드나들지 않으며 예배에도 거의 참석하지 않는다.

* 해당 『지옥사전』 판본이 출간된 1863년으로부터 몇 해 전.

유마 [Youma / Yuma] 카잔Kazan에서 마리인Mari들이 숭배하는 절대신. 유마는 어디에나 존재한다. 핀란드 민족은 한때 가장 강력한 신을 이 이름으로 부르기도 했다. 실제로 발트해Baltic 연안의 핀란드인들은 옛 종교의 풍습을 간직하며 오늘날에도 기독교 신을 유말라Yumala라고 부른다. 마리인들이 믿는 유마의 능력은 절대적이지 않다. 이는 아내 유만 아바Yuman-Ava와 다수의 자녀(다른 신)가 힘을 나누기 때문이다. 이 신들은 지역에 따라 다른 이름을 사용한다. 다른 이교도와 달리, 마리인들은 신이나 악령의 동상을 만들지 않는다. 이들의 신화에 따르면 악령은 심연에 살며 태양이 정점에 있는 정오에 강력하고 위험해진다고 한다. 이 민족은 그들의 종교에 매우 충실하나, 신들에게 기도를 하지 않는다. 이들은 산발적으로 몇 년에 한 번씩 큰 축제를 열곤 한다. 또 큰 재앙이 닥쳤을 때 신들의 화를 달래거나 그들의 자비를 구하곤 한다.

전염병, 농사를 위협하는 긴 가뭄이 생길 경우, 주민들은 여러 집안 혹은 마을 주민 전체가 모여 희생제를 준비한다. 이때 기도에 참여하고 싶은 이는 희생양이나 자신의 신앙에 걸맞은 제물을 들고 와야 한다. 망아지, 소, 양, 오리, 닭, 일정량의 꿀, 맥주 등이 바로 그것이다. 때로는 케이크를 가져가기도 한다. 모든 것이 준비되면, 희생제 행렬은 신성한 숲으로 향한다. 그리고 오래된 참나무 아래에 모인다. 이들은 덤불과 돌을 모두 정성스럽게 걷어내고 그곳에서 의식을 치른다. 이 의식은 윰란Yumlane이라 불리는 고령자가 지도한다. 각 참석자는 다음은 개암나무 막대를 가져와 끝에 초를 고정한다. 의식이 시작되면, 참석자들은 참나무 주변으로 막대를 놓고 바닥에 고정한다. 이는 큰 원 모양을 만들어야 한다. 이와 동시에, 윰란은 신성한 나무 둥치를 참피나무 껍질로 만든 리본으로 장식한다. 그리고 나무의 가지 중 하나에 손잡이가 달린 작은 주석 조각을 건다. 이후 윰란은 작은 전나무 가지 네 개, 참피나무 가지 두 개에 의식에 참여한 모든 사람의 수를 세간다. 그리고 이를 신성한 나무에 건다. 윰란이 제물을 바칠 땐 모든 촛불을 끄고, 동물이 죽으면 다시 불을 붙인다. 그동안 사제는 참피나무 껍질 리본에 갓 죽은 희생양의 피를 묻지른다. 다음엔 희생양의 살을 참나무 주변 받침대에 걸어둔 여러 솥에서 끓인다. 이 단계에서는 촛불을 모두 끄고, 향연이 시작될 때 다시 불을 붙인다. 각 솥에서 꺼낸 첫 고깃덩어리와 뼈는 나무 둥치에 피워둔 커다란 불 속에 던져넣는다. 나머지 고기는 서로 나눠 먹는다. 촛불이 켜질 때마다, 윰란은 기도문을 읊는다. 이 기도는 신께 바친 숲에 이들이 찾아와 간청하는 이유가 담겨있다. 이후 식사가 끝나면 각자 집으로 돌아간다. 나무 주변에 박힌 막대와 걸린 주석 조각, 나무 껍질 리본은 그 자리에 남겨둔다. 오직 촛불만 되가져간다.

1년에서 4년 사이 주기적으로 열리는 큰 축제는 유만 바이람Yuman-Bayram이라 불린다. 사제들은 다양한 방식을 동원해 신에게 제사를 지낼 시기를 정한다. 가장 흔한 방법은 바닥에 잠두콩을 던지는 것이다. 이들은 잠두콩이 떨어지는 모양새를 보고 적절한 시기인지 아닌지를 판단한다. 유만 바이람과 앞서 서술한 희생제는 다른 의식이다. 신성한 숲에서 불은 일곱 개까지만 피운다. 첫 번째 불은 유마, 두 번째 불은 유만 아바, 나머지 불은 하급 신들에게 바친다. 각 불은 사제 계급에 속하는 카트Kart, 무샤브Mushave(또는 우체Udsche)의 보호 하에 놓인다.

마리인들은 가족 중 하나가 큰 병에 걸리면 악마 샤이탄*Chaitan의 화를 다스리기 위해 한데 모여 제물을 바친다. 일반적인 희생물로는 망아지를 선택하는데, 이를 숲으로 데려간다. 이들은 이동하는 동안 짐승을 때리고 온갖 방법으로 학대한다. 의식을 치르는 곳에 도착하면, 작은 사각 함에 망아지를 가두고 나무, 덤불, 짚으로 덮는다. 그리고 함 사방에 불을 붙인 뒤 비명을 지르며 다 함께 달아난다.

그리고 돌아와 질식한 희생양의 사체에서 갈비뼈 세 개와 간을 꺼내 병자에게 먹인다. 짐승의 나머지 잔해는 재 안에 묻는다. 마리인들은 신성한 숲을 케레메스Keremeth**라고 부른다. 마리인들은 비 이름을 집 밖에 써내길 두려워한다. 이들은 신의 이름으로는 맹세해도 케레메스의 이름으로 맹세하지 않는다.

* 바다 깊은 곳에 사는 악신. / ** 케레메스는 자만심에 빠져 세상에 부패를 일으킨 유마의 동생이다.

Z

사불론 [Zabulon] 루딩Loudun의 평신도 여성 수도사에게 빙의했던 악마.

자차리 [Zacharie / Zachary] 자신이 망령이라 호소했다. **참조.** 비에트카Bietka.

자쿰 [Zacoum / Zaqqum] 이슬람교도들이 말하는 지옥의 나무. 악마의 머리가 열매로 열린다.

자에보스 [Zaebos] 지옥의 위대한 공작. 잘생긴 병사의 모습을 하고 악어에 올라탄 채 나타난다. 머리에는 공작의 관을 썼다. 그는 부드러운 성격을 가졌다고 한다….

자감 [Zagam] 지옥의 위대한 왕이자 의장. 그리핀Griffin의 날개가 달린 황소의 모습을 하고 있다. 그는 물을 포도주로, 피를 기름으로, 무분별한 자를 현자로, 납을 은으로, 구리를 금으로 바꾼다. 30개 군단이 그를 따른다.[1]

<small>(1) 요한 바이어Johann Weyer, 『악마의 유사군주제 Pseudomonarchia Dœmonum』.</small>

자호리 또는 자후리 [Zahories, Zahuris] 스페인에 간 프랑스인들은 자호리에 관한 아주 신기한 사실을 이야기했다. 자호리들은 매우 예민한 시력으로 땅 밑의 물줄기, 금속, 보석, 시체를 볼 수 있었다. 프랑스인들은 이 현상을 자연적인 방법을 통해 설명하려 했다. 자호리들이 새어 나오는 수증기를 통해 지하수를 찾고, 광신 인근의 식물을 통해 금, 은, 구리의 흔적을 찾는다는 것이다.

그러나 이 설명은 스페인 사람들을 설득하지 못했다. 이들은 자호리가 초인적인 능력을 지녔으며, 악마와 계약을 맺었다고 생각했다. 또 원한다면 인간이 알 수 없는 비밀과 생각을 파헤칠 수 있다고 믿었다. 이들은 붉은 눈을 가졌다. 자호리가 되기 위해선 성금요일에 태어나야 한다.

자이라지(자이라지아) [Zairagie(Zairagiah)] 아랍인들이 사용하는 점술. 행성을 상징하는 여러 원이나 바퀴를 사용한다. 문자가 새겨진 원을 차례로 놓은 뒤, 일정 법칙에 따라 섞고 문자를 조합해 점친다.

자판 [Zapan] 요한 바이어Johann Weyer가 말하는 지옥의 왕 중 하나이다.

자리아트나트미크 [Zariatnatmik / Zaraiatnatmik] 미지의 인물. 매우 강한 능력을 갖추고 있다. **참조.** 지팡이Verge.

자자라구안 [Zazarraguan] 마리아나 제도 Mariana Islands의 지옥. 잔혹한 죽음을 맞이한 이들이 지낸다. 자연사한 이들은 천국의 달콤한 열매를 맛본다.

제데키아스 [Zédéchias] 페팽 3세Pepin the Short 시절의 카발리스트. 사기와 속임수가 판치는 세상에 원소 정령의 존재를 알리려 시도했다. 그는 실프Sylphs(공기의 요정)들에게 모든 인간 앞에 모습을 드러낼 것을 명했다. 빌라르Villars 수도원장의 기록에 따르면, 제데키아스는 권위 있게 명령을 내렸다고 한다. 이 경이로운 존재들은 공기 중에서 계속 목격되었는데, 인간의 모습을 하고 전투 행렬을 갖춰 질서 있게 걸었다. 또 무장을 하거나 멋진 깃발 아래에서 야영을 하기도 하며 이상한 비행선을 타고 다니기도 했다. 이 비행선은 미풍을 타고 항해했다. 그러나 당시 시대는 무지했기에, 그 누구도 이 기현상의 본질을 이해하지 못했다. 백성들은 실프들이 마법사라 생각했다. 그리고 이들이 공기를 조작하여 태풍을 일으키거나, 수확물 위로 우박을 쏟게 만든다고 믿었다. 그러다 곧 학자들과 법률가들도 이와 생각을 같이했고, 황제도 이에 동참했다. 이 터무니없는 이야기는 계속 퍼져나가 샤를마뉴Charlemagne 그리고 후에지 루도비쿠스 경건왕Louis the Pious의 귀까지 들어갔다. 그리고 둘은 마법사로 여겨졌던 실프들에게 중형을 선고했다…. 우리는 이 사건들의 일부밖에 알지 못한다.

제에르네부흐 [Zeernébooch] 고대 게르만족Germans들이 믿던 암흑 신이자 죽음의 신.

제파르 [Zépar] 지옥의 위대한 공작으로 베파르Vepar 또는 세파르Separ라고도 불린다. 전사의 모습을 하고 나타나 인간에게 비열한 열망을 불어넣는다. 그는 28개 군단을 지휘한다.

지가니 [Ziganis] 참조. 진칼리Zincalis.

지거이너 [Zigheuners / Zigeuners] 독일에선 누더기를 걸치고 구릿빛 피부와 야생의 눈빛을 가진 가족들을 종종 만날 수 있다. 이들은 바퀴 빠진 수레나 절뚝거리는 말을 탄 채 무리 지어 이동하거나, 마을 외곽에서 야영을 한다. 지거이너는 구릿빛 피부색을 하고 길고 검은 머리카락을 지녔으며 지저분한 모습으로 돌아다닌다. 이는 우리가 아는 깨끗한 모습의 금발 머리를 한, 개방적이고 다정한 독일인과 크게 대조된다.

지거이너(방랑자)라 불리는 이 여행자들은 다름 아닌 보헤미안Bohemians이다. 이 끔찍한 무리는 여전히 동유럽을 휘젓고 다닌다. 때때로 이들은 숲이 우거진 국경을 통해 프랑스로 갔지만, 벗어나기는 쉽지 않았다. 레반트Levant에서는 이 유목민들을 '보헤미안 소굴'이라 부른다. 지거이너는 15세기 초 티무르Timur와 타타르족Tatars의 잔혹함을 피해 조국을 떠난 인도 천민의 후손으로 보인다. 이들의 외모, 풍습 그리고 질병으로 죽은 짐승의 고기를 선호한다는 점 등이 이를 뒷받침하는 증거이다. 이들은 신이 죽인 동물의 고기가 인간의 손으로 죽인 것보다 낫다고 생각했다.

이 민족은 400년 이상 정착민 생활에 적응하지 못했다. 겨울이면 지거이너들은 오두막을 지어 험난한 시기를 이겨낸다. 그리고 개구리가 울면 오두막을 부수고 다시 기쁘게 유랑하는 삶을 시작한다.

지거이너는 모두 떠돌이 대장장이이자 땜장이로 일한다. 헝가리 격언에는 '다섯 보헤미안은 다섯 대장장이를 말한다.'라는 말이 있다. 지거이너 여성들은 점을 치고 아이들은 동냥을 한다. 하지만 도둑질 또한 수입의 원천이 된다. 이들은 무기를 들고 범죄를 저지르기도 한다. 다만 이런 범죄는 쉽고 대가가 클 경우에만 행한다. 용기는 이들의 강점이 아니기 때문이다. 트란실바니아Transylvania에는 다음과 같은 속담이 있다. '보헤미안 50명을 내쫓으려면 젖은 행주만으로도 충분하다.'

헝가리인과 독일인은 지거이너들이 저주를 걸고 병든 가축을 낫게 하며 미래를 점친다고 믿었다. 이 주제와 관련해선 많은 신비한 이야기들이 전해진다. 사실 지거이너들의 점술보다 더 놀라운 건, 이들을 찾아가는 순진한 자들이 있다는 것이다. 오스트리아 실레지아Silesia의 트로파우Troppau 근처에는 작은 농장이 있었다. 이 농장은 남편을 잃은 어느 여성이 운영하고 있었다. 어느 날 아침 여성은 소의 젖을 짜러 축사로 갔다가 텅 비어있는 것에 매우 놀랐다. 그녀는 아들과 함께 즉시 소를 찾아 나섰지만, 어디에도 도망간 소는 보이지 않았다. 소득 없이 주변을 헤매던 중, 그녀는 몇 킬로미터 떨어진 곳 겨울 야영장을 만든 지거이너들을 찾아가기로 했다. 그녀는 그곳의 한 남성에게 자신의 소가 어떻게 생겼는지 알려주었다. 그러자 남성은 다음 날 집 현관문에 소가 묶여있을 것이라고 단언했다. 대신 그렇게 된다면 10플로린Florins*을 사례로 달라고 요구했다.

다음 날, 약속한 장소에 소가 매여 있었다. 몇 시간 뒤, 어제 만난 남성이 찾아와 약속한 돈을 요구했다. 여성이 남성에게 돈을 건네려 하자, 아들이 어머니의 앞을 막아섰다. 그리고 다음과 같이 비웃었다. "당신이 마법사라고 하니, 도둑이 누군지도 알겠군요. 저희 대신 도둑을 찾아가 10플로린을 대신 받아주세요." 화난 어머니가 말했다. "한츠Hanz!

그건 말도 안 되는 소리야. 이분은 돈값을 했어. 이분이 도둑을 잡을지 어떻게 알겠니?" 아들이 답했다. "진정하세요, 도둑은 그리 먼 곳에 있지 않으니까요. 안 그런가요, 마법사님?" 그렇게 지거이너는 사례를 더 요구하지 못하고 자리를 떠나야 했다.

* 13세기 피렌체 금화

진칼리 [Zincalis] 동방에서 보헤미안을 칭하는 명칭. (우리에게 수많은 값진 정보를 제공한) 『영국 저널Revue britannique』 작가들은, 1841년 6월 조지 버로우George Barrow가 진칼리에 관해 저술한 방대한 내용을 어느 집록에 번역하여 수록했다. 조지 버로우는 스페인에서 5년을 머무르며 주민들에게 성경을 나누어주었다.

지타노Gitano[(1)]들은 그의 활동을 언제나 지지했다. 하지만 이들을 개종시키는 것은 번번이 실패로 돌아갔다. 이들은 조지 버로우를 유목민 대가족의 한 아이로 취급했다. 이는 조지 버로우가 유일하게 지타노들과 가까워질 수 있었던 명분이었다. 지타노들은 그가 공동체에 도움되는 어떤 운명을 지니고 있다 생각했다. 이들은 조지 버로우를 도우면 민족 이익에 도움이 된다 생각했기에 늘 그를 형제처럼 여겼다. 조지 버로우는 이 신비한 민족을 가까이에서 목격하며 그들의 비밀 중 몇 가지를 알게 되었다. 버로우는 늘 진칼리, 집시, 지타노 등 다양한 이름으로 불리는 이들에게 연민을 느꼈다. 다음이 그가

기록한 일부이다.

"내가 이러한 연민을 집시들에게 털어놓자, 그들은 내 영혼이 수백 년 전 어느 집시의 몸에 들어있었을 것으로 추측했다. 이들은 윤회를 믿었고 불교도처럼 자신들의 영혼이 한 육체에서 다른 육체로 옮겨간다 생각했다. 또 이를 통해 충분한 순수성을 얻고 궁극적으로 휴식의 상태(또는 완벽한 평안의 상태)에 다다른다 보았다. 이것이 이들이 가진 유일한 천국의 개념이었다.

나는 이들과 친밀한 생활을 공유했고, 여러 나라에서 다양한 집시들을 만났다. 그리고 나서 내가 내린 결론은 결국 어느 곳에 살든지 집시들은 같은 풍습과 관례를 유지한다는 것이다. 물론 현지 상황에 따라 어느 정도 변형되는 부분도 있겠지만 말이다. 이들의 언어는 모두 동일하다(하지만 약간씩 다른 점도 존재한다). 또 용모나 가족 형태도 동일하다. 이들의 피부는 갈색을 띠며, 날씨에 따라 짙은 정도가 다르다. 잉글랜드, 러시아와 같이 토착민들이 살고 있는 지역에 반해 유럽에 거주하는 집시들의 얼굴색이 보통 더 짙다.

이들을 칭하는 이름은 나라마다 다르다. 러시아에서는 집시를 지가니Ziganis, 튀르키예와 페르시아에서는 진가리Zingari, 독일에서는 지거이너Zigeuners라 부른다. 이러한 명칭은 같은 어원을 두는 것으로 보이는데, 아마 진칼리의 현지 발음인 듯하다. 몇몇 지역에서는 집시들이 진칼리라는 명칭을 직접 사용하기도 한다. 어떤 이들은 이 명칭이 진트Zind 혹은 인도의 검은 사람들을 의미한다 믿는다. 잉글랜드와 스페인에서는 집시를 지타노라는 명칭으로 부른다. 이는 이들이 이집트에서 기원했다 생각하기 때문이다. 프랑스에서는 이들을 보헤미안Bohemians이라고 부른다. 문명화된 유럽에서 이들이 최초로 등장한 곳이 보헤미아Bohemia였기 때문이다. 다만 이들은 보헤미아에 닿기 전, 오랫동안 슬라보니아Slavonia의 땅을 방황했다. 이는 집시 언어에 잔재하는 많은 수의 슬라브 단어들이 증명해 준다.

보다 일반적으로 이들은 로마니Romani라는 이름으로 불리기도 한다. 이것은 산스크리트

어로 '남편' 혹은 '기혼 남성에게 속하는 모든 것'을 의미한다. 이러한 표현은 오직 자기 민족에게만 애정을 지니는 이단이나 계급 사회에서나 쓸 법하다. 이들은 자기 민족을 위해 큰 희생을 치를 각오가 되어있다. 반면 다른 민족으로부터 늘 미움을 사고 경멸당한다. 이들은 증오는 증오로, 경멸은 경멸로 되갚아 나간다. 또 자신들을 제외한 모든 다른 민족을 기꺼이 먹잇감으로 삼는다.

지가니는 러시아 전역에 거주한다(추방령이 내려진 상트페테르부르크St. Petersburg는 제외한다). 대다수 지방 도시에서 이들은 반쯤 문명화된 채로 존재한다. 이들은 조금의 재산을 가지고 있는데 주로 순진한 촌사람들을 이용해 번 것이다. 이들은 치료할 동물이 없거나 점을 보려는 이들이 없으면, 도둑질이나 강도질을 서슴지 않는다.

로마니는 자연적으로 아름다운 외모를 지닌다. 하지만 어린 시절 아름다움은 나이가 들면서 끔찍하게 변한다. 악마를 만들기 위해서는 천사가 필요하다는 격언이 꼭 들어맞는 것이다. 만약 내가 백 세까지 산다 해도, 결코 지가니의 나이 든 수장(또는 보헤미안의 대장)과 그의 손자 얼굴은 잊지 못할 것이다. 이 거대한 부족은 노브고로드Novgorod 초원에 임시 거주지를 두고 있었다. 수장의 손자는 마치 그리스 신화 속 아스티아낙스Astyanax와 같이 늠름했다. 하지만 수장의 생김새는 달랐다. 『실낙원Paradise Lost』의 저자 밀턴Milton을 데려와도 그의 끔찍한 용모를 반도 묘사하지 못할 것 같았다. 그에게 투창과 왕관만 쥐여준다면 지옥에서 벗어나려는 루시퍼Lucifer를 막는 괴물이라 해도 믿을 수 있을 정도였다.

친가니Chinganies는 이집트계 헝가리인이다.
헝가리에서는 오직 두 계급만 원하는 것들을 모두 할 수 있는데, 귀족과 이집트인이 이에 속한다. 전자는 법 위에 군림하며, 후자는 법 아래에 있다. 다음의 예를 살펴보자. 페스트Pest 다리를 통해 강을 건너는 일꾼과 농부는 모두 통행료를 내야 한다. 이때 우아한 복장을 한 귀족은 아무 문제 없이 다리를 지날 수 있다. 마찬가지로 반쯤 헐벗은 친가니도 통행료를 받는 사람이 두려워하는 동안 아무 걱정 없이 즐겁게 다리를 건넌다. 이집트인은 어디서나 신비한 존재로 여겨진다. 헝가리에서 이들은 농노만도 못한 용모를 한 채, 노예 사이를 자유롭게 거닌다. 이집트인들은 헝가리에서 극심하게 가난한 생활을 한다. 이들은 누추한 집에 거주하는데 마치 공기까지도 가난에 감염된 듯한 곳이다. 누더기를 입은 이들은 싸구려 고기로 배를 채운다(전해지는 이야기에 따르면 더한 음식도 먹는다). 가난하며 더럽고, 맹금류와 음식을 나누는 이들은 늘 반쯤 옷을 벗은 채 행복하게 노래하고 춤춘다. 친가니들은 음악광들이며 이 중에는 진정한 음악가의 재능을 가지고 연주하는 이도 있다.

이집트 혈통의 모든 아이와 마찬가지로, 친가니들은 병든 말을 돌본다. 이들은 기회가 있으면 주물 제조를 하거나 제철 일을 한다. 그리고 여성들은 점을 친다. 친가니들은 남녀 모두 도둑질을 한다. 경찰이 엄격하게 감시하는 지역도 친가니들은 자유롭게 드나든다. 이들의 유목 생활은 국경을 넘나드는데, 여행에서 돌아올 때면 훔친 물건으로 주머니가 가득 찼다. 그러나 이렇게 만든 부는 곧 연회, 춤, 음식 등으로 탕진된다. 이들은 10명 혹은 12명으로 무리 지어 프랑스나 로마까지 간다. 이들은 자신만의 종교를 가지지 못한 것이 아니라 잊어버린 것이 분명하다. 일반적으로 친가니들은 거주 국가, 도시, 마을의 종교의식을 따른다. 그 밑에 존재하는 교리 따위에는 별 관심이 없다….

마리 테레즈Marie-Therese 황후와 조세프 2세Joseph II는 친가니들을 개화시키기 위해 몇몇 쓸모없는 노력을 기울였다. 1782년 이루어진 인구조사에 따르면 헝가리에 거주한 친가니는 5만 명이었다. 이 친가니의 수는 이후 계속 줄어들었다고 한다.

지금으로부터 3세기 전(16세기), 집시들은 잉글랜드로 넘어왔다. 그리고 이들을 박멸의 대상으로 한 박해 정책이 펼쳐졌지만 결국 수포로 돌아갔다. 집시가 되는 것은 곧 사형당해도 마땅한 범죄로 취급되었다. 잉글랜드 교수대는 이들의 시체 무게를 이기지 못하고 비명을 지르며 부서졌다. 그리고 살아남은 이들은 어쩔 수 없이 땅을 파고 들어가 목숨을 부지했다. 하지만 이러한 시대도 지나갔다. 결국 박해자들은 지쳤고 집시들은 다시 나디났다. 숨어있던 구덩이나 동굴에서 나타난 이들의 수는 그 어느 때보다 많았다. 각 부족이나 가족들은 지역에 자리 잡고 용기 있게 자신의 힘으로 땅을 경작했다. 대영제국의 남성 집시들은 마필 매매상이나 수의사로 일했다. 또 구리나 주석으로 만든 농부들의 부엌 집기를 수리하기도 했다. 반면 여성 집시들은 점을 쳤다. 이들은 보통 마을 인근(혹은 길가)의 작은 나무, 울타리 아래 그늘에 텐트를 쳤다. 과거 강력한 집시 박해 정책은 절도, 마법, 가축 독살이라는 다양한 혐의에서 시작되었다. 과연 이러한 것들에 대해 집시들은 무죄가 확실할까? 이를 완벽히 입증하는 것은 어렵다. 다만 마법의 경우 이들을 처벌하는 것이 가능하다. 이들이 스스로 마법사라 칭하기 때문이다. 이러한 능력이 있다고 주장하는 이들은 잉글랜드계 집시들이 아닌 모두 이집트인이다. 누군가가 이들을 고발한다면, 마법사라고 칭한 이들 스스로를 원망해야 할 것이다.

일반적으로, 공동체에서 내려오는 마법이라는 능력을 행하는 것은 여성들이었다. 오늘날까지 이들은 미래를 점치고, 마법 물약을 제조하고, 애정이나 혐오감에 영향을 미치는 법을 알려준다. 인간의 맹신은 발전되고 교양을 갖춘 사회에서도 변하지 않았고, 덕분에 점술가들은 여전히 많은 돈을 벌고 있다.

과거 집시들은 가축을 병들게 하거나 죽게 만든다는 고발을 당하였다. 이러한 고발은 확실한 근거가 있다. 19세기에도 여전히 잉글랜드와 여러 지역에서 집시들이 목격된다. 그리고 이 중에는 동물을 치료해 돈을 벌거나, 사체를 이용하기 위해 독을 푸는 이들이 있었다. 이들은 밤새 사료통에 가루를 뿌리다가 급습을 당하였다. 더불어 이들은 돼지에게 먹이면 즉사하거나 잠들게 만드는 기이한 약물을 지니고 있었다. 이들은 농장을 찾아 이렇게 죽은 동물들을 샀고 아무 거리낌 없이 먹어 치웠다. 이들의 독은 오직 동물의 뇌에만 영향을 미칠 뿐 피나 살에는 스며들지 않기 때문이다.

진가리 혹은 동이집트인들은 다른 집시들과 마찬가지로 말을 치료하고 마법을 부리고 노래하고 춤추며 생계를 이어간다. 이들은 튀르키예에 주로 거주한다. 콘스탄티노플Constantinople에서는 집시 여성들이 규방에 들어가 '나쁜 눈' 병을 앓는 아이를 치료하는 척하거나, 궁녀 노예의 꿈을 해석해 주며 생활한다. 진가리 중에는 보석이나 독을 판매하는 이들도 있다. 나는 이러한 암거래를 하는 사람을 하나 알고 있었다. 그는 내가 유럽과 동방을 통틀어 만난 집시 중 가장 놀라운 사람이었다. 그는 콘스탄티노플에서 태어나 인도를 포함한 세계의 모든 고장을 방문했다. 그리고 말레이Malay 반도 방언을 할 줄 알았다. 또 이올코스Iolcos, 스페인보다 독성 물질이 많이 있는 지역인 자바Java섬의 언어를 알아들었다. 그는 내게 보석보다 약물이 더 잘 팔린다고 말하며, 페르시아와 튀르키예 고급 관리 (혹은 파샤Pasha)들과 거래를 한다고 말했다. 나는 이 저명한 유목민을 여러 국가에서 마주쳤다. 그는 마치 구름의 그림자처럼 세상을 떠돌았다. 마지막으로 그를 본 것은 그라나다Granada에서였는데, 세우타Ceuta에서 이집트 형제들을 만나고 돌아오는 길이었다.

이미 이주의 역사가 수백 년이 되었지만, 동방 작가들은 진가리에 대해 잘 언급하지 않는다. 아흐마드 이븐 아랍샤흐Ahmad ibn Arabshah가 쓴 『티무르 또는 타메를란의 일생 Vie de Timour ou Tamerlan』에는 이들에 관한 흥미로운 이야기가 실려있다. 다음은 해당 내용을 번역한 것이다.

'사마르칸트Samarkand에는 무수한 진가리 가족들이 살고 있었다. 이 중에는 격투사도 있고 검투사도 있었는데, 위험한 난투에 가담하는 자들도 있었다. 이 자들은 자주 말다툼했고, 이는 곧 잦은 싸움으로 이어졌다. 각 무리에게는 수장과 그를 보좌하는 하급 장교들이 있었다. 이들은 티무르Timur의 권력을 두려워했는데, 이 황제가 자신들의 범죄와 무질서를 인지하고 있었기 때문이었다. 원정을 나가기 전, 티무르는 사마르칸트에 부왕을 앉혀두곤 했다. 하루는 티무르가 도시를 떠나자마자 진가리 무리가 무장한 채 난입해 부왕과 전투를 벌였다. 그리고 진가리 무리는 부왕을 끌어내린 뒤 정부를 차지했다. 티무르가 다시 돌아왔을 때, 사회 체계는 무너지고 혼돈 속에 왕좌가 뒤집혀 있었다. 그는 집행을 번차례 시행하며 수습을 시행했고 모든 것을 되돌려 놓았다. 하지만 티무르가 다시 전쟁이나 다른 용무로 자리를 비우면, 진가리들은 도시로 돌아와 같은 과오를 벌였다. 이렇게 세 번이나 같은 일들이 반복되자, 티무르는 이들을 몰살할 계획을 세우게 되었다. 그는 성벽을 세우고 그 안에 모든 주민을 불러들였다. 그리고 각 주민과 일꾼들에게 이 계획을 위한 임무를 주었다. 이후 티무르는 고립된 구역으로 진가리들을 불러 모았다. 그는 진가리 수장들을 소환해, 술을 한 잔씩 나눠주고 값비싼 옷을 선물했다. 나머지 진가리들에게도 술과 선물을 주었다. 티무르는 술에 취한 진가리들에게 전갈을 보내 달라고 부탁했다. 그리고 이들이 심부름을 한 곳에 군부대를 준비해 두었다. 명령에 따라 군사들은 도착한 진가리들을 포위했고 옷을 빼앗은 뒤 몰살하였다. 티무르의 교묘한 술책은 진가리들에게 큰 타격을 주었고, 더 이상 사마르칸트에선 반역이 일어나지 않았다.'

아흐마드 이븐 아랍샤흐의 이 기록은 믿을 만한 이야기일까? 어떤 이들은 진가리가 티무르의 잔혹함으로부터 달아나기 위해 인도에서 망명한 힌두교 가문의 후손이라 말한다. 만일 앞서 서술한 기록이 지어낸 것이라면 진가리가 인도에서 망명했다는 이들의 주장이 모두 맞아떨어진다. 하지만 만약 위 기록이 역사적 사실에 기인한다면, 진가리는 티무르가 인도를 정복하지 않은 시기에 사마르칸트에서 생성된 민족으로 보아야 한다. 만일 서양으로 모여든 진가리들이 사마르칸트 학살로부터 도망친 생존자들이었다면, 왜 이 비극을 이용해 동정을 얻지않고 입 다물길 선택한 것일까? 결국 이들이 사마르칸트보다 인도에서 왔다는 것을 밝히는 게 더 쉬울 듯하다.

스페인에서 진칼리는 지타노, 이집트인이라는 명칭 외에 신 카스티야인Castilian, 신 독일인, 신 플랑드르인Flemish이라고도 불린다. 후자의 명칭들은 모욕적인 의도 없이 출신만을 의미하는데도, 경멸의 명칭이 되었다.

이들 사이에서 집시 여성은 진칼리, 줄여서 칼레Cales(또는 카이Chai)라고 불린다.

신갈리늘이 프랑스에 나타난 것은 대략 15세기쯤이다. 파스키에Pasquier가 언급한 어느 프랑스 작가 책에는 다음의 이야기가 기록되어 있다.

'1427년 4월 17일, 파리에서 사라센인Saracens에게 추방당한 12명의 이집트인 고해자들이 목격되었다. 이들은 120명을 데려왔고, 파리 인근 라 샤펠La Chapelle에 머물렀다. 파리 주민들은 이들을 보기 위해 모여들었다. 이들은 고리 모양의 은귀걸이를 착용했고 검은 곱슬머리를 가지고 있었다. 여성들은 끔찍하게 더러웠고 진짜 마녀처럼 점술을 행했다.'

이 진칼리들은 프랑스를 가로질러 피레네Pyrenees 산맥을 올라 스페인 평야에서 여러 무리로 흩어지게 되었다. 이들의 존재는 어디에서든 재앙처럼 여겨졌다(이는 근거 없는 타박이 아니었을 수 있다). 일거리, 안정적인 직업을 얻을 능력이 없던 지타노**들은 다른 사람의 성과, 수확에 기생하기 위해 벌떼처럼 모여들었다. 그리고 곧 자신들끼리 경쟁하기에 이르렀다. 이후 경관들은 이들을 쫓았고 성난 주민들은 직접 발을 벗고 나서서 사냥에 동참했다. 주민들은 재판 없이 눈에 들어오는 나무에 이들의 목을 매달아버렸다.

따라서 지타노들이 죄책감 없이 한 지역을 약탈하면, 주민들은 자체적으로 복수하며 미치지 않는 사법권을 대신해 행동했다. 하지만 지타노들은 주민들이 복수를 하기 전, 북을 치거나 나팔도 불지 않고 조용히 야영지를 비우고 떠났다. 이들은 여성과 아이를 태운 당나귀를 행렬 맨 앞에 두었다. 또 용맹한 이들이 나팔 모양 소총으로 무장하며 뒤쫓는 시골 경찰들을 상대하고 무리를 지켰다. 퇴각 중인 이 무리를 맞닥뜨린 여행객은 얼마나 불행했을까! 지타노들은 여행객의 돈을 탈취하는 것에 그치지 않았다. 자신들을 적대시하며 쫓아낸 고장이 있다면, 그곳을 떠나며 국경에 피칠갑한 여행객 시체를 한 구씩 남겨두었다.

각 지타노 무리(혹은 가족)에게는 대장 또는 백작이라 부르는 자가 있다. 돈 후안 데 퀴노네스Don Juan de Quinones는 1632년 출간된 저서에서 이들의 생활 방식에 관한 몇 가지 사실을 기록했다.

'대장 또는 백작이라는 지위를 맡기기 위해, 지타노들은 가장 힘이 세고 용맹한 사람을 선택한다. 지타노 통치에 적합한 자가 되기 위해서는 이와 더불어 책략과 지략을 겸해야 한다. 백작은 사법권과 별개로 이들의 분쟁을 해결한다. 밤에 가축을 훔치거나 여행객들을 약탈할 때 사람들을 통솔하는 것도 그의 역할이다. 전리품은 나눠 가지며 삼분의 일은 백작의 몫으로 남긴다.'

무리 또는 가족의 안녕을 지키기 위해 선출된 이 백작은 구성원들이 만족하지 못할 때 지위를 잃는다. 이 지위는 물려줄 수 있는 것이 아니다. 또 여러 특권이 있지만, 불편함과 위험이 뒤따른다. 원정을 준비하고 이를 성공적으로 만드는 일은 모두 백작의 몫이다. 원정이 실패하고 수감되어있는 자신의 부족 구성원을 해방하지 못한다면(특히 이들이 목숨을 잃는다면), 실패의 모든 책임을 지며 새로운 수장으로 교체된다. 지타노들의 백작 나리에게는 일종의 봉건적 특혜가 주어지는데, 개와 매를 이용한 사냥이 그것이다. 물론 그는 위험을 감수하며 이 특권을 누린다. 백작은 타인의 땅에서만 사냥을 하기에, 영토의 진짜 주인을 마주칠 위험이 크기 때문이다. 한 전통 담시에는 페페Pepe라는 백작이 어느 지타노 수장의 사냥권에 이의를 제기하는 내용이 등장한다. 페페 백작은 이 문제 때문에 결국 수장의 목숨을 거두었다. 이야기 속에서 고인의 아내는 꾀를 부려 페페 백작의 자식을 유괴했고, 그를 지타노들과 함께 키웠다. 시간이 흘러 페페 백작의 아들은 돌아와 백작 지위를 물려받게 되었고, 친아버지 땅에서 사냥을 하고 싶다고 말했다. 그는 지타노 수장이 죽었던 곳과 같은 장소에서 친아버지를 죽이는 패륜을 저질렀다. 지타노 수장의 복수를 한 것이다.

다음은 델리오Martin Delrio의 『마법 연구 Disquisitiones Magicae』에 등장하는 내용이다.

'1581년 내가 군대를 끌고 스페인을 가로지르는 동안, 지타노들이 시골에 들끓었다. 성체축일*** 전날, 지타노들은 축일을 기념하겠다며 도시에 들어와 춤을 추게 해달라고 요청했다. 그리고 이들은 허가를 받았다. 그러나 고작 반나절 만에 이 미친한 집단의 여성들은 도시 내 많은 물건을 훔쳐 큰 소동을 일으켰다. 이들은 외곽으로 난 길로 도시를 빠져나가 생마르크Saint-Marc 인근에서 다시 모였다. 이곳은 생자크Saint-Jacques 기사단의 웅장한 병원이었는데, 경관들이 이들을 체포하려 시도했으나 할 수 없었다. 그러던 중 어찌 된 일인지, 갑작스럽게 모든 것이 잠잠해졌다. 당시 지타노 수장은 톨레도Toledo의 주민만큼 완벽하게 스페인어를 구사하는 사람이었다. 이 수장은 스페인의 모든 다리, 도로, 통로는 물론 군대, 주민 수, 각각의 재산까지 알고 있었다. 한 마디로 지타노 수장은 국가의 모든 비밀을 알고 있었으며 공개적으로 이를 떠들고 다녔다.'

당연하게도 델리오의 눈에 이 지타노는 마법사처럼 비쳤을 것이다. 왜냐하면 당시 모든 지타노는 외국인으로 여겨졌고, 스페인 중부의 카스티야Castile 방언을 유창하게 쓴다는 것은 자연스럽지 못한 일이었기 때문이다. 더불어 프란체스코 데 코르도바Francesco de Cordova의 『교육Didascalia』에는 지타노들이 밤새 로그로뇨Logrono 모든 샘에 독을 풀었다는 이야기가 등장한다. 이 끔찍한 술책은 한때 그들과 생활했던 어느 책 장수가 도시의 사제에게 고발하며 밝혀졌다. 주민들 사이에서는 심한 전염병이 돌았다. 하지만 주인이 사망한 것으로 생각하며 성급하게 집을 약탈하러 온 지타노들을 죽이는 데 필요한 힘은 다들 남아있었다.

세르반테스Cervantes의 단편소설 『집시 소녀 또는 이집트인 소녀Gitanilla ou la fille égyptienne』는 다음과 같이 시작된다.

'지타노들이 이 세계에 온 이유는 오직 도둑질을 하기 위해서인 것 같다. 이들은 도둑놈을 낳고, 도둑놈들 사이에서 자라며, 도둑질을 배우고 결국 도둑이 된다. 그리고 다른 이들을 속이는 덫을 놓고 다닌다. 이들의 도둑질과 도둑질에 대한 애착은 죽어서야 끝나는 유전병이다.' 이 소설에서는 다음과 같이 주인공을 묘사한다. '카쿠스Cacus로부터 마법을 배웠다는 이 민족의 늙은 마녀가 어린 손녀를 돌보고 있었다. 아이의 이름은 프레시오사Preciosa였다….'

세르반테스의 삶과 작품에 관한 일화 중에는 다음과 같은 것이 있다. 펠리페 3세Philip III 통치 시절, 마드리드Madrid 한 거리에 이집트인 소녀가 나타났다. 이 아이는 유성처럼 빛났다. 그녀는 다른 지타노 소녀들과 함께 춤추며 노래했는데, 아이의 수려한 외모, 우아함, 목소리 때문에 주위로 군중들이 몰려들었다. 그리고 관객의 열광을 대변하듯 하늘에서 금과 은으로 된 비가 내렸다. 왕은 그녀를 만나고 싶어 했다. 위대한 시인들은 그녀를 위한 시를 써 그녀가 노래해 주길 바랐다. 여러 군주가 그녀에게 반했고, 왕궁의 한 남성은 그녀의 마음에 들기 위해 가족을 버리고 지타노가 되었다. 사실 이 눈부신 외모의 소녀는 귀족이자 시장인 한 남자의 딸이었는데, 그녀의 할머니라고 주장하는 어느 늙은 마녀에게 납치된 것이었다. 소녀는 충실하게 그녀를 따랐던 이와 결혼하였다. 이 이야기는 세르반테스의 단편 작품에도 등장하였다. 이는 가장 좋은 작품은 아니었지만, 많은 인기를 끌었다. 하지만 작품 안의 남자 주인공과 여자 주인공은 진정한 이집트인이 아니었으며 이야기에 등장하는 다른 지타노들은 모두 변장한 기독교인이었다. 그리고 진짜 지타노였으면 절대 하지 않았을 말을 했다. 하지만 이 민족의 유목 생활만큼은 꽤 충실하게 묘사했다. 세르반테스는 지타노들의 야영지보다 스페인의 여인숙과 도로변의 여관이 더 친밀한 편이었는데도 말이다.

스페인 소설 중에는 『알론소, 여러 주인을 둔 시종Alonso, le valet de plusieurs maîtres』이라는 작품이 있다. 이는 세고비아Segovia 출신의 제로니모 데 알칼라Geronimo de Alcala 박사가 17세기 초에 쓴 것이다. 작중의 알론소는 구 카스티야Old Castile에 위치한 가난한 마을의 성당 관리인부터 리스본Lisbon의 오만한 귀족까지 온갖 주인을 섬긴다. 하지만 주인들은 수다스러운 면과 단점을 지적하는 성격 때문에 그를 해고했다. 결국 그는 지타노들의 손에 들어가게 된다. 이후 내용에서는 작가가 지타노와 함께 생활했다고 의심될 정도로 생생한 묘사가 이어진다. 다음은 그 발췌본이다.

'한 시간 넘게 숲속을 걷자, 가까운 곳에 두터운 연기가 피어오른 것이 보였다. 이서 그곳에 보았을 때, 불이 없다면 이런 연기가 피어날 리 없기에 불을 지핀 자들이 있을 것이라 결론을 내렸다. 밤은 점점 깊어지고 날도 제법 쌀쌀해지기에, 나는 연기가 있는 방향으로 걸어갔다.

몇 걸음 가지 않았을 때, 누군가 어깨를 붙들었다. 그리고 고개를 돌리자 두 남성이 보였다. 그들은 플랑드르인이나 잉글랜드인보다도 형편없는 외모를 하고 있었다. 낯빛은 검고 행색이 허름한 데다 안색 또한 좋지 않았다. 나는 그들에게 반갑다고 말하며 (내가 얼마나 심장이 떨렸는지는 신께서만 알 것이다), 내가 무엇을 해줄 수 있느냐 물었다. 그들은 집시 언어로 아주 빠르게 속삭이며, 백작 나리가 있는 그들의 야영지Aduar로 가자고 했다. 나는 속으로 이들이 좋은 사람들이며, 나쁜 일이 생기지 않을 것이고, 즐거운 밤을 보낼 것이라고 애써 생각했다. 그리고 결국 상황에 타협하며 원하는 곳으로 가자고 말했다. 그들은 나를 깊은 숲속으로 데려가며, 놓치지 않기 위해 양쪽에서 붙들었다. 그리고 내게 말을 어디에다 두었는지 물어보았다. 나는 성 프란치스코St. Francis를 깊이 섬기며, 아주 형편 없는 기사라 돈을 아끼기 위해 걸어서 여행한다고 답했다. 이야기를 나누는 동안 우리는 야영지에 도착했다. 나의 안내자 두 사람이 휘파람을 불어 알린 덕분에 거주자들은 우리가 온 것을 알고 기다리고 있었다.

가까운 곳에서 여자아이 둘과 남자아이 둘

이 크게 기뻐하며 우리를 맞았다. 이들은 우리를 뒤따르는 다른 여행객 일행이 있냐고 물었다. 나의 안내자들은 일행이 없으며, 만약 내가 조금이라도 늦게 왔다면, 빈손으로 돌아왔을 거라고 답했다. 나는 운명을 점쳐 보기도 전에 40여 명의 성인 남녀와 아이들에게 둘러싸였다. 아이들은 야생의 상태로 헐벗은 채 어른들 사이를 뛰어다녔다. 그들은 나를 백작 나리 앞에 데려갔다. 그는 사람들의 존경을 사는 인물이었으며 이 무질서 공화국의 판사이자 통치자였다. 백작 나리는 나를 친절하게 환영해 주며 셔츠까지 벗겨버렸다. 나는 그렇게 어머니 배 속에서 나올 당시와 같은 차림이 되었다. 벌거벗은 소년들은 내 옷을 나눠 가졌고 나의 몇 푼 되지 않는 재산을 모두 가져가 버렸다…. 나는 속이 좋지 않을 때 배를 덮기 위해 낡은 망토를 가지고 있으려 했다. 하지만 한 노파가 얼어 죽기 직전인 꼬마 안토니오Antonio의 배를 덮어주겠다며 이 옷을 가로채 갔다. 이 저주받은 여자 집시는 어쩌면 이븐 시나Avicena의 격언을 알고 있었을지도 모르겠다. 가장 천한 것 중에 가장 선한 것이 있다Etiam in vilibus summa virtus inest는 격언 말이다. 아무튼 그녀는 내 것을 이용해 제 자식의 배를 덮어주려 했다…. 수장의 부름에 이사벨Isabel은 염소 반 마리를 들고 왔다. 그건 평상시처럼 인근 목동에게서 훔친 것이었다(나중에 알게 된 사실인데 나머지 반은 그날 아침 식사로 먹어 치웠다고 한다). 누구도 염소가 어쩌다 죽었는지, 살이 부드러운지 묻지 않았다. 지타노들은 나무 막대로 꼬치를 만들어 고기를 끼우고, 땔감을 양껏 가져와 불을 피웠다. 곧 염소가 구워졌다. 하지만 누구도 먹음직스러운 양념을 바를 생각은 하지 않았다. 지타노들은 각자 자른 고기를 나무 접시에 덜어갔다. 그리고 바닥에 펼친 침대 시트를 식탁보 삼아 둘러앉았다. 밤이 깊었지만, 화롯불에서 나온 빛이 무리의 세 배 이상 되는 면적을 환히 밝히고 있었다. 지타노들의 식사를 본 나는 이들이 굳이 나를 부르지 않도록 구석으로 향했다. 그때 여자 집시 하나가 갈비뼈 두어 개를 들고 나를 불렀다. 그녀는 고기 조각과 빵 조각을 주며, 무리에게 저주를 퍼붓

지 말라고 당부했다. 이 훌륭한 음식은 내게 고마운 마음이 들게 했다. 불 가까이서 몸을 데우자, 식욕이 스멀스멀 올라왔고 배고픔이 나를 괴롭혔기 때문이다. 나는 고기를 한 입 베어 물었으나, 튼튼한 치아를 가졌음에도 이빨 자국조차 내지 못했다. 아일랜드 최고의 사냥개를 데려온대도 이 단단한 고깃덩이를 뜯기는 힘들 것이다. 그러나 주변의 지타노들은 마치 부드러운 닭고기라도 되듯, 암염소인지 숫염소인지 모를 그것을 아무렇지 않게 뜯었다. 이들은 중간중간마다 물도 몇 모금씩 삼켰다. 이 무리에게 포도주는 비싸다는 이유로 고려되지 않는 것이었다. 나는 하늘을 올려다보며 신에게 감사 인사를 올렸다. 내가 먹을 수 없는 것이 이 미천한 자들에게는 너무도 맛있는 음식이었기 때문이었다. 고기가 썩었는지, 식사가 늦게 왔는지, 포도주 대신 짠 물 밖에 없는지는 이들에게 중요하지 않았다. 그들이 먹고 마시는 것은 건장한 짐승도 죽게 만들 수 있을 만한 것들이었다! 하지만 남녀노소를 막론하고 이들은 건강했고, 훌륭한 피붓결을 가졌었다. 마치 특별히 주의를 기울여 건강을 돌본 사람들처럼 말이다. 지타노들이 잠을 청하려 들었을 때는 거의 자정이 된 시각이었다. 몇몇은 숲의 소나무에 등을 기대어 잠을 청했고, 일부는 얼마 안 되는 옷가지를 펼쳐 잠자리를 만들었다. 깊은 생각과 상념에 젖어있던 나는 보초를 서며, 불이 꺼지지 않도록 지켜보았다. 그 따뜻한 온기가 아니었다면 나는 죽었을지도 모른다. 난 다섯 시간이 넘도록 해가 뜨기를 기다렸고, 기대와 달리 새벽 동은 몹시 게으름을 피우는 듯 찾아왔다. 나는 밤이 떠나고 새벽빛으로 하늘이 칠해지는 것을 보며 기뻐했다. 내 연약한 살갗을 덮을 것을 찾다 보니 운 좋게도 양모를 몇 개 발견할 수 있었다. 나는 그것으로 몸을 덮었는데, 양모를 품고 있으니 수도사 같은 행색이 되었다.

이 야만인들이 잠에서 깨어났을 때, 태양은 이미 산의 발치를 밝게 비추고 있었다. 아. 신의 섭리여! 이후 거의 11시간 가까이 비가 내렸다. 이들은 추위로부터 몸을 보호할 것이 없었지만, 마치 좋은 침대에서 잔 것처럼 개운하게 잠을 잤다. 습관이 습성이 된

다는 것을 잘 보여주는 예시였다. 이 삶에서 이들을 떼어놓는 것은 곧 사형 선고를 의미했다.

내가 마치 세례 요한John the Baptist처럼 팔다리만 내놓고 있자, 이를 본 지타노들은 호탕하게 웃었고 나의 기지를 칭찬했다. 그러나 상황에 적응하는 이런 나의 능력은 큰 도움이 되지 못했는데, 여성 지타노 중 하나가 비명과 욕설을 퍼부으며 내가 입고 있던 옷을 벗으라고 명했기 때문이었다. 내가 걸친 양모는 사실 그녀의 침구였다. 나는 내가 다른 사람의 물건을 탈취했다는 사실을 깨달았고, 정신을 차리며 옷을 하나둘 벗다 보니 아까처럼 홀딱 벗은 상태가 되었다. 나는 그렇게 꼬박 이틀을 머물렀다. 노쇠한 지타노의 죽음이라는 사건이 없었다면 아마 더 체류했을지도 모른다. 그는 아마 무리 중 자연사한 최초의 인간이었을 것이다. 대다수는 단두대에서 생을 마감했기 때문이다.

두 지타노는 구덩이를 파 죽은 자를 놓았다. 그들은 시체 위에 빵 두 개와 동전 몇 닢도 함께 두었다. 이는 저세상을 여행할 때 필요한 것들이었다. 여성 지타노들은 머리를 산발하고 정열적으로 얼굴을 긁기 시작했다. 이후 남성 지타노들이 성인을 부르며 뒤따랐다. 이들은 성인 중에서도 유난히 숭배하던 세례 요한을 불렀다. 그리고 고인의 죄를 사해달라는 기도를 함께 올렸다. 목이 쉴 때까지 소리를 지르고 흙으로 구덩이를 메우려 할 때 나는 몇 마디를 하겠다며 잠시 기다릴 것을 요청했다. 이들은 내 요청을 받아들였고, 나는 겸허한 말투로 위로의 말을 읊었다. 위로의 말은 사망한 이가 이제 신 앞에 섰으니, 모두 주님을 섬기는 독실한 삶을 살며 고결한 죽음을 맞이하길 바란다는 말로 시작했다. 뒤이어 옷을 입거나 벗은 채로 묻히는 것은 중요하지 않다고 말했다. 옷은 아무런 의미가 없기 때문이다. 하지만 죽은 이의 옷을 내게 준다면 큰 도움이 될 것이고, 헐벗은 몸에 내려준 은혜를 기도로 갚으며 살아가겠다고 말했다.

이 위로의 말은 꽤 논리적으로 보인 듯했다. 이들은 내게 원하는 대로 하라고 말했다. 나는 죽은 이의 옷을 꺼내 입었다. 그러자 마치 내 모습은 지타노처럼 보였다. 하지만 이는 용모뿐이며 지타노의 정신과 풍습은 갖추지 못했다. 나는 고인의 몸을 묘지에 돌려주었고 다시 흙으로 덮었다. 최후의 날이 오면 그 또한 다시 돌아와 우리 모두와 마찬가지로 심판을 받게 될 것이다.'

다음과 같은 일화도 있다. 카를 5세Charles V는 스페인의 왕좌를 계승하러 왔을 때, 외국인 그중에서도 대다수가 플랑드르인으로 구성된 궁정을 만들었다. 이는 곧 자부심 높은 카스티야인들의 반발로 이어졌다. 젊었던 카를 5세는 거대한 야망과 함께 독일 제국의 황제를 꿈꿨다. 하지만 그의 선거 비용을 내기에는 백성들이 너무나도 행복한 생활을 영위하고 있었다. 예산 투표를 두고 일어난 의회 반발에 놀란 카를 5세는 서둘러 독일인 유권자들을 만나기 위해 보름스Worms로 향했다. 그리고 장관들에게 코무네로스Comuneros(카스티야 출신 반란자)들을 상대해 달라고 부탁했다. 코무네로스는 조세에 반발하며 국민주권을 원했다. 그리고 카를 5세는 스페인과 독일 사이에서 하나의 왕좌를 선택해야만 했다. 당시 코무네로스였던 반 후안 데 파딜라Juan de Padilla와 그의 용감한 아내 도냐 마리아 파체코Dona Maria Pacheco의 전투 또한 역사적인 사건이었다. 이 사건에도 지타노의 이야기가 깃들어 있다. 게바라Guevarra는 도냐 마리아에게 그녀가 여왕이 될 것이라 예언하는 편지를 보냈다. '부인, 당신은 높고 힘 있는 자리에 오르는 여성이 될 것이고, 당신의 남편은 왕이 될 것입니다. 그리고 이를 곁에 있는 마녀가 압니다.' 그 마녀는 바로 지타노였다.

지타노의 전통 민요에는 다음과 같은 내용이 등장한다. '마리아 파딜라Maria Padilla와 그 식솔들에게 마법의 치즈를 나눠줄 것이야.' 여기서 말하는 마리아 파딜라는 왕 돈 페드로Don Pedro의 아내가 아니다. 지타노들은 돈 페드로 통치 시절 아직 스페인에 입성하지 못했기 때문이다. 민요 속 인물은 아마 도냐 마리아 파체코일 것이다. 그녀는 지타노로 변장한 자신의 마녀를 데리고 톨레도에서 달아났다. 이 마녀는 외형을 바꿔가며 오래도록 그녀를 따라다녔다. 예상컨대 분명 거짓 아첨을 이용해 마음을 사로잡았을 것이다. 마녀는 자신의 지타노 부족이 도나 마리아 피체고와 그녀의 자식, 금은보화를 포르투갈로 옮겨줄 것이라고 설득했다. 산속에서 지타노들은 도나 마리아 파체코를 기다렸고, 이들은 금과 보석을 훔치기 위해 그녀와 자식을 죽여버렸다.

이 스페인 전설이 사실이라면, 이는 지타노들이 벌인 일 중 가장 끔찍한 행위일 것이다. 스페인에는 다음과 같은 오래된 속담이 있다. '지타노들은 몹시 나쁜 자들이다Los gitanos son muy malos.' 스페인 사람들은 언제나 지타노를 사기꾼, 도둑, 마법사로 여긴다. 게다가 이들이 인육을 먹었다고 주장한다(이 주장의 진실을 밝히는 것이 어렵다는 점이 다행스럽게 생각된다). 이들은 아이들을 납치해 바르바리Barbary로 데려가는 범죄를 저지르기도 했다. 이는 무어Moors인들에게 아이들을 팔아넘기기 위함이었다. 지타노들은 스페인에서 추방된 뒤 아프리카 무어인들과의 관계를 유지해 왔다. 어떤 민족에게도 연민도 가지지 않는 지타노들은 스페인 아이들을 바르바리에 팔았다. 아마 스페인 사람들이 원했다면 그들은 바르바리아 아이들을 스페인에 팔았을 것이다. 또한 해적들이 스페인 해안에 침투하려 했을 때 지타노는 이들의 첩자로 활동했다. 이 때문에 이들은 기독교인보단 무어인에 더 가까워 보일 수 있다. 마모라Mamora 통치 시절 스페인 갤리선 두 척이 아프리카 해안에서 암초를 만나 좌초되었던 일이 있었다. 무어인들은 선박의 기독교인들을 노예로 삼았고, 쇠사슬에 묶여 노를 젓던 무어인들을 해방했다. 그리고 두 선박에 타고 있던 모든 지타노들을 친구처럼 대했다." 참조. 보헤미안Bohémiens.

(1)스페인에서 보헤미안을 칭하는 명칭. / * 그리스 신화에 등장하는 헥토르Hector의 아들. / ** 원문에서는 진칼리에서 지타노로 명칭이 변경되는데, 이는 진칼리가 스페인으로 넘어갔기 때문이다. 스페인에서는 진칼리, 집시를 지타노로 부른다. / *** 성체에 대한 신앙심을 고백하는 축일.

지토 [Ziton / Zyto] 카렐 4세Charles IV의 아들 벤체슬라우스Wenceslaus는 바바리아의 소피아Sophie of Bavaria와 결혼을 하게 되었다. 공주의 아버지는 사위가 기상천외한 오락과 마법 공연에 관심이 있다는 것을 알고, 프라하Prague에서 마법사 한 부대를 데려왔다. 벤체슬라우스의 마법사 지토는 그들과 경쟁을 하기 위해 참석하였다. 그리고 입을 양쪽 귀까지 찢어 한입에 바바리아Bavaria 공작의 마법사를 옷과 함께 삼켜버렸다. 그리고 더러웠던 신발은 다시 뱉어냈다. 이를 소화하기 어려웠던 그는 물이 가득 찬 큰 통 앞으로 가 뒷구멍으로 남자를 꺼냈다. 그리고 경쟁자들을 바라보며 똑같이 해보라고 제안했다. 프랑스의 고대 연대기와 민담에서는 이와 유사한 이야기들이 등장한다. 때때로 지토는 연회에서 손님들의 손을 소의 발로 바꿔 음식을 만지지 못하게 만들었다. 그리고 자신은 가장 먼저 음식을 맛보았다. 어느 날 지토는 공연을 보기 위해 창가에 사람들이 몰려있는 것을 보았다. 그는 사람들의 이마에 커다란 사슴뿔을 만들어, 창문에서 떨어지지 못하게 방해하였다.

지윅 [Ziwick] 폴란드인들이 개종 이전에 믿던 신. 지윅은 인간의 생사에 관여하였다.

테필린 [Zizis / Tefillin] 현대 유대인들이 그들의 성구함을 일컫는 명칭.

조아피테 [Zoaphité] 참조. 괴물Monstres의 마지막 부분.

황도대 [Zodiaque / Zodiac] 황도 12궁은 별점에 여러 영향을 미친다. 참조. 별점Horoscopes, 점성술Astrologie.

점성가들의 주장에 따르면, 루이 14세Louis XIV의 출생 당시 천체의 구성이 매우 긍정적이었다고 한다. 루이 14세의 호화스러운 통치 역사를 보여주는 기념패 중엔 그의 탄생 천궁도가 그려진 것이 있다. 왕실 비명 문학 아카데미 또한 루이 14세의 탄생 시 행성 위치를 정확히 기록하였다. 이는 점성가의 불확실함을 믿는다는 의미는 아니다. 신이 위대한 군주를 내려주셨을 당시 구성했던 하늘의 모습을 담아낸 것이다.

이 흥미로운 기념패 주변엔 황도 12궁이라는 점성술 이론을 구성하는 12개 별자리가 그려져 있다. 그리고 7개 행성은 루이 14

세 출생 당시 자리하던 위치 그대로 새겨져 있다. 이를 한번 살펴보자. 기념패 속 태양은 하늘 한가운데 자리 잡고 있다. 또한 상승궁인 화성은 생의 수호자이자 재산의 상징인 목성을 수렴하고 있다. 관례적으로 적대적인 토성은 '존엄'의 위치에 자리 잡고 있다(점성가들의 횡설수설한 의견이다). 이 때문에 악한 영향이 반감된다. 달은 금성과 회합하고, 수성은 가장 좋은 자리에 자리 잡고 있다. 바로 태양에서 10도 떨어진 곳인데, 연소를 피하고 빛을 받는 곳이다. 이러한 배치는 어렵고 중요한 사업에서 천재적인 기지를 발휘하게 만든다. 화성 사이에 존재한 부정적인 요소도 이러한 긍정적 영향을 감소시킬 순 없다.

왕의 탄생은 기념패 한복판에 떠오르는 태양으로 표현된다. 왕은 별 마차에 타고 있고 '프랑스의 태양이 떠오르다Ortus solis gallici'라는 문구가 함께 새겨져 있다. 그리고 '1638년 9월 5일 12시 38분 전'이라는 날짜를 확인할 수 있다.

흥미로운 사실을 더하자면, 점복관들은 점을 칠 때 황도대 12궁 수에 따라 12개 주요 요소로 점술을 다룬다. 이는 1) 집안에 야생 동물 또는 가축이 들어온 일, 2) 도로나 길에서 동물을 마주친 일, 3) 벼락이 떨어진 일, 4) 쥐가 헌 신을 먹거나, 여우가 닭을 목 졸라 죽이거나, 늑대가 암양을 물고간 일, 5) 집 안에 이상한 소리가 들려왔는데, 꼬마 악마의 짓이라고 추측되는 일, 6) 까마귀, 부엉이의 울음소리가 들리거나 길 위로 새가 떨어진 일, 7) 집에 난 구멍으로 고양이 또는 다른 동물이 들어온 일(악마의 침입으로 생각했다), 8) 저절로 꺼진 횃불(악마의 장난으로 생각했다), 9) 불꽃이 탁탁 튄 일(선조들은 대장장이의 신인 불카누스Vulcan가 화덕에서 말을 건네는 것이라고 생각했다), 10) 불꽃이 이상하게 일렁인 일, 11) 불꽃이 번쩍 솟아오른 일(가정의 수호신인 라레스Lares가 장난을 친다고 상상했다), 12) 갑자기 찾아온 슬픔(어떤 징조로 보았다) 등이다.

그리고 겸손한 지식이 허락하는 한 모든 오류를 벗겨내는 이 책 『지옥사전』에선 덴데라Dendera의 황도대와 다른 몇몇 이집트의 황도대들을 두고 발생한 기묘한 논쟁을 언급하지 않을 수 없다. 모든 일탈을 야기한 철학자들(이를 증명하는 것은 어려운 일이 아닐 것이다)은 최근 제대로 망신을 당했다. 이들은 계속해서 망신을 당할 것이다. 진실은 교회의 가르침 속에 존재한다는 것을 인정하게 될 때까지 말이다.

모세 5경Pentateuch에 대한 논쟁은 반론자들에게 패배만 안겼다. 이 논쟁 속 가장 결연한 자는 바이Bailly와 뒤퓌Dupuis라는 두 점성가였다. 동물 자기Magnetism보다 더 신뢰가 떨어지는 이들의 학문은 아주 불분명한 근거를 가지고 있었다. 두 점성가는 마치 하늘을 정복할 것이라 다짐했던 거신족 티탄Titans 같았다. 이들은 자신들의 이론 위에 역설을, 추정 위에 추측을, 오류 위에 가정을, 환상 위에 귀납을, 잘못된 의도 위에 오류를 가득 쌓아 올려놓았다. 이는 성경에 반하는 내용들이었다.

바이는 덴데라의 황도대가 성경 속 대홍수 이전에 만들어졌다는 것을 밝혀냈다고 믿었

다. 그보다 더 고집이 셌던 뒤퓌는 밤낮 없이 열렬히 연구에 큰 정성을 쏟아부어, 이집트 황도대가 예수 그리스도Jesus Christ 탄생보다 1만 3천 년 앞선다고 주장하였다. 이런 걸 승리라 생각했다니, 가여운 자들이여!

이후 진실을 찾는 진지한 학자들이 개입하였다. 비스콘티Visconti, 테스타Testa, 샹폴리용Champollion, 레트론Letronne은 이 문제를 사실로 입증하였다. 이들은 가장 먼저 황도대를 만든 것이 이집트인, 인도인도 아닌 그리스인이라는 사실을 명백하게 밝혀냈다. 또 그리스인이 히브리족으로부터 황도대를 얻었다는 것을 증명해 냈다. 덴데라 황도대는 네로Nero 통치 시절 만들어진 작품이며, 뒤퓌가 종교적 교리를 반박하기 위해 쓴 불명료한 저서『모든 종교의 기원, 보편적 종교 Origine de tous les Cultes, ou la Rdligion Uniaerselle』에 등장하는 천문학적 해석은 그가 주장하는 것처럼 오래되지 않았다. 이 해석들은 마크로비우스Macrobius와 그 동시대 사람들을 통해 만들어진 것이다. 이는 초기 기독교인들을 보고 자신들의 천박한 신화 창조에 수치스러움을 느꼈던 이교도들이 나름의 체면을 세워보려 만든 것이었다.[1]

(1) 레트론의『이집트 황도대라 주장하는 것들의 그리스 기원에 관하여L'origine grecque des prétendus zodiaques égyptiens』및 테스타의 황도대에 관한 소책자를 참조할 것.

야곱의 황도대 [Zodiaque de Jacob / Zodiac of Jacob] 일찍이 과학과 문학에 뛰어난 재능을 보였던 젊은 영국인 학자 아서 룸리 데이비즈Arthur Lumley Davids는 방향을 바꿔 고대 히브리족의 점성학을 연구하였다. 그의 주장에 따르면, 요셉Joseph의 꿈과 야곱Jacob의 축복은 고대 히브리인들이 황도대 지식을 가지고 있었음을 증명한다. 요셉의 꿈은 태양, 달, 11개 별이 그에게 절을 하는 장면으로 묘사된다. 이 11개의 별, 해와 달의 구성은 황도대 외에 어떤 것으로도 설명할 수 없다. 성서 연구가에 따르면, 야곱은 요셉의 말을 듣고 이를 기억해 두었다고 한다. 이는 야곱이 죽기 전 자식들에게 남긴 유언에서 여실히 드러난다.

야곱이 후손을 축복하는 유언 또한 요셉과 마찬가지로 황도대의 열두 별자리에서 나왔다. 둘의 차이점은 야곱의 유언엔 별자리와 관련된 비유가 붙었다는 것이다. 변덕스러운 물과 비교된 루우벤Reuben은 물병자리이다. 시므온Simeon과 레비Levi, 두 형제는 쌍둥이자리이다. 유다Judah는 사자자리, 항구 근처에 사는 스불론Zebulun은 게자리이다. 잇사갈Issachar은 황소자리로 보인다(『70인역 성서Septuagint』에서는 잇사갈을 땅의 농부Anet Georgos로 해석하였다). 단Dan의 별자리는 현재의 황도대가 고대 히브리족의 것과 똑같음을 보여준다. 단과 관련 있는 세 별자리는 우리 황도대에서도 연이어 위치한다. 천칭자리는 판사인 단의 상징이다. 더불어 단에게 한 유언인 '말굽을 물어서 그 탄 자를 뒤로 떨어지게 하리로다'는 전갈자리와 궁수자리(켄타우로스)를 의미한다. 활잡이 갓Gad은 궁수자리다. 맛있는 음식과 연결되는 아셀Asher은 물고기자리이다. 납달리Naptali는 양자리이다. 풍요로운 포도나무인 요셉은 처녀자리이다. 끝으로 늑대로 비유된 베냐민Benjamin은 염소자리이다. 한때 염소자리는 늑대로 비유되었다. 최근 염소자리 신화에도 늑대 머리를 가진 판Pan이 등장한다.

히브리인들은 기원전 2,000년 전에 이미 별자리의 존재를 알았다. 히브리족의 황도대가 욥Job이 언급한 열두 궁성Mazzaroth인 것이 분명하다. (유대 기록보관소)

조로아스터 [Zoroastre / Zoroaster] 최초이자 가장 오래된 마법사. 식스투스 세네시스Sixtus Senensis의 주장에 따르면, 이 이름을 사용한 주술사는 두 명이었다고 한다. 하나는 페르시아 왕으로 자연 마법의 창시자이고 또 다른 자는 박트리아Bactria의 왕으로 흑마법 또는 악마의 마법을 만든 자이다. 저스틴Justin은 조로아스터가 트로이 전쟁Trojan War 이전에 박트리아를 통치했으며 최초의 마법사가 되었다고 말했다. 또 인간에게 마법이라는 죄를 퍼뜨렸다고 주장했다.

다음은 볼테르Voltaire가 영국인 하이드Hyde의 기록을 인용한 것이다. 하이드는 이 사실을 아랍의 역사학자로부터 들었다.

"선지자 조로아스터는 하늘에서 내려와

페르시아의 왕 구스타프Gustaph에게 자신의 종교를 설파했다. 왕은 선지자에게 말했다. '제게 징표를 주십시오.' 그러자 선지자는 궁저 입구에 삼나무 한 그루를 자라게 했다. 이 나무의 키는 꼭대기가 보이지 않을 만큼 컸고 둥치 또한 어떤 밧줄로도 감쌀 수 없을 정도로 두꺼웠다. 조로아스터는 삼나무 꼭대기에 아름다운 방을 만들었다.

이 기적에 충격을 받은 구스타프는 조로아스터를 신뢰하게 되었다. 반면 질투심 많고 악의를 가진 네 명의 승려 또는 현자(같은 말이지만)가 있었다. 이들은 선지자가 없는 동안 왕실 문지기로부터 선지자의 방 열쇠를 받아냈다. 이들은 방에 개와 고양이 뼈를 던지고, 죽은 사람 손톱과 머리카락 및 당대 마법사들이 사용했던 모든 종류의 재료를 던졌다. 그리고 선지자가 마법사이자 독살자라고 모함했다. 왕은 문지기에게 오두막 문을 열게 해 온갖 저주를 두 눈으로 확인하였다. 결국 조로아스터는 교수형을 선고받았다.

조로아스터를 형장으로 데리고 가던 중, 왕의 가장 아름다운 말은 병에 걸리고 말았다. 말의 네 다리는 몸 안으로 말려들어 갔고 거의 보이지 않게 되어버렸다. 이 소식을 들은 조로아스터는 왕에게 말을 낫게 해주는 대가로 교수형을 면하게 해달라고 부탁했다. 왕은 이에 동의했다. 조로아스터는 말의 배에서 다리 하나를 꺼냈고 왕에게 말했다. '왕이시여, 제 종교를 받아들이신다면 두 번째 다리도 꺼내드리겠습니다.'

왕이 말했다. '그렇게 하라.' 말의 두 번째 다리를 뽑아낸 뒤, 선지자는 왕의 자식들이 조로아스터교로 개종하길 요구했다. 마지막 다리를 뽑아낼 땐, 왕실의 모든 사람이 자신의 종교로 개종하도록 요구했다. 네 명의 심술궂은 승려들은 조로아스터를 대신해 교수형에 처해졌고, 페르시아 전역은 그의 종교를 받아들였다."

아랍 역사가 분다리Bundari는 조로아스터가 유대인이며 예레미아Jeremiah의 하인이었다고 기록했다. 또 자기 주인에게 거짓말을 했고, 예레미아가 그를 벌하기 위해 나병에 걸리도록 했다고 덧붙였다. 이후 조로아스터는 몸을 정화하기 위해 페르시아로 갔고, 그곳에 서 새로운 종교를 설파하여 태양을 숭배하도록 만들었다.

조로아스터의 생애를 기록한 프랑스인 여행자는 그의 어린 시절이 기적 자체였다고 말했다. 플리니우스Pliny와 솔론Solon도 조로아스터는 태어난 순간부터 웃고 있었다고 기록했다. 당시에는 매우 강한 마법사들이 많았고, 그들은 조로아스터가 언젠가 자신들의 지식을 뛰어넘고 마법을 제압할 것임을 알고 있었다. 마법사들의 왕은 아이를 소환하여 두 동강 내버리려 했지만, 그의 손이 즉시 굳어버렸다. 이에 아이를 불에 던졌지만, 불길이 장미 목욕물로 바뀌었다. 또한 야생 황소 무리를 이용해 깔려 죽게 해보았지만, 가장 힘이 센 황소가 무릎을 꿇었다. 늑대들 사이에 아이를 던지면, 늑대들이 암양 두 마리를 데려와 밤새 아이에게 젖을 물렸다. 결국 아이는 어머니 두그도바Dughdova(도도Dodo 혹은 도두Dodu)의 품에 돌려보내졌다.

베로수스Berossus는 조로아스터가 노아Noah의 아들 함Cham이라고 주장했다. 카발리스트들은 조로아스터를 두고 완전히 다른 의견을 내놓았다. 악마학자들이 그를 함과 동일 인물로 보았다면, 카발리스트들은 그를 야벳Japheth과 동일 인물이라 주장했다. 어찌 되었든 그가 노아의 자식 중 하나라는 점에는 동의가 된 것으로 보인다.

가발리스 공작Comte de Gabalis은 조로아스터인 야벳이 노아의 아내 베스타Vesta의 아들이라고 주장했다. 또 조로아스터는 1,200년을 살았으며, 세상에서 가장 현명한 군주였다고 덧붙였다. 이후 베스타는 세상을 떠나며 로마의 수호신이 되었고, 그녀를 위해 마련된 제단에는 성화가 타올랐다. 베스타는 조로아스터 외에도 아름다움과 지혜로움을 겸비한 딸을 낳았는데, 신성한 에제리아Egeria였다. 에제리아는 누마 폼필리우스Numa Pompilius의 조언자가 되어 자신의 모든 지식을 활용했다. 어머니 베스타를 위한 사원을 짓자고 누마 폼필리우스를 설득한 것도 그녀였다. 고대 카발라 비밀 서적에는 노아가 방주에서 시간을 보냈을 때, 그녀가 잉태되었다고 기록되어 있다.

주브다데이어 [Zoubdadeyer] 다음은 테오파네스Theophanes의 기록이다. 408년, 페르시아의 왕 카다데스Cabades는 국경에 있는 고성 주브다데이어의 존재를 알게 되었다. 고성에는 보물이 가득했고 악마가 이를 지키고 있었다. 카다데스는 이 보물을 가져오고 싶어 했다. 하지만 지옥 무리를 쫓기 위해 고용한 유대인 마법사들은 계획에 실패하고 말았다. 한 기독교 주교만이 마법에 걸린 성의 저주를 풀 수 있었다.

주렉 [Zoureg / Zureg] 아랍인들의 민담에 등장하는 신비한 뱀. 1피트 정도 길이이다. 바위, 벽, 나무, 인간과 같은 장애물들을 피하지 않고 바로 관통해 지나갈 힘이 있다. 주렉이 관통해 간 인간은 즉시 사망한다. 이 작은 뱀을 죽이려면 잠들어 있는 동안 머리를 자르는 수밖에 없다.

조조 [Zozo] 1816년, 미미Mimi와 크라풀레Crapoulet를 대동해 피카르디Picardy 테일리Teilly 마을에 살던 어린 소녀에게 빙의한 악마. 참조. 빙의된 자Possédés.

준델 [Zundel] 보헤미안들의 우두머리. 참조. 보헤미안Bohémiens.

즈윙글 [Zwingle] 아인지델른Einsiedeln의 은둔자의 성모Our Lady of the Hermits 교구의 사제. 그는 루터Luther가 시작한 끔찍한 반란인 종교 개혁을 보고 독립을 꿈꾸었다. 하지만 그는 완전히 믿음을 버리지 못했다. 특히 "이것은 나의 몸이다!"라고 말하는 성찬의 말 앞에서 괴로워했다. 어느날, 루터에게 입김을 넣었을지도 모를 악마가 나타나 즈윙글에게 제안하였다. "멍청한 자. 어째서 『출애굽기Exodus』에 적혀있는 것을 보지 않느냐. 유월절 양이 바로 표징 아니더냐?" 악마의 이 단순한 논리는 즈윙글을 배교시키는 데 충분하였다. 얼마 뒤인 1531년 10월 11일, 종교 개혁 시기를 피로 물들인 무수한 전투가 이뤄지고 있을 때였다. 즈윙글은 교회를 상대로 싸우다 비참한 죽음을 맞이한 채 발견되었다.

거대한 오류, 환영, 탈선으로 만들어진 이 미로 한복판에 우리가 그린 괴물 같은 스케치를 보라. 우리는 중요한 사실에 주목할 필요가 있다. 바로, 시대를 초월한 모든 죄는 인간 정신의 반란으로 일어난다는 것이다. 이러한 일탈과 반란은 다양한 가면을 바꿔 쓰며 망상을 퍼뜨려온 잘못된 철학으로부터 비롯된 결과이다. 하지만, 이 어둠 속에도 유일한 진실, 환한 빛은 존재한다. 대다수가 이를 보길 거부하더라도 말이다.

'빛이 어둠에 비치되 어둠이 깨닫지 못하더라Lux in tenebris lucet, et tenebræ eam non comprehenderunt.' 이 진실의 빛은 오직 한 곳에서만 온전히 존재한다. 바로 자유와 진실의 중심인 로마 교회가 그것이다. 신이 우리를 지켜주시기를!

색인

3	218	그림자	12	다식(잡식)	71
13	214	그림자점	135	다신교	71
갈라진 발	57	금요일	238	달걀점	14
갑	197	기적	82	달군쇠점	148
개울음소리점	12	까치	56	닭	77
거대 바다뱀	141	꿈	104	담	69
건강의 돌	62	꿈	157	담배	190
검안술	15	꿈(해몽)	158	대장장이 볼룬드	238
검은 닭	77	꿈의 문	73	대호	208
검은 사제들	81	나무둥치	218	덤불 뛰기	133
경이로운 비법들	137	나무점	265	덴마크인 오지에	10
계략	178	나비	32	독	69
계시	104	낙관주의	15	독사	244
계약	26	냄새	8	독수리석	57
고문	210	네잎클로버	214	돌멩이점	86
골상학	44	노린재	87	돼지(점)	72
곰	24	노신사	12	두개골점	44
공중점	38	노파	243	두더지	198
공포	40	녹색	242	두려움 없는 리차드	110
공황	202	뇌우	18	등대풀	104
관상학	45	눈	267	디 파트리	35
광견병	94	눈알	9	딱총나무 막대	185
교령 원탁	190	눈알점	8	땀	181
교령술	172	늑대 기도	18	라갈로만시	94
교수형에 처한 자	37	능력 대결	210	라구즈(조르주 드)	94
교황	32	님프	13	라누	96
귀	19	다리	71	라니 라잘	96

라바	94	로마	113	리베살	110
라올레(자크)	97	로마의 구원	126	리비에르 씨	111
라븜	97	로물루스	113	리슐리외	111
라웨노	23	로베르(집회장)	111	리엔스	115
라이머	115	로베르	112	리처드 1세	110
라이츠	95	로베르 르 디아블	111	리파이	114
라이츠(질 드 라발 드)	103	로베르(왕)	112	릭키우스(자크)	111
라지니	94	로비네 드 볼	112	림몬	111
라차더	94	로빈 후드	112	마녀 집회 식사	102
라호바트	94	로스콜닉스	113	마녀 집회의 여왕	100
란파잉(마리 드)	95	로젠달	113	마녀들의 여행	255
랄드(마리 드 라)	95	로젬베르크	113	마녀의 이동	213
람부이예	95	로지에	113	마녀의 집회	116
랍비	94	로카야(마리 드)	112	마력	81
래드클리프(앤)	94	로토마고	109	마법 북	195
러쉬	115	론 강	109	마법 주문	34
레겐스버그	97	론웨	113	마법 호루라기	148
레기오몬타누스	97	롤랑드 뒤베르누아	112	마법사	162
레드캡	97	롤리(월터)	95	마법사 시몬	149
레뮈르	102	롬부스	109	마스터 파슬리	39
레미(니콜라)	101	루게리(코시모)	115	막대기점	94
레이드(토마스)	97	루그너	115	말뚝박이	66
레츠	103	루베잘	114	말라파르	229
레츠(질 드 라발 드)	103	루비	114	망령	104
레파레	102	루살카	113	망자의 머리	203
렌 게테	97	루스탐	113	망자의 뼈	23
렘몬	101	루스템	113	망자의 옷	242
로데릭	112	룬 문자	115	맥박점	30
로덴스테인	112	룬플	113	머리	203
로드리게스(이그나지오)	112	룰(엘스페스)	115	먼지	77
로드리그	112	리구(마스터)	111	메뚜기	133
로레이	18	리바댕(자네트)	110	멧비둘기	210

모노포드	136	발레리우스 막시무스	229	보물	214
모래	121	발렌스	229	보베르	237
목소리	252	발렌타인(바실)	229	보세라트리시	251
몽유병자	151	발렌티누스	229	보육원	22
몽펠리에 탑	210	발키리	257	보티스	23
무녀	146	발할라	257	복장점	178
무덤	209	방귀	40	복화술사	240
무화과나무잎점	186	배꼽점	13	본델	255
문	73	배꼽주의자	13	볼(장 드)	237
문장점	109	배점	176	볼락	253
물잔	241	백신	227	볼레(마리)	253
미신	182	뱀	141	볼로트	260
미신적 기도	82	뱀 머리	203	볼룬드	237
민간 예측	84	뱀점	15	볼즈	254
민간 전승	211	버베나	242	볼타	254
바구니	31	버질	244	볼테르	254
바그노스트	228	버질(주교)	244	부아쟁(라)	251
바다소	238	버터 항아리	76	부자스	85
바드	227	법원	34	부적	80
바람	240	베란디	240	부적(탈리스만)	195
바람을 부르는 휘파람	148	베르 졸리	242	부활	30
바로닌	237	베르길리우스	244		102
바우스트	254	베르데레	240	분노의 군대	219
바울(성)	35	베르됭(미셸)	240	불가사의한 비	68
바이어(요한)	259	베스타	242	불손 드 라 콜롬비에르	260
바이카라니	229	베스파시아누스	242	불점	89
바포메트의 머리	203	베일	251	뷔브르(와이번)	259
바풀라	237	베탱	242	브리콜라카스	255
바프스루드니르	228	베파르	240	블라고예비치	68
발	56	벨레다	238	비네	243
발도파	237	벼룩	87	비누	133
발라파르	229	보르티게른	260	비달 드 라 포르트	243

비둘기	64	사바타이 제비	120	살리사터	125
비드 블랜	243	사바탄	116	살베르트(유제브)	126
비밀 법정	214	사벨리우스	120	삼베데	126
비밀의 학문	135	사보나롤라	133	상모솔새	112
비아람	243	사브낙	121	상제(르네)	127
비트루	189	사비교	120	새	11
비행 금화	66	사비에누스	120	새 양피지	33
빌랭(신부)	243	사비트	181	새점	9
빌리에(플로랑 드)	243	사빔	121	새점	21
빗	37	사사본삼	170	샐러맨더	124
빙의된 자	73	사술	168	샘물점	37
빨간 머리	113	사와드	168	샘슨(아그네스)	126
빨아먹는 악마들	181	사우스코트(조안나)	170	생 앙드레	122
빨판상어	101	사이노카와라	122	생 오뱅	122
사냥꾼	239	사이렌	189	생 제르망 백작	122
사데이	122	사카라스	121	생 질	123
사디알	122	사카르	123	생(마리 드)	122
사디엘	122	사콰르	140	생쥐	169
사랑의 묘약	44	사쿨라리우스	121	샤두캄	134
사르(마르게리트 드)	128	사크라트	124	샤먼	134
사르막	121	사타나키	129	샥스	136
사르메니우스 라피스	128	사타님	129	서큐버스	180
사르쾨이	128	사탄	129	석가모니	124
사마귀	241	사탄학	129	선아담인류	78
사마리텐	126	사티로스	132	설교	141
사마베다	146	산달폰	127	설탕	181
사마엘	126	산초	127	성 요한의 머리	203
사무엘	126	산타바레누스	128	성구	45
사미인	65	살그(장 밥티스트)	125	성별	145
사바	116	살라딘	124	성인	123
사바시우스	116	살레브	151	성전 기사단	199
사바옷	116	살루다도레스	126	성호	149

세루그	145	손하르디벨	162	스미르나	150
세르방	145	솔로몬	125	스샤프	133
세르비우스 툴리우스	145	솔질점	40	스올	134
세베루스	145	수도원장 빌라르	243	스웨덴보리(에마누엘)	185
세상의 기원	19	수르트	185	스카프	133
세이드	140	수마누스	181	스칸디나비아인	133
세이림	133	수비니	170	스칼다	150
세크레탱(프랑수아즈)	137	수상술	261	스코토페트스	136
세투스	145	수스트루기엘	185	스코펠리즘	136
세파르	240	수중기	237	스콕스	136
세피로트	140	수코르 베노스	180	스콧	136
셋파	145	수티	185	스콧(레지널드)	136
셰다	134	순결점	34	스콧(미셸)	136
셰딤	134	술라	186	스콧(월터)	136
셰이탄	134	술레이만	151	스크라이어	171
셴크(장 조르주)	134	술리에(프레데릭)	169	스킨크라프티간	150
셀로	146	숲속의 로빈	112	스킬라	136
소	227	슈람(미셸)	134	스타노스카	175
소금	140	슈로에틀리	135	스타디우스	175
소금통	125	슈로터(울리히)	135	스타지루스	175
소네이용	157	슈미트(한스)	134	스타피르	175
소바딘 드 수비에트	132	슈에르츠(페르디난드)	134	스테가노그래피	176
소변	226	슈타우펜베르거	176	스테이너(베로니크)	176
소세계	40	슈토뷔(피에르)	180	스테인린(장)	176
소원의 돌	57	슈투페(프레데릭)	180	스토커	175
소진	133	슈트라우스	179	스토플러	178
소크라테스	150	슈페	171	스톨라스	178
소환점	86	슈프랑거	174	스톨렌윔	178
속임수	181	슈필틴	146	스트라사이트	178
속죄	38	숩누스	134	스트리게스	179
손톱	13	스라오샤	141	스티펠스	176
손톱점	14	스마엘	150	스틱스	180

스페르	171	아담의 다리	71	예스둔	266
스펙트리아나	171	아담의 사과	71	예언	78
스펜타 아르마이티	128	아론의 지팡이	211	예어자	84
스푸리나	175	아스 시라트	150	예지	80
스푼키	174	아이 토욘	169	오거(식인귀)	10
스프렌저(자크)	174	아이팔로비크	23	오그	10
스피나(알폰스)	171	아하시야	7	오데트	8
스피넬로	171	악마 붙음	7	오도	8
스프링스(장)	171	악마의 다리	72	오돈	8
스핑크스	171	악마의 돌	57	오돈토티라누스	8
시도나이	186	악마의 마차	252	오드 스피릿	8
시드라가슴	148	알	9	오디	127
시런	18	암퇘지	221	오딘	8
시로카이트	189	야가 바바	266	오레슴(기욤)	19
시르차드	150	야곱의 황도대	284	오레이	18
시마고라드	149	야스드	266	오로마시스	21
시마사	136	야쿠트족	266	오로마즈	21
시몬 드 파레스	149	야간이탄	266	오로바스	21
시무르그	150	양 떼(가축 떼)	219	오론테스	22
시선	255	어깨점	12	오르(존)	23
시스트러스	150	어둠	200	오르모스	21
시시디테스	148	에노테라	9	오르무즈드	21
시트리	189	엔도르의 무녀	90	오르카벨	18
시험의 빵	29	여우	102	오르톤	23
신망 있는 피에르	64	연고	14	오르페오텔레스트단	23
신탁	16	연금술	44	오르페우스	22
실레노스	149	연기점	208	오를레앙의 소녀	87
실베스테르 2세	187	연옥	88	오리아스	19
실프	186	영혼의 윤회	212	오만	19
심문	93	예감	80	오메스테스	12
쐐기풀	23	예르몰로프	267	오버주메이너	6
아그니	148	예리코 장미	113	오베레이트(자크 에르망)	6

오베론		6	올리브(로베르)		12	월터	258
오베슬릭		7	올리비에		12	월터 스콧	258
오볼		7	옴브리엘		12	웨슬리	259
오브		6	옵세퀜스(율리우스)		7	웨이크맨(로다)	256
오비디우스		24	와티어(피에르)		258	웬햄(제인)	258
오아네스		6	왈		257	웰츠(안드레)	258
오에스		6	요괴		170	위글라 탑	210
오이고르		11	요르문간드		268	위울메로즈(기욤)	259
오이아론		11	우덴		260	위클리프	259
오일레트		11	우드워드		260	월리스	259
오즈		25	우란		23	유령 배	229
오지만디아스		187	우란 소앙그		23	유령점	202
오컬트		7	우로토페니		226	유마	270
오컬트 대학		223	우르간드		225	유프(마리 안)	269
오컬트학		135	우르다		225	유해점	174
오키스		11	우르파		19	유혹	200
오토		23	우리스크		24	은으로 만든 이(곤충)	77
오티스		23	우유 짜기		212	음 양	266
오팔		15	우카 파차		242	음용 금	23
오팔스키		15	우코바흐		223	이름점	14
오프탈미우스		15	우클란 토욘		23	이명	208
오피오제네스		15	우테르펜		226	이첸 바녹	266
오피온(악마)		15	우테세튀르		226	이탈리아의 구원자들	133
오피온(점술가)		15	우피레스		23	이프로트	268
오피트파		15	우피르		225	인(발광물질)	44
옥시온		24	우피에		225	인공 금	23
온		13	운디네		13	임프	168
온도		199	운명의 세 여신		34	자감	272
온도계		205	워터 엘프(물의 요정)		256	자고새	38
올덴베르크		11	원숭이		150	자기 몽유병	152
올덴부르크		11	원죄		19 36	자리아트나트미크	272
올리		12				자불론	272

자에보스	272	조조	286	추와세	221
자오 준	77	종교	100	축복받은 빵	29
자유심령 형제단	222	죄	96	출생 두표	204
자이라지(자이라지아)	272	주렉	286	치즈점	208
자자라구안	272	주브다데이어	286	치트라굽타	265
자차리	272	주술	168	침	125
자카	261	준델	286	침묵 저주	194
자쿰	272	쥐	97	카르노에 성의 구멍	218
자판	261	쥐 탑	210	카티빈	137
	272	즈윙글	286	케랑(이삭)	92
자호리	272	지가니	273	케오스의 시모니데스	149
자후리	272	지거이너	273	코피	122
작은 페터	40	지구	202	쿠르손	88
잠	151	지렁이	242	퀘이	93
잠바티스타 델라 포르타	73	지상의 것	202	퀘이커파	92
장례	140	지옥 길	114	퀴림	93
장례 식사	102	지옥의 왕	112	퀸틸리아니트	93
장미십자회	113	지웍	282	크세르크세스	265
장미점	45	지진	214	크셰트라파티	150
재점	202	지토	282	키라민	137
저주의 돌	64	지팡이	241	키보뉴(여성)	93
전갈	136	지하의 것	169	타나킬	196
점	140	진칼리	274	타니와	196
접시	68	징조	79	타란툴라	197
제데키아스	272	찌르는 자	65	타로 카드	197
제물	121	책점	178	타로아타이헤토메오	197
제비뽑기점	40	천둥	209	타르니	197
제스베스	265	청결	85	타르타라!	198
제에르네부흐	273	청딱따구리	66	타르타로스	198
제파르	273	체	128	타르티니	198
조로아스터	284	체인질링	258	타마라쿤가	196
조아피테	282	체점	196	타무스	196

타무스	204	테스페시우스	206	투기즘	208
타무즈	204	테아게네스	204	투아제셀	218
타비드	198	테안티스	204	투타테스	204
타소(토르콰토)	198	테오다하드	204	투판	210
타오라	190	테오도릭	204	툴리아	221
타우즈	198	테오도시우스	205	튀르팽	222
타위즈	128	테오만시	205	튀코 브라헤	208
타이무랄	198	테오클리메누스	204	트라술레	213
타이유피에(노엘)	194	테오필루스	205	트라스고스	214
타이트루(잔)	194	테우르기아	206	트라야누스	212
타인가이리	194	테우스	204	트라제니	213
타쿠인	194	테우자르풀리에	204	트레지투리	214
타티안	198	테울라	204	트로드	217
탄첼름	196	테트라그라마톤	203	트로얀	218
탄첼린	196	테필린	282	트로우	221
탈리손	195	테후프테후	198	트로포니우스	218
탈리스	195	텔	198	트롤드만	218
탈무드	204	텔레즈(가브리엘)	199	트롤렌	218
탑	197	템자르풀리에	200	트리테미우스(요하네스)	217
태너	196	토레블란카(프란시스코)	210	트바르도스키	222
태양	151	토르	207	트와 리유	218
태풍	199	토르가석	209	티	198
탤라포인	194	토르케마다(앙투안 드)	210	티레(피에르)	208
테나로	200	토마스	207	티르	222
테라공	202	토마스(성)	207	티미아마타	208
테라핌	205	토이아	209	티발랑	208
테르바강	202	토키	209	티베리우스	208
테르빌	202	토템	210	티빌레누스	222
테리에	202	토피엘니트시스	209	티에르(장 밥티스트)	207
테무라	204	톤달	209	티엑(루이)	208
테살리아의 여성들	206	톰트고브	209	티타니아	208
테스페시온	202	투	207	티투스	209

티파인	208	판차가	31	포이리에(마르게리트)	69
넉워그 메그	222	팔루드	30	포콜	69
팀파논	222	팔마	35	포르그	72
팀파니트	222	패리스	34	포플러	40
파(올라우스)	26	팬더모니움	31	포피엘 1세	72
파낭(바르톨로메)	31	퍼서(가스파드)	40	포호비즈드	69
파네로스	31	퍽	87	폰티니악	35
파라 일디스	41	페구	37	폴	36
파라마함사	73	페노트	38	폴(아르노)	35
파라멜	33	페다시안	37	폴리글로소	71
파라켈수스	32	페데가슈	37	폴리에(아브라함)	70
파르크(마리 드 라)	34	페레즈(후안)	38	폴리크리테	70
파리	34	페룬	39	폴리페모스	71
파밀리우스	30	페르트만	39	폴리페이데스	71
파보니	36	페르티낙스	39	폴칸	70
파살로린치트	35	페리	39	폴크방	149
파세테스	35	페리도니우스	39	폼포나치	71
파우 와우	32	페리에	39	푸도	77
파우더	77	페리클레스	38	푸랑	77
파우사니아스	36	페아니티스	36	푸르산	88
파웰	78	페트로브루시안	40	푸리케	88
파이몬	36	펜타르브	32	푸블리우스	87
파조(마르게리트)	29	펜타클	31	푸카	44
파커(기욤)	34	펜테르만	38	푸테오리트	88
파크스(토마스)	34	펫파야톤	40	푸파르	77
파탈라	35	편견	79	풀피케	77
파토리오	66	포니아토우스카	71	퓌셀	87
파트리스(피에르)	35	포도가	69	프니갈리온	69
판	30	포도주점	9	프라 아리아세리아	78
판 달레(안토니)	237	포르피리오스	73	프랑스의 왕	112
판차 데바타	134	포리시에	73	프레스탄티우스	81
판차 붓다	31	포스텔(기욤)	76	프레시	78

301

프레시네	81	피아슈	55	황금 송아지	238
프렐라티	79	피아스	55	황도대	282
프로메테우스	83	피에르 드 푸	62	회한	101
프로세르피나	85	피에르 라부랑	64	후각	8
프로스트로피	85	피에르 르 브라방송	64	훈증점	41
프루동	85	피에르 포트	62	휜느	109
프루플라스	85	피에트로 다바노	62	흑사병	39
프리에리오	82	피즈	65	흡혈귀	229
프리지에	82	피카르(마튀랭)	55		
프셀로스(미카엘)	85	피카트릭스	55		
프실	86	피코 델라 미란돌라	56		
프실로토조트	87	피콜루스	56		
플라잉 더치맨호	254	피타고라스	89		
플라톤	67	피톤	91		
플랑드르의 빙의자들	75	피피(마리)	65		
플레게톤	44	필라투스(산)	65		
플로티노스	68	필랄 카라스	65		
플루타르코스	69	필레트스키	65		
플루토	69	필로타누스	44		
플루토스	69	필린니온	43		
플리니우스	68	하인첼 소승	136		
피	127	학문	135		
피그미족	88	해골	175		
피네	65	해몽	13		
피닉스	41	행성	66		
피닉스(악마)	41	향수	33		
피라미드	89	현대 무녀	147		
피로스	89	현상	42		
피리피리	66	현실주의	97		
피부	36	현자의 돌	57		
피샤차	56	호감	187		
피소	66	환영	244		

저자. 자크 콜랭 드 플랑시
역자. 장비안
윤문 및 교정. 고성배, 권수인

초판 1쇄 발행. 2024.07.30
편집 디자인. 닷텍스트
인쇄. DOUBLE K

닷텍스트(.TXT)
10113 김포시 유현로 200, 106-1004
이메일. dottext@daum.net
인스타그램. @dot.text

이 책의 판권은 출판사 닷텍스트에게 있습니다. 이 책의 내용의 전부 또는 일부를 재사용하려면 반드시 서면 동의를 받아야 합니다.

ISBN 979-11-987181-3-6(03900)